新譯資治通鑑

（一）

周紀一—五
秦紀一

張大可
韓兆琦等 注譯

三民書局

國家圖書館出版品預行編目資料

新譯資治通鑑(一) / 張大可,韓兆琦等注譯. ——初
版三刷. ——臺北市: 三民, 2023
冊; 公分. ——(古籍今注新譯叢書)
ISBN 978-957-14-6219-6 (平裝)
1. 資治通鑑 2. 注釋

610.23 105022866

© 新譯資治通鑑(一)

注譯者	張大可 韓兆琦等
發行人	劉振強
著作財產權人	三民書局股份有限公司
發行所	三民書局股份有限公司
	地址 臺北市復興北路386號
	電話 (02)25006600
	郵撥帳號 0009998-5
門市部	(復北店) 臺北市復興北路386號
	(重南店) 臺北市重慶南路一段61號
出版日期	初版一刷 2017年1月
	初版三刷 2023年7月
編號	S 034030

行政院新聞局登記證局版臺業字第〇二〇〇號

ISBN 978-957-14-6219-6 (平裝)

http://www.sanmin.com.tw 三民網路書店

司馬光像（錄自《歷代名臣像解》）

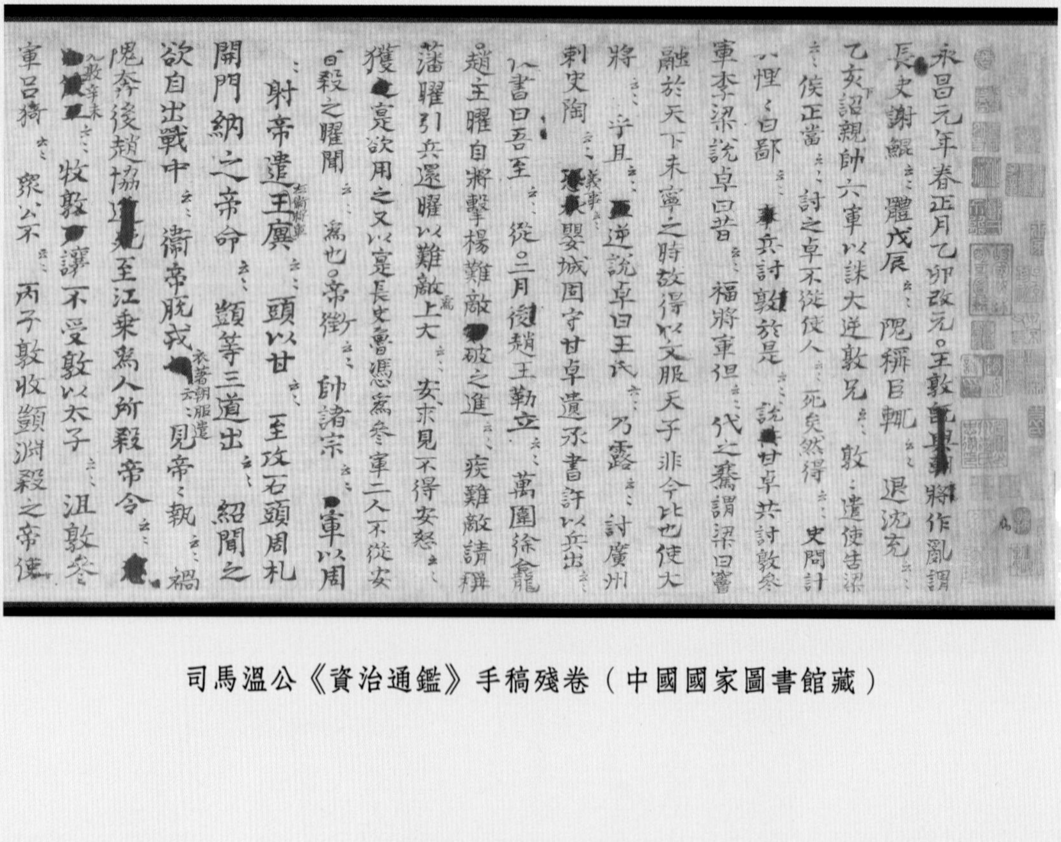

司馬溫公《資治通鑑》手稿殘卷（中國國家圖書館藏）

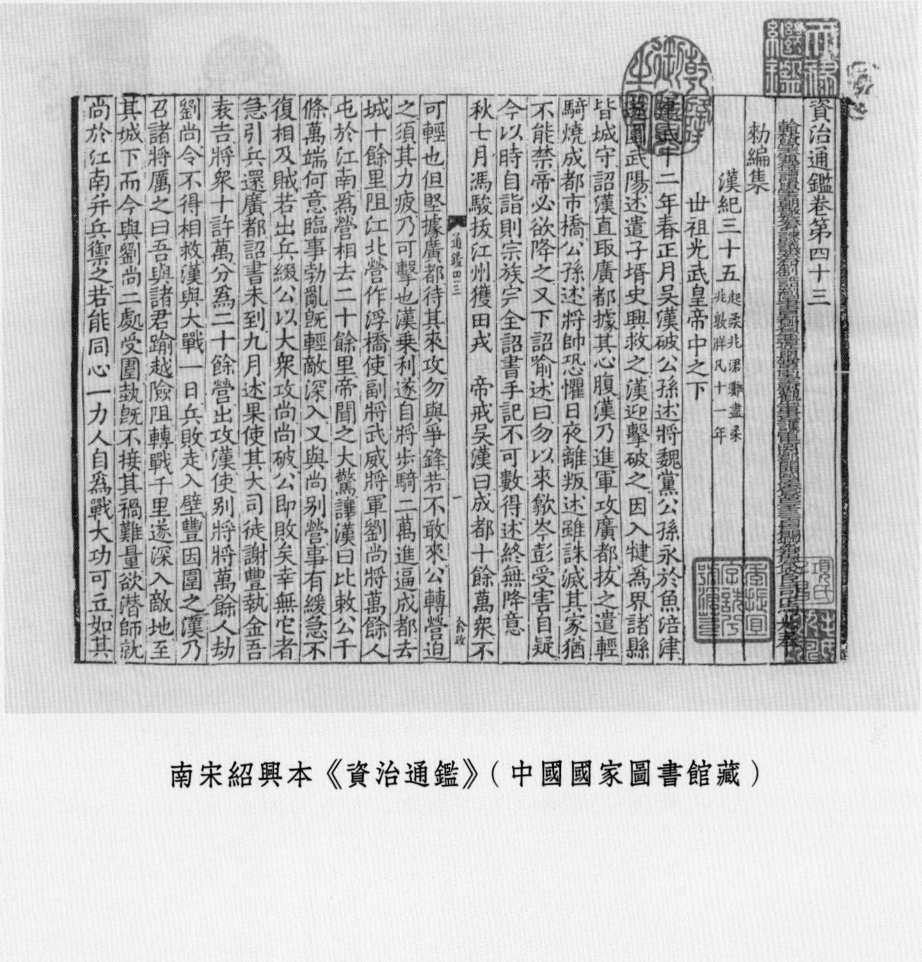

資治通鑑卷第四十三
[illegible]
勑編集
漢紀三十五 起柔兆涒灘盡柔兆敦牂凡十一年
世祖光武皇帝中之下
建武十二年春正月吴漢破公孫述將魏黨公孫永於魚涪津遂圍武陽述遣子壻史興救之漢迎擊破之因入犍爲界諸縣皆城守詔漢直取廣都據其心腹漢乃進軍攻廣都拔之遣輕騎燒成都市橋公孫述將帥恐懼日夜離叛述雖誅滅其家猶不能禁帝必欲降之又下詔喻述曰勿以來歙岑彭受害自疑今以時自詣則宗族完全詔書手記不可數得述終無降意
秋七月馮駿拔江州獲田戎 帝戒吴漢曰成都十餘萬衆不可輕也但堅據廣都待其來攻勿與爭鋒若不敢來公轉營迫之須其力疲乃可擊也漢乘利遂自將步騎二萬進逼成都去城十餘里阻江北營作浮橋使副將武威將軍劉尚將萬餘人屯於江南爲營相去二十餘里帝聞之大驚讓漢曰比勑公千條萬端何意臨事勃亂既輕敵深入又與尚别營事有緩急不復相及賊若出兵綴公以大衆攻尚尚破公即敗矣幸無它者急引兵還廣都詔書未到九月述果使其大司徒謝豐執金吾袁吉將衆十許萬分爲二十餘營出攻漢使别將將萬餘人劫劉尚令不得相救漢與大戰一日兵敗走入壁豐因圍之漢乃召諸將厲之曰吾與諸君踰越險阻轉戰千里遂深入敵地至其城下而今與劉尚二處受圍埶既不接其禍難量欲潛師就尚於江南并兵禦之若能同心一力人自爲戰大功可立如其

通鑑四三 一 余政

南宋紹興本《資治通鑑》（中國國家圖書館藏）

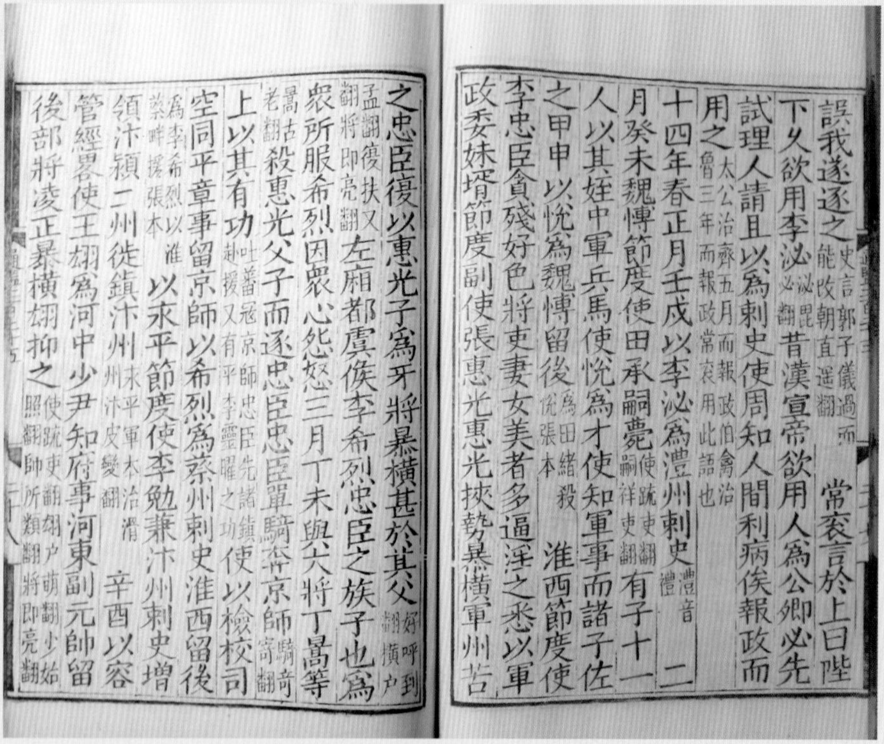

清胡克家本《資治通鑑》（本局藏）

刊印古籍今注新譯叢書緣起

劉振強

人類歷史發展，每至偏執一端，往而不返的關頭，總有一股新興的反本運動繼起，要求回顧過往的源頭，從中汲取新生的創造力量。孔子所謂的述而不作，溫故知新，以及西方文藝復興所強調的再生精神，都體現了創造源頭這股日新不竭的力量。古典之所以重要，古籍之所以不可不讀，正在這層尋本與啟示的意義上。處於現代世界而倡言讀古書，並不是迷信傳統，更不是故步自封；而是當我們愈懂得聆聽來自根源的聲音，我們就愈懂得如何向歷史追問，也就愈能夠清醒正對當世的苦厄。要擴大心量，冥契古今心靈，會通宇宙精神，不能不由學會讀古書這一層根本的工夫做起。

基於這樣的想法，本局自草創以來，即懷著注譯傳統重要典籍的理想，由第一部的四書做起，希望藉由文字障礙的掃除，幫助有心的讀者，打開禁錮於古老話語中的豐沛寶藏。我們工作的原則是「兼取諸家，直注明解」。一方面熔鑄眾說，擇善而從；一方面也力求明白可喻，達到學術普及化的要求。叢書自陸續出刊以來，頗受各界的喜愛，使我們得到很大的鼓勵，也有信心繼續推廣這項工作。隨著海峽兩岸的交流，我們注譯的成員，也由臺灣各大學的教授，擴及大陸各有專長的學者。陣容的充實，使我們有更多的資源，整理更多樣化的古籍。兼採經、史、子、集四部的要典，重拾對通才器識的重視，將是我們進一步工作的目標。

古籍的注譯，固然是一件繁難的工作，但其實也只是整個工作的開端而已，最後的完成與意義的賦予，全賴讀者的閱讀與自得自證。我們期望這項工作能有助於為世界文化的未來匯流，注入一股源頭活水；也希望各界博雅君子不吝指正，讓我們的步伐能夠更堅穩地走下去。

《新譯資治通鑑》序

唐太宗嘗曰：「以銅為鏡，可以正衣冠；以古為鏡，可以知興替；以人為鏡，可以明得失。」可見歷史具有「鑑往知來」的效果。中國人最注重歷史。在儒家奉為圭臬的十三部經典中，屬於歷史記載者便佔了四部之多；而清代集圖書之大成的「四庫全書」，更將「史部」列名四部第二，足證歷朝統治者對於編修史書之重視。若從文體分，又以紀傳體、編年體與紀事本末體最為人所熟知。而編年體史書的起源最早。編年體始創於春秋，依歷史發生的先後順序加以編撰紀載，較著名的編年體史書有《春秋》、《竹書紀年》，而將之推上頂峰者，則是司馬光的《資治通鑑》。其記自周威烈王二十三年，迄於後周世宗顯德六年，橫跨十六個朝代，時間長達一千三百六十二年。想要瞭解各朝代的興衰更替、透析歷史洪流的固定脈絡，熟讀《資治通鑑》，絕對有助於貫通古今、記取教訓。

敝局自西元二〇〇一年規劃出版《新譯資治通鑑》，並覓尋對此方面具有相當研究之專家學者，歷經千辛萬苦，終獲中國歷史文獻研究室主任張大可教授，與北京師範大學中文系韓兆琦教授首肯，共同承擔本書的注譯工作，並從二〇〇六年開始陸續交稿。經過多年努力，埋首案牘、辛苦撰稿，終在二〇一一年全部稿齊。

二位教授於點校、注譯等各方面著力頗深、極富學術性，對於本書的貢獻實功不可沒。然而此時距規劃出版此書已逾十年，一則相關學術成果迭出，或有新舊爭鳴；二則受社會變遷帶來教育發展、思維變化等諸多影響，現今學子與社會大眾的古文能力已不比從前，一般讀者恐難吸收箇中菁華，如此即行出版，有悖初衷。鑑於二位教授年事已高，故此，敝局特別邀請前北京大學中文系侯忠義教授、前中國社會科學院歷史所研究員吳樹平先生、北京大學中文系林嵩副教授等多位專家學者，在尊重原稿基礎上，針對書中部分內容進行適當的調整與修改，期使本書汲取新意並深入淺出，以達學術與普及兼備、雅俗共賞之目標。經過諸位學者專家齊心努力，終至圓滿完成。

本書能夠順利出版，要感謝以下諸位專家學者：張大可、韓兆琦、侯忠義、吳樹平、楊振紅、賴長揚、馬怡、駢宇騫、陳抗、魏連科、張文質、林嵩、汪華龍、滑裕、謝振華、孔令潔、孫秋婷、章鴻昊，共同承擔此一浩大工程。亦要向排校過程中，一同參與相關工作的編輯部同仁致上最大的敬意。因為有大家的通力合作、無私付出，方能使本書順利付梓，不勝感激。本書雖經細心核校，仍恐有所疏漏，尚祈各界方家不吝指教，以使本書俾臻完善。

三民書局編輯部　謹誌

新譯資治通鑑 目次

刊印古籍今注新譯叢書緣起
《新譯資治通鑑》序
導讀
凡例

第一冊
資治通鑑序 御製……一
卷第一 周紀一 西元前四〇三至前三六九年……七

卷第二　周紀二　西元前三六八至前三二一年……七七
卷第三　周紀三　西元前三二〇至前二九八年……一五三
卷第四　周紀四　西元前二九七至前二七三年……二二五
卷第五　周紀五　西元前二七二至前二五六年……三〇五
卷第六　秦紀一　西元前二五五至前二二八年……三八七

第二冊

卷第七　秦紀二　西元前二二七至前二〇九年……一
卷第八　秦紀三　西元前二〇八至前二〇七年……八一
卷第九　漢紀一　西元前二〇六至前二〇五年……一五三
卷第十　漢紀二　西元前二〇四至前二〇三年……二二一
卷第十一　漢紀三　西元前二〇二至前二〇〇年……二八三
卷第十二　漢紀四　西元前一九九至前一八八年……三五一

第三冊

卷第十三　漢紀五　西元前一八七至前一七八年……一
卷第十四　漢紀六　西元前一七七至前一七〇年……七七

卷第十五　漢紀七　西元前一六九至前一五五年……一三九
卷第十六　漢紀八　西元前一五四至前一四一年……二一一
卷第十七　漢紀九　西元前一四〇至前一三四年……二九九
卷第十八　漢紀十　西元前一三三至前一二五年……三七五
卷第十九　漢紀十一　西元前一二四至前一一九年……四五九

第四冊

卷第二十　漢紀十二　西元前一一八至前一一〇年……一
卷第二十一　漢紀十三　西元前一〇九至前九九年……七九
卷第二十二　漢紀十四　西元前九八至前八七年……一五五
卷第二十三　漢紀十五　西元前八六至前七五年……二二一
卷第二十四　漢紀十六　西元前七四至前六八年……二七九
卷第二十五　漢紀十七　西元前六七至前六二年……三五七
卷第二十六　漢紀十八　西元前六一至前五九年……四三五
卷第二十七　漢紀十九　西元前五八至前四九年……四九五

第五冊

卷第二十八　漢紀二十　西元前四八至前四二年……一
卷第二十九　漢紀二十一　西元前四一至前三三年……五九
卷第三十　漢紀二十二　西元前三二至前二三年……一二三
卷第三十一　漢紀二十三　西元前二二至前一四年……一九一
卷第三十二　漢紀二十四　西元前一三至前八年……二五三
卷第三十三　漢紀二十五　西元前七至前六年……二九五
卷第三十四　漢紀二十六　西元前五至前三年……三四五
卷第三十五　漢紀二十七　西元前二至西元二年……三九五

第六冊

卷第三十六　漢紀二十八　西元三至八年……一
卷第三十七　漢紀二十九　西元九至一四年……六一
卷第三十八　漢紀三十　西元一五至二二年……一三一
卷第三十九　漢紀三十一　西元二三至二四年……一九三
卷第四十　漢紀三十二　西元二五至二六年……二五五
卷第四十一　漢紀三十三　西元二七至二九年……三一五
卷第四十二　漢紀三十四　西元三〇至三五年……三八一

卷第四十三 漢紀三十五 西元三六至四六年……四三七

第七冊

卷第四十四 漢紀三十六 西元四七至六〇年……一
卷第四十五 漢紀三十七 西元六一至七五年……六九
卷第四十六 漢紀三十八 西元七六至八四年……一二七
卷第四十七 漢紀三十九 西元八五至九一年……一八九
卷第四十八 漢紀四十 西元九二至一〇五年……二四七
卷第四十九 漢紀四十一 西元一〇六至一一五年……三〇九
卷第五十 漢紀四十二 西元一一六至一二四年……三七一

第八冊

卷第五十一 漢紀四十三 西元一二五至一三三年……一
卷第五十二 漢紀四十四 西元一三四至一四五年……七三
卷第五十三 漢紀四十五 西元一四六至一五六年……一三五
卷第五十四 漢紀四十六 西元一五七至一六三年……一九五
卷第五十五 漢紀四十七 西元一六四至一六六年……二五五

卷第五十六　漢紀四十八　西元一六七至一七一年……三一五
卷第五十七　漢紀四十九　西元一七二至一八〇年……三七一

第九冊

卷第五十八　漢紀五十　西元一八一至一八七年……一
卷第五十九　漢紀五十一　西元一八八至一九〇年……五七
卷第六十　漢紀五十二　西元一九一至一九三年……一二一
卷第六十一　漢紀五十三　西元一九四至一九五年……一八一
卷第六十二　漢紀五十四　西元一九六至一九八年……二四三
卷第六十三　漢紀五十五　西元一九九至二〇〇年……三〇九
卷第六十四　漢紀五十六　西元二〇一至二〇五年……三六五
卷第六十五　漢紀五十七　西元二〇六至二〇八年……四一三

第十冊

卷第六十六　漢紀五十八　西元二〇九至二一三年……一
卷第六十七　漢紀五十九　西元二一四至二一六年……五五
卷第六十八　漢紀六十　西元二一七至二一九年……九九

卷第六十九 魏紀一 西元二二〇至二二二年……一五三
卷第七十 魏紀二 西元二二三至二二七年……二二一
卷第七十一 魏紀三 西元二二八至二三〇年……二七九
卷第七十二 魏紀四 西元二三一至二三四年……三二九
卷第七十三 魏紀五 西元二三五至二三七年……三九五
卷第七十四 魏紀六 西元二三八至二四五年……四四七

第十一冊

卷第七十五 魏紀七 西元二四六至二五二年……一
卷第七十六 魏紀八 西元二五三至二五五年……七三
卷第七十七 魏紀九 西元二五六至二六一年……一三七
卷第七十八 魏紀十 西元二六二至二六四年……二〇五
卷第七十九 晉紀一 西元二六五至二七二年……二六七
卷第八十 晉紀二 西元二七三至二七九年……三四三
卷第八十一 晉紀三 西元二八〇至二八八年……四〇七

第十二冊

卷第八十二 晉紀四 西元二八九至二九八年……一
卷第八十三 晉紀五 西元二九九至三〇〇年……六七
卷第八十四 晉紀六 西元三〇一至三〇二年……一二五
卷第八十五 晉紀七 西元三〇三至三〇四年……一八一
卷第八十六 晉紀八 西元三〇五至三〇八年……二四五
卷第八十七 晉紀九 西元三〇九至三一一年……三一一
卷第八十八 晉紀十 西元三一二至三一三年……三八一
卷第八十九 晉紀十一 西元三一四至三一六年……四四五

第十三冊

卷第九十 晉紀十二 西元三一七至三一八年……一
卷第九十一 晉紀十三 西元三一九至三二一年……六一
卷第九十二 晉紀十四 西元三二二至三二三年……一二五
卷第九十三 晉紀十五 西元三二四至三二七年……一八九
卷第九十四 晉紀十六 西元三二八至三三一年……二五九
卷第九十五 晉紀十七 西元三三二至三三七年……三三三
卷第九十六 晉紀十八 西元三三八至三四一年……四〇七

卷第九十七　晉紀十九　西元三四二至三四七年……四八一
卷第九十八　晉紀二十　西元三四八至三五〇年……五五五

第十四冊

卷第九十九　晉紀二十一　西元三五一至三五四年……一
卷第一百　晉紀二十二　西元三五五至三五九年……七七
卷第一百一　晉紀二十三　西元三六〇至三六八年……一五五
卷第一百二　晉紀二十四　西元三六九至三七〇年……二三一
卷第一百三　晉紀二十五　西元三七一至三七五年……二九九
卷第一百四　晉紀二十六　西元三七六至三八二年……三六七
卷第一百五　晉紀二十七　西元三八三至三八四年……四四五
卷第一百六　晉紀二十八　西元三八五至三八六年……五一九

第十五冊

卷第一百七　晉紀二十九　西元三八七至三九一年……一
卷第一百八　晉紀三十　西元三九二至三九六年……七五

卷第一百九　晉紀三十一　西元三九七年……一五三
卷第一百十　晉紀三十二　西元三九八年……二〇九
卷第一百十一　晉紀三十三　西元三九九至四〇〇年……二六七
卷第一百十二　晉紀三十四　西元四〇一至四〇二年……三三九
卷第一百十三　晉紀三十五　西元四〇三至四〇四年……四一一
卷第一百十四　晉紀三十六　西元四〇五至四〇八年……四八一
卷第一百十五　晉紀三十七　西元四〇九至四一〇年……五五五

第十六冊

卷第一百十六　晉紀三十八　西元四一一至四一四年……一
卷第一百十七　晉紀三十九　西元四一五至四一六年……七五
卷第一百十八　晉紀四十　西元四一七至四一九年……一三三
卷第一百十九　宋紀一　西元四二〇至四二三年……二〇五
卷第一百二十　宋紀二　西元四二四至四二七年……二七九
卷第一百二十一　宋紀三　西元四二八至四三〇年……三六一
卷第一百二十二　宋紀四　西元四三一至四三五年……四三一

卷第一百二十三　宋紀五　西元四三六至四四一年……五〇七

第十七冊

卷第一百二十四　宋紀六　西元四四二至四四六年……一
卷第一百二十五　宋紀七　西元四四七至四五〇年……八九
卷第一百二十六　宋紀八　西元四五一至四五二年……一六九
卷第一百二十七　宋紀九　西元四五三年……二二三
卷第一百二十八　宋紀十　西元四五四至四五八年……二八五
卷第一百二十九　宋紀十一　西元四五九至四六四年……三六七
卷第一百三十　宋紀十二　西元四六五年……四三五
卷第一百三十一　宋紀十三　西元四六六年……四八九

第十八冊

卷第一百三十二　宋紀十四　西元四六七至四七〇年……一
卷第一百三十三　宋紀十五　西元四七一至四七五年……六五
卷第一百三十四　宋紀十六　西元四七六至四七八年……一四五

卷第一百三十五　齊紀一　西元四七九至四八三年……………………一二三
卷第一百三十六　齊紀二　西元四八四至四八九年……………………三二三
卷第一百三十七　齊紀三　西元四九〇至四九二年……………………四〇五
卷第一百三十八　齊紀四　西元四九三年……………………………四八五

第十九冊

卷第一百三十九　齊紀五　西元四九四年……………………………一
卷第一百四十　齊紀六　西元四九五至四九六年………………………八五
卷第一百四十一　齊紀七　西元四九七至四九八年……………………一六七
卷第一百四十二　齊紀八　西元四九九年……………………………二三五
卷第一百四十三　齊紀九　西元五〇〇年……………………………二九一
卷第一百四十四　齊紀十　西元五〇一年……………………………三四三
卷第一百四十五　梁紀一　西元五〇二至五〇四年……………………四二三
卷第一百四十六　梁紀二　西元五〇五至五〇七年……………………五〇七

第二十冊

卷第一百四十七 梁紀三 西元五〇八至五一四年……一
卷第一百四十八 梁紀四 西元五一五至五一八年……七七
卷第一百四十九 梁紀五 西元五一九至五二三年……一五三
卷第一百五十 梁紀六 西元五二四至五二五年……二二七
卷第一百五十一 梁紀七 西元五二六至五二七年……三〇五
卷第一百五十二 梁紀八 西元五二八年……三五九
卷第一百五十三 梁紀九 西元五二九年……四一一
卷第一百五十四 梁紀十 西元五三〇年……四五一
卷第一百五十五 梁紀十一 西元五三一至五三二年……五一三

第二十一冊

卷第一百五十六 梁紀十二 西元五三三至五三四年……一
卷第一百五十七 梁紀十三 西元五三五至五三七年……六七
卷第一百五十八 梁紀十四 西元五三八至五四四年……一二五
卷第一百五十九 梁紀十五 西元五四五至五四六年……一九五
卷第一百六十 梁紀十六 西元五四七年……二三三

卷第一百六十一 梁紀十七 西元五四八年……二七九

第二十二冊

卷第一百六十二 梁紀十八 西元五四九年……一
卷第一百六十三 梁紀十九 西元五五〇年……六三
卷第一百六十四 梁紀二十 西元五五一至五五二年……一一一
卷第一百六十五 梁紀二十一 西元五五三至五五四年……一七三
卷第一百六十六 梁紀二十二 西元五五五至五五六年……二二五
卷第一百六十七 陳紀一 西元五五七至五五九年……二八三
卷第一百六十八 陳紀二 西元五六〇至五六二年……三四七

第二十三冊

卷第一百六十九 陳紀三 西元五六三至五六六年……一
卷第一百七十 陳紀四 西元五六七至五七一年……七一
卷第一百七十一 陳紀五 西元五七二至五七四年……一四三
卷第一百七十二 陳紀六 西元五七五至五七六年……二一七

卷第一百七十三　陳紀七　西元五七七至五七九年……二七一
卷第一百七十四　陳紀八　西元五八〇年……三三三
卷第一百七十五　陳紀九　西元五八一至五八三年……三七九
卷第一百七十六　陳紀十　西元五八四至五八八年……四五一

第二十四冊

卷第一百七十七　隋紀一　西元五八九至五九一年……一
卷第一百七十八　隋紀二　西元五九二至五九九年……六五
卷第一百七十九　隋紀三　西元六〇〇至六〇三年……一三一
卷第一百八十　隋紀四　西元六〇四至六〇七年……一九五
卷第一百八十一　隋紀五　西元六〇八至六一二年……二五九
卷第一百八十二　隋紀六　西元六一三至六一五年……三一九
卷第一百八十三　隋紀七　西元六一六至六一七年……三八三
卷第一百八十四　隋紀八　西元六一七年……四四五

第二十五冊

卷第一百八十五　唐紀一　西元六一八年……一
卷第一百八十六　唐紀二　西元六一八年……七一
卷第一百八十七　唐紀三　西元六一九年……一三一
卷第一百八十八　唐紀四　西元六一九至六二一年……一九三
卷第一百八十九　唐紀五　西元六二一年……二五三
卷第一百九十　唐紀六　西元六二二至六二四年……三二一
卷第一百九十一　唐紀七　西元六二四至六二六年……三八七

第二十六冊

卷第一百九十二　唐紀八　西元六二六至六二八年……一
卷第一百九十三　唐紀九　西元六二八至六三一年……七一
卷第一百九十四　唐紀十　西元六三二至六三七年……一四一
卷第一百九十五　唐紀十一　西元六三七至六四〇年……二一三
卷第一百九十六　唐紀十二　西元六四一至六四三年……二七七
卷第一百九十七　唐紀十三　西元六四三至六四五年……三三五
卷第一百九十八　唐紀十四　西元六四五至六四八年……三九三

卷第一百九十九　唐紀十五　西元六四八至六五五年……四五五

第二十七冊

卷第二百　唐紀十六　西元六五五至六六二年……一
卷第二百一　唐紀十七　西元六六二至六七〇年……七七
卷第二百二　唐紀十八　西元六七一至六八一年……一五一
卷第二百三　唐紀十九　西元六八二至六八六年……二三一
卷第二百四　唐紀二十　西元六八七至六九一年……三〇七
卷第二百五　唐紀二十一　西元六九二至六九六年……三七九
卷第二百六　唐紀二十二　西元六九七至七〇〇年……四五一

第二十八冊

卷第二百七　唐紀二十三　西元七〇〇至七〇五年……一
卷第二百八　唐紀二十四　西元七〇五至七〇七年……七一
卷第二百九　唐紀二十五　西元七〇八至七一〇年……一三九
卷第二百十　唐紀二十六　西元七一〇至七一三年……二〇九

卷第二百十一　唐紀二十七　西元七一四至七一七年……二七九
卷第二百十二　唐紀二十八　西元七一八至七二五年……三五一
卷第二百十三　唐紀二十九　西元七二六至七三三年……四二五

第二十九冊

卷第二百十四　唐紀三十　西元七三四至七四一年……一
卷第二百十五　唐紀三十一　西元七四二至七四七年……八五
卷第二百十六　唐紀三十二　西元七四七至七五三年……一五七
卷第二百十七　唐紀三十三　西元七五四至七五六年……二二五
卷第二百十八　唐紀三十四　西元七五六年……二八七
卷第二百十九　唐紀三十五　西元七五六至七五七年……三四九

第三十冊

卷第二百二十　唐紀三十六　西元七五七至七五八年……一
卷第二百二十一　唐紀三十七　西元七五九至七六〇年……七一
卷第二百二十二　唐紀三十八　西元七六一至七六三年……一三五

卷第二百二十三　唐紀三十九　西元七六三至七六五年……一九九
卷第二百二十四　唐紀四十　西元七六五至七七三年……二六五
卷第二百二十五　唐紀四十一　西元七七四至七七九年……三三三

第三十一冊

卷第二百二十六　唐紀四十二　西元七七九至七八一年……一
卷第二百二十七　唐紀四十三　西元七八一至七八二年……七一
卷第二百二十八　唐紀四十四　西元七八三年……一三三
卷第二百二十九　唐紀四十五　西元七八三至七八四年……一九三
卷第二百三十　唐紀四十六　西元七八四年……二五一
卷第二百三十一　唐紀四十七　西元七八四至七八五年……三〇五
卷第二百三十二　唐紀四十八　西元七八五至七八七年……三六三
卷第二百三十三　唐紀四十九　西元七八七至七九一年……四三三

第三十二冊

卷第二百三十四　唐紀五十　西元七九二至七九四年……一

卷第二百三十五　唐紀五十一　西元七九四至八〇〇年……七三
卷第二百三十六　唐紀五十二　西元八〇一至八〇五年……一四三
卷第二百三十七　唐紀五十三　西元八〇六至八〇九年……二〇一
卷第二百三十八　唐紀五十四　西元八〇九至八一二年……二六九
卷第二百三十九　唐紀五十五　西元八一二至八一六年……三三七
卷第二百四十　唐紀五十六　西元八一七至八一九年……四〇三

第三十三冊

卷第二百四十一　唐紀五十七　西元八一九至八二一年……一
卷第二百四十二　唐紀五十八　西元八二一至八二二年……七一
卷第二百四十三　唐紀五十九　西元八二三至八二八年……一二五
卷第二百四十四　唐紀六十　西元八二九至八三三年……一九五
卷第二百四十五　唐紀六十一　西元八三四至八三七年……二五九
卷第二百四十六　唐紀六十二　西元八三八至八四二年……三二七
卷第二百四十七　唐紀六十三　西元八四三至八四四年……三九五

第三十四冊

卷第二百四十八　唐紀六十四　西元八四四至八四九年……一
卷第二百四十九　唐紀六十五　西元八五〇至八五九年……六九
卷第二百五十　唐紀六十六　西元八六〇至八六七年……一三五
卷第二百五十一　唐紀六十七　西元八六八至八六九年……二〇一
卷第二百五十二　唐紀六十八　西元八七〇至八七六年……二五七
卷第二百五十三　唐紀六十九　西元八七七至八八〇年……三二一
卷第二百五十四　唐紀七十　西元八八〇至八八二年……三八一

第三十五冊

卷第二百五十五　唐紀七十一　西元八八二至八八四年……一
卷第二百五十六　唐紀七十二　西元八八四至八八七年……六九
卷第二百五十七　唐紀七十三　西元八八七至八八八年……一三七
卷第二百五十八　唐紀七十四　西元八八九至八九一年……二〇一
卷第二百五十九　唐紀七十五　西元八九二至八九四年……二六五

卷第二百六十　唐紀七十六　西元八九五至八九六年……………………………………三三三
卷第二百六十一　唐紀七十七　西元八九七至八九九年……………………………………三九七

第二十六冊

卷第二百六十二　唐紀七十八　西元九〇〇至九〇一年……………………………………一
卷第二百六十三　唐紀七十九　西元九〇二至九〇三年……………………………………六三
卷第二百六十四　唐紀八十　西元九〇三至九〇四年……………………………………一二七
卷第二百六十五　唐紀八十一　西元九〇四至九〇六年……………………………………一七七
卷第二百六十六　後梁紀一　西元九〇七至九〇八年……………………………………二三五
卷第二百六十七　後梁紀二　西元九〇八至九一一年……………………………………二九九
卷第二百六十八　後梁紀三　西元九一一至九一三年……………………………………三六五

第二十七冊

卷第二百六十九　後梁紀四　西元九一三至九一七年……………………………………一
卷第二百七十　後梁紀五　西元九一七至九一九年……………………………………七五
卷第二百七十一　後梁紀六　西元九一九至九二二年……………………………………一四五

卷第二百七十二 後唐紀一 西元九二三年……二〇一
卷第二百七十三 後唐紀二 西元九二四至九二五年……二六五
卷第二百七十四 後唐紀三 西元九二五至九二六年……三二七

第三十八冊

卷第二百七十五 後唐紀四 西元九二六至九二七年……一
卷第二百七十六 後唐紀五 西元九二七至九二九年……五九
卷第二百七十七 後唐紀六 西元九三〇至九三二年……一一三
卷第二百七十八 後唐紀七 西元九三二至九三四年……一七九
卷第二百七十九 後唐紀八 西元九三四至九三五年……二三三
卷第二百八十 後晉紀一 西元九三六年……三〇一
卷第二百八十一 後晉紀二 西元九三七至九三八年……三五七

第三十九冊

卷第二百八十二 後晉紀三 西元九三九至九四一年……一
卷第二百八十三 後晉紀四 西元九四二至九四四年……六九

卷第二百八十四 後晉紀五 西元九四四至九四五年……一二九
卷第二百八十五 後晉紀六 西元九四五至九四六年……一八五
卷第二百八十六 後漢紀一 西元九四七年……二四三
卷第二百八十七 後漢紀二 西元九四七至九四八年……二九九

第四十冊

卷第二百八十八 後漢紀三 西元九四八至九四九年……一
卷第二百八十九 後漢紀四 西元九五〇年……五九
卷第二百九十 後周紀一 西元九五一至九五二年……一一三
卷第二百九十一 後周紀二 西元九五二至九五四年……一七五
卷第二百九十二 後周紀三 西元九五四至九五六年……二三五
卷第二百九十三 後周紀四 西元九五六至九五七年……二八九
卷第二百九十四 後周紀五 西元九五八至九五九年……三四七
進資治通鑑表……四〇一
獎諭詔書……四〇九

導讀

《資治通鑑》是北宋大政治家、大史學家司馬光領銜修撰的一部歷史名著，是我國歷史上第一部編年通史，有著巨大的歷史價值，以及知往鑑今的借鑑價值，值得所有人閱讀。臺灣三民書局為了普及《資治通鑑》，邀請我與當今著名的學者韓兆琦先生主持詮譯《資治通鑑》，經過多年的努力終於殺青，定名為《新譯資治通鑑》。本文為該書導言，旨在引領讀者怎樣讀《資治通鑑》，著重點是評價編年史書的特點，瞭解《資治通鑑》一書的內容、體制及價值，還應涉及編年史書的源和流，方能透徹瞭解《資治通鑑》的特點。作者司馬光就不贅言了，下分三個節目來集中評說《資治通鑑》。

一、編年體史書的源流與特點

《資治通鑑》全書二百九十四卷，不計標點約有三百三十萬字，上起周威烈王二十三年（西元前四〇三年），下迄後周世宗顯德六年（西元九五九年），記載了戰國初年迄於五代末葉一千三百六十二年錯綜複雜的歷史，是一部貫通古今的編年史巨著，其氣勢與規模，不僅在古代中國，就是在世界中世紀史壇上，都堪稱高視獨步、無與倫比之作。如此一部偉大的歷史巨著，不是憑空產生的，它是編年體史書發展到成熟時期水到渠成之作。大體說來，編年體史書的發展經歷了三個歷史階段。編年體史書，以下行文又簡稱編年史書。商、周迄秦，即先秦時期，是編年史書的草創時期，可稱之為源。兩漢迄唐，即漢、唐時期，是編年史書的確立時期，兩宋迄清，是編年史書的成熟時期，《資治通鑑》是其成熟的標誌。這後兩個時期，可通稱為流。本節簡括地評介《資治通鑑》產生前的編年史書的源和流，即先秦時期與漢、唐時期，《春秋》和《漢紀》分別是這兩個時期的代表之作，重點說這兩部書，以瞭解編年史書的特點。

1. 先秦時期，編年史書的草創

編年體是按時間發展順序記敘歷史的一種史學體裁形式，是我國上古記載史事普遍使用的一種體裁，所以《隋書・經籍志》稱為古史。上古事簡，低下的生產力限制了人們的眼光，加以書寫條件極其困難，負責記敘歷史的史官或檔案人員，只能用簡練的文字記下他們認為重要的事，為使所記載資料更具使用價值，往往冠之以時間單位，因而很自然的創造了編年記事的形式，此不獨中國為然，世界各國亦多循此途拉開各自史學發展的序幕。原始社會結繩記事，刻木為志，就是最早的以時間為順序的編年體式。我國現存最早的記事文獻為商朝甲骨文。甲骨文又稱卜辭。卜辭記事就已標明年月日的順序，只是一般以日、月在前，而年代居後。現存西周的文獻，也有只記日、月而不記年的，或者只記年、月、日其中之一項的，缺乏完整準確的時間觀念，說明編年記事體制尚處在原始階段。

《漢書・藝文志》載，西周時「左史記言，右史記事」。但傳世文獻，西周史書記事很不完備，不重時間觀念，以記言體為主，記事編年體處於附屬地位。春秋戰國時期群雄競起，稱霸爭雄。為在變動的社會中掌握歷史主動權，統治者招延名師攻習歷史，不僅是時髦，而且更是實際需要，從而推動了史學的發展。記言體史書，因大多無時期位置可以對比，日益不受重視，如《國語》就被目為《春秋外傳》，地位在《左傳》之下。這時，編年史書由於有時間作為界標，便於考察時事，抑惡勸善，進一步發展起來，成為史書編纂的主導形式。此時期編年記事方式有了發展，按年、時（季）、月、日記事的程式已固定下來，所以內容也豐富充實得多了。編年體的史書編纂體例已略具定式。周代王室和各諸侯國都設有專門的史官，有左史、右史、內史、外史、大史之類，負責編年記載史事，所成之書，通稱「春秋」。《墨子·明鬼》所謂「百國春秋」，猶言各國「春秋」，乃合指周王室和各諸侯國的大事記式的編年史。也有少數諸侯國不稱春秋的，如晉之《乘》、楚之《檮杌》等，據《孟子》書解釋，都是春秋的別稱，也就是該國各自的編年史。

秦始皇焚書，「諸侯史記尤甚，為其有所刺譏也」❶。「史記」是「春秋」的又一通稱，指為史官所記。先秦編年史書劫後復見者，僅存孔子所修魯史《春秋》，為《五經》之一，這是極為遺憾的事。相傳孔子以魯國的《春秋》為主，參照其他國家的記載整理刪定而成。從此以後，《春秋》成為對一書的專稱。《春秋》用魯國年號，按年、時、月、日分條記事，以展示自魯隱公元年（西元前七二二年）至魯哀公十四年（西元前四八一年）共二百四十二年的春秋列國史❷。文字極簡略，每事只記結果或結論，沒有過程的描述和事態的展開，且措辭隱晦，往往使人不知所云，又對於社會情況及重大事件多有缺漏。於是，為《春秋》作注解的所謂「傳」便相繼出現了。漢代傳《春秋》的有五家，即《左氏傳》三十卷，《公羊傳》、《穀梁傳》、《鄒氏傳》、《夾氏傳》各十一卷。《鄒氏》、《夾氏》兩傳早亡，剩下的就是著名的《春秋》三傳。其中《公羊》、《穀梁》兩傳，重在闡釋微言大義，向不目為史學著作。但細考二傳，都是嚴格遵循編年體式，按時間順序以闡釋《春秋》義旨的，其中著重闡釋避諱書法理論及大一統思想之類，對後世史學影響甚巨，且在編年釋義中，亦偶有史料的補充，因之，仍具有某種編年史書性質，應該在史部典籍中佔有一定的地位。至於《左傳》，因作了大量的史料補充和在史學上的重大探索而成

❶《史記》卷十五〈六國年表·序〉。
❷《春秋》三傳，《公羊傳》、《穀梁傳》記事至魯哀公十四年，《左傳》則延至魯哀公二十八年，全書記事為二百五十七年。

為我國第一部比較完備的編年體史書，則是舉世皆知的了。

《左傳》原名《左氏春秋》，形式上雖也以魯國隱、桓、莊、閔、僖、文、宣、成、襄、昭、定、哀十二公記事，但其內容追溯到周宣王二十三年（西元前八〇五年），較《春秋》記事提前八十三年，又下延記事至智伯之滅（西元前四五三年），後延十八年，前後共計多出百年以上。其記事特點，不僅盡力充實史料，更注意過程的敘述，場面的描寫，人物的刻劃，同時又新創史論，於人物、事件有分析，有評說，文辭更是著意求工，曲盡其妙，使人讀之興味盎然。凡此諸端，遂使《左傳》成為我國古代第一部獨立的史著。換言之，《左傳》雖屬解釋《春秋》的「傳」，但它卻可以離開《春秋》而顯示史學著作的功能，但《春秋》如離開《左傳》，不少地方將使人難明所指。由於《左傳》不僅記述了春秋時期政治、軍事、社會、文化等各方面的重大史實，而且集錄了很多有關春秋以前的歷史事實和傳說，因而成為研究先秦歷史的重要資料。

《左傳》與《春秋》相比，史體有重大改進。大體說有三個方面：一是豐富了史料。《春秋》宣公二年「秋九月乙丑，晉趙盾弒其君夷皐。」此條史事寥寥十三字，《左傳》則衍為五百三十四字，詳細的予以記述，才使得事件真相大白，讀者明其所以。二是注意了文采。《左傳》記事淵懿美茂，其語生氣勃勃，文章優美，便易習誦，有利流傳。三是新創了史論。《左傳》記事用評論來表現是非，或以「君子曰」發端，或借引「孔子曰」代己立言，或繫判斷語於事尾，巧妙地將各種形式的史論，組合交織於記事之中，是述史的一種「書法」。這種書法，左丘明發端於前，司馬遷宏揚於後，理論概括稱之為「寓論斷於序事」，比《春秋》的「書」與「不書」或一字褒貶之法上升至不可同日而語的境界。《左傳》編年記事的成就，對《資治通鑑》產生重大的影響。上述《左傳》改造《春秋》史體的三大特點，在《資治通鑑》中有淋漓盡致的發揚。

2.漢、唐時期，編年史書的確立

到了漢代，編年體史書結束了它的草創時期而進入確立時期。具體說有兩大標誌。其一，《史記》、《漢書》創立的「本紀」編年記事的創造，是這一時期編年體確立的第一個標誌。總體上，紀傳體與編年體是各為一體互相爭勝於史壇，但細緻分析，紀傳體實際是把編年記事、人物傳記、年表譜錄與制度專史熔於一爐的綜合體。其中「本紀」明確採用編年體為全書之綱。《史記》、《漢書》的「本紀」以年、時、月、日為經，以載錄大事為緯，廣泛涉及政治、經濟、軍事、文化、民族關係乃至中外交通無不備載，強調揭示一定時期歷史發展的重要線索和基本輪廓，故能成為全書之總綱，其餘列傳、表、志所述，無不據以為依歸。這種述史體制，較之《春秋》基本不錄社會、經濟、文化史料是一個巨大的進步。《左傳》載政治、軍事又囿於常事不書、非告無錄、斤斤於禮、敘存細事、諱飾含混，乃至於黑白顛倒，有害實錄。《史記》、《漢書》本紀編年對先秦編年體所作的重大改造，也為《資治通鑑》所吸收。

其二，此時期出現了改編紀傳史而成的新型斷代編年史書《漢紀》，是編年體確立的第二個標誌。《漢紀》為東漢末荀悅所編。起因是漢獻帝讀《漢書》，苦其「文繁難省」，乃命荀悅刪之，荀悅在建安五年（西元二〇〇年）完成改編《漢書》的編年史書《漢紀》三十卷。是書以「辭約事詳，論辯多美」❸著稱於世。所謂改編，並非就《漢書》各帝本紀加以簡單串聯，而是統馭全書材料，分類排比，再擷其精要，足以顯示歷史發展脈絡者，以編年之法表現出來。荀悅改編《漢書》的成功為後世編年史書，特別是《資治通鑑》的修撰提供了寶貴的經驗。此外荀悅還有三大創新：一是首創了斷代編年史書，其後專寫一個王朝的編年史書接踵而起，《漢紀》所起開山引導的作用，不能低估。二是首開以「紀」名編

❸《後漢書》卷六十二〈荀悅傳〉。

年之例，即改「春秋」為「紀」，它不只是一個稱謂問題，實則寓有綱紀的深意。「蓋紀者，綱紀庶品，網羅萬物」❹，取紀以名編年之史，表明其記事原則不是有聞必錄，洪纖靡失，而是突出重大事件，綱紀萬物，以表現一代之史。三是首為自立凡例與著書意圖以統馭全書。總上，《漢紀》在史體方面的創新，使編年體正式確立，後世史家給予了高度評價。劉知幾在《史通》中論史體的發展，提出了「六家」、「二體」之說，就是以班固斷代的《漢書》和荀悅斷代的《漢紀》作為紀傳、編年二體的代表總結理論，肯定了荀書確立編年體的歷史地位。近代學者亦給予高度評價。梁啟超稱《漢紀》是「現存新編年體之第一部新書」❺，金毓黻說《漢紀》為司馬光修《通鑑》之所本❻，都是很有見地的。

在東漢末年荀悅《漢紀》的影響之下，魏晉南北朝時期，斷代編年史書大興。一國之史，往往一部紀傳史出，旋即有一部編年史與之相配，更有先出編年後出紀傳，乃至僅有編年而無紀傳者。編年史書蜂起，與紀傳史書爭勝於史壇，形成自春秋、戰國以後編年史書發展史上的又一次高潮。其中，影響較大的有袁宏《後漢紀》、孫盛《晉陽秋》、干寶《晉紀》、王韶《晉安帝陽秋》、裴子野《宋略》、何之元《梁典》以及王劭《齊志》等。因種種原因，流傳下來的只有袁宏《後漢紀》一種。袁書對編年體又有豐富與發展，是編年體確立時期堪與《漢紀》相比美的一部力作。

二、《資治通鑑》的特點與成就

唐初修《晉書》、《梁書》、《陳書》、《北齊書》、《周書》、《隋書》、《南史》、《北史》，確立紀傳體為

❹ 《史通》卷二〈本紀〉。
❺ 梁啟超：《中國歷史研究法》。
❻ 金毓黻：《中國史學史》。

正史編修體例，編年體的發展勢頭相對低落。至北宋《資治通鑑》出，又重振雄風，進入了編年史書的成熟時期。

《通鑑》總結了以往編年史家的經驗，發展和完善了這種古老的體裁，使編年體得以重振，代表了我國古代編年史的最高成就。茲從以下六個方面略述其體制特點與成就。

1. 預先制定嚴密的工作程序和體例細則以指導編纂全過程

司馬光修纂《資治通鑑》，開創了主編全面負責的集體分工合作制。司馬光為全書主編，劉恕、劉攽、范祖禹為主要的協編。《通鑑》編書程序，分作三大環節，先作叢目，次成長編，最後定稿。前兩步工作由協編者分段負責，大體分工是劉攽負責漢史長編，劉恕負責魏晉南北朝史及隋史長編，范祖禹負責唐史長編。五代史也歸劉恕。劉恕中途病死，未完的南北朝部分歸為劉攽，五代部分歸為范祖禹。最後定稿由司馬光一人獨力完成。叢目製作之法，首先在廣泛閱讀原始文獻的基礎之上，按時間順序列出事題目錄，叫作「事目」，然後為事目作注，即將收入各目之資料，注明篇卷出處，因事目繁多，故謂之「叢目」。長編又稱「草卷」，實即初稿，製作之法，是根據叢目提供的線索，將史料重新檢閱一次，然後經過取捨、綜合、詮次，寫出編年史雛形。長編寫成後，交由主編「筆削」，作進一步加工，又有「粗刪」、「細刪」的程序，以期定稿趨於完美。司馬光在修《通鑑》之前先擬定出《通鑑釋例》一卷，確定全書用語、格式等方面凡例三十六條，後又與劉恕反覆商討，定出紀元、薨卒等多項義例，又對范祖禹工作指示，全面申述叢目及長編修撰細則。這些規則，為所有編寫人員所遵守，成功地體現在整個編書實踐中。以上種種措施，皆為編書質量提供了保證，使《通鑑》在結構謹嚴、體例統一方面，能夠卓然高出於傳統編年史書。

2.主幹材料與輔翼材料交相為用，使編年體史書體制一新

為什麼要編《資治通鑑》，司馬光自道原因說：「每患遷、固以來，文字繁多，自布衣之士，讀之不徧，況於人主，日有萬機，何暇周覽！臣常不自揆，欲刪削冗長，舉撮機要，專取關國家盛衰，繫生民休戚，善可為法，惡可為戒者，為編年一書，使先後有倫，精粗不雜。」❼可見《通鑑》之修，實存在滿足士子學史需要和提供君主治國借鑑兩方面的原因。由於前者，必須寫成「舉其大略」的比較全面反映歷史內容的通史，由於後者，必須強調政治史，以便從「國家盛衰」與「生民休戚」中引出「善可為法，惡可為戒」的歷史借鑑，二者的綜合，遂造成了主幹材料與輔翼材料交相為用的述史體制應運而生。《通鑑》著重敘述歷代重大政治事件和戰爭，以「窮探治亂之跡」，同時對於重要歷史人物的言論事跡，各類典章制度的沿革，民族間的交往，經濟的發展，習俗的變遷，曆法的進步之類，皆有扼要的記述，以為「生民休戚」之表證和「治亂興衰」之基託。所以胡三省說：「溫公作《通鑑》，不特紀治亂之跡而已。至於禮樂、曆數、天文、地理，尤致其詳。讀《通鑑》者，如飲河之鼠，各充其量而已。」❽紀傳體廣載史事，各類史料按紀、傳、表、志，分體著錄，做到分而不散。《通鑑》則合紀、傳、表、志材料於一爐，用編年線索加以貫穿，使之統而不分。如此述史，於中心突出之際，兼收包羅宏富之功，既便於總結歷史治亂興衰的經驗教訓，又便於全面表現社會歷史的概貌。此例之設，為編年體注入了新的血液，使編年史書真正建立起了與紀傳史書並駕齊驅的體制基礎。

❼ 司馬光：〈進資治通鑑表〉。
❽《資治通鑑》卷二百十二胡注。

3.首創史料考異之法以取信，使編年述史體制臻於精善

《通鑑》載述一千三百六十二年的歷史，面對史料極其浩繁，如何考訂鑑別，成為一大難題。為了準確記事，對相互矛盾的史料，必須有所去取，對各有短長的記載，必須綜合詮次。司馬光將此等去取詮次的情形，寫成《通鑑考異》三十卷，隨附《通鑑》並行，由此創造了史料考異之法，也開啟了修史之家「自著一書，明所以去取之故」的先例，遂使古老編年體臻於精善。考異之例一開，對後世史家震動甚大，有作為而又實事求是的史家爭相效仿之。如《通鑑》協編者之一范祖禹之子范沖，南宋高宗朝時重修北宋《神宗實錄》，即著《神宗實錄考異》五卷，以明對舊錄刪改去取之由。此外，李燾等一些史家，在他們的編年著作中，更將考異文字直接附於正文有關史事條下，體式又有所推進。

4.繫年方法進一步改進

時間本位是編年史書最根本的特徵，也是它區別於其他史體的最主要依據。在標準編年體式中，被記載下來的所有史實，無不一一與其確定的時間相聯繫，並被嵌入相應的日、月、時、年、年號、君主、朝代的嚴密序列當中。如此述史，便於把握大勢，使一定時期歷史發展的概貌，由遠及近地展現在讀者面前。如何編年記事，前節評述了《春秋》、《漢紀》，乃至《史記》、《漢書》的本紀已經奠定了基礎，至《資治通鑑》又有改進。具體說，繫年的改進，主要有以下三項。

(1)《通鑑》紀年吸取了當代曆法的最新成就。古代用干支紀年，要推定朔閏，必然牽涉到曆法，而曆法精粗不一，自然導致紀年的準確程度呈現差異。北宋著名天文曆法專家劉羲叟著《長曆》一書，相當精密。司馬光即採用《長曆》辨定典籍所載史事的朔閏、甲子，因而使紀年錯誤較少。

(2)《春秋》、《左傳》記事敘次的原則，如注家杜預所概括，乃「以事繫日，以日繫月，以月繫時（季），

以時繫年」。《通鑑》因係通史，又加上「以年（號）繫君主，以君主繫朝代」，則其紀年體式為「以事繫日，以日繫月，以月繫時，以時繫年，以年繫號，以號繫朝」。例如曹操之死，《通鑑》記為「魏紀・世祖文皇帝（曹丕）・黃初元年：春，正月，武王（曹操）至洛陽。庚子，薨。」漢武帝以前，沒有年號，魯莊公某年，秦始皇某年，漢高祖某年之類，是當時通行的紀年法，還不屬「以年號繫君主」，《通鑑》以前沒有編年體通史，斷代編年，自然沒有在行文中標明朝代的必要。可見，《通鑑》改進紀年法，也是時代變化、史學發展的必然結果。

(3)**諸侯並立，王朝分裂，各國對峙時期，《通鑑》紀年，只取一國、一帝年號；又更號改元之歲，皆取最後一個年號**。這種紀年方法，容易示人主從親疏，並產生「頭齊腳不齊」的感覺，有待進一步改進；但能使行文簡明，體例劃一，也是無法否認的。

5.敘論分出，突出史論地位，創新史論體式

所謂敘論分出，是指在編年史書中，史事的敘述與撰史者的評論明確分開，並突出史論的地位。一般來說，史事的敘述，嚴格依據有關史料來寫，「悉從論纂，皆有憑據」❾，不得向壁虛造。史而有論，乃是史學著作區別於單純史料彙編的重要標誌。我國古人撰史，向來重視「事」、「文」、「義」的有機聯繫。《通鑑》史論，即是為「義」而發之作。自《左傳》創立史論體式以來，有作為的史家，無不致力於此，寫出膾炙人口的力作。《通鑑》既以「資治」為重要編書目的，則發掘、闡發史義的文字，便不能不提到突出地位。表現在數量方面，據精確統計，《通鑑》全書設史論二百一十八篇，其中有不少千言以上的大論，這在我國古代史書編撰中是空前的。內容方面，除一般的討論為政得失、賞善懲惡外，更圍繞以禮治國思想反覆宣揚，並對史學功能、經史關係乃至編修凡例之類，展開廣泛評說。《通鑑》

❾ 司馬光：〈進稽古錄表〉。

突出史論地位，是與它主要作為政治史的體制相吻合的。

《通鑑》史論，分為兩大類型：一是司馬光自撰之論，以「臣光曰」發端；一是借引前人成說之論，以借引史家姓名或著作名發端。前者可稱「自論」，後者可稱「借論」。《通鑑》對欲評之事，一般一事一論，或自論，或借論。間亦有同時借引兩則成說，或借引一則成說之後又作「臣光曰」，即以二論共評一事者。《通鑑》全書，共設借論九十八篇，徵引作者三十四家，其中：

孟軻一篇　荀況二篇　賈誼一篇　司馬遷二篇　楊雄六篇　班彪三篇　班固十五篇　仲長統一篇　荀悅八篇　傅玄一篇　華嶠一篇　陳壽五篇　徐眾一篇　孫盛五篇　習鑿齒六篇　魚豢一篇　虞喜一篇　干寶一篇　袁宏三篇　袁準一篇　范曄三篇　崔鴻二篇　沈約四篇　裴子野十一篇　蕭子顯一篇　蕭方一篇　顏之推一篇　陳岳二篇　李延壽二篇　權德輿一篇　李德裕一篇　柳防一篇　蘇冕一篇　歐陽脩二篇

借引成說立論，發自左丘明，司馬光加以宏揚，廣泛借引成說，將借論與自論有機地結合起來，構成遍布本書之經絡，無疑應是對編年體式的一種創新。

6.主體著作與成套系列著作聯為一氣，使編年史體氣象萬千

《通鑑》因記事時限太長，雖極簡要之能事，亦洋洋三百萬餘言，頗難掌握。為便閱讀，提高史著的社會效益，司馬光以《通鑑》為中心，先後編寫了一系列著作，以與主體互相發明。除《通鑑考異》三十卷起辨析增廣史料的作用外，「又略舉事目，年經國緯，以備檢尋，為《目錄》三十卷。」⑩《通鑑目錄》與一般書籍的標題目錄不同，其特點是「年經國緯，著其歲陽歲陰名於上，而各標《通鑑》卷數於下，又以劉羲叟《長曆》氣朔閏月及列史所載七政之變著於上方，復撮書中精要之語散於其

⑩ 司馬光：〈進資治通鑑表〉。

間。次第釐然，具有條理。」⓫實為一內容提要性的大事年表。《目錄》與《考異》隨《通鑑》同時上奏宋神宗，是《通鑑》的兩部主要的輔翼之作。此外，又恐《目錄》過於簡略，復有《通鑑舉要曆》八十卷，《通鑑節文》六十卷，以為簡編。加上修《通鑑》之前撰寫的《通鑑釋例》一卷，載錄修書凡例及與協編者來往信札，又《歷年圖》五卷，「上自周威烈王二十三年，下盡周世宗顯德六年，略舉每年大事，編次為圖。」⓬總上六種輔翼著作，共一百八十六卷，與《通鑑》正文二百九十四卷交相輝映，從不同側面增強了《通鑑》這部編年體通史巨著的表現力。可以說這是編年體的一項重大革新。

《資治通鑑》引領編年體史書蓬勃發展，仿其體制繼起者，或添前，或續後，自宋迄清，逐步形成了一個從古到今的編年史系統，舉其要者，有十二種，書目如次：

1. 《通鑑外紀》十卷，目錄五卷　北宋劉恕撰。
2. 《漢紀》三十卷　東漢荀悅撰。
3. 《後漢紀》三十卷　東晉袁宏撰。
4. 《資治通鑑》二百九十四卷　北宋司馬光等撰。
5. 《續資治通鑑長編》五百二十卷　南宋李燾撰。
6. 《建炎以來繫年要錄》二百卷　南宋李心傳撰。
7. 《宋元資治通鑑》六十四卷　明薛應旂撰。
8. 《明紀》六十卷　清陳鶴生撰。
9. 《明通鑑》一百卷　清夏燮撰，亦為明代編年史。
10. 《國榷》一百零八卷　明末清初談遷撰。

⓫《四庫全書總目》卷四十七《資治通鑑目錄》條。
⓬《溫國文正司馬公集》卷五十一〈乞令校定資治通鑑所寫稽古錄劄子〉。

11.《資治通鑑後編》一百八十四卷　清徐乾學撰。

12.《續資治通鑑》二百二十卷　清畢沅撰。

這就是與二十四史紀傳史系統相輔相補的編年史系列，不一一備述。但沒有一部編年史書可與《資治通鑑》相頡頏。胡應麟《史書佔畢》說：「編年之史，備於司馬氏。」這個「備」字，應視為對《通鑑》完善編年體歷史功績的確評。

三、《資治通鑑》的內容與價值

1.《資治通鑑》的主要內容

中國傳統史學強調經世致用，《資治通鑑》把這一主旨發展到極致。書名《資治通鑑》雖然是宋神宗所賜，實為司馬光之本旨，顧名思義，即史學要「鑑於往事，有資於治道。」既然是「垂鑑資治」，所以司馬光選用材料以及敘述內容，「專取關國家盛衰，繫生民休戚，善可為法，惡可為戒者」⓭。這就決定了《資治通鑑》全部內容落實在「治、亂、興、衰」四字上，用今語說，是一部政治軍事史。司馬光著墨於國家治亂，寫得最多的是君主的賢愚、官吏的好壞。司馬光認為「國亡治亂，盡在人君」⓮，因此特別重視為君之道。司馬光把歷史上的君主，依據他們的才能與功業，分為創業、守成、衰替、中興、亂亡五類。創業之君，如漢高祖、光武帝、隋文帝、唐太宗等，削平群雄，統一中夏，「智勇冠一時」，乃非常之人，幹非常之事。這些君主的光輝業績，《資治通鑑》寫得很詳細，供人敬仰與效法。守

⓭ 司馬光：〈進資治通鑑表〉。

⓮ 司馬光：《稽古錄》卷十六。

成之君，能把創業之君留下的家業發揚光大，如漢文帝、漢景帝、北魏孝文帝等，他們是守成的代表人物。司馬光說：守成之君，「必兢兢業業，以奉祖考之法度，弊則補之，傾則扶之，不使耄老有歎息之音，以為不如昔日之樂，然後可以謂之能守成矣。」[15]司馬光稱美文、景，借引班固的話說：「掃除煩苛，與民休息，移風易俗，黎民醇厚，周云成康，漢言文景，美矣。」[16]中興之君，指能撥亂反正，把處於危機或急劇衰落的國家引導上正軌，轉危為安，使政治重新歸於治。漢宣帝是中興之君的典型。司馬光借班固的話讚頌說：「孝宣之治，信賞必罰，綜核名實。政事、文學、法理之士，咸精其能。至於技巧、工匠、器械，自元成間鮮能及之。亦足以知吏稱其職，民安其業也。」[17]衰替之君，即昏庸之主，他們「習於宴安，樂於怠惰，人之忠邪混而不分，事之得失置而不察，苟取目前之佚，不思永遠之患」，以至「祖考之業」日益衰微。西漢元帝、成帝、東漢桓帝、靈帝，都是昏庸之主。最壞的是亂亡之君。他們「心不入德義，性不受法則，捨道以趨惡，棄禮以縱欲，讒諂者用，正直者誅，荒淫無厭，刑殺無度，神怒不顧，民怨不知」，結果是「敵國喪之」、「下民判之」[18]，只有破家亡國了。亡國之君十之八九都是昏暴淫逸的亂亡之君，秦二世、陳後主是其尤者。創業、守成、中興三類之君，是賢聖的明君，是司馬光提供學習的榜樣。衰替、亂亡之主，是司馬光提供借鑑、警世的標識，在敘述中給予揭露和鞭撻。司馬光發揚傳統史學懲惡勸善的思想，應予肯定。

戰爭是政治鬥爭的最高形式。古代國之大事，在祀與戎。司馬光在《資治通鑑》中用力寫各種戰爭，有改朝換代群雄逐鹿的戰爭，創業之主平亂誅暴的戰爭，雄主禦辱與開拓的對外戰爭，農民起義與王朝

[15] 司馬光：《稽古錄》卷十六。
[16] 司馬光：《稽古錄》卷十六。
[17] 司馬光：《稽古錄》卷二十七。
[18] 司馬光：《稽古錄》卷十六。

鎮壓的戰爭，《資治通鑑》都做了繪聲繪色的描寫。司馬光總結戰爭經驗，各種戰爭，在不同年代、不同地域、不同將帥指揮下有不同的結果。有國有家者，不可以不知兵。寫戰爭就是要總結強國用兵的兵法。顧炎武評論說：「《通鑑》承《左氏》而作，其中所載兵法甚詳。凡亡國之臣，盜賊之佐，苟有一策，亦具錄之。朱子《綱目》大半削去，似未達溫公之意。」⑲

司馬光輕文學，明人李因篤說：「《通鑑》不載文人」指此。大詩人屈原，《通鑑》隻字未提。司馬遷寫《史記》，為文學家立專傳，大量錄載文學作品，評價屈原〈離騷〉「雖與日月爭光可也」，認為司馬相如賦「雖多虛詞濫說，然其要歸引之節儉，此與《詩》之風諫何異」。兩司馬的態度大相逕庭。文人參與的政治活動，與王朝、社會有重大關係的涉政文章，司馬光仍不遺棄。如錄載司馬相如的〈諫獵書〉，錄載唐宋八大家唐韓愈的〈諫佛骨表〉、〈送文暢師序〉，柳宗元的〈梓人傳〉、〈種樹郭橐駝傳〉。司馬光輕文學家及文學的政治作用，既不必為之諱，也不必為之病，這就是他的立場。

《資治通鑑》對於正史諸志中關於禮儀、刑罰、職官、食貨等方面的內容，頗多採錄。如西漢除肉刑、東漢立《石經》、曹魏九品官人法、西晉罷州郡兵、北周創府兵等等。涉及土地制度與民生的財賦制度亦納入為重要的政治內容。如商鞅變法、文景時期的輕傜薄賦、北魏孝文帝的均田制、唐代德宗實行兩稅法，以及水、旱豐歉等等記載不遺餘力。當然，比起紀傳史來，綜合史的內容大大減少，突出的是政治、軍事，這是編年史書的一個特點。

由於《資治通鑑》吸收《左傳》、《漢紀》，以及紀傳史之「本紀」敘事的優點，在政治、軍事中關注禮樂、曆數、天文、地理、經濟、文化等內容，因此《通鑑》是一部內容宏富的古代政治編年通史。簡括條列其述史內容，主要有以下十個方面：

1. 帝王的即位、治績與喪葬、評說；

---

⑲ 顧炎武：《日知錄》卷二十六。

2. 重要歷史人物的活動與卒年；
3. 經濟、政治制度的變革與重要的法令頒布；
4. 社會各階級、階層尖銳複雜的矛盾鬥爭；
5. 重大的軍事活動與戰爭；
6. 民族關係；
7. 中外關係；
8. 重要的科技文化的發明與發現；
9. 生產工具和生產技術的改進；
10. 重大的自然變革與災害。

2.《資治通鑑》的史學價值

《資治通鑑》的史學價值，在史學、史體、史料三個方面都有突出的創造，試簡析之如次。

(1)史學方面。史學價值，指幫助人們瞭解歷史，認識歷史，總結歷史。作為鴻篇巨製的《資治通鑑》，它較為詳盡的反映了中國古代從戰國至五代（西元前四〇三—西元九五九年）共一千三百六十二年的歷史，熔鑄於史事內容中的史學價值有三個方面。

第一，貫通古今。《通鑑》一書在手，歷代大事囊括其中，興衰得失匯聚眼前，這一優點，其他任何一部史籍無可比擬。清張之洞、近人梁啟超做了畫龍點睛的評價。張之洞說：「若欲通知歷朝大勢，莫如《資治通鑑》及《續通鑑》。」[20]梁啟超說：「司馬溫公《通鑑》亦天地一大文也。其結構之宏偉，其取材之豐贍，使後世有欲著通史者，勢不能不據為藍本，而至今未能有逾之者焉。」[21]

[20] 張之洞：《輶軒語》。

第二，政治史為中心。司馬光〈進資治通鑑表〉明確其著書目的說：「專取關國家盛衰，繫生民休戚，善可為法，惡可為戒者，為編年一書。」知往鑑今，其要在政治，《通鑑》的價值亦在此，這是讀《通鑑》要牢牢把握的。

第三，以史為鑑。這一點經歷了歷史的考驗，正如胡三省所說：「為人君不知《通鑑》，則欲治而不知自治之源，惡亂而不知防亂之術。為人臣不知《通鑑》，則上無從事君，下無以治民。為人子不知《通鑑》，則謀身必至於辱先，作事不足以垂後。乃如用兵行師，創法立制，而不知跡古人之所以得，鑑人之所以失，則求勝而敗，圖利而害，此必然者也。」㉒

(2)史體方面。在我國史體發展史上，編年體佔有重要位置，一是開眾體之先，二是奠眾體之基。無論是中國還是世界，按年月日記事，是人類最早用於編寫史書的方法，也就是人類創造的最古老的史體。在這個意義上，可以說編年體乃開眾體之先，即史體之祖。中國編年體經歷了自草創、確立直至成熟的過程。在其自身發展的同時，又給後起其他史體以普遍的深刻影響。《資治通鑑》追附交錯的敘事，編年之中帶紀事本末的輔助，對一些事件的前因或過程加以補敘，多用「初」字起筆，避免了割裂。《通鑑》已經達到史家敘事得心應手的境界。由《通鑑》又派生出袁樞的《通鑑紀事本末》，以及朱熹的《資治通鑑綱目》，成為南宋以後流行的史書體裁。特別是《通鑑》完備的時間本位敘事，為各種史體奠定了基礎。

(3)史料方面。司馬光對史料的處理，考異取信已如前述，這裡補述搜羅宏富。司馬光說，他搜集史料「遍閱舊史，旁采小說，簡牘盈積，浩如煙海。」㉓後人考證司馬光採用的資料有三百餘種。宋人高

㉑ 梁啟超：《新史學》。
㉒ 胡三省：〈新注資治通鑑序〉。
㉓ 司馬光：〈進資治通鑑表〉。

似孫《緯略》說：「《通鑑》採正史之外，其用雜史諸書凡二百二十二家。」清人胡元常錄《通鑑考異》所載書名，作《通鑑引書考》凡得二百七十二種。近人張煦侯據《資治通鑑》和《通鑑考異》所引各書加以考索，分為正史、編年、別史、雜史、霸史、傳記（附碑碣）、秦漢（附別集）、地理、小說、諸子共十類，得三百零一種。西元一九八七年《河北師院學報》第二期載陳光崇先生的〈通鑑引用書目的再檢核〉，拾遺補缺，考定為三百五十九種。司馬光實際引用的書目不只此數，足見其用力之勤，為後進述史者樹立了榜樣。

司馬光從宋英宗治平三年（西元一〇六六年）奉命編寫《資治通鑑》，到宋神宗元豐七年（西元一〇八四年）完成，歷時十九年，耗盡了司馬光的一生心血。在這十九年中，司馬光「研精極慮，窮竭所有，日力不足，繼之以夜」，把全部精力投入到這部書上。由此可見，要寫出一部歷史名著，作者要付出何等高昂的代價。司馬光的付出，換來了《資治通鑑》的永垂不朽。《資治通鑑》自問世以來，一直享有很高的聲譽。宋神宗欽賜書名《資治通鑑》。明胡應麟說：「自有書契以來，未有如《通鑑》者。」清王鳴盛說：「此天地間必不可無之書，亦學者必不可不讀之書也。」㉔清浦起龍對《資治通鑑》產生的影響作了高度評價，浦氏說：國史「上起三國（指韓趙魏列為諸侯），下終五季，棄編年而行紀傳，史體偏缺者五百餘年，至宋司馬光始有《通鑑》之作，而後史家二體，到今而行，墜緒復續，厥功偉哉。」㉕這是說《資治通鑑》帶動了編年史書的復興，產生了貫通中國歷史的編年史書系列，與紀傳體全史交相輝映。司馬光對中國史學的貢獻，鑄就了他在中國史學史上崇高的歷史地位。

最後，還須交代一下司馬光寫《資治通鑑》既不寫上古，又不寫後周之滅，止於禪讓之前，一部通史，無頭無尾，總給人以遺憾，其實這正是司馬光的用心處。《通鑑》始於周威烈王命韓、趙、魏三家

㉔ 王鳴盛：《十七史商榷》卷一百。

㉕ 浦起龍：《史通通釋》卷十二。

為諸侯，由此寫了一篇史論，批評周王違背了名與器不可假人的禮，開啟了禮壞樂崩，表明司馬光維護帝王權威，臣下不可越禮犯分的思想。《通鑑》下限不書宋周禪代，既為本朝迴護，隱諱趙匡胤從孤兒寡母手中奪權的尷尬，也為自己避免觸諱，少惹麻煩。中國歷史上的文字獄，歷史學家首當其衝，因此我們不能苛責司馬光去效法南史氏吧。由此可知，《資治通鑑》無頭無尾，皆寓意良深，這也是曲折地反映了中國社會的某種特色吧！

張大可於北京

二〇一一年九月二十八日

凡例

一、底本及解讀內容

1. **底本**。以清胡克家本為底本，參考章鈺校記、當今相關研究釐定文字，以完整的史事記述為單元劃分注釋段落。上下相銜而文句簡短的不同記事，加「〇」符號以示區別。並採擇章鈺等人校勘成果，校訂正文，且寫入校記為專條。

2. **新譯讀本的內容**。包括題解、章旨（說明）、注釋、校記、語譯、研析六項內容。題解、章旨（說明）、研析宏觀解讀《通鑑》編年記事的內容。題解、研析以卷為單元，每卷開頭有題解，指出該卷大事內容，卷末研析評點大事。章旨（說明）以注釋段落首尾完備的大事件為單元，述與評結合，寫在該注釋段落之末，提示串述重要史事。校記主要採用章鈺校勘，旁及相關史料。注釋、語譯兩項內容，以疏通文字為目的。微觀解讀字、詞、句，是新注本的重心，技術要求，分述於次。

二、注釋內容及體例

1. **字音**。全書於正文部分注音，不再於個別注釋中提及。

2.詞義。一般詞語不注釋。筆法用語、特殊詞語、通假字等均一一用簡潔現代漢語注釋，盡可能做到不漏、不濫。

3.語句。因有譯文，故一般不串釋語句。但特殊短語、難句、複雜歷史內容的句子、必須疏解的語法及修飾作用的句子，不串釋不得要領者，既釋單詞，再做說明性串釋，以彌補字面語譯的不足。

4.歷史。包括史事、考辨、掌故等多項內容，注釋以簡明為原則，不作繁瑣引證；對學術界爭論的問題，只取通行的或某家之說，不進行爭鳴。

5.天文。用現代天文學成就與《通鑑》天文用語直接對譯。不明天象及感應災祥，不強加解釋，也不妄評，而只注明「不明天象」或「待考」字樣，存疑以待賢者。

6.地理。與閱讀無關的地名一律不注，如官爵中的地名就不注，標明歷史人物籍貫的地名，一般不注。應注地名分三大類，體例如次：

(1)各級政區地名，只注治所方位的今地，不注沿革及範圍。郡、國、州，加「治所」字樣，縣級用「縣治」字樣。釋例如下：

①淮陽　郡名，治所在今河南淮陽。

②藍田　縣名，縣治在今陝西藍田西部。

（「郡名」、「縣名」後用逗號。縣以上用「治所」，縣則為「縣治」，後接「在」字。「河南」、「陝西」後略去「省」字。）

(2)地區地名，只用一、兩句概略語簡注，不詳述範圍。例：

①關內　地區名，古指函谷關以西關中之地。

②關東　古指函谷關以東之地。

③關中　地區名，相當於今陝西中部地區。舊說在東函谷關、南武關、西散關、北蕭關等四關之中。

（關內、關中，加定性語「地區名」三字。關東，非一般地區，不加「地區名」三字。）

⑶一般地名，直接對譯，重要地區如軍鎮、古戰場等等，說明其性質。例：

①滎陽　地處衝要的軍事重鎮，在今河南滎陽。

7.**職官**。以若干卷為單元，多次出現的職官只在單元內第一次出現時作注，在單元內重複出現不作注，但在下一單元首次出現時要重複作注；不常見的職官名以卷為單元重複作注。一般只簡注職能，不詳注沿革變遷和秩祿。例：

①丞相　官名，朝廷的最高行政長官，協助皇帝處理國家政務。

②太常　官名，秦、漢九卿之一，掌宗廟禮儀，兼掌博士與選舉。

③郎中令　官名，秦、漢九卿之一，掌護皇宮，統屬諸郎。

④詹事　官名，主管宮中皇后、太子日常事務。

⑤丞　秦、漢朝廷和地方官署均有丞，輔佐長官。

（以上各條注，均簡潔說明其職守，以助讀者讀暢原文，不詳注，也不要對譯成現代官名，如丞相—總理；長史—祕書長；謁者—禮賓司司長等等。）

8.**人物**。注釋內容有六大要項，即名（姓名、表字）、時（生卒年）、地（籍貫）、官（主要的或最高的、最後的）、事（代表性的經歷）、傳（見某史某卷），完整釋例如下：

①蕭望之　（？—西元前四七年）字長倩，東海蘭陵（在今山東蒼山縣西南）人，徙杜陵（今陝西西安東南）。漢宣帝時，歷任左馮翊、大鴻臚、御史大夫、太子太傅等官。甘露三年（西元前五一年），主持石渠閣會議，評議《五經》同異。元帝即位，以帝師甚受尊重，爵關內侯。傳見《漢書》卷七十八。

人物眾多，一般只作索引式簡注，為讀者提供檢索便利，正史不載的次要人物，只簡注「人名」二字即可，不一一詳注六項內容。例如：

①朱祜（？—西元四八年）東漢開國功臣之一，封新息侯。傳見《後漢書》卷三十三。

②馮勤（？—西元五八年）傳見《後漢書》卷二十六。

③景言　泉景言，人名，曾任建節將軍。

④曹泥　人名。

注釋人物的詳略分寸，視其讀史需要，而不是按人物級別來定。像秦皇、漢武、韓信、韓愈等有重大影響的歷史人物，知名度高，讀者容易查找，不必評注。但國君、皇帝，必須注明在位年代。例：

①威烈王　名午，周考王之子，東周第十七君，西元前四二五—前四〇二年在位。

9.**名物、制度、風俗、習慣等詞目的注釋**。要吸收考古及學術界的研究成果，體現出「新」的內容特色。

10.**校勘**。本書對章鈺校勘成果擇要選錄，特出校記條目，列於注釋項後。

11.**正、注文的聯繫**。用數字為序號聯繫。被注詞為條目，空一格書寫注文。

三、對語譯的要求

使用簡潔明快的現代漢語翻譯《通鑑》原文，應與注釋緊密配合，兩者不能有牴牾。為使譯文緊貼原文，而又簡潔明快，特做如下一些技術規範。

1.**扣緊字詞句**。以敘述語直譯為主，意譯為輔。一些用當今通俗語意譯的詞句，加注說明。例如「蒼頭」，隨文譯為「隨身保鏢」，是「奴僕」的引申譯法就必須出注說明。又如「宴惰」意譯為「歲首歡宴，放鬆警惕」，也應出注說明。

2.**切忌以串釋代語譯**。譯文是以今語對轉古語，前人稱為詁；串釋是用眾多詞語解釋一個詞語，前人稱為訓。需要串釋的詞句出注訓釋，以使譯文簡鍊。

3. **古代官名、地理、特殊事物名稱、習用語不譯**。避免譯文不準確，並保持時代特色，故不譯。

4. **古今習見的通用語、成語典故不譯**。例如「挾天子以令諸侯」、「大赦天下」、「唯利是圖」、「出其不意」、「秋毫無犯」、「若合符契」、「猶豫不決」等精粹語言，現代語中仍然通用，如果強要硬譯，反覺累贅，不譯為好。

5. **干支記日的譯法**。在譯文中要保留干支名稱並補上月分，以使譯文暢通，時間一目了然。例：某干支「辛丑」為「十六日」，如譯文只寫「十六日」，時間概念仍模糊，而寫成「七月十六日辛丑」就非常明晰。如果正文所提干支有誤，則在注文中作考證更正誤記的日期，而譯文仍依正文之記日。

6. **省略的官名譯文用全稱**。例如省稱的官名「舍人」要譯為「中書舍人」；而作為賓客的「舍人」可以隨文譯成「管家」或不譯。

7. **特殊語「上」字的譯法**。作為皇帝通稱的「上」，一般不通譯為「皇上」，而轉譯為具體所指，如「北魏孝武帝」、「梁武帝」等，以使譯文清晰。

8. **第三人稱，譯文複指其名，一般不譯為「他」**。

9. **一些字面語背後含有一定的歷史內容的譯文，皆出注說明**。例如「喬寧、張子期之死」，補充原因，出注說明，這樣譯文就可保持乾淨。

總之，注與譯都要突出「新」與「通俗」兩個特點，使《資治通鑑》打破時空的隔閡成為人人可讀的書，整理者必須要隨文下功夫，特別是語言的感情色彩，只能心領神會，點染加工，不可能用條例規範，這裡就不多說了。

資治通鑑序　御製❶

【題解】此〈序〉為治平四年（西元一〇六七年）十月九日，宋神宗趙頊為《通鑑》所預製。在此〈序〉中，神宗取義於《詩經》「商鑑不遠，在夏后之世」，特賜書名為「資治通鑑」。

朕惟「君子多識前言往行，以畜其德❷」，故能「剛健篤實，輝光日新❸」。書亦曰：「王，人求多聞，時惟建事❹。」詩、書、春秋，皆所以明乎得失之迹，存王道之正，垂鑑戒於後世者也。

漢司馬遷紬石室金匱之書❺，據左氏、國語❻，推世本、戰國策、楚漢春秋，采經摭❼傳，罔羅天下放失舊聞❽，考之行事，馳騁上下數千載閒❾，首記軒轅❿，至于麟止⓫，作為紀、表、世家、書、傳，後之述者不能易此體⓬也。惟其是非不謬於聖人⓭，褒貶出於至當，則良史之才矣。

若稽古英考⓮，留神載籍，萬機之下，未嘗廢卷。嘗命龍圖閣直學士司馬光論次歷代君臣事迹，俾就祕閣繙閱⓯，給吏史筆札⓰，起周威烈王，訖于五代。光之志以為周積衰，王室微，禮樂征伐自諸侯出。平王東遷，齊、楚、秦、晉始大，桓、文更霸，猶託尊王為辭以服天下。威烈王自陪臣命韓、趙、魏為諸侯，周雖未滅，王制盡矣！此亦古人述作造端立意之所繇也[17]。其所載明君、良臣，切摩治道，議論之精語，德刑之善制，天人相與之際，休咎庶證之原[18]，威福盛衰之本，規模利害之效，良將之方略，循吏之條教，斷之以邪正，要之於治忽[19]，辭令[20]淵厚之體，箴諫[21]深切之義，良謂備焉。凡十六代，勒成二百九十四[1]卷，列于戶牖之間而盡古今之統，博而得其要[22]，簡而周于事[23]，是亦典刑[24]之總會，冊牘之淵林矣。

荀卿有言：「欲觀聖人之迹，則於其粲然者矣，後王是也[25]。」若夫漢之文、宣，唐之太宗，孔子所謂「吾無間焉[26]」者。自餘治世盛王，有慘怛之愛，有忠利之教[27]，或知人善任，恭儉勤畏[28]，亦各得聖賢之一體，孟軻所謂「吾於武成取二三策而已[29]」。至于荒墜顛危，可見前車之失，亂賊姦宄，厥有履霜之漸[30]。詩云：「商鑑不遠，在夏后之世[31]。」故賜其書名曰「資治通鑑」，以著朕之志焉耳。

治平四年十月，初開經筵，奉聖旨讀資治通鑑。其月九日，臣光初進讀，面賜御製序，令候書成日寫入[32]。

【注釋】❶御製　宋神宗親自撰寫。❷君子多識前言往行二句　語出《易・大畜・象辭》。識，記住。前言往行，前人的言行。畜，蓄養。❸剛健篤實二句　語出《易・大畜・彖辭》。日新，日日都有新的氣象。❹王三句　語出《尚書・商書・說命》。人們之所以追求知識，是為了建立事業。❺紬石室金匱之書　引自《史記・太史公自序》：「紬史記石室金匱之書」。紬，綴集。石室金匱，國家藏書之處。❻左氏國語　指《春秋左傳》與《國語》兩書。一說「左氏」指左丘明，斷作左氏《國語》。❼摭　擇取。❽罔羅天下放失舊聞　引自《史記・太史公自序》。罔羅，網羅。放失舊聞，舊聞有遺失放逸者。❾馳騁上下數千載間　南朝宋裴駰《史記集解・序》：「馳騁古今上下數千載間」。❿軒轅　黃帝。《史記》以〈五帝本紀・黃帝紀〉為記事開端。⓫麟止　漢武帝於雍得到白麟，司馬遷將此年作為記事下限，此舉也是對《春秋》終於獲麟的模仿。⓬易此體　改變「〈紀〉、〈表〉、〈世家〉、〈書〉、〈傳〉」的體例。⓭是非不謬於聖人　對是非的判斷不與聖人的標準矛盾。⓮若稽古英考　能順應古道的先帝英宗皇帝。《尚書・堯典》曰：「若稽古帝堯」，「若稽古英考」即仿照此句。英考，即神宗稱「先帝英宗」。⓯俾就祕閣繙閱　允許入祕閣翻閱資料。俾，使。繙閱，翻閱。⓰給吏史筆札　為編修者提供筆墨、紙張。⓱威烈王四句　《資治通鑑》首句為「初命晉大夫魏斯、趙籍、韓虔為諸侯」，即以「三家分晉」作為記事的起點。此句下司馬光大發議論，認為三家竊晉當誅，卻被周威烈王命為諸侯，是名分失墮、禮崩樂壞，天下自此流於紛爭。⓲休咎庶證之原　吉、凶徵兆最終應驗的原委。⓳要之於治忽　以治亂來概括。⓴辭令　文辭。㉑箴諫　規戒勸諫。㉒博而得其要　記事廣博而能盡得其要旨。㉓簡而周于事　文辭簡潔而能明白曉暢。㉔典刑　常法。㉕欲觀聖人之迹三句　語出《荀子・非相》。司馬遷以後，多將荀子學說概括為「法後王」，以與孟子「法先王」相對。後王，指晚近的賢王。㉖吾無閒焉　語出《論語・泰伯》：「禹，吾無間然矣。」無閒，沒有罅隙，完全贊同。閒，同「間」。罅隙。㉗有憯怛之愛二句　語出《禮記・表記》：「（虞帝）子民如父母，有憯怛之愛，有忠利之教。」即對百姓有悲憫的愛，有忠和的教化。憯怛，悲痛。忠利，王念孫疏為「忠和」。㉘恭儉勤畏　恭敬、儉樸、勤勞、敬畏。畏，《論語・季氏》：「君子有三畏：畏天命，畏大人，畏聖人之言。」㉙吾於武成取二三策而已　語出《孟子・盡心》。前句為「盡信書，則不如無書」，此處指不必全盤接納，僅選擇「得聖賢之一體」者。㉚履霜之漸　《易・坤卦・爻辭》：「履霜，堅冰至。」意即見微知著，防微杜漸。㉛商鑑不遠二句　語出《詩・大雅・蕩》。殷商的鏡鑑並不遠，就是夏王朝滅亡的歷史。夏后，夏的國號。㉜治平四年十月七句　此非神宗〈序〉文，而是司馬光記錄神宗賜〈序〉始末的文字。經筵，為皇帝講解經傳史鑑而特設的講席。

【校　記】1 四　原作「六」。據章鈺校，乙十一行本作「四」，今據改。按，《通鑑》卷數正為二百九十四。

【語　譯】朕聽聞《易・大畜》說道：「君子往往記誦前人的言行，以此來蓄養自己的德行」，因此才能「剛健忠實，日日都有新的氣象」。《尚書》也說道：「王啊，人們之所以追求知識，是為了建立事業。」《詩經》、《尚書》、《春秋》，都是用來彰顯得失的本末，保存王道的正軌，為後世高懸戒鑑的。

西漢司馬遷綴集石室金匱中的藏書，依據《春秋左傳》、《國語》，推詳《世本》、《戰國策》、《楚漢春秋》，採擇經、傳，搜羅天下那些遺逸的舊聞，考證史事的源流，縱橫上下數千年之間，記事始於黃帝，而以漢武帝於雍地得到白麟為止，開創了〈紀〉、〈表〉、〈世家〉、〈書〉、〈傳〉的撰述體例，後來的修史者都依從了司馬遷的體例。特別是《史記》對是非的判斷不與聖人的標準矛盾，褒貶又都妥帖恰當，實在是優秀史官的才能。

先帝英宗皇帝能順應古道，留意於書籍，即便是日理萬機，卻仍然手不釋卷。英宗曾命龍圖閣直學士司馬光編纂歷代的君臣事跡，並准許他翻閱祕閣藏書，撥給編修者筆墨紙張，記事始於周威烈王，至五代為止。司馬光認為周代積弱，王室衰微，本應由天子主導的禮樂征伐卻被諸侯所掌控。周平王東遷時，齊、楚、秦、晉才開始坐大，到齊桓公、晉文公次第成為霸主的時候，仍然假託尊奉周天子來使天下服從。而到周威烈王的時候，竟然任命身為陪臣的韓、趙、魏三家為諸侯，周朝雖然沒有滅亡，但周王室的制度至此結束了！司馬光以三家分晉為記事的開端，正是古人撰述時發端立意的做法。其書中所記載的明君、良臣，在治理天下上的切磋砥礪，議論間精妙的言語，恩澤與刑罰中良好的制度，天人交感的時候，吉凶應驗的原委，統治者的威福與王朝盛衰的關係，謀劃利弊的實際效果，良將的軍事方略，循吏治民的法規，判斷其間的善惡邪正，概括總結為治亂，文辭厚重的體例，規戒勸諫的深切，可以說都很好的具備了。其書總計十六代的史事，編成二百九十四卷，放在書案上就能縱覽古今的統治，記事廣博而能盡得其要旨，文辭簡潔而能明白曉暢，可以說是治道常法的彙編，文書書籍的淵藪了。

荀子曾說：「想要知曉聖人的遺法，就要去看那些明白清楚的，也就是後王的治國之道。」諸如漢文帝、宣帝，唐太宗，都是孔子所說「我完全贊同」的賢君。其他太平之世的賢君，對百姓有悲憫的愛，有忠和的教化，或是知人善任，能夠恭敬、儉樸、勤勞、常懷敬畏，也是各自做到了聖賢之道的一部分，正是孟子所說「我對〈武成〉僅採信其兩三枚簡罷了」。至於古來的荒亂政局、王朝崩潰，可以作為前車之鑑，亂賊奸邪，則可以作為履霜之戒。《詩經》中說：「殷商的鏡鑑並不遠，就是夏王朝滅亡的歷史。」因此，賜其書名為「資治通鑑」，以此來顯明朕的志向。

治平四年十月，初次為聖上開設講席，奉聖旨讀《資治通鑑》。十月九日，臣司馬光初次進上書稿並為聖上講讀，得到聖上當面賜下御製的書序，並命令等到全書完成的時候將其寫入書中。

卷第一

周紀一

起著雍攝提格❶（戊寅　西元前四〇三年），盡玄黓困敦❷（壬子　西元前三六九年），凡三十五年。

【題解】本卷記述了從周威烈王二十三年（西元前四〇三年）起至周烈王七年（西元前三六九年）共三十五年的戰國初期的各國大事。首先司馬光對周威烈王策封趙、魏、韓三家大夫為諸侯一事發表了長長的感慨；而後對這三十多年中的傑出人物魏文侯表示了由衷的敬佩；對智伯勢力極強而被三家所滅的歷史教訓給予了強調；對吳起的生平始末、對子思與衛侯相互對答的幾則小故事都記載得相當生動。

威烈王❸

二十三年（戊寅　西元前四〇三年）

初命晉大夫魏斯、趙籍、韓虔為諸侯❹。

臣光❺曰：「臣聞天子之職，莫大於禮❻，禮莫大於分❼，分莫大於名❽。何謂禮？紀綱[9]是也。何謂分？君臣是也。何謂名？公、侯、卿、大夫是也。

「夫以四海[10]之廣，兆民[11]之眾，受制於一人，雖有絕倫[12]之力，高世[13]之智，莫不奔走而服役[14]者，豈非以禮為之紀綱哉！是故天子統三公[15]，三公率諸侯[16]，諸侯制卿大夫[17]，卿大夫治士庶人[18]。貴以臨[19]賤，賤以承[20]貴。上之使下，猶心腹之運[21]手足，根本[22]之制支葉[23]；下之事上，猶手足之衛心腹，支葉之庇[24]本根。然後能上下相保，而國家治安[25]。故曰：天子之職，莫大於禮也。

「文王序易[26]，以乾、坤為首[27]。孔子繫之曰[28]：『天尊地卑，乾坤定矣[29]。卑高以陳，貴賤位矣[30]。』言君臣之位，猶天地之不可易[31]也。春秋抑諸侯，尊王室[32]。王人[33]雖微[34]，序於諸侯之上[35]，以是[36]見聖人於君臣之際，未嘗不惓惓[37]也。非有[38]桀、紂[39]之暴，湯、武[40]之仁，人歸之[41]，天命之[42]，君臣之分，當守節伏死[43]而已矣。是故以微子而代紂[44]，則成湯配天[45]矣，以季札而君吳[46]，則太伯血食[47]矣。然二子[48]寧亡國而不為者，誠[49]以禮之大節[50]不可亂也。故曰：禮莫大於分[51]也。

「夫禮，辯[52]貴賤，序[53]親疏，裁羣物[54]，制庶事[55]。非名不著[56]，非器不形[57]。名以命之[58]，器以別[59]之。然後上下粲然有倫[60]，此禮之大經[61]也。名器既亡[62]，則禮安得獨在哉？昔仲叔于奚有功於衛[63]，辭邑而請繁纓[64]。孔子以為『不如多與之邑[65]。惟名與器[1]，不可以假人[66]，君之所司[67]也』，政亡[68]則國家從之[69]。衛君[70]待孔子而為政[71]，孔子欲先正名[72]，以為名不正，則民無所措手足[73]。夫繁纓，小物也，而孔子惜[74]之；正名，細務[75]也，而孔子先之[76]。誠以名器既亂[77]，則上下無以相保[78]故也。夫事[79]未有不生於微而成於著[80]，聖人之慮遠，故能謹其微而治之[81]；眾人[82]之識近[83]，故必待其著而後救之。治其微，則用力寡而功多；救其著，則竭力而不能及[84]也。易曰『履霜堅冰至[85]』，書[86]曰『一日二日萬幾[87]』，謂此類也[88]。故曰：分莫大於名[89]也。

「嗚呼！幽、厲失德[90]，周道[91]日衰。綱紀散壞，下陵上替[92]。諸侯專征[93]，大夫擅政[94]。禮之大體，什喪七八[95]矣，然文、武之祀，猶緜緜相屬[96]者，蓋以周之子孫[97]尚能守其名分[98]故也。何以言之？昔晉文公有大功於王室[99]，請隧於襄王[100]。襄王不許，曰：『王章[101]也。未有代德[102]而有二王[103]，亦叔父之所惡[104]也。不然，叔父有地而隧[105]，又何請焉[106]！』文公於是懼而不敢違[107]。是故以周之地，則不大於曹、滕[108]，以周之民，則不眾於邾、莒[109]，然歷數百年，宗主天下[110]，雖以晉、楚、齊、秦[111]之彊，不敢加[112]者，何哉？徒以[113]名分尚存[114]故也。

「至於季氏之於魯(115)、田常之於齊(116)、白公(117)之於楚、智伯(118)之於晉，其勢皆足以逐君而自為(119)，然而卒不敢(120)者，豈其力不足而心不忍哉？乃畏姦名犯分(121)，而天下共誅之也。今晉大夫(122)暴蔑(123)其君，剖分晉國(124)，天子既不能討，又寵秩(125)之，使列於諸侯(126)，是區區之名分復不能守而并棄之也。先王之禮於斯(127)盡矣。

「或者以為，當是之時(128)，周室微弱，三晉(129)彊盛，雖欲勿許，其可得乎(130)！是大不然。夫三晉雖彊，苟(131)不顧天下之誅，而犯義侵禮(132)，則不請於天子而自立矣。不請於天子而自立，則為悖逆(133)之臣，天下苟有桓、文之君(134)，必奉禮義(135)而征之。今請於天子(136)，而天子許之，是受天子之命而為諸侯也，誰得而討之！故三晉之列於諸侯，非三晉之壞禮，乃天子自壞之也。烏呼(137)！君臣之禮既壞矣，則天下以智力相雄長(138)，遂使聖賢之後為諸侯者(139)，社稷無不泯絕(140)，生民(141)之類，糜滅幾盡(142)，豈不哀哉！」

【章旨】以上為第一段，是司馬光就周天子策封趙、魏、韓三家大夫為諸侯所抒發的感慨與評論，突出表現了他作為一個封建士大夫維護封建等級制的迂腐觀念。

【注釋】❶著雍攝提格　古代干支紀年的名稱，相當於通常所說的「戊寅」年。❷玄黓困敦　古代干支紀年的名稱，相當於通常所說的「壬子」年。古代紀年的方法是以「十天干」(甲、乙、丙、丁、戊、己、庚、辛、壬、癸)與「十二地支」(子、丑、寅、卯、辰、巳、午、未、申、酉、戌、亥）相互配對，如「甲子」、「乙丑」、「丙寅」、「丁卯」等等，六十年成一個週期。這種紀年方式起源甚早，在商朝的甲骨文上就有這種「干支」的字樣。到了戰國時期，又出現了一種與舊有「天干」「地支」不同的另一種稱呼，對於「天干」他們不稱「甲」「乙」「丙」「丁」，而稱作「焉逢」「端蒙」「游兆」「彊梧」等等；對於「地支」他們不稱「子」「丑」「寅」「卯」云云，而稱作「困敦」「赤奮若」「攝提格」「單閼」等等。對於「天干」「地支」相互配對而成的紀年用語，他們也不再稱「甲子」「乙丑」「丙寅」「丁卯」云云，而稱作「焉逢困敦」「端蒙赤奮若」「游兆攝提格」「彊梧單閼」等等。聽起來既怪譎又神祕，實際上與那種簡明的「甲子」「乙丑」沒有任何區別。司馬光偏偏使用這一套，不過是表現了他的一種特殊興趣而已，沒有多少道理可講。❸威烈王　名午，東周時代的第十七代國君，周考王之子，西元前四二五—前四〇二年在位。❹初命晉大夫魏斯句　晉國的三家大權臣首次被周威烈王策命為諸侯。初，開始。命，策命。晉，西周初年以來的諸侯國名，始封之君為周成王封之弟叔虞。叔虞開始被封於唐，至燮父時改國號為晉。歷六百九十餘年，至靜公時被其大夫趙、魏、韓三家所瓜分國滅。詳見《史記・晉世家》。大夫，諸侯國的執政大臣。魏斯，即魏文侯，魏桓子之子，魏氏建國後的第一代國君，西元前四四六—前三九七年在位。事詳《史記・魏世家》。趙籍，即趙烈侯。趙獻侯之子，趙氏建國後的第一代國君，西元前四〇八—前三八七年在位。事詳《史記・趙世家》。韓虔，韓武子之子，韓國第一君韓景侯，西元前四〇八—前四〇〇年在位。事詳《史記・韓世家》。按，繆文遠《戰國史繫年輯證》曰：「三晉稱侯，乃由上年周王命三晉伐齊有功而起，故本年周王命三家為侯，實具有酬庸性質。」按，據楊寬考證，三晉勝齊的戰鬥，即「王命韓景子、趙烈子、翟員伐齊，入長城」。見載於《紀年》、《呂覽》之〈下賢〉〈不廣〉、《淮南子・人間》等，而《史記》、《通鑑》皆不載，是重大遺漏。❺臣光　本書作者司馬光自稱其名。司馬光（西元一〇一九—一〇八六年），字君實，陝州夏縣（今山西夏縣）人，北宋傑出的史學家。宋仁宗寶元（西元一〇三八—一〇三九年）年間進士，宋神宗熙寧（西元一〇六八—一〇七七年）初年官至翰林學士、御史中丞，因反對王安石變法被免職。西元一〇八五年宋哲宗即位，司馬光任宰相，全部廢除新法，但不久去世。司馬光在他西元一〇六六—一〇八四年失勢的十九年間，主持編寫了本書《資治通鑑》。「臣光曰」是司馬光在編寫《資治通鑑》過程中就歷史人物、歷史事件發表個人感慨、議論所採用的一種方式，與《史記》中的「太史公曰」、《漢書》中的「贊曰」大致相同。❻禮　這裡即指國家的禮儀、法制等等，以規定君臣上下各自等級、本分的東西。❼分　本分，指君臣上下各自應處的地位、應守的規矩、應盡的責任等等。❽名　名稱，指所任的官名與所處的爵位等等。❾紀綱　也稱「綱紀」，指維護封建國家政權與其宗法統治的基本綱領，諸如體現「三綱」「五常」的禮儀、法制等等。❿四海　代指中國、天下。⓫兆民　億兆之民，泛稱普天下的黎民百姓。⓬絕倫　超出一般人。倫，等；輩。⓭高世　高出世人，與「絕倫」同義。⓮莫不奔走而服役　沒有一個不受皇帝的驅使，為皇家奔走效力。⓯統三公　統領國家的三個最高大臣。周朝的三公為太師、太傅、太保，秦漢時代則稱丞相、太尉、御史大夫。⓰率諸侯　統率各國諸侯。商、周時代實行分封制，國家的最高統治者稱作「王」，他有自己直轄管理的一大塊領地；而將其四周的其他領地分成若干國，以分封他的親屬與功臣，這些受封的各國封君稱為諸侯。⓱制卿大夫　管理卿與大夫。制，管制；管理。諸侯國的執政大臣通常稱「大夫」，其中個別受過周天子加封的則稱為「卿」，如春秋時期齊國的管仲，魯國的三桓，晉國的「六卿」等等。⓲卿大夫治士庶人　治，統治；管理。士，低於大夫的下級官員。庶人，平民，即今所謂黎民百姓。⓳臨　居高臨下，意即「統治」。⓴承　奉；捧著。指聽其指揮，為其效力。㉑運　指揮。㉒根本　樹根；樹幹。㉓支葉　通「枝葉」。㉔庇　護衛。㉕治安　政治清明，社會安定。㉖文王序易　周文王名姬昌，周武王之父，殷末時的西方諸侯。曾被殷紂王囚於羑里，據說周文王就是在這次被囚的時候研究《易經》，將其由八卦發展成了六十四卦。序，解釋；闡發。㉗以乾坤為首　《周易》六十四卦的第一卦就是〈乾卦〉，第二卦是〈坤卦〉。㉘孔子繫之曰　孔子在為《易經》寫的〈繫辭〉中說。孔子（西元前五五一－前四七九年），名丘，字仲尼，春秋末期魯國人，我國古代著名的思想家、教育家，儒家學派的創始人。事跡詳見《史記・孔子世家》。繫，引申；解釋。這裡即指寫作《周易・繫辭》。㉙天尊地卑二句　二句見《周易・繫辭上》。意思是，天高在上，地低在下，天與地的關係就這樣永遠地確定了。乾坤原是兩個卦名，從此引申為天地、陰陽、男女、君臣、強弱等等一切彼此對立的矛盾事物。㉚卑高以陳二句　二句亦見於〈繫辭上〉。意思是，一旦所處的地位不同，於是身分的貴賤也就顯示出來了。陳，列。位，立；顯示。㉛不可易　不容改變。易，改變。㉜春秋抑諸侯二句　《春秋》是魯國的一部編年史，記事上起隱公元年，下至哀公十四年，共記二百四十二年事。孟軻、司馬遷認為是孔子所作，並被儒門尊為六種經典之一。抑，貶。王室，即周王朝。㉝王人　周王朝的官員。㉞微　低；賤。㉟序於諸侯之上　在敘事、列名的時候列於大國諸侯之前。序，列。㊱以是　從這些地方。是，此。㊲惓惓　忠謹懇切的樣子。㊳非有　如果沒有；只要不是。㊴桀紂　桀是夏朝的末代君主，姓姒，名履癸，因殘暴無道，被商湯所滅。紂是商朝的末代君主，姓子名辛，亦名受。荒淫無道，被周武王所滅。桀、紂都被後代用為殘暴荒淫帝王的代表。㊵湯武　湯是商朝的開國君主，姓子名履，原為夏朝諸侯，因夏桀無道，諸侯歸湯，湯起兵伐滅夏桀，建立了商王朝。事見《史記・殷本紀》。武指周武王，姓姬名發，文王之子。原是商朝西部地區的諸侯。因商紂荒淫無道，天下諸侯歸周，故武王起兵滅了商紂，建立了周王朝。事見《史記・周本紀》。㊶人歸之　人心歸附於商湯、周武王。㊷天命之　上天降大命使商湯、周武王為改朝換代的帝王。㊸守節伏死　意即謹守臣子的職分，聽憑君主的處置，直到被誅戮而無怨。守節，守職分。㊹以微子而代紂　意謂假如當初不是讓殷紂為帝而是讓微子為帝。微子，即微子啟，紂王之庶兄。紂無道，微子啟屢屢勸諫，紂不聽，微子離開了朝廷。周滅商後，微子稱臣於周，後被封於宋，為宋國諸侯的始祖。事見《史記‧宋微子世家》。㊺成湯配天　意即可以讓商朝的開國君主成湯永遠和上帝一起享受商朝後代的祭祀，也就是商朝不至於滅亡。配天，將先祖的靈牌擺在上帝靈位的旁邊一道接受祭祀。㊻以季札而君吳　如果當初讓季札當了吳國之君。季札，吳太伯的第二十代孫，吳王壽夢之子。壽夢有子四人，長曰諸樊，次曰餘祭，三曰餘昧，四曰季札。季札賢，壽夢欲立之，季札不從。其後諸樊、餘祭、餘昧三人又依次讓季札，季札始終不受。其後諸樊之子光與餘昧之子僚爭位相殺，至吳王夫差時，吳國被越王句踐所滅。見《史記‧吳太伯世家》。㊼太伯血食　意即吳國不致被他國所滅。太伯是周文王的大伯父，周太王的長子，理應在周國為君，因太王見三弟之子姬昌仁聖，欲使姬昌日後為周君，於是太伯與其弟仲雍遂自動離開周國，另到吳地創業，成為了吳國的開國之君。事見《史記‧吳太伯世家》。血食，指享受祭祀，因祭祀要用宰殺的牛羊豬為祭品。此句的「血食」與上句的「配天」意思相同。㊽二子　指微子、季札。㊾誠　實在是。㊿禮之大節　此指賤不能越貴，幼不能陵長。微子由於生母的地位低，季札由於年齡小，故而都謹守禮法，不敢越禮繼承君位。(51)禮莫大於分　禮的最大問題是講名分，否則倫理綱常就要亂套。(52)辯　通「辨」。分別；辨別。(53)序　列，這裡的意思同「辨」，也是分別的意思。(54)裁羣物　衡量各種事物。裁，衡量。(55)制庶事　裁決各種事情。制，裁決。庶，眾多。(56)非名不著　沒有名分就表示不出差別。名，名分，指官位、爵號。著，顯。(57)非器不形　沒有一定的器物就沒法顯示高低貴賤。器，指服飾、車馬、儀仗、鐘磬等。(58)名以命之　用名號來稱呼他。命，名；稱呼。(59)別　區分。(60)粲然有倫　清楚而有條理的樣子。倫，條理；次序。(61)大經　大綱；根本問題。(62)名器既亡　指周威烈王隨便地封韓、趙、魏三家為王，把名位、器物濫賞於人。(63)仲叔于奚有功於衛　據《左傳》成公二年，衛國的孫良夫率軍伐齊，衛軍失敗，衛國的新築大夫仲叔于奚救出了孫良夫，故有功於衛。(64)辭邑而請繁纓　仲叔于奚因救孫良夫有功，衛侯欲賞之以封地，仲叔于奚不願得地，請求得到「曲懸、繁纓」的器物，衛侯答應了。曲懸是指三面懸掛鐘磬，這是諸侯享用的禮儀，仲叔于奚身為大夫，按禮法只能兩面懸掛鐘磬。繁纓是諸侯車駕馬鬣上的裝飾，仲叔于奚請求這種裝飾，也是越禮行為。(65)不如多與之邑　與其答應他「曲懸繁纓」，還不如多賞賜他一些領地。(66)假人　給人。假，借，這裡即指給。(67)君之所司　這些都是國家的君主自己所要掌握的。司，掌管；專有。按，以上四句見《左傳》成公二年。(68)政亡　發號施令的權力一旦丟失。政，下達政令；發號施令。(69)從之　指隨之滅亡。按，「政亡則國家從之」也是《左傳》中所引的孔子的原話。(70)衛君　衛國的君主，即衛出公，名輒，西元前四九二—前四八一年在位。71待孔子而為政　急需孔子去治理這個國家。為政，執政；治理國家。72正名　楊伯峻《論語譯注》以為是指「糾正名分上的用詞不當」。73民無所措手足　連手腳都不知道該往哪裡放，指一切事情都不知該怎麼辦才好。按，以上三句見《論語・子路》，原文作：「子路曰：『衛君待子而為政，子將奚先？』子曰：『必也正名乎？』子路曰：『有是哉，子之迂也！奚其正？』子曰：『野哉，由也！君子于其所不知，蓋闕如也。名不正則言不順，言不順則事不成，事不成則禮樂不興，禮樂不興則刑罰不中，刑罰不中則民無所措手足。』」74惜　惋惜；遺憾。指為衛君以曲懸繁纓許人的過錯而感到惋惜。75細務　瑣碎的小事。76先之　把它放在首位。之，指正名。77既亂　一旦亂套。78上下無以相保　指君臣之間的正常關係瓦解。相保，相互盡職盡責。79事　萬事萬物，此處實指災難禍患。80成於著　最後釀成大災大難。著，顯；巨大。81謹其微而治之　謹慎地從問題開始發生時就及時地予以救治。微，萌芽；苗頭。82眾人　一般人。83識近　眼光短淺。84不能及　達不到；挽救不了。85履霜堅冰至　人一踩到秋霜，便知道結冰的時節快到了。比喻任何大變化都是逐漸而來的。語出《周易・坤卦・初六・文辭》。86書　《尚書》，原是我國上古的歷史資料彙編，後來被儒家定為少有的幾部經典之一，故也稱《書經》。87一日二日萬幾　出自《尚書・皋陶謨》。孔安國注：「幾，微也，言當戒懼萬事之微。」大意謂每天都有成千上萬個問題的苗頭出現，需要我們去及時處理。88謂此類也　說的就是這種應該見微知著的道理。89分莫大於名　要分清每個人的身分、等級，沒有比確定各自的名更重要的了。90幽厲失德　幽指周幽王，西周的末代帝王。宣王之子，名宮涅，西元前七八一—前七七一年在位。因寵愛褒姒，廢申后及太子宜臼，被申侯勾結犬戎殺於驪山之下，西周從此滅亡。見《史記・周本紀》。厲指周厲王，名胡，西元前八七八—前八二八年在位。因殘暴並堵塞言路，被國人暴動所驅逐，逃死於彘。事見《史記・周本紀》。「幽厲」被後人用作荒淫殘暴君主的代表。失德，意即無道。91周道　周王朝的統治。道，政治措施。92下陵上替　在下位者欺侮在上位者，在上位者的權威越來越低落。陵，侵犯；欺侮。替，衰敗。93諸侯專征　大國諸侯憑著武力強大任意征伐吞併小國，如齊桓公、晉文公、宋襄公、楚莊王、秦穆公等是也。孔子有所謂「天下有道，禮樂征伐自天子出；天下無道，禮樂征伐自諸侯出」。這是春秋時期的情景。94大夫擅政　從春秋後期開始，各國諸侯的權威下降，各國大夫的權勢日強，分別掌管各國的政務，如晉國的韓氏、趙氏、魏氏、范氏、中行氏、知氏，齊國的陳（田）氏，魯國的季氏、孟氏、叔孫氏都是如此。擅，專。95禮之大體什喪七八　這就是通常所說的「禮崩樂壞」。什喪七八，喪失了十分之七八。什，同「十」。96文武之祀猶緜緜相屬　意即周王朝還能勉強維持沒有滅亡。文武之祀，對周文王、周武王的祭祀。緜緜，連續不斷的樣子。屬，連接。97周之子孫　指春秋以來周王朝的歷代帝王。98守其名

分　謂謹慎把持西周先人制定的名分，不濫賜於人。(99)晉文公有大功於王室　指晉文公出兵平定了周王朝的內亂，殺了作亂的太叔帶，恢復並穩定了周襄王的統治。晉文公名重耳，獻公之子，西元前六九七—前六二八年在位，是春秋時期繼齊桓公之後又一位更強大的霸主。太叔帶是周襄王之弟，因曾受其父之寵，故而發動叛亂，驅逐了周襄王而自己稱王，最後被晉文公所誅。(100)請隧於襄王　晉文公為周襄王平定了內亂後，在接受周襄王的賞賜時，向周襄王請求允許自己死後能以王者的禮儀殯葬。隧，即指隧葬，挖地洞送棺槨入墓穴。這是當時周天子殯葬的儀式，諸侯是不允許的。諸侯只能挖坑道送棺槨入墓穴。說見楊伯峻《春秋左傳注》。(101)王章　王者殯葬的規格，指隧葬。(102)未有代德　意思是我的品德還沒有壞到該被人取代的程度。(103)而有二王　現在一下子出現了二王並立。請隧即等於請求稱王。(104)亦叔父之所惡　出現這種不正常的二王並立，我想這也是叔父您所不願看到的。惡，厭惡；不願看到。當時周天子敬稱同姓國的諸侯曰「叔父」，敬稱異姓國的諸侯曰「舅父」。(105)有地而隧　有的是地盤，盡可以挖洞送棺。(106)又何請焉　又有什麼可請求批准的呢。(107)文公於是懼而不敢違　按，以上周襄王拒絕晉文公請隧事，見《左傳》僖公二十五年。(108)曹滕　都是春秋時期的姬姓小國名，曹國是武王之弟叔振鐸的後代，都城在今山東定陶西南，西元前四八七年被宋國所滅。滕國是武王之弟叔繡的後代，都城在今山東滕州西南。(109)邾莒　也都是春秋時代的小國名。邾國也稱「鄒」，曹姓，初都於今山東曲阜東南，後改都於今山東鄒縣東南，戰國時被楚國所滅。莒國是己姓，初都介根，在今山東膠縣西南；後遷於莒，即今山東莒縣。(110)歷數百年二句　周天子作為天下各國所共同尊崇的首腦一直經歷了數百年。宗主，為諸國所尊崇、所擁戴的首腦。按，周王朝自武王滅商建國（西元前一〇四六年）至赧王死周被秦所滅，共歷七百九十年。(111)晉楚齊秦　都是春秋時期的大國名，晉國是武王之子叔虞的後代，自晉文公稱霸開始，晉國長期居於霸主地位。楚國是熊繹的後代，至成王、莊王時強極一時，成為北方所懼怕的南方大國。齊國是武王功臣姜太公的後代，自桓公開始一直是春秋時代的泱泱大國。秦國自襄公佐周室東遷列為諸侯，至穆公時一度很強大，是西部地區的大國。(112)不敢加　不敢陵駕於周天子之上。(113)徒以　就是因為。(114)名分尚存　指各國諸侯與周天子尚基本保存一種「君君臣臣」的樣子，還不像戰國時那樣不把周天子看在眼裡，甚至最後竟然把周國滅掉。(115)季氏之於魯　季氏與魯國國君的勢力相比。季氏也稱「季孫氏」，是魯國國內的權臣，與另外兩家權臣孟孫氏、叔孫氏三家世代執掌魯國政權，歷史上稱之曰「三桓」。「三桓」都是魯桓公的後代。魯桓公名允，西元前七一一—前六九四年在位。魯桓公有四個兒子，長子名同，即魯莊公，西元前六九三—前六六二年在位。魯莊公的二弟曰慶父，三弟曰叔牙，四弟曰季友。莊公晚年為怕叔牙日後立慶父，先令季友逼叔牙自殺。莊公死後，慶父殺莊公子閔公，季友又在齊桓公的幫助下殺了慶父而立僖公，從此季友遂為魯國最大權臣，世為魯國首輔。叔牙之後為叔孫氏，慶父之後為孟孫氏，亦世代為魯國權臣。三家的勢力越來越大，後來竟發展到驅逐魯昭公，使其終生不能回國。事見《史記・魯周公世家》。[116]田常之於齊　田常與齊國國君的勢力相比。田常也叫「田恆」，漢人避文帝諱，故改「恆」為「常」。因其原為陳國貴族，故也稱「陳恆」、「陳常」。田常的先人於齊桓公時代逃到齊國，在齊國逐漸發展起來。至田常時執掌齊政，殺了齊悼公，改立齊平公，為其後代田和篡奪齊國政權準備了條件。事情詳見《史記・田敬仲完世家》。[117]白公　名勝，是楚平王太子建的兒子。太子建被奸臣費無極所讒殺，白公勝逃居吳國。後來白公勝被楚國令尹子西召回，使居吳境，號稱白公。白公欲為父報仇，與令尹子西等發生矛盾。白公勝殺令尹子西，劫楚惠王。白公勝的黨羽勸白公勝殺楚惠王自立，白公勝畏懼不敢，後被楚人所殺。事見《左傳》哀公十六年。[118]智伯　名瑤，晉國六卿中最強的一個，先與韓、趙、魏三家驅逐了范氏、中行氏，四家共分其地。晉出公派兵伐智伯，智伯攻晉出公，出公外逃死於道。智伯欲篡晉而未敢，乃立晉哀公。事見《史記・晉世家》。[119]自為　自己篡國為君。[120]卒不敢　最後還是不敢。卒，終於。[121]奸名犯分　意即違背名分、不顧名分。奸，冒犯。[122]晉大夫　指韓、趙、魏三家。[123]暴蔑　欺陵蔑視。[124]剖分晉國　周貞定王十六年，亦即晉出公二十二年（西元前四五三年），趙、魏、韓三家滅智伯後，三分其地，從此，當年晉國的全部國土遂落入三家之手。剖分，瓜分。[125]寵秩　寵愛並授以爵位，指策封三家為諸侯。秩，級別；爵位。[126]使列於諸侯　將他們三家都列入諸侯的行列。[127]於斯　於此；在這個問題上。[128]當是之時　當韓、趙、魏三家瓜分晉國的時候。是，此。[129]三晉　指瓜分晉國的韓、趙、魏三大家族。由於後來他們都成了三個獨立的諸侯國，故歷史上也稱戰國時代的趙、魏、韓三國為「三晉」。[130]其可得乎　那可能嗎。得，能。[131]苟　假如；一旦。[132]犯義侵禮　冒犯禮義之大規。[133]悖逆　叛逆；犯上作亂。[134]桓文之君　類似齊桓公、晉文公那樣的諸侯霸主。齊桓公名小白，襄公之弟，西元前六八五—前六四三年在位，春秋五霸之一。事見《史記・齊太公世家》。[135]奉禮義　打著禮義的旗號。奉，秉承。[136]請於天子　指韓、趙、魏三家向周天子請求晉升為諸侯。[137]烏呼　同「嗚呼」。[138]以智力相雄長　以智謀武力彼此爭高爭強。[139]聖賢之後為諸侯者　如陳國、杞國、宋國等等。陳國是舜的後代，被周武王封於淮陽；杞國是大禹的後代，被周武王封於杞縣；宋國是微子的後代，被周武王封於商丘。[140]社稷無不泯絕　國家都被大國所滅。陳國、杞國都在春秋時期被楚國所滅，宋國在戰國時期被齊國所滅。社稷，供奉土神、穀神的壇臺。因為只有一個國家的最高統治者才有資格祭祀社稷，故社稷常被用為國家政權的代稱。泯絕，猶言「滅絕」。[141]生民　猶言「蒼生」、「黎民」。[142]靡滅幾盡　幾乎都被兵火毀滅淨盡。幾盡，幾乎死光。

【校　記】①惟名與器　據章鈺校，十二行本、乙十一行本、孔天胤本皆作「惟器與名」。按，《左傳》、《通鑑紀事本末》並作「惟器與名」。

【語　譯】威烈王

二十三年（戊寅　西元前四〇三年）

周威烈王姬午開始將晉國的三個大夫列為諸侯：魏斯稱為魏文侯，趙籍稱為趙烈侯，韓虔稱為韓景侯。

司馬光說：「我聽說，天子最大的職責是按照禮來治理國家，而禮之中又以等級關係最重要，等級關係中又以爵位最重要。什麼是禮？國家的法度、法紀就是禮。什麼是分？等級關係就是分。什麼是名？公、侯、卿、大夫的官名、爵位就是名。

「四海之中，地域是如此的廣闊；有億萬之眾，人民是如此之多，卻都要接受一個人的統治，即使有蓋世武功，縱然有出類拔萃的智慧，沒有一個不是心甘情願的為他奔走效勞，是什麼原因呢？還不是因為用禮來作為治理國家的法律和制度嗎！所以天子只要統領好政府中的高層長官三公，三公領導好諸侯，諸侯管理好屬下的卿、大夫，卿、大夫治理好百姓就可以了。地位尊貴的人就應該統治地位低賤的人，地位低賤的人就應該接受地位高貴的人的統治。地位高的驅使地位低的，就像是人的身體運轉四肢，樹根支持枝幹；在下位的侍奉在上位的，就如同手足護衛心腹，枝葉依托樹根。上下能夠互為保護、依托，國家就能夠政治清明、社會安定。所以說：天子的最大職責就是按照禮來治理國家。

「周文王姬昌傳述《易》，把〈乾〉、〈坤〉兩卦排列在第一、第二的位置。孔子闡釋《易》說：『天高地低，乾為天、為陽，坤為地、為陰，則乾尊坤卑，尊卑的位置已經決定。地低天高的形勢已經顯現出來，那麼天貴地賤也就因此而定了。』說的就是國君和臣子的地位就如同天高地卑一樣不可改變。魯國的史書《春秋》在記載內容上就是貶抑諸侯，尊崇周王室。周王室之官即使很小，也要把他排列在諸侯之前，從這裡就可以看出孔子在對待君臣之間的關係方面，一直都給予特別的關注。除非遇見像夏桀、商紂那樣的暴君，同時又有商湯、周武王這樣仁德的君主，人民都歸附他們，上天又賦予他們討伐暴君的使命以外，臣子對待國君都應該恪守臣節，即使是為此付出生命的代價。所以當初如果讓微子代替商紂為國君，那麼商朝的開國之君商湯就可以和上天一樣永遠享受祭祀；如果讓季札做吳國的國君，那麼吳的祖先吳太伯的祭祀也就不會斷絕了。然而微子和季札寧肯使國家滅亡也不肯做國君的原因，就是因為禮法中，貴賤尊卑、長幼有序這個最大的原則是不能破壞的。所以說：禮之中最重要的就是確立等級關係。

「遵循禮，就可以分別貴賤，使親疏有序，衡量各種事物，辨明各種是非。沒有名位、爵號，地位的尊卑貴賤就表現不出來，不用標誌名位、爵號的器物，地位的尊卑貴賤就體現不出來。爵號是用來稱呼人的爵位，器物是用來區別人的職位。這樣，就會使上下的關係分明、秩序井然，這就是禮的主要內容。如果連名位爵號和代表名位爵號的器物都沒有了，禮又怎麼能單獨存在呢？過去，衛國的大夫仲叔于奚有功於衛國，衛君賞給他一塊封地，他謝絕接受封地，卻向衛君請求允許他的馬佩帶只有貴族才有資格使用的裝飾物——繁纓。孔子認為『即使多給他一些封地，也不應該准許他使用繁纓。這是因為名號與器物是不可以隨便借人的，它們是國君行使權力的象徵』，國君的政治權力喪失了，國家也就隨之滅亡了。衛出公準備重用孔子輔佐自己治理國家，孔子提出治理國家必須首先糾正名分上的用詞不當，孔子認為，在名分上用詞不當就會使百姓不知該怎麼辦，連手腳都不知道該放在哪裡才好。繁纓，是一個小的裝飾物，而孔子很珍惜它；正名分，是一件很小的事情，而孔子把它放在首位。確實是因為名分和器物如果一亂，上下的等級關係就沒有辦法維持。任何事情都是從微小開始，而最終成就其大，聖人深謀遠慮，所以能夠從很小的事情著手；普通的人見識短淺，所以必須等到事情已經鬧到幾乎不可收拾的地步才想辦法去糾正。從事情出現苗頭的時候抓起，就會用的力量少而功效顯著，等到事情發展到了一定的程度再去救治，恐怕是竭盡全力也來不及了。《易經》上說『踩在結霜的地面上就知道快要結冰了』，《書經》上說『每天都有成千上萬件事情的苗頭出現』，說的都是這類的情況。所以說：等級關係中沒有比名分更大的了。

「哎呀！周幽王、周厲王政德敗壞，周朝的統治日漸衰微。制度法規遭到破壞，在下位的欺陵在上位的，在上位的權勢逐漸被削弱。諸侯國中的強大者專擅誅討征伐的大權，大夫又掌握著各諸侯國的生殺大權。種種跡象表明周朝的禮制十分之中已經喪失了八九分，然而周文王、周武王所建立的周王朝政權依然綿延不斷、子孫世祀不絕，就是因為周的後代子孫還能夠恪守名分的緣故。為什麼這麼說呢？過去晉文公有大功於周王室，他向周襄王請求允許他死後用只有周天子才能用的『隧葬』儀式。周襄王不肯答應，說：『「隧葬」是王者的葬禮。還沒有取代天子之位的賢德之人而有兩個天子，我想這也是叔父您所忌諱的。不然的話，您有自己的領土，您在自己的領土上用隧葬的儀式，何必還要向我請示呢！』晉文公心生畏懼，不敢違背周王朝的禮制。所以，周王朝從它當時所佔有的領土來說，並不比曹、滕這樣的小國大，周王朝的人口也不比邾、莒這樣的小國多，然而它作為天下的宗主國，綿延了數百年，即使是晉、楚、齊、秦這樣強大的諸侯國，也不敢陵駕其上，原因是什麼呢？只是因為宗主天下的名分還在保持的緣故。

「至於說魯國的季氏、齊國的田常、楚國的白公、晉國的智伯，他們的勢力完全可以驅逐原來的國君而自己當國君，然而終於沒敢那樣去做的原因，難道是他們的力量不夠或者是不忍心那樣去做嗎？不是，是因為畏懼冒犯名分而招致天下人的討伐。而現在晉國的大夫蔑視他們的國君，瓜分了晉國，周天子不僅不能征討他們，反而寵著他們、授予他們爵位，使他們列入諸侯的行列，周王朝就連這點剩餘的宗主天下的名分都不能守住，還要把它扔掉。先王的禮制到這時恐怕是喪失殆盡了。

「有的人會認為，在那個時候，周王室的勢力衰微，晉國的趙氏、魏氏、韓氏勢力強盛，周天子即使不允許，難道能夠嗎！這話說得不對。魏、韓、趙雖然強盛，假如不畏懼遭到天下的討伐而敢於違犯禮法的話，就會不向周天子請示加封，自己就稱起諸侯來了。三國不向周天子請求而自立為諸侯，就成了犯上作亂的叛臣，當時如果還有齊桓公、晉文公那樣的國君，必定會以禮法為號召率領大軍前去討伐他。而今三國已經向周天子請示，並得到了周天子的批准，這就成了奉天子之命而稱諸侯，誰還能討伐他們呢！所以說，三國進入諸侯的行列，並不是三國破壞了禮法，而是周天子本人自己破壞了禮法。哎呀！君是君，臣是臣，君臣之間的等級關係已經遭到了破壞，諸侯國之間憑藉智謀的高下、武力的強弱來爭奪霸主的地位就成為不可避免了，於是使得聖賢後代為國君的諸侯國全部被大國消滅，蒼生慘遭荼毒，幾乎滅絕，這難道不是讓人感到非常的哀痛嗎！」

初，智宣子❶將以瑤為後❷。智果❸曰：「不如宵❹也。瑤之賢於人者五，其不逮❺者一也。美鬢[1]長大則賢❻，射御足力❼則賢，伎藝畢給❽則賢，巧文辯惠❾則賢，彊毅果敢❿則賢。如是而甚不仁⓫。夫以其五賢陵人⓬，而以不仁行之⓭，其誰能待之⓮？若果立瑤也，智宗⓯必滅。」弗聽。智果別族於太史⓰，為輔氏。

趙簡子⓱之子，長曰伯魯，幼曰無恤。將置後⓲，不知所立，乃書訓戒之辭於二簡⓳，以授二子曰：「謹識之⓴。」三年而問之，伯魯不能舉㉑其辭，求㉒其簡，已失之矣。問無恤，誦其辭甚習㉓，求其簡，出諸袖中而奏之㉔。於是簡子以無恤為賢，立以為後。

簡子使尹鐸㉕為晉陽㉖，請曰：「以為繭絲㉗乎，抑為保障㉘乎？」簡子曰：「保障哉。」尹鐸損其戶數㉙。簡子謂無恤曰：「晉國有難㉚，而無以尹鐸為少㉛，無以晉陽為遠㉜，必以為歸㉝。」

及智宣子卒，智襄子為政㉞，與韓康子㉟、魏桓子㊱宴於藍臺㊲。智伯戲康子而侮段規[38]。智國[39]聞之，諫曰：「主[40]不備難，難必至矣。」智伯曰：「難將由我[41]，我不為難，誰敢與[42]之？」對曰：「不然。夏書[43]有之，『一人三失，怨豈在明，不見是圖[44]。』夫君子能勤小物[45]，故無大患[46]。今主一宴而恥人之君相[47]，又弗備，曰不敢興難[48]，無乃不可乎[49]？蚋、蟻、蜂、蠆[50]，皆能害人，況君相乎！」弗聽。

智伯請[51]地於韓康子，康子欲弗與[52]。段規曰：「智伯好利而愎[53]，不與，將伐我，不如與之。彼狃於得地[54]，必請於他人[55]。他人不與，必嚮之以兵[56]，然後〔2〕我得免於患[57]，而待事之變[58]矣。」康子曰：「善。」使使者致[59]萬家之邑[60]於智伯。智伯悅，又求地於魏桓子。桓子欲弗與，任章[61]曰：「何故弗與？」桓子曰：「無故索[62]地，故弗與。」任章曰：「無故索地，諸大夫必懼，吾與之地，智伯必驕。彼驕而輕敵，此懼而相親[63]。以相親之兵，待[64]輕敵之人，智氏之命必不長矣。周書[65]曰：『將欲敗之，必姑輔[66]之；將欲取之，必姑與之[67]。』主不如與之，以驕智伯[68]，然後可以擇交[69]而圖[70]智氏矣。柰何[71]獨以吾為智氏質[72]乎？」桓子曰：「善。」復與之萬家之邑一。

智伯又求蔡皋狼[73]之地於趙襄子，襄子弗與[74]。智伯怒，帥韓、魏之甲[75]以攻趙氏。襄子將出[76]，曰：「吾何走[77]乎？」從者曰：「長子[78]近，且城厚完[79]。」襄子曰：「民罷力以完之[80]，又斃死以守之[81]，其誰與我[82]！」從者曰：「邯鄲[83]之倉庫實[84]。」襄子曰：「浚民之膏澤[85]以實之，又因而殺之[86]，其誰與我！其晉陽乎[87]？先主[88]之所屬[89]也，尹鐸之所寬[90]也，民必和[91]矣。」乃走晉陽。

三家[92]以國人[93]圍而灌之[94]，城不浸者三版[95]，沈竈產鼃[96]，民無叛意。智伯行水[97]，魏桓子御[98]，韓康子驂乘[99]。智伯曰：「吾乃今知水可以亡人國也[100]。」桓子肘[101]康子，康子履桓子之跗[102]，以汾水可以灌安邑，絳水可以灌平陽也[103]。

絺疵[104]謂智伯曰：「韓、魏必反矣。」智伯曰：「子[105]何以知之？」絺疵曰：「以人事[106]知之。夫從韓、魏之兵[107]以攻趙，趙亡，難必及[108]韓、魏矣。今約勝趙而三分其地，城不沒者三版，人馬相食[109]，城降有日[110]，而二子無喜志[111]，有憂色，是非反而何[112]？」明日，智伯以絺疵之言告二子，二子曰：「此夫[113]讒人[114]欲為趙氏游說，使主疑於二家，而懈[115]於攻趙氏也。不然，夫二家豈不利[116]朝夕[117]分趙氏之田[118]，而欲為危難不可成之事[119]乎？」二子出，絺疵入曰：「主何以臣之言告二子也？」智伯曰：「子何以知之？」對曰：「臣見其視臣端而趨疾[120]，知臣得其情[121]故也。」智伯不悛[122]，絺疵請使於齊[123]。

趙襄子使張孟談[124]潛出[125]，見二子曰：「臣聞脣亡則齒寒[126]，今智伯帥韓、魏以攻趙，趙亡，則韓、魏為之次[127]矣。」二子曰：「我心知其然也，恐事未遂[128]而謀泄，則禍立至矣。」張孟談曰：「謀出二主[129]之口，入臣[130]之耳，何傷也！」二子乃潛與張孟談約，為之期日[131]而遣之。襄子夜使人殺守隄之吏而決水灌智伯軍。智伯軍救水而亂，韓、魏翼而擊之[132]，襄子將卒犯其前[133]，大敗智伯之眾，遂殺智伯，盡滅智氏之族[134]。唯輔果在[135]。

臣光曰：「智伯之亡也，才勝德[136]也。夫才與德異，而世俗莫之能辯[137]，通謂之賢[138]，此其所以失人[139]也。夫聰察彊毅[140]之謂才，正直中和[141]之謂德。才者德之資也[142]，德者才之帥也[143]。雲夢[144]之竹，天下之勁[145]也，然而不矯揉[146]、不羽括[147]，則不能以入堅[148]；棠谿之金[149]，天下之利[150]也，然而不鎔範[151]、不砥礪[152]，則不能以擊彊[153]。是故才德全盡[154]，謂之聖人；才德兼亡[155]，謂之愚人。德勝才，謂之君子；才勝德，謂之小人。凡取人之術，苟不得[156]聖人、君子而與之[157]，與其得小人，不若得愚人。何則？君子挾才以為善[158]，小人挾才以為惡。挾才以為善者，善無不至[159]矣；挾才以為惡者，惡亦無不至矣。愚者雖欲為不善，智不能周[160]，力不能勝[161]，譬如乳狗[162]搏人，人得而制[163]之。小人智足以遂其姦[164]，勇足以決其暴(165)，是虎而翼(166)者也，其為害豈不多哉！夫德者人之所嚴(167)，而才者人之所愛。愛者易親，嚴者易疏，是以察者(168)多蔽於才(169)而遺於德(170)。自古昔以來，國之亂臣、家之敗子，才有餘而德不足，以至於顛覆(171)者多矣，豈特(172)智伯哉！故為國為家者，苟能審於才德之分(173)，而知所先後(174)，又何失人之足患(175)哉！」

【章　旨】以上為第二段，是追述智伯家族被韓、趙、魏三家所滅，與司馬光對智伯其人的評論，和由智伯引出的鑑別人才、任用人才的標準。

【注　釋】❶智宣子　姓智名甲，也有本子作「申」，「宣子」是諡。智氏原姓荀，自智甲的高祖父荀首開始自荀氏家族分出，以封地為姓，改稱智氏。智也寫作「知」。❷以瑤為後　以智瑤為其接班人。智瑤即通常所說的「智伯」，也稱「智襄子」，智甲之子。❸智果　智氏的族人，又作知過、智國。❹宵　智甲的庶子。❺不逮　不如別人。❻美鬢長大則賢　鬢髮很美，身材又高，這是別人比不了的。鬢，有的本子作「鬚」，較「鬢」字為長。❼射御足力　精通射箭趕車，有的是力氣。❽伎藝畢給　通曉各種技能。畢給，要什麼有什麼。❾巧文辯惠　有文采，能說會道。辯，有口才。惠，通「慧」。聰明。❿彊毅果敢　辦事堅決果斷。⓫如是而甚不仁　有如此的五條長處，但就是心眼不好。⓬以其五賢陵人　靠著他的五條長處來欺壓別人。陵，侵犯。⓭以不仁行之　意即運用他的聰明才力來做壞事。⓮誰能待之　誰能忍受。待，寬容；容忍。⓯智宗　智氏家族。⓰別族於太史　到國家掌管族譜的官員那裡申明，自己要從智氏家族中分出，另立門戶。太史，掌管宗族譜系的官員。按，以上智果有先見之明事，見《國語・晉語九》。⓱趙簡子　名鞅，趙襄子無恤之父。⓲置後　確定接班人、繼承人。⓳簡　古代用以寫字的狹長竹片。⓴謹識之　好好記住竹簡上所寫的「訓戒之辭」。識，記。㉑舉　說出。㉒求　索要。㉓誦其辭甚習　背誦竹簡上的詞語很是熟練。誦，背誦。㉔出諸袖中而奏之　立刻從袖中取出呈給他的父親。諸，之於。奏，呈上。㉕尹鐸　趙簡子的家臣。㉖為晉陽　任晉陽的地方官。為，治理。晉陽，趙氏領地的邑名，在今山西太原西南。㉗以為繭絲乎　是把它當做蠶絲來抽，不盡不止呢。比喻竭力搜刮該地的財富。㉘抑為保障乎　還是為當地人民做屏障，以保護他們的安危呢。抑，還是。保障，可作為依靠、求得庇護的屏障。㉙損其戶數　猶言減輕稅賦。當時按戶徵稅，併小戶為大戶，戶數少則交稅少。㉚晉國有難　如果晉國一旦有災難降臨於趙氏家族。㉛無以尹鐸為少　不要認為尹鐸年輕。無，不要。㉜無以晉陽為遠　不要嫌晉陽離晉國的都城絳縣遙遠。當時趙簡子為晉國正卿，住在都城。㉝必以為歸　一定要以晉陽為我們家族的歸宿之地。㉞為政　為晉國正卿，掌管晉國政權。㉟韓康子　名虎，康子是謚，晉國的六卿之一。事跡見《史記．韓世家》。㊱魏桓子　名駒，桓子是謚，晉國的六卿之一。事跡見《史記．魏世家》。㊲藍臺　臺觀名，應在晉都絳縣，或離絳縣不遠。㊳段規　韓康子的相。㊴智國　智伯的族人，又作智果、智過。㊵主　稱智伯。春秋以來，大夫的家臣稱大夫為「主」。㊶難將由我　意思是要發難也是我興兵消滅他們，他們怎麼敢向我挑戰。難，發難；掀起動亂。㊷興　發起。㊸夏書　指《尚書》中記載夏朝歷史的部分。今本《尚書．五子之歌》有此文。㊹一人三失三句　一個人多次犯錯誤，必然招人怨恨，難道別人的不滿都表現在明處麼。關鍵是我們要特別注意那些還沒有公開表現出來的東西。三，泛指數量之多。圖，謀劃；注意。按，以上三句見古文《尚書》之〈五子之歌〉。㊺勤小物　關注細小的苗頭。勤，用心；致力。㊻大患　大的災難。㊼恥人之君相　指侮辱段規，同時也是侮辱了韓康子。㊽曰不敢興難　即說什麼「我不為難，誰敢興之」。㊾無乃不可乎　恐怕是不行吧。㊿蚋蟻蜂蠆　四種有害於人的昆蟲。蚋，蚊子的一種。蠆，蠍子一類毒蟲。(51)請　要；勒索。(52)弗與　不答應；不給他。(53)愎　強硬固執。(54)狃於得地　從向我們勒索土地上吃到了甜頭。狃，習，指從一件事上得到甜頭而由此得寸進尺。(55)必請於他人　必然接著又向別人勒索土地。(56)嚮之以兵　對人家使用武力。(57)然後我得免於患　這樣他以後就不可能再向我們討要土地了。據章鈺校，有的本子「後」作「則」，「然則」意即「這樣以來」，作「則」較好。(58)待事之變　意即等待被勒索者建立聯盟以共同消滅它。(59)致　送；獻上。(60)萬家之邑　有萬戶居民的大城。(61)任章　魏桓子的相。(62)索　求；討要。(63)此懼而相親　這些被勒索土地的大夫們必然彼此親近而聯合起來。(64)待　等待。意即對付。(65)周書　指《太公兵法》一類帶有黃老色彩的權謀著作，為蘇秦、張良所讀者。王應麟《困學紀聞》卷二：「任章引《周書》，豈蘇秦所讀《周書》、《陰符》者歟？老氏之言，范蠡、張良之謀皆出於此。」(66)輔　助。(67)將欲取之二句　與，給。與此相同的字句亦見於《老子》第三十六章，其文作：「將欲歙之，必固張之；將欲弱之，必固強之；將欲廢之，必固興之；將欲取之，必固與之，是謂微明。」(68)以驕智伯　使智伯驕橫自大。(69)擇交　選擇同道，建立聯盟。(70)圖　謀，尋求消滅它的辦法。(71)柰何　怎麼能。(72)為智氏質　成為智氏討伐的目標。質，箭靶；目標。(73)蔡皋狼　蔡早已被楚所滅，且蔡邑從未屬趙。《戰國策》鮑彪注以為「蔡」應作「藺」，其說是。藺邑在今山西離石西，皋狼故城在今山西離石西北。(74)弗與　不給。(75)甲　鎧甲，這裡即指士兵。(76)將

出　準備出逃。(77)何走　逃往何處。走，逃向。(78)長子　趙氏之邑名，即今山西長子。(79)厚完　城牆既厚，且又完好。(80)罷力以完之　費盡力氣修好了它。罷，通「疲」。(81)斃死以守之　又要讓他們為我守城，捨出生命。斃，死。(82)其誰與我　還有誰肯幫助我。與，助；支持。(83)邯鄲　趙邑名，即今河北邯鄲。(84)倉庫實　意即那裡的糧食、武器充足。倉，藏穀之處。庫，存車馬、兵甲之處。實，滿；充足。(85)浚民之膏澤　榨取百姓的財富、血汗。浚，榨取。見《左傳》襄公二十四年杜預注。膏澤，指財富、血汗，即通常所說的「民脂民膏」。(86)又因而殺之　現在又讓他們因為我守城而犧牲生命。(87)其晉陽乎　看來還是逃向晉陽吧。其，表示推斷的語氣詞。(88)先主　指襄子之父簡子。(89)屬　同「囑」。囑咐。即前所謂「無以晉陽為遠，必以為歸」云云。(90)所寬　所實行寬惠政策的地方。(91)和　融洽，這裡指民心傾向於我們，擁護我們。(92)三家　指智伯、魏桓子、韓康子。(93)國人　三家封地上的士民。(94)圍而灌之　將晉陽包圍起來，決汾水（實指從懸甕山引來的水）以灌其城。(95)城不浸者三版　城牆沒被大水所泡的只剩下四尺多。浸，被水所泡。三版，版是古代築牆所用夾板，其高二尺。三版即指六尺。戰國時的一尺約當現在的二十三點一公分，三版約有今之四市尺多。(96)沈竈產鼃　做飯的鍋灶都淹在水裡，裡面住起了青蛙。(97)行水　察看水勢。行，巡視；視察。(98)魏桓子御　魏桓子給智伯趕車，這是一種給人做僕役的姿態。(99)韓康子驂乘　韓康子站在智伯右側為之當保鏢。驂乘也稱「車右」，是站在君主或軍隊主帥右側為之當警衛的人。(100)吾乃今知句　乃今，而今；如今。這句話的弦外之音是，日後你們如果不服我，我就會照樣用河水來淹你們。(101)肘　用胳膊肘碰之以示意。(102)履桓子之跗　踩了魏桓子的腳一下，也是向他示意。履，踩。跗，腳。(103)汾水可以灌安邑二句　《戰國策・秦策四》、《史記・魏世家》原文皆如此，梁玉繩以為二句應作「汾水可以灌平陽，絳水可以灌安邑」。蓋因汾水源出於山西靜樂北管涔山南，流經平陽，西南至滎河縣北入黃河。平陽為韓康子首埠，故城在今山西臨汾西南。絳水也稱涑水，源於山西絳縣北山，西南流經聞喜南，經安邑、解州，至蒲縣西南入黃河。安邑即魏桓子首埠，故城在今山西夏縣西北。(104)絺疵　亦作「郝疵」、「郄疵」，智伯的家臣。(105)子　敬稱對方，猶言「你」。(106)人事　人之常情。(107)從韓魏之兵　率領韓、魏之兵。從，使之跟從，意即率領。(108)必及　必然輪到。(109)人馬相食　人殺馬而食，馬餓亦吃死人。(110)有日　指日可待。(111)無喜志　沒有高興的意思。志，心思。(112)是非反而何　這不是想造反是想幹什麼。(113)此夫　此乃。(114)讒人　說人壞話，挑撥是非的人。(115)懈　放鬆。(116)豈不利　哪能不貪圖。(117)朝夕　眼看著，即前所謂「有日」。(118)田　封土。(119)危難不可成之事　既危險又肯定辦不成的事情，指造反消滅智伯。(120)視臣端而趨疾　直直地看了我一眼，很快地就走了。(121)得其情　看透了他們的心思。(122)不悛　不醒悟；不改變。(123)絺疵請使於齊　請求離開智氏以避禍。(124)張孟談　趙襄子的家臣。(125)潛出　祕密出城。(126)脣亡則齒寒　古代諺語，以脣齒比喻兩者的利害相關，最早見於《左傳》僖公五年。127為之次　成為它的第二個。128遂　成。129二主　以稱韓康子與魏桓子。130臣張孟談自稱。131為之期日　約定好動手的日期。132翼而擊之　即左右夾擊。翼，指兩側。133犯其前　從正面進攻智伯軍。犯，進攻。134盡滅智氏之族　據《史記・晉世家》，以上事件發生在周貞定王十六年（西元前四五三年）。135唯輔果在　因其有先見之明，提前從智氏家族分出，另立門戶故也。136才勝德　意即才高德壞。137莫之能辯　即「莫能辯之」。辯，通「辨」。別；區分。138通謂之賢　看到他有一個方面，於是就說他好。139失人　看錯人；用錯人。140聰察彊毅　聰慧，明察，有氣魄，有毅力。141中和　中正和平，意即不偏不倚，一切都恰到好處。142才者德之資也　才能是品德的資本。143德者才之帥也　品德是才幹的統帥。144雲夢　古藪澤名，分跨於今湖北之長江南北，江北者稱雲澤，江南者稱夢澤。今曹湖、洪湖、梁子期、斧頭朔等數十湖泊，皆其遺跡。145天下之勁　意即雲夢澤所產的竹子，是天下所產竹子中最堅韌的。146矯揉　使曲者變直為矯，使直者變曲為揉。這裡即指按照要求對其進行加工。147羽括　插上羽毛，裝上括。括是箭尾受弦的部件。148入堅　穿透堅硬的鎧甲。149棠谿之金　棠谿出產的銅。棠谿，古地名，即今河南郾城。150利　鋒利，這裡即指優良。151鎔範　指冶煉製造。鎔，冶煉。範，鑄造器物的模型。152砥礪　打磨。原指磨石。細者為砥，粗者為礪。153擊彊　刺透堅硬的東西。154全盡　兩者都好到極點。155兼亡　全都沒有。亡，同「無」。156苟不得　如果實在得不到。157與之　和他結交；和他打交道。與，結交。158挾才以為善　運用才幹做好事。挾，持；運用。159善無不至　善事可以做得無限好。160智不能周　智力達不到。周，周密；完備。161力不能勝　能力完成不了。勝，任；承受。162乳狗　吃奶的小狗。163制　制服。164智足以遂其姦　智力能夠讓他辦成壞事。足，可；能夠。遂，成。姦，做壞事。165勇足以決其暴　勇氣能夠讓他做出為大惡的決定。決，決心施行。166虎而翼　給老虎加上翅膀。167嚴　敬畏；敬而遠之。168察者　鑑別人才、推薦人才的人。169蔽於才　被其才幹所蒙蔽。170遺於德　對其品德往往疏忽。忘掉了德。171顛覆　指國破家亡。172豈特　豈只。特，獨。173審於才德之分　弄明白才能與品德的區別。174知所先後　知道才幹與品德哪一項應放在前面，哪一項應放在後面。175又何失人之足患　又怎麼會總是擔心看錯人呢。失人，看錯人。患，憂慮。

【校　記】1鬢　據章鈺校，十二行本、乙十一行本皆作「鬒」。2然後　據章鈺校，十二行本、乙十一行本皆作「然則」。

【語　譯】當初，智宣子準備確立智瑤為接班人。族人智果勸阻說：「立智瑤不如立智宵。智瑤有五個方面的優點勝過別人，不如別人的地方雖然只有一個，但卻是最要命的。他的優點是：儀表堂堂身材高大，精通騎射體力過人，通曉各種技能多才多藝，有文采又能言善辯，處理事物堅決果敢；他不如人的地方是心術不正、刻薄寡恩。他用五種超人的能力欺壓別人，運用他的聰明才力來做壞事，誰還能忍受得了？如果一定立智瑤為繼承人，恐怕智氏家族就要滅亡了。」智宣子不聽。智果只好另立門戶，到負責確定姓氏的太史那裡註冊，改姓輔氏。

趙簡子趙鞅的長子叫伯魯，幼子叫無恤。他也準備確定繼承人，但不知道立誰好，於是就在兩個狹長的竹簡上分別寫上訓誡之辭，然後交給兩個兒子說：「你們要牢牢記住寫在竹簡上的這些訓誡之辭。」過了三年，趙簡子問兩個兒子竹簡上寫的是什麼，長子伯魯一點也說不上來，再問他竹簡在哪裡，回答是已經丟失了。再問趙無恤，無恤非常熟練的背誦了一遍；問他竹簡，無恤馬上從袖子中拿出來呈給趙簡子。趙簡子認為無恤勝過伯魯，於是下定決心立無恤為自己的繼承人。

趙簡子派家臣尹鐸去鎮守晉陽，尹鐸臨行的時候向趙簡子請示說：「您派我到晉陽，是讓我去為您聚斂財富呢，還是讓我去把晉陽治理成保護當地人民的城堡呢？」趙簡子說：「當然是城堡了。」尹鐸到了晉陽以後，首先是減輕人民的賦稅。趙簡子對無恤說：「趙國如果發生災禍，你千萬不要輕視尹鐸，不要認為晉陽離首府太遠，你一定要依靠尹鐸，一定要以晉陽作為我們家族的歸宿之地。」

等到智宣子去世以後，智襄子智瑤接替了他的父親執掌了晉國的政權，他和韓康子、魏桓子在藍臺飲酒，飲酒當中，智襄子不僅取笑了韓康子，還侮辱了韓康子的相段規。智國聽到消息以後就去提醒智襄子說：「您在酒席宴上得罪了韓氏，應該防備韓氏報復，如果不做防備的話，恐怕就要大難臨頭了。」智伯說：「如果有災難的話，那也是由我興兵去消滅他們。我不發難，別人誰敢向我挑戰？」智國說：「您說得不對。〈夏書〉上記載，『一個人如果多次犯有過失，就會遭人怨恨，這種怨恨並不會明顯的表現出來，所以不能因為不明顯就不認真考慮對待。』君子能關注細小的苗頭，所以能夠避免大的災禍。今天您在酒席宴上一次就侮辱了韓康子、段規君臣兩個人，事後又不防備，還認為他們不敢發難，這樣做恐怕不行吧？就連蚊子、螞蟻、蜜蜂、蠍子等小動物都能傷害人，何況是一個國家的君主和國相呢！」智伯仍然不聽。

智伯向韓康子提出割讓土地的要求，韓康子不想給。段規說：「智伯貪圖利益而又強硬固執，如果我們不給他土地，他就要攻打我們，不如給他。他從我們這裡嘗到了得地的甜頭，一定會去向別人提出割讓土地的要求。別人不給他，他必定會出兵攻打，這樣我們既可以避免一場災禍，又能坐觀其變。」韓康子說：「這個意見好。」於是派使者把一個擁有一萬人口的城邑獻給智伯。智伯很高興，就又去向魏桓子要求割讓土地。魏桓子也不想給，他的相任章說：「為什麼不想給呢？」魏桓子說：「智氏平白無故的向我們索要土地，所以不想給他。」任章說：「智氏平白無故的向別人索要土地，那些大夫們一定感到很害怕，我們把地給了智氏，智氏必定會因此而驕傲起來。智氏一驕傲，就會產生輕敵的思想；而我們這些弱勢群體也會因為懼怕智氏而相互團結起來。用團結一致的力量來對付毫無準備的智氏，智氏的命運就一定不會長久了。《周書》說：『想要最終打敗他，就先要幫助他，使他惡貫滿盈；想要奪取他，就先要給予他，使他對你不防備。』所以您不如把地給智氏，讓智氏驕橫自大起來，然後我們就可以選擇同盟者一起圖謀智氏了。怎麼能單單的讓我們魏氏去充當智氏的箭靶子呢？」魏桓子說：「說得好。」魏氏也把萬戶的一個大邑割讓給智氏。

智伯又去向趙襄子提出割讓土地的要求，並指明要蔡皋狼之地。趙襄子不給。智伯惱羞成怒，就率領著韓、魏的軍隊去攻打趙襄子。趙襄子估計自己不是三家的對手，就決定逃走，說：「我要逃到哪裡去呢？」他的侍從建議他說：「長子縣離得近，而且城牆既厚又完好。」趙襄子說：「老百姓把它修建起來已經是筋疲力盡，現在又要讓百姓拼死命去為我們守城，那誰還會支持我們呢！」侍從又說：「邯鄲的倉庫裡糧食儲備得很多，可以到邯鄲去。」趙襄子說：「平時榨取了百姓的財富來充實府庫，情勢危急時又讓百姓為我們守城而送掉性命，誰會幫助我們呢！還是到晉陽去吧？這是先主臨終前囑咐過的，尹鐸在那裡寬厚待民，百姓一定會擁護我們。」於是就投奔晉陽去了。

智伯率領智、韓、魏三家的士卒把晉陽城包圍起來，然後決開汾水沖灌晉陽城，水位離城頭只剩下四尺多就把晉陽淹沒了。滲進城內的水，把百姓家裡的灶臺都泡塌了，城中到處積滿了水，水中生出了魚蛙，但百姓仍然堅守，沒有一個人想向智氏投降。智伯乘車察看水勢，魏桓子給他趕車，韓康子做他的陪乘。智伯說：「我現在才知道水是可以滅人之國的。」魏桓子聽了就用胳膊肘碰了一下韓康子，韓康子也用腳踩了一下魏桓子的腳，以此來表達自己的心情。因為汾水可以灌魏桓子的都城安邑，絳水可以灌韓康子的都城平陽。

絺疵對智伯說：「韓、魏兩人一定會背叛你了。」智伯說：「你怎麼知道？」絺疵說：「我是根據人之常情分析出來的。今天韓、魏率領自己的家臣跟隨攻打趙氏，趙氏滅亡以後，下一個就輪到韓、魏了。事先約定滅趙以後，就把趙氏的土地三家平分，如今晉陽城只剩四尺多的高度沒有被淹沒，城內糧食短缺，把戰馬都宰殺吃掉了，晉陽陷落指日可待，而魏桓子和韓康子的臉上不僅沒有一點高興的樣子，反而流露出憂愁的神色，這不是想背叛又是什麼呢？」第二天，智伯把絺疵的話告訴了韓康子、魏桓子二人。二人說：「這是一個挑撥是非的人，恐怕是在為趙氏遊說，使您懷疑我們兩家，以達到鬆懈攻趙的目的，不然的話，我們兩家難道不盼望盡早分到趙氏的土地，反而想要冒著風險去做那完全不可能成功的事情嗎？」韓、魏二人離開以後，絺疵進去問智伯說：「您為什麼把我說的話告訴他們二人呢？」智伯驚訝的說：「你怎麼知道我把你的話告訴他們了呢？」絺疵回答說：「他們出去的時候，我看見他們看我的眼神直勾勾的顯得很慌亂，而且腳步踉蹌、急匆匆的就走過去了，這是他們知道我看穿他們內心祕密的緣故啊。」智伯仍然不醒悟，絺疵為了避禍向智伯請求出使齊國。

被包圍在晉陽城中的趙襄子派家臣張孟談偷偷的混出晉陽城來求見魏桓子和韓康子，張孟談說：「我聽說嘴脣沒有了牙齒就會感到寒冷，如今智伯率領韓、魏前來攻打趙氏，趙氏滅亡以後，緊接著就該輪到韓、魏了。」韓康子和魏桓子說：「我們也知道是這樣的，只是害怕事情不能成功而密謀洩露，我們就要大禍臨頭了。」張孟談說：「計謀出自你們二人之口，進入我的耳中，再沒有別人知道，又有什麼關係呢！」於是韓、魏二人就暗中與趙氏特使張孟談訂立盟約，定好了攻擊智伯的日期以後，就護送張孟談回到晉陽城。趙襄子趁著黑夜，偷偷的派人殺掉了智伯守堤的兵士，挖開了絳水，洶湧的河水湧進智伯的軍營。智伯的軍隊慌忙從洪水中逃生，因而軍紀大亂。此時韓、魏兩家的軍隊從兩翼夾擊智氏，趙襄子率領趙軍從城中衝出來正面攻打，智氏的軍隊被打得大敗，智伯也被殺死；三家又把智伯的族人不分男女老幼全部殺光。只有智果一支因為另立門戶、改姓輔氏而得以逃此浩劫。

司馬光說：「智伯滅亡的原因，是他的才能勝過他的品德。才能與品德是兩碼事，而世上普通人卻不能加以區別，只要能幹就稱讚他們賢能，這就是看錯人的原因。具備聰慧、明察、有魄力、堅毅的特點的人才能稱得上是有才能，具備公平、公正、正直、平和的特點就叫有德。才能是品德的資本，品德是才能的主宰。雲夢產的竹子，最為堅韌，然而用它製造箭，如果不經過加工矯正，不給它裝上羽毛，那麼它再堅韌也不能射透堅硬的鎧甲；棠谿出產的銅，是質量最好的，然而用它製造兵器，如果不經過冶煉鑄造，不進行磨礪，也不能刺穿堅固的鎧甲。所以只有才德全都好到極點才能稱得上是聖人，既無才又無德的就是愚人。品德勝過才的是君子，才勝德的是小人。概括起來，在選拔人才的時候，如果實在物色不到聖人、君子，那麼與其任用小人，還不如任用愚人。為什麼呢？因為君子利用他的才能去做好事，而小人則利用他的才能去做壞事。利用才能去做好事，那他什麼好事都會去做；而小人憑藉他的才能幹壞事，那也什麼壞事都幹得出來。愚鈍的人雖然想去做不好的事情，然而他的智慧不足，能力不夠，就如同剛出生的小狗去撕咬人，人能夠很容易制服牠。小人就不同了，他的智慧完全可以使他的奸謀得逞，他的能力完全可以使他的暴虐得以實施，這就像是老虎添加了翅膀，危害怎麼會不大呢！有德的人會使人產生敬畏，而有才能的人會受到人們的喜愛。喜愛就容易親近，敬畏就容易使人敬而遠之。所以選拔人才的人往往被其才能所蒙蔽，而忘掉了德。從古到今，擾亂國家的奸佞、破敗家庭的子孫，往往是才能有餘而道德缺乏，終於導致滅國毀家的事例太多了，又豈止智伯一個人呢！所以治國治家的人如果能夠明確區分才能與道德的區別，而又懂得用人時才能與道德哪個在前哪個在後，又何必擔心用人不當呢！」

三家分智氏之田。趙襄子漆智伯之頭，以為飲器❶。智伯之臣豫讓❷欲為之報仇，乃詐為刑人❸，挾❹匕首，入襄子宮中塗廁❺。襄子如廁，心動❻，索❼之，獲豫讓。左右欲殺之，襄子曰：「智伯死無後❽，而此人欲為報仇，真義士也！吾謹避之耳。」乃舍之❾。豫讓又漆身為癩❿，吞炭為啞。行乞於市，其妻不識也。行見其友，其友識之，為之泣曰：「以子之才，臣事趙孟⓫，必得近幸⓬，子乃為所欲為⓭，顧不易邪⓮？何乃自苦如此⓯，求以報仇⓰，不亦難乎！」豫讓曰：「不可[1]。既已委質⓱為臣，而又求殺之，是二心也。凡吾所為⓲者，極難耳，然所以為此者，將以愧⓳天下後世之為人臣懷二心⓴者也。」襄子出，豫讓伏於橋下。襄子至橋，馬驚㉑，索之，得豫讓，遂殺之㉒。

襄子為伯魯之不立㉓也，有子五人，不肯置後㉔。封伯魯之子於代㉕，曰代成君㉖，早卒，立其子浣為趙氏後㉗。襄子卒㉘，弟桓子㉙逐浣而自立。一年卒㉚。趙氏之人曰，桓子立，非襄主意，乃共殺其子㉛，復迎浣而立之，是為獻子㉜。獻子生籍，是為烈侯㉝。

魏斯者，魏桓子之孫也，是為文侯㉞。

韓康子生武子㉟，武子生虔，是為景侯㊱。

【章　旨】以上為第三段，追述趙襄子至獻侯、趙籍之間的趙氏歷史，趙襄子是為趙氏建國奠定基礎的關鍵人物。

【注釋】❶飲器　盛酒之器。也有人理解為尿壺。似以前者為是。❷豫讓　智伯的家臣。《戰國策・趙策一》說他是畢陽之孫，先曾為范氏、中行氏做事，不受重用，改投智伯，智伯寵任之，遂為智氏忠臣。事跡亦見於《史記・刺客列傳》。❸詐為刑人　偽裝成一個苦役。刑人，判徒刑做苦工的人。❹挾　夾帶；暗藏。❺塗廁　抹廁所的牆。❻如廁二句　第六感的一種反應。如，往。❼索　搜查。❽無後　指其宗族滅絕，領地瓜分，不僅如後世所理解的只是沒有兒子斷絕香煙而已。❾舍之　將其釋放。❿漆身為癩　以漆塗身，使全身像是長滿癩瘡。⓫臣事趙孟　假裝投降去給趙襄子做事。按，自趙盾為晉國正卿後，趙氏為卿者皆世稱「孟」，如趙武、趙鞅、趙襄子皆然。⓬必得近幸　必能得到趙襄子的親近寵愛。⓭為所欲為　幹你想幹的事情，指刺殺趙襄子。⓮顧不易邪　那還不是很容易的事嗎。顧，豈。⓯何乃自苦如此　何必把自己弄成這種樣子。⓰求以報仇　用這種辦法求得報仇。⓱委質　託身；獻身於人。也有說「委質」即交上見面禮；也有說「委質」即與人家立契約，寫保證書。⓲吾所為　指既不用假投降的騙術，又非要行刺趙襄子。⓳愧　使之慚愧，意即羞辱。⓴為人臣懷二心　既為人家做臣僕，又暗裡想害人家。㉑馬驚　又是一種第六感，頗具神祕色彩。㉒遂殺之　以上故事詳見《史記・刺客列傳》，司馬遷所寫還比這裡生動得多。㉓伯魯之不立　伯魯是趙簡子的長子，理應為接班人，但因趙簡子察知無恤最有才幹，故而不立伯魯，立無恤為接班人。㉔不肯置後　不肯立自己的兒子為接班人，因為覺得那樣做對不起長兄伯魯。㉕封伯魯之子於代　據《史記》，伯魯早死，故而封伯魯之子為代成君。代，原是北方的一個小國名，其都城在今河北蔚縣東北。此國被趙襄子所滅，故而封其姪。趙襄子滅代的慘烈過程詳見《史記・趙世家》。㉖代成君　據《史記・趙世家》，代成君名周，「成」字是謚。㉗立其子浣為趙氏後　立代成君之子趙浣為自己的接班人。㉘襄子卒　事在周威烈王元年（西元前四二五年）。㉙桓子　趙簡子之子，襄子之弟，名嘉。㉚一年卒　事在周威烈王二年（西元前四二四年）。㉛乃共殺其子　桓子死後，其子繼位，被眾人所殺。㉜獻子　即歷史上所說的趙獻侯，西元前四二三—前四〇九年在位。獻字是謚。㉝烈侯　名籍，西元前四〇八—前三八七年在位。㉞文侯　名斯，魏國最先獨立稱侯的人。西元前四四五—前三九六年在位。魏文侯是戰國初期最有作為的君主。事見《史記・魏世家》。㉟武子　名啟章，西元前四二四—前四〇九年在位。㊱景侯　名虔，西元前四〇八—前四〇〇年在位。

【校記】[1]不可　原無此二字。據章鈺校，十二行本、乙十一行本、孔天胤本皆有此二字，張敦仁《通鑑刊本識誤》、張瑛《通鑑校勘記》同，今據補。

【語　譯】韓、趙、魏三家瓜分了智氏的土地。趙襄子把智伯的頭骨用漆漆了當做飲酒的器皿。智伯的家臣豫讓想要為智伯報仇，就裝扮成一個被判了徒刑罰做苦役的人，身上暗藏著匕首，進入趙襄子的家，躲在廁所裡裝作塗抹廁所。趙襄子上廁所的時候，怦然心動，就立即派人搜索，結果抓獲了豫讓。趙襄子身邊的人都主張殺死豫讓，趙襄子說：「智伯宗族滅絕，沒有留下後代。而這個人想要為智伯報仇，真可算得上是一個忠臣義士！我今後躲避他就是了。」於是就將豫讓釋放了。後來豫讓又用漆塗抹全身，使全身長滿癩瘡；又吞食木炭，讓自己的聲音變啞。然後就到市集上去討飯，他的妻子看見了也認不出是他。豫讓又去拜訪他的朋友，他的朋友看到他這個樣子，傷心的哭起來，說：「憑藉你的才能，如果投靠趙襄子，一定能被信任重用，到那時你想幹什麼就幹什麼，豈不是容易多了嗎？何必要如此的折磨自己，採用這種辦法求得報仇，不是太難了嗎！」豫讓說：「不可以。假如我做了趙襄子的家臣，趙襄子就是我的主人，殺死主人就是不忠。我知道自己所做的事情很難成功，但我還是要那樣去做的原因，就是要使天下以及後世的那些對主人不忠、懷有二心的人感到慚愧。」趙襄子出行，豫讓預先埋伏在橋下準備刺殺他。不料趙襄子騎馬將到橋頭的時候，座下的馬突然受到驚嚇，派人搜索，又將豫讓抓獲。這次趙襄子下令殺死了豫讓。

當初，趙襄子的父親廢掉了太子伯魯而讓趙襄子做了他的繼承人，因為這個原因，所以趙襄子雖然生有五個兒子，但他始終不肯指定自己的兒子為繼承人。他把代地封給伯魯的兒子趙周，號代成君；代成君趙周很早就死了，後來趙襄子又指定代成君趙周的兒子趙浣做自己的繼承人。趙襄子死了以後，他的弟弟趙嘉驅逐了趙浣自己即位，就是趙桓子；一年以後趙桓子也死了。趙氏家族的人說，桓子趙嘉即位本來不是襄子的本意，於是一起殺死了桓子的兒子，把趙浣迎接回來即位，就是趙獻子。趙獻子生趙籍，趙籍就是趙烈侯。

魏斯，是魏桓子的孫子，就是魏文侯。

韓康子生韓武子，韓武子生韓虔，韓虔就是韓景侯。

魏文侯以卜子夏❶、田子方❷為師，每過段干木❸之廬必式❹，四方賢士多歸之。

文侯與羣臣飲酒，樂而天雨❺，命駕❻將適野❼。左右曰：「今日飲酒樂，天又雨，君將安之❽？」文侯曰：「吾與虞人❾期獵❿，雖樂，豈可無一會期⓫哉！」乃往，身自罷之⓬。

韓借師⓭於魏以伐趙，文侯曰：「寡人與趙，兄弟也，不敢聞命⓮。」趙借師於魏以伐韓，文侯應之亦然。二國皆怒而去，已而⓯知文侯以講於己⓰也，皆朝于魏。魏於是始大於三晉⓱，諸侯莫能與之爭。

使樂羊⓲伐中山⓳，克之⓴，以封其子擊㉑。文侯問於羣臣曰：「我何如主㉒？」皆曰：「仁君。」任座㉓曰：「君得中山，不以封君之弟，而以封君之子，何謂仁君？」文侯怒，任座趨出㉔。次問翟璜㉕，對曰：「仁君。」文侯曰：「何以知之？」對曰：「臣聞君仁則臣直，嚮者㉖任座之言直，臣是以知之。」文侯悅，使翟璜召任座而反之，親下堂迎之，以為上客。

文侯與田子方飲，文侯曰：「鐘聲不比㉗乎？左高㉘。」田子方笑。文侯曰：「何笑？」子方曰：「臣聞之，『君明樂官，不明樂音㉙』，今君審於音㉚，臣恐其聾於官[31]也。」文侯曰：「善。」

子擊出，遭[32]田子方於道，下車伏謁[33]。子方不為禮[34]。子擊怒謂子方曰：「富貴者驕人[35]乎，貧賤者驕人乎？」子方曰：「亦[36]貧賤者驕人耳，富貴者安敢驕人！國君而[37]驕人，則失其國；大夫而驕人，則失其家[38]。失其國者，未聞有以國待之[39]者也；失其家者，未聞有以家待之者也。夫士[40]貧賤者，言不用[41]，行不合[42]，則納履而去[43]耳，安往而不得貧賤哉[44]？」子擊乃謝[45]之。

文侯謂李克[46]曰：「先生嘗有言曰，『家貧思良妻，國亂思良相[47]』，今所置[48]，非成則璜[49]，二子何如？」對曰：「卑不謀尊[50]，疏不謀戚[51]。臣在闕門[52]之外，不敢當命[53]。」文侯曰：「先生臨事勿讓[54]。」克曰：「君弗察[55]故也。居[56]視其所親，富視其所與[57]，達[58]視其所舉[59]，窮[60]視其所不為[61]，貧視其所不取[62]。五者足以定之矣，何待克哉[63]！」文侯曰：「先生就舍[64]，吾之相定矣[65]。」

李克出，見翟璜。翟璜曰：「今者聞君召先生而卜相[66]，果誰為之[67]？」克曰：「魏成[68]。」翟璜忿然作色[69]曰：「西河守吳起[70]，臣所進也。君內以鄴為憂[71]，臣進西門豹[72]。君欲伐中山，臣進樂羊。中山已拔[73]，無使[74]守之，臣進先生。君之子[75]無傅[76]，臣進屈侯鮒[77]。以耳目之所睹記[78]，臣何負於魏成[79]！」李克曰：

「子言克於子之君[80]者，豈將[81]比周[82]以求大官哉？君問相[83]於克，克之對如是[84]。所以知君之必相魏成[85]者，魏成食祿千鍾[86]，什九在外，什一在內[87]，是以[88]東得卜子夏、田子方、段干木。此三人者，君皆師之[89]；子所進五人者，君皆臣之[90]。子惡得與魏成比也[91]？」翟璜逡巡[92]再拜曰：「璜，鄙人[93]也，失對[94]，願卒為弟子[95]。」

吳起者，衛[96]人，仕於魯[97]。齊[98]人伐魯，魯人欲以為將。起取[99]齊女為妻，魯人疑之，起殺妻以求將[100]，大破齊師。或譖之魯侯[101]曰：「起始事曾參[102]，母死不奔喪[103]，曾參絕之[104]。今又殺妻以求為君將。起，殘忍薄行[105]人也。且以魯國區區[106]而有勝敵之名，則諸侯圖魯[107]矣。」起恐得罪，聞魏文侯賢，乃往歸之。文侯問諸李克，李克曰：「起貪[108]而好色，然用兵，司馬穰苴[109]弗能過也。」於是文侯以為將，擊秦，拔五城。

起之為將，與士卒最下者同衣食，臥不設席[110]，行不騎乘[111]，親裹贏糧[112]，與士卒分勞苦。卒有病疽[113]者，起為吮[114]之，卒母聞而哭之。人曰：「子卒也[115]，而將軍自吮其疽，何哭為[116]？」母曰：「非然也[117]，往年吳公吮其父疽[118]，其父戰不旋踵[119]，遂死於敵。吳公今又吮其子，妾[120]不知其死所[121]矣，是以哭之。」

燕湣公[122]薨[123]，子僖公[124]立。

二十四年（己卯　西元前四〇二年）

王崩[125]，子安王驕[126]立。

盜殺楚聲王[127]，國人立其子悼王[128]。

【章旨】以上為第四段，追述魏文侯的英明幹練，使魏國在正式被封立之前就已經強大一時。

【注釋】❶卜子夏　孔子的弟子，名商，字子夏，晉國溫（今河南溫縣西南）人，後居於魏。長於文學。曾講學於魏國之西河，為魏文侯師。事跡詳見《史記・仲尼弟子列傳》。❷田子方　名無澤，戰國時魏人，曾受學於子貢。見《史記・魏世家》。❸段干木　魏國的商人，曾受學於子夏，成為有名的賢士，深受魏文侯敬重。❹式　同「軾」。古代車廂前用作扶手的橫木。古人立乘車上，遇有當表示恭敬之事，則俯身扶軾，以表敬意。❺天雨　天下起雨來。❻命駕　吩咐整備車馬。駕，帝王車乘。❼適野　要到郊外去。適，往。❽安之　要到哪裡去。之，往。❾虞人　掌管苑囿的小吏。❿期獵　約定今天要去打獵。⓫無一會期　詞語生澀，意即到時不去，即失約。⓬身自罷之　親自前往告知虞人因雨罷獵。⓭借師　借兵。⓮不敢聞命　意即不能按您的吩咐辦。聞命，聽命；受命。⓯已而　事後；後來。⓰講於己　與兩方都有聯盟。講，結；結盟。⓱大於三晉　在韓、趙、魏三國中勢力最強。三晉，由瓜分晉國所建立的三個國家。⓲樂羊　魏文侯時的將領。⓳中山　春秋後期鮮虞人建立的小國，都城顧，即今河北之定州。⓴克之　攻克了中山國的都城。按，據《史記・魏世家》，魏文侯派樂毅滅中山在魏文侯四十年，西元前四〇六年。㉑其子擊　即日後的魏武侯，名擊，西元前三九六—前三七一年在位。㉒何如主　怎樣的一個君主。㉓任座　魏文侯的大臣，以直言聞名。事見《新序・雜事一》、《說苑・奉使》、《呂氏春秋・長見》。有說任座即公叔痤。㉔趨出　小步急行而出。趨，小步急行，這是古代臣子在君父面前走路的一種恭敬的姿態。㉕翟璜　又作「翟黃」，魏文侯的大臣。事跡見《韓非子・內儲說下》、《呂氏春秋・下賢》、《史記・魏世家》等。㉖嚮者　剛才。㉗不比　不諧調。㉘左高　左邊的編鐘音高。㉙君明樂官二句　國君只要瞭解管理音樂的官員是否稱職就行了，不必管具體音律是否和諧。㉚審於音　對音律問題如此精審。審，理解得深刻、透徹。㉛聾於官　對管理官員、處理政事昏聵無能。聾，無聽覺，這裡即指政治昏聵。㉜遭　遇。㉝伏謁　趴在地上拜見。㉞不為禮　不還禮；不以禮相答。㉟驕人　向人擺譜；對人傲慢。㊱亦　也；看來是。表示推斷的語氣詞。㊲而　若；假如。㊳失其家　丟掉他的家族所有，包括土地、士民、軍隊等等。周朝實行層層的分封制，周天子的轄區稱作「天下」；諸侯的轄區稱作「國」；大夫的轄區稱作「家」。㊴以國待之　把國家再交還他。待，留，留著再給他。㊵士　沒有官爵俸祿的普通人。㊶言不用　建議不被採納。㊷行不合　做事不合統治者的要求。㊸納履而去　穿上鞋子就走。納，插；穿。㊹安往而不得貧賤哉　什麼地方找不到「貧賤」呢。㊺謝　道歉。㊻李克也作「里克」，子夏弟子。魏文侯滅中山後，封太子擊為中山君，任李克為其相。《漢書・藝文志・諸子略》之儒家類有《李克》七篇。㊼家貧思良妻二句　古之成語，以言妻之在家與相之在國的重要地位。㊽所置　即指置相。置，設立；任命。㊾非成則璜　如果不是文侯之弟公子成，那就一定是翟璜。翟璜是文侯的大臣。㊿卑不謀尊　地位低的人沒法參與謀劃上層的事。(51)疏不謀戚　關係疏遠的人沒法參與謀劃人家親近者之間的事。卑、疏者李克自指；尊、戚者指翟璜與公子成。(52)闕門　宮門，古代宮門左右有雙闕，故稱宮門為「闕門」。「在闕門之外」極言自己的地位之低和與國家君主的關係之遠。(53)當命　接受命令；承擔任務。當，承受。(54)勿讓　不要推辭。(55)弗察　沒有認真體察。(56)居　平時。(57)所與　結交什麼人。(58)達　尊貴；地位高。(59)舉　推薦。(60)窮　不逢時；不得志。(61)不為　不幹什麼，指不改自己的操守。(62)不取　不取什麼，指不貪錢財。(63)何待克哉　哪裡還用得著我說呢。(64)就舍　回府。就，去；到。(65)吾之相定矣　任命誰為相我的心中選好啦。(66)卜相　商量任誰為相。卜，研究以誰為好。(67)果誰為之　最後確定了誰當。果，最後；究竟。(68)魏成　即公子成。(69)作色　改變面色，指動怒的樣子。(70)西河守吳起　西河地區的守將吳起。西河指今陝西與山西之間的那段黃河，當時的晉國人稱之曰「西河」。戰國初期這段黃河以西的部分陝西地區歸魏國所有，而吳起曾為魏文侯鎮守這一帶地區。吳起是戰國初期的傑出軍事家，原衛人，先後曾在魯國、魏國、楚國任職，所在有功。事跡詳見《史記・吳起列傳》。(71)以鄴為憂　正在為鄴縣的問題傷腦筋。鄴，魏縣名，在今河北臨漳西南。(72)西門豹　姓西門名豹，魏文侯時代的著名地方官。為鄴令時，曾嚴厲懲治「河伯娶婦」的歹徒，並在當地興修水利。事見《史記・滑稽列傳》。(73)拔　攻克。(74)無使　沒有合適的人可派往鎮守。(75)君之子　指太子擊。(76)無傅　沒有合適的人任太子太傅。太子太傅是太子的教導官。(77)屈侯鮒　姓屈侯，名鮒，魏國的賢人。(78)以耳目之所睹記　以眼前易見的這些事情來說。(79)何負於魏成　我哪一點比魏成差。(80)子言克於子之君　你當年把我舉薦給你的君主。言，進言；介紹。(81)豈將　難道是為了。(82)比周　為了私利而相互依附，即今之所謂「狼狽為奸」。(83)問相　問任誰為相更好。84克之對如是　我是這樣回答的。如是，如此。85必相魏成　必以公子成為相。86食祿千鍾　享有千鍾的俸祿，這在古代算是很多的。鍾，古之容量單位，一鍾等於六斛四斗。古之量小，千鍾略當於今之一千三百石。87什九在外二句　十分之九用在奉養賢士，十分之一留給家用。88是以　以是；所以才能。89君皆師之　君主（指文侯）都把他們尊之為師。90君皆臣之　君主都把他們當做臣下。91子惡得與魏成比也　您怎麼能和公子成相比呢。惡得，如何能夠。也，同「邪」。反問語氣詞。92逡巡　失落喪氣的樣子。93鄙人　見識低下的人。94失對　回答得不得體。95卒為弟子　永遠做您的學生。96衛　西周以來的封國名，始封之君為武王之弟康叔，原都於朝歌（今河南淇縣），春秋時代遷於今河南濮陽西南。詳見《史記・衛康叔世家》。97仕於魯　在魯國為官。魯，西周以來的封國名，始封之君為武王之弟周公，國都即今山東曲阜。事見《史記・魯周公世家》。98齊　西周以來的諸侯國名，始封之君為武王的功臣姜尚，都城即今山東臨淄。但這時的齊康公已成為田氏權臣的傀儡，一切大權皆在田和之手。99取　同「娶」。100殺妻以求將　殺其妻以表明自己與齊國無牽連，而求得魯君任以為將。101或譖之魯侯　或，有人。譖，說壞話以壞人之事。魯侯，當是魯穆公，名顯，西元前四〇七—前三七七年在位。102始事曾參　開始跟著曾參為弟子。事，這裡意思同「侍」。曾參，孔子的弟子，以孝聞名。按年代計算，這時不應再有曾參，有人認為應是曾申，曾參的兒子。103奔喪　聞長輩死訊，奔回以理喪事。104絕之　與之斷絕了關係。105薄行　沒有好的品行。106區區　弱小的樣子。107諸侯圖魯　成為各國諸侯的進攻目標。圖，算計；打主意。108貪　貪名。殺妻求將即其一例。109司馬穰苴　司馬穰苴，春秋齊人。姓田名穰苴，為大司馬，故稱。齊景公時的名將，曾大破燕、晉之師。事跡詳見《史記・司馬穰苴列傳》。110臥不設席　不鋪褥墊，就地而臥。111行不騎乘　徒步而行，不坐車、不騎馬。112親裹贏糧　親自背著包裹、糧食。贏，背著；挑著。113病疽　長了毒瘡。這種毒瘡生在頸部背部，有生命危險。114吮　用嘴吸毒瘡裡的膿，因當時條件惡劣，情況緊急。115子卒也　你的兒子，不過是個小卒。116何哭為　你還哭什麼。古漢語的反問句，「為」字常移在句尾。117非然也　我不是說這個。118吮其父疽　為其父吮過毒瘡。119戰不旋踵　打起仗來連頭也不回。旋踵，轉過腳跟，即回身向後。120妾　婢僕，古時婦女常用以謙稱自己。121不知其死所　不知死在什麼地方，意即此子日後為報吳公之恩，必然在戰場上不怕犧牲。按，司馬光在這裡的敘事完全依據《史記》，司馬遷討厭法家人物，故而對吳起沒有好感。關心、愛護士卒本是優秀指揮官的行為，但司馬遷加上小卒之母的一哭，吳起形象頓然減色。122燕湣公　孝公之子，西元前四三三—前四〇三年在位。燕是西周初年以來的諸侯國名，始封之君是武王之弟召公姬奭。都城開始在今北京市西南之琉璃河，後來滅薊後遷於今北京市。123薨　以稱諸侯之死。124僖公　湣公之子，西元前四〇二—前三七三年在位。125王崩　此指周威烈王死，古稱帝王之死曰崩。[126]安王驕　周安王名驕，西元前四〇一－前三七六年在位。[127]盜殺楚聲王　楚聲王是楚簡王之子，名當，西元前四〇七－前四〇二年在位。楚聲王是自熊繹以後的第三十二代楚王。[128]國人立其子悼王　標明「國人」，說明此舉非當時之統治階層所情願。國人，指居住在國家京城及其郊區的士、農、工、商之民。悼王名疑，一名類，西元前四〇一－前三八一年在位。

【語　譯】魏文侯用卜子夏、田子方兩位賢士做自己的老師，而且他每次經過德高望重的段干木的住宅門口都一定要站在車上，手扶車軾，彎下身子來表示敬意。因此，四面八方的賢德之人都來投奔魏國。

魏文侯與大臣們一起飲酒，心情非常愉快，而老天竟然下起了大雨，魏文侯命令準備好車馬到郊外去。他左右的人都勸阻說：「現在大家一起喝酒正喝得高興，外面又在下雨，您到郊外去做什麼？」魏文侯說：「我與管理苑囿的虞人約好今天一起去打獵，我在這裡雖然快樂，但怎麼能失約不去呢！」於是便親自冒雨前往苑囿告訴那個虞人說，因為下雨取消打獵。

韓國向魏國借軍隊去攻打趙國，魏文侯說：「我們魏國和趙國是兄弟鄰邦，所以我不能按照貴國的吩咐辦。」趙國為了攻打韓國也向魏國借兵，魏文侯也像當初拒絕韓國一樣拒絕了趙國。兩國都因為遭到拒絕而很生氣的離開，事後得知魏文侯都暗中站在將要被攻打的一方時很受感動，就都來朝見魏文侯。魏國因此在三個國家中最強大，其他諸侯不敢與魏國爭強。

魏文侯派將軍樂羊去攻打中山國，樂羊很快就攻陷了中山，魏文侯將中山的領土分封給自己的兒子魏擊。魏文侯詢問諸位大臣說：「你們認為我是一個怎麼樣的君主？」在座的都說：「您是一個仁德的君主。」任座說：「您得到中山的領土，不把它分封給您的弟弟而分封給了您的兒子，怎麼能夠算得上是仁德的君主？」魏文侯非常憤怒，任座見魏文侯發怒，趕緊退了出來。魏文侯又去問翟璜，翟璜回答說：「是仁德的君主。」魏文侯說：「你憑什麼這麼說？」翟璜回答：「我聽說，國君仁德，臣子就敢於說真話，剛才任座說的是真話，我根據這一點知道的。」魏文侯聽了很高興，就派翟璜把任座請了回來，魏文侯親自走下堂來迎接他，並把他待為上賓。

魏文侯與田子方一塊飲酒，魏文侯說：「伴奏的音樂聲調不協調嗎？左邊的編鐘音調高。」田子方聽了以後沒說話，只是笑了笑。魏文侯問他：「你笑什麼呢？」田子方回答說：「我聽說，『國君只要瞭解管理音樂的官員是否稱職就行了，不必具體管音律是否和諧』，而今您對音樂如此精通，我擔心您在管理官員、處理政務方面會顯得昏聵無能了。」魏文侯說：「是這樣的。」

魏文侯的兒子魏擊出行，在路上遇見田子方，他趕緊下車在路邊行拜見禮。田子方並不還禮。魏擊怒氣沖沖的質問田子方說：「我問你，是富貴的人在別人面前擺譜、耍驕傲呢，還是沒有官爵俸祿的普通人在別人面前擺譜、耍驕傲？」田子方說：「當然是沒有官爵俸祿的普通人在別人面前擺譜、耍驕傲了，富貴的人怎麼敢在別人面前擺譜、耍驕傲呢！一國之君如果在別人面前擺譜、耍驕傲，就會失去他的國家；大夫在別人面前擺譜、耍驕傲，就會失去他的家族所有。失去國就不會再有國，失掉家族所有就不會再有家族所有。而像我們這樣沒有官爵俸祿的普通人，意見不被採納，行為不合主人的心意，那麼穿上鞋子走人，走到哪裡還不是都一樣嗎？」魏擊趕緊為自己剛才的鹵莽行為向田子方道歉。

魏文侯對李克說：「先生您曾經說過這樣的話，『家境貧窮，就希望娶個賢慧的妻子；國家治理不好，就渴望能有一位賢明的宰相』，如今要任命宰相，不是任用魏成，就是任用翟璜；您覺得兩個人當中哪一個更合適？」李克回答說：「地位低微的人不應該參與決定地位上層人的事情，關係疏遠的人不應該參與決定人家關係親近者之間的事情。我是公室以外的人，我不應該參與國君家庭內部的事情，所以我不能回答您提出的問題。」魏文侯說：「這是關係國家前途的大事，希望您不要推辭。」李克說：「您拿不定主意，是因為您沒有仔細體察的緣故。平時看他所親近的是什麼樣的人；有了錢財，看他結交的是什麼樣的人；地位尊貴的時候，看他舉薦的是什麼樣的人；在不得意的時候，看他是不是能夠不改變自己的操守；貧窮的時候，看他是不是接受那些不義之財。從這五個方面考察就能決定任用誰最合適，哪裡還用得著我來說什麼呢！」魏文侯說：「先生您可以回去了，任用誰為宰相，我心中已經選好了。」

李克從魏文侯那裡出來正好遇見翟璜。翟璜問李克說：「今天聽說國君召您進宮，是向您徵求宰相的人選，最後決定任用誰呢？」李克說：「是魏成。」翟璜一聽馬上變了臉色，怒氣沖沖的說：「守衛西河的太守吳起是我推薦給國君的。國君因為鄴郡得不到很好的治理感到擔憂，我又向國君舉薦了西門豹。國君想要攻打中山，我推舉了樂羊。中山被攻下以後，沒有合適的人選去治理中山，是我推薦了先生。國君的兒子找不到可以勝任的老師，是我介紹了屈侯鮒。就您耳朵聽到的、眼睛看見的這幾件事來說，我哪一點比不過魏成！」李克說：「當初你把我李克舉薦給國君，難道就是為了結黨營私用來謀取高官嗎？國君向我徵求誰適合擔任宰相，我是這樣回答的，並沒有具體說誰合適。但我知道國君必然任用魏成為宰相，因為魏成雖然享有千鍾的俸祿，但他用其中的十分之九去結交天下的賢能之士，只把其中的十分之一留作家用，所以他才能夠物色到卜子夏、田子方、段干木這樣的德才兼備之士。這三個人，國君把他們當做自己的老師；而你所舉薦的人，國君把他們當做臣子。你怎麼能跟魏成相比呢？」翟璜遲疑了一陣以後，向李克拜了兩拜，慚愧的說：「我真是一個見識短淺的人，剛才不該那樣問您。從今以後我願意一輩子做您的弟子。」

吳起原本是衛國人，在魯國做官。齊國的軍隊攻打魯國，魯君想任命吳起為大將，但因為吳起的妻子是齊國人，魯國人擔心他會因此而對魯國不忠；吳起為了解除魯國人對自己的疑慮，實現自己的政治理想，就殘忍的殺死了自己的妻子，最後如願以償，當上了魯國的大將，率領魯軍打敗了齊軍。有人在魯國國君面前詆毀吳起說：「吳起曾經跟隨曾參學習，他的母親死了，他不回去奔喪，曾參認為他不孝，與他斷絕了師徒關係。如今為了能當上大將又殺死了妻子。吳起真是一個殘忍、無情無義的小人！再說，就憑小小的魯國卻背上一個打敗強大齊國的名聲，我擔心魯國今後將會成為其他諸侯進攻的目標了。」吳起得知有人在國君面前詆毀自己，害怕被殺，他聽說魏文侯很賢明，就離開了魯國投奔魏國。魏文侯徵求李克的意見，李克說：「吳起為人既貪名又好色，然而在用兵打仗方面卻是一個奇才，就連司馬穰苴這樣的軍事家也未必比得上他。」於是魏文侯就任命吳起為大將攻打秦國，一戰就攻克了秦國的五個城邑。

吳起雖然身為大將，但在部隊當中，他與地位最低的士卒吃一樣的飯菜，穿一樣的衣服；睡覺的時候，身下不鋪席子，就地而臥；行軍的時候不騎馬不坐車，親自背著乾糧徒步而行，與士卒同甘共苦。有一個士兵身上長了疽瘡，吳起就親自用嘴給他嘬膿，這個士兵的母親聽說以後，就痛哭起來。有人問她說：「你的兒子只是一個小卒，而將軍親自用嘴給他嘬膿，你還哭什麼呢？」小卒的母親說：「你們不知道，以前吳將軍就曾經給他的父親用嘴嘬過膿，他父親為了報答將軍，在戰場上拼死向前殺敵，一步也不肯後退，最後戰死在沙場之上。如今吳將軍又為我的兒子嘬瘡，我真不知道我兒子會死在哪裡了，我是為這個才痛哭的呀。」

燕湣公去世，他的兒子僖公即位。

二十四年（己卯　西元前四〇二年）

周威烈王姬午去世，他的兒子姬驕即位，就是周安王。

強盜殺死了楚國國君楚聲王芈當，楚國人擁戴他的兒子芈疑做了國君，就是楚悼王。

安王

元年（庚辰　西元前四〇一年）

秦❶伐魏，至陽狐❷[1]。

二年（辛巳　西元前四〇〇年）

魏、韓、趙伐楚❸，至桑丘❹。

鄭❺圍韓陽翟❻。

韓景侯薨，子烈侯取❼立。

趙烈侯薨，國人立其弟武侯❽。

秦簡公薨，子惠公❾立。

三年（壬午　西元前三九九年）

王子定⑩奔晉⑪。

虢山⑫崩，壅河⑬。

四年（癸未　西元前三九八年）

楚圍鄭⑭。鄭人殺其相駟子陽⑮。

五年（甲申　西元前三九七年）

日有食之⑯。

三月，盜殺韓相俠累⑰。俠累與濮陽嚴仲子⑱有惡⑲。仲子聞軹⑳人聶政㉑之勇，以黃金百溢㉒為政母壽㉓，欲因以報仇㉔。政不受，曰：「老母在，政身未敢以許人㉕也。」及母卒，仲子乃使政刺俠累。俠累方坐府上，兵衛甚眾，聶政直入上階，刺殺俠累，因自皮面抉[2]眼㉖，自屠㉗出腸。韓人暴其尸於市㉘，購問㉙，莫能識。其姊嫈聞而往哭之曰：「是軹深井里㉚聶政也，以妾尚在之故，重自刑㉛以絕從㉜。妾柰何㉝畏歿身之誅㉞，終滅賢弟之名㉟！」遂死於政尸之旁㊱。

六年（乙酉　西元前三九六年）

鄭駟子陽之黨弒繻公㊲，而立其弟乙，是為康公㊳。

宋悼公[39]薨，子休公田[40]立。

八年（丁亥　西元前三九四年）

齊伐魯，取最[41]。韓救魯[3]。

鄭負黍[42]叛，復歸韓。

九年（戊子　西元前三九三年）

魏伐鄭[43]。

晉烈公[44]薨，子孝公傾[45]立。

十一年（庚寅　西元前三九一年）

秦伐韓宜陽[46]，取六邑[47]。

初，田常[48]生襄子盤[49]，盤生莊子白[50]，白生太公和[51]。是歲[52]，齊田和[4]遷齊康公於海上[53]，使食一城[54]，以奉其先祀[55]。

十二年（辛卯　西元前三九〇年）

秦晉戰于武城[56]。

齊伐魏，取襄陽[57]。

魯敗齊師于平陸[58]。

十三年（壬辰　西元前三八九年）

秦侵晉[59]。

齊田和會魏文侯[60]、楚人、衛人于濁澤[61]，求為諸侯。魏文侯為之請於王[62]及諸侯，王許之。

十五年（甲午　西元前三八七年）

秦伐蜀[63]，取南鄭[64]。

魏文侯薨[65]，太子擊立，是為武侯[66]。

武侯浮西河而下[67]，中流[68]顧[69]謂吳起曰：「美哉，山河之固[70]，此魏國之寶也！」對曰：「在德不在險[71]。昔三苗氏[72]，左洞庭，右彭蠡[73]。德義不脩[74]，禹滅之[75]。夏桀之居[76]，左河、濟，右泰華[77]，伊闕[78]在其南，羊腸[79]在其北。脩政不仁[80]，湯放之[81]。商紂之國[82]，左孟門，右太行[83]，常山[84]在其北，大河[85]經其南。脩政不德[86]，武王殺之[87]。由此觀之，在德不在險[88]。若君不脩德，舟中之人皆敵國也[89]。」武侯曰：「善。」

魏置相，相田文[90]。吳起不悅，謂田文曰：「請與子論功可乎？」田文曰：「可。」起曰：「將三軍，使士卒樂死，敵國不敢謀，子孰與起[91]？」文曰：「不如子。」起曰：「治百官，親萬民，實府庫[92]，子孰與起？」文曰：「不如子。」起曰：「守西河，秦兵不敢東鄉[93]，韓、趙賓從[94]，子孰與起？」文曰：「不如子。」起曰：「此三者，子皆出吾下[95]，而位居吾上，何也？」文曰：「主少國疑[96]，大臣未附[97]，百姓不信。方是之時[98]，屬[99]之子乎，屬之我乎？」起默然良久曰：「屬之子矣[100]。」

久之，魏相公叔[101]尚魏公[5]主[102]而害[103]吳起。公叔之僕[104]曰：「起易去[105]也。起為人剛勁自喜[106]。子先言於君曰：『吳起，賢人也，而君之國小[107]，臣恐起之無留心也。君盍試延以女[108]，起無留心，則必辭[109]矣。』子因與起歸[110]，而使公主辱子[111]，起見公主之賤子也，必辭[112]，則子之計中[113]矣。」公叔從之，吳起果辭公主，魏武侯疑之而未信[114]。起懼誅，遂奔楚[115]。

楚悼王[116]素聞其賢，至則任之為相。起明灋審令[117]，捐不急之官[118]，廢公族疏遠者[119]，以撫養戰鬬之士，要[120]在彊兵，破遊說之言從橫者[121]。於是南平百越[122]，北卻三晉[123]，西伐秦[124]，諸侯皆患楚之彊，而楚之貴戚大臣多怨吳起者。

秦惠公薨，子出公[125]立。

趙武侯薨[126]，國人復立烈侯之太子章，是為敬侯[127]。

韓列侯薨，子文侯[128]立。

十六年（乙未　西元前三八六年）

初命齊大夫田和[129]為諸侯。

趙公子朝作亂[130]，出[6]奔魏，與魏襲邯鄲[131]，不克。

十七年（丙申　西元前三八五年）

秦庶長改[132]逆獻公于河西而立之[133]，殺出子及其母，沈之淵旁。

齊伐魯。

韓伐鄭，取陽城[134]。伐宋[135]，執宋公[136]。

齊太公薨，子桓公午立[137]。

十九年（戊戌　西元前三八三年）

魏敗趙師于兔臺[138]。

二十年（己亥　西元前三八二年）

日有食之，既[139]。

二十一年（庚子　西元前三八一年）

楚悼王薨[140]，貴戚大臣作亂，攻吳起。起走之王尸而伏之[141]，擊起之徒因射剌起並中王尸[142]。既葬，肅王[143]即位，使令尹[144]盡誅為亂者，坐起夷宗者七十餘家[145]。

二十二年（辛丑　西元前三八〇年）

齊伐燕[146]，取桑丘[147]。魏、韓、趙伐齊[148]，至桑丘。

二十三年（壬寅　西元前三七九年）

趙襲衛[149]，不克。

齊康公薨[150]，無子，田氏遂并齊而有之。

是歲，齊桓公亦薨[151]，子威王因齊立[152]。

二十四年（癸卯　西元前三七八年）

狄[153]敗魏師于澮[154]。

魏、韓、趙伐齊，至靈丘[155]。

晉孝公薨，子靖公俱酒[156]立。

二十五年（甲辰　西元前三七七年）

蜀伐楚，取茲方[157]。

子思[158]言苟變於衛侯[159]曰：「其才可將五百乘[160]。」公曰：「吾知其可將，然變也嘗為吏，賦於民[161]而食人二雞子[162]，故弗用也。」子思曰：「夫聖人之官人[163]，猶匠之用木也，取其所長，棄其所短。故杞梓[164]連抱[165]，而有數尺之朽，良工[166]不棄。今君處戰國之世[167]，選爪牙之士[168]，而以二卵棄干城之將[169]，此不可使聞於鄰國[170]也。」公再拜曰：「謹受教[171]矣。」

衛侯言計非是[172]，而羣臣和者如出一口[173]。子思曰：「以吾觀衛[174]，所謂『君不君，臣不臣』者也[175]。」公丘懿子[176]曰：「何乃若是[177]？」子思曰：「人主自臧[178]，則眾謀不進[179]。事是而臧之[180]，猶卻眾謀[181]，況和非[182]以長惡[183]乎！夫[184]不察事之是非，而悅人讚己，闇莫甚焉[185]；不度理之所在，而阿諛求容[186]，諂莫甚焉[187]。君闇臣諂，以居百姓之上，民不與[188]也。若此不已[189]，國無類[190]矣！」

子思言於衛侯曰：「君之國事將日非[191]矣。」公曰：「何故？」對曰：「有由然焉[192]。君出言，自以為是，而卿大夫[193]莫敢矯其非[194]；卿大夫出言，亦自以為是，而士庶人[195]莫敢矯其非。君臣既自賢[196]矣，而羣下同聲賢之[197]。賢之則順而有福[198]，矯之則逆而有禍[199]。如此則善安從生[200]？詩[201]曰『具曰予聖，誰知烏之雌雄[202]？』抑亦似君之君臣乎[203]？」

魯穆公[204]薨，子共公[205]奮立。

韓文侯薨，子哀侯立[206]。

二十六年（乙巳　西元前三七六年）

王崩[207]，子烈王喜[208]立。

魏、韓、趙共廢晉靖公為家人[209]而分其地[210]。

【章　旨】以上為第五段，主要寫了周安王在位二十六年之間的各國大事，用筆較多的是吳起在魏國的一些建樹，與其被排擠到楚國，在楚國變法有效而最後被舊貴族所殺的過程；最後寫了子思議論衛國政治的幾個小故事，頗有色彩。

【注　釋】❶秦　春秋初年以來的諸侯國名，始封之君為秦襄公，因驅逐犬戎，佐助周王室東遷有功，被策封為諸侯，春秋時期國都在雍。此時秦國在位的君主為秦簡公，魏國為魏文侯。❷陽狐　魏邑名，在今山西垣曲東南。❸魏韓趙伐楚　此時韓國的國君為韓景侯，趙國的國君為趙烈侯，楚國為楚悼王。❹桑丘　據〈楚世家〉與梁玉繩考證，當作「乘丘」，楚邑名，在今山東兗州西。❺鄭　西周末期以來的諸侯國名，始封之君為周宣王之弟姬友，最初都於棫林（今陝西華縣西北），後來東遷於今河南新鄭。鄭國到戰國初期已經相當弱小。此時在位的君主是鄭康公。❻陽翟　韓景侯時期的國都，即今河南禹州。❼烈侯取　名取，西元前三九九—前三八七年在位。❽武侯　《史記》之〈趙世家〉與〈六國年表〉都有「武侯」（或武公）一代，其在位年限為西元前三九九—前三八七年。但今之戰國史研究者皆不取《史記》說，而將「武侯」與「烈侯」並列一代，在位年限為西元前四〇八—前三八七年。❾惠公　西元前三九九—前三八七年在位。❿王子定　安王子名定。⓫奔晉　逃到晉地。晉，古邑名，疑屬齊。按，王子定奔晉是政治行為，究為何事，史無明載。⓬虢山　山名，在今河南三門峽市西南，黃河的南岸。按，山崩是自然界的重大變化，古人認為是巨大不祥，是預示社會將有重大災難，故書之於史。⓭壅河　堵塞了黃河。河，黃河。⓮楚圍鄭　此時鄭君為鄭繻公。《史記‧楚世家》作「楚伐周」，未云楚圍鄭。周是天子之國，都於洛陽，在鄭都新鄭西北。⓯鄭人殺其相駟子陽　子陽是鄭繻公之相，為何被「鄭人」所殺，歷史也沒有明確記載。據楊寬〈戰國史年表〉：「鄭國殺相國子陽，子陽之黨起來反抗，楚國進攻鄭國。」依楊說，鄭殺其相子陽，乃迫於楚國壓力。子陽原姓姬，是鄭穆公之子子駟的後代，該族自子駟起改姓駟氏。⓰日有食之　即日蝕。按，未書某月某日，即言「日有食之」，似不合寫法。日蝕也是自然界的重大變化，古人對此恐懼，故書之於史。⑰盜殺韓相俠累　時為韓烈侯三年，其相俠累被刺客聶政所殺。事情詳見《史記・刺客列傳》。聶政的背後指使者，是韓國的貴族嚴仲子。司馬光在本年開頭所以沒頭沒腦地來一句「日有食之」，似乎就為韓國的此次劇變作先兆。⑱濮陽嚴仲子　居住在濮陽的嚴仲子。嚴仲子名遂，韓國貴族，因與宰相俠累不合，出居於衛國的都城濮陽。⑲有惡　有仇怨；關係惡劣。⑳軹　古縣名，在今河南濟源東南。㉑聶政　當時的著名刺客。事跡見《戰國策・韓策二》與《史記・刺客列傳》。當時聶政因躲避仇人正隱居齊國。㉒溢　也寫作「鎰」，古重量單位，二十兩（或二十四兩）為一溢。㉓為政母壽　為……壽，送禮或敬酒以祝人健康長壽，這裡即指獻禮。㉔欲因以報仇　想請他出來為自己報仇。因，藉；使用。㉕許人　答應去替人賣命。《禮記・曲禮上》：「父母存，不許友以死。」㉖皮面決眼　劃破臉上的皮肉，挖出自己的眼睛，使人不能辨認是誰。㉗自屠　此處即指剖腹，以改變自己的體形。㉘暴其尸於市　把刺客的身體陳列在市場上。暴，露，這裡即指丟棄、陳列。市，市場，古代城市的市場有固定地點，四周有圍牆，有門口。㉙購問　懸賞以求能指認者。㉚軹深井里　軹縣縣城的深井里。深井是里巷的名稱。㉛重自刑　殘酷地毀壞自身。㉜絕從　斷絕官府追查的線索。從，通「蹤」。蹤跡。㉝柰何　怎麼能。㉞歿身之誅　殺身之禍。㉟滅賢弟之名　埋沒這麼好的一個兄弟的名聲。㊱遂死於政尸之旁　以上故事詳見《戰國策・韓策二》與《史記・刺客列傳》。黃洪憲曰：「司馬遷傳刺客凡五人，專諸為下，聶政為最下。夫丈夫之身所繫亦大矣，聶政得嚴仲子百金之惠，即以身許之。且俠累與仲子非有殺君之仇，特以爭寵不平小嫌耳，在仲子且不必報。政為其所知，即當諫阻；不聽，則歸其金已耳。何至挺身刃累，而自裂其面、碎其體以為勇乎？以為義乎？此與羊豕之貨屠為肉何異，愚亦甚矣！」㊲弒繻公　以其殺鄭相子陽故也。㊳康公　名乙，西元前三九五—前三七五年在位。㊴宋悼公　昭公之子，名購由，西元前四〇三—前三九六年在位。㊵休公田　有本作「昭公」，名田，西元前三九五—前三七三年在位。㊶最　有說「最」是「郰」字之訛。郰邑在今山東曲阜東南。㊷負黍　即今河南登封。原為韓邑，據《史記・鄭世家》，「繻公十六年（西元前四〇七年），鄭伐韓，敗韓兵於負黍。」遂據而有之。至今年，負黍反歸韓。㊸魏伐鄭　據《史記・六國年表》：「魏文侯三十二年伐鄭，城酸棗。」酸棗在今河南延津西南。㊹晉烈公　名止，西元前四一九—前三九三年在位。㊺孝公傾　「孝公」有本作「桓公」，西元前三九二—前三七八年在位。㊻秦伐韓宜陽　事在秦昭王九年，韓烈侯九年。宜陽，韓國西部的軍事重鎮，在今河南宜陽西。㊼取六邑　楊寬曰：即六個較大的村落。㊽田常　春秋末期的齊國權臣，田乞之子。原名恆，漢人為避文帝諱，改稱田常。田常弒其君簡公，另立平公，自己為相。姜氏之君完全成為傀儡。㊾襄子盤　名盤，襄字是謚。㊿莊子白　名白，莊字是謚。(51)太公和　名和，太公是田氏後代對田和的尊稱。田和是第一個正式篡取姜氏齊國政權，獨立稱諸侯的人。事在齊康公十九年（西元前三八六年）。在位二年。(52)是歲　田和被齊康公承認為諸侯的那一年。(53)遷齊康公於海上　齊康公是齊宣公之子，名貸，姜齊的末代君主。西元前四〇四—前三七九年在位。齊康公於其十九年被田和趕出都城臨淄，放逐到東海之濱。(54)使食一城　只收取一個小城的賦稅以維持其生活。(55)奉其先祀　供奉其國家的先祖先王，意思是姜氏齊國還不算徹底滅亡。(56)秦晉戰于武城　事在秦惠公十年，魏武侯六年。這裡所說的「晉」其實即指魏。武城，魏邑名，在今陝西華縣東。(57)齊伐魏二句　「襄陽」應作「襄陵」。襄陵，魏邑名，即今河南睢縣。(58)魯敗齊師于平陸　事當魯穆公十八年，齊康公十五年。平陸，齊邑名，在今山東汶上北。(59)秦侵晉　此「晉」字也實際指魏。楊寬《戰國史年表》於此作「秦攻魏之陰晉」。陰晉，魏邑名，在今陝西華縣東。(60)魏文侯　此與下句皆應作「魏武侯」，魏文侯已死於西元前三九六年。《史記》之〈六國年表〉與〈魏世家〉、〈田敬仲完世家〉等數篇多有錯誤，見《史記箋證》。(61)濁澤　故墟在今河南長葛西北。(62)請於王　請示過周安王。(63)蜀　古國名，都城即今成都。(64)南鄭　古邑名，即今陝西漢中。(65)魏文侯薨　此說有誤，今歷史家皆書魏文侯死於西元前三九六年。(66)武侯　名擊，西元前三九五—前三七〇年在位。(67)浮西河而下　沿著今山西、陝西間的黃河向南漂流而下。浮，順水漂流。(68)中流　漂流到一半；在河水當中。(69)顧　回頭對著。(70)山河之固　這有山有河的險要防線。(71)在德不在險　國家的強盛在於君主的英明德高，而不在地形險要。(72)三苗氏　相傳為遠古時代居住在今江西與湖南之間的少數民族名。(73)左洞庭二句　左側（西側）有洞庭湖，右側（東側）有彭蠡澤。彭蠡，即今江西境內之鄱陽湖。三苗由於坐南朝北地與北方的帝王對抗，故稱其左為西，右側為東。(74)德義不脩　即不講義，不修德。(75)禹滅之　被大禹所滅。禹，傳說是舜時的良臣，因治水有功，受舜禪而為帝，是夏朝的開國之君，事見《史記・五帝本紀》、〈夏本紀〉。(76)夏桀之居　夏桀所居的都城曰原，在今河南濟源西北。夏桀是夏朝的亡國之君，暴虐無道，被商湯所滅。見《史記・夏本紀》。(77)左河濟二句　左側（東側）有黃河、濟水，右側（西側）有太華山。夏桀是北方的帝王，坐北朝南，故稱左側為東，右側為西。所謂河濟，此指今河南溫縣東，其地為黃河與濟水的分流處。泰華，即今陝西之華山，在今陝西華陰南。(78)伊闕　山名，又名龍門山，在今河南洛陽南。因兩山相對如門，伊水流經其間，故名。(79)羊腸　指羊腸阪，太行山上的通道，以其縈曲如羊腸，故名。在今山西晉城南。(80)脩政不仁　意即不修仁政。(81)湯放之　被商湯打敗後，逃於鳴條（今河南封丘東，也有說在今山西運城之安邑北）而死，其事約在西元前一六〇〇年，見〈夏本紀〉、〈殷本紀〉。(82)商紂之國　商紂的國都朝歌，即今河南淇縣。商紂是商朝的末代帝王，西元前一〇七五—前一〇四六年在位。(83)左孟門二句　左有孟門山，右有太行山。按，孟門山在今河南輝縣西。太行山盤踞於今山西東南部與河南、河北交界處。孟門、太行皆在朝歌之西（右），強言「左」「右」者，為對舉整齊，於實際不合。(84)常山　即恆山，在今河北曲陽西北與山西接壤處。(85)大河　即黃河。(86)脩政不德　意即「不脩德政」。(87)武王殺之　殷紂被周武王打敗後逃往鹿臺自焚，商朝被滅事，在西元前一〇四六年，見〈殷本紀〉、〈周本紀〉。(88)在德不在險　瀧川資言《史記會注考證》曰：「《左傳》昭公四年，司馬侯對晉侯曰：『四嶽、三塗、陽城、太室、荊山、中南，九州之險也，是不一姓；冀之北土，馬之所生，無興國焉。恃險與馬，不可以為固也，自古已然，是以先王務修德音，以寧神人，不聞務險與馬也。』吳起之對蓋本於此。」(89)若君不脩德二句　《史記索隱》引揚雄《法言》曰：「美哉言乎，使起之用兵每若斯，則太公何以加諸！」按，《左傳紀事本末》引《尸子》謂范獻子滅欒氏後，遊於河，問諸人欒氏是否尚有後裔，舟人清涓謂范獻子曰：「善修晉國之政，內得大夫，外不失百姓，雖欒氏子，其若君何；若不修晉國之政，內不得大夫，而外失百姓，則舟中之人皆欒氏子也。」與吳起對武侯語相同，不知孰為原始，孰為抄襲。(90)相田文　以田文為相。按，此田文為魏國貴族，《呂氏春秋》作「商文」，與後來齊國的孟嘗君田文非一人。(91)子孰與起　你比我吳起如何。(92)實府庫　使府庫充實，指理財而言。實，充滿；裝滿。(93)東鄉　指向東方進犯。鄉，通「向」。(94)韓趙賓從　使韓、趙二國服從魏國。賓，服。(95)出吾下　居我之下。(96)主少國疑　意即國君年少，政局不穩。疑，謂臣民對國君、對朝政有疑慮、不信任。(97)大臣未附　謂群臣離心離德，心不往一處想，勁不向一處使。(98)方是之時　當這種時刻。(99)屬　矚目；眼睛盯著。言其一身繫天下之重。郭嵩燾曰：「武侯之立，年十四耳，此言置相當在武侯初立時，故有『主少國疑』之言。然文侯在位日久，內有魏成子、翟璜，外有西門豹、李克之屬，吳起為將在文侯時，則亦老臣矣，不得復云『大臣未附，百姓不信』也。」(100)屬之子矣　按，以上吳起不平田文為相事，見《呂氏春秋・執一》。梁玉繩曰：「此本《呂覽・執一篇》，而言各不同，未曉所以。」楊寬曰：「其（田文）為相當在魏武侯初即位之時，是時文侯功臣先後謝世，吳起仍為西河守，功高而不得居相位，因而與新任相國有論功之舉。」(101)公叔　原韓國族，居魏而為相。梁玉繩、張照都認為即臨死前向魏王舉薦商鞅之公叔痤。恐非。(102)尚魏公主　娶魏國的公主為妻。尚，上配，對娶帝王之女的敬稱。(103)害　忌恨，以其存在為己之病。(104)僕　車夫。或謂即指僕人。(105)易去　不難將其排擠走。(106)自喜　重視自己的名譽。(107)君之國小　按，當時秦未變法，國力未強，而魏國之文侯、武侯時代，國力為天下第一，今乃謂其「國小」，寫史者編故事不合實情。(108)盍試延以女　何不用招女婿的辦法來試探他一下。盍，何不。延，請；招納。(109)辭　推辭；拒絕。(110)因與起歸　隨後即將其邀來相府。(111)使公主辱子　讓公主故意侮辱你，讓吳起看到給公主當丈夫不是好玩的。(112)必辭　謂辭絕武侯的「延以公主」之事。(113)子之計中　你排擠吳起的計謀就實現了。(114)疑之而未信　懷疑吳起，不再信任吳起。(115)起懼誅二句　按，以上公叔設陷阱以傾害吳起事，不知出於何處。《呂氏春秋·長見》謂害吳起者為「王錯」，其文曰：「吳起治西河之外，王錯譖之于魏武侯，武侯使人召之。吳起至於岸門，止車而望西河，泣數行而下。其僕謂吳起曰：『竊觀公之意，視釋天下若釋躧，今去西河而泣，何也？』吳起抿泣而應之曰：『子不識。君知我，而使我畢能西河，可以王；今君聽讒人之議，而不知我，西河之為秦取不久矣。』」楊寬曰：「《呂氏春秋》謂吳起去魏，有間而西河畢入秦，並非事實，僅魏在河西受秦侵，或為秦敗而已，西河地猶未失也。」又曰：「〈吳起列傳〉謂吳起去魏入楚出於『公叔為相，尚魏公主而害吳起』，此乃傳聞異辭。公叔不知何名，〈魏策一〉有公叔痤為將，于魏惠王時與韓、趙戰澮北，擒樂祚，得賞田百萬，歸功於吳起之餘教，因索吳起之後賜之田二十萬。公叔痤當非害吳起者。王錯為武侯之侍臣而掌有權勢者，吳起嘗對之曰：『吾君之言，危國之道也，而子又附之是危也。』王錯與吳起有隙已非一日。林春溥《戰國紀年》云：『吳起去魏，《呂氏春秋》以為王錯譖之魏武侯，非痤也。百家傳記往往有以證史之誤者，此類是也。』」116楚悼王　名疑，西元前四〇一—前三八一年在位。117明灋審令　使法律嚴明，使令出必行。審，確；必。118捐不急之官　意即精簡機構。捐，撤除。不急，不急需的；沒有用的。119廢公族疏遠者　褫奪那些遠門的國君宗族的爵祿，使其降為平民。公族，國君的同族。按，《韓非子·和氏》有吳起謂楚王曰：「大臣太重，封君太眾，若此則上逼主而下虐民，此貧國弱兵之道也。不如使封君之子孫，三世而收其祿，才減百吏之祿秩，以奉選練之士。」120要　目的在於。121破遊說之言從橫者　即取消縱橫家們的活動場所。《史記會注考證》引中井積德曰：「吳起相楚，先蘇秦說趙五十年，秦孝公未出，商鞅未用，何有言『從橫』者！」按，《戰國策·秦策三》有所謂「吳起事悼王，使私不害公，讒不蔽忠，言不取苟合，行義不固，毀譽必有，伯主強國，不辭禍凶」，無「破馳說之言縱橫者」意。122南平百越　百越，統稱當時居住在今福建、廣東、廣西一帶的少數民族，因其種族繁多，故稱「百越」。按，《後漢書·南蠻傳》稱吳起有所謂「南并蠻越，遂有洞庭、蒼梧」。《戰國策·秦策三》載蔡澤稱吳起有所謂「南收楊越」。楊寬曰：「吳起所開拓主要為洞庭至蒼梧一帶。蔣伯超《南滑楛語》云：『今南贛諸郡及楚越毗連等處皆吳起相楚悼王時所開。』其說甚是。」123北卻三晉　卻，打退；打敗。楊寬曰：「『卻三晉』即指此攻魏救趙之大戰。趙敬侯四年，趙築剛平，圍攻衛國。衛借助於齊、魏之攻趙，於次年攻克趙之剛平，並『墮中牟之郭』。再次年，趙又借助楚之攻魏，火攻魏之棘蒲得勝，至趙敬侯七年拔魏黃城。此乃戰國初期中原地區魏、齊、衛與趙、楚之間連續四年之混戰，趙、魏兩國皆受巨大之創傷。蘇代說齊閔王曰：『故剛平之殘也，中牟之墮也，黃城之墜也，棘蒲之燒也，此皆非趙、魏之欲也。』楚之大舉攻魏既在楚悼王未卒之前，時吳起正為令尹，則主其軍而指揮作戰者必為吳起無疑。」124西伐秦　吳起在楚時的秦國諸侯為秦獻公，西元前三八四—前三六二年在位，國都櫟陽（在今西安市之閻良區）。按，以上敘吳起佐悼王強楚諸事多與事實不合，其錯皆來自《史記・孫子吳起列傳》。(125)出公也稱「出子」，西元前三八六—前三八五年在位。(126)趙武侯薨　此司馬光用《史記》舊說，今歷史家多以為趙國無「武侯」其人，此時趙君之去世者乃趙烈侯。(127)敬侯　烈侯子，西元前三八六—前三七五年在位。(128)文侯　西元前三八六—前三七七年在位。(129)田和　齊國權臣田常的曾孫，田白之子。在這年，田和將久已成為傀儡的齊康公驅逐出都城臨淄，自己公開篡取齊國政權，並賄賂各國諸侯為之向周安王說情，於是周安王遂正式加封田和為諸侯，國號仍稱「齊」。(130)趙公子朝作亂　具體情節不詳，此公子朝應是敬侯之弟。(131)邯鄲　趙邑名，即今河北邯鄲。從本年開始，趙國遷都於邯鄲。(132)庶長改　庶長名「改」，《呂氏春秋・當賞》作「苗改」。庶長是秦國的爵位名。商鞅變法時定秦國的爵位為二十級，其第十級為左庶長，第十八級為大庶長，這中間的上下共九級都相當於卿。(133)逆獻公于河西而立之　把秦獻公從河西地區迎來立為國君。逆，迎接。獻公，靈公之子，《史記索隱》記載名師隰，《呂氏春秋》記載名連，西元前三八四—前三六二年在位。河西，王念孫《讀書雜志》以為「河」字涉下文而衍，此處即指西縣，在今甘肅天水市西南。(134)陽城　鄭邑名，在今河南登封東南。(135)伐宋　指韓國伐宋，當時宋國的都城在彭城，即今江蘇徐州。(136)執宋公　捉住了宋國的國君宋休公。宋休公是宋悼公之子，名田，西元前三九五—前三七〇年在位。(137)桓公午立　此據《史記・六國年表》、〈田敬仲完世家〉之舊說，今歷史家皆謂在太公田和與桓公午之間還有「侯剡」一代。侯剡在位的年限是西元前三八四—前三七五年。(138)兔臺　趙國的臺觀名，在今河北大名東。(139)日有食之二句　開始是日半蝕，接著就變成了日全蝕。既，盡，指日全蝕。(140)楚悼王薨　事在楚悼王二十一年，西元前三八一年。(141)起走之王尸而伏之　吳起跑到楚悼王的遺體旁邊趴了下來。走，逃跑。之，往。(142)因射刺起並中王尸　梁玉繩曰：「《呂氏春秋》言起『拔矢而走，伏尸插矢。』謂拔人所射之矢插王屍也，與此小異。」王叔岷曰：「《劉子・貴速篇》：『昔吳起相楚，貴族攻之。起欲討讎，而插矢王尸。』本《呂氏春秋》也。」(143)肅王　名臧，悼王之子，西元前三八〇—前三七〇年在位。(144)令尹　楚官名，位同其他國家之丞相。(145)坐起夷宗者七十餘家　坐，因，因事遭罪。夷宗，滅族。夷，平；滅。按，以上吳起變法強楚及其死於楚事，見《韓非子・和氏》與《戰國策・秦策三》之蔡澤語。吳起臨死設謀為自己復仇事，《戰國策》不載，《韓非子》但謂吳起被「枝解」，而略見於《呂氏春秋・貴卒》。郭嵩燾曰：「如此則亦楚大變矣，〈楚世家〉顧不一載，何也？」(146)齊伐燕　此「齊」指田姓之齊，時為齊侯剡五年，燕簡公三十五年。(147)桑丘　燕邑名，在今河北徐水縣西南。(148)魏韓趙伐齊　為救燕也。其時為魏武侯十六年，韓文侯七年，趙敬侯七年。(149)趙襲衛　衛國的都城為濮陽，在今河南濮陽西南。(150)齊康公薨　姜氏的齊國前後歷六百六十多年至此徹底滅亡。(151)齊桓公亦薨　此據《史記》舊說，今歷史家定此年為侯剡六年，齊桓公尚未上臺。此田氏齊國的桓公名「午」。[152]子威王因齊立　此亦舊說，田齊桓公的兒子齊威王上臺尚在此二十二年之後。[153]狄　也作「翟」，泛指我國古代北部的少數民族。[154]澮　河水名，源出今山西翼城東北澮山下，西經曲沃、侯馬入新絳，注入汾河。這一帶地區當時屬魏。[155]靈丘　齊邑名，在今山東高唐南。[156]晉孝公薨二句　司馬光這裡是依據《史記》的說法，《史記》說「烈公」之下有「孝公」「靜公」兩代。而〈六國年表〉與〈鄭世家〉中尚有「韓姬弒其君悼公」云云，而「孝公」「靜公」「悼公」「桓公」四人的關係為何，也眾說不一。[157]茲方　楚邑名，應距四川扞關不遠。[158]子思　孔丘之孫，孔鯉之子，名伋，字子思，為魯穆公師，著《中庸》。[159]言苟變於衛侯　向衛侯推薦苟變。衛侯，衛慎公，懷公之子，西元前四一四—前三七三年在位。[160]將五百乘　統領五百輛兵車，以言其有大將之才。[161]賦於民　向百姓徵稅。[162]食人二雞子　吃了人家兩個雞蛋。雞子，雞蛋。[163]官人　用人為官。[164]杞梓　兩種珍貴木材。[165]連抱　合抱，一摟多粗，極言其大。[166]良工　好的木匠。[167]戰國之世　各國混戰的年代。[168]爪牙之士　以喻勇猛之將。[169]干城之將　國家城池的捍衛者。干城，猶言「捍城」。[170]不可使聞於鄰國　由於衛侯的話說得太露怯了，讓人笑話，讓人瞧不起。[171]謹受教　猶言將牢記您的教導。按，以上子思薦人的故事見《孔叢子・居衛》。[172]言計非是　計劃做一件事情而說得不對。見《孔叢子・抗志》。[173]和者如出一口　都異口同聲說好。和，隨聲響應。[174]以吾觀衛　我看衛國的這種表現。[175]所謂君不君二句　這可正是當年孔子所說的那種為君的不像君、為臣的不像臣啊。按，《論語・顏淵》：「齊景公問政於孔子，孔子對曰：『君君、臣臣、父父、子子。』公曰：『善哉，信如君不君、臣不臣、父不父、子不子，雖有粟，吾得而食諸？』」[176]公丘懿子　姓公丘，名懿子。[177]何乃若是　哪有你說的那麼壞。[178]自臧　自以為是。臧，善。[179]眾謀不進　大家就不再提意見了。進，提出。[180]事是而臧之　你的主意出得高，你自己賣弄欣賞。[181]猶卻眾謀　尚且妨礙大家發表意見。卻，退；妨礙。[182]和非　對錯誤的言論也隨聲附和，交口稱讚。[183]長惡　助長錯誤；助長邪惡。[184]夫　發語詞。[185]闇莫甚焉　這是昏庸到了極點的君主。[186]不度理之所在二句　不管對還是不對，總是一股腦地拍馬逢迎。[187]諂莫甚焉　這是諂媚到了頂點的佞臣。[188]民不與　老百姓不會與他們合作。與，交往；合作。[189]若此不已　如果這樣長此下去。不已，不結束；不改變。[190]國無類　國家將要被毀得一點不剩。無類，無餘，指滅國、滅族。按，以上子思論衛國之政治局面見《孔叢子・抗志》。[191]日非　一天比一天衰敗。[192]有由然焉　有原因造成了這種樣子。[193]卿大夫　卿是諸侯國的主要決策官員，職同將、相。大夫有上中下之分，上大夫僅低於卿。[194]矯其非　糾正您的缺點錯誤。矯，糾正。[195]士庶人　士人和老百姓。士是有知識、有才幹，雖無爵祿但有一定社會地位的人。庶人就是平民百姓。[196]自賢　自以為高明。[197]同聲賢之　異口同聲地跟著誇獎他們好。[198]順而有福　由於順了上司的心意因而獲得獎賞。

[199]逆而有禍　由於頂撞了上司而受到懲處報復。[200]善安從生　一切善政善事還怎麼能夠產生。[201]詩　即通常所說的《詩經》。[202]具曰予聖二句　大家都說「我最高明」，實際上都是一群連烏鴉雌雄都分不清的糊塗蛋。二句見《詩經・小雅・正月》，是諷刺西周末年政治黑暗的詩。具，這裡同「俱」。全；都。予，我，自指。[203]抑亦似君之君臣乎　這兩句詩大概就是說你們君臣的這種樣子吧。抑，大概；或者。按，以上子思議論衛國之君臣關係見《孔叢子・抗志》。[204]魯穆公　元公之子，名顯，又名衍，西元前四〇七—前三七六年在位。[205]共公　也作恭公，西元前三七六—前三五五年在位。按，魯國最後幾代的世系，各家說法多有不同。[206]哀侯立　楊寬《戰國史年表》繫韓哀侯立於西元前三七六年，在位二年。[207]王崩　周安王死。[208]烈王喜　名喜，烈字是謚。西元前三七五—前三六九年在位。[209]共廢晉靖公為家人　將早已成為傀儡的晉國最後一位諸侯的爵號廢止，使其成了平民百姓。晉國從西周初年建國，歷六百七十來年至此徹底滅亡。家人，平民百姓。[210]分其地　將其僅有的一點領地也予以瓜分。按，關於晉國最後的幾代諸侯世系，各家說法不同，請參考韓兆琦《史記箋證》之〈晉世家〉。

【校　記】1陽狐　原誤作「陽孤」。據章鈺校，乙十一行本作「陽狐」，當是，今據改。按，《史記・六國年表》中秦表、魏表皆載安王元年，秦伐魏，「至陽狐」，〈魏世家〉載魏文侯二十四年，秦伐魏，「至陽狐」。又〈六國年表〉齊表、〈田敬仲完世家〉皆云齊宣公四十三年有「圍陽狐」之役。可見陽狐為魏地重邑，史文所載，皆作「陽狐」，無作「陽孤」者。〈魏世家〉張守節《正義》引《括地志》云：「陽狐郭在魏州元城縣東北三十里也。」2決　據章鈺校，乙十一行本作「抉」。3韓救魯　三字原無。據章鈺校，十二行本、乙十一行本、孔天胤本皆有此三字，張敦仁《通鑑刊本識誤》、張瑛《通鑑校勘記》同，今據補。4齊田和　據章鈺校，十二行本、乙十一行本皆無「齊」字。5魏公　原無此二字。據章鈺校，十二行本、乙十一行本、孔天胤本皆有此二字，今據補。6出　原無此字。據章鈺校，乙十一行本、孔天胤本皆有此字，張瑛《通鑑校勘記》同，今據補。

【語　譯】安王

元年（庚辰　西元前四〇一年）

秦國攻打魏國，秦國的軍隊一直深入到魏國的陽孤。

二年（辛巳　西元前四〇〇年）

魏國、韓國、趙國聯合起來攻打楚國，大軍挺進到楚國的桑丘。

鄭國派軍隊包圍了韓國的陽翟。

韓國的國君景侯韓虔去世，他的兒子韓取即位，就是韓烈侯。

趙國的國君趙烈侯趙籍去世，趙國的貴族擁立趙籍的弟弟做了國君，就是趙武侯。

秦簡公嬴悼子去世，他的兒子秦惠公即位。

三年（壬午　西元前三九九年）

周安王的兒子姬定出逃到了晉國。

虢山發生崩塌，崩落的土石堵塞了黃河。

四年（癸未　西元前三九八年）

楚國的軍隊包圍了鄭國的都城新鄭。鄭國人殺死了宰相駟子陽。

五年（甲申　西元前三九七年）

有日蝕發生。

三月，韓國的宰相俠累被刺客殺死。俠累和居住在濮陽的嚴仲子有仇怨。嚴仲子聽說軹縣人聶政勇猛過人，就把一百鎰黃金送給聶政的母親作為祝壽的禮物，想請聶政為自己報仇。聶政不肯接受禮物，說：「我還有老母需要奉養，現在我不敢答應去替人賣命。」後來聶政的母親去世以後，嚴仲子就派聶政去刺殺俠累。當時俠累正坐在宰相府中，他身邊的警衛人員很多，聶政逕直走進相府竄上臺階，一下子就把俠累刺死了。聶政殺死俠累以後，馬上將手中的寶劍刺向了自己，他先是割下自己的面皮，又剜出自己的眼睛，然後才剖開自己的肚腹，腸子都流了出來。聶政自殺以後，韓國政府把他的屍體扔在鬧市當中示眾，並懸賞辨認他的身分，但沒有人能認出他是誰。聶政的姐姐聶嫈聽到消息以後馬上趕來，邊哭邊訴說著：「這個人是軹縣縣城深井里的聶政，他是因為怕連累我，所以才如此殘酷的毀了自己的面容，割斷了牽連別人的線索。我又怎麼能夠因為害怕遭受殺身之禍，而埋沒了我弟弟的英名呢！」於是就在聶政的身邊自殺了。

六年（乙酉　西元前三九六年）

鄭國已故宰相駟子陽的黨羽殺死了當時的國君繻公，而立繻公的弟弟乙為國君，就是鄭康公。

宋國的國君悼公去世，他的兒子田即位，就是宋休公。

八年（丁亥　西元前三九四年）

齊國派軍隊攻打魯國，佔領了最邑。韓國救援了魯國。

鄭國負黍城背叛了鄭國，再次回到韓國的懷抱。

九年（戊子　西元前三九三年）

魏國攻打鄭國。

晉國的國君晉烈公姬止去世，他的兒子晉孝公姬傾即位。

十一年（庚寅　西元前三九一年）

秦國的軍隊攻打韓國的宜陽，佔領了六個邑。

當初，齊國的宰相田成子田常生田襄子田盤，田盤生田莊子田白，田白生田太公田和。這一年，太公田和把齊國姜姓國君齊康公姜貸趕出齊國的都城臨淄，放逐到了東海邊上，只留給他一個小城鎮作為食邑，讓他供奉姜齊的祖先。

十二年（辛卯　西元前三九〇年）

秦國和晉國在武城展開激戰。

齊國攻打魏國，佔領了魏國的襄陽。

魯國的軍隊在平陸打敗了齊國的軍隊。

十三年（壬辰　西元前三八九年）

秦國的軍隊進犯晉國。

齊國的田和在濁澤與魏文侯、楚國和衛國派出的使節舉行會晤，目的是為了謀求自己的諸侯地位得到承認。會後，魏文侯出面在周安王和其他諸侯面前代田和請求，周安王答應了魏文侯的請求，承認了田和為齊國國君。

十五年（甲午　西元前三八七年）

秦國攻打蜀國，佔領了蜀國的南鄭。

魏文侯去世，太子魏擊即位，是為魏武侯。

魏武侯乘船沿黃河順流而下，行進途中，他情不自禁的回過頭來對吳起說：「多麼壯美的河山，就像金城湯池一樣堅固，這是我們魏國的護國法寶啊！」吳起回答說：「國家的安危，取決於君主美好的品德而不取決於河山關隘的險阻。古代的三苗部落，左邊有洞庭湖，右邊有彭蠡澤，河山不可謂不險，但國君不修德行、不講信義，最後被夏禹滅掉。夏朝的最後一位國君夏桀，他的都城左邊是黃河、濟水，右邊有泰華山，南邊有伊闕山，北面有著名的險塞羊腸阪，但是夏桀不施仁政，結果被商湯放逐到遠方。商朝的最後一位君主商紂王，他的都城左有孟門山，右有太行山，常山在它的北面，黃河流經它的南面，但他暴虐無道、不施仁政，最後被周武王所滅。從這些歷史史實不難看出，國家的安危確實在於國君的道德品質而不在於山河的險阻。如果國君不能修明政治，即使是船中的這些親信侍從恐怕也都跑到敵國那裡去了。」魏武侯凜然說：「你說得很對。」

魏武侯任命田文為宰相，吳起很不高興，他對田文說：「我和您比一比功勞可以嗎？」田文說：「當然可以。」吳起說：「率領三軍與敵軍作戰，讓那些士兵都心甘情願去拼死作戰，樂意為他的統帥去犧牲生命，使敵對的國家因為懼怕而不敢打魏國的主意，在這方面您和我吳起比起來誰強呢？」田文回答：「我比不上您。」吳起又說：「管理文武百官，使百姓親附，使國庫儲備充足，在這方面您和我比起來誰強？」田文回答：「我不如您。」吳起又問：「防守西河，使秦國的軍隊不敢向東侵略，使韓國、趙國對我們魏國惟命是從，在這方面您和我比起來誰強？」田文回答：「我不如您。」吳起說：「以上三個方面您都不如我，但您的地位卻在我之上，這是為什麼呢？」田文回答說：「目前我們魏國的情勢是：新登基的國君年紀尚小，全國的政局還沒有穩定，大臣們對新君還不親附，百姓對新政府也抱著一種觀望的態度。在這種情況下，是用您擔任宰相合適呢，還是用我田文擔任宰相合適呢？」吳起沉默了好一會才歉疚地說：「還是用您合適。」

過了很久，魏國的宰相公叔娶了魏國公主做妻子，他心裡一向嫉恨吳起。他的一個僕人對他說：「把吳起排擠走很容易。吳起為人太剛強，又特別重視自己的名聲。您可以先去對國君說：『吳起這個人是一個很有才能的人，而您的國家又不大，我擔心吳起沒有長期留在魏國的打算。您何不用招女婿的辦法來考驗他一下呢？如果吳起沒有留下來的意思，他就一定會藉故推辭。』然後您再邀請吳起到相府來，事先與公主說好，讓公主當著吳起的面侮辱您。吳起看見公主侮辱您，肯定不願意把公主娶回家，必定拒絕國君的美意，那就正好中了您的圈套了。」公叔按照僕人說的辦法安排好了以後，吳起果然拒絕娶公主為妻，魏武侯因此對吳起產生懷疑而不再信用。吳起害怕災禍降臨到自己頭上，於是就逃到楚國去了。

楚悼王羋疑早就聽說吳起很有才能，所以吳起一到楚國，楚悼王馬上就任命吳起為楚國的宰相。吳起上任以後，立即開始了一系列的改革，他明確法規，審定律令，裁減冗員，削減王族中關係疏遠者的俸祿，用節省下來的財物去撫慰戰士的家屬，目的就是要富國強兵；他反對那些遊說之士的所謂合縱連橫的理論，堅持獨立的外交政策。經過吳起大刀闊斧的改革，楚國向南統一了百越，擴大了楚國的疆域，向北擊退了韓、魏、趙三國的進攻，向西攻打強大的秦國，這時，各諸侯國對楚國的崛起都感到很害怕，而在楚國國內，那些被裁減了俸祿的貴族和被剝奪了權力的大臣中許多人對吳起充滿了仇恨。

秦惠公去世，他的兒子做了秦國的國君，就是秦出公。

趙武侯去世，趙國人沒有立武侯的兒子，而是把趙烈侯的太子趙章扶上了國君的寶座，這就是趙敬侯。

韓烈侯韓取去世，他的兒子文侯繼位。

十六年（乙未　西元前三八六年）

周安王正式封齊國的田和為諸侯。

趙國的公子朝作亂，事情敗露以後出奔魏國，又與魏國的軍隊一起襲擊趙國的都城邯鄲，最後以失敗告終。

十七年（丙申　西元前三八五年）

秦國一個擔任庶長職務名字叫做改的人發動了政變，他把流亡於河西的秦靈公的兒子嬴師隰迎接回國立為國君，就是秦獻公，庶長改還把現任國君秦出公和他的母親殺死，並把他們的屍體沉入河裡。

齊國攻打魯國。

韓國攻打鄭國，佔領了陽城。又攻打宋國，俘虜了宋國的國君宋休公。

齊太公田和去世，他的兒子田午做了齊國的國君，就是齊桓公。

十九年（戊戌　西元前三八三年）

魏國的軍隊在兔臺打敗了趙國的軍隊。

二十年（己亥　西元前三八二年）

發生日蝕，開始是日半蝕，後來整個太陽都被遮蓋住了。

二十一年（庚子　西元前三八一年）

楚悼王羋疑去世，貴戚大臣趁機作亂，追殺吳起。吳起跑到楚悼王的停靈之所，趴伏在楚悼王的屍體旁，那些追殺吳起的人一心要殺死吳起，就亂箭齊發，既射死了吳起，也射中了悼王的屍體。等到辦完悼王的喪事，悼王的兒子羋臧即位為楚肅公後，就讓令尹把當時作亂的人全部殺掉，因吳起之事而受株連被滅族的有七十多家。

二十二年（辛丑　西元前三八〇年）

齊國攻打燕國，佔領了燕國的桑丘。魏國、韓國、趙國為救燕國而出兵攻打齊國，三國聯軍抵達桑丘。

二十三年（壬寅　西元前三七九年）

趙國襲擊衛國，沒有取得任何戰果。

齊康公姜貸去世，由於沒有後代，齊桓公田午把姜貸的那個食邑也收歸自己所有，姜齊政權徹底滅亡了。

這一年，齊桓公田午去世，他的兒子田因齊即位，就是齊威王。

二十四年（癸卯　西元前三七八年）

魏國的軍隊在澮水邊被北部的狄部落打敗。

魏國、韓國、趙國聯合起來攻打齊國。軍隊抵達齊國的靈丘。

晉孝公去世，他的兒子姬俱酒即位，就是晉靖公。

二十五年（甲辰　西元前三七七年）

蜀國攻打楚國，佔領了楚國的茲方。

孔子的孫子子思向衛侯舉薦苟變說：「苟變這個人有指揮五百輛戰車作戰的才能。」衛侯說：「我知道他是一個很有軍事指揮才能的人；但是，苟變曾經擔任過徵收賦稅的小官吏，他在徵收賦稅的時候吃了納稅人的兩個雞蛋，所以我才不願意重用他。」子思說：「聖明的君主選拔官吏，就像木匠選用木材一樣，用其所長，棄其所短。比如杞木和梓木，都是建築用的上等木材，假如有一棵梓木高大無比，幾個人手拉手都抱不過來，只是中間有幾尺腐朽的地方，那麼優秀的木匠仍然會量才而用，而不會丟棄它。如今您處在一個混亂的時代，在選拔人才的時候，卻因為吃了別人兩個雞蛋這麼一點小事而捨棄一位捍衛國家的勇猛之將，這件事千萬不要傳揚到別的國家去。」衛侯這才恍然大悟，他再三的向子思感謝說：「我一定牢記您的教導。」

衛侯的決策並不正確，而那些大臣卻異口同聲地說好。子思對公丘懿子說：「用我的眼光來看衛國，那簡直就是國君不像國君，大臣不像大臣。」公丘懿子說：「哪裡會糟糕到這種程度？」子思說：「國君如果處處自以為是，大臣就不敢說出自己的主張。即使國君事事做得對，自以為是尚且會導致大臣三緘其口、堵塞了言路，何況是國君明明錯了，大臣們也還要隨聲附和、交口稱讚，這豈不是助長邪惡嗎！不管事情做得是否正確，卻一味喜歡聽別人讚揚，這樣的君主真是糊塗、昏庸透頂了；不管做的事情是否在理，卻只是一味的迎合，以討君主的歡心，這樣的臣子純粹是奸佞小人。君主糊塗，大臣諂媚，讓這樣的人治理國家，百姓不會同他們合作。長此以往，國家必定滅亡！」

子思對衛侯說：「您的國家恐怕會一天比一天的衰落了。」衛侯問：「為什麼呢？」子思回答說：「當然有原因啦。您總認為自己說的話是對的，所以，即使不對，大臣們也不敢糾正您的錯誤；卿大夫也認為自己說的話是對的，所以，即使不對，下面的百姓也不敢糾正他們的錯誤。國君和大臣都自以為是，在下位的小官吏和百姓就會異口同聲地稱讚。因為稱讚國君、稱讚大臣就被認為是賢臣順民，就會得到獎賞；反之，誰敢於指出國君或者大臣的錯誤，誰就會被視為亂臣賊子，災禍就會降臨到他的頭上。這樣的話，善政、善事又哪裡會產生呢？《詩經》上說『大家都說「我最聖明」，其實卻是一群連烏鴉的雌雄都分辨不清的糊塗蟲。』說的是不是很像衛國的國君和大臣呢？」

魯穆公姬顯去世，他的兒子姬奮即位，是為魯共公。

韓文侯去世，他的兒子韓哀侯即位。

二十六年（乙巳　西元前三七六年）

周安王姬驕駕崩，他的兒子姬喜即位，就是周烈王。

魏國、韓國、趙國聯合起來廢掉了晉靖公姬俱酒，把他貶為庶民，並把晉靖公僅有的一小塊領地也給瓜分了。

烈王❶

元年（丙午　西元前三七五年）

日有食之。

韓滅鄭，因徙都之❷。

趙敬侯薨，子成侯種❸立。

三年（戊申　西元前三七三年）

燕敗齊師❹於林狐❺。

魯伐齊，入陽關❻。

魏伐齊，至博陵❼。

燕僖公❽薨，子桓公❾立。

宋休公❿薨，子辟公⓫立。

衛慎公薨，子聲公訓⓬立。

四年（己酉　西元前三七二年）

趙伐衛⓭，取都鄙⓮七十三。

魏敗趙師于北藺⓯。

五年（庚戌　西元前三七一年）

魏伐楚⓰，取魯陽⓱。

韓嚴遂弒哀侯⓲，國人立其子懿侯⓳。初，哀侯以韓廆⓴為相，而愛嚴遂，二
人甚相害㉑也。嚴遂令人刺韓廆於朝，廆走㉒哀侯。哀侯抱之，人刺韓廆，兼及
哀侯㉓。

魏武侯薨，不立太子㉔。子罃與公中緩爭立㉕，國內亂。

六年（辛亥　西元前三七〇年）

齊威王來朝㉖。是時周室微弱，諸侯莫朝，而齊獨朝之，天下以此益賢㉗威王。

趙伐齊㉘，至鄄㉙。

魏敗趙師于懷㉚。

齊威王㉛召即墨大夫㉜，語之曰：「自子之居即墨㉝也，毀言日至㉞。然吾使人視即墨，田野辟㉟，人民給㊱，官無事㊲，東方以寧㊳。是子不事吾左右㊴以求助㊵也。」封之萬家㊶。召阿㊷大夫，語之曰：「自子守阿，譽言日至。吾使人視阿，田野不辟，人民貧餒㊸。昔日趙攻鄄，子不救㊹。衛取薛陵，子不知㊺。是子厚幣事吾左右㊻以求譽也。」是日烹阿大夫及左右嘗譽者㊼。於是羣臣聳懼㊽，莫敢飾詐㊾，務盡其情㊿，齊國大治，彊於天下(51)。

楚肅王薨，無子，立其弟良夫，是為宣王(52)。

宋辟公薨，子剔成(53)立。

七年（壬子　西元前三六九年）

日有食之。

王崩(54)，弟扁立，是為顯王(55)。

魏大夫王錯(56)出奔韓。公孫頎(57)謂韓懿侯曰：「魏亂(58)，可取也。」懿侯乃與趙成侯合兵伐魏，戰于濁澤(59)，大破之，遂圍魏(60)。成侯曰：「殺罃，立公中緩，割地而退，我二國之利也。」懿侯曰：「不可。殺魏君(61)，暴也；割地而退，貪也。不如兩分之(62)。魏分為兩，不彊於宋、衛(63)，則我終無魏患(64)矣。」趙人不聽。懿侯不悅，以其兵夜去。趙成侯亦去。罃遂殺公中緩而立，是為惠王(65)。太史公曰(66)：「魏惠王所以身不死、國不分者，二國之謀不和也。若從一家之謀，魏必分矣，故曰『君終無適子(67)，其國可破也(68)。』」

【章　旨】以上為第六段，記述了周烈王在位七年間的各國重要史事，主要寫了齊威王即位初期的一些英明舉措，和魏武侯死後因事先未立接班人而發生的國內戰亂。這兩項都是很好的歷史教訓。

【注　釋】❶烈王　名喜，烈字是諡。西元前三七五—前三六九年在位。❷韓滅鄭二句　鄭國的亡國之君為鄭康公，名乙陽，西元前三九五—前三七五年在位。鄭自西周宣王時建國，歷四百三十餘年，至此滅亡。韓國的都城最早在平陽（今山西臨汾西北），韓武子時遷都宜陽（今河南宜陽西），韓景侯時又遷都陽翟（今河南禹州），今韓哀侯滅鄭又遷於鄭國都城新鄭（今河南新鄭）。❸成侯種　名種，成字是諡，西元前三七四—前三五〇年在位。❹燕敗齊師　時為燕簡公四十二年，田氏之齊桓公二年。❺林狐　齊邑名，方位不詳。❻陽關　齊邑名，在今山東泰安南。❼博陵　齊縣名，在今山東博平。❽燕僖公　此依

《史記》舊說，今歷史家多以為當作「簡公」，西元前四一四—前三七三年在位。❾桓公　據楊寬〈戰國史年表〉，桓公在位之年為西元前三七二—前三六二年。❿宋休公　悼公之子，名田，西元前三九五—前三七三年在位。⓫辟公　名辟兵，西元前三七二—前三七〇年在位。⓬聲公訓　名訓，聲字是謚。西元前三七二—前三六二年在位。⓭趙伐衛　時為趙成侯三年，衛聲公元年。⓮都鄙　大小不同的城邑。都，原指有宗廟的城。鄙，邊邑。⓯北藺　趙邑名，在今山西離石西。⓰魏伐楚　時為魏武侯二十五年，楚肅王十年。⓱魯陽　楚邑名，在今河南魯山縣西。⓲嚴遂弒哀侯　司馬光繫此事於此年，乃依據《史記・六國年表》，而楊寬〈戰國史年表〉則繫之於周烈王二年（西元前三七三年）。而且此事與韓烈侯三年（西元前三九七年）之聶政、俠累是一件事還是兩件事，各家亦看法不一，詳情可參看韓兆琦《史記箋證》之〈韓世家〉。今只好隨文而釋。⓳懿侯　據楊寬〈戰國史年表〉其在位年限是西元前三七四—前三六三年。⓴韓嵬　也寫作韓傀，有說是哀侯之叔。㉑相害　相互憎恨。㉒走　逃向。㉓兼及哀侯　在韓嵬被殺時，哀侯也連帶被殺。㉔不立太子　指其生前未預立太子。㉕子罃與公中緩爭立　罃，又作嬰，武侯之子，即日後之魏惠王。公中緩，亦武侯之子。二人於武侯死後爭立，內戰連延二年之久。㉖齊威王來朝　齊威王來洛陽朝見周天子。按，《史記・六國年表》與〈魏世家〉、〈田敬仲完世家〉譜列魏國與田齊君主世系的年代錯誤極多，司馬光大體依據《史記》，而有些地方又有不同，但也同樣錯誤。司馬遷繫齊威王即位於周安王二十四年（西元前三七八年），而今歷史家皆繫齊威王即位於周顯王十三年（西元前三五六年），乃在此後的十四年。又，《史記》的〈周本紀〉與〈田敬仲完世家〉根本沒有齊威王往朝周某王的記載，只是在〈魯仲連鄒陽列傳〉中魯仲連在駁斥辛垣衍尊秦為帝的謬論時說及此事，蓋小說家之言。今司馬光公然繫於此年，乃與其大聲疾呼維護封建等級制的思想相一致。他在前面說過：「非有桀、紂之暴，湯、武之仁，人歸之，天命之，君臣之分當守節伏死而已矣。」與此公然把齊威王樹為樣板是同一個道理。㉗益賢　越來越認為好；越來越尊重。㉘趙伐齊　時當趙成侯五年，田齊之桓公五年。㉙鄄　齊縣名，在今山東鄄城北。㉚魏敗趙師于懷　即魏惠王打敗了趙國的武裝干涉。懷，魏縣名，在今河南武陟西南。㉛齊威王　名因齊，田齊文公之子，西元前三五六—前三二〇年在位。㉜即墨大夫　即墨城的行政長官。即墨，齊邑名，在今山東平度東南。㉝居即墨　任即墨的行政長官。㉞毀言日至　有關你的壞話，天天向我的耳朵裡吹。毀言，誹謗性的傳言。㉟田野辟　辟，開闢，此指開墾得好，耕種得好。㊱人民給　百姓們的生活富足。給，充裕。㊲官無事　政府清閒，無事可管。按，《史記》於此作「官無留事」，即政府沒有積壓不辦的事情。「留」字似不應少。㊳東方以寧　齊國的東部地區得以安寧。東方，即指即墨一帶，因其地處齊國東部，故云。㊴不事吾左右　不賄賂、不買通我身邊的人。㊵求助　求他人幫著炒賣，以提高聲譽。㊶封之萬家　意即封之為萬戶侯，賜給他有萬家居民的領地。㊷阿　齊邑名，與即墨同為齊國的「五都」之一，在今山東陽穀東北。㊸貧餒　貧窮挨餓。餒，飢餓。㊹趙攻鄄二句　鄄是阿都的所屬縣，在阿之西南，相距不遠，故齊王責其不救。㊺衛取薛陵二句　薛陵在阿縣西北，也是阿都的所屬之縣。薛陵被人所佔而阿大夫坐視不管，故齊王責之。不知，不過問。㊻厚幣事吾左右　用大量禮品收買我身邊的人。幣，禮品；財物。㊼烹阿大夫及左右嘗譽者　烹，用開水煮死。徐孚遠曰：「威王烹阿大夫，封即墨大夫，則居其官者務盡其職。」凌稚隆引楊循吉曰：「齊威之霸不在阿、即墨之斷，而在毀譽者之刑。」㊽聳懼　驚懼。聳，震驚。㊾飾詐　虛偽欺詐。飾，掩蓋真實情況。㊿務盡其情　一切都如實報告。情，真實情況。(51)齊國大治二句　以上故事見《史記・田敬仲完世家》。(52)宣王　名良夫，西元前三六九—前三四〇年在位。(53)剔成　西元前三六九—前三二九年在位。(54)王崩　周烈王死。(55)顯王　名扁，西元前三六八—前三二一年在位。(56)王錯　魏大夫，本公子罃一黨。其出奔韓之原因不詳。(57)公孫頎　魏國的叛徒。《史記》說他「自宋入趙，自趙入韓」。(58)魏亂　指公子罃與公中緩爭立，魏國發生內戰。(59)濁澤　魏邑名，在今山西運城西南。(60)圍魏　包圍了魏都安邑。(61)殺魏君　時公子罃已即位為君。(62)兩分之　把魏國分成兩個，讓公子罃、公中緩都為諸侯。(63)不彊於宋衛　宋、衛此時都已成為大國之附庸，行將滅亡。(64)終無魏患　魏國從此再也不會對我們構成威脅。(65)是為惠王　公子罃初即位時稱公，後來始改號稱王，西元前三六九—前三一九年在位。(66)太史公曰　這段文字是《史記・魏世家》篇後的論贊，也就是司馬遷對魏國史事所發表的議論。(67)君終無適子　老國君去世時，合法的繼承人尚未確立。適，通「嫡」。正妻所生之子。也可以指雖非嫡子，但已被老國君正式確定為接班人，如趙襄子之類。(68)其國可破也　這個國家可以被摧毀。因為這時老國君的眾多兒子會為爭奪繼位權而展開內戰，周邊國家也正好趁機出兵支持某一方而進行分裂顛覆活動。

【語　譯】烈王

元年（丙午　西元前三七五年）

有日蝕發生。

韓國滅掉了鄭國，韓哀侯把都城從陽翟遷到新鄭。

趙國的國君敬侯趙章逝世，他的兒子趙成侯趙種即位。

三年（戊申　西元前三七三年）

燕國的軍隊在林狐打敗了齊國的軍隊。

魯國派軍隊攻打齊國，進入齊國的陽關。

魏國派軍隊攻打齊國，軍隊抵達博陵。

燕僖公逝世，他的兒子燕桓公即位。

宋休公去世，他的兒子宋辟公即位。

衛慎公衛頹去世，他的兒子衛訓即位，是為衛聲公。

四年（己酉　西元前三七二年）

趙國出兵攻打衛國，奪取了衛國都城附近的七十三個村鎮。

魏國在北藺大敗趙國的軍隊。

五年（庚戌　西元前三七一年）

魏國出兵討伐楚國，佔領了楚國的魯陽。

韓哀侯的寵臣嚴遂誤殺了韓哀侯，韓國的貴族擁立哀侯的兒子韓若山做了國君，就是韓懿侯。當初，韓哀侯任用韓廆為宰相，同時又寵幸嚴遂，韓廆與嚴遂二人結怨很深。嚴遂派人在朝廷之上刺殺韓廆，韓廆跑到韓哀侯的身後。韓哀侯為了保護他，一把將他抱住，刺客在將寶劍刺入韓廆身體的同時，也刺死了韓哀侯。

魏武侯去世，因為生前沒有確立繼承人，在他死後，他的兒子魏罃與公中緩為爭奪王位而導致國家發生內亂。

六年（辛亥　西元前三七〇年）

齊威王田因齊到周王室所在地洛陽朝拜天子。那時，周王朝的勢力已經很衰弱了，諸侯誰也不去朝見他，只有齊威王前去朝見，所以當時天下的人都認為齊威王是個賢明的君主，對他越來越尊重。

趙國攻打齊國，軍隊抵達齊國的鄄城。

魏國的軍隊在懷邑打敗了趙國的軍隊。

齊威王把即墨的大夫找來，對他說：「自從派你去管理即墨，我每天都聽到有人說你的壞話。但是，我派人暗中到即墨去考察，發現即墨的荒地都已經開墾出來種上了莊稼，人民生活富足，官員勤於政務，沒有積壓不辦的事情，齊國的東部地區得以平安無事；所以每天有人在我面前說你的壞話，是因為你沒有巴結、賄賂我身邊那些人，讓他們幫助你提高聲譽的緣故。」於是就將一萬戶封給即墨大夫作為食邑。齊威王又將阿邑的大夫找來，對他說：「自從派你去鎮守阿邑，每天都有人在我面前稱讚你。我派人悄悄的到阿邑去視察，發現阿邑的田野荒蕪，人民生活貧困，食不果腹。趙國攻打鄄邑，你坐視不救；衛國侵佔了薛陵，你假裝不知道；卻用重金收買我身邊的人以求取聲譽。」當天就把阿大夫和自己身邊那些曾經說過阿大夫好話的人全都用大鍋給煮死了。從此以後，齊國的大小官員全都心懷戒懼，沒有人敢再弄虛作假欺騙朝廷，都老老實實地做事，齊國因此社會穩定，國力強盛，超過了其他的諸侯國。

楚肅王芈臧去世，由於他沒有兒子，就由他的弟弟芈良夫做了繼承人，是為楚宣王。

宋辟公去世，他的兒子宋剔成即位。

七年（壬子　西元前三六九年）

發生日蝕。

周烈王去世，他的弟弟姬扁繼承了王位，就是周顯王。

魏國的大夫王錯逃到韓國政治避難。公孫頎對韓懿侯說：「魏國正陷入內亂，可以趁機奪取它。」韓懿侯聽從公孫頎的建議，就聯合了趙成侯攻打魏國，在濁澤與魏軍發生激戰，大敗魏軍，趁勢包圍了魏國的都城安邑。趙成侯對韓懿侯說：「殺死魏罃，立公中緩為魏國的國君，只要他肯答應割讓土地給我們就撤兵，這樣做對我們兩國都是有好處的。」韓懿侯說：「不能那麼做。殺掉魏君，我們就會落個殘暴的壞名聲；如果非讓魏國割讓土地給我們我們才肯退兵，就會顯得我們貪得無厭。不如把魏國一分為二，讓魏罃、公中緩都為諸侯。魏國分成了兩個以後，它的勢力就連宋國、衛國這樣的小國也比不上，魏國從此再也不會對我們構成威脅。」趙成侯不聽韓懿侯的意見。韓懿侯很不高興，就率領軍隊連夜撤回韓國去了。趙成侯見韓國已經撤軍，自己也只好撤軍回國。魏罃趁機殺死了公中緩，自己做了魏國的國君，就是魏惠王。太史公司馬遷說：「魏惠王魏罃所以沒有被殺，魏國沒有被一分為二的原因，是因為韓國和趙國兩家的意見不一致造成的。如果聽從了任何一家的意見，魏國都將被分割，所以說『國君死了，如果生前沒有確立合法的繼承人，這個國家很可能被別國滅掉。』」

【研析】本卷記述了從周威烈王二十三年（西元前四〇三年）起至周烈王七年（西元前三六九年）共三十五年的戰國初期的各國大事。司馬光在這三十五年中主要寫了以下幾件事情：

其一，是周威烈王策封趙、魏、韓三家大夫為諸侯。在今天看來這原是一種水到渠成的事情，晉國的諸侯早已成為傀儡，名存實亡；三家大夫早已稱孤道寡，儼然是強大的一國之君，有周天子的策封固然更好，沒有周天子的加封也絲毫無礙於戰國歷史的發展進程。司馬光在這長長的一段議論中指責周威烈王「非三晉之壞禮，乃天子自壞之也」，簡直是企圖擋車的螳螂。在這段長長的言論中，司馬光為封建等級制度唱讚歌，說什麼「『天尊地卑，乾坤定矣。卑高以陳，貴賤位矣。』言君臣之位，猶天地之不可易也」；說什麼「非有桀、紂之暴，湯、武之仁，人歸之，天命之，君臣之分，當守節伏死而已矣」，簡直是一副封建衛道者的聲腔。這是必須揚棄的封建性糟粕。不僅如此，在後面他還敘述了齊威王朝見周天子的事情，並且說「是時周室微弱，諸侯莫朝，而齊獨朝之，天下以此益賢威王」。這件事情《史記》的〈六國年表〉、〈周本紀〉、〈田敬仲完世家〉都不載，只見於〈魯仲連鄒陽列傳〉的駁斥辛垣衍勸趙尊秦為帝的說辭中。這類說客的言辭原不足信，而司馬光一定要將其鄭重地書之於史，無非是因為這則故事正好與他前面所鼓吹的等級制教條相合拍。

其二，司馬光對智伯勢力極強而被三家所滅的歷史教訓給予了強調，他結合智伯之父不辨賢愚地立智伯為後，與趙襄子之父能排除嫡庶之分的陳見而斷然立襄子為後做了對比地描述。在議論中強調了德與才的區別，並將其推導至極致，說「凡取人之術，苟不得聖人、君子而與之，與其得小人，不若得愚人」。說理很充分，是很好的歷史經驗。但其中彷彿也帶有某些含沙射影攻擊王安石的成分。

其三，本卷寫魏文侯的為君之道與其對發展壯大魏國的歷史貢獻相當精彩，其中寫道「魏文侯以卜子夏、田子方為師，每過段干木之廬必式，四方賢士多歸之」云云，這些話都來自《史記・魏世家》。卜子夏、田子方都是儒家人物，是否真對魏國的強大起過作用不得其詳，但司馬遷對統治者的禮賢下士的確是異常歌頌。但我覺得司馬遷的歌頌禮賢下士與司馬光的尊儒傾向似乎還有相當的區別。司馬光對魏文侯的任用樂羊、吳起頗為讚賞，而對吳起後來在武侯時代被排擠離魏言外無限惋惜。本卷還接著敘述了吳起後來在楚國變法以及最後被楚國貴族叛變分子所殺的事實，全部引用了《史記・孫子吳起列傳》的文字。

其四，本卷敘述子思與衛侯相互對答的幾個小故事，生動活潑，富有思辨性。其中敘述豫讓刺趙襄子與聶政刺俠累的故事，都取材於《史記》。但司馬遷寫〈刺客列傳〉是為了讚揚聶政的「士為知己者死」和豫讓的義不為「二心」，這是可以理解的。司馬光也照樣予以轉錄，似乎無大必要。

卷第二

周紀二 起昭陽赤奮若（癸丑 西元前三六八年），盡上章困敦（庚子 西元前三二一年），凡四十八年。

【題解】本卷寫了周顯王元年（西元前三六八年）至其四十八年前後共四十八年間的各國大事。其中首先寫的是秦孝公任用商鞅實行變法，使秦國的國力大大增強，並給魏國以沉重打擊；其次是寫了齊威王發展壯大齊國，在桂陵、馬陵兩次重創魏軍，使魏國從此一蹶不振，由戰國初期的最強國一下子降成了二等小國；其三是寫了蘇秦在東方進行的合縱活動，較具體地記載了蘇秦依次遊說六國的情形。這段敘事是誤採了《史記》舊說，完全不合事實；其四是寫了張儀在秦國的政治活動，主要是對魏國又打又拉、軟硬兼施，使魏國的處境更加艱難。此外還提到了韓昭侯利用申不害改革政治，使韓國的政治一度頗顯清明等等。

顯王❶

元年（癸丑 西元前三六八年）

齊伐魏❷，取觀津❸[1]。

趙❹侵齊，取長城❺。

三年（乙卯　西元前三六六年）

魏、韓會于宅陽❻。

秦敗魏師、韓師于洛陽❼。

四年（丙辰　西元前三六五年）

魏伐宋❽。

五年（丁巳　西元前三六四年）

秦獻公❾敗三晉❿之師于石門⓫，斬首六萬。王賜以黼黻之服⓬。

七年（己未　西元前三六二年）

魏敗韓師、趙師于澮⓭。

秦、魏戰于少梁⓮，魏師敗績⓯，獲魏公孫痤⓰。

衛聲公⓱薨，子成侯速⓲立。

燕桓公⓳薨，子文公⓴立。

秦獻公薨，子孝公㉑立。孝公生二十一年矣。是時河、山以東㉒，彊國六㉓，淮、泗之間㉔，小國十餘㉕。楚、魏與秦接界。魏築長城㉖，自鄭濱洛以北，有上郡㉗。楚自漢中㉘，南有巴、黔中㉙。皆以夷翟遇秦㉚，擯斥之㉛，不得與中國之會盟㉜。於是孝公發憤，布德修政，欲以彊秦㉝。

八年（庚申 西元前三六一年）

孝公下令國中曰：「昔我穆公㉞，自岐、雍之間㉟修德行武，東平晉亂㊱，以河為界㊲，西霸戎翟㊳，廣地㊴千里。天子致伯㊵，諸侯畢賀㊶，為後世開業甚光美。會㊷往者厲、躁、簡公、出子之不寧㊸，國家內憂，未遑外事㊹。三晉㊺攻奪我先君河西地㊻，醜莫大焉。獻公即位，鎮撫邊境㊼，徙治櫟陽㊽，且欲東伐，復㊾穆公之故地，修㊿穆公之政令。寡人思念先君之意(51)，常痛於心(52)。賓客(53)羣臣有能出奇計彊秦者，吾且尊官(54)，與之分土(55)。」於是衛公孫鞅(56)聞是令下，乃西入秦(57)。

公孫鞅者，衛之庶孫(58)也，好刑名之學(59)，事魏相公叔痤(60)。痤知其賢，未及進(61)，會病。魏惠王(62)往問之，曰：「公叔病如有不可諱(63)，將柰社稷何(64)？」公叔曰：「痤之中庶子(65)衛鞅，年雖少，有奇才，願君舉國而聽之(66)。」王嘿然(67)。公叔曰：「君即(68)不聽用鞅，必殺之，無令出境(69)。」王許諾而去。公叔召鞅謝(70)曰：「吾先君而後臣，故先為君謀(71)，後以告子(72)。子必速行(73)矣。」鞅曰：「君不能用子之言任臣，又安能用子之言殺臣乎？」卒不去[74]。王出，謂左右曰：「公叔病甚。悲乎！欲令寡人以國聽衛鞅也，既[75]又勸寡人殺之，豈不悖[76]哉？」衛鞅既至秦，因嬖臣景監[77]以求見孝公，說以富國彊兵之術。公大悅，與議國事。

十年（壬戌　西元前三五九年）

衛鞅欲變法，秦人不悅。衛鞅言於秦孝公曰：「夫民不可與慮始，而可與樂成[78]。論至德者[79]，不和於俗[80]；成大功者，不謀於眾[81]。是以聖人苟可以彊國[82]，不法其故[83]。」甘龍[84]曰：「不然。緣法而治[85]者，吏習[86]而民安之[87]。」衛鞅曰：「常人[88]安於故俗，學者溺於所聞[89]，以此兩者[90]居官守法[91]可也，非所與論於法之外[92]也。智者作法[93]，愚者制焉[94]；賢者更禮[95]，不肖者拘焉[96]。」公曰：「善。」以衛鞅為左庶長[97]，卒定變法之令[98]。令民為什伍[99]，而相收司、連坐[100]。告姦者[101]與斬敵首同賞[102]，不告姦者與降敵同罰[103]。有軍功者，各以率受上爵[104]。為私鬪[105]者，各以輕重被刑大小[106]。僇力本業[107]，耕織致粟帛多者，復其身[108]，事末利[109]及怠而貧[110]者，舉以為收孥[111]。宗室非有軍功論，不得為屬籍[112]。明尊卑、爵秩、等級[113]，各以差次名田宅、臣妾、衣服[114]。有功者顯榮，無功者雖富無所芬華[115]。令既具未布[116]，恐民之不信[117]，乃立三丈之木於國都市南門[118]。募[119]民有能徙置北門者，予十金[120]。民怪之，莫敢徙。復曰：「能徙者，予五十金。」有一人徙之，輒予五十金[121]。乃下令[122]。

令行期年[123]，秦民之國都[124]言新令[125]之不便者以千數。於是[126]太子[127]犯法，衛鞅曰：「法之不行，自上犯之[128]。太子，君嗣也[129]，不可施刑。」刑其傅公子虔，黥其師公孫賈[130]。明日，秦人皆趨令[131]。行之十年[132]，秦國道不拾遺，山無盜賊，民勇於公戰，怯於私鬬，鄉邑大治[133]。秦民初言令不便者，有來言令便。衛鞅曰：「此皆亂法之民也。」盡遷之於邊[134]，其後民莫敢議令。

臣光曰：「夫信者，人君之大寶也。國保於民[135]，民保於信[136]。非信無以使民[137]，非民無以守國。是故古之王者不欺四海[138]，霸者不欺四鄰[139]。善為國者[140]，不欺其民；善為家者，不欺其親。不善者[141]反之，欺其鄰國，欺其百姓，甚者，欺其兄弟，欺其父子。上不信下，下不信上，上下離心，以至於敗。所利[142]不能藥其所傷[143]，所獲不能補其所亡[144]，豈不哀哉！昔齊桓公不背曹沫之盟[145]，晉文公不貪伐原之利[146]，魏文侯不棄虞人之期[147]，秦孝公不廢徙木之賞[148]。此四君者，道非粹白[149]，而商君尤稱刻薄[150]。又處戰攻之世[151]，天下趨於詐力[152]，猶且不敢忘信以畜其民[153]，況為四海治平之政[154]者哉！」

韓懿侯薨，子昭侯155立。

【章　旨】以上為第一段，記述了周顯王元年（西元三六八年）至其十年之間的各國大事，其中主要是寫了秦孝公即位後任用商鞅實行變法的過程。

【注　釋】❶顯王　名扁，烈王之弟，西元前三六八—前三二一年在位。❷齊伐魏　時當田齊桓公七年，魏惠王二年。❸觀津　應作「觀」，「津」字誤衍。觀是魏縣名，在今河南清豐南。❹趙　時當趙成侯七年。❺取長城　此指攻佔了齊長城的西端。楊寬《戰國史年表》於此作「趙伐齊，攻到長城」。齊國長城的西端在今山東平陰東北。❻魏韓會于宅陽　魏惠王與韓懿侯會於宅陽。宅陽，韓縣名，在今河南滎陽西南。❼洛陽　洛水之北，約當韓國的舊都宜陽一帶。當時的宜陽在今河南宜陽西。河流的北側稱陽。❽魏伐宋　時當魏惠王五年，宋剔成君五年。宋國都城原在商丘（今河南商丘城南），至戰國時期遷到彭城，即今江蘇徐州。❾秦獻公　名連，又名師隰，秦靈公之子，西元前三八四—前三六二年在位。❿三晉　指趙、魏、韓三國。⓫石門　山名，亦山路名，在今山西運城西南，又名石門山、石門道。⓬黼黻之服　古代帝王、諸侯所穿的高級禮服。黼是黑白相間如斧形花紋，黻是黑青相間如亞形花紋。⓭魏敗韓師趙師于澮　時為魏惠王八年，韓昭侯元年，趙成侯十三年。這是三晉之間公開進行戰爭的開始。楊寬《戰國史年表》曰：「魏戰勝韓、趙聯軍於澮北，擒趙將樂祚，取皮牢，又攻取列人、肥。」澮，河水名，在今山西翼城南，西流經曲沃、侯馬、新絳，注入汾水。⓮少梁　魏邑名，在今陝西韓城西南。⓯敗績　潰敗；慘敗。⓰公孫痤　魏將名。⓱衛聲公　名訓，西元前三七二—前三六二年在位。⓲成侯速　名速，成字是謚。西元前三六一—前三三三年在位。⓳燕桓公　燕僖公之子。西元前三七二—前三六二年在位。⓴文公　西元前三六一—前三三三年在位。㉑孝公　名渠梁，西元前三六一—前三三八年在位。㉒河山以東　指今河南、山西以東的整個地區，也就是除秦國而外的東方諸國之所在。河、山指黃河、華山。黃河流經今陝西、山西交界，是當時秦國與晉的分界線。華山在今陝西華陰南，也是秦國與東方國家的分界線。㉓彊國六　指燕、齊、趙、魏、韓、楚六國。㉔淮泗之間　即淮河、泗水流域。約當今山東之西南部、江蘇之西北部、安徽之東北部、河南之東部一帶地區。㉕小國十餘　即通常所說的「泗上十二諸侯」，楊寬《戰國史》認為應是鄒、魯、陳、蔡、宋、衛、滕、薛、費、任、郯、邳十二國。㉖魏築長城　魏國在今陝西東部地區由南向北建築長城。㉗自鄭濱洛以北二句　從鄭縣（今陝西華縣）開始，沿洛水北行，直抵上郡。濱，沿著。洛，指陝西境內的洛水，自陝西之西北部流向東南，在大荔縣東入黃河。上郡，秦郡名，大體包括今延安、延長、榆林、甘泉、志丹等大片地區，郡治膚施（今榆林東南）。㉘楚自漢中　意謂楚國的漢中郡與秦國為鄰。楚國的漢中郡約當今湖北之房縣、十堰市、鄖縣、旬陽以及陝西東南角的一帶地區。㉙巴黔中　楚國佔有地區名。所謂「巴」是指今重慶之東部及湖北西部一帶地區，當時楚國曾在此設有巫郡。黔中是指今湖北西部與貴州東部一帶地區，當時楚國在此設有黔中郡。㉚皆以夷翟遇秦　各諸侯國都把秦國與野蠻的夷狄民族同等對待。古時中原地區稱東方部族為夷，稱北方部族為狄。也常用「夷狄」來泛稱周邊的各少數民族。翟，通「狄」。遇，對待。㉛擯斥之　都排斥秦國。㉜不得與中國之會盟　不讓秦國參加中原地區諸侯的盟會。與，參加。中國，指中原地區的各諸侯國。㉝布德修政二句　意即秦孝公欲變法圖強。㉞穆公　名任好，西元前六五九—前六二一年在位。是春秋時期最有作為的君主之一。㉟自岐雍之間　意即在岐山、雍縣一帶發展起來。岐指岐山，在今陝西岐山縣東北。雍是秦縣名，在今陝西鳳翔東南。㊱東平晉亂　晉國自獻公死後，國內長時間內亂不止。秦穆公先是送晉惠公入晉為君，晉惠公背信棄義，與秦為敵，不得人心。惠公死後，秦穆公又送重耳入晉，是為文公，晉國自此始告穩定。㊲以河為界　秦國的疆界向東達到了與晉國交界的黃河邊。㊳西霸戎翟　秦穆公平定晉亂，名望與勢力大增，想東出滅鄭，以爭霸中原，結果被晉軍破之於崤山。從此東出的道路被堵塞，於是改向西方發展，開拓了廣大的西部少數民族地區，被歷史家讚之為稱霸西戎。翟，同「狄」。㊴廣地　開闢地盤。㊵天子致伯　周天子送給秦穆公以霸主的稱號。伯，方伯，一方的諸侯之長，也就是通常所說的「霸主」。㊶畢賀　都來祝賀。㊷會　遇；趕上。㊸厲躁簡公出子之不寧　厲指秦厲公，悼公之子，西元前四七六—前四四三年在位。躁指秦躁公，厲公之子，西元前四四二—前四二九年在位。簡公是懷公之子，西元前四一四—前四〇〇年在位。出子是惠公之子，西元前三八六—前三八五年在位。其實秦國在厲公、躁公時期尚無不寧。乃躁公死後，其弟懷公即位，懷公四年被大臣所殺，立懷公之孫靈公。靈公死後，大臣立靈公之叔簡公。簡公死後惠公立，惠公死後出子立，出子二年被大臣所殺，改立靈公之子獻公。獻公即位後，秦國的政局始告穩定。㊹未遑外事　無暇顧及向外發展。未遑，無暇；顧不上。㊺三晉　韓、趙、魏三國，這裡主要指魏國。㊻河西地　指陝西東部的臨近黃河地區。㊼鎮撫邊境　此處指加強邊防建設。鎮撫，鎮守、安撫。㊽徙治櫟陽　將秦國都城東遷到櫟陽。櫟陽在今西安之閻良區。事在秦獻公二年（西元前三八三年）。㊾復　收復。㊿修　循；重新實行。(51)先君之意　壯大秦國、稱霸諸侯的心思。(52)常痛於心　因願望還未實現。(53)賓客　指遊宦於秦國而尚未獲得官爵的人。(54)尊官　提高他們的官爵。(55)與之分土　賜給他們封地。(56)衛公孫鞅　衛國的貴族子弟公孫鞅，也稱衛鞅，因後來在秦國立功，賜封地於商於，號稱商君，故歷史上又稱商鞅。(57)乃西入秦　《史記・秦本紀》

繫之於秦孝公元年（西元前三六一年）。(58)庶孫　非正妻所生的子孫。(59)刑名之學　即指法家學說，因法家主張循名責實，明法審刑，故稱之為「刑名之學」。(60)公叔痤　也寫作「公叔座」。(61)未及進　尚未來得及向魏王推薦。(62)魏惠王　名罃，武侯之子，西元前三六九—前三一九年在位。(63)不可諱　婉指人的死。諱，忌諱；避諱。(64)將柰社稷何　我們的國家該怎麼辦呢。意思是該讓何人來掌管國家大事。柰何，怎麼辦。(65)中庶子　官名，掌管卿、大夫家族的事務。(66)舉國而聽之　把整個國家的大權都交給他，一切都聽他的。(67)嘿然　沒有說話。嘿，同「默」。(68)即　如果；倘若。(69)無令出境　不要讓他到別的國家去。如果此人被別的國家所用，將對我國有大害。(70)謝　告；表示歉意。(71)先為君謀　指令其殺你。(72)後以告子　令其速逃。(73)子必速行　速行，趕緊逃走。凌稚隆《史記評林》引王元之曰：「凡謂社稷之臣，計安危之事者，在任賢去不肖而已。且鞅果賢也，可固請用之；果不肖也，可固請殺之。用則為國之寶，殺則去國之蠹，烏有始請用，中請殺，而終使逃者得為忠乎？由是知『先君後臣』之說，誠無稽之言也。」(74)卒不去　到底還是沒有走。卒，終；到底。(75)既　過後；後來。(76)悖　荒謬；糊塗。(77)因嬖臣景監　通過秦孝公寵幸太監的引見。因，通過；借助。嬖臣，男寵。景監，姓景名監。也可以說是姓景的太監。(78)民不可與慮始二句　慮始，謀劃開始。樂成，享受成果。《管子・法法》：「民未嘗可與慮始，而可與樂成功。」按，這些地方都明顯地表現了法家學派輕視人民群眾，把群眾看成群氓的思想。(79)論至德者　講究最高道德的人。論，講究。至德，最高的道德。(80)不和於俗　不追求與世俗勢力相合。(81)不謀於眾　不向眾人討教。(82)苟可以彊國　只要可以達到富國強兵。苟，只要。(83)不法其故　不遵行那些舊有的條條框框。(84)甘龍　秦國的近臣。《史記索隱》曰：「甘氏，出春秋時甘昭公王子帶後。」(85)緣法而治　按照傳統的規章制度治理國家。緣，沿；遵循。(86)吏習　官吏們熟悉。習，熟悉；習慣。(87)民安之　百姓們習慣這一套。安，熟悉；不以為怪。(88)常人　一般的人。(89)學者溺於所聞　猶言「書呆子們總是迷信書本的條文」。溺，沉醉；拘泥。(90)此兩者　有人以為指「常人」與「學者」，其實不對。司馬光此文依據《史記・商君列傳》。《史記》原文甘龍所說的話是「聖人不易民而教，智者不變法而治。因民而教，不勞而成功；緣法而治者，吏習而民安之」。故而商鞅駁斥甘龍的「兩者」是指「因民而教」和「緣法而治」兩條。今《通鑑》原文只讓甘龍說了「緣法而治者，吏習而民安之」一條，故而商鞅再說「此兩者」就使人莫知所云了。(91)居官守法　不求有功、但求無過地照章辦事，做官混日子。(92)非所與論於法之外　和這種人沒法談論規章制度以外的東西，指變法而言。(93)智者作法　聰明人是制定法令的。作，制定。(94)愚者制焉　愚蠢的人就只知道受制遵行。(95)賢者更禮　賢者可以更改禮儀。(96)不肖者拘焉　沒有出息的人就只會謹小慎微地恭敬奉行。拘，謹小慎微。(97)以衛鞅為左庶長　左庶長，秦爵位名，為第十等。秦爵共二十等，自下而上為：一，公士；二，上造；三，簪裊；四，不更；五，大夫；六，官大夫；七，公大夫；八，公乘；九，五大夫；十，左庶長；十一，右庶長；十二，左更；十三，中更；十四，右更；十五，少上造；十六，大上造；十七，駟馬庶長；十八，大庶長；十九，關內侯；二十，徹侯。梁玉繩曰：「按紀，鞅為左庶長在變法後，當孝公五年；此在變法前，則是孝公三年矣，恐非。」(98)卒定變法之令　自「衛鞅欲變法」至「卒定變法之令」一段，見《商君書・更法第一》。據〈秦本紀〉，商鞅說孝公變法在孝公三年（西元前三五九年）。楊寬曰：「〈秦策一〉：『商君治秦，法令至行……孝公行之十八年，疾且不起。』……孝公二十四年卒，上推十八年，適為孝公六年。然則鞅於孝公六年為左庶長，下令變法亦端在六年，殆孝公三年鞅雖議變法，以甘龍、杜摯之非難，實未實行與？」(99)令民為什伍　把居民五家為一「伍」，十家為一「什」地編制起來。(100)相收司連坐　收司指相互監督、相互窺伺。連坐，一家犯罪，同什伍的其他各家如不告發，就與犯罪者一同受罰。(101)告姦者　檢舉揭發犯禁者。姦，犯法。(102)與斬敵首同賞　《史記索隱》曰：「告姦一人，則得爵一級，故云『與斬敵首同賞』也。」(103)與降敵同罰　《史記索隱》曰：「按律：降敵者誅其身，沒其家，今匿姦者言當與之同罰也。」(104)各以率受上爵　都按照規定給以加官進爵。率，標準；規定。上爵，提升爵級。(105)私鬬　為私事打架鬥毆。(106)各以輕重被刑大小　按其情節輕重給予不同程度的懲罰。被，加；給予。(107)僇力本業　指努力從事農業。僇力，努力。本業，指農業。(108)復其身　免除其自身的勞役負擔。復，免除。(109)事末利　從事手工業、商業以謀利潤。(110)怠而貧　因懶惰而窮困。(111)舉以為收孥　一律把他們沒為奴隸。舉，盡；全部。收孥，收為奴隸。孥，此處同「奴」。《史記會注考證》引中井積德曰：「以為孥者，指末利怠貧者當身而言，以為奴役也，非指其妻子。」按，中井說是。《索隱》所謂「收錄其妻子，沒為官奴婢者」，殆非。(112)宗室非有軍功論二句　文意生澀。意謂國君的族人凡是沒有因軍功而得到論敘的人，一律不把他們列入享受特權的名冊。論，論敘；評定。屬籍，享受特權的親屬名冊。(113)明尊卑爵秩等級　指嚴格分清尊卑上下的等級界限。爵秩，爵祿的等級。按，此句和下面兩句的斷句、理解，自古眾說紛紜。(114)各以差次名田宅句　猶言各自按著自己的等級佔有不同數目的田宅、奴隸與穿戴不同的服飾。差次，差別次序，即指等級。名，以自己名義佔有。(115)芬華　猶言榮華，貴盛顯耀的意思。(116)既具未布　已經準備好了尚未公布。(117)恐民之不信　擔心百姓懷疑自己說話不算數。(118)國都市南門　秦都櫟陽市場的南門。古代都邑中的市場有固定區域，外有圍牆，四面有門。(119)募　懸賞令人辦事。(120)予十金　《史記・平準書》集解引臣瓚曰：「秦以一溢為一金。」按，溢，同「鎰」。一鎰為二十四兩，或曰二十兩。(121)輒予五十金　立刻給了他五十金。輒，就；立即。按，《韓非子・內儲說》云：「吳起為魏武侯西河之守，乃倚一車轅於北門之外，而令之曰：『有能徙此南門之外者，賜之上田四宅。』人莫之徙也。及有徙之者，還，賜之如令。」《呂氏春秋・慎小》所載略同。此又移之商君名下。[122]乃下令　這才頒布了變法命令。[123]令行期年　變法實行了一週年。[124]之國都　到京城來向朝廷告狀。之，往。[125]新令　指商鞅新定不久的法令。[126]於是　這時。[127]太子　名駟，即日後的秦惠文王。西元前三三七—前三一一年在位。[128]自上犯之　是由於上層人帶頭犯法。自，由於。[129]君嗣也　國君的繼承者、接班人。[130]刑其傅公子虔二句　傅、師，都是官名，即太傅、太師等等，其職責為輔導、教育太子。按，楊寬對此事有疑問，參見後注。[131]趨令　按命令辦事。趨，歸依，這裡即指服從。[132]行之十年　中井曰：「據〈秦紀〉，『十年』當作『七年』，是變法七歲，當孝公即位之十年，以鞅為大良造也。」按，孝公十年為西元前三五二年。[133]鄉邑大治　即指整個國家大治。鄉，鄉村。邑，城鎮。[134]盡遷之於邊　把他們全部遷移到邊境地區。[135]國保於民　國家的強弱安危決定於黎民百姓的人心所向。[136]民保於信　黎民百姓是否擁護統治者決定於統治者是否講信義。[137]非信無以使民　統治者沒有信用，就不能支使調動黎民百姓。[138]四海　猶言萬邦、普天下。[139]四鄰　周邊的國家。[140]善為國者　善於治理國家的人。[141]不善者　不會治理國家的人。[142]所利　所得到的利益。[143]藥其所傷　彌補其為獲得那點利益所付出的犧牲。藥，治療；彌補。[144]補其所亡　填補其損失。亡，損失。[145]齊桓公不背曹沫之盟　齊桓公是春秋時代的齊國國君，有名的春秋五霸的第一霸主。西元前六八五—前六四三年在位。曹沫是春秋時期魯莊公的將領，他在與齊國的戰鬥中多次失敗，喪失了不少土地。後來在魯莊公與齊桓公會盟時，曹沫持匕首劫持齊桓公，逼著齊桓公將佔去的土地歸還了魯國。事後齊桓公生氣地想要反悔，管仲勸解齊桓公不要喪失信義，齊桓公同意了，因而深得各國諸侯的擁戴。事見《史記・刺客列傳》。[146]晉文公不貪伐原之利　晉文公是春秋時期晉國國君，西元前六三六—前六二一年在位，是繼齊桓公之後的又一位更強大的霸主。因其幫助周襄王平定了周國的內亂，故而周襄王賜給了晉國一些領地，其中包括溫縣。但是溫縣人不願歸屬晉國，故而晉文公發兵圍溫，但一連三天沒有攻下，晉文公下令撤兵。這時有間諜從城裡出來說，溫人馬上就要投降了，晉軍應該再堅持一下。晉文公以為自己已經下令撤兵，不能再反悔喪失信義，於是斷然撤退。溫人見晉文公守信，遂歸順晉國。事見《左傳》僖公二十五年。[147]魏文侯不棄虞人之期　魏文侯與管理山林的虞人商定好，今天要去打獵。後來魏文侯忘記了此事，而且天也下起雨來。魏文侯舉行宴會，玩得很高興。後來他忽然想起了與虞人的約定，於是立即罷宴，冒雨出行。故事詳見本書的上一卷。虞人，管理山林禽獸的小官。期，約會。[148]秦孝公不廢徙木之賞　此事實乃商鞅所為，司馬光將其移於秦孝公，以與前面的三國諸侯相配，略嫌牽強。[149]道非粹白　道德雖然不夠純粹潔白。意謂這些君主並非聖人，甚至還有些挾天子以令諸侯等等被儒門所批評的嚴重問題。[150]商君尤稱刻薄　司馬遷在《史記・商君列傳》裡曾說商鞅「其天資刻薄人也」，說他「及得用，刑公子虔，欺趙將卬，不師趙良之言，亦足明商君之少恩矣」，說他「卒受惡名於秦，有以也夫」，觀點甚是偏頗。今司馬光又揀起了這一條。151戰攻之世　即指戰國時代。152趨於詐力　意即整個時代風氣就是專用欺詐，不講道德，不講誠信。趨，即今之所謂「時髦」、「專門講究」。153以畜其民　以誠信對待他的百姓。畜，養；對待。154為四海治平之政　意即管理一個統一的太平無事的國家。155昭侯　西元前三六二—前三三三年在位。

【校　記】1觀津　「津」字因《史記》原文而誤。梁玉繩《史記志疑》：「津字誤，當衍。齊表云『伐魏取觀』，〈魏世家〉云『齊敗我觀』，〈田完世家〉云『獻觀以和』，《紀年》云『齊田壽帥師圍觀，觀降』，俱不言觀津是也。」

【語　譯】顯王

元年（癸丑　西元前三六八年）

齊國出兵討伐魏國，佔領了魏國的觀津。

趙國進犯齊國，佔領了齊國所修長城的西端。

三年（乙卯　西元前三六六年）

魏惠王和韓懿侯在宅陽舉行會談。

秦國的軍隊在洛陽一帶打敗了魏國和韓國的聯軍。

四年（丙辰　西元前三六五年）

魏國出兵攻打宋國。

五年（丁巳　西元前三六四年）

秦獻公在石門附近打敗了韓、魏、趙三國聯軍，殺死了六萬多人。周顯王姬扁把繡有黑白相間如斧形花紋和如弫形花紋的禮服賞賜給秦獻公。

七年（己未　西元前三六二年）

魏軍在澮水一帶打敗了韓國和趙國的聯合部隊。

秦國的軍隊與魏國的軍隊在少梁作戰，魏軍遭受慘敗，秦軍俘虜了魏國的將領公孫痤。

衛聲公去世，他的兒子衛速即位，就是衛成侯。

燕桓公去世，他的兒子燕文公即位。

秦獻公去世，他的兒子嬴渠梁即位，就是秦孝公。秦孝公時年二十一歲。當時，黃河和華山以東的強大國家有燕、齊、楚、趙、魏、韓六個國家，在淮水、泗水流域還有十多個小國。楚國、魏國與秦國接壤。魏國為了防禦秦國的侵犯，修築的長城從鄭縣開始，沿洛河北上一直直達上郡。楚國的漢中郡與秦國接壤，擁有南到巴、黔中的廣大領土。它們都把秦國與野蠻的夷狄民族同等看待，全都排斥秦國，不讓秦國參與中原各諸侯國的會盟。秦孝公即位以後決心發憤圖強，廣施恩德，修明政治，一心想使秦國強大起來。

八年（庚申　西元前三六一年）

秦孝公在國內發布命令說：「從前，我們的國君秦穆公在岐山、雍縣一帶發展起來，那時，由於推行德政、講究武功，逐漸使秦國強盛起來，向東平定了晉國的內亂，秦國的領土向東一直延伸到與晉國交界的黃河岸邊；向西稱霸於西戎，開拓了方圓千里的土地。就連周天子也不得不承認秦國的霸主地位，其他諸侯國也都派使者前來祝賀，秦穆公為後世所開闢的基業非常光大美好。可惜後來遇上秦厲公、躁公、簡公、出子等不肖國君，造成秦國幾十年內亂不斷，不得安寧，因此無暇顧及向外發展。於是，晉國侵佔了我們先人黃河以西的大片土地，恥辱沒有比這再大的了。秦獻公即位以來，加強了邊防建設，又把都城向東遷到櫟陽，準備東征，收復穆公時的失地，恢復施行穆公時的政治法令。每當想起先君壯大秦國、稱霸諸侯的心意，我的內心總是因為願望沒有實現而感到非常的痛苦。你們這些賓客、群臣，有誰能有奇謀妙計使秦國強大起來，我就賞給他高官、賜給他封地」。衛國的公孫鞅得知這個消息以後，就離開自己的祖國，向西來到秦國。

公孫鞅是衛國公室的後裔，篤信申不害的循名責實、明法審刑的政治主張，他曾在魏國國相公叔痤手下任職。公叔痤知道他很有才能，只是還沒有來得及向魏惠王舉薦，就病倒了。魏惠王親自到相府中探望公叔痤，見公叔痤病勢沉重，魏惠王就問他說：「萬一你的病好不了，國家該怎麼辦呢？」公叔痤說：「有一個人叫做公孫鞅，現在我的手下擔任中庶子，雖然很年輕，卻有非凡的才能，我希望您把治理國家的大權交給他，一切都聽他的。」魏惠王聽了以後沒有說話。公叔痤見魏惠王不肯答應，就又說：「您如果不能採納我的意見重用公孫鞅，那就一定要把他殺掉，千萬不要讓他離開魏國到別的國家去。」魏惠王答應了公叔痤的請求就回宮去了。公叔痤把公孫鞅叫到跟前，向他表示歉意說：「我必須先考慮國家的利益，所以我向國君推薦了你；而國君不肯重用你，我又勸他殺掉你。現在我把事情的真相都告訴了你，你必須趕快逃離魏國。」公孫鞅說：「國君既然不能採納你的建議重用我，又怎麼會聽從你的話殺掉我呢？」終於沒有離開魏國。魏惠王從公叔痤的府中出來以後，就對他身邊的人說：「公叔痤病得太重了。真讓人傷心啊！他竟然想讓我把治理國家的大權交給公孫鞅，隨後又勸我殺掉公孫鞅，這豈不是病糊塗了嗎？」衛鞅來到秦國，通過秦孝公所寵幸的宦官景監的引見得以見到秦孝公，他用富國強兵的辦法遊說秦孝公。秦孝公聽了衛鞅的話以後，非常高興，就與他商討起治理國家的大事來。

十年（壬戌　西元前三五九年）

衛鞅既然得到秦孝公的信任，就想要在秦國大刀闊斧的進行改革，可那些有權有勢的秦國貴族都很不高興。衛鞅對秦孝公說：「和普通的人是不能謀劃開創事業的，只能讓他們一起享受成功；有高深見解的人不會去追求與世俗勢力相合，能夠成就不朽功業的人也不會向眾人去討教。聖人處理事情，只要能夠富國強兵，就不必去遵循那些舊有的條條框框。」甘龍反駁他說：「你說的不是那麼回事，依照傳統的規章制度治理國家，官員們熟悉，老百姓也習慣這一套。」衛鞅說：「一般的人習慣於舊的習俗，書呆子們往往迷信書本上的條文。讓這兩種人佔據官位，不求有功、但求無過地照章辦事是可以的，卻不能與他們商討規章制度以外有關變法的事情。聰明的人是創立新法的，愚昧的人只能受舊法的約束；賢明的人可以改革舊禮制，無德無才的人只會謹小慎微地恭敬奉行。」秦孝公說：「說得好。」於是任命衛鞅為左庶長，並頒布了實行變法的命令。衛鞅變法的內容是：讓百姓五家為伍、十家為什的組織起來，互相監督揭發，一家有犯法，其他家如果不檢舉揭發，就要和犯罪的人受到同樣的處罰，揭發檢舉別人與在戰場上殺敵立功一樣，會受到同樣的獎賞；而知情不報與投降敵人一樣，也要受到同樣的處罰。建立軍功的，根據功勞的大小，按照賞罰條例論功行賞。為個人私事而爭鬥，也將根據情節輕重大小給以不同程度的處罰。努力從事農業生產，種出的糧食多、織出的布帛多的人，國家就免除他的勞役和賦稅。從事工商業以謀求利潤的和因為懶惰而導致貧窮的，就將其全家沒收為官府的奴婢。國君的族人如果沒有軍功，就不能列入享受特權的宗室名冊中。爵位的高低、俸祿的多少，都有明確的規定和嚴格的等級界限，在所擁有的田宅、臣妾，以及衣服的樣式上也都明確的顯示出等級差別。總而言之，有功於國的就顯赫榮耀，無功的即使很富有，也沒有政治地位和光彩。

法令已經制定出來即將頒布之前，衛鞅怕人民不相信新法能夠執行，為了取信於民，就在都城櫟陽市場的南門樹立了一根三丈高的大木。張貼告示說：如果有人能把這根大木移放到北門，就賞給他十斤黃金。人民對這張告示都感到很奇怪，覺得不可信，所以沒有人敢去搬動它。於是，又張貼了一張告示說：「誰能把這根大木移放到北門，就賞給誰五十斤黃金。」果真有人把這根木頭從南門移放到了北門，衛鞅立即賞給他五十斤黃金。人們覺得衛鞅說話算話。這才頒布變法命令。

新法實行了一年，秦國中有上千人來到都城向秦孝公反映新法的種種弊端。而此時太子也觸犯了新法，衛鞅說：「新法之所以不能順利推行，就是因為上層的人帶頭觸犯它。太子是國君的繼承人、未來的君主，他犯法不能處罰。」於是處罰太子的老師：割去了公子虔的鼻子，在公孫賈的臉上刺了字。第二天，秦人都老老實實按照新法辦事，沒有人敢輕易觸犯法律。新法實行了十年，秦國已經是面貌一新：道路上丟失了東西也沒有人去撿，山野之中也沒有盜賊，人民都勇於為國家的利益英勇作戰，而不敢為了個人的私利去爭鬥，從鄉村到城鎮，社會秩序良好。當初對新法橫加指責的人又都跑來述說新法的好處。衛鞅說：「這些人都是擾亂新法的小人。」於是把他們全都遷徙到遙遠的邊境地區，從此以後再也沒有人敢議論國家的政治法令。

司馬光說：「信用，是國君治理國家的最大法寶。國家的強弱安危決定於民心向背，而民心的向背又決定於統治者是否講信義；統治者沒有信義，就不能使人民為國家效力，沒有人民願意為國家效力，也就不能保有國家。所以古時候稱王的人不欺騙天下，稱霸的人不欺騙他四周的鄰國。善於治理國家的君主不欺騙他的百姓，善於治家的人不欺騙他的親屬。不會治理國家的人則完全相反，欺騙他的鄰國，欺騙他的百姓，更有甚者，欺騙他的兄弟，欺騙他的父母。在上位的不相信他的下屬，下屬不相信他的長上，上下離心離德，終於導致失敗。所得到的利益不足以彌補所付出的犧牲，他的收穫不夠彌補他的損失，難道不是很可悲嗎！過去齊桓公不違背與曹沫訂立的盟約，晉文公不貪圖原的土地，魏文侯不因有事而廢掉與苑囿虞人打獵的約會，秦孝公不吝惜對搬遷大木人的獎賞；這四個國君，道德雖然不夠純潔高尚，而商鞅更是被人稱為是冷酷無情的人物。又是處在一個戰亂頻仍的時代，整個時代風氣就是專用欺詐、不講道德、不講誠信，即使如此尚且不敢忘記用誠信來對待他的人民，何況是治理一個統一的太平無事的國家呢！」

韓懿侯去世，他的兒子韓昭侯即位。

十一年（癸亥　西元前三五八年）

秦敗韓師❶于西山❷。

十二年（甲子　西元前三五七年）

魏、趙會于鄗❸[1]。

十三年（乙丑　西元前三五六年）

趙、燕會于阿❹。

趙、齊、宋會于平陸❺。

十四年（丙寅　西元前三五五年）

齊威王、魏惠王會田于郊❻。惠王曰：「齊亦有寶乎？」威王曰：「無有。」

惠王曰：「寡人國雖小，尚有徑寸[7]之珠，照車前後各十二乘[8]者十枚。豈以齊大國[9]而無寶乎？」威王曰：「寡人之所以為寶[10]者，與王異[11]。吾臣有檀子[12]者，使守南城[13]，則楚人不敢為寇[14]，泗上十二諸侯[15]皆來朝[16]。吾臣有盼子[17]者，使守高唐[18]，則趙人不敢東漁于河[19]。吾吏有黔夫[20]者，使守徐州[21]，則燕人祭北門，趙人祭西門[22]，徙而從者[23]七千餘家。吾臣有種首[24]者，使備盜賊，則道不拾遺。此四臣者，將照千里，豈特十二乘哉[25]！」惠王有慚色[26]。

秦孝公、魏惠王會于杜平[27]。

魯共公薨，子康公毛[28]立。

十五年（丁卯　西元前三五四年）

秦敗魏師于元里[29]，斬首七千級[30]，取少梁[31]。

魏惠王伐趙，圍邯鄲[32]。楚王使景舍救趙[33]。

十六年（戊辰　西元前三五三年）

齊威王使田忌[34]救趙。

初，孫臏與龐涓俱學兵法[35]。龐涓仕魏[36]為將軍，自以能不及孫臏，乃召之，至則以法[37]斷其兩足而黥之[38]，欲使終身廢棄。齊使者至魏[39]，孫臏以刑徒陰見[40]，說齊使者。齊使者竊載與之齊[41]。田忌善而客待之[42]，進於威王。威王問兵法，遂以為師[43]。

於是威王謀救趙，以孫臏為將[44]。辭以刑餘之人不可，乃以田忌為將，而孫子為師[45]，居輜車[46]中，坐為計謀[47]。田忌欲引兵之趙[48]，孫子曰：「夫解雜亂紛糾者不控拳[49]，救鬬者不搏撠[50]，批亢擣虛[51]，形格勢禁[52]，則自為解耳[53]。今梁、趙相攻[54]，輕兵銳卒[55]必竭於外[56]，老弱疲於內[57]。子不若引兵疾走魏都[58]，據其街路[59]，衝其方虛[60]。彼必釋趙以自救[61]，是我一舉解趙之圍，而收弊於魏[62]也。」田忌從之。十月，邯鄲降魏[63]。魏師還[64]，與齊戰于桂陵，魏師大敗[65]。

韓伐東周[66]，取陵觀、廩丘[67]。

楚昭奚恤[68]為相，江乙[69]言於楚王[70]曰：「人有愛其狗者，狗嘗溺井[71]，其鄰人見，欲入言之[72]，狗當門而噬之[73]。今昭奚恤常惡臣之見[74]，亦猶是也[75]。且人有好揚人之善者[76]，王曰『此君子也』，近之[77]；好揚人之惡者，王曰『此小人也』，遠之[78]。然則且有[79]子弒其父、臣弒其主者，而王終已不知[80]也。何者[81]？以王好聞人之美，而惡聞人之惡也。」王曰：「善，寡人願兩聞之[82]。」

十七年（己巳　西元前三五二年）

秦大良造衛鞅[2]伐魏[83]。

諸侯圍魏襄陵[84]。

十八年（庚午　西元前三五一年）

秦衛鞅圍魏固陽[85]，降之。

魏人歸趙邯鄲[86]，與趙盟漳水[87]上。

韓昭侯[88]以申不害[89]為相。申不害者，鄭之賤臣[90]也，學黃老刑名[91]，以干[92]昭侯。昭侯用為相，內修政教[93]，外應[94]諸侯。十五年[95]，終申子之身，國治兵彊[96]。

申子嘗請仕其從兄[97]，昭侯不許，申子有怨色。昭侯曰：「所為學於子[98]者，欲以治國也。今將聽子之謁[99]而廢子之術[100]乎，已其行子之術[101]而廢子之請[102]乎？子嘗教寡人修功勞[103]、視次第[104]，今有所私求[105]，我將奚聽乎[106]？」申子乃辟舍[107]請罪，曰：「君真其人也[108]！」

昭侯有弊袴，命藏之[109]。侍者曰：「君亦不仁者矣，不賜左右而藏之。」昭侯曰：「吾聞明主愛一嚬一笑[110]，嚬有為嚬，笑有為笑[111]。今袴豈特嚬笑哉[112]！吾必待有功者[113]。」

十九年（辛未　西元前三五〇年）

秦商鞅築冀闕宮庭於咸陽[114]，徙都之[115]。令民父子兄弟同室內息者為禁[116]。并諸小鄉聚，集為一縣[117]，縣置令、丞[118]，凡三十一縣[119]。廢井田，開阡陌[120]。平斗桶、權衡、丈尺[121]。

秦、魏遇于彤[122]。

趙成侯薨，公子緤[123]與太子[124]爭立。緤敗，奔韓[125]。

二十一年（癸酉　西元前三四八年）

秦商鞅更為賦稅法[126]行之。

二十二年（甲戌　西元前三四七年）

趙公子范[127]襲邯鄲，不勝而死。

二十三年（乙亥　西元前三四六年）

齊殺其大夫牟[128]。

魯康公薨，子景公偃[129]立。

衛更貶號曰侯[130]，服屬三晉[131]。

二十五年（丁丑　西元前三四四年）

諸侯會于京師[132]。

二十六年（戊寅　西元前三四三年）

王致伯于秦[133]，諸侯皆賀秦。秦孝公使公子少官[134]帥師會諸侯于逢澤以朝王[135]。

二十八年（庚辰　西元前三四一年）

魏龐涓伐韓[136]，韓請救於齊[137]。齊威王召大臣而謀曰：「蚤救孰與晚救[138]？」成侯[139]曰：「不如勿救。」田忌曰：「弗救則韓且折而入於魏[140]，不如蚤救之。」孫臏曰：「夫韓、魏之兵未弊[141]而救之，是吾代韓受魏之兵[142]，顧反聽命於韓也[143]。且魏有破國之志[144]，韓見亡[145]，必東面而愬於齊[146]矣。吾因深結韓之親[147]，而晚承魏之弊[148]，則可受重利而得尊名[149]也。」王曰：「善。」乃陰許韓[150]使而遣之。韓因恃齊[151]，五戰不勝，而東委國於齊[152]。

齊因[153]起兵，使田忌、田嬰、田盼將之[154]，孫子為師[155]，以救韓，直走魏都[156]。龐涓聞之[157]，去韓而歸[158]。魏人大發兵，以太子申為將[159]，以禦[160]齊師。孫子謂田忌曰：「彼三晉[161]之兵，素悍勇而輕齊，齊號為怯[162]。善戰者因其勢而利導之[163]。兵法[164]『百里而趣利[165]者，蹶上將[166]；五十里而趣利者，軍半至[167]』。」乃使齊軍入魏地為十萬竈[168]，明日為五萬竈，又明日為二萬竈。龐涓行三日[169]，大喜曰：

「我固知齊軍怯，入吾地三日，士卒亡者(170)過半矣。」乃棄其步軍，與其輕銳倍日并行(171)逐之。孫子度其行(172)，暮當至馬陵(173)。馬陵道陿而旁多阻隘(174)，可伏兵。乃斫大樹白(175)而書之曰：「龐涓死此樹下。」於是令齊師善射者萬弩夾道而伏，期(176)日暮，見火舉而俱發。龐涓果夜到斫木下，見白書，以火燭之(177)，讀未畢，萬弩俱發，魏師大亂相失(178)。龐涓自知智窮(179)兵敗，乃自剄(180)，曰：「遂成豎子之名(181)！」齊因乘勝大破魏師，虜太子申(182)。

成侯鄒忌惡(183)田忌，使人操十金(184)卜於市(185)，曰：「我田忌之人也(186)。我為將，三戰三勝(187)，欲行大事(188)，可乎？」卜者出(189)，因使人執之(190)。田忌不能自明(191)，率其徒(192)攻臨淄(193)，求(194)成侯。不克(195)，出奔楚(196)。

二十九年（辛巳　西元前三四〇年）

衛鞅言於秦孝公曰：「秦之與魏，譬若人有腹心之疾(197)。非魏并秦，秦即并魏。何者？魏居嶺阨(198)之西，都安邑(199)，與秦界河(200)，而獨擅山東之利(201)。利則西侵秦(202)，病則東收地(203)。今以君之賢聖，國賴以盛。而魏往年大破於齊(204)，諸侯畔(205)之，可因此時伐魏。魏不支秦，必東徙(206)。然後秦據河、山之固(207)，東鄉(208)以制諸侯，此帝王之業(209)也。」公從之，使衛鞅將兵伐魏。

魏使公子卬[210]將而禦之[211]。軍既相距[212]，衛鞅遺公子卬書[213]曰：「吾始與公子驩[214]，今俱為兩國將，不忍相攻。可與公子面相見盟[215]，樂飲而罷兵[216]，以安秦、魏之民[217]。」公子卬以為然，乃相與會。盟已[218]飲，而衛鞅伏甲士襲虜[219]公子卬，因[220]攻魏師，大破之。魏惠王恐，使使獻河西之地於秦以和[221]。因去安邑，徙都大梁[222]。乃歎曰：「吾恨不用公叔之言[223]。」

秦封衛鞅商於十五邑[224]，號曰商君[225]。

齊、趙伐魏。

楚宣王薨，子威王商[226]立。

三十一年（癸未　西元前三三八年）

秦孝公薨，子惠文王[227]立。公子虔之徒告商君欲反，發吏捕之。商君亡之魏[228]，魏人不受[229]，復內之秦[230]。商君乃與其徒之商於[231]，發兵北擊鄭[232]。秦人攻商君，殺之，車裂以徇[233]，盡滅其家。

初，商君相秦，用法嚴酷，嘗臨渭論囚[234]，渭水盡赤。為相十年[235]，人多怨之。

趙良[236]見商君，商君問曰：「子觀我治秦，孰與五羖大夫賢[237]？」趙良曰：

「千人之諾諾[238]，不如一士之諤諤[239]。僕[240]請終日正言而無誅[241]，可乎？」商君曰：「諾。」趙良曰：「五羖大夫，荊之鄙人[242]也。穆公舉之牛口之下[243]，而加之百姓之上[244]，秦國莫敢望[245]焉。相秦六七年[246]，而東伐鄭[247]，三置晉君[248]，一救荊禍[249]。其為相也，勞不坐乘[250]，暑不張蓋[251]。行於國中[252]，不從車乘[253]，不操干戈[254]。五羖大夫死，秦國男女流涕，童子不歌謠[255]，舂者不相杵[256]。今君之見[257]也，因嬖人景監以為主[258]。其從政也[259]，淩轢公族[260]，殘傷百姓。公子虔杜門[261]不出已八年矣。君又殺祝懽[262]而黥公孫賈[263]。詩曰『得人者興，失人者崩』[264]。此數者，非所以得人[265]也。君之出也，後車載甲[266]。多力而駢脅[267]者為驂乘[268]，持矛而操闟戟[269]者，旁車而趨[270]。此一物不具，君固不出[271]。書曰『恃德者昌，恃力者亡』[272]。此數者，非恃德也[273]。君之危若朝露[274]，而尚貪商於之富，寵秦國之政[275]，畜百姓之怨[276]。秦王一旦捐賓客[277]而不立朝，秦國之所以收君者，豈其微哉[278]！」商君弗從。居五月而難作[279]。

【章　旨】以上為第二段，寫周顯王十一年（西元前三五八年）至三十一年二十一年間的各國大事，主要篇幅寫了商鞅在秦國繼續變法，使秦國國力強盛，但商鞅卻被貴族殺害；以及齊國在桂陵、馬陵兩次打敗魏國，使魏國從此下落，而齊國則一躍而成為東方最強國的歷程。

【注 釋】❶秦敗韓師　時當秦孝公四年，韓昭侯五年。❷西山　韓國西部的山，指今河南宜陽、魯山一帶的群山。❸魏趙會于鄗　時當魏惠王十四年，趙成侯十八年。鄗，趙邑名，在今河北高邑與柏鄉之間。按，魏惠王從其在位的第九年起，也稱梁惠王，因魏國都城從惠王九年已東遷到大梁（今河南開封）故也。❹趙燕會于阿　時當趙成侯十九年，燕文公六年。阿，趙邑名，在今河北保定東北。❺趙齊宋會于平陸　時當趙成侯十九年，齊威王元年，宋剔成君十四年。平陸，齊邑名，在今山東汶上北。❻會田于郊　謂二王在魏國城郊會面一道打獵。❼徑寸　直徑一寸，極言其寶珠之大。❽照車前後各十二乘　將前邊、後邊的各十二輛車都照得通明。❾豈以齊大國　難道像齊國這樣的大國。❿所以為寶　把什麼當做寶物。⓫與王異　和大王您的看法不同。⓬檀子　姓檀，史失其名，「子」是古代對男子的敬稱，猶今所謂「先生」。⓭南城　齊縣名，在今山東費縣西南。胡三省所謂「城在齊之南境，故曰南城」者，似非。⓮楚人不敢為寇　楚人不敢進犯齊國，因齊之南城有檀子鎮守故也。⓯泗上十二諸侯　泗水流域的十二個小國諸侯。泗水源於今山東泗水縣東，西流經今曲阜，南折入江蘇，匯入淮水。《索隱》曰：「邾、莒、宋、魯之比。」胡三省曰：「宋、魯、鄒、滕、薛、郳等國。」楊寬《戰國史》曰：「當指宋、衛、魯、鄒、滕、薛、郳、莒、費、郯、任、邳等十二國。」⓰皆來朝　都來朝拜齊國，因他們臨近南城，受檀子之感化與威懾故也。⓱盼子　姓田，名盼，齊威王時的名將。⓲高唐　齊縣名，在今山東高唐東北，地處於齊國的西北邊境。⓳東漁于河　到趙國東境的黃河裡打魚。當時的黃河自今河南西部流來，經今濮陽東北流，經德州入河北，在今滄州東之黃驊入海。黃河在戰國時期是齊國與趙國的分界線。⓴黔夫　姓黔，名夫。㉑徐州　齊縣名，有說在今山東滕州南，即古代的薛縣，此說與本文的意思不合；也有人說即今河北大城，似又過偏西北，當時齊國的勢力不可能達到此地。相其文意，此「徐州」大體應在今山東之西北部或河北之東南部一帶，只有這一帶能同時威脅到燕、趙兩國。㉒燕人祭北門二句　謂燕人、趙人紛紛遙望徐州之北門、西門祭祀，以祈求齊國不要由此出兵打他們。《集解》曰：「齊之北門、西門也。言燕、趙之人畏見侵伐，故祭以求福。」㉓徙而從者　指燕、趙之人搬遷到徐州投奔黔夫。㉔種首　姓種，名首。㉕豈特十二乘哉　豈止是能照亮十二輛車呢。豈特，豈止。㉖有慚色　因本欲向人炫耀，結果丟了面子。按，以上齊威王與魏惠王論寶事，見《韓詩外傳》卷十，除齊威王作「齊宣王」外，其他文字與此全同。又，與此類似的情節，亦見於《說苑・臣術》，文字與此出入較大。茅坤曰：「覽威王之論寶，其識遠矣，所以能伯。」㉗杜平　魏河西邑名，在今陝西澄城東南。㉘康公毛　康公名毛，西元前三五四—前三四六年在位。〈六國年表〉作西元前三五二—前三四四年。㉙元里　魏邑名，在今陝西澄城東南。㉚七千級　七千個人頭。因秦國的制度是殺一個敵兵的人頭，就給長一級爵位，故後世遂習慣地稱人頭叫首級。㉛少梁　魏邑名，在今陝西韓城西南。㉜邯鄲　趙國都城，即今河北邯鄲。㉝楚王使景舍救趙　時當楚宣王十六年。景舍，楚將名。㉞田忌　齊國名將，齊王的同族。㉟俱學兵法　謂同師而學兵法。後世小說家有曰孫臏與龐涓俱學兵法於鬼谷子，不知何據。㊱仕魏　在魏國做官。仕，任職。㊲以法　謂強加罪名處以刑法。㊳斷其兩足而黥之　既斷其兩腳，又在其臉上刺字。古代稱斷其兩腳為刖刑，在臉上刺字曰黥刑。㊴至魏　到達魏國的國都大梁。㊵陰見　暗中求見。㊶之齊　抵達齊國的都城臨淄。㊷客待之　待之以賓客之禮。㊸以為師　謂尊之若師。㊹以孫臏為將　想任孫臏為統帥。㊺孫子為師　孫臏為軍師。㊻輜車　有篷蓋的車，區別於當時的一般兵車。《漢書・張良傳》師古注：「輜車，衣車也。」意即有篷幔的車子。㊼坐為計謀　王念孫曰：「《文選・報任少卿書》注引此，『坐』作『主』，於義為長。」王說可參考。㊽引兵之趙　直撲邯鄲，與趙軍合擊魏軍。㊾解雜亂紛糾者不控拳　《史記索隱》曰：「謂解雜亂紛糾者當善以手解之，不可控拳以擊之。」雜亂紛糾，如亂絲、亂麻之類。控拳，引拳相擊，指亂砸。㊿救鬭者不搏撠　《史記索隱》曰：「救鬭者當善為解之，無以手助相搏擊，則其怒益熾矣。」凌稚隆引余有丁曰：「撠義當為擊，非矛戟也。」救鬭，制止打架。救，止。撠，以手指叉人。(51)批亢擣虛　中井曰：「亢，吭（喉嚨）也。批亢，擊其要處也。擊亢衝虛，並喻走大梁之便。」談允厚曰：「批之為言『撇』也，謂撇而避亢滿之處，搗其虛空無備之所。」即今之所謂「避實就虛」。瀧川曰：「若解亢為咽喉，則不與『虛』字對，談說為長。」(52)形格勢禁　《史記索隱》曰：「事形相格，而其勢自禁止。」按，「形格勢禁」相對為文，「格」「禁」二字同義，都是停止、結束的意思。(53)自為解耳　打架的雙方自然就分開、停止了。(54)梁趙相攻　梁即指魏。(55)輕兵銳卒　指精銳部隊。輕，指行動迅疾。(56)竭於外　兵力耗盡於國外。竭，衰竭；耗盡。(57)老弱疲於內　指國內空虛。(58)疾走魏都　奔襲魏國的國都大梁，即今河南開封。魏國原都安邑（今山西夏縣西北），於惠王九年遷都於大梁。(59)據其街路　佔據它的交通要道。街路，交通要道。(60)衝其方虛　打擊它的空虛之處。方虛，正好空虛的地方。方，剛好。(61)釋趙以自救　放棄邯鄲，回救大梁。(62)收弊於魏　收拾魏國這個疲敝之敵。(63)邯鄲降魏　實際是邯鄲一度被魏軍攻陷，並非趙國向魏國投降。(64)魏師還　魏軍由邯鄲撤退，回救大梁。(65)與齊戰于桂陵二句　桂陵，魏縣名，在今河南長垣西北，魏軍於此遭遇齊軍伏擊。按，銀雀山出土之《孫臏兵法》首章為「禽龐涓」，即敘齊軍圍魏救趙，擊齊軍「於桂陵，而禽龐涓」事。毛澤東說：「攻魏救趙，因敗魏兵，千古高手。」王閣森、唐致卿《齊國史》曰：「桂陵之戰使魏國的霸業初次受挫，魏國損兵折將，受到沉重打擊。但魏文侯、魏武侯兩代建立的強大國勢不是一次戰爭就可以根本削弱的。況且齊威王即位不久，齊國經濟、軍事實力遠不如魏國雄厚，齊國要爭當霸主，必將與魏國展開進一步的激烈爭奪。」(66)東周　此指東周君。東周君是在周天子僅有的一小片地盤上新分裂出來的小封君之一，其都城在鞏縣（今河南鞏縣西南）。另一個西周君的都城則在王城（今洛陽之王城公一帶）。其所以出現這種局面是趙國與韓國插手干預的結果。在周考王（西元前四四〇—前四二六年在位）時，封其弟揭於王城，是為河南桓公，由此形成「西周君」。至桓公之孫惠公又自封其少子班於鞏縣，稱為「東周君」，而周天子則從此變成沒有一寸土地，沒有一兵一卒的寄人籬下的光桿司令。東周君與西周君的名字與在位年限，史均無明載。(67)陵觀廩丘　均為東周君屬下的邑名，方位不詳，應距鞏縣不遠。(68)昭奚恤　與楚王同姓的大貴族，宣王時為令尹，職同他國的宰相。春秋時代各國的宰相都是平時任宰相，有戰事即為軍事統帥。(69)江乙　也稱「江一」，楚臣。(70)楚王　楚宣王，西元前三六九—前三四〇年在位。(71)溺井　向其主人吃水的井中撒尿。(72)欲入言之　想與其主人說知此狗向井中撒尿的事。(73)狗當門而噬之　狗堵著門口咬他，不讓他進去。噬，咬。(74)惡臣之見　不願讓我見您。惡，厭惡；憎恨。(75)亦猶是也　也就像這條狗擋著門口咬人一樣。(76)且人有好揚人之善者　當您見到有人愛稱讚別人的優點。(77)近之　隨即與之親近。(78)遠之　隨即與之疏遠。(79)然則且有　然而這裡有個。(80)終已不知　始終不能察覺。(81)何者　為什麼成了這種樣子呢。(82)兩聞之　兩方面的話都聽。按，以上江乙說楚宣王的故事見《戰國策・楚策一》。(83)秦大良造衛鞅伐魏　時當秦孝公十七年，魏惠王十八年。大良造，商鞅的封爵名，此乃以爵號稱人。大良造亦稱「大上造」，是秦爵二十級中的第十六級，相當於別國的宰相。據楊寬《戰國史年表》，此次為「秦進圍魏的安邑，安邑降秦」。(84)諸侯圍魏襄陵　襄陵是魏邑名，在今河南睢縣西。據楊寬《戰國史年表》，圍魏襄陵者為齊、宋、衛之聯軍，結果被魏、韓聯軍打敗。(85)固陽　魏邑名，故城即今內蒙古自治區包頭北固陽。(86)歸趙邯鄲　將桂陵之敗前一度佔領的邯鄲又歸還趙國。(87)漳水　趙國境內的河水名，由山西和順北流來，經河北之臨漳南，東北流入黃河。臨漳一帶的漳水大體是魏國與趙國的分界線。(88)韓昭侯　名武，懿侯之子，西元前三六二—前三三三年在位。(89)申不害　戰國中期的法家人物，在他任韓國宰相的時期，韓國的政治最稱清明。事跡見《史記・老子韓非列傳》。(90)鄭之賤臣　曾在被韓所滅的舊鄭國當過低級官吏。(91)黃老刑名　即指法家學說。因法家與老子學說有相通之處，故與黃老連稱。「黃老之學」形成於戰國後期而興盛於秦漢之際，是一種將老子思想與商鞅、韓非學說熔為一爐的權謀學問，其標本人物就是張良與經過後人梳妝的范蠡。(92)干　求見。(93)內修政教　在國內實行良好的政治、教化。修，實行。(94)應　對付。意即以合適、得力的手段對付。(95)十五年　申不害於韓昭侯八年（西元前三五五年）為宰相，至二十二年（西元前三四一年）申不害死，其間正好十五年。(96)國治兵彊　國家安定，武力強盛。《史記・老子韓非列傳》說：「終申子之身，國治兵強，無侵韓者。」(97)請仕其從兄　請韓昭侯任用他的堂兄為吏。從兄，堂兄。(98)所為學於子　我之所以要向你學習法術。(99)聽子之謁　答應你走後門的請求。謁，請求。(100)廢子之術　破壞你的思想學說。

(101)已其行子之術　還是堅定地實行你的政策法令。(102)廢子之請　拒絕你走後門的請求。(103)修功勞　意即按功勞的大小給予不同的獎賞。(104)視次第　意即按其能力大小而授予不同的官職。(105)有所私求　不講原則純粹出於私心的請求。(106)我將奚聽乎　我到底該聽你的哪一方面呢。奚，何；哪。(107)辟舍　意即表示自己不夠宰相的資格，請求搬出相府。辟，通「避」。(108)真其人也　真是徹底實行我思想學說的那種人。按，以上故事見《韓非子・外儲說左上》與《戰國策・韓策一》。(109)命藏之　囑咐人好好把它收藏起來。(110)愛一嚬一笑　意即喜怒不能表現出來。愛，吝惜；不輕易表現。嚬，同「顰」。皺眉；不高興的樣子。笑，指喜悅、高興。(111)嚬有為嚬二句　嚬要有所為而嚬，笑要有所為而笑，都不能是無緣無故的。(112)今袴豈特嚬笑哉　把一條舊褲送給人，其表現喜怒愛惡的作用又豈止是一嚬一笑所能比擬的呢。(113)必待有功者　必須等到有人為國家立了大功時，我才把這條舊褲送給他。(114)築冀闕宮庭於咸陽　意即在咸陽建造城闕宮室。冀闕，宮廷正門前的雙闕。《史記索隱》曰：「冀闕，猶魏闕也。冀，記也，出列教令，當記於此門闕。」瀧川曰：「『冀』『魏』通，大也。」(115)徙都之　秦國自靈公時由雍徙都涇陽；獻公時又由涇陽徙都於櫟陽；至孝公十二年乃由櫟陽遷都於咸陽。根據近年來劉慶柱、陳國英等有關咸陽的考古文章，秦都咸陽在今咸陽東十餘公里處。有學者推測，秦之咸陽東西約十二里，南北約十五里。(116)同室內息者為禁　禁止父子兄弟同住一間屋是為了鼓勵分家、增殖，同時也是為了整頓風紀。息，此處指住宿。(117)并諸小鄉聚二句　將許多小的鄉邑合併為一個縣。集，歸併。鄉、聚都是當時的基層居民編制名。鄉，略同於今之鄉。楊寬曰：「聚為小村落，邑乃較大之村落。」(118)縣置令丞　在每個縣裡設置縣令、縣丞等長官。縣令是一個縣的主要長官，縣丞是縣令的副手。(119)凡三十一縣　〈秦本紀〉作「四十一縣」，〈六國年表〉作「三十縣」，各處說法不一。(120)廢井田二句　開指拆除、廢除，是廢除舊的，另設新的。阡陌，兼為地界用的田間小路，南北向的曰阡，東西向的曰陌。楊寬曰：「『開阡陌封疆』就是廢除井田制，把原來百步為畝的『阡陌』和每一頃田的『封疆』統統破除，開拓為二百四十步為一畝，開始重新設置『阡陌』和『封疆』。」(121)平斗桶權衡丈尺　平是統一、劃一。斗、桶皆量器，六斗為一桶。桶與「斛」同。權、衡即指秤。權，秤錘。衡，秤桿。瀧川曰：「同律度量衡，是民政之始，商君亦有見於此。」楊寬曰：「商鞅初步變法有效後，徙都咸陽而作進一步之改革，蓋欲擺脫舊貴族傳統之束縛，進一步擴大改革之成果，並謀求向東開拓。所謂『大築冀闕，營如魯、衛矣』，即仿效東方各國都城之結構規模，並有所改革。其最特殊之設施即咸陽作為全國之政治、經濟之中心，設有官署與寺，而將宗廟以及祭祀鬼神之神祠保留在舊都雍而未遷至咸陽……普遍推行統一之縣制，乃商鞅變法中重要之政治改革。不但全國可由此統一，統治可由此加強，法令可貫徹，吏治可清明，農業生產亦可發展。」(122)秦魏遇于彤　秦孝公與魏惠王在彤邑舉行會晤。彤，秦邑名，在今陝西華縣西南。(123)公子緤　趙成侯之少子，太子之弟。(124)太子　名語，即日後的趙肅侯，西元前三四九—前三二六年在位。(125)緤敗二句　此次公子緤之亂即韓國所挑動。(126)更為賦稅法　實行新的徵稅辦法。據《漢書・食貨志》：「商君除井田，民得買賣。」(127)趙公子范　趙武侯之子，肅侯之弟。(128)大夫牟　齊國大夫名牟。《史記・六國年表》作「大夫牟辛」。(129)景公偃　魯景公名偃，西元前三四三—前三一五年在位。(130)貶號曰侯　衛國初受封時為侯，其後世進爵為公，現因弱小難以獨立，故又自己降爵稱侯。(131)服屬三晉　實際是成了魏國附庸。(132)諸侯會于京師　據楊寬《戰國史年表》，這一年魏惠王始正式改「公」稱「王」，諸小國向其祝賀，魏惠王於是率領他們一道到洛陽朝見了周天子。(133)王致伯于秦　周天子給秦孝公送來諸侯霸主的稱號。伯，方伯；一方的諸侯之長。即所謂「霸主」。(134)公子少官　孝公之子，太子之弟。(135)會諸侯于逢澤以朝王　此依《史記》誤說。據錢穆、楊寬等人考證，此與上年所述「諸侯會于京師」是一回事。就是魏惠王在逢澤（今河南開封東）宣告稱王，諸小國到逢澤向其祝賀，秦孝公也派了使者前往參加，會後又跟著魏惠王到洛陽朝見了周天子。這時各國勢力最強大的還是魏國，其次是齊國，秦國暫時還沒到統率諸國的地步。(136)魏龐涓伐韓　時當魏惠王二十九年，韓肅侯九年。(137)韓請救於齊　時當齊威王十六年。(138)蚤救孰與晚救　早救好還是晚救好。蚤，通「早」。(139)成侯　指鄒忌，齊威王的相國。因給威王提建議有功，被封為成侯。(140)入於魏　指向魏國投降。(141)未弊　未受消耗；未被削弱。(142)代韓受魏之兵　意即讓我們去替韓國打仗。(143)顧反聽命於韓也　這不等於讓我們反而去聽韓國的招呼了麼。顧反，意即「反而」。(144)魏有破國之志　魏國一心想要滅掉韓國。(145)韓見亡　韓國看到自己就要滅亡。(146)必東面而愬於齊　必然會跑到東方來向我們齊國求救。東面，向東。愬，告狀；求救。(147)吾因深結韓之親　我們就趁機會和韓國結好聯盟。(148)晚承魏之弊　但我們不能過早地出兵，要先讓魏國與韓國打一陣子。等到魏國被韓國消耗得疲憊不堪時，我們再出兵收拾它。(149)可受重利而得尊名　可獲得重大利益並獲得光輝勝利的美名。(150)乃陰許韓　暗中答應援助韓國而不公開聲張。(151)韓因恃齊　韓國因為依仗有齊國支持便與魏國強硬起來。(152)委國於齊　把自己交給齊國，一切聽齊國指揮。(153)因　於是。(154)使田忌田嬰田盼將之　齊國以三田為統帥。田嬰，孟嘗君之父，齊威王少子，被封為靖郭君。田盼，又稱盼子，齊王的同族。(155)為師　為軍師。(156)直走魏都　直撲魏國的都城大梁。(157)龐涓聞之　前文桂陵之戰已謂「禽龐涓」矣，今何得又曰「龐涓聞之」？楊寬對此推測說：「桂陵之役魏之國力損失不大，此後魏又以韓師擊敗齊、宋、衛之師於襄陵，齊不得已請楚將景舍向魏求和，同時魏又迫使趙在漳水之上結盟，然後將邯鄲歸還趙國。或者此時齊將龐涓釋放，龐涓再度為魏將，猶如春秋時秦將孟明視為晉軍所俘，旋被釋放回秦，仍為秦將一樣。」(158)去韓而歸　謂撤離對韓國都城的包圍，移軍至魏國東境以阻擊齊軍。(159)以太子申為將　以太子申為最高統帥。太子申，魏惠王的太子，名申。(160)禦　迎；抵抗。(161)三晉　此處即指魏軍，因魏與韓、趙皆分晉而建國，故時人多稱魏為「三晉」或「晉」。(162)齊號為怯　齊兵向來有怯懦的名聲。(163)因其勢而利導之　順著他的思路進一步地誤導他。(164)兵法　此指《孫子兵法》。(165)百里而趣利　奔赴百里之外去追求勝利。趣，通「趨」。奔赴。(166)蹶上將　損失上將，極言這種戰爭的有害無利。蹶，曹操注：「猶挫也。」《索隱》引劉氏曰：「猶斃也。」(167)軍半至　軍隊人數只有一半能到達，極言其減員之多。按，今本《孫子・軍爭》作：「百里而爭利，則擒三將軍，勁者先，罷者後，其法十一而至；五十里而爭利，則蹶上將軍，其法半至。」(168)為十萬竈　做出一種為十萬人做飯吃的樣子。(169)龐涓行三日　尾追齊軍，並逐日清點他們的爐灶。(170)亡者　開小差的人。(171)倍日并行　猶言「晝夜兼程」，一日變作兩日用，兩日之路併為一日行。(172)度其行　估計魏國追兵的行程。(173)馬陵　古地名，有說在今河南范縣西南，有說在今河南濮陽北，二說所指的方位大致相近。近來忽有人說在山東郯城，荒遠不足取。(174)道陿而旁多阻隘　道路狹窄且又崎嶇難行。(175)斫大樹白　在大樹幹上砍出一片白地。斫，砍削。(176)期　約定。(177)以火燭之　點起火來照看。燭，照。(178)相失　彼此亂奔亂跑，誰也找不到誰。(179)智窮　再也想不出別的辦法。(180)乃自剄　梁玉繩曰：「〈齊策〉言『禽』，此言『自剄』，恐皆非。〈年表〉〈世家〉俱云『殺龐涓』，蓋弩射殺之也。」(181)遂成豎子之名　猶言「今天可成就了你這個小子的名聲！」悵恨不平之語。遂成，成就。中井曰：「涓之語蓋言『吾今日自殺者，欲因此遂成就臏之名聲耳！』是臨死之誇言矣。《左傳》齊侯曰：『是好勇，去之以為之名！』語意與此相肖。」其說亦通。鄧以瓚曰：「減灶已奇，斫大樹自書益奇，期舉火更復奇，摹寫處甚工。至『讀未畢』，『遂成豎子之名』，情境躍如，可驚可歎。」(182)虜太子申　《戰國策》之〈魏策二〉與〈宋衛策〉載有太子申出兵前與出兵過宋時的兩個小故事，前者為企圖阻止太子申將兵出行；後者為預言太子申將敗。因太子申非本文主要人物，故不錄。楊寬曰：「〈孫子吳起列傳〉所描寫已小說化，當以《孫臏兵法・陳忌問壘篇》所述為是。」王閣森、唐致卿《齊國史》曰：「馬陵之戰是齊、魏爭霸過程中的決定性戰爭，這次戰爭使魏國喪失十萬軍隊，軍事實力嚴重削弱。魏惠王恃強驕傲，只尚武功，只重稱霸，失去了其先輩尊賢禮士的精神，拒商鞅、孫臏等人才於國門之外，不謀政治革新，因而在齊、秦、趙三面夾擊下喪失了霸主地位。」(183)惡　討厭；憎恨。(184)十金　「金」是戰國以至秦漢時期的貨幣單位，重二十兩為一金。(185)卜於市　到市場上去找人占卜，以測吉凶。市，市場；眾人聚集之處。(186)我田忌之人也　詐稱自己是田忌的黨羽，以栽贓陷害田忌。(187)我為將二句　做出一種為田忌占卜的樣子。我，指田忌。(188)欲行大事　指要殺君篡位。(189)卜者出　等鄒忌所派的人走後。(190)使人執之　派人去把占卜的術士抓了起來。(191)不能自明　無法為自己辯解。(192)徒　黨羽；部下。(193)臨淄　齊國都城，在今山東淄博臨淄城北。(194)求　尋找；捉拿。(195)不克　未能辦到。(196)出奔楚　按，這段鄒忌害田忌的故事見《史記·田敬仲完世家》。梁玉繩曰：「《策》於威王時載『鄒忌、田忌不相說』一章，有『田忌遂走』之語，史公謬以為據，因撰出襲攻臨淄事。《索隱》謂『齊都臨淄』，當依〈孟嘗君傳〉作『襲齊邊邑』，而不知忌未嘗襲齊耳。《國策》戰馬陵後，有『田忌為齊將』一章，言孫臏勸忌勿解兵入齊，可正齊君而走成侯，忌不聽。以是觀之，忌亦賢矣，奈何反以襲齊誣之邪？」錢穆亦以為「襲齊之事或無」。[197]腹心之疾　以喻兩國緊相靠近，成勢不兩立之形。[198]嶺阨　山嶺險要之地，指今山西省南部之中條山。[199]都安邑　魏之舊都安邑在今夏縣西北。按，司馬光此段乃據《史記·商君列傳》。據史公文意，此時魏國尚都安邑，其實非也，魏於惠王九年亦即秦孝公元年（西元前三六一年）已遷都大梁。[200]界河　以黃河為界。[201]獨擅山東之利　獨擅，獨自佔有。山東，此指崤山（在今河南靈寶東南）以東，通常用以泛指東方六國之地，此處似指今之河南、山西一帶地區。[202]利則西侵秦　看到伐秦有利時就向秦國進攻。[203]病則東收地　感到攻秦不利時，就轉頭向東方攻取地盤。病，不利。[204]大破於齊　指在馬陵之戰中魏國慘敗。[205]畔　同「叛」。[206]東徙　向東方搬家，指遷都。[207]秦據河山之固　佔據黃河與崤山的天險。[208]東鄉　面朝東方。鄉，通「向」。[209]帝王之業　統一天下，稱帝稱王的事業。[210]公子卬　魏惠王的兒子，時為魏國大將。[211]將而禦之　統兵迎敵。禦，抵抗。[212]相距　對峙。距，通「拒」。對抗。[213]遺公子卬書　給公子卬寫了一封信。遺，給；致。[214]吾始與公子驩　意謂當初我們都是好朋友，指商鞅當年在魏國時事。驩，友好；相得。[215]面相見盟　當面結盟。[216]樂飲而罷兵　高高興興地痛飲一頓而後各自收兵。[217]以安秦魏之民　讓秦、魏兩國的百姓不再有流血犧牲的痛苦。[218]盟已　訂完盟約。已，完成；過後。[219]襲虜　突然襲擊，將其俘虜。按，以上商鞅襲虜公子卬事採《呂氏春秋·無義》，事在秦孝公二十二年。[220]因　隨後；緊跟著。[221]獻河西之地於秦以和　梁玉繩曰：「秦惠文王八年（西元前三三〇年），魏入河西地於秦，孝公時安得至西河之外乎？」瀧川曰：「史將言其功，故並及後事。」[222]因去安邑二句　據〈魏世家〉，魏國遷都於大梁（今河南開封）在魏惠王三十一年，秦孝公二十二年（西元前三四〇年），與此處記載相合，然今研究戰國史者皆依《竹書紀年》繫魏國遷都於秦孝公元年，則與商鞅之功無關矣。楊寬曰：「誤以魏遷大梁在鞅詐取魏公子卬之後。此衛鞅說孝公語疑亦出後人增飾。」[223]恨不用公叔之言　後悔當初未將商鞅殺死在魏國。[224]商於十五邑　商、於一帶的十五座城邑，約當今河南之西峽以及今陝西之商縣一帶。商，古邑名，故城在今陝西丹鳳之古城村，位於老君河東岸的臺地上，南臨丹水。舊城南北長約一點五公里，東西寬約一公里。於，古邑名，在今河南西峽東。楊寬曰：「《索隱》《正義》皆以為衛鞅所封之於商為兩邑，商在商州商洛縣，於在鄧州內鄉縣東七里。其說不確。於在今河南西峽縣東，距商洛縣二百五十里以上，衛鞅不能有如此大之封地。且此時西峽縣之於，尚是楚境。《紀年》謂秦封衛鞅於鄔，改名曰商。陳逢衡《竹書紀年集證》云：『於讀為烏，即鄔也。舊址名鄔，今改名曰商，故謂之於商。』其說甚確。所謂十五邑，僅十五個小鄉邑而已。」可供參考。(225)號曰商君　當時的各諸侯國君主例皆稱「王」，而諸侯國內的封建領主則例皆稱「君」，如「孟嘗君」、「信陵君」等，「商君」亦然。(226)威王商　名商，西元前三三九—前三二九年在位。(227)惠文王　名駟，西元前三三七—前三一一年在位。開始稱「公」，至十四年（西元前三二四年）始改號稱王。(228)亡之魏　逃到了魏國。亡，逃。之，往。(229)魏人不受　因魏人恨其欺騙襲虜公子卬，並攻破魏師。(230)復內之秦　又把他押送回了秦國。內，古「納」字，送入。(231)之商於　回到了他私人的封地。(232)北擊鄭　北攻鄭縣。鄭縣故城在今陝西華縣南，西周時期鄭國的都城。(233)車裂以徇　將其五車分屍後，並將其屍體展覽示眾。(234)嘗臨渭論囚　在渭水河邊處決囚犯。渭，渭水，自甘肅流來，經咸陽城南，東流入黃河。論，定罪；判刑。這裡指處決。(235)為相十年　胡三省以為自「更賦稅法」至被殺，共計十年。而王念孫《讀書雜志》、馬非百《秦集史》皆以為應作「十八年」。(236)趙良　一個帶有儒家色彩的極其迂腐的說客。(237)孰與五羖大夫賢　我與五羖大夫相比誰更有本事。五羖大夫指百里奚，秦穆公時代的賢臣。因他是秦穆公用五張黑羊皮換來的，故稱之為五羖大夫。羖，黑羊皮。事詳《史記·秦本紀》。(238)諾諾　即今之所謂「唯唯諾諾」，奉承、順從的樣子。(239)諤諤　直言爭辯的樣子。〈趙世家〉：「趙簡子曰：『吾聞千羊之皮，不如一狐之腋；諸大夫朝，徒聞唯唯，不聞周舍之諤諤。』」蓋古有此語，而趙良稱之。(240)僕　古人用以謙稱自己。(241)無誅　請你不要殺我。(242)荊之鄙人　楚國的一個下賤的人。梁玉繩曰：「百里奚，虞人，非荊人。」按，《正義》有所謂「百里奚，南陽宛人，屬楚，故云荊」，今南陽城西尚有「百里奚故里」。鄙人，野人；鄉下人。(243)舉之牛口之下　謂將其從一個餵牛的奴隸中提拔起來。(244)加之百姓之上　讓他做一個治理萬民的大官。(245)莫敢望　沒有人敢對此加以非毀。望，怨憤。按，關於百里奚入秦為相的經過，各處說法不一，梁玉繩的說法是根據《史記·秦本紀》；《韓詩外傳》、《論衡》並云，秦大夫禽息薦百里奚於穆公；《呂氏春秋·慎人》云，公孫枝以五羊皮買之而獻諸穆公。今趙良又有所謂「被褐食牛」，以及穆公「舉之牛口之下」云云，與齊桓公之得寧戚相似，不知史公根據何書。馬非百曰：「百里奚，姓百里，名視，字孟明。其所以又名為『奚』者，『奚』之本義為隸役，百里奚最初乃一賣身為奴之人，故秦人特稱之曰『奚』。」(246)相秦六七年　梁玉繩曰：「奚之為相未知的（確）在秦穆何年，然以伐鄭、楚，三置晉君言之，則首尾已二十年，何云『六七年』也。」(247)東伐鄭　指穆公三十年（西元前六三〇年）秦助晉伐鄭事。秦與鄭訂立盟約，並派兵屯駐鄭國。這是秦國第一次把勢力伸向東方內地。事見《左傳》僖公三十年與〈鄭世家〉。鄭，西周晚期建立的諸侯國名，始封時之國都在今陝西華縣東。西周滅亡前夕先行東遷，都於新鄭（今河南新鄭）。(248)三置晉君　晉國自獻公死後（西元前六五一年），國內篡亂動盪十幾年。在此期間，秦國於西元前六五〇年，幫助惠公（名夷吾）即位；西元前六三七年，惠公死，其子懷公立；秦人不喜懷公，於是秦穆公又送重耳入晉，結果懷公被殺，重耳即位，是為文公。按，懷公之立，非秦意也，此云「三置」，與事理不合。(249)一救荊禍　按，此說不詳。錢大昕曰：「秦穆公之時，楚未有禍，秦亦無救楚事。趙良所謂救荊禍者，即指城濮之役也，謂宋有荊禍而秦救之，非謂荊有禍也。」（《考史拾遺》）張大可曰：「解除了一次楚國造成的禍害，即指秦國助晉破楚於城濮而言。」(250)勞不坐乘　即使再累，也不在車上坐著。即只乘「立車」，而不坐「安車」，以言其謙恭自卑。胡三省曰：「古者車立乘，唯安車即坐乘耳。」按，今始皇陵「銅車馬坑」出土之一號車即「立車」，又名「高車」、「戎車」；二號車即「安車」。(251)暑不張蓋　即使天氣再熱，也從不在車上張傘。蓋，車上所樹的大傘，以遮太陽。(252)行於國中　立車行於首都城內。(253)不從車乘　沒有別的車輛護從。(254)不操干戈　不用士兵警衛。(255)童子不歌謠　連小孩都不再唱兒歌。(256)舂者不相杵　舂，搗米。相杵，哼唱以佐助用力，猶抬木者之「杭育，杭育」然。相，助。杵，搗米用的工具。以上二句極言秦國百姓自動為百里奚之死止樂致哀。(257)今君之見　您今天的求見秦孝公。(258)因嬖人景監以為主　意即先投靠景監，讓景監當介紹人。嬖人，帝王的男寵。主，《孟子》趙岐注：「主，舍於其家，以之為主人也。」蓋即投奔其門下，並倚其薦己於君。《孟子・萬章上》：「觀近臣以其所為主（接納些什麼人），觀遠臣以其所主（投靠什麼人）。」(259)其從政也　您掌握政權、治理國家的情形是。(260)淩轢公族　踐踏皇親國戚。淩轢，踐踏傾軋。公族，君主的族人。(261)杜門　塞門；閉門。公子虔被處劓刑割鼻，故羞愧憤怒而不出門。

(262)殺祝懽　其事不詳。瀧川曰：「蓋亦太子師傅。」(263)黥公孫賈　在公孫賈的臉上刺字。(264)詩曰二句　按，《詩經》無此文，瀧川以為是「逸詩」。牛鴻恩曰：「『詩』當讀為『志』，泛指古書。此等大量見於《左傳》襄公二十五年杜注：『志，古書。』」

(265)非所以得人　不是得人心的做法。(266)後車載甲　甲指鎧甲兵杖之類，載於後車，隨時準備應急。(267)駢脅　瀧川曰：「肋骨相比如一骨也。晉文公駢脅，見《左傳》。此言肌肉豐滿，不復見肋骨之條痕也。」中井曰：「『駢脅』者多力之相，故以為言，非選擇駢脅人也。」(268)驂乘　同「參乘」。即《左傳》中之所謂「車右」，與國君或主將同乘一車，立於車之右側以充當警衛者。(269)闟戟　短矛。(270)旁車而趨　夾護著（商君所乘的）車子一路小跑。旁，通「傍」。緊靠著。(271)此一物不具二句　這些警衛措施有一點不周全，你就不出門。此，這些。不具，不齊備。淩稚隆引唐順之曰：「出盛車從，明與五羖大夫行於國中相反。」(272)書曰二句　今《尚書》無此文，或者亦如牛鴻恩所說之有如「志曰」，蓋泛指「古書」也。(273)非恃德也　不是靠著德高，受人擁戴的表現。(274)危若朝露　胡三省曰：「朝露易晞，言不久也。」(275)寵秦國之政　以把持秦國政權為榮耀。

(276)畜百姓之怨　讓百姓們對您的怨恨一天天增長。(277)捐賓客　拋下賓客不管，隱指秦孝公死。按，秦孝公當時未稱「王」，趙良稱之「秦王」，作史者失辭。[278]所以收君者二句　所用來逮捕你的罪名還會少嗎。收，捕。[279]居五月而難作　過了五個月災禍果然發生了。居，這裡即指過。作，爆發。

【校　記】①魏趙會于鄗　「趙」原作「韓」。據章鈺校，十二行本、乙十一行本、孔天胤本皆作「趙」，張敦仁《通鑑刊本識誤》同。按，《史記・六國年表》、〈魏世家〉，魏惠王十四年（周烈王十二年）「與趙會鄗」。（胡注：「鄗縣屬中山郡，此時為趙地。」）今從諸本改。②秦大良造衛鞅　「衛鞅」二字原無。胡注：「大良造之下當有衛鞅二字，意謂傳寫《通鑑》者逸之。」據章鈺校，十二行本、乙十一行本、孔天胤本正有「衛鞅」二字，張瑛《通鑑校勘記》同。今從諸本補。

【語　譯】十一年（癸亥　西元前三五八年）

秦軍在西山打敗了韓國的軍隊。

十二年（甲子　西元前三五七年）

魏國和趙國的高層領導人在鄗邑舉行會談。

十三年（乙丑　西元前三五六年）

趙國和燕國在趙國的阿城舉行會談。

趙國、齊國、宋國在齊國的平陸舉行會談。

十四年（丙寅　西元前三五五年）

齊威王、魏惠王在兩國的邊界會面並一同打獵。魏惠王問齊威王：「齊國有寶物嗎？」齊威王回答說：「沒有。」魏惠王說：「我的國家雖然很小，還有能夠照亮車前車後各十二輛車子、直徑一寸大的珍珠十顆。難道像齊國這樣的大國會沒有寶物嗎？」齊威王說：「我把什麼當做寶物，與大王您的看法是不一樣的。我的臣子當中有一個叫做檀子的人，我派他去守衛南城，南邊的楚國再也不敢前來進犯齊國，泗水流域的十二個諸侯國全都到齊國來朝見；我的臣子當中還有一個叫做盼子的，我派他去守衛高唐，趙國人從此不敢向東邊的黃河中捕魚；我的官吏當中又有一個叫做黔夫的，我派他去守衛徐州，燕國人遙望著徐州的北門祭祀，祈禱齊國不要出兵攻打他們，多多賜福給他們，趙國人對著徐州的西門祭祀，祈禱齊國不要侵犯趙國，同時賜給他們幸福，燕、趙之人舉家遷徙到徐州投奔黔夫的就有七千多家；我的臣子當中有一個人叫種首，我派他維護社會治安、防備盜賊，結果社會安定，路不拾遺。這四個臣子，他們的光芒能夠照亮千里之外，豈只是照亮十二輛車子呢！」魏惠王聽了以後感到很慚愧。

秦孝公、魏惠王在魏國的杜平相會。

魯共公姬奮去世，他的兒子康公姬毛即位。

十五年（丁卯　西元前三五四年）

秦國的軍隊在魏國的元里邑打敗了魏軍，斬殺魏軍七千多人；佔領了魏國的少梁。

魏惠王率軍攻打趙國，包圍了邯鄲。楚王派景舍率軍救援趙國。

十六年（戊辰　西元前三五三年）

齊威王派名將田忌率軍救趙。

當初，齊國的孫臏與魏國的龐涓同師學習兵法。後來龐涓在魏國出任為將軍，他認為自己的才能比不過孫臏，就把孫臏邀請到魏國來，孫臏到了魏國以後，龐涓尋機誣陷孫臏有罪，砍掉了孫臏的雙腳，又在孫臏的臉上刺了字，想讓他終身成為廢人。恰巧齊國的使者出使魏國，孫臏以罪犯的身分祕密地會見齊國的使者，說服了齊國使者；齊國使者同意把孫臏藏在自己的車中悄悄的載回齊國。田忌很賞識孫臏，就用對待上等賓客的禮節對待他，並把他推薦給齊威王。齊威王親自向他求教行兵打仗之事，又任命他為齊國的軍師。

齊威王準備發兵救趙，想讓孫臏擔任齊軍的統帥。孫臏推辭說自己是受了刑法的人不適宜擔任大將，齊威王於是任命田忌為大將，任命孫臏為軍師，讓他坐在有篷蓋的車子當中，為田忌出謀劃策。田忌想率領齊軍直接趕往趙國去攻打魏軍，孫臏說：「要解開亂成一團的絲就不能用拳頭去亂砸，制止鬥毆的人就不能自己也參加進去幫助打，而是要避開對方的主力去攻擊他空虛的地方，使互相爭鬥的主動者在形勢上受到阻扼和限制，那麼就會自動的解除對對方的包圍。現在魏國進攻趙國，魏國必定把全國的精銳部隊都派去攻趙，留在國內的都是些老弱病殘，您不如率領大軍直奔魏國的都城大梁，佔據它的主要交通要道，攻打魏國防守空虛的地方。進犯趙國的魏軍必定會撤離趙國回來救援都城大梁，這樣，我們一次行動達到了兩個目的：既援救了趙國，解除了魏國對趙國邯鄲的包圍，又使魏國疲於奔命、遭受重大損失。」田忌聽從了孫臏的意見。十月，趙軍向魏軍投降。魏軍從邯鄲撤軍回救大梁，在桂陵與齊軍相遇，雙方展開激戰，齊軍將魏軍打得大敗。

韓國派軍隊攻打東周君，佔領了東周君的陵觀、廩丘。

楚國的昭奚恤受命擔任了楚國的宰相，江乙對楚宣王說：「有一個人很愛他的狗，他的狗曾經往井裡撒尿，被鄰居看見了，就想去告訴狗的主人；而那條狗卻堵在門口咬他，不讓他進門。如今昭奚恤仇恨我看見他所做的壞事，就像那條狗恨那個鄰居一樣。而且，有人在您面前稱讚別人的優點，您就說『這人是個君子』，就去親近他；有人在您面前議論別人的缺點，您就說『這是個小人』，就疏遠他。然而現在有做兒子的殺死了父親，為臣子的殺死了國君的人在，大王卻始終不知道。這是因為什麼呢？是因為大王喜歡聽別人講他人的優點，而厭惡聽別人講他人的缺點啊。」楚宣王說：「說得好，以後我願意既聽別人的優點，也聽別人的缺點。」

十七年（己巳　西元前三五二年）

秦國的大良造衛鞅率領秦軍攻打魏國。

各路諸侯出兵包圍了魏國的襄陵。

十八年（庚午　西元前三五一年）

秦國的衛鞅率軍包圍了魏國的固陽，迫使固陽向秦軍投降。

魏國把此前佔領的邯鄲歸還給趙國，並與趙國在漳水岸邊締結了和平友好盟約。

韓昭侯任命申不害為韓國的宰相。申不害曾經在鄭國擔任過低級小官吏，他喜好研究黃老之學和法家學說，他向韓昭侯請求給他一個官做。韓昭侯就任命他當了韓國的宰相。申不害擔任宰相以後，在國內修明政治教化，對外積極開展外交活動。在十五年的時間裡，韓國已經是政治穩定，國富兵強。

申不害曾經請求讓他的堂兄出來做官，韓昭侯沒有答應，申不害便流露出怨恨的神色。韓昭侯說：「我向你請教的目的是為了治理好國家。我是答應了你的請求而破壞了你為我制定的原則呢，還是堅定地執行你為我制定的原則而拒絕你的請求呢？你曾經教導我要根據功勞的大小給予不同的獎賞，根據能力的強弱授予不同的官職，如今你卻為了私情而向我請求，我將聽從你的哪種意見呢？」申不害聽了韓昭侯的話以後，慌忙離開座位向韓昭侯請罪，說：「您真是我理想之中的好國君啊！」

韓昭侯有一條破褲子，他讓侍從給他收藏起來。侍從說：「大王您也太吝嗇了，不把它賞賜給您的左右侍從，反而將它收藏起來。」韓昭侯說：「我聽說賢明的君主很珍惜自己的一個皺眉一次微笑，皺眉要達到一定的目的才皺眉，微笑也是要為達到某種目的才微笑。如今這條舊褲子又豈是一個皺眉一個微笑所能比呢！我必須等到有人為國家立了大功的時候，才把褲子賞給有功的人。」

十九年（辛未　西元前三五〇年）

秦國商鞅在咸陽修築宮殿，又在宮門的兩旁修建起高大的雙闕。隨後，秦國將都城從櫟陽遷到了咸陽，又下令禁止父子兄弟同宿一室。又將諸多小村落合併成縣，每個縣中設置了縣令、縣丞等長官，全國一共設置了三十一個縣。廢除井田制，剷除作為井田疆界的田間小道，重新設置「阡陌」和「封疆」。統一了斗、桶、權、衡、丈、尺。

秦孝公與魏惠王在秦國的彤邑舉行會晤。

趙成侯趙種去世，公子緤與太子爭奪侯位。公子緤失敗以後，逃到了韓國。

二十一年（癸酉　西元前三四八年）

秦國商鞅推行新的徵稅辦法。

二十二年（甲戌　西元前三四七年）

趙國的公子范偷襲邯鄲，不能取勝，被殺死。

二十三年（乙亥　西元前三四六年）

齊國殺死了大夫牟。

魯康公去世，他的兒子偃即位，就是魯景公。

衛國的國君自行降低稱號，不再稱「公」，改稱「侯」。衛國成為魏、韓、趙三國的附庸國。

二十五年（丁丑　西元前三四四年）

諸侯在周王朝的都城洛陽聚會。

二十六年（戊寅　西元前三四三年）

周顯王給秦孝公送去諸侯霸主的稱號，諸侯都來向秦國道賀。秦孝公派公子少官率領軍隊到魏國的逢澤與諸侯相會，並隨同魏惠王前往京師洛陽朝見周顯王。

二十八年（庚辰　西元前三四一年）

魏國的龐涓率領魏軍攻打韓國。韓國派人向齊國求救。齊威王把大臣們召集起來商議說：「早救韓國與晚救韓國，哪個對我們齊國更有利呢？」成侯鄒忌說：「不如不去救韓的好。」田忌說：「我們不去救韓，韓國就會投降魏國，不如早點去救韓國。」孫臏說：「韓國與魏國打仗，韓國還沒有到支持不住的程度，我們如果此時出兵，就等於代替韓國與魏國打仗，我們反而要聽從韓國的命令。況且，魏國抱定了要滅亡韓國的決心，韓國眼看自己就要滅亡，一定會跑到東方來向齊國求救。到那時我們就趁機和韓國締結友好，還要等待魏國的兵力被韓國消耗得差不多的時候再出兵攻打魏國。如此的話，我們不僅使自己少受損失、獲取重大利益，而且還能夠獲得救助弱小、抗擊強國的好名聲。」齊威王說：「這個辦法好。」於是暗中答應救助韓國卻沒有對外公開這個消息。韓國因為有了齊國支援的承諾而放心大膽地與魏國展開激戰，結果五戰五敗，最後只好把自己交給齊國，表示一切聽從齊國指揮。

齊國這時才決定發兵救韓。齊威王派田忌、田嬰、田盼分別擔任統軍的將領，任命孫臏為軍師，前去救援韓國。齊軍直撲魏國的都城大梁。魏軍統帥龐涓得到消息以後，趕緊從韓國撤軍回救。魏國國內也徵調了大量的軍隊，派太子申為大將來抗擊齊軍。孫臏對田忌說：「韓、趙、魏三國一向以彪悍勇猛著稱，而且看不起齊國，認為齊國人膽怯。善於用兵打仗的人要能利用這種形勢，順著敵人的思路引導敵人朝有利於自己的方向發展。《兵法》上說『以一天急行軍一百里的速度去追逐利益的軍隊，必定損失上將領；以一天行軍五十里的速度去追逐利益的軍隊，只有一半人能夠到達目的地』。」於是下令軍隊進入魏國境內以後，建造供十萬人用餐的爐灶，第二天建供五萬人用餐的爐灶，第三天建供二萬人用餐的爐灶。龐涓率領魏軍尾追齊軍，得到齊軍三天之內減灶八萬個的消息，非常高興地說：「我本來就知道齊軍膽怯，他們進入我國境內只有三天，士卒就逃跑了一大半。」於是甩下步兵，只帶領精銳騎兵，晝夜兼程追趕齊軍。孫臏根據魏軍的行軍速度，估計魏軍在天黑的時候能夠到達馬陵。馬陵道路狹窄，兩旁地勢險要，可以設置伏兵。於是命人把一棵大樹砍掉一塊樹皮，露出裡面的白色，上面寫上：「龐涓死在此樹之下。」然後從齊軍當中挑選出一萬名善射的弓箭手埋伏在道路的兩旁，與他們約定晚上看見火光就萬箭齊發。龐涓果然在當天夜裡來到這棵大樹之下，他看見樹幹上被砍去樹皮的地方寫有字跡，就點燃火把上前照看，還沒有看完，只見萬箭齊發，魏軍騎兵一見大勢不好，全都四散而逃。龐涓知道失敗已成定局，再也沒有辦法挽回了，就長歎一聲說：「竟然成就了孫臏這小子的美名！」說完就拔劍自刎了。齊軍乘勝追殺，將魏軍打得大敗，活捉了魏太子申。

成侯鄒忌憎惡田忌，就派人帶著十斤黃金到集市上求人占卜，說：「我是田忌的貼身侍從。田忌說，他作為大將領兵打仗，三次出征三次打了大勝仗，他想成就大事，請占卜一下，能否成功？」等那個請求占卜的人走了之後，鄒忌就派人把算卦的抓起來訊問，算卦人便把田忌占卜能否成就大事的事情供了出來。田忌沒有辦法澄清自己，情急之下，就率領他的手下攻打臨淄，想捉住成侯鄒忌澄清事實。然而無法取勝，只得逃離齊國，跑到楚國避難。

二十九年（辛巳　西元前三四〇年）

衛鞅對秦孝公說：「秦國與魏國勢不兩立，相互之間都是對方的心腹之患。不是魏國吞併了秦國，就是秦國滅掉了魏國。為什麼這麼說呢？魏國處在險要的山嶺之西，都城設在安邑，與秦國以黃河為界，卻獨自享有崤山以東的各種利益。看到伐秦有利時，就向西侵犯秦國，感到攻秦不利時就向東擴展自己的地盤。如今，秦國因為有您這樣聖明的君主，國家逐漸強盛起來。而魏國近年來卻被齊國打得大敗，諸侯也都背叛了它；我們可以趁這個機會討伐魏國。魏國新敗之後，肯定抵擋不住秦國的進攻，必定會把都城向東遷移。到那時，秦國就可以佔據黃河、崤山的險要，向東控制東方各諸侯國，統一天下、成就帝王的事業。」秦孝公聽從了衛鞅的意見，派衛鞅率領秦軍攻打魏國。

魏國派公子卬率軍抵禦秦軍。秦軍和魏軍相對擺開了陣勢，衛鞅派人送給魏公子卬一封書信，信上說：「當初我們是好朋友；現在卻成了兩個敵對國家的將領，我不忍心攻打你。想和你當面結盟，然後舉杯暢飲之後，各自班師，使秦、魏兩國人民都得到安寧。」公子卬信以為真，就來和衛鞅進行談判；盟約已經簽好，正在飲酒的時候，衛鞅事先埋伏下的甲士突然出擊將公子卬生擒活捉了，秦軍趁機對魏軍發動進攻，魏軍被打得大敗。魏惠王非常害怕，趕緊派遣使者把黃河以西的土地進獻給秦國，以換取和平。並離開安邑，將都城遷往大梁。魏惠王歎口氣說：「我真後悔當初沒有聽從公叔痤的話將衛鞅殺死在魏國。」

秦孝公把商、於的十五個城邑分封給衛鞅。從此以後，衛鞅被人稱作商君。

齊國、趙國聯合攻打魏國。

楚宣王去世，他的兒子熊商即位，就是楚威王。

三十一年（癸未　西元前三三八年）

秦孝公去世，他的兒子嬴駟即位，就是秦惠文王。他的師傅公子虔等人誣告商鞅謀反，秦惠文王於是下令軍隊去逮捕商鞅。商鞅倉皇出逃；他先逃到魏國，魏國不肯接納他，又把他押送回秦國。商鞅和他的手下逃回他的封地商、於，並想發兵向北攻打鄭地。秦國的軍隊進攻商鞅，把他殺死以後，又施以車裂之刑，並把他的家人全部殺死。

當初，商鞅擔任秦國丞相的時候，施用刑法特別苛刻嚴酷，他曾經到渭水岸邊審理案件、處決犯人，由於被處決的犯人太多，鮮血把渭水都給染紅了。他當了十年宰相，與好多人結下了仇怨。

商鞅的好友趙良前來拜訪他，商鞅問他：「你看我治理秦國，和五羖大夫百里奚比起來，誰更有才能？」

趙良回答說：「有一千個人隨聲附和，不如有一個人直言敢諫。我希望今天能夠從早到晚的對您說真話而不受懲罰，行嗎？」商鞅說：「行。」趙良說：「五羖大夫百里奚只是楚國郊野的一個鄉下人。秦穆公把他從一個餵牛的奴隸提拔起來，做了位居萬人之上的大官，秦國沒有人敢對此加以非毀。他擔任秦國的丞相六七年，使秦國向東打敗了鄭國，就連晉國的三任國君都是由秦國扶植起來的；在這期間，還在城濮之戰中幫助晉國制止了楚國的向北擴張。他在擔任丞相的時候，即使再累，車上也不設置座位；天氣再熱，車上也不安遮陽傘。在國內視察，從來不帶車輛護從，不用士兵警衛。五羖大夫百里奚去世以後，秦國不論男女老幼全都傷心痛哭，小孩子們都不再歌唱，就連舂米的人在舂米的時候也因為哀傷而不再呼喊。而您在開始求見秦君的時候，就走秦君寵臣景監的關係。在您執政期間，欺陵皇親貴戚，殘害百姓。公子虔被您處以割鼻之刑以後閉門不出已經八年了。您又殺死祝懽、用黥刑處罰了公孫賈。《詩經》上說『得民心者興旺，失掉民心就要滅亡』。而您所幹的這些事情，都是不得民心的做法。您在出行的時候，後面跟隨的車子上站滿了武士。身體雄健的勇士在您的左右護衛，手持長矛、握長戟的兵士跟隨在您車子的兩旁向前奔跑。這些警衛措施有一樣不具備，您就不敢出門。《書經》上說『依靠德來治理人民的就能夠長久，依靠武力來維持統治的很快就會滅亡』。您的上述做法就不是依靠德高、受人擁護的表現。您的富貴就像早晨的露水，很快就會消失，可您卻貪圖商、於的富庶，以把持秦國的政權為榮耀，不斷積蓄百姓對您的怨恨。假如秦孝公突然有一天離開了人世，秦國中想要將您繩之以法的罪名，難道會少嗎！」商鞅聽不進趙良的話。過了五個月商鞅果然就大難臨頭了。

三十二年（甲申　西元前三三七年）

韓申不害卒。

三十三年（乙酉　西元前三三六年）

宋太丘社亡❶。

鄒人孟軻❷見魏惠王。王曰：「叟❸不遠千里而來，亦有以利吾國乎❹？」孟子曰：「君何必曰利，仁義而已矣❺。君曰『何以利吾國』❻，大夫曰『何以利吾家』❼，士庶人❽曰『何以利吾身』，上下交征利❾，而國危矣。未有仁而遺其親者❿也，未有義而後其君者⓫也。」王曰：「善。」⓬

初，孟子師子思⓭，嘗問：「牧民⓮之道何先？」子思曰：「先利之⓯。」孟子曰：「君子所以教民者，亦仁義而已矣，何必利？」子思曰：「仁義固所以利之也⓰。上不仁，則下不得其所⓱；上不義，則下樂為詐⓲也。此為不利大矣⓳。故易曰『利者，義之和也』⓴。又曰『利用安身，以崇德也』㉑。此皆利之大者也㉒。」

臣光曰：「子思、孟子之言一也㉓。夫唯仁者為知仁義之為利㉔，不仁者不知也。故孟子對梁王直以仁義而不及利者，所與言之人異㉕故也。」

三十四年（丙戌　西元前三三五年）

秦伐韓㉖，拔宜陽㉗。

三十五年（丁亥　西元前三三四年）

齊王、魏王會于徐州以相王㉘。

韓昭侯作高門㉙，屈宜臼㉚曰：「君必不出此門㉛。何也？不時㉜。吾所謂時者，非時日也㉝。夫人固有利不利時㉞。往者君嘗利矣㉟，不作高門㊱。前年㊲秦拔宜陽，今年旱，君不以此時恤民之急㊳，而顧益奢㊴，此所謂時詘舉贏㊵者也，故曰不時。」

越王無彊伐齊㊶，齊王使人說之以「伐齊不如伐楚之利」㊷。越王遂伐楚，楚人大敗之㊸，乘勝盡取吳故地㊹，東至于浙江㊺。越以此散。諸公族㊻爭立，或為王，或為君，濱於海上，朝服於楚㊼。

三十六年（戊子　西元前三三三年）

楚王伐齊㊽，圍徐州㊾。

韓高門成，昭侯薨，子宣惠王㊿立。

初，洛陽人蘇秦(51)說秦王以兼天下之術(52)，秦王不用其言。蘇秦乃去，說燕文公(53)曰：「燕之所以不犯寇(54)、被甲兵(55)者，以趙之為蔽其南(56)也。且秦之攻燕也，戰於千里之外(57)；趙之攻燕也，戰於百里之內(58)。夫不憂百里之患，而重千里之外(59)，計無過於此(60)者。願大王與趙從親(61)，天下為一(62)，則燕國必無患矣。」

文公從之，資(63)蘇秦車馬，以說趙肅侯(64)，曰：「當今之時，山東之建國(65)莫彊於趙。秦之所害(66)，亦莫如趙。然而秦不敢舉兵伐趙者，畏韓、魏之議其後(67)也。秦之攻韓、魏也，無有名山大川之限(68)，稍蠶食之，傅國都而止(69)。韓、魏不能支秦(70)，必入臣於秦(71)。秦無韓、魏之規(72)，則禍中於趙(73)矣。臣以天下地圖案之(74)，諸侯之地，五倍於秦，料度(75)諸侯之卒，十倍於秦。六國為一(76)，并力西鄉(77)而攻秦，秦必破矣。夫衡人(78)者，皆欲割諸侯之地以與秦，秦成(79)，則其身富榮(80)，國被秦患(81)而不與其憂(82)。是以衡人日夜務以秦權(83)恐愒(84)諸侯，以求割地，故願大王孰計之也。竊為大王計(85)，莫如一(86)韓、魏、齊、楚、燕、趙為從親，以畔秦(87)，令天下之將相會於洹水(88)之上，通質(89)結盟，約曰『秦攻一國，五國各出銳師，或橈秦(90)，或救之。有不如約者，五國共伐之』。諸侯從親以擯秦(91)，秦甲(92)必不敢出於函谷(93)以害山東矣。」肅侯大說(94)，厚待蘇秦，尊寵賜賚之(95)，以約於諸侯(96)。

會(97)秦使犀首伐魏(98)，大敗其師四萬餘人，禽將龍賈(99)，取雕陰(100)，且欲東兵(101)。蘇秦恐秦兵至趙(102)而敗從約(103)，念莫可使用於秦者(104)，乃激怒張儀(105)入之於秦(106)。

張儀者，魏人，與蘇秦俱事鬼谷先生[107]，學縱橫之術，蘇秦自以為不及也。儀游諸侯無所遇[108]，困於楚[109]。蘇秦故召而辱之[110]。儀恐[111]，念諸侯獨秦能苦趙[112]，遂入秦。蘇秦陰遣其舍人[113]齎金幣資儀[114]，儀得見秦王[115]。秦王說之，以為客卿[116]。舍人辭去[117]，曰：「蘇君憂[118]秦伐趙敗從約，以為非君莫能得秦柄[119]，故激怒君，使臣陰奉給君資[120]，盡蘇君之計謀也[121]。」張儀曰：「嗟乎！此吾在術中而不悟[122]，吾不及蘇君明矣。為吾謝[123]蘇君。蘇君之時[124]，儀何敢言[125]！」

於是蘇秦說韓宣惠王[126]曰：「韓地方九百餘里[127]，帶甲[128]數十萬，天下之彊弓、勁弩[129]、利劍，皆從韓出。韓卒超足而射[130]，百發不暇止[131]。以韓卒之勇，被堅甲，蹠勁弩[132]，帶利劍，一人當百，不足言也[133]。大王事秦[134]，秦必求宜陽、成皋[135]。今茲效之[136]，明年復求割地。與則無地以給之[137]，不與則棄前功[138]，受後禍[139]。且大王之地有盡，而秦求無已[140]。以有盡之地，逆無已之求[141]，此所謂市怨結禍[142]者也，不戰而地已削矣[143]。鄙諺[144]曰『寧為雞口，無為牛後[145]』。夫以大王之賢，挾[146]強韓之兵，而有牛後之名，臣竊為大王羞之。」韓王從其言[147]。

蘇秦說魏王[148]曰：「大王之地方千里，地名雖小[149]，然而田舍廬廡之數[150]，曾無所芻牧[151]。人民之眾，車馬之多，日夜行不絕，輷輷殷殷[152]，若有三軍之眾。

臣竊量(153)大王之國不下楚(154)。今竊聞大王之卒，武士(155)二十萬，蒼頭(156)二十萬，奮擊(157)二十萬，廝徒(158)十萬，車六百乘(159)，騎(160)五千匹。乃聽於羣臣之說，而欲臣事秦(161)，願大王熟察之[1]。故敝邑趙王(162)使臣效愚計(163)，奉明約(164)，在大王之詔詔之(165)。」

魏王聽之(166)。

蘇秦說齊王(167)曰：「齊四塞之國(168)，地方二千餘里，帶甲數十萬，粟如丘山。三軍(169)之良，五家之兵(170)，進如鋒矢，戰如雷霆，解如風雨(171)。即有軍役(172)，未嘗倍泰山(173)、絕清河(174)、涉渤海(175)者也。臨淄之中七萬戶，臣竊度之，不下戶三男子(176)。不待發於遠縣，而臨淄之卒固已二十一萬矣。臨淄甚富而實(177)，其民無不鬬雞、走狗、六博(178)、蹹鞠(179)。臨淄之塗，車轂擊(180)，人肩摩(181)，連衽成帷(182)，揮汗成雨。夫韓、魏之所以重畏秦(183)者，為與秦接境壤也(184)。兵出而相當(185)，不十日(186)而戰勝存亡之機決矣(187)。韓、魏戰而勝秦(188)，則兵半折(189)，四境不守(190)。戰而不勝，則國已危亡隨其後(191)。是故(192)韓、魏之所以重與秦戰(193)，而輕為之臣(194)也。今秦之攻齊則不然，倍韓、魏之地(195)，過衛陽晉之道(196)，經乎亢父之險(197)。車不得方軌(198)，騎不得比行(199)。百人守險，千人不敢過也。秦雖欲深入則狼顧(200)，恐韓、魏之議其後(201)也。是故恫疑虛喝(202)，驕矜而不敢進(203)。則秦之不能害齊，亦明矣。夫(204)不深料秦之無柰齊何[205]，而欲西面而事之[206]，是羣臣之計過也。今無臣事秦之名，而有彊國之實[207]，臣是故願大王少留意計之[208]。」齊王許之[209]。

乃西南說楚威王[210]曰：「楚，天下之彊國也，地方六千餘里，帶甲[211]百萬，車千乘，騎萬匹，粟支十年[212]：此霸王之資也。秦之所害[213]，莫如楚。楚彊則秦弱，秦彊則楚弱，其勢不兩立。故為大王計，莫如從親以孤秦[214]。臣請令山東之國，奉四時之獻[215]，以承大王之明詔[216]。委社稷[217]，奉宗廟[218]，練士厲兵[219]，在大王之所用之[220]。故從親則諸侯割地以事楚[221]，衡合[222]則楚割地以事秦。此兩策者相去遠矣，大王何居[223]焉？」楚王亦許之[224]。於是蘇秦為從約長[225]，并相六國[226]。北報趙，車騎輜重[227]擬於王者[228]。

齊威王薨，子宣王辟彊立[229]。知成侯賣田忌[230]，乃召而復之[231]。

燕文公薨，子易王[232]立。

衛成侯薨，子平侯[233]立。

【章　旨】以上為第三段，寫周顯王三十二年（西元前三三七年）至三十六年前後五年間的各國大事，主要寫了蘇秦遊說東方六國合縱聯盟的故事。

【注　釋】❶太丘社亡　宋國太丘邑的社樹忽然失蹤。太丘，在今河南永城西北，當時屬宋。瀧川引呂祖謙《大事記》云：

「古者立社，植木以表之，因謂其木為社。所謂『亡』者，震風淩雨，此社之樹摧損散落，不見蹤跡也。」楊寬曰：「宋設太丘社於國都彭城之泗水旁，故太丘社淪亡，鼎沒於泗水彭城下，此與沛郡之太丘縣無涉。」可供參考。❷鄒人孟軻　鄒是西周以來的小國名，最初都於邾（在今山東曲阜附近），後來遷於鄒（今山東鄒縣東南）。戰國時期被楚國所滅。孟軻（西元前三七二—前二八九年），字子輿，魯國貴族孟孫氏的後代。是繼孔子之後的又一位儒學大師，被後人稱為「亞聖」。❸叟　老翁；老人家。❹亦有以利吾國乎　將對我們國家有什麼利益嗎。❺仁義而已矣　講好仁義就一切都齊了。❻君曰何以利吾國　如果您一帶頭講「何以利吾國」。❼大夫曰何以利吾家　那麼您手下的大夫們就要紛紛起來問「何以利吾家」。家是大夫們受諸侯分封的有土地、有爵位甚至有軍隊的實體，與現代由父母、兄弟、子女所組成的生活單位有質的不同。❽士庶人　士階層與平民百姓。士階層是界於平民與官僚貴族之間的有一定社會地位而沒有爵位俸祿的人。❾交征利　彼此爭相獲取利益。征，博取。❿未有仁而遺其親者　從來沒有講仁的人而遺棄他的雙親的。⓫未有義而後其君者　從來沒有講義的人會忘掉他的君主。後，怠慢；忘掉。⓬王曰二句　以上數句見《孟子・梁惠王上》。⓭師子思　拜子思為師。子思是孔子之孫，名伋。相傳《中庸》即此人所作。⓮牧民　為官治民。把治民比作放牧牛羊，足見其封建性之大。⓯先利之　先讓他們享受到利益。⓰仁義固所以利之也　仁義本來就是讓他們享受利益的。固，本來。⓱不得其所　沒有安身求活的地方。⓲樂為詐　喜歡弄虛作假。⓳此為不利大矣　這才是最大的不利。⓴易曰二句　「利」是「義」的對應面。你一做對他們有利的事，他們就會對你講起義來。和，此唱彼和之和。㉑利用安身二句　講利可以讓人們生活安定，這才有提高道德的條件。用，以；可以。㉒此皆利之大者也　這才是最大的利。㉓子思孟子之言一也　子思講利與孟子不講利，兩個人的宗旨都是一樣的。㉔知仁義之為利　明白講仁義是為了對國對民有利。㉕所與言之人異　所談話的對象不同。言外之意是孟子是講仁義的大賢，故對之講「利」不妨事；魏惠王是急功近利的不義之徒，必須痛斥他的言利。㉖秦伐韓　時當秦惠文王三年，韓昭侯二十八年。㉗拔宜陽　宜陽是韓邑名，曾是韓國的都城，故城在今河南宜陽西。按，秦拔宜陽在秦武王三年（西元前三〇八年），非此時事。梁玉繩以為「拔」字應作「攻」，其說是也。㉘齊王魏王會于徐州句　齊威王與魏惠王會晤於徐州，彼此承認對方的改號稱王。徐州，齊邑名，在今山東滕州東南。相王，互相承認對方為王。按，魏國、齊國的改號稱王都從本年開始。㉙作高門　在韓國都城建造一座豪華的門樓。㉚屈宜臼　楚國大夫。《說苑・權謀》作「屈宜咎」。㉛必不出此門　必定不能在這座門樓下通過，意即等不到門樓建成他就得死。㉜不時　不合時宜；不是時候。㉝非時日也　我所說的「不時」，不是陰陽家所說的吉利不吉利的「時日」。㉞人固有利不利時　日常所說的吉利不吉利，那是每個都遇到的。㉟往者君嘗利矣　過去我們君主的確有過大興土木的好時機。㊱不作高門　但他並未建造這座豪華的門樓。㊲前年　上一年；去年。㊳恤民之急　抓緊時間做一些百姓們心急的事情。恤，體憐。㊴顧益奢　反而做一些更加奢侈的事。㊵時詘舉贏　意即當世道艱難之際，而好大喜功、鋪張奢侈。詘，匱乏；拮据。舉，興辦。贏，繁多。㊶越王無彊伐齊　無彊是越王的名號。《史記・越王句踐世家》以為無彊是越王句踐的六世孫。楊寬則以為無彊是句踐的八世孫，在位三十七年（西元前三四二—前三〇六年）。依《通鑑》此文，無彊伐齊之年為齊威王二十三年，楊寬則認為應在齊宣王（西元前三一九—前三〇一年在位）時。㊷說之以伐齊句　據《史記・越王句踐世家》，齊王派使者勸說無彊，打敗齊國顯不出越王的本事，「大不能王，小不能霸」。如果轉而伐楚，則「圖王不王，其敝可以霸」。說辭洋洋灑灑，不亞於張儀、蘇秦之宏辯。結果越王無彊被齊人所哄，遂轉而伐楚。據《史記》，此時楚國在位者為楚威王。楊寬則以為此時之楚國應為楚懷王（西元前三二八—前二九九年在位）。㊸楚人大敗之　《史記・越王句踐世家》作「大敗越，殺王無彊」，而〈楚世家〉、〈六國年表〉皆不載殺無彊事。㊹吳故地　當初越王句踐打敗吳王夫差，所佔有的全部吳國地盤。約當今之江蘇全省與浙江之北部地區，以及山東省之東南部。㊺浙江　即今浙江省之錢塘江，當初越的都城在今浙江紹興。㊻公族　王室的族人。㊼濱於海上二句　黃以周曰：「蓋謂自此避居浙江會稽，會稽本近海也。或者因此謂是時會稽已失，濱在台州臨海地。考之〈楚世家〉，頃襄王十八年，楚人有以弱弓說王者，曰『王北遊於燕之遼東，而南登於越之會稽』，是越之會稽至楚頃襄王時猶未失也。其失會稽在秦併楚之後。故〈秦紀〉云：『定楚江南地，降越君，置會稽郡』也。王無彊雖敗，而浙東為越故土仍未失。世家云『楚取吳故地至浙江』，斯言本不誤也。」楊寬曰：「楚懷王自十九年開始謀伐越，至二十三年完成，前後正五年，可知《韓非子》所載『王使邵滑於越，五年而能亡越』，屬實……楚滅越後，保留越君系統在會稽，使服朝於楚而便於統治越族。」㊽楚王伐齊　時當楚威王七年，齊威王二十四年。㊾圍徐州　圍齊邑今山東滕州東南之徐州。據《史記・齊太公世家》：「齊孟嘗君父田嬰欺楚，楚威王伐齊，敗之於徐州。」㊿宣惠王　西元前三三二—前三一二年在位。51蘇秦　《史記・蘇秦列傳》稱蘇秦與張儀同從鬼谷子學縱橫術，並先說齊、楚、燕、趙、魏、韓六國合縱擯秦，佩六國相印云云，其說皆誤。蘇秦的活動乃在張儀之後二十多年。參見韓兆琦《史記箋證》。52說秦王以兼天下之術　《史記・蘇秦列傳》詳記此事，然皆後人誤說，蘇秦從未入秦遊說。53燕文公　西元前三六一—前三三三年在位。此時蘇秦尚未出世，蘇秦入燕所說者乃燕昭王。54犯寇　遭到侵犯。犯，遭受。寇，侵略；侵犯。55被甲兵　受到敵國的武力攻擊。56趙之為蔽其南　趙國在燕國的南面擋住了向北方入侵的軍隊。蔽，屏障。57戰於千里之外　意謂秦國要想伐燕就得跑到千里以外來作戰。中間隔著今天的山西。58戰於百里之內　意即近得很。當時的趙國與燕國相連，大體以今河北之大城、任丘、徐水一線為兩國分界。59不憂百里之患二句　意謂不認真防備趙國而注意防備秦國。60計無過於此　最大的策略失誤莫過於此。61從親　結盟相親。從，同「縱」。合縱聯盟。62天下為一　指東方諸國聯合起來，結成統一戰線。63資贊助；提供。64以說趙肅侯　時為趙肅侯十七年。65山東之建國　崤山以東的各諸侯國。有說「建」字當作「戰」。可參考。66所害　所懼怕。67議其後　在背後打它的主意；從背後對它發起攻擊。68無有名山大川之限　意即疆土相鄰，無山川之阻隔。限，阻；阻隔。69稍蠶食之二句　像蠶吃桑葉一樣，一直吃到它們的國都為止。稍，漸漸。傅，貼近。70支秦　抵抗強秦。71入臣於秦　向秦國歸順稱臣。72秦無韓魏之規　秦國與趙國之間一旦沒有了韓、魏兩國的阻隔。「規」字應作「隔」，《戰國策．趙策二》作「隔」。73禍中於趙　大禍立刻就降臨到了趙國頭上。中，此處猶言「及」，臨到。74以天下地圖案之　意即翻看天下地圖。案，檢查；察看。75料度　估計。度，揣量；估計。76六國為一　趙、魏、韓、楚、燕、齊六國聯合起來，同心協力。77西鄉　向西。鄉，通「向」。78衡人　鼓吹連橫政策的人，如張儀等。衡，通「橫」。連橫是與秦國聯合攻擊其他國家。79秦成　秦國的計畫實現，指逐個消滅了東方諸國。80其身富榮　這些衡人都可以受到秦國的封官進爵。81國被秦患　當這些與秦國講和的國家遭受災難時。82不與其憂　這些唱言連橫的人誰也不與國家分擔憂患。83秦權　秦國的武力權勢。84恐愒　即恐嚇。愒，此處同「喝」。85竊為大王計　我為大王出主意。竊，謙詞。謙指自己的意見。86一　聯合；統一。87從親二句　聯合起來共同對付秦國。畔，通「叛」。〈趙策二〉「畔秦」作「儐秦」，儐通「擯」。較此為優。88洹水　河水名，在今河南淇河北，當時屬趙。89通質　交換人質。古時兩國結盟，為了取信於對方，常派君主的子弟去對方作人質。90橈秦　牽扯秦國的兵力。橈，曲；牽扯。91擯秦　排擠秦國；抗擊秦國。92秦甲　秦兵。93函谷　函谷關，在今河南靈寶東北，是當時秦國東邊的門戶。94說　同「悅」。95尊寵賜賚之　尊寵指封官進爵，賜賚指賞賜金銀珍寶。96以約於諸侯　令其出去遊說、聯合各國諸侯。97會　恰逢；正趕上。98犀首伐魏　事在秦惠文王八年，魏惠王後元五年（西元前三三〇年）。犀首是官名，此指公孫衍，當時著名的縱橫家，現時為秦國效力，統兵伐魏。99龍賈　魏將。100雕陰　魏邑名，在今陝西華陰東。101東兵　繼續引兵東進。102至趙　一直打到趙國邊境。當時趙國的西境在今山西境內，其太原郡的轄縣可到今山西西側的黃河邊。103敗從約　破壞他在東方搞六國聯盟的計畫。敗，毀壞。104念莫可使用於秦者　想不出一個可以派到秦國並能被秦國重用的人。105激怒張儀　激發起張儀立志要在秦國幹一番事業的雄心。106入之於秦　打發張儀去了秦國。107俱事鬼谷先生　此依《史記》誤說，蘇秦從無與張儀同門學術事。參見韓兆琦《史記箋證》之相關篇目。鬼谷先生相傳為戰國時隱士，居於鬼谷，遂以地名相稱。關於鬼谷其地，《集解》引徐廣曰：「潁川陽城（今河南登封東）有鬼谷。」《索隱》曰：「扶風池陽（今陝西涇陽西北）、潁川陽城并有鬼谷墟。」按，史云蘇秦「東事師於齊，而習之於鬼谷先生」，而以上有關鬼谷的說法皆不在齊地，而齊國又無所謂「鬼谷」，此不可解。牛鴻恩曰：「鬼谷子即使有其人，蘇秦、張儀事以為師之說亦不可信。」

108游諸侯無所遇　走遍東方各諸侯國遇不上一個賞識並任用他的人。109困於楚　指在楚國被其令尹誣為偷璧，差點兒被打死。詳見《史記・張儀列傳》。110故召而辱之　故意把他叫來，當面侮辱他。111儀恐　《史記》於此作「儀怒」，較此為長。112念諸侯獨秦能苦趙　想了一遍各個國家，覺得只有秦國能讓趙國吃苦頭。苦，使之遭難。113陰遣其舍人　派了一個親信暗中跟著張儀。陰，暗中。舍人，寄居官僚貴族門下而為之效力的一種半賓客、半僕役的人。114齎金幣資儀　帶著許多錢財供張儀使用。齎，攜帶。資，助；供其使用。115儀得見秦王　意思是張儀就是靠著蘇秦的這種資助才得以見到了秦王。116客卿　他國人在此國服務，尚無固定官職而充當高級參謀顧問的人。117辭去　舍人告辭，將離開秦國。118憂　擔心；害怕。119得秦柄　意即掌握秦國大權。柄，權柄。120陰奉給君資　暗中提供您的一切需要。121盡蘇君之計謀也　意謂我的這些所作所為，都是蘇秦的安排。122吾在術中而不悟　我今天所做的這一切都在蘇秦的計劃之中，而我卻一點也不知道。123謝　告；告訴。124蘇君之時　謂蘇秦在東方當政，推行其合縱抗秦計畫之時。125儀何敢言　我還敢說什麼呢。意即要成全蘇秦之作為，自己要勸說秦王不向東方發動戰爭。按，以上情節詳見《史記・張儀列傳》。凌稚隆曰：「《戰國策》並不載楚相辱張儀，及蘇秦激之入秦事。」瀧川引《呂覽・報更篇》云：「張儀，魏氏餘子也，將西遊於秦，過東周。昭文君謂之曰：『聞客之秦，寡人之國小，不足以留客。雖然，遊豈必遇哉？客或不遇，請為寡人而一歸也，國雖小，請與客共之。』張儀還走，北向再拜。張儀行，昭文君送而資之。張儀所德於天下者，無若昭文君。」唐蘭曰：「說蘇秦掛六國相印後才激怒貧困的張儀使他入秦；一直到蘇秦死後張儀才連橫，這顯然是戰國末年把范雎改名為張祿入秦為相的故事誤傳為張儀而寫成小說家言，而司馬遷誤信為真了。」（《戰國縱橫家書》附）錢穆曰：「呂氏賓客尚不知有蘇秦激張儀入秦之說也，考《戰國策》及韓非、呂不韋書，儀之政敵乃犀首、惠施，非蘇秦。儀入秦而犀首去，儀來魏而惠施去，皆與史公記儀、秦合縱連衡事不符。」（《先秦諸子繫年考辨》）126韓宣惠王　昭侯之子，西元前三三二—前三一二年在位。127地方九百餘里　意即有九百里見方之領土。128帶甲　身披鎧甲的士兵，以喻精兵。129勁弩　能遠射、連射的有機械裝置的強弓。130超足而射　《索隱》曰：「謂超騰用勢，起足踏之而射也。」《正義》曰：「超足，齊足也。夫欲放弩，皆坐，舉足踏弩，兩手引揍機，然始發之。」131百發不暇止　意即連續射出一百支箭而中間不停。132蹠勁弩　腳踏連發之強弩。133不足言也　猶言「那是往少處說」，指韓卒的「一人當百」。134大王事秦　如果您求著與秦國交好。135秦必求宜陽成皋　秦國一定要求您把宜陽、成皋割給它。宜陽是韓國西部的重鎮，曾為韓國都城，在今河南宜陽西。成皋是韓國的軍事重地，遺址在今河南滎陽西北之大伾山上。136今茲効之　如果您今天給了他。効，交納；獻出。137無地以給之　沒有地再繼續給它。給，連續提供。138棄前功　白白花費了以前的力氣。139受後禍　意即他一變臉，還是要來打你。140秦求無已　秦國的要求沒有止境。141以有盡之地二句　逆，迎，這裡是「對待」、「應付」的意思。《藝文類聚》二十五引此文作「應」。142市怨結禍　意即自找倒楣。市，買，這裡的意思即「自找」。143不戰而地已削矣　不用打仗，你們韓國就完蛋啦。凌稚隆引余有丁曰：「論衡害可謂徹盡，蘇明允〈六國論〉全出於此。」按，《戰國策・魏策三》孫臣謂安釐王有所謂「以地事秦猶抱薪而救火也，薪不盡則火不止。今王之地有盡，而秦之求無窮，是薪火之說也。」《史記・魏世家》蘇代謂安釐王亦有所謂「以地事秦譬猶抱薪救火，薪不盡，火不滅」。蘇洵〈六國論〉曰：「今日割五城，明日割十城，然後得一夕之安寢；起視四境，而秦兵又至矣。然則諸侯之地有限，暴秦之欲無厭，奉之彌繁，侵之愈急，故不戰而強弱勝負已判矣。」144鄙諺　俗話；諺語。145寧為雞口二句　《正義》曰：「雞口雖小，猶進食；牛後雖大，乃出糞也。」146挾　夾帶；擁有。147韓王從其言　以上蘇秦說韓宣惠王，見《史記・蘇秦列傳》，此說辭乃後人所假託。牛鴻恩曰：「此段說辭雖為偽託，而仍保有史實烙印，非憑空擬撰也。」148魏王　指魏襄王，西元前三一八—前二九六年在位。149地名雖小　你的國土聽起來雖然不大。名，名義上；表面看來。150田舍廬廡之數　意即人口眾多，住得非常密集。廬，田間屋。廡，廊下周室。這裡即泛指居民屋舍。數，促；密集。151無所芻牧　胡三省注：「芻，刈草也；牧，放牧也。言魏居民蕃庶，無刈芻放牧之地也。」152輷輷殷殷　極言車聲之多與車聲之大。輷輷、殷殷，皆車行聲。153竊量　私下衡量。154不下楚　謂其國力不弱於楚。155武士　經過選拔的精銳步兵。156蒼頭　《索隱》曰：「謂以青巾裹頭，以異於眾。」按，〈項羽本紀〉亦有所謂「異軍蒼頭特起」。157奮擊　指敢於衝鋒陷陣，不怕死的士兵。158廝徒　《索隱》曰：「謂廝養之卒。廝，養馬之賤者，今起之為卒。」王駿圖曰：「即今軍營中火夫、長夫之類，非必養馬之賤人忽起之為卒也。」中井曰：「魏之軍制，當時有武士、蒼頭、廝徒、奮擊之別。武士，即我邦『武士』；蒼頭，蓋賤卒，我邦『足輕』也；廝徒，役夫，供雜役者，我邦『人夫』也；奮擊，蓋選其精銳，以先鋒陷陣。」159六百乘　即指六百輛。乘，古稱一車四馬曰一乘。160騎　騎兵。161臣事秦　像臣僕一樣地侍奉秦國。162敝邑趙王　當時蘇秦是以趙王的意思遊說東方各國，故而自己以趙國的臣子自居。敝邑，謙指本國。163効愚計　敬獻一些我個人的看法。効，進獻。164奉明約　謙言趙國將遵從魏王的約束。165在大王之詔詔之　意思是「一切全聽您的吩咐」。有說二「詔」字應削其一。166魏王聽之　以上蘇秦以合縱說魏王，詳見《戰國策・魏策一》與《史記・蘇秦列傳》。繆文遠曰：「此章所載與史事背謬，乃策士後出擬託之作。」凌稚隆引鄧以瓚曰：「合從惟韓、魏稍不為利，蓋二國近秦，不事秦則受兵最速，故蘇秦於二國但以割地為不利、稱臣為恥，蓋亦詞窮。」楊慎曰：「說魏襄王，大概與說韓王之詞同，蓋韓、魏一體也。其要亦在乎事秦必割地以效實，故『兵未用而國已虧』，與『不戰而地已削』之語正同。中間明衡人及群臣皆不忠，而『公』『私』『內』『外』之言尤為明白。」(167)齊王　《史記》誤書為齊宣王，實則此時為齊威王二十四年。(168)四塞之國　四周都有天然屏障，易守難攻之國。四塞，指齊國南有泰山、東有琅邪、西有清河、北有渤海。塞，四面有險阻。(169)三軍　泛指齊國軍隊。早在春秋時代，大國有三軍，即中軍、上軍、下軍也。(170)五家之兵　牛鴻恩曰：「齊國不設郡而設都，凡五都。都之長官曰『大夫』，如『即墨大夫』『阿大夫』是也。五都皆駐有常備軍隊，稱『五都之兵』。『大夫』之領地稱『家』，故『五都之兵』亦稱『五家之兵』。」蓋亦即齊國之兵。齊之五都指臨淄、即墨、阿、莒、平陸。(171)解如風雨　極言其退兵之快。瀧川曰：「雷霆喻其威力，風雨喻其速捷。」(172)軍役　戰爭、徭役，這裡指外敵入侵的戰爭。(173)倍泰山　指南方的敵人翻越泰山來打齊國。(174)絕清河　指西方的敵人渡過清河來打齊國。清河是水名，據《漢書・地理志》，源於今河南內黃南，附近諸山泉匯流，經沉澱濁流變為清流，故稱清河。戰國時流經今河北館陶、清河縣一帶，至山東平原縣附近東注黃河（當時黃河在今河北黃驊入海），成為齊、趙兩國間一巨川，屢見於《戰國策》：齊「西有清河」（〈齊策一〉），趙「東有清河」（〈趙策二〉）。武帝元封以後，館陶以下河水屢次北決，清河下游為諸決河截割淆亂，故道遂廢。(175)涉渤海　指北方的敵人渡過渤海來打齊國。何建章曰：「雖有戰事，敵人從未越過泰山、橫跨清河、游渡渤海。」(176)不下戶三男子　意即每戶不會少於三個成年男人。(177)富而實　富足而殷實。(178)六博　古代的一種棋戲，六黑六白，兩人對投以較勝負。(179)闒鞠　踢球，其球以皮為面，內實以毛。(180)車轂擊　來往車子的車軸相互碰撞，極言行路上車輛之多。(181)人肩摩　來往的行人膀子碰膀子，亦言行人之多。(182)連衽成帷　每個人都拉起衣襟，就將成為一道長長的帳幔。帷，帳子。《說文》：「在旁曰帷，在上曰幕。」(183)重畏秦　特別懼怕秦國。(184)與秦接境壤也　此處「也」字有誤，《戰國策・齊策一》與《史記・蘇秦列傳》皆作「與秦接境壤界」。即邊界相接，國境相連。(185)兵出而相當　意謂只要兩國一旦出兵對戰。(186)不十日　用不了十天。(187)戰勝存亡之機決矣　雙方的生死存亡就決定了。「戰勝」應作「勝敗」。機，關鍵。(188)韓魏戰而勝秦　即使韓、魏打敗了秦國。(189)則兵半折　他們的兵力也得損耗一半。折，損失。(190)四境不守　沒有兵力再守衛四境。(191)國已危亡隨其後　意即其整個國家已經陷於危急之中。(192)是故　這就是……的原因。(193)重與秦戰　不願意輕易地與秦國開戰。重，不輕易。(194)輕為之臣　不把對之稱臣看作是嚴重的事情。輕，不重視；不難於。(195)倍韓魏之地　越過韓魏兩國的領地。倍，同「背」。跨越。(196)過衛陽晉之道　還要跨越衛國的陽晉地區。陽晉，衛縣名，在今山東鄆城西。(197)經乎亢父之險　還要經過亢父的險要通道。亢父，齊縣名，在今山東濟寧南。[198]方軌　兩輛車並行。[199]比行　並排而行。[200]狼顧　恐懼而回頭張望的樣子。《正義》曰：「狼性怯，走常回顧。」[201]議其後　在背後打他的主意。議，謀劃。[202]恫疑虛喝　自己恐懼疑慮，不敢進兵；但又虛張聲勢，做出一種要進擊齊國的樣子。恫疑，恐懼疑慮。虛喝，虛聲喝罵，為自己壯膽。[203]驕矜而不敢進　表面做出一種不可一世的姿態，其實不敢對齊國用兵。按，《戰國策》作「高躍而不敢進」，與此大意相同。[204]夫　發語詞。[205]無柰齊何　對齊國無可奈何。[206]欲西面而事之　還要面朝西地想去臣服於它。[207]今無臣事秦之名二句　現在有一種辦法可以讓您不必去臣事秦國，而又能使您具有大國的體面。即指東方諸國實行合縱。[208]少留意計之　稍微地用點心思考慮一下。少，意思同「稍」，這裡是客氣的說法。[209]齊王許之　齊王答應了蘇秦合縱抗秦的計畫。按，以上蘇秦以合縱說齊宣王，見《戰國策・齊策一》與《史記・蘇秦列傳》。而〈田敬仲完世家〉與〈六國年表〉均不載，繆文遠、楊寬等皆斷其為後人所依托。[210]楚威王　此時為楚威王七年。[211]帶甲披甲，即指精銳士兵。[212]粟支十年　儲備的糧食足夠十年之用。支，夠用。[213]所害　所忌憚；所畏懼。[214]孤秦　使秦國孤立。[215]奉四時之獻　意即一年四季向您進貢禮品。[216]承大王之明詔　意即恭恭敬敬地聽從您的招呼。詔，命令。[217]委社稷　把他們的國家交給您指揮。社稷，這裡即指國家。[218]奉宗廟　把它們的朝廷政權都交給您管理。宗廟，國家君主的祖廟。通常也用以代指國家政權，「奉宗廟」與「委社稷」意思相同。[219]練士厲兵　訓練士卒，修治武器。厲，通「礪」。打磨。兵，武器。[220]在大王之所用之　任憑大王指揮調遣。在，這裡的意思同「唯」。[221]從親則諸侯割地以事楚　意即只要東方諸侯搞聯合，那您楚國就是老大，是首領。故意給楚王戴高帽的說法。[222]衡合　連橫策略一旦實現。合，完成。[223]何居　在合縱與連橫兩種策略中您選擇哪一條。[224]楚王亦許之　以上蘇秦以合縱說楚威王事，見《戰國策・楚策一》與《史記・蘇秦列傳》，〈楚世家〉及〈六國年表〉均不載。繆文遠曰：「此章言『夫以楚之強與大王之賢，天下莫能當也，今乃欲西面而事秦。』按，上年魏、齊相王，楚威王聞之怒，此年遂伐齊，敗之於徐州。齊勢力方強，而楚威王一戰敗之，足見楚勢正盛，何得有『欲西面而事秦』之說？此章言『從合則楚王，橫成則秦帝』。按，以秦、楚作為爭霸之雙方，通戰國無此形勢。顯王三十六年時秦尚未稱王，何來『橫則秦帝』之說？據帛書所載，蘇秦活動時間當齊湣王時。齊湣王時齊、楚之交不善，蘇秦在齊甚久而與楚關係甚疏，凡〈楚策〉所載蘇秦之事，大致均不可信。」[225]從約長　東方合縱聯盟的祕書長；合縱聯盟的盟主。[226]并相六國　同時擔任六個國家的宰相。[227]車騎輜重　跟隨的侍從與各國所贈的器物珍寶。輜重，拉在車上的器物珍寶。[228]擬於王者　和一個國家的首腦差不多。[229]齊威王薨二句　此依《史記》誤說。實則「齊威王薨，子宣王辟彊立」乃在十三年後的西元前三二〇年。此年乃齊威王二十四年。齊宣王名辟彊，西元前三一九—前三〇二年在位。有人認為齊宣王應名辟疆。[230]成侯賣田忌賣在這裡是「誣陷」的意思。成侯鄒忌誣陷田忌謀反的事情見前文顯王二十八年。㉛召而復之　齊威王又將田忌從國外叫回來，恢復其原來的官位與爵祿。㉜易王　燕文公的太子，西元前三三二—前三二一年在位。㉝平侯　衛成侯之子，西元前三三二—前三二五年在位。

【校　記】①願大王熟察之　此六字原無。據章鈺校，乙十一行本、孔天胤本皆有此六字，張敦仁《通鑑刊本識誤》、張瑛《通鑑校勘記》同。今從章鈺校及《史記・蘇秦列傳》、《戰國策・魏策一》及《通鑑紀事本末》等補。

【語　譯】三十二年（甲申　西元前三三七年）

韓國申不害去世。

三十三年（乙酉　西元前三三六年）

宋國太丘邑的社樹忽然失蹤了。

鄒國人孟軻晉見魏惠王。魏惠王說：「您老人家不遠千里來到魏國，有什麼好處帶給我們魏國嗎？」孟子說：「大王您為什麼總把好處掛在嘴邊呢，我所追求的只是仁義而已。如果大王說『用什麼辦法可以給我的國家帶來好處』，大夫說用『什麼辦法可以給我家帶來好處』，百姓說『用什麼辦法可以給我個人帶來好處』，從上到下都追逐一己的私利，國家就危險了。從來沒有充滿仁愛之心的人會忘掉他的親人，也從來沒有講求義的人會怠慢他的君主。」魏惠王說：「是這樣的。」

當初，孟子拜子思為老師，他曾經向子思請教說：「治理百姓首先應該做的是什麼？」子思告訴他說：「要先給百姓帶來利益。」孟子說：「道德高尚的人教育百姓，也應該是用仁義而已，何必要強調利益呢？」子思回答說：「仁義本身就是給百姓謀取利益。在上位的沒有仁愛之心，百姓就會流離失所；在上位的多行不義，百姓喜歡弄虛作假，社會就不會安定。這對百姓來說就是最大的不利。所以《易》上說『你給他們帶來利益，他們就會對你講義氣』。又說『有了利益，才能使生活安定，生活安定才能培養崇高的品德』。這裡講的正是最大的利。」

司馬光說：「子思講利和孟子不講利，主旨是相同的。只有具有仁愛之心的人才真正懂得仁義就是最大的利益，而缺乏仁愛之心的人是不知道的。孟子只對梁惠王講說仁義而不說利益，是因為談話的對象不同的緣故啊。」

三十四年（丙戌　西元前三三五年）

秦國的軍隊侵略韓國，佔領了韓國的宜陽。

三十五年（丁亥　西元前三三四年）

齊王、魏王在徐州會晤，相互承認對方稱王。

韓昭侯在都城建造了一座豪華高大的門樓，楚國大夫屈宜臼說：「韓昭侯一定不能在這座城門下通過。為什麼呢？因為這座門樓修建得不是時候。我所說的不是時候，不是指日期時辰不對。人生在世，每個人都有順利的時候，也有不順利的時候。以前，韓昭侯在順利的時候不修建豪華的大門。前年，秦國侵奪了宜陽，今年韓國又遇上大旱，糧食欠收，國君不在這個時候做些撫恤百姓的事情，反而去做更加奢侈的事情。這就是所謂當世道艱難之際，反而好大喜功、鋪張奢侈啊。所以說這個大門修建得不是時候。」

越國國君無彊率軍攻打齊國，齊王派使者去遊說越王說「越國攻打齊國不如攻打楚國對越國有利」。越王聽信齊國，放棄攻打齊國，轉而去攻打楚國，結果被楚國打得大敗。楚國乘勝奪取了故吳國的全部領土，使楚國的疆域一直擴展到浙江。越國由此走向衰亡。公族內部互相爭鬥，有的稱王，有的稱君，各自率領著一些部落，流散在沿海一帶，分別臣服於楚國。

三十六年（戊子　西元前三三三年）

楚王率軍攻打齊國，包圍了徐州。

韓昭侯修建的豪華高大的門樓竣工了。韓昭侯去世，他的兒子宣惠王即位。

當初，洛陽人蘇秦到秦國遊說秦惠文王，他提出要秦國兼併天下、統一全國的政治主張，但遭到了秦王的拒絕。蘇秦離開秦國，又去遊說燕文公，他對燕文公說：「燕國所以沒有受到侵略、沒有被捲入戰爭，是因為南面有趙國作為燕國的屏障。再說，如果秦國攻打燕國，那麼戰場在離秦國一千里以外；而趙國要攻打燕國，則只需行軍一百里就夠了。作為燕國，不擔心近在百里之內的趙國，卻擔心遠在千里之外的秦國，策略的失誤沒有比這更大的了。我希望大王您能夠與趙國合縱相親，並與其他諸侯也訂立合縱聯盟，燕國就一定不會有什麼災禍了。」

燕文公採納了蘇秦的建議，於是資助蘇秦車馬，派他去趙國遊說趙肅侯。蘇秦到了趙國見到趙肅侯，說：「當今這個時代，在崤山以東的諸侯國中，沒有哪一個能比趙國再強大的了，秦國所最痛恨的也只有趙國。然而，秦國不敢發兵攻打趙國的原因，是害怕自己在前方與趙國作戰，而韓、魏兩國在背後算計它。秦國攻打韓國和魏國，中間沒有高山大川可以阻斷，可以像蠶食桑葉一樣一點一點的吞食兩國，一直到逼近它們的國都為止。韓、魏兩國抵擋不住秦國的進攻，一定會向秦國俯首稱臣；秦國與趙國之間沒有了韓、魏的阻隔，下一個攻擊的目標必定選中趙國。我根據天下的地圖來分析，東方六國所佔有的土地加起來是秦國領土的五倍，六國的兵力聯合起來也是秦國兵力的十倍左右。如果六個諸侯國團結一致，集中所有的兵力向西攻打秦國，一定能夠將秦國打敗。主張連橫的人都想讓諸侯把土地割讓給秦國，秦國的計畫如果獲得成功，這些主張連橫的人就能享受榮華富貴，而諸侯國遭受秦國欺陵的災禍，他卻一點也不承擔。主張連橫的人天天用秦國的武力、權勢來威脅恐嚇諸侯，以達到割讓土地給秦國的目的，希望大王您要認真地考慮考慮。我私下裡為您考慮，不如使韓、魏、齊、楚、燕、趙六國結為合縱聯盟來對抗秦國，讓各國的將相都到洹水之上，互相交換人質，締結約盟，協議上寫明『秦國侵略其中的一個國家，其他五個國家都要派出各自的精銳部隊，或者是牽制秦國的兵力，或是去援救被攻打的城邑。如果有哪個國家不遵守這個約定，其他五國就聯合去討伐它』。諸侯國締結了合縱盟約以對抗秦國，秦國的軍隊必定不敢再出函谷關來欺陵東方六國了。」趙肅侯聽了蘇秦的話以後，非常高興，就以優厚的禮遇招待他，同時給他封官進爵，又賞賜了許多金銀珍寶，派他到其他諸侯國去聯絡締結合縱盟約之事。

正巧此時秦國派大將犀首率領秦軍攻打魏國，魏國的四萬大軍被打得全軍覆沒，魏將龍賈被秦軍擒獲，魏地雕陰被秦軍佔領。秦軍聲稱還要繼續向東推進。蘇秦害怕秦軍攻入趙國破壞了自己合縱聯盟的計畫，考慮不出一個可以派往秦國並被秦國所重用的人，於是就用激將法激發起張儀立志在秦國幹一番事業的雄心；張儀進入了秦國。

張儀原是魏國人，和蘇秦一起跟隨鬼谷先生學習縱橫捭闔的政治謀略，蘇秦自己覺得沒有張儀學得好。張儀到東方各個諸侯國去遊說，卻沒有得到任何人的賞識，而且在楚國受到困辱。蘇秦把他找來故意當面侮辱了一番。張儀感到萬分羞憤，心想只有秦國能夠打擊趙國，為自己洩憤，於是便來到秦國。蘇秦悄悄地派自己的親信到秦國贈送給張儀許多金錢作為活動經費，張儀才得以見到秦惠王。秦惠王很賞識張儀，就任用他為客卿。蘇秦的親信在向張儀辭行的時候對張儀說：「蘇秦擔心秦國攻打趙國破壞了他南北合縱聯盟的計畫，他認為只有先生才有能力掌握秦國的政權，阻止秦國攻打趙國，所以才故意激怒先生；先生走了以後，就悄悄的派我帶著金錢以供給先生的一切需要，這些都是蘇秦的計謀。」張儀聽了以後說：「唉！我完全在蘇秦的算計當中卻一點也沒有覺察到，我不如蘇秦，這是明擺著的事實。你替我轉告蘇秦，在他在東方當政的時候，我敢說什麼呢！」

蘇秦來到韓國，他勸說韓宣惠王說：「韓國的疆域方圓九百多里，身披鎧甲的精銳部隊有十多萬；天下所使用的最強勁的弓箭、最銳利的刀劍都是韓國製造的；韓國的士卒拉弓射箭，可以連續射一百發，而且百發百中，中間都不帶停頓的。以韓國戰士的勇敢，如果披上堅固的鎧甲，帶上強弓硬弩，佩帶著鋒利的寶劍，在戰場上與秦軍作戰，一個戰勝一百個，肯定不在話下。如果大王對秦國委曲求全，惟命是從，秦國必定會向韓國要求割讓宜陽、成皋；您今年給它，明年秦國還會向您要求割地。到那時，您想給它，卻已無地可給，不給，則以前給的也一筆勾銷，最終仍然無法免除禍患。再說，大王您的土地有限，而秦國的貪欲卻沒有窮盡。用有限的土地去應付無窮的貪欲，這就叫做花錢買怨恨招災禍啊，沒有經過抵抗，土地就被割讓光了。俗話說『寧為雞口，無為牛後』。就憑大王您的賢明，手中掌握著韓國強大的軍隊，竟然落得充當牛屁股的臭名聲，就連我都替您感到羞愧。」韓宣惠王聽從了蘇秦合縱聯盟、抗禦秦國的主張。

蘇秦來到魏國，對魏襄王說：「大王您的領土方圓一千里，聽起來雖然不大，可是田間布滿村莊房舍，密集得就連放牧牛馬的地方都沒有。人口眾多，車馬成群，日夜不停的走動，轟轟隆隆的聲音，就像是千軍萬馬在行動。我估計大王您的國力不在楚國之下。我私下裡聽說，魏國的軍隊當中，經過選拔的精銳步兵有二十萬，用青巾包頭作為標誌的軍隊有二十萬，勇於衝鋒陷陣、敢於進行殊死決戰的軍隊二十萬，後勤部隊十萬，有戰車六百乘，戰馬五千匹。有如此強大的軍隊，竟然聽信大臣的意見，像臣僕一樣地侍奉秦國，請大王仔細地考慮這個問題。所以我們趙王派我到魏國來進獻一些我個人的意見，願與魏國訂立合縱抗秦的盟約，希望大王您做出決定。」魏王同意了蘇秦的意見。

蘇秦又來到齊國，對齊威王說：「齊國是一個四面都有天然屏障，易守難攻的國家，地域方圓二千多里，武裝部隊幾十萬，糧食堆積如山。由中央直接指揮的上、中、下三軍裝備精良，訓練有素，再加上經過嚴格訓練的五都的常備兵力，前進時就像鋒利的箭鋭不可擋，作戰神速如同迅雷不及掩耳，退兵時像風雨一樣迅疾。即使有戰事，也從來沒有敵軍能夠越過泰山、渡過清河、游過渤海的。僅都城臨淄城中就有七萬戶，我私下裡估算，每戶至少有三名成年男子。不用到臨淄以外的郡縣去徵調兵力，只臨淄的士卒就已經有二十一萬了。臨淄又特別富庶殷實，這裡的百姓沒有人不沉湎於鬥雞、走狗、下棋、蹋球。臨淄人口眾多，道路上車碰車，人擠人，如果每個人都把衣襟拉起來就成了幃帳，揮一下汗水就像下了一場雨。韓國、魏國所以特別懼怕秦國，就是因為它們兩國與秦國接壤。只要韓、魏兩國一出兵與秦國交戰，用不了十天，勝敗存亡就可以見分曉。即使韓、魏兩國戰勝了秦國，自己的軍隊也損失了一半，剩下的軍隊連四周邊境也不能固守。如果不能戰勝秦國，那麼緊接其後的就是國家滅亡。這就是韓國、魏國把與秦國作戰看得很重，而把向秦國稱臣看得很隨便的原因。如果秦國攻打齊國就不同了，秦國必須跨越韓、魏兩國，穿過衛國的陽晉，還要通過亢父這塊險要之地。這裡的道路狹窄，不能兩車並行、兩馬並馳。齊國用一百個人守住險阻，秦國即使有一千人也不敢通過。秦國就是想冒險深入齊國，也會猶豫不決，難以下定決心，因為它害怕韓、魏兩國抄它的後路，所以它對齊國只是虛張聲勢，大聲恐嚇，而不敢輕易採取行動。從這裡可以明顯地看出秦國對齊國的無可奈何。不能正確的分析出秦國對齊國已是無可奈何這一事實，卻想要去討好秦國，向秦國稱臣，這是齊國大臣謀劃的錯誤。現在有一種辦法可以讓齊國不必向秦國俯首稱臣，又能使齊國具有強大國家的體面——就是東方六國實行合縱抗秦，我希望您稍微用點心思思考一下這個問題。」齊威王贊同蘇秦關於諸侯合縱抗秦的主張。

蘇秦最後又向西南來到楚國。他對楚威王說：「楚國是當今天下最強大的國家，楚國有方圓六千里的領土，精銳部隊一百萬，戰車一千乘，戰馬一萬匹，積蓄的糧食夠吃十年：這些都是成就霸王之業的資本。秦國所害怕的只有楚國。楚國強大了秦國就受到削弱，反過來，秦國強大了楚國就受到削弱，這種情勢決定了秦、楚兩國絕不可能和平共存。所以從大王的立場考慮，最好的辦法就是和其他諸侯國結成南北合縱聯盟來孤立秦國。我會讓崤山以東的齊、韓、趙、魏、燕五國，一年四季向楚國貢獻禮物，恭恭敬敬地聽從您的招呼；把國家交給您指揮，把宗廟託付給您管理，並訓練好各自的軍隊，隨時聽候大王您的調遣。如果楚國與崤山以東五個諸侯國結成合縱抗秦聯盟，諸侯國就會割讓土地給楚國；要是楚國與秦國結成連橫之約，楚國就得把土地割讓給秦國。這兩種策略相差太遠了，大王您選擇哪一種呢？」楚威王也同意與山東諸侯國結成合縱聯盟，共同抗擊秦國。於是齊、楚、燕、趙、魏、韓共同推舉蘇秦為合縱聯盟的盟約長，同時擔任六國的宰相。蘇秦從楚國向北返回趙國，向趙肅侯彙報出使各國的情況。一路之上，侍從前呼後擁，車上所載輜重如山，氣派如同諸侯王一樣。

齊威王去世，他的兒子辟彊即位，就是齊宣王。齊宣王知道田忌是遭到鄒忌誣陷才逃到楚國避難的，便派人把田忌請回來並恢復了他的官職。

燕文公去世，他的兒子易王即位。

衛成侯去世，他的兒子平侯即位。

三十七年（己丑　西元前三三二年）

秦惠王使犀首欺齊、魏❶，與共伐趙❷，以敗從約。趙肅侯讓蘇秦❸。蘇秦恐，請使燕，必報齊❹。蘇秦去趙❺，而從約皆解。趙人決河水❻以灌齊、魏之師，齊、魏之師乃去。

魏以陰晉❼為和於秦❽，實華陰❾。

齊王伐燕❿，取十城，已而復歸之⓫。

三十九年（辛卯　西元前三三〇年）

秦伐魏，圍焦、曲沃⓬。魏入少梁、河西地於秦⓭。

四十年（壬辰　西元前三二九年）

秦伐魏，度河⓮取汾陰、皮氏⓯，拔焦⓰。

楚威王薨，子懷王槐⓱立。

宋公剔成⓲之弟偃襲攻剔成。剔成奔齊，偃自立為君⓳。

四十一年（癸巳　西元前三二八年）

秦公子華⓴、張儀帥師圍魏蒲陽㉑，取之。張儀言於秦王，請以蒲陽復與魏，而使公子繇㉒質於魏㉓。儀因說魏王曰：「秦之遇㉔魏甚厚，魏不可以無禮於秦。」魏因盡入上郡十五縣㉕以謝焉。張儀歸而相秦㉖。

四十二年（甲午　西元前三一七年）

秦縣義渠㉗，以其君為臣㉘。

秦歸焦、曲沃於魏㉙。

四十三年（乙未　西元前三一六年）

趙肅侯薨，子武靈王㉚立。置博聞師㉛三人，左右司過㉜三人，先問㉝先君貴臣肥義㉞，加其秩㉟。

四十四年（丙申　西元前三一五年）

夏，四月戊午㊱，秦初稱王㊲。

衛平侯薨，子嗣君㊳立。衛有胥靡㊴亡之魏㊵，因為魏王之后㊶治病。嗣君聞之，請以五十金買之㊷。五反㊸，魏不與，乃以左氏易之㊹。左右諫曰：「夫以一都買一胥靡，可乎？」嗣君曰：「非子所知也。夫治無小，亂無大㊺。法不立，誅不必㊻，雖有十左氏，無益也㊼；法立，誅必㊽，失十左氏㊾，無害也。」魏王聞之曰：「人主之欲㊿，不聽之不祥(51)。」因載而往(52)，徒獻之(53)。

四十五年（丁酉　西元前三一四年）

秦張儀帥師伐魏，取陝(54)。

蘇秦通於燕文公之夫人。易王知之，蘇秦恐，乃說易王曰：「臣居燕，不能使燕重[55]，而在齊則燕重[56]。」易王許之。乃偽得罪於燕，而奔齊[57]，齊宣王以為客卿[58]。蘇秦說齊王高宮室[59]、大苑囿[60]，以明得意[61]，欲以敝齊而為燕[62]。

四十六年（戊戌　西元前三二三年）

秦張儀及齊、楚之相會齧桑[63]。

韓、燕皆稱王[64]，趙武靈王獨不肯，曰：「無其實，敢處[65]其名乎？」令國人謂己曰君[66]。

四十七年（己亥　西元前三二二年）

秦張儀自齧桑還而免相。相魏[67]，欲令魏先事秦[68]而諸侯效之[69]。魏王不聽。秦王伐魏，取曲沃、平周[70]，復陰厚[71]張儀益甚。

四十八年（庚子　西元前三二一年）

王崩，子慎靚王[72]定立。

燕易王薨，子噲[73]立。

齊王封田嬰於薛[74]，號曰靖郭君[75]。靖郭君言於齊王曰：「五官之計[76]，不可不日聽而數覽[77]也。」王從之。已而厭之，悉以委靖郭君[78]。靖郭君由是得專齊之權。

靖郭君欲城薛[79]，客謂靖郭君曰：「君不聞海大魚乎？網不能止[80]，鉤不能牽[81]，蕩而失水[82]，則螻蟻制焉[83]。今夫齊，亦君之水也。君長有齊[84]，奚以薛為[85]？苟為失齊[86]，雖隆薛之城到於天[87]，庸足恃乎[88]！」乃不果城[89]。

靖郭君有子四十人，其賤妾之子曰文。文通儻[90]饒智略[91]，說靖郭君以散財養士。靖郭君使文主家待賓客，賓客爭譽其美，皆請靖郭君以文為嗣[92]。靖郭君卒，文嗣為薛公[93]，號曰孟嘗君。孟嘗君招致諸侯遊士[94]及有罪亡人[95]，皆舍業[96]厚遇之，存救[97]其親戚。食客常數千人，各自以為孟嘗君親己。由是孟嘗君之名重天下。

臣光曰：「君子之養士，以為民也。易曰『聖人養賢，以及萬民』[98]。夫賢者，其德足以敦化正俗[99]，其才足以頓綱振紀[100]，其明[101]足以燭微慮遠[102]，其彊[103]足以結仁固義[104]。大則利天下，小則利一國。是以君子豐祿以富之[105]，隆爵[106]以尊之。養一人而及萬人[107]者，養賢之道也。今孟嘗君之養士也，不恤智愚[108]，不擇臧否[109]。盜其君之祿，以立私黨、張虛譽[110]。上以侮[111]其君，下以蠹[112]其民，是姦人之雄也，烏足尚[113]哉！書曰『受為天下逋逃主、萃淵藪』[114]，此之謂也[115]。」

孟嘗君聘於楚[116]，楚王遺之象牀[117]。登徒直送之[118]，不欲行[119]，謂孟嘗君門人公孫戌[120]曰：「象牀之直[121]千金，苟傷之毫髮，則賣妻子不足償[122]也。足下[123]能使僕無行[124]者，有先人之寶劍，願獻之。」公孫戌許諾。入見孟嘗君曰：「小國所以皆致相印於君[125]者，以君能振達[126]貧窮，存亡繼絕[127]，故莫不悅君之義，慕君之廉也。今始至楚而受象牀[128]，則未至之國，將何以待君[129]哉？」孟嘗君曰：「善。」遂不受。公孫戌趨去[130]，未至中閨[131]，孟嘗君召而反之[132]，曰：「子何足之高，志之揚[133]也？」公孫戌以實對。孟嘗君乃書門版[134]曰：「有能揚文之名[135]，止文之過[136]，私得寶於外者，疾入諫[137]。」

臣光曰：「孟嘗君可謂能用諫[138]矣。苟[139]其言之善也，雖懷詐諼之心[140]，猶將用之[141]，況盡忠無私以事其上乎[142]？詩云『采葑采菲，無以下體』[143]。孟嘗君有焉[144]。」

韓宣惠王欲兩用公仲、公叔為政[145]，問於繆留[146]，對曰：「不可。晉用六卿[147]而國分[148]，齊簡公[149]用陳成子及闞止[150]而見殺[151]，魏用犀首、張儀[152]而西河之外亡[153]。今君兩用之，其多力者[154]內樹黨[155]，其寡力者藉外權[156]。羣臣有[157]內樹黨以驕主[158]，有外為交以削地[159]，君之國危矣。」

【章　旨】以上為第四段，寫周顯王三十七年（西元前三三二年）至四十八年共十二年間的各國大事，主要寫了張儀幫助秦國實行連橫策略使秦國大肆攻擊削弱魏國的情形，同時也寫了孟嘗君在齊國的一些活動。

【注　釋】❶使犀首欺齊魏　犀首即公孫衍，原是魏人，現在秦國當權，為秦國統兵。欺，騙，這裡實指唆使。❷與共伐趙　此年確實有齊、魏聯合伐趙事。❸讓蘇秦　讓的意思是責備，責備蘇秦搞的合縱聯盟有問題，齊魏兩國竟然違背盟約侵犯趙國。按，此皆依《史記》誤說，其實蘇秦的出世還在二十年以後。蘇秦沒有見過趙肅侯。❹請使燕二句　請求出使燕國，一定要報齊國破壞合縱聯盟的這個仇。❺去趙　離開趙國後。❻決河水　決黃河向東南方向放水，當時黃河流經趙國的東南側，對岸正是齊、魏兩國的地盤。❼陰晉　魏邑名，在今陝西華陰東。❽為和於秦　向秦國求和。❾實華陰　就是後來所說的華陰縣。實，是；是為。❿齊王伐燕　時為齊威王二十五年，燕易王元年。據《史記・蘇秦列傳》舊說，此次乃齊乘燕文公喪事而伐燕。⓫已而復歸之　據《史記・蘇秦列傳》，此時蘇秦已從燕國到達齊國，是在蘇秦的勸說下，齊王將侵佔的十邑又歸還了燕國。實則此時尚無蘇秦其人。⓬焦曲沃　魏之二邑名，焦的故地在今河南三門峽市西，曲沃故城在今河南陝縣西南。⓭魏入少梁河西地於秦　魏國將少梁與附近的黃河以西地區獻給了秦國。少梁，在今陝西韓城南，前此已被秦國所攻佔。河西，指原屬魏國的今陝西大荔、華縣以及北至韓城的黃河以西地區。⓮度河　渡過黃河，進入今山西境內。度，通「渡」。⓯汾陰皮氏　魏之二邑名，汾陰故城在今山西萬榮西南；皮氏故城在今山西河津西。⓰拔焦　去年已開始圍困，今乃攻拔之。⓱懷王槐　名槐，「懷」字是謚，西元前三二八—前二八八年在位。⓲宋公剔成　宋國的君主名剔成，西元前三六九—前三二九年在位。因宋國在西周是公爵，故稱其諸侯曰「宋公」。⓳偃自立為君　即歷史所說的宋君偃，西元前三二八—前二八六年在位。⓴公子華　秦惠文王之子，名華。㉑蒲陽　魏邑名，在今山西隰縣西北。㉒公子繇　惠文王之子，一名通，也稱通國。㉓質於魏　此時秦是大國、強國，魏國已江河日下，危機重重，而秦國反將攻佔的城地歸還之，又派惠王之子到魏國當人質，目的就是為了拉攏魏國，破壞魏國與東方別國的聯盟。這就是張儀在進行他的連橫策略。㉔遇　對待。㉕盡入上郡十五縣　把上郡所轄的十五個縣全部獻給了秦國。上郡約當今陝西之東北部和與之鄰近的內蒙古南部一帶地區。㉖歸而相秦　第一次為秦國宰相。㉗縣義渠　將義渠設為秦國之縣。義渠原是少數民族義渠人建立的小國，佔據在今陝西西北部和與之鄰近的甘肅東北部一帶地區。其都城義渠在今甘肅慶陽西南。㉘以其君為臣　義渠人的君主稱作義渠戎王，被秦國打敗，交出地盤，向秦國稱臣。按，關於秦國吞併義渠的過程十分生動，詳見馬非百《秦集史》。㉙秦歸焦曲沃於魏　仍是貫徹張儀的連橫計畫。㉚武靈王　名雍，西元前三二五—前二九九年在位，是戰國時期最有作為的君主之一。㉛博聞師　以知識見聞廣博，以備參謀顧問的老師。㉜司過　專管指出君主的過失，提醒其及時改正。後代有左拾遺、右補缺之官，與此相同。㉝問　慰問。㉞肥義　姓肥名義。趙肅侯時代的老臣。㉟加其秩　提高他的官爵俸祿。㊱四月戊午　陰曆四月初四。㊲秦初稱王　秦惠公在這一天改號稱王。以前十三年之稱「秦惠文王」乃後人以習慣稱呼稱之。㊳嗣君　衛平侯之子，因衛國現已成為魏國附庸，故降而稱「君」，與其他諸侯國內的封君稱「君」相同，西元前三二四—前二八三年在位。㊴胥靡　苦役犯。㊵亡之魏　逃亡到了魏國。㊶魏王之后　魏惠王的王后。㊷請以五十金買之　要用五十金將這個苦役犯買回衛國。金，貨幣單位，相當於二十兩或二十四兩。用這麼多錢買回一個犯人，其代價是很高的。㊸五反　往返交涉了五次。㊹以左氏易之　就用左氏這座城邑與魏國交換。左氏，衛邑名，在今山東曹縣西北。易，交換。㊺治無小二句　一個國家治理得好，再小也是個好國；一個國家治理得不好，再大也是個壞國。㊻法不立二句　如果這個國家沒有法令，犯法的人可以不受到懲罰。㊼雖有十左氏二句　意即這個國家地盤儘管再大，那也沒有用處。㊽法立二句　如果這個國家的法令健全，犯法的人一定要受到懲處。㊾失十左氏　即使再缺少十個左氏城。㊿人主之欲　這是人家君主的願望。(51)不祥　不吉利；不好。(52)因載而往　於是就給衛國送了回去。(53)徒獻之　白白地送給了衛國，聽其懲處。按，以上故事見《戰國策・宋衛策》。(54)陝　魏縣名，在今河南三門峽市西。(55)不能使燕重　意即不能提高燕國的地位、加強燕國的力量。(56)而在齊則燕重　如果我在齊國活動，就能夠提高燕國的地位、加強燕國的力量。(57)乃偽得罪於燕二句　偽，假裝。奔，逃向。按，這以下的蘇秦活動已近於歷史真實，只是年代提前了。蘇秦主要的貢獻就是為了燕國的利益到齊國進行間諜活動。(58)客卿　他國人居此國效力，但尚未任以具體官職而為高級參謀顧問的人員。(59)高宮室　把宮室修得高高的。(60)大苑囿　把獵場修得大大的。目的就是要消耗齊國的人力物力，並造成齊王與其臣民的矛盾。苑囿指古代帝王、貴族的園林獵場，大者可達數縣之地。(61)以明得意　以表現齊王的心滿意足。(62)以敝齊而為燕　為燕國消耗齊國。敝，消耗；疲弊。(63)齧桑　魏邑名，在今江蘇沛縣西南。(64)韓燕皆稱王　時當韓宣惠王十年，燕易王十年。二國從此年開始稱王，以前之所謂某某王者，皆後人所追稱。(65)處　居；佔用。(66)謂己曰君　自甘居小，把自己看成如同其他國家內部的一個小封君，如同商君、孟嘗君等等。(67)相魏　張儀在秦國免相，到魏國任宰相，純粹是耍陰謀，以欺騙愚弄東方各國。(68)令魏先事秦　讓魏國帶頭先與秦國聯合，向秦稱臣。(69)而諸侯效之　以吸引其他國家效法。(70)平周　魏縣名，在今山西介休西。(71)陰厚　暗中厚待。(72)慎靚王　名定，西元前三二〇—前三一五年在位。(73)子噲　燕易王之子，名噲，西元前三二〇—前三一二年在位。(74)封田嬰於薛　時當齊威王三十六年。田嬰是齊威王的少子。薛是齊邑名，在今山東滕州南。(75)靖郭君　其地有郭水，因以為封號名。(76)五官之計　五位大臣對國家大事的看法。據《管子・小匡》，齊有大行、大司田、大司馬、大司理、大諫，當即齊之五官。(77)日聽而數覽　天天聽取他們的意見，時時看他們的奏章。數，頻頻；屢屢。(78)悉以委靖郭君　全部都交由靖郭君代聽代看。(79)城薛　在其領地薛邑築城，為保護其私利做打算。(80)網不能止　網沒法把牠撈上來，因為牠太大了。止，留；拘捕。(81)鉤不能牽　釣鉤也拉牠不動。(82)蕩而失水　一旦離開了水。蕩，大水失去的樣子。(83)螻蟻制焉　連小小的螞蟻、螻蛄也能欺侮牠。制，裁制；控制。(84)君長有齊　您如果能長久地在齊國執政。(85)奚以薛為　何必看重薛邑；要薛邑有什麼用。奚，何。(86)苟為失齊　如果您一旦不被齊王所信任重用。苟，如果。(87)雖隆薛之城到於天　即使您把薛邑的城牆修得像天那麼高。隆，加高。(88)庸足恃乎　對您又有什麼用呢。庸，豈；難道。足，可。恃，倚靠。(89)不果城　不再修城。果，完成。(90)通儻　豁達、灑脫。儻，卓犖不群的樣子。(91)饒智略　足智多謀。(92)為嗣　做接班人、繼承人。(93)薛公　薛邑的封君。(94)遊士　遊學遊說之士。(95)亡人　隱姓埋名的逃亡者。(96)舍業　花盡家財在所不惜。(97)存救　慰問、救濟。(98)易曰二句　出自《周易・頤卦・彖辭》。聖人，指一國之君。以及萬民，讓人人都能得到好處。(99)敦化正俗　使風化敦厚，使民俗淳正。(100)頓綱振紀　整頓綱紀。頓、振，都是發揚、振作的意思。綱紀，指人際關係與為人處世的準則。(101)其明　指人的觀察力、洞察力。(102)燭微慮遠　觀察得細緻，考慮得久遠。微，細小。(103)其彊　指人的毅力、原則性。(104)結仁固義　意即堅守仁義之道，永遠不變節。(105)豐祿以富之　指不惜多花錢財以招納賢人。豐祿，豐厚的俸祿。(106)隆爵　高高的爵位。(107)養一人而及萬人　養一個賢才就能使成千上萬的人得到好處。(108)不恤智愚　不管聰明還是笨拙。恤，考慮。(109)不擇臧否　不管善良或不善良。臧，善。否，不善。(110)張虛譽　誇大自己的虛假名譽。張，誇大。(111)侮　欺；蒙蔽。(112)蠹　蠶食；割剝。(113)烏足尚　有什麼值得表彰、推崇。烏，何。尚，崇尚。(114)書曰句　出自古文《尚書・武成》。意思是殷紂王是招降納叛的大本營，是一切罪惡的淵藪。受是殷紂王的名字。逋逃主，窩藏包庇逃犯的主人。萃淵藪，魚類、獸類的匯聚之處。此話也見於《左傳》昭公七年。(115)此之謂也　孟嘗君就屬於這種人。(116)聘於楚　到楚進行禮節性訪問。(117)象牀　象牙做的床，極言其名貴。(118)登徒直送之　命登徒直護送。登徒直，姓登徒，名直。也有將登徒理解為官名、直理解為當值的，意即由值班的登徒護送。(119)不欲行　登徒不想去送這張象牙床。(120)公孫戌　姓公孫，名戌。(121)直　同「值」。價值。(122)不足償　賠償不起。(123)足下　敬稱對方，與「閣下」意思相同。(124)能使僕無行　假如能讓我不去幹這趟差事，指不去送象牙床。(125)皆致相印於君　意即都請您去他們國家當宰相。(126)振達　意同救濟。(127)存亡繼絕　使將亡之國得以存活，使將絕之祭祀得以繼續。128受象牀　接受象牙床的饋贈。129何以待君　再如何接待您。意即誰還接待得起呢。130趨去　恭敬地退去。趨，小步疾走，這是古代臣子在君長跟前的一種走路姿勢。131未至中閨　還沒有走到中門。中閨，中門。132召而反之　把他叫了回來。133足之高二句　猶如今之所謂「趾高氣揚」，一種得意滿足的樣子。134書門版　在大門上寫道，相當於現在的出布告。135揚文之名　能為我田文揚名。文，孟嘗君自稱己名，以表示謙虛。136止文之過　能制止我犯錯誤。137疾入諫　趕緊進來提意見。138用諫　接受意見。139苟　只要是。140雖懷詐諼之心　儘管他的動機不太好。141猶將用之　尚且能夠採納。142況盡忠無私以事其上乎　更何況那些大公無私的良臣所提出的意見呢。143詩云二句　以上兩句詩見於《詩經・谷風》，意思是採野菜時不要把它的根鬚都拔出來。以比喻聽意見要聽其合理的部分，不要求全責備，吹毛求疵。葑，蔓菁。菲，蘿蔔。下體指植物根莖。144孟嘗君有焉　孟嘗君就有這種精神。145兩用公仲公叔為政　想同時任用具有不同政見的公仲與公叔分掌國家大權。兩用，同時並用。公仲即韓朋，亦作公仲朋。公叔即公叔伯嬰。為政，執政。146繆留　韓臣。147六卿　指六大權臣的范氏、中行氏、智氏、韓氏、魏氏、趙氏。148國分　指先是將晉地晉權分成六份，又火併成四份，最後又被分割成三份，各自獨立建國。149齊簡公　姜氏齊國後期的君主，西元前四八四—前四八一年在位。150陳成子及闞止　田成子即齊國後期的權臣田常，姜氏政權的最大把持者。闞止，字子我，田常的反對派。151見殺　闞止欲發動政變殺田常，結果被田常所殺，齊簡公也連帶被殺。詳見〈齊太公世家〉、〈田敬仲完世家〉。152魏用犀首張儀　犀首原在魏國主張合縱策略，張儀為秦國當間諜到魏國進行連橫，兩人矛盾劇烈。153西河之外亡　由於有張儀在魏國為內應，秦國又在外面發動攻擊，故魏國被秦國所削弱。魏向秦獻出西河事已見前文。154多力者　權大的一方。155內樹黨　在國內廣樹黨羽。156藉外權　藉著外國勢力對國內施加壓力。157有　有的人。158驕主　黨羽多、勢力大了就對君主傲慢專橫。159外為交以削地　藉著國外勢力逼著國家給別國割地。

【語　譯】三十七年（己丑　西元前三三二年）

秦惠王派犀首用欺詐的手段唆使齊國、魏國和秦國一起攻打趙國，以破壞東方六國的合縱聯盟。趙肅侯因為齊、魏違背盟約而責備蘇秦。蘇秦心裡恐懼，於是請求出使燕國，一定要報齊國破壞合縱聯盟這個仇。蘇秦離開趙國以後，六國的合縱同盟也就瓦解了。趙國人決開黃河，讓黃河水淹齊軍、魏軍，齊軍、魏軍撤退回國。

魏國將陰晉割讓給秦國求和。陰晉，就是後來所說的華陰縣。

齊威王率軍攻打燕國，奪取了十個邑，不久，齊國又將侵佔的十個邑歸還了燕國。

三十九年（辛卯　西元前三三〇年）

秦國攻打魏國，包圍了魏國的焦、曲沃。魏國把少梁、黃河以西的大片領土割讓給秦國。

四十年（壬辰　西元前三二九年）

秦國攻打魏國，秦軍渡過黃河奪取了魏國的汾陰、皮氏，攻陷了焦邑。

楚威王去世，他的兒子羋槐即位，就是楚懷王。

宋君剔成的弟弟宋偃突然發動政變，攻打宋剔成。剔成逃到齊國，宋偃自立為宋君。

四十一年（癸巳　西元前三二八年）

秦國的公子華和張儀率領秦軍攻打魏國，包圍了蒲陽，不久，蒲陽陷落。張儀勸說秦惠文王把蒲陽歸還魏國，並讓公子繇到魏國去做人質。張儀趁機對魏王說：「秦王對待魏國情誼深厚，魏國可不能做出什麼對秦國無禮的事情。」魏國於是把上郡所管轄的十五個縣全部割讓給秦國以表示感謝。張儀回到秦國，被秦惠文王任命為宰相。

四十二年（甲午　西元前三二七年）

秦國把義渠設為秦的一個縣，義渠國國君向秦國稱臣。

秦國把侵佔魏國的焦、曲沃歸還魏國。

四十三年（乙未　西元前三二六年）

趙肅侯去世，他的兒子趙雍即位，就是趙武靈王。趙武靈王設置博聞師以備參謀顧問，以知識見聞廣博的三個人充任，又設置了負責督察人君過失、直言敢諫的左、右司過，編制為三人。他即位以後首先慰問了他父親趙肅侯所倚重的大臣肥義，提升了他的品級，增加了他的俸祿。

四十四年（丙申　西元前三二五年）

夏季，四月初四戊午，秦惠公開始改號稱王。

衛平侯去世，他的兒子嗣君即位。衛國有一個囚犯逃到了魏國；因為這個逃犯精通醫術，所以被請去給魏惠王的王后治病。衛嗣君知道以後，就派人用五十斤黃金去贖。使者往返交涉了五次，魏國都不肯放人；衛嗣君就又用左氏這個城邑去與魏國交換。衛嗣君身邊的人勸阻說：「用一個都邑去換一個逃犯，值得嗎？」衛嗣君說：「這不是你所能知道的。一個國家治理得好，再小也是強大的；治理得不好，再大也是弱小的。法律如果沒有建立，刑罰如果不能執行，即使有十個左氏邑也沒有什麼用處；如果法律健全，該處罰的得到了處罰，就是丟掉十個左氏邑也沒有什麼關係。」魏惠王聽到這個消息說：「人主想要的東西，你不滿足他就會給你帶來災禍。」於是就用車把那個逃犯送回衛國，而且什麼也沒有要。

四十五年（丁酉　西元前三二四年）

秦國的宰相張儀率領秦軍攻打魏國，奪取了陜城。

蘇秦跟燕文公的夫人私通。燕易王發覺了，蘇秦十分恐懼，就對燕易王說：「我住在燕國不能提高燕國在諸侯國中的地位、加強燕國的力量，到齊國去，卻能夠提高燕國的地位。」燕易王同意了。於是蘇秦就假裝在燕國獲罪，而逃到齊國。齊宣王任命他為客卿。蘇秦引導齊宣王興建高大的宮殿，擴大王家花園和打獵的苑囿，以使齊王感到萬事如意。蘇秦想以這種勞民傷財的辦法來削弱齊國，達到使燕國不再受齊國侵略的目的。

四十六年（戊戌　西元前三二三年）

秦國的宰相張儀與齊國的宰相、楚國的宰相在齧桑舉行會議。

韓國的國君、燕國的國君都改稱王，只有趙武靈王不肯稱王，他說：「沒有王的實際，怎麼敢用王的稱號呢？」讓國內的人稱呼自己為君。

四十七年（己亥　西元前三二二年）

秦國的宰相張儀從齧桑回到秦國被免去宰相的職務。張儀來到魏國做了魏國的宰相，他想讓魏國帶頭向秦國稱臣，其他的諸侯國就會效法魏國也向秦國稱臣。魏惠王不肯聽從。於是秦惠文王親自統率秦軍攻打魏國，再次佔領了曲沃、平周，秦惠文王私下裡更加厚待張儀。

四十八年（庚子　西元前三二一年）

周顯王姬扁去世，他的兒子姬定即位，就是周慎靚王。

燕易王去世，他的兒子姬噲即位。

齊威王把薛邑封給自己的小兒子田嬰，號稱靖郭君。靖郭君向齊威王建議說：「對於大行、大司田、大司馬、大司理、大諫這五位官員的工作，大王您應該堅持每天聽取他們的意見，閱覽他們的奏章。」齊威王採納了他的建議。可是過了不久，齊威王就厭煩了，於是把此項工作全部委託給靖郭君田嬰處理。田嬰藉著這個機會，逐漸獨攬了齊國的大權。

靖郭君田嬰想要在他的封地薛邑修建城堡，他府中的一個門客對他說：「您難道沒有聽說過大海裡大魚的故事嗎？這條魚大得用魚網捉不住，用魚鉤釣不上來，但一旦離開了大海，就連小螞蟻都能把牠制服。今天的齊國就是您的大海。您如果能夠長期的掌握齊國的政權，您要薛邑還有什麼用呢？如果沒有了齊國，您即使把薛邑的城牆修建得像天那麼高，又有什麼用呢！」田嬰於是放棄了修建薛邑城堡的計畫。

靖郭君有四十個兒子，出身最低賤的一個小妾所生的兒子叫做田文。田文為人通達事理，卓異不群而又足智多謀。他勸說靖郭君要捨得拿出錢財，廣泛結交天下的英雄豪傑。靖郭君就派田文負責在家接待賓客，那些賓客都爭著在靖郭君面前誇讚田文的美德，請求靖郭君把田文確定為繼承人。靖郭君田嬰去世以後，田文繼承了靖郭君的事業，號稱孟嘗君。孟嘗君把在各諸侯間進行遊說的謀臣策士和那些因為犯罪而逃亡的人都招引到自己的門下，為了招待他們，就是花盡家產也在所不惜，還經常去撫恤慰問他們的親屬。孟嘗君的食客有好幾千人，而且每個食客都覺得孟嘗君對自己最好。因此，孟嘗君在天下享有盛名。

司馬光說：「道德高尚的人結交天下的英雄豪傑，目的是為了國家百姓。所以《易經》上說『聖明的君主招攬有才德的人去治理國家，使人人都能得到好處』。這裡所說的賢者，指的是那些品德完全可以風化淳厚，才能可以整頓綱紀，聰明足以觀察入微、考慮長遠，毅力能堅守仁義之道、永不變節。這些人治理國家，就能夠使全天下受益，否則也能使一國受益。所以聖明的君主都增加俸祿使他們富裕，提高他們的爵位使他們尊貴。奉養一個人而能惠及上萬的人，這才是培養賢人的目的。而今孟嘗君的養士方法卻是：不管他是聰明智慧還是愚蠢笨拙，不挑選是好還是不好。盜用國君的財富，培植自己的私黨，誇大自己的聲譽。對上蒙蔽一國之君，對下愚弄本國百姓，這是壞人中最為突出的，哪裡值得表彰呢！《書經》上說『商紂王是天下逃犯的窩主，是一切罪惡的淵藪』，孟嘗君就是這樣的人啊。」

孟嘗君曾經到楚國進行訪問，楚懷王贈送給他一張象牙床。楚王派登徒直護送象牙床，登徒不願意去，他對孟嘗君的門客公孫戌說：「這張象牙床價值千金，如果路上有一點損壞，我就是賣掉妻子兒女也賠償不起。您如果能有辦法不讓我去護送，我這裡有祖先留傳下來的一把寶劍，我願意把它送給您作為酬謝。」公孫戌答應為登徒想辦法。公孫戌去見孟嘗君說：「那些小國家為什麼都願意把相印送給您？是因為您能夠體恤貧窮，能夠決定它們的生死存亡，所以都仰慕您的高義，敬重您的廉潔。如今您剛到楚國就接受楚王贈送的象牙床這樣貴重的禮物，那麼您再去別的國家，它們將用什麼來贈送您呢？」孟嘗君說：「你提醒得好。」於是婉言謝絕了楚王的贈予。公孫戌看見事情辦成了，就急匆匆的離去，還沒有走到中門，就被孟嘗君叫了回來。孟嘗君問他說：「你今天為什麼這麼神氣十足、趾高氣揚？」公孫戌就把受劍的事情說了。孟嘗君就在布告欄中寫了一份通告說：「有誰能夠為我田文傳播美好的名聲，有誰能阻止我田文犯錯誤，即使他在外邊接受了別人的賄賂，我都請他趕快來給我提意見。」

司馬光說：「孟嘗君可以稱得上是善於納諫的了。如果提意見的人所說是正確的，即使他心懷奸詐、動機不純，還是會採納他的意見，更何況是對其主上一片忠心的人所提的意見呢？《詩經》上說『採摘蔓菁的葉子，採摘蘿蔔的葉子，不要把它們的根鬚拔出來』。孟嘗君就有這樣的美德。」

韓宣惠王想同時重用具有不同政見的公仲、公叔兩個人，他向繆留徵求意見，繆留回答說：「不能這樣做。當初晉國由於重用六卿而導致晉國被瓜分，齊簡公同時重用了陳成子和闞止，最後竟然落個被殺死的下場，魏國任用犀首、張儀兩人為相，結果魏國黃河以西的領土全部喪失。如果現在您也同時重用兩個人，那麼兩人之中勢力大的一方就會在國內廣樹私黨，而勢力弱的一方就會借助外部的勢力對您施加壓力。結黨營私的要專擅國政，結交外援的主張割讓土地，這樣的話，您的國家就危險了。」

【研　析】本卷敘述的重點事件主要有五：其一，比較清晰地敘述了商鞅變法的過程與其實際功效，材料主要來自《史記》的〈秦本紀〉與〈商君列傳〉。但司馬光與司馬遷的感情略有不同，儘管司馬遷在紛紜複雜的戰國秦國的資料中把「臭名昭著」的商鞅提出來，寫為列傳，明確地記載了商鞅變法的功效，使後人能夠清晰無誤、順順當當地肯定商鞅，表現了司馬遷勇敢的求實精神。但比較遺憾的是，他在〈商君列傳〉的「太史公曰」中仍是發表了「商君，其天資刻薄人也。跡其欲干孝公以帝王術，挾持浮說，非其質矣。且所因由嬖臣，及得用，刑公子虔，欺魏將卬，不師趙良之言，亦足發明商君之少恩矣」云云一大套，表明了他對商鞅從感情態度上的厭惡。司馬光反對王安石變法，照理說他也應對商鞅持厭惡態度才對，但事實相反，他不僅沒有斥責商鞅，相反還表揚了秦孝公的「不廢徙木之賞」，而「不廢徙木之賞」不分明是商鞅的一種手段麼？這說明司馬光也不總是「保守」，有時還是很清醒的。

齊威王與魏惠王的論「寶」一節非常生動，由小見大地突出了齊威王的英明幹練。作品較詳細地展現了桂陵與馬陵兩次孫臏大破龐涓，一般人只注意了孫臏用兵之奇，而軍事學家們則更注意到了此次齊國光輝勝利背後的列國形勢的變化。吳如嵩《中國軍事通史》曰：「孫臏能根據魏國軍隊和將帥的心態與地形情況，運籌演謀，掌握主動，調動敵人，將其全殲，的確不愧為古代傑出的軍事家。值得一提的是，在削弱魏國的過程中齊得其名而秦得其實，最大的贏家是秦國。齊國利用魏與韓、趙的矛盾，戰勝了強大的魏國，奪得了中原霸主的地位，但獲得實利不多。秦國運用外交手段轉移矛盾的焦點，將魏侯推上王位，挑起、激化魏國與其他大國尤其是齊國的矛盾，使自己得以免遭魏禍，置身於衝突的漩渦之外，冷眼旁觀，待機而動。等到齊大敗魏軍，魏已成強弩之末，秦國再動用強大的軍事力量奪佔河西之地。爾後，秦又利用魏、楚的矛盾出兵助魏攻楚，然後乘魏師老兵疲之際，又以大兵伐魏相威懾，得到了魏上郡的大片土地。秦國奪佔河西和上郡，不但開拓了疆土，而且為以後的兼併戰爭開創了十分有利的戰備形勢，在大國爭雄的多極鬥爭中秦國的策略的確是棋高一著。」這段提點很深刻。

〈蘇秦列傳〉與〈張儀列傳〉都是《史記》中長達萬言的宏篇鉅製，司馬光重視蘇秦，將他先後遊說七國諸侯的言辭，刪繁就簡，但都一個不漏地寫了七遍。這完全是誤用了司馬遷的觀點。楊寬在《戰國縱橫家書》後附中說：「蘇秦和張儀是戰國後期縱橫家所推崇的人物，他們的遊說辭常被作為學習、模仿的榜樣。特別是到戰國末年，由秦國來完成統一的趨勢已經形成，東方六國常常圖謀合縱抵抗秦國，挽救自己的滅亡，因而縱橫家的活動盛極一時，蘇秦的遊說辭就廣泛流行。正因為蘇秦和張儀是縱橫家學習的榜樣，他們的遊說辭是練習遊說用的主要腳本，其中就有許多假託他們編造出來的，不但誇張虛構，而且年代錯亂，矛盾百出。《戰國策》中既有比較原始的蘇秦資料，也有出於後人偽造虛構的東西，可說真偽參半，而《史記・蘇秦列傳》所輯錄的幾乎全是後人杜撰的長篇遊說辭。因為司馬遷誤信這些遊說辭為真，誤認為蘇秦是和張儀同時對立的人物，反而把有關蘇秦的原始資料拋棄了，或是把這些資料中的『蘇秦』改成『蘇代』或『蘇厲』。事實上，和張儀主要敵對的人物是公孫衍和陳軫，當張儀在秦國當權的時候，蘇秦只不過是個年輕的遊說者，蘇秦的年輩要比張儀晚得多。張儀死在西元前三一〇年，蘇秦要晚死二十五年左右。蘇秦是在齊國因『與燕謀齊』的反間罪而被車裂處死的，其時當在西元前二八五年燕將樂毅大舉攻齊的時候。蘇秦的主要活動是在齊湣王統治齊國的時期，他和孟嘗君田文、奉陽君李兌、穰侯魏冉、韓珉、周最等人同時參加合縱連橫的活動。蘇秦始終是燕昭王的親信，為謀求燕國的強大出謀劃策，奔走於齊、趙、魏等國之間。目標在於使齊、趙兩國關係惡化，防止齊國進攻燕國，並發動合縱攻秦，以便燕昭王成就振興燕國的大事。」關於張儀的問題留待下卷再一道說。

司馬光對孟嘗君善於接受意見是肯定的，而對其為人所盛稱的「養士」則給予了尖銳批評，不點名的說他是「姦人之雄」，這與司馬遷在《史記》中寫「四公子」列傳的用意也大體相同。司馬遷所深情歌頌的是信陵君，平原君見識不高，但在關鍵時刻能與趙國共存亡。最差的是孟嘗君與春申君，一個是引敵入侵，一個

是圖謀篡位。正如明代王世貞所說：「三公之好士也，以自張也；信陵之好士也，以存魏也，烏乎同！」（《史記評林》引）

卷第三

周紀三

起重光赤奮若（辛丑　西元前三二〇年），盡昭陽大淵獻（癸亥　西元前二九八年），凡二十三年。

【題解】本卷寫了上起周慎靚王元年（西元前三二〇年）下至周赧王十七年（西元前二九八年）共二十三年的各國大事，其中最重要的是秦惠文王用司馬錯之謀的南取巴、蜀，用張儀之謀破楚取漢中，隨後秦武王又靠甘茂之力破韓佔據了三川地區的重鎮宜陽，從此秦國不僅有了堅強的右翼，而且有了東出的橋頭堡，為日後的大破東方諸國奠定了堅實的基礎。接著秦昭王在穰侯與宣太后的幫助下消滅異黨、奪得政權，隨即對楚、韓、魏猛烈攻擊，致使韓國已處於投降狀態，楚、魏也進一步走向衰落，為下一卷的秦軍大規模破楚、破魏做了準備。此外，本卷還詳細地寫了張儀在秦惠文王時的依次遊說東方六國，威脅並誘使東方諸國與秦國連橫；寫了燕國的子之之亂與齊宣王乘機破燕，以及齊國最後被燕國軍民所驅逐，以及燕昭王的發憤圖強，振興燕國；寫了趙武靈王的胡服騎射，破林胡、滅中山，一躍而成為東方抗秦的主要力量。

慎（ㄕㄣˋ）靚（ㄐㄧㄥˋ）王（ㄨㄤˊ）❶

元年（辛丑　西元前三二〇年）

衛更貶號曰君[2]。

二年（壬寅　西元前三一九年）

秦伐韓[3]，取鄢[4]。

魏惠王薨，子襄王立[5]。孟子入見而出，語人[6]曰：「望[7]之不似人君[8]，就之[9]而不見所畏[10]焉。卒然[11]問曰『天下惡乎定[12]？』吾對曰『定于一[13]。』『孰能一之[14]？』對曰『不嗜[15]殺人者能一之。』『孰能與之[16]？』對曰『天下莫不與[17]也。王知夫[18]苗乎？七八月[19]之間旱，則苗槁[20]矣。天油然作雲[21]，沛然[22]下雨，則苗浡然興之[23]矣。其如是[24]，孰能禦之[25]。』」

三年（癸卯　西元前三一八年）

楚、趙、魏、韓、燕同伐秦[26]，攻函谷關[27]。秦人出兵逆[28]之，五國之師皆敗走。

宋初稱王[29]。

四年（甲辰　西元前三一七年）

秦敗韓師于脩魚[30]，斬首八萬級，虜其將鯫、申差[31]于濁澤[32]，諸侯振恐[33]。

齊大夫與蘇秦爭寵，使人刺秦，殺之㉞。

張儀說魏襄王曰：「梁地㉟方不至千里，卒不過三十萬。地四平㊱，無名山大川之限㊲。卒戍楚、韓、齊、趙之境㊳，守亭、障者不過十萬㊴。梁之地勢，固戰場也㊵。夫諸侯之約從，盟於洹水之上㊶，結為兄弟以相堅㊷也。今親兄弟、同父母，尚有爭錢財、相殺傷，而欲恃反覆蘇秦之餘謀㊸，其不可成亦明矣。大王不事秦，秦下兵攻河外㊹，據卷、衍、酸棗㊺，劫衛，取陽晉㊻，則趙不南㊼；趙不南，則梁不北㊽；梁不北，則從道絕㊾；從道絕，則大王之國欲毋危，不可得也！故願大王審定計議㊿，且賜骸骨(51)。」魏王乃倍(52)從約，而因(53)儀以請成于秦(54)。

張儀歸(55)，復相秦。

魯景公薨，子平公旅(56)立。

五年（乙巳　西元前三一六年）

巴、蜀(57)相攻擊，俱告急於秦(58)。秦惠王欲伐蜀，以為道險陿(59)難至，而韓又來侵，猶豫未能決。司馬錯(60)請伐蜀，張儀曰：「不如伐韓。」王曰：「請聞其說(61)。」儀曰：「親魏善楚，下兵三川(62)，攻新城、宜陽(63)，以臨二周之郊(64)。據九鼎(65)，按圖籍(66)，挾天子以今於天下(67)，天下莫敢不聽，此王業(68)也。臣聞『爭名者於朝[69]，爭利者於市[70]』，今三川、周室[71]，天下之朝市[72]也，而王不爭焉，顧[73]爭於戎翟[74]，去王業遠矣[75]。」

司馬錯曰：「不然。臣聞『欲富國者，務廣其地[76]；欲彊兵者，務富其民；欲王者[77]，務博其德[78]。』三資者備[79]，而王隨之[80]矣。今王地小民貧，故臣願先從事於易[81]。夫蜀，西僻之國，而戎翟之長[82]也，有桀、紂之亂[83]。以秦攻之，譬如使豺狼逐羣羊。得其地，足以廣國；取其財，足以富民繕兵[84]；不傷眾[85]，而彼已服焉。拔一國[86]而天下不以為暴，利盡四海[87]而天下不以為貪，是我一舉而名實附[88]也，而又有禁暴止亂之名[89]。今攻韓，劫天子，惡名也，而未必利也，又有不義之名[90]。而攻天下所不欲[91]，危矣。臣請論其故：周，天下之宗室[92]也。齊，韓之與國也[93]。周自知失九鼎，韓自知亡三川，將二國并力合謀，以因[94]乎齊、趙而求解乎楚、魏[95]。以鼎與楚，以地與魏，王弗能止[96]也。此臣之所謂危也。不如伐蜀完[97]。」

王從錯計，起兵伐蜀，十月取之[98]，貶蜀王，更號為侯[99]，而使陳莊相蜀[100]。

蜀既屬秦，秦以益彊富厚，輕諸侯[101]。

蘇秦既死[102]，秦弟代、厲[103]亦以遊說顯於諸侯。燕相子之[104]與蘇代婚[105]，欲得燕權。蘇代使於齊而還[106]，燕王噲問曰：「齊王其霸乎？」對曰：「不能。」王曰：「何故？」對曰：「不信其臣。」於是燕王專任子之。鹿毛壽[107]謂燕王曰：「人之謂堯賢者，以其能讓天下[108]也。今王以國讓子之，是王與堯同名[109]也。」燕王因屬國[110]於子之，子之大重。或曰[111]：「禹薦益，而以啓人為吏[112]。及老[113]，而以啓為不足任天下[114]，傳之於益。啓與交黨[115]攻益，奪之。天下謂禹名傳天下於益，而實令啓自取之[116]。今王言[117]屬國於子之，而吏無非太子人者，是名屬子之而實太子用事[118]也。」王因收印綬，自三百石吏已上，而效之子之[119]。子之南面行王事[120]，而噲老，不聽政，顧為臣[121]，國事皆決於子之。

六年（丙午　西元前三一五年）

王崩[122]，子赧王延[123]立。

【章　旨】以上為第一段，寫周慎靚王元年（西元前三二〇年）至其六年間的各國大事，主要寫了張儀在秦國繼續推行連橫政策，進一步削弱魏國，又與司馬錯聯手為秦國滅掉巴、蜀兩小國，使秦國空前壯大，為日後的滅楚準備了條件；並寫了燕相子之在其黨羽的幫助下陰謀篡取了燕國政權的過程。

【注　釋】❶慎靚王　周顯王之子，名定，西元前三二〇—前三一五年在位。❷衛更貶號曰君　衛君前於周顯王二十三年（西元前三四六年），「已貶號為侯」，今更「貶號曰君」。蓋已成為魏國附庸，領土日小故也。❸秦伐韓　時當魏惠王十五年，韓宣惠王十三年。❹鄢　即鄢陵，在今河南鄢陵西南。❺魏惠王薨二句　楊寬《戰國史》繫此事於慎靚王二年（西元前三一九年)，魏襄王元年為慎靚王三年。魏襄王名嗣，西元前三一八—前二九六年在位。按，《史記》繫魏國諸侯之年錯誤甚多，不可依據。❻語人　對人說。❼望　遠遠望去。❽不似人君　不像個君主的樣子。❾就之　待至靠近他時。❿不見所畏　感覺不到有什麼可以讓人敬畏的地方。⓫卒然　突然。卒，同「猝」。⓬惡乎定　如何才能安定。惡，也寫作「烏」，如何。⓭定于一　天下統一了才能安定。⓮孰能一之　誰能統一天下呢。⓯嗜　喜好。⓰孰能與之　誰能歸服於他呢。與，結交；歸服。⓱莫不與　沒有人不歸服他。⓲夫　彼；那些。語中助詞。⓳七八月　此指周曆。周曆的七、八月相當於夏曆的五、六月，正是禾苗生長的季節。⓴槁　枯乾。㉑油然作雲　突然陰雲密布。油然，雲氣濃重的樣子。作，興起。㉒沛然　雨量盛足的樣子。㉓浡然興之　一下子就蓬蓬勃勃地長起來了。興，生長。㉔其如是　如果哪個君主也能像這及時雨一樣。是，此，指雨。㉕孰能禦之　誰能阻擋他統一天下呢。禦，阻擋。按，以上孟子對魏襄王事，見《孟子·梁惠王上》。㉖楚趙魏韓燕同伐秦　時當楚懷王十一年、趙武靈王八年、魏襄王元年、韓宣惠王十五年、燕王噲三年。此役的組織者為魏國的執政犀首，即公孫衍。司馬遷誤說蘇秦組織六國抗秦，就是依據了這些事件的影子而誤加在蘇秦身上。㉗函谷關　秦國東面的關塞名，在今河南靈寶東北。㉘逆　迎；迎戰。㉙宋初稱王　此時的宋君名偃，西元前三二八—前二八六年在位。㉚脩魚　韓邑名，在今河南原陽西南。㉛鯁申差　韓國的二將，名鯁者史失其姓。㉜濁澤　韓邑名，在今河南長葛西北。㉝振恐　震驚恐懼。振，通「震」。㉞使人刺秦二句　此依《史記》誤說，實際情況是蘇秦在齊國做間諜被發覺，被齊國車裂，但這是三十年以後的事。㉟梁地　即指魏地，魏國的地盤。因魏國這時的國都在大梁，故人們也多稱魏國為梁國。㊱地四平　四面的地勢平坦，各國來攻都極容易。㊲限　阻隔。㊳卒戍楚韓齊趙之境　意謂魏的四面與楚、韓、齊、趙為鄰，都要派兵把守。㊴守亭障者不過十萬　意謂光是日常鎮守四方亭障就佔去兵力很多了，剩下可調用的兵力頂多不過十萬。亭障，指邊防工事。亭用以瞭望；障是據守的城堡。㊵固戰場也　即俗所謂「四戰之地」，四面都要應付。㊶盟於洹水之上　指東方合縱諸國的執政者在洹水結盟。依《史記》、《通鑑》舊說，組織此事者為蘇秦，其實是魏國犀首。洹水流經今河南安陽北，東北流，入黃河，這一帶地區當時屬趙。洹水之盟確有其事，但卻不是結盟抗秦。繆文遠曰：「洹水為東方諸侯會聚之地，周顯王十六年（西元前三五三年），魏攻下趙都邯鄲，齊、楚救趙，擊敗魏國，魏被迫與趙修好，與趙王會於洹水之上。此所云，即據此事擬構而成。」㊷相堅　意即鞏固相互間的聯盟。㊸欲恃反覆蘇秦之餘謀　將反覆無常之蘇秦所用過的那套東西視為可靠。餘謀，剩下來的謀略，表示貶意。繆文遠曰：「蘇秦年輩較張儀為晚，張儀死時，蘇秦事跡尚不甚著，此所言，與史實不合。」㊹下兵攻河外　秦兵東出攻取魏國的黃河以南地區。西方的地勢高，故稱秦兵東出曰西下。又，古代稱今河南境內的黃河以北地區為「河內」，稱黃河以南地區為「河外」。此指當時黃河以南的今鄭州、延津、濮陽等一帶屬於魏國的地區。㊺據卷衍酸棗　首先佔據卷、衍、酸棗。卷在今河南原陽西，衍在今鄭州北，酸棗在今河南原陽東北，延津西南。三者皆魏縣名。由於後來黃河改道，上述諸縣現在都已到了黃河之北。㊻劫衛二句　控制衛國，奪取其陽晉。已經成為魏國附庸的衛國在今河南濮陽西南。陽晉是衛縣名，在今山東鄆城西。㊼趙不南　意思是說，當秦兵一旦佔據卷、衍、陽晉諸地後，則魏與趙國的聯繫就被斬斷了，趙兵就再也不能南下救魏。㊽梁不北　魏國就無法再與北面的趙國、燕國聯絡。㊾從道絕　南北的合縱聯盟被攔腰斬斷。㊿審定計議　仔細考慮好何去何從。審，仔細。(51)且賜骸骨　而且我還求您放我這把老骨頭讓我離開魏國。賜骸骨是請求退休、請求離開的客氣語。當時張儀正在魏國給秦國當奸細，見過去一段時間無任何進展，故而今天做出了這樣的姿態。(52)倍　通「背」。背叛。(53)因　通過；藉著。(54)請成于秦　請求跟秦國媾和。成，媾和。(55)歸　指回到秦國。(56)平公旅　平公名旅，西元前三一四—前二九五年在位。(57)巴蜀　都是今四川境內的古代小國名，巴國的都城江安，在今重慶市區東北；蜀國的都城即今成都。(58)俱告急於秦　《正義》引《華陽國志》云：「昔蜀王封其弟於漢中，號曰苴侯，因命之邑曰葭萌。苴侯與巴王為好，巴與蜀為讎。故蜀王怒，伐苴。苴奔巴，求救於秦。秦遣張儀從子午道伐蜀。蜀王自葭萌禦之，敗績，走至武陽，為秦軍所害。秦遂滅蜀，因取苴與巴焉。」按，巴國都江州，在今重慶市區東北部。(59)險陿　同「險狹」。崎嶇狹窄。(60)司馬錯　秦國名將，司馬遷的祖先。(61)請聞其說　請讓我聽聽您的理由。(62)三川　指有黃河、伊水、洛水三條河流經過的地方，即今河南西部的黃河以南地區，這一帶當時是韓國的管轄區。(63)新城宜陽　韓之二縣名，新城在今河南伊川縣西南。宜陽在今河南宜陽西，韓國前期曾建都於此。(64)臨二周之郊　佔據東周、西周兩個小國的交通咽喉。按，這時的周天子已完全成為光桿司令，他手下的兩個貴族，一個控制著王城（今洛陽），稱「西周君」；一個控制著鞏縣，稱「東周君」。郊，衝要之地。(65)據九鼎　掌握周天子的傳國之寶。相傳在夏禹時曾收九州之金鑄為九鼎，從此遂成為歷代的傳國之寶。事詳《左傳》宣公三年及《戰國策·周策》、《史記·周本紀》。(66)按圖籍　周天子所保存的各諸侯國的地理形勢圖。鮑彪有所謂「土地之圖，人民金穀之籍」，分別言之，說法亦好。(67)挾天子以令於天下　控制住周天子，用他的名義向天下各國發號施令。(68)王業　一統天下，稱帝稱王的事業。(69)爭名者於朝　要爭名就得到朝廷上去爭，這才能爭到大名大位。(70)爭利者於市　要爭利就得到市場上去爭，那才是賺大錢的地方。(71)周室　此處指周天子與東西二周君。(72)天下之朝市　意即各國所矚目、所必爭的地方。(73)顧　反；反而。(74)戎翟　此處代指巴蜀。(75)去王業遠矣　意即這不是建立王業之所急。(76)務廣其地　要讓他的領土越來越寬廣。(77)欲王者　想建立王業的人。(78)務博其德　要使自己的德業日益興盛。(79)三資者備　三項條件具備。三資即前所謂「地」、

「民」、「德」。(80)王隨之　王業也就隨之而來。(81)先從事於易　鍾惺曰：「一『易』字甚醒，此張儀之所以伏也。伐蜀一事，史不為錯立傳，於張儀傳見之，嘉儀之能為國以從錯；且伐蜀後秦以富強輕天下，為儀連橫地耳。」(82)戎翟之長　當地少數民族之大者。(83)有桀紂之亂　有夏桀、殷紂一樣的昏暴之行。桀、紂的昏暴情形見《史記》之〈夏本紀〉、〈殷本紀〉。(84)繕兵　修治武器裝備。繕，治。(85)不傷眾　不必付出重大犧牲。(86)拔一國　滅掉一個小國。(87)利盡四海　極言滅蜀所獲得的利益之大。按，此處「四海」二字《史記》作「西海」，意謂滅蜀所得之利可直達蜀國以西的盡頭。較「四海」為長。其實蜀國以西是什麼情景，當時中原地區的人並不知道，此蓋以「四方盡頭皆有海」而想像之。(88)名實附　既得美名，又獲實利。《索隱》曰：「名謂傳其德也，實謂土地財貨。」(89)而又有禁暴止亂之名　禁暴止亂，指結束巴蜀之間的戰爭。按，黃式三曰：「『而又』一句當在『是我』句上。」按，兩句倒過甚順，應從之。(90)又有不義之名　指攻韓而言。鮑彪曰：「韓無罪而伐之，不義也。」(91)攻天下所不欲　周天子儘管早成傀儡，但他畢竟還有各國宗主的名分，各國皆不欲看到周國被攻。(92)天下之宗室　天下共同尊崇的聖地。胡三省曰：「周室為天下所宗，故謂之宗室。」宗，尊崇。(93)齊二句　繆文遠引鍾鳳年語以為應作「齊、趙，韓、周之與國也。」下文之「齊趙」二字即承此語而生。與國，同盟國。(94)因　借助；通過。(95)求解乎楚魏　求楚、魏幫著解圍。求解，求第三方幫著解圍。(96)王弗能止　意謂秦王將無法阻止這種形勢的變化。(97)不如伐蜀完　完，完善；安全。鮑彪曰：「不虞傷敗。」李光晉引陸深曰：「司馬錯之策不特忠於秦，且商略事勢又多格言，不類戰國諸人。」又引張洲曰：「司馬錯、張儀各逞雄辯，各有所據，然終不若錯之理正詞順。」又引楊循吉曰：「孔明之先定滇南諸夷而後謀伐魏，即此意。」(98)十月取之　秦從此設蜀地為郡。(99)貶蜀王二句　意即令原來的蜀王仍治其民，只降之為侯而已。(100)使陳莊相蜀　令陳莊為蜀侯之相。陳莊是秦將名。(101)秦以益彊富厚二句　以上張儀與司馬錯論辯與秦滅巴、蜀事，見《戰國策・秦策一》與《史記・蘇秦列傳》。諸祖耿引張琦曰：「秦取巴蜀，則據楚之上游，張儀所云『方船積粟，浮江而下，不十日而距捍關』者也。拔焉郢，燒夷陵，必至之勢，楚亡於此矣。」吳如嵩曰：「秦滅巴蜀具有重大的戰備意義，不但開拓了大片疆土，增加了人力資源，加強了經濟實力，更重要的是為秦國迂迴楚國的側翼，對楚實施兩面鉗擊創造了條件。」(102)蘇秦既死　關於蘇秦的死，《史記・蘇秦列傳》云：「齊大夫多與蘇秦爭寵者，而使人刺蘇秦，不死，殊而走。齊王使人求賊，不得。蘇秦且死，乃謂齊王曰：『臣即死，車裂臣以徇於市，曰蘇秦為燕作亂於齊，如此則臣之賊必得矣。』於是如其言，而殺蘇秦者果自出，齊王因而誅之。」楊寬《戰國史》以為此說不確。蘇秦之死蓋因其間諜行為被齊發覺。事見下文，並參見韓兆琦《史記箋證・蘇秦列傳》。蘇秦之死亦不在燕噲王在位時。(103)秦弟代厲　依《史記・蘇秦列傳》，蘇代、蘇厲為蘇秦之弟，而蘇秦被稱為「季子」，其行輩非長兄明矣。故今之歷史家皆不取《史記》說，而以蘇代、蘇厲為蘇秦之兄，其遊說活動在蘇秦之前。此時蘇秦尚未出世。104燕相子之　燕王噲之相，名子之。105與蘇代婚　與蘇代結為姻親。106蘇代使於齊而還　《史記》作「蘇代為齊使於燕」。《史記索隱》曰：「《戰國策》曰：『子之使蘇代侍質子於齊，齊使代報燕。』」107鹿毛壽　人名，燕相子之的黨羽。108讓天下　指堯臨終傳位於舜事，見《史記・五帝本紀》。109同名　同有讓賢、禪天下之名。110屬國　將國家政權交給別人。屬，同「囑」。託給。111或曰　有人說。按，此「或人」也肯定是燕相子之的黨羽。112禹薦益二句　大禹雖然把賢臣伯益定為了接班人，但卻將其子啓的黨羽安插在各個權力部門。113及老　等到他退休時。老，退休；退居二線。114不足任天下　不能擔當國家首腦之任。115交黨　猶言朋黨、黨徒。交，親交；關係緊密的人。116實令啓自取之　實際上是讓其子啓再把權位奪回來。117今王言　現在大王您表面上說。118用事　掌權。119王因收印綬三句　於是燕王噲便把俸祿在三百石以上之官吏的印綬通通收回來交給了子之（，令其自行任命）。印綬，官印與繫印的絲帶。效，呈；交給。120南面行王事　意即正式接管了燕國政權。南面，面南坐在王位。行，執行；主管。121噲老三句　燕王噲從王位上退下來，不主持政務，反而成了臣子。顧，反而。122王崩　周慎靚王死。123赧王延　名延，赧字是謚，西元前三一四—前二五六年在位。

【語　譯】慎靚王

元年（辛丑　西元前三二〇年）

衛國衛成侯再次貶低自己的爵號，不再稱「侯」而稱「君」。

二年（壬寅　西元前三一九年）

秦國攻打韓國，奪取了鄢陵邑。

魏惠王去世，他的兒子魏襄王即位。孟子入朝見過魏襄王出來以後對人說：「這位國君看上去就不像國君的樣子，靠近他時也感覺不到他的威嚴，無法讓人產生敬意。他突然問我『如何才能使天下安定？』我回答說『天下統一了，就安定了。』他又問『誰能使天下統一？』我回答說『不嗜好殺人的人能夠統一。』他又問『有誰願意歸附他？』我回答『天下沒有人不願意歸附。大王知道禾苗吧？七、八月間，天氣乾旱少雨，禾苗全部枯萎了。突然，天空烏雲密布，大雨傾盆而下，禾苗立刻就充滿了生機。如果哪個國君也像這及時雨一樣，有誰能夠阻擋他統一天下呢。』」

三年（癸卯　西元前三一八年）

楚國、趙國、魏國、韓國、燕國共同討伐秦國，攻打函谷關。秦軍出關迎戰，五國聯軍立即潰不成軍，四散而逃了。

宋君偃開始稱王。

四年（甲辰　西元前三一七年）

秦國在韓國的脩魚大敗韓軍，斬首八萬人，又在濁澤俘虜了韓國大將鰒和申差，東方諸國都感到震驚和恐懼。

齊國大夫與蘇秦爭寵，派人殺死了蘇秦。

張儀遊說魏襄王說：「魏國的領土方圓不足一千里，士兵不超過三十萬。土地平曠，沒有高山大川等天然險阻。僅有的三十萬兵力還要分別駐守在與楚國、韓國、齊國、趙國接壤的四周邊境，真正用來固守防地的只不過十來萬人。魏國的地理形勢決定了魏國本來就是一個戰場。各諸侯國曾經締結了合縱抗秦的協約，並在洹水之上舉行了結盟儀式，發誓要像親兄弟一樣互相支持，共同堅守。但事實上就連親兄弟與父母之間為爭奪錢財還互相殘殺，更何況是諸侯之間呢？想要依靠反覆無常的蘇秦所謀劃的合縱來對抗秦國，其結果必然失敗是不言自明的了。大王您如果不肯臣服秦國，秦國發兵攻打魏國黃河以南地區，佔據卷邑、衍邑、酸棗邑，然後控制衛國，奪取陽晉，這樣就割斷了趙國南下的通道；趙國再也不能向南救援魏國，魏國也不能向北與趙國、燕國聯絡，這樣一來，合縱聯盟就被攔腰切斷，到那時，大王您的國家再想要得到安寧是不能夠的了！所以我希望大王您仔細的考慮考慮利害關係，拿定主意；還請您批准我辭職的請求。」魏襄王聽信張儀的花言巧語，於是背棄了合縱抗秦聯盟，並通過張儀請求與秦國講和。張儀回到秦國，因為遊說魏國有功，所以再一次擔任秦國的宰相。

魯景公姬偃去世，他的兒子姬旅做了國君，就是魯平公。

五年（乙巳 西元前三一六年）

巴國與蜀國發生戰爭，兩個國家都來向秦國求救。秦惠王想要趁機征服蜀國，但是因為去蜀國的道路險惡難行，加上韓國又來侵犯秦國邊境，所以猶豫未決。這時司馬錯請求攻伐蜀國，張儀說：「攻打蜀國不如攻打韓國。」秦惠王說：「請說說你的理由。」張儀說：「我們應該和魏國、楚國搞好關係，然後集中兵力對付韓國。首先攻打三川，再攻下新城、宜陽，其後就可以把兵力直接部署在東西二周的交通要道。迫使周天子交出象徵權力的九鼎和天下地圖、戶籍，東西二周就完全掌握在我們手中了。然後挾持周天子，以天子的名義號令天下，天下誰敢不聽從，這是一統天下、稱帝稱王的事業啊。我聽說『要爭名就到朝廷上去爭，那裡是獲取大名大位的地方。要爭利就到市場上去爭，那裡是賺大錢的地方』，如今的三川和周王室就是天下的一個大朝廷和大市場，大王您不到那裡去爭奪，反而要到荒蠻的戎狄那裡去爭奪，恐怕是離成就王者的大業太遠了吧。」

司馬錯說：「不對。我聽說『想要使國家富強的人必定把擴充領土作為當務之急，想要使兵力強盛的人一定會千方百計讓人民生活富足，想要統一天下成就王者事業的人必定會把推廣德政放在首位。』這三個方面的條件都具備了，統一天下的大業也就自然而然的實現了。如今大王您的領土狹小，百姓生活貧困，所以我想讓您從最容易的事情做起。至於說蜀國，雖說地處偏遠的西南，是蠻族的首領，但它的國君卻有著夏桀、商紂那樣的暴行。用我們秦國的軍隊去攻打它，就像是讓豺狼般的猛獸去追趕群羊一樣輕而易舉。得到蜀國的土地，擴大了秦國的疆域；得到蜀國的財富，可以用來改善人民的生活和修治武器裝備，而且不必付出巨大犧牲。我們滅掉一個小小的蜀國，天下的人不會認為我們殘暴；我們得到了巴、蜀的最大利益，而天下的人不會認為我們貪得無厭，還獲得了禁暴止亂的好名聲，這正是一舉而名利雙收。如果攻打韓國，劫持周天子，就會落下一個不義的壞名聲，卻未必能得到實際的好處，又有了一個不義的壞名聲。再去攻打一個大家都不願意看到它被攻打被滅亡的東、西二周，我看秦國就危險了。請讓我陳述這其中的原因：東、西二周，雖然是一個很小的國家，卻是各諸侯共同尊奉的宗主國，又是齊國、韓國的同盟國，周預料到自己會失去象徵政權的九個鼎，韓國預料到自己將會失去三川，周、韓兩國就會同心協力謀劃對付秦國，並通過齊國、趙國從中斡旋而得到楚國、魏國的支援。周將九鼎送給楚國，韓國將地割給魏國，大王您是沒有辦法禁止的。這就是我所說的秦國就危險了的道理。所以說攻打韓國不如攻打蜀國更有利。」

秦惠王聽從了司馬錯的意見，率軍攻打蜀國；當年十月就佔領了蜀國，把蜀君的「王」號貶低為「侯」，並委派陳莊擔任蜀相。蜀地併入秦國的版圖，秦國因此更加強大，物質財富也更加豐厚，於是便不再把東方各諸侯放在眼裡。

蘇秦死了以後，他的兩個弟弟蘇代、蘇厲也以遊說而受到各諸侯國的尊重。燕國的宰相子之與蘇代結為姻親，目的是想要奪取燕國的政權。蘇代出使齊國回到燕國以後，燕王姬噲問蘇代說：「齊王有沒有成為霸主的可能？」蘇代說：「沒有這種可能。」燕王又問：「是什麼緣故啊？」蘇代暗示他說：「齊王不信任他的大臣。」燕王讓子之獨攬燕國的大權。一個叫做鹿毛壽的人對燕王說：「人們都稱讚堯是一個賢明的君主，就是因為他能夠把天下禪讓給賢人。現在您把燕國的權利交給子之，那麼您就會和堯一樣享有讓賢、禪天下的美名了。」燕王聽信鹿毛壽的話，就把國政全部交給子之，子之一下子執掌了燕國的大權。又有人對燕王姬噲說：「大禹雖然將益定為自己的接班人，卻將自己兒子夏啓的屬下安插在各級部門。等到大禹年事已高，就以夏啓不能擔負起治理天下的重任為由傳位給益。夏啓和他的黨羽攻打益，最後奪取了政權。天下人都說，大禹名義上把政權傳給益，而實際上是讓夏啓再把政權奪回來。如今大王您表面上把權力交給子之，而那些官吏沒有一個不是太子姬平的人，這是名義上把權力交給子之，而實際上是太子姬平在掌權。」燕王於是把享受三百石以上俸祿官吏的印綬都收回來交給子之，讓子之自己選拔任用官吏。於是子之面南而坐行使國王的職權，而燕王噲因為年老，不能再過問國家的政事，自己反而成了子之的臣僚，燕國的一切政事全都決定於子之。

六年（丙午　西元前三一五年）

周慎靚王姬定駕崩，他的兒子姬延繼承了王位，就是周赧王。

赧王❶上

元年（丁未　西元前三一四年）

秦人侵義渠❷，得二十五城。

魏人叛秦。秦人伐魏，取曲沃❸而歸其人❹。又敗韓於岸門❺，韓太子倉入質于秦❻以和。

燕子之為王三年❼，國內大亂。將軍市被❽與太子平謀攻子之。齊王❾令人謂燕太子[1]曰：「寡人聞太子將飭君臣之義❿，明父子之位⓫。寡人之國⓬雖小[2]，唯太子所以令之⓭。」太子因要黨聚眾⓮，使市被攻子之，不克。市被反攻太子，搆難⓯數月，死者數萬人，百姓恫恐⓰。齊王令章子⓱將五都之兵⓲，因北地之眾⓳，以伐燕。燕士卒不戰，城門不閉⓴。齊人取子之醢之㉑，遂殺燕王噲㉒。

齊王問孟子曰：「或謂㉓寡人勿取燕㉔，或謂寡人取之。以萬乘之國伐萬乘之國㉕，五旬而舉之㉖，人力不至於此㉗。不取必有天殃㉘，取之何如？」孟子對曰：「取之而燕民悅，則取之。古之人有行之者，武王是也㉙。取之而燕民不悅，則勿取。古之人有行之者，文王是也㉚。以萬乘之國伐萬乘之國，簞食壺漿㉛以迎王師㉜，豈有他哉？避水火㉝也。如水益深，如火益熱㉞，亦運而已矣㉟。」

諸侯將謀救燕㊱。齊王謂孟子曰：「諸侯多謀伐寡人者，何以待之㊲？」對曰：「臣聞七十里為政於天下㊳者，湯㊴是也。未聞以千里㊵畏人者也。書㊶曰『徯我后，后來其蘇㊷。』今燕虐其民，王往而征之。民以為將拯己於水火之中也，簞食壺漿以迎王師。若殺其父兄，係累㊸其子弟，毀其宗廟，遷其重器㊹，如之何其可也㊺！天下固畏齊之彊㊻也，今又倍地㊼而不行仁政，是動天下之兵㊽也。王速出令㊾，反其旄倪㊿，止其重器(51)，謀於燕眾(52)，置君而後去之(53)，則猶可及止(54)也。」齊王不聽，已而(55)燕人叛齊(56)[3]。王曰：「吾甚慚於孟子。」陳賈(57)曰：「王無患(58)焉。」乃見孟子，曰：「周公(59)何人(60)也？」曰：「古聖人(61)也。」陳賈曰：「周公使管叔(62)監商(63)，管叔以商畔(64)也。周公知其將畔而使之與(65)？」曰：「不知也。」陳賈曰：「然則(66)聖人亦有過與(67)？」曰：「周公，弟也；管叔，兄也，周公之過，不亦宜乎(68)？且古之君子(69)，過則改之；今之君子，過則順之(70)。古之君子，其過也，如日月之食(71)，民皆見之；及其更(72)也，民皆仰之(73)。今之君子，豈徒順之(74)，又從為之辭(75)。」

是歲，齊宣王薨(76)，子湣王地(77)立。

【章　旨】以上為第二段，寫周赧王元年（西元前三一四年）一年內的各國大事，主要寫了燕國因「禪讓」鬧劇造成內亂，齊國趁機入侵，大肆掠奪，最後被燕國逐回的過程。

【注　釋】❶赧王　名延，西元前三一四—前二五六年在位。❷秦人侵義渠　義渠原是少數民族建立的小國名，佔據的區域在今陝西之西北部和與之臨近的甘肅東北部地區。在惠文王前十一年（西元前三二七年），義渠君已向秦國稱臣，秦國已在義渠設縣（今甘肅慶陽西南）。在四年前犀首發動五國攻秦時，義渠人又乘機敗秦軍於李伯（方位不詳），故秦又起兵伐義渠。事見《史記・張儀列傳》。❸曲沃　魏邑名，在今河南陝縣西南。❹歸其人　謂秦軍只佔有曲沃其地，而將曲沃之民逐歸魏國。❺岸門　韓邑名，在今河南許昌北。❻入質于秦　到秦國當人質。❼子之為王三年　當燕王噲七年，周赧王元年，齊宣王六年，西元前三一四年。❽市被　姓市名被，燕國之忠於燕王公室者。❾齊王　《史記》誤說為齊湣王，實則應是齊宣王。齊宣王是齊威王子，名辟彊，西元前三一九—前三〇一年在位。❿飭君臣之義　整頓燕國已經亂了套的關係。飭，整頓。義，宜也，關係之所宜。⓫明父子之位　意即要把被燕王噲與子之弄亂了的燕王與太子的關係重新確立起來，意即要奪回自己的王位繼承權。⓬寡人之國　即謂齊國。⓭唯太子所以令之　意即一切願聽你的指揮。⓮要黨聚眾　意即號召組織。要，意思同「邀」，招集。⓯搆難　造成對攻；形成戰亂。⓰恫恐　恐懼。⓱章子　即匡章，齊國將軍。閻若璩曰：「人名下係以『子』字者，當時有此稱。田盼為盼子、田嬰為嬰子、田文為文子，秦魏冉稱冉子，匡章稱章子，亦是。」⓲將五都之兵　意即統領齊國大軍。《索隱》曰：「五都即齊也。按，臨淄，是五都之一也。」按，齊國的「都」相當於他國家的「郡」。齊國的五都是指臨淄、平陸、高唐、即墨和莒。五都之兵在對外作戰時，常被用作軍隊的主力。⓳北地之眾　指齊國北部的靠近燕國地區的兵力。《索隱》曰：「北地，即齊之北邊也。」⓴燕士卒不戰二句　因燕國軍民討厭燕國君臣自己造成的這種戰亂，而將齊軍視為仁義之師，將拯燕國軍民於水火故也。㉑醢之　將其剁成肉醬、煮成肉粥。㉒遂殺燕王噲　《韓非子・說疑》：「燕君子噲，邵公奭之後也。地方數千里，持戟數十萬，不安子女之樂，不聽鐘石之聲，內不湮汙池臺榭，外不罼弋田獵，又親操耒耨以修畎畝。子噲之苦身以憂民如此其甚也，雖古之所謂聖王明君者，其勤身而憂世不甚於此矣。然而子噲身死國亡，奪於子之，而天下笑之，此其何故也，不明乎所以任臣也。」鮑彪曰：「王噲，七國之愚主也。惑蘇代之淺說，貪堯之名，惡禹之實，自令身死國破，蓋無足數。齊湣所以請太子者近於興滅繼絕矣，而天下不以其言信其心，蓋名實者，天下之公器也，豈可以虛稱矯舉而得哉？故齊湣之勝適足以動天下之兵而速臨淄之敗也。」㉓或謂　有人勸我。㉔勿取燕　不要趁機吞併燕國。㉕以萬乘之國伐萬乘之國　指齊國趁燕國之亂佔據燕國。㉖五旬而舉之　只用了五十天就將其佔領。㉗人力不至於此　言外之意是這是老天爺的旨意。㉘必有天殃　必然要受到老天爺的懲罰，因為上天怪我不按它的意願行事。㉙武王是也　指周武王滅商後，商民都歡迎周武王、擁護周武王。㉚文王是也　意思是早在文王的時代周國就有滅商的能力，只是民意還不到火候，所以文王一直不動手，把這件事留給了武王。㉛簞食壺漿　用筐盛著飯，用壺盛著水，以迎接、慰勞王師。㉜王師　為實行仁義而除暴安良、解救受難者的軍隊。㉝避水火　使黎民百姓脫離水火。㉞如水益深二句　如果一支入侵軍隊沒能使民眾脫離水火，反而使他們所遭受的水更深、火更熱了。㉟亦運而已矣　那百姓們只好離開它就是了。運，轉移；離開。按，以上孟子對齊宣王語，見《孟子・梁惠王下》。㊱將謀救燕　意即準備幫著燕國驅逐齊國在燕國的佔領軍。㊲何以待之　我們應如何對待。待，對付。㊳七十里為政於天下　憑著七十里見方的一小塊國土發展起來最後統一了天下。㊴湯　商湯，商朝的開國帝王。事跡見《史記・殷本紀》。㊵千里　這裡指千里見方的大國，即齊國。㊶書　即今所謂《尚書》或《書經》。㊷徯我后二句　盼望我們救命的國君快點來吧，他一來我們就能活命了。徯，盼望；等待。后，君主。其，將，表示推斷的語詞。蘇，復活。按，以上二句見《尚書・仲虺之誥》。㊸係累　捆綁。㊹遷其重器　將燕國的鐘鼎珍寶大批地掠奪到齊國。㊺如之何其可也　這怎麼可以呢。㊻固畏齊之彊　本來就怕齊國強大了不幹好事，侵略別國。固，本來。㊼倍地　指齊國吞併燕國後土地擴大一倍。㊽動天下之兵　招來各國聯合地對齊國討伐。㊾出令　下命令。㊿反其旄倪　把俘虜的老人小孩都放回去。反，放回。旄，通「耄」。古稱老人。倪，同「兒」。小孩。(51)止其重器　把準備搬運的燕國的國家寶器都給放下。(52)謀於燕眾　好好聽取一下燕國上下的意見。(53)置君而後去之　給燕國選立一個好的君主，而後就趕緊撤出佔領軍。去之，撤離燕國。(54)猶可及止　還來得及讓各國停止對齊國動兵。(55)已而　過後；後來。(56)燕人叛齊　指燕國人群起反抗齊國佔領軍。(57)陳賈　齊宣王之臣。(58)無患　不必憂慮；不必擔心。(59)周公　名旦，武王之弟，協助武王滅殷後，被封於魯。但因朝廷需要周公在朝輔佐，故派周公之子伯禽赴曲阜就封，而在周國另給了周公一塊封邑。因這塊封邑在周（今陝西岐山縣南），故稱周公。詳見《史記・魯周公世家》。(60)何人　何如人，怎麼樣的一個人。(61)聖人　是一種秉天命降臨，既道德至高，又英明絕頂的人，古代儒家認為堯、舜、禹、湯、文王、武王、周公、孔子就是這種人。(62)管叔　名鮮，武王之弟，周公之兄。(63)監商　武王滅商後，封紂的兒子武庚為諸侯，仍居於朝歌，以管理商朝遺民，而派了自己的三個弟弟管叔、蔡叔、霍叔駐紮在朝歌四周以監督武庚的國家。監，監督。(64)管叔以商畔　武王死後，成王年幼，周公代成王行使政權。管叔因懷疑周公而勾結武庚反叛朝廷，最後被周公討平。過程詳見《史記・周本紀》與〈魯周公世家〉、〈管蔡世家〉。畔，通「叛」。(65)周公知其將畔而使之與　周公是明明知道管叔日後會勾結武庚作亂還故意派他去的嗎。66然則　這麼說來。67聖人亦有過與　聖人也有犯錯誤的時候嗎。與，同「歟」。反問語氣詞。68不亦宜乎　不是可以理解的嗎。意思是一個人怎麼可以輕易懷疑自己的父兄呢。69君子　這裡指有身分的人、掌權的人。70過則順之　有了錯誤不承認，還要繼續錯下去。71日月之食　日蝕、月蝕。食，通「蝕」。72更　改；糾正錯誤。73民皆仰之　百姓們也都看得見。仰，像是看日蝕、月蝕一樣看得清清楚楚。74豈徒順之　豈只是不承認，堅持錯誤而已。75又從為之辭　還要文過飾非，找出許多理由來為自己的錯誤作辯護。按，以上孟子對陳賈語見《孟子・公孫丑下》。76齊宣王薨　此依《史記》誤說，其實此年乃齊宣王六年。齊宣王死，其子湣王即位還在十三年之後。77湣王地　名地，「湣」字是諡，西元前三〇一—前二八四年在位。

【校　記】[1]謂燕太子　原無「燕」字。據章鈺校，「謂」下，十二行本、乙十一行本、孔天胤本皆有「燕」字，張敦仁《通鑑刊本識誤》同。按，《通鑑》筆法，當有「燕」字，今據補。[2]寡人之國雖小　原無「雖小」二字。據章鈺校，「國」下，十二行本、乙十一行本、孔天胤本皆有「雖小」二字，張瑛《通鑑校勘記》同。按，《史記・燕召公世家》：「寡人之國小，不足以為先後，雖然，則唯太子所以令之。」今據諸本補。[3]燕人叛齊　原無「齊」字。據章鈺校，「叛」下，十二行本、乙十一行本、孔天胤本皆有「齊」字。按，呂祖謙《大事記解題》卷四引《通鑑》作「燕人叛齊」。又，胡注云：「相帥叛齊矣。」今據諸本及《大事記》、胡注補。

【語　譯】赧王上

元年（丁未　西元前三一四年）

秦國的軍隊攻打義渠，攻克了二十五個城邑。

魏國背叛了秦國。秦國發兵攻打魏國，佔領了曲沃，而將曲沃的居民全部逐出，使他們仍舊歸於魏國。秦國的軍隊又在韓國的岸門打敗了韓國的軍隊。韓國只好把太子韓倉送到秦國去做人質以求講和。

燕國相子之在燕國執政三年，把燕國搞得一團糟。燕國一個高級軍官叫做市被的與燕太子姬平合謀攻打子之。齊宣王派人來對燕太子姬平說：「我聽說太子要整頓燕國的綱紀，恢復燕國固有的君臣名分，明確兒子繼承父親之位的原則。我非常支持你，齊國雖小，將完全聽命於你。」燕太子於是邀集自己的黨羽，組織起民眾，派市被率領著去攻打子之；市被不能取勝，就反過來攻打太子。燕國的內亂持續了好幾個月，死了數萬人，百姓陷入一片恐慌當中。齊宣王見燕國內亂不止，就派章子為統帥，率領齊國的主力和北部地區的守備部隊大舉進犯燕國。燕國的軍隊毫不抵抗，連城門都沒有關閉。齊國的軍隊長驅直入，直抵燕國的都城，活捉了子之，把子之剁成了肉醬；混亂之中把燕王姬噲也殺掉了。

齊宣王問孟子：「有人勸我不要吞併燕國，有人又勸我吞併燕國。我以一個萬乘兵車的大國攻伐另一個擁有萬乘兵車的大國，只用了五十天就把它給佔領了，光靠人的力量是做不到的，一定是出於天意。如果我違背了天意，不佔有燕國，恐怕就要遭到上天的懲罰。我要永久的佔領燕國，你覺得怎麼樣？」孟子回答說：「您佔領了燕國以後，如果燕國的老百姓很高興被佔領，那您就可以佔領。古代有人這樣做過，那就是周武王。如果您佔領燕國以後，燕國的百姓不高興被您佔領，那您就不要佔領。古代也有人這樣做過，那就是周文王。現在您以一個擁有萬乘兵車的大國去攻打另一個擁有萬乘兵車的大國，而那裡的老百姓卻用筐盛著乾糧、用壺盛著水夾道歡迎為實行仁義而除暴安良、解救受難者的軍隊，難道還有別的原因嗎？是歡迎您把他們從水深火熱之中拯救出來呀。如果您佔領了燕國以後，百姓所遭受的災難比過去還要深重，情形就不同了，百姓就會轉而去歡迎別人。」

其他諸侯正在商討援救燕國。齊宣王問孟子：「許多諸侯都在謀劃攻打我們齊國，我該怎樣對待他們呢？」孟子回答說：「我聽說有人憑藉方圓僅有七十里的一小塊國土最後統一了天下，商湯就是一個例子。而從沒有聽說擁有方圓一千里國土的大國反而會懼怕別人。《書經》上說『等待我們的君主，君主來了我們就有活路了。』如今燕國的統治者虐待他的百姓，大王您前來征討燕國。燕國的百姓認為您能將他們從水深火熱之中拯救出來，所以才用筐盛著乾糧、用壺盛著酒水夾道歡迎您的軍隊。如果您殺死了他們的父母兄弟，捆綁了他們的子弟，毀壞了他們的宗廟，搬走了他們國家的寶器，這怎麼可以呢！天下的人本來就畏懼齊國的強大，如今又兼併了燕國，使齊國的版圖擴大了一倍，而您如果不行仁政，那就是在挑動天下各國興兵討伐齊國了。大王您應該趕緊下達命令，讓人把俘虜的老人孩子送回去，把準備搬運的燕國的傳國寶器都給放下；再好好地聽取一下燕國人的意見，為他們選立一個新國君，然後趕緊把軍隊撤出燕國，還來得及阻止各國興兵攻打齊國。」齊宣王不肯聽從孟子的話。不久，燕國人群起反抗齊國佔領燕國。齊宣王說：「後悔當初沒有聽從孟子的勸告，我真沒有臉面再見到他。」

陳賈說：「大王您不要把這件事放在心上。」陳賈去見孟子，他問孟子：「周公是一個怎麼樣的人呢？」孟子回答說：「周公是古代的聖人。」陳賈說：「周公曾經委派他的哥哥管叔去監督商王朝的遺民首領武庚，後來管叔竟然和武庚聯合起來反叛周王朝。周公是不是預先知道管叔會勾結武庚背叛才派他去監督武庚的呢？」孟子說：「周公預先沒有預料到管叔會背叛。」陳賈說：「這樣看來，聖人也是會犯錯誤的了？」孟子說：「周公是弟弟，管叔是哥哥，弟弟沒有料到哥哥會發動叛亂，難道不是可以理解的嗎？再說，古代的君子，有了過錯就改正；而現在的君子犯了錯不敢承認，還將錯就錯。古代的君子所犯的錯誤，就像是天上的太陽、月亮發生日蝕、月蝕一樣，百姓都能看得見；等到他改正了錯誤，百姓也都會看得見。現在的君子，不僅是將錯就錯，還要尋找種種藉口來為自己的錯誤進行辯解。」

這一年，齊宣王去世，他的兒子田地繼承了王位，就是齊湣王。

二年（戊申　西元前三一三年）

秦右更疾❶伐趙❷，拔藺❸，虜其將莊豹❹。

秦王欲伐齊，患齊、楚之從親❺，乃使張儀至楚，說楚王❻曰：「大王誠能聽臣，閉關絕約於齊❼，臣請獻商於❽之地六百里，使秦女❾得為大王箕帚之妾❿。秦、楚嫁女娶婦⓫，長為兄弟之國。」楚王說而許之。羣臣皆賀，陳軫⓬獨弔⓭。

王怒曰：「寡人不與師而得六百里地，何弔也？」對曰：「不然。以臣觀之，商於之地不可得，而齊、秦合⑭；齊、秦合，則患必至矣。」王曰：「有說乎？」對曰：「夫秦之所以重楚⑮者，以其有齊⑯也。今閉關絕約於齊，則楚孤。秦奚貪夫孤國⑰，而與之商於之地六百里？張儀至秦，必負王⑱。是王北絕齊交，西生患於秦⑲也，兩國之兵必俱至。為王計者，不若陰合⑳而陽絕於齊㉑，使人隨張儀㉒。苟與吾地，絕齊未晚也。」王曰：「願陳子閉口毋復言，以待寡人得地㉓。」

乃以相印授張儀㉔，厚賜之，遂閉關絕約於齊，使一將軍隨張儀至秦。張儀詳墮車㉕，不朝㉖三月。楚王聞之曰：「儀以㉗寡人絕齊未甚邪㉘？」乃使勇士宋遺㉙借宋之符，北罵齊王㉚。齊王大怒，折節以事秦㉛。齊、秦之交合㉜，張儀乃朝，見楚使者曰：「子何不受地㉝？從某至某，廣袤㉞六里。」使者怒，還報楚王。楚王大怒，欲發兵而攻秦。陳軫曰：「軫可發口㉟言乎？攻之不如因賂之以一名都㊱，與之并力而攻齊，是㊲我亡地於秦，取償於齊㊳也。今王已絕於齊，而責欺於秦㊴，是吾合齊、秦之交㊵，而來天下之兵㊶也，國必大傷矣。」楚王不聽，使屈匄㊷帥師伐秦。秦亦發兵，使庶長章㊸擊之。

三年（己酉　西元前三一二年）

春，秦師及楚戰于丹陽[44]，楚師大敗。斬甲士[45]八萬，虜屈匄及列侯、執珪[46]七十餘人，遂取漢中郡[47]。楚王悉發國內兵，以復襲秦[48]，戰於藍田[49]，楚師大敗。韓、魏聞楚之困，南襲楚，至鄧[50]。楚人聞之，乃引兵歸，割兩城以請平于秦[51]。

燕人共立太子平，是為昭王[52]。昭王於破燕之後即位[1]，弔死問孤[53]，與百姓同甘苦，卑身厚幣，以招賢者[54]。謂郭隗[55]曰：「齊因孤之國亂，而襲破燕，孤極知燕小力少，不足以報[56]。然誠得賢士與共國[57]，以雪先王之恥[58]，孤之願也。先生視可者[59]，得身事之[60]。」郭隗曰：「古之人君有以千金使涓人[61]求[62]千里馬者，馬已死，買其首五百金而返。君大怒，涓人曰『死馬且買之，況生者乎？馬今至矣[63]。』不期年[64]，千里之馬至者三[65]。今王必欲致士[66]，先從隗始[67]，況賢於隗者，豈遠千里哉[68]！」於是昭王為隗改築宮[69]而師事之[70]，於是士爭趣燕[71]。樂毅[72]自魏往[73]，劇辛[74]自趙往。昭王以樂毅為亞卿[75]，任以國政。

韓宣惠王薨，子襄王倉[76]立。

四年（庚戌　西元前三一一年）

蜀相殺蜀侯[77]。

秦惠王使人告楚懷王，請以武關[78]之外易黔中地[79]。楚王曰：「不願易地，願得張儀[80]而獻黔中地。」張儀聞之，請行。王曰：「楚將甘心於子[81]，柰何行[82]？」張儀曰：「秦彊楚弱，大王在，楚不宜敢取臣[83]。且臣善其嬖臣靳尚[84]，靳尚得事[85]幸姬鄭袖。袖之言，王無不聽者[86]。」遂往。

楚王囚將殺之。靳尚謂鄭袖曰：「秦王甚愛張儀，將以上庸六縣[87]及美女贖之。王重地尊秦[88]，秦女必貴，而夫人斥[89]矣。」於是鄭袖日夜泣於楚王曰：「臣各為其主耳，今殺張儀，秦必大怒。妾請子母俱遷江南，毋為秦所魚肉也[90]。」王乃赦張儀，而厚禮之[91]。

張儀因說楚王曰：「夫為從者[92]，無以異於驅羣羊而攻猛虎，不格[93]明矣。今王不事秦，秦劫韓驅梁[94]而攻楚，則楚危矣。秦西有巴、蜀，治船積粟[95]，浮岷江而下[96]，一日行五百餘里，不至十日而拒扞關[97]。扞關驚[98]，則從境以東[99]盡城守[100]矣，黔中、巫郡[101]非王之有。秦舉甲[102]出武關，則北地絕[103]。秦兵之攻楚也，危難在三月之內[104]；而楚待諸侯之救，在半歲之外[105]。夫待弱國之救，忘彊秦之禍，此臣所為大王患[106]也。大王誠能聽臣，臣請令秦、楚長為兄弟之國，無相攻伐。」楚王已得張儀，而重出黔中地[107]，乃許之[108]。

張儀遂之韓，說韓王[109]曰：「韓地險惡山居[110]，五穀所生，非菽而麥[111]。國無二歲之食，見卒[112]不過二十萬。秦被甲百餘萬，山東之士被甲蒙冑[113]以會戰。秦人捐甲徒裼[114]以趨敵[115]，左挈人頭[116]，右挾生虜[117]。夫戰孟賁、烏獲之士[118]，以攻不服之弱國，無異垂[119]千鈞[120]之重於鳥卵之上，必無幸[121]矣。大王不事秦，秦下甲據宜陽[122]，塞成皋[123]，則王之國分[124]矣。鴻臺之宮，桑林之苑[125]，非王之有也。為大王計，莫如事秦以攻楚，以轉禍而悅秦[126]，計無便於此者[127]。」韓王許之。

張儀歸報，秦王封以六邑[128]，號武信君[129]。復使東說齊王[130]曰：「從人[131]說大王者，必曰『齊蔽於三晉[132]，地廣民眾，兵彊士勇，雖有百秦，將無奈齊何。』大王賢其說[133]，而不計其實。今秦、楚嫁女娶婦[134]，為昆弟[135]之國；韓獻宜陽[136]；梁效河外[137]；趙王入朝[138]，割河間以事秦[139]。大王不事秦，秦驅韓、梁攻齊之南地[140]，悉趙兵度清河，指博關[141]，臨菑、即墨[142]非王之有也。國一日見攻[143]，雖欲事秦，不可得也。」齊王許張儀[144]。

張儀去，西說趙王[145]曰：「大王收率[146]天下以擯秦[147]，秦兵不敢出函谷關十五年[148]。大王之威，行於山東[149]。敝邑恐懼[150]，繕甲厲兵[151]，力田[152]積粟，愁居懾處[153]，不敢動搖，唯大王有意督過之也[154]。今以大王之力[155]，舉巴、蜀[156]，并漢中[157]，包兩周[158]，守白馬之津[159]。秦雖僻遠，然而心忿含怒[160]之日久矣。今秦有敝甲凋兵軍於澠池[161]，願渡河、踰漳、據番吾[162]，會邯鄲之下，願以甲子合戰，正殷紂之事[163]，謹使使臣先聞左右[164]。今楚與秦為昆弟之國，而韓、梁稱東藩之臣[165]，齊獻魚鹽之地[166]，此斷趙之右肩[167]也。夫斷右肩而與人鬬，失其黨而孤居[168]，求欲毋危，得乎[169]？今秦發三將軍：其一軍塞午道[170]，告齊使度清河[171]，軍於邯鄲之東；一軍軍成皋[172]，驅韓、梁軍於河外[173]；一軍軍於澠池[174]。約四國[175]為一，以攻趙。趙服，必四分其地。臣竊為大王計，莫如與秦王面相約，而口相結[176]，常為兄弟之國也。」趙王許之[177]。

張儀乃北之燕，說燕王[178]曰：「今趙王已入朝，效河間以事秦[179]。大王不事秦，秦下甲雲中、九原[180]，驅趙而攻燕，則易水、長城[181]非大王之有也。且今時齊、趙之於秦，猶郡縣[182]也，不敢妄舉師以攻伐[183]。今王事秦，長無齊、趙之患矣。」燕王請獻常山之尾五城[184]以和。

張儀歸報，未至咸陽[185]，秦惠王薨，子武王[186]立。武王自為太子時，不說[187]張儀，及即位，羣臣多毀短[188]之。諸侯聞儀與秦王有隙[189]，皆畔衡[190]，復合從。

五年（辛亥　西元前三一〇年）

張儀說秦武王曰：「為王計[191]者，東方有變[192]，然後王可以多割得地[193]也。臣聞齊王甚憎臣，臣之所在，齊必伐之。臣願乞其不肖之身[194]以之梁[195]，齊必伐梁。齊、梁交兵而不能相去[196]，王以其間[197]伐韓，入三川[198]，挾天子，案圖籍[199]：此王業[200]也。」王許之。

齊王果伐梁，梁王恐[201]。張儀曰：「王勿患也，請令齊罷兵[202]。」乃使其舍人[203]之楚，借使[204]謂齊王[205]曰[2]：「甚矣，王之託儀於秦也[206]！」齊王曰：「何故？」楚使者曰：「張儀之去秦[207]也，固與秦王謀矣[208]，欲齊、梁相攻，而令秦取三川也。今王果伐梁，是王內罷國，而外伐與國[209]，而信儀於秦王[210]也。」齊王乃解兵還[211]。張儀相魏一歲卒[212]。

儀與蘇秦皆以縱橫之術遊諸侯，致位富貴，天下爭慕效之。又有魏人公孫衍者，號曰犀首，亦以談說顯名。其餘蘇代、蘇厲[213]、周最、樓緩[214]之徒，紛紜[215]徧於天下，務以辯詐相高[216]，不可勝紀[217]，而儀、秦、衍最著。

孟子論之曰：「或謂[218]『公孫衍、張儀豈不大丈夫哉[219]？一怒而諸侯懼[220]，安居而天下熄[221]。』孟子曰『是惡足[222]為大丈夫哉！君子立天下之正位[223]，行天下之正道[224]。得志則與民由之[225]，不得志則獨行其道[226]。富貴不能淫[227]，貧賤不能移[228]，威武不能詘[229]，是之謂大丈夫[230]。』」

揚子[231]法言[232]曰：「或問『儀、秦學乎鬼谷術[233]，而習乎縱橫言，安中國者各十餘年[234]，是夫[235]？』曰『詐人[236]也，聖人惡諸[237]。』曰『孔子讀，而儀、秦行[238]，何如也[239]？』曰『甚矣，鳳鳴而鷙翰也[240]！』『然則子貢不為歟[241]？』曰『亂而不解，子貢恥諸[242]；說而不富貴，儀、秦恥諸[243]。』或曰『儀、秦其才矣乎[244]？跡不蹈已[245]。』曰『昔在任人，帝而難之[246]，不以才乎[247]？才乎才，非吾徒之才[248]也。』」

秦王使甘茂[249]誅蜀相莊[250]。

秦王、魏王會于臨晉[251]。

趙武靈王納吳廣之女孟姚[252]，有寵，是為惠后[253]，生子何[254]。

【章旨】以上為第三段，寫周赧王二年（西元前三一三年）至五年共四年間的各國大事，主要寫了張儀愚弄楚懷王，使秦軍大破楚國，與張儀依次遊說東方六國諸侯，實現其連橫策略的過程。

【注釋】❶右更疾　即樗里疾，其爵位為右更。右更是秦爵二十級中的第十四級。樗里疾姓樗里，名疾，秦國的名臣，人稱「智囊」。事跡見《史記．樗里子甘茂列傳》。❷伐趙　時當秦惠文王後元十二年，趙武靈王十三年。❸藺　趙邑名，又稱「北藺」，在今山西離石西。❹莊豹　《史記．六國年表》稱「虜將趙莊」，〈秦本紀〉謂「虜趙將莊」，〈樗里子甘茂列傳〉作「壯豹」，各處說法不一。❺從親　有合縱聯盟的關係。❻楚王　時為楚懷王十六年。❼閉關絕約於齊　高誘注：「關，楚北方城之塞也。絕約，絕齊歡合之交也。」❽商於　秦國的地區名，約當今陝西之商州、丹鳳、商南縣一帶。《索隱》引劉氏曰：「商即今之商州，有古商城；其西二百餘里有古於城。」❾秦女　秦王之女。❿為大王箕帚之妾　謙指嫁於楚王為夫人。箕帚之妾，打掃清潔的使女。⓫秦楚嫁女娶婦　自己的太子、公子娶對方之女；自己之女嫁給對方的太子、公子。⓬陳軫當時著名的縱橫家，此時在楚國。⓭弔　弔慰；對其所遭遇的事情表示同情、慰問。⓮齊秦合　齊與秦國反而聯合起來。⓯重楚　看重楚國；尊重楚國。實際指不敢進犯楚國。⓰有齊　與齊國有聯盟關係。⓱秦奚貪夫孤國　秦國為什麼要厚待一個孤立無援的楚國呢。奚，為何。「貪」字〈楚世家〉、〈秦策〉皆作「重」，意即看重、優待。孤國，孤立無援的楚國。⓲必負王　一定會背叛你。負，辜負；背叛。⓳西生患於秦　在西方又從秦國找來麻煩。⓴陰合　暗中與秦國建立聯盟。㉑陽絕於齊　表面上與齊國絕交，而暗中實際不絕。㉒隨張儀　指隨張儀到秦國。㉓以待寡人得地　你就等著看我從秦國得到土地吧。㉔乃以相印授張儀　以此表示對張儀的信任與看重。鮑彪曰：「軫之策此可謂明矣，而懷王不聽，愚而好自用者也，其死秦宜哉！」徐孚遠曰：「張儀詐而楚王貪，故陳軫為兩可之辭。若楚果絕齊，雖得商於，未為福也。」㉕詳墮車　假裝不小心從車上掉了下來。詳，同「佯」。假裝。㉖不朝　不上朝；不理政事。㉗以　因；莫非是因為。㉘絕齊未甚邪　與齊絕交絕得還不徹底嗎。邪，通「耶」。反問語氣詞。㉙宋遺　勇士之名。㉚借宋之符二句　胡三省曰：「既『閉關絕約』，則齊楚之信使不通，故使借宋符以至齊。」符，兩國間相互往來的通行證。宋，當時已經很弱的諸侯國名，原都睢陽（今河南商丘南），現已遷至彭城（今江蘇徐州）。宋自春秋時代就經常依附楚國。㉛折節以事秦　〈楚世家〉作「折楚符而合於秦」，「符」、「節」義同，意即毀棄了齊、楚兩國結盟的信物，掉頭來與秦國聯合了。事秦，侍候秦國，意即與秦國交好。㉜齊秦之交合　等到齊國與秦國結盟後。㉝子何不受地　您為何還不去接受割地。子，古代敬稱對方。㉞廣袤　廣指寬，袤指長。㉟發口　開口；開口講話。凌稚隆曰：「應上『閉口』。」㊱不如因賂之以一名都　還不如再割給它一座都城。鄧以讚曰：「軫意非真欲賂秦，只是極言攻秦之非計，觀『不如反』及『尚』字可見。」㊲是　如此；這樣一來。㊳取償於齊　把丟失給秦國的土地從齊國那裡奪回來。㊴責欺於秦　指責秦國對我們的欺騙。㊵合齊秦之交　使齊、秦兩國聯合起來。㊶來天下之兵　招引天下各國都來打我們。㊷屈匄　楚將名。屈氏是楚國王族的同姓。㊸庶長章　魏章。庶長是秦爵二十級的第十級至第十八級，位同於卿。魏章與張儀是同在秦國執政的搭檔。㊹丹陽　楚之地區名，約當今河南西峽縣西，因其地處丹水之北，故稱「丹陽」。㊺甲士　披甲之士，猶言精兵。㊻列侯執珪　列侯是公爵以下的有土封君，西周初的分封是分公、侯、伯、子、男五等；到漢初分封時只有王與侯兩等。執珪是楚國的最高爵位名。㊼漢中郡　楚郡名，約當今湖北西北部的房縣、鄖縣與陝西東南部的旬陽、安康等一帶地區。㊽復襲秦　再次襲擊秦國。㊾藍田　秦縣名，在今陝西藍田西，西安東南。㊿鄧　楚邑名，在今湖北襄樊北。(51)請平于秦　向秦國談判求和。平，也稱「成」，談判講和。按，以上張儀愚弄楚懷王並敗楚藍田、奪楚漢中事，見《戰國策・秦策二》與《史記》之〈楚世家〉、〈張儀列傳〉、〈屈原賈生列傳〉。當以〈秦策〉所述較為原始，〈張儀列傳〉與〈屈原賈生列傳〉則頗多民間傳說。(52)燕人共立太子平二句　此依《史記》舊說，今歷史學家均依〈趙世家〉「武靈王聞燕亂，召公子職於韓，立為燕王，使樂池送之」的記載，認為燕昭王應為公子職。楊寬曰：「近年燕下都與山東益都、臨朐等地出土有『郾王職』款之兵器，足以證明樂池送立之公子職確實立為燕昭王。山東益都等地出土之『郾王職』款兵器當是燕昭王破齊時所遺留。」(53)弔死問孤　弔唁死者，撫慰其孤兒。(54)卑身厚幣二句　此謂用恭敬的態度和豐厚的禮物招攬賢才。卑身，放下架子。厚幣，厚禮。幣，禮品，古時多用璧、馬、帛等物。(55)郭隗　此時在燕的遊說之士。(56)不足以報　意即沒有能力報仇。不足，不能。(57)誠得賢士與共國　如果真能得到一些賢德之人來共同治理國家。誠，果真。共國，共同治理此國。(58)以雪先王之恥　指燕王噲被齊所殺事。(59)視可者　幫我物色一些可以勝任此事者。(60)得身事之　我將親身為之服務。事，侍候。(61)涓人　為帝王掌管清潔灑掃的人。涓，清潔。(62)求　尋找；訪求。(63)馬今至矣　真正的千里馬立刻就有人送上門來。今，即將。(64)不期年　未滿一年。期，週年。(65)至者三　連續收到了三匹。(66)必欲致士　如果真的要招攬賢才。(67)先從隗始　先從優待我郭隗做起。(68)豈遠千里哉　難道他們還會因為路遠而不來嗎。(69)改築宮　另蓋了一棟新房子。古代平民的房子也可以稱宮。(70)師事之　把郭隗當做師長一樣來供奉。事，侍候。按，郭隗亦投機分子，縱橫家一流，首先為自己撈上一把；但其道理自是卓犖，故昭王從之。(71)爭趣燕　爭先恐後地奔向燕國。趣，奔向；奔往。(72)樂毅　當時傑出的軍事家，此前在趙國供職。《史記》有〈樂毅列傳〉。(73)自魏往　樂毅原在趙國為官，為離開趙國，他先到了魏國，而後才到達燕國。(74)劇辛　本趙人，後為燕將，被趙所擒而自殺。今歷史家都考證劇辛為戰國末期人，不可能與樂毅同時到達燕國，這裡的文字也是錯誤地抄用了《史記》。楊寬曰：「昭王即位招賢而尊郭隗為師當是事實，但說樂毅與劇辛、鄒衍都因此入燕，則是後來遊士出身的縱橫家為遊士張目而虛構偽託的。劇辛為燕將在戰國末年，鄒衍和劇辛是同僚，都不可能在燕昭王即位時入燕。樂毅入燕在趙武靈王因內亂餓死之後，已在燕昭王十七年之後。」(75)亞卿　僅次於上卿的最高級官職。鮑彪曰：「燕昭、郭隗皆三代人也。欲為國雪恥，君臣問對無他言，專欲得賢士而事之，此『無兢惟人』之誼也，欲無興得乎？」邵寶曰：「隗賢與？禮之誠是也，使其未賢，能毋累於明哉？且後隗而至者，禮之能如隗乎？不能如隗，是廣其途而自塞之也。聲之動物尚矣，以鼓與者，未有能得實應者也，其固然哉。」(76)襄王倉　名倉，西元前三一一—前二九六年在位。(77)蜀相殺蜀侯　據前文慎靚王五年，此蜀相為秦將陳莊，此蜀侯即原來的蜀王，意即監督蜀侯的陳莊今乃將原蜀王殺死。(78)武關　在今陝西丹鳳東南，商南縣西北，當時屬秦，即前文所說的「商於」地區。(79)易黔中地　交換楚國的黔中地區。黔中，楚郡名，約當今湖南西部和與之相連的今貴州東部地區。易，交換。(80)願得張儀　《史記・屈原賈生列傳》作「願得張儀而甘心焉」，意即殺了他以解心頭之恨。(81)甘心於子　意即殺了你解恨。(82)柰何行　你怎麼能去呢。(83)不宜敢取臣　估計他不敢對我怎麼樣。不宜，不應；不敢。取臣，殺我。(84)善其嬖臣靳尚　與楚王的寵臣靳尚交好。嬖臣，寵臣，通常指男寵。靳尚，楚王的寵臣與讒臣，其事又見於《史記・屈原賈生列傳》。(85)得事　有機會侍候，意即能得其欣賞、信任。(86)無不聽者　意即說什麼聽什麼，無所不從。(87)上庸六縣　上庸及其周圍的六個縣，上庸縣在今湖北西北角的竹溪縣東南，原曾屬楚。現已被秦國所佔。(88)王重地尊秦　貪於得地，又懼怕想討好秦國。(89)斥　疏遠；遺棄。淩稚隆引焦竑曰：「陳平愚閼氏而解白登之圍，蓋本諸此。」按，陳平說匈奴閼氏以解劉邦之圍事，見《史記・陳丞相世家》。(90)妾請子母俱遷江南二句　妾是古代女子對自己的謙稱，意即僕婢。子母，以言自己帶著自己所生的兒子。遷江南，意即趁早離開楚國都城遠一點。魚肉，比喻被人宰割，〈項羽本紀〉有所謂「人方為刀俎，我為魚肉」。按，此鄭袖語與《史記・晉世家》之驪姬語聲口相肖，驪姬云：「妾願子母避之他國，若（或）早自殺，毋徒使母子為太子所魚肉也。」(91)乃赦張儀二句　以上楚王囚張儀、放張儀事，見《戰國策・楚策二》，亦見於《史記・屈原賈生列傳》。繆文遠曰：「〈楚策二〉謂張儀將獻秦王愛女於楚，〈楚策三〉則言張儀將為楚王北求鄭、周之美女；〈楚策二〉謂張儀輾轉求鄭袖為之說項，〈楚策三〉則言南后、鄭袖獻金於張儀。張儀究為求人抑繫被求？鄭袖、南后是一人抑為二人？張儀所欲獻之楚王者究為秦女抑為鄭、周之女？張儀之策究為脫身之術抑為騙金之計？凡此種種俱在不可知之數。蓋此二〈策〉俱為策士練習遊說而作，事實之可信與否固在所不計也。」(92)為從者　鼓吹並組織合縱聯盟的人。(93)不格　不能抵抗。格，攔阻；抗拒。(94)劫韓驅梁　脅持韓國，驅使魏國。(95)治船積粟　打造船隻，儲存糧食。(96)浮岷江而下　意謂秦國的戰船從成都出發，沿岷江順流而下。岷江，發源於今四川北部的岷山，南流經成都、樂山市，至宜賓匯入長江。(97)拒扞關　抵達扞關。拒，通「距」。抵達。扞關，關塞名，在今重慶市奉節附近，當時屬楚。(98)扞關驚　扞關的守軍吃驚、告急。(99)從境以東　指扞關以東的整個楚國境內。(100)盡城守　到處都將築城防守，惶惶不可終日了。(101)黔中巫郡　楚之二郡名，黔中郡約當今之湖南西部與貴州東北部；巫郡約當今之湖北西部與重慶市東部的長江兩岸地區。(102)舉甲　起兵；發兵。(103)北地絕　指楚國的北部地區與其長江流域的南部地區將被秦軍所分割。絕，斷絕；失掉聯絡。(104)危難在三月之內　因秦與楚相鄰且地處上游故也。按，由此益見當初司馬錯之建議伐蜀之謀卓矣。(105)半歲之外　半年之後。(106)為大王患　替楚王您擔憂。患，憂慮。(107)重出黔中地　捨不得把黔中郡割給秦國。楚懷王原說不必秦國再拿別的地方來交換黔中郡，只要秦國交出張儀，楚國就把黔中郡給它。如今張儀已來到楚國，楚懷王就不想再把黔中郡送給秦國了。重出，捨不得拿出。(108)乃許之　於是答應了與秦國建立聯盟。(109)韓王　時當韓襄王元年。(110)險惡山居　胡三省注：「韓有宜陽、成皋，南盡魯陽，皆山險之地。」山居，居住在山上。(111)非菽而麥　不是菽就是麥。菽，豆類。而，猶「則」。(112)見卒　現有士兵。(113)被甲蒙冑　非得穿上鐵甲、戴上頭盔才敢與敵人戰鬥，以言其怯懦。被，通「披」。穿。蒙，蓋，這裡即指「戴」。冑，頭盔。(114)捐甲徒裼　甩掉盔甲、脫去上衣露出身體衝向敵陣，極言其勇敢不怕死。徒裼，袒露；脫去上衣露出身體。按，今始皇墓之兵馬俑即不戴頭盔，博物館之說明即用本文以為說。(115)趨敵　撲向敵人。(116)左挈人頭　左手提著敵兵的首級。挈，提。(117)右挾生虜　右胳膊下夾著一個活的俘虜。挾，夾著。(118)戰孟賁烏獲之士　驅孟賁、烏獲一類的勇士使之戰。孟賁、烏獲皆古代勇士之名。(119)垂　落；落下。(120)千鈞　以喻極大的重量。一鈞相當於三十斤。(121)無幸　無法幸免。鄧以瓚曰：「語甚壯，有氣，亦有色象、有風度。」吳見思曰：「說韓、秦不敵處，字句奇俊濃郁。」(122)據宜陽　佔據宜陽。宜陽是韓國西部的重鎮，在今河南宜陽西。(123)塞成皋　堵塞住韓國經由成皋的南北通道。韓國的都城在今河南新鄭，韓國有一部分領土在今山西東南部的上黨地區，中間由一條狹窄的通道相連接。這條通道就只有東起今之古滎鎮，西至成皋的幾十里之寬。(124)王之國分　韓國將由此被分割為南、北兩塊。按，後來秦將白起取上黨，並大破趙兵四十萬於長平，就是先切斷了這條通道的結果。(125)鴻臺之宮二句　都是韓國的宮苑名，在韓國都城新鄭城內。(126)轉禍而悅秦　改被秦攻之禍為讓秦國喜歡。(127)計無便於此者　以上張儀說韓王連橫事，見《戰國策・韓策一》與《史記・張儀列傳》。繆文遠曰：「〈張儀傳〉繫此於赧王四年（即秦惠王十四年，韓襄王元年，西元前三一一年），《通鑑》以下諸家並從之。《策》言韓王『請比郡縣，築帝宮，祠春秋，稱東藩，效宜陽』，俱非事實，此《策》依託。」按，繆氏所引韓王「請比郡縣，築帝宮，祠春秋」云云，在《戰國策》的此文之末，司馬遷對此刪去不錄，似亦看到了其矛盾處。即所錄之主體部分亦多有不合情理者，故繆氏稱其為「依託」，蓋是。(128)六邑　六個縣城。(129)武信君　封號名，戰國、秦漢時代號為「武信君」者甚多，武而講信，名之美者。(130)齊王　時為齊宣王九年。(131)從人　鼓吹並組織合縱抗秦的人，《史記》、《通鑑》指蘇秦，實為犀首等人。(132)蔽於三晉　躲避在趙、魏、韓三國的後面。蔽，屏蔽，以三國為齊之障蔽。(133)賢其說　以其說為好。(134)嫁女娶婦　言相互通親。(135)昆弟　兄弟。(136)韓獻宜陽　此說非實，秦將甘茂伐取韓宜陽在秦武王三年（西元前三〇八年），非韓獻也，詳見〈樗里子甘茂列傳〉。梁玉繩曰：「秦取宜陽之時，儀死四年矣。」(137)梁效河外　效，獻；交出。胡三省曰：「秦以河東為『河外』，梁以河西為『河外』，張儀以秦言之也。」繆文遠曰：「魏襄王十三年，秦取曲沃、平周，則河外入秦，亦由攻取，非魏『效』地。」按，此「河外」乃對「河內」而言，指今河南西部的黃河以南地區。(138)趙王入朝　趙王到澠池朝見秦王。澠池，縣名，在今河南澠池縣西，原屬韓，後來屬秦。按，「趙朝澠池」即〈廉頗藺相如列傳〉所寫之澠池會，事在趙惠文王二十年，秦昭王二十八年，是三十年以後的事。(139)割河間以事秦　河間謂河、漳之間地，在今河北獻縣東南。梁玉繩曰：「(趙)朝澠池時，無割河間事，且澠池之會，儀死三十年矣。」牛鴻恩曰：「『效河間以事秦』事不詳，據帛書二十五章文及注，前二四九—前二四四年之間，燕『以河間十城封秦相文信侯』，不知是否此辭作者弄錯了。」140南地　南部地區。141悉趙兵度清河指博關　悉，盡，此指令其全部出動。度，通「渡」。清河，上游稱「洹水」，流經今河南安陽北，東北流經今河北東南部，至今山東德州南匯入黃河，當時齊、趙之邊界大體即在此清河一線。博關，也稱博陵，齊國西部縣名，在今山東茌平西，聊城東北。142臨菑即墨　這裡用以代指整個齊國。臨淄是齊國的都城，即墨是齊國東部的重鎮，在今山東平度東南。143國一日見攻　等到齊國受到攻擊的那一天。一日，即今所謂「一旦」。144齊王許張儀　以上張儀說齊王連橫事，見《戰國策・齊策一》，文末尚有「獻魚鹽之地三百里於秦」，〈田敬仲完世家〉完全不載此事。繆文遠曰：「其時齊宣王破燕未久，齊國勢方盛，何得張儀一說而即『獻魚鹽之地三百里於秦』？此策亦為依託。」司馬遷蓋已發現其不合情理，故捨棄了某些字句，但從主體上他還認為是真的，故錄入〈儀傳〉。145趙王　時當趙武靈王十五年。146收率　招集、率領。147擯秦　抗秦。擯，排擠；抵抗。148秦兵不敢出函谷關句　繆文遠曰：「此策士妄談，秦惠王時無此事。」按，《史記・魏公子列傳》亦有「諸侯以公子賢多客，不敢加兵謀魏十餘年」云云，皆此類虛言。149行於山東　指對整個東方諸國發號施令。山東，此指崤山(在今河南靈寶東南)以東，泛稱東方諸國。150敝邑恐懼　我們秦國很害怕。這是退一步說，故意給趙國戴點高帽。151繕甲厲兵　修治鎧甲，打磨兵器。152力田　努力發展農業。153愁居懾處　憂愁苦悶，戰戰兢兢地生活著。154唯大王有意督過之也　中井曰：「『唯』下疑脫『恐』字。」按，中井說是，唯恐，即「惟恐」。生怕。督過，二字連讀，意即責備。以上仍是退一步說，故意給趙王戴高帽。155今以大王之力　瀧川曰：「猶曰『賴大王神靈』。」按，此句調侃，主語為「秦」，意即「我們託您的福」，並一直下貫「舉巴蜀，并漢中」云云。《戰國策》作「今秦以大王之力」。156舉巴蜀　取得巴、蜀，即慎靚王五年司馬錯等為秦取巴蜀事。157并漢中　即赧王三年秦破楚奪得楚之漢中事。158包兩周　梁玉繩曰：「此不過大言之爾，『收取兩周』非惠王。」按，秦滅西周在昭王五十一年(西元前二五六年)，滅東周在莊襄王元年(西元前二四九年)，時張儀已死六十一年。包，也是吞併的意思。159守白馬之津　意即秦兵已經控制到東方諸國的中心地帶。白馬津，當時的黃河渡口名，在今河南滑縣東北，當時屬衛。160心忿含怒　楊慎曰：「遣蘇秦為縱者趙王也，趙王為宗盟之主，故言秦王之積怒含忿於趙。」161敝甲凋兵軍於澠池　胡三省曰：「『敝甲凋兵』，謙其詞；言『軍於澠池』，則張其勢以臨趙矣。」162渡河踰漳據番吾　胡三省曰：「言欲自澠池北渡河，又自此東踰漳水而進據番吾，此亦張聲勢以臨趙也。」渡河，渡過黃河。踰漳，越過漳水。黃河、漳水都在趙國的南側。據番吾，佔據番吾。番吾，趙邑名，在今河北磁縣境內，當時的趙都邯鄲城南。(163)願以甲子合戰二句　意謂秦國將像當年周武王於甲子日討伐殷紂一樣地討伐趙國。周武王甲子日於牧野大破殷紂事，見《尚書・牧誓》與《史記・周本紀》。正，即「正法」、「正典刑」之「正」，治其罪。(164)先聞左右　意謂先來將此事通知你一聲。聞，使之聞，即告知。左右，謙詞，意思與「執事」、「閣下」等相同，即指對方，你。(165)韓梁稱東藩之臣　韓、魏自稱它們是秦國東側為秦國做屏障的臣屬之國。藩，藩籬；屏障。繆文遠曰：「據〈秦本紀〉，『韓王入朝，魏委國聽命』在秦昭襄五十四年（西元前二五四年），時張儀已死五十五年。又據〈始皇本紀〉，韓稱臣於秦在始皇十三年（西元前二三四年），去張儀之卒已七十五年。」(166)齊獻魚鹽之地　胡三省曰：「此時齊未嘗獻地於秦，張儀駕說以恐動趙耳。」繆文遠曰：「據《孟子・梁惠王上》所載，齊宣王嘗問齊桓、晉文之事於孟子，又欲『闢土地，朝秦楚，莅中國而撫四夷』，何來獻地於秦之事？」按，以上諸家之意皆謂此文不出於張儀，乃後人所編造。(167)斷趙之右肩　意即斬斷趙國東部的外援。(168)孤居　意即孤立。(169)求欲毋危二句　想要太平無事，那可能嗎。(170)塞午道　控制齊、趙之間的交通要道。塞，堵，這裡即指佔據。午道，鄭玄云：「『一縱一橫謂之午』，謂交道也。」即四通八達之道。據《史記・楚世家》之《正義》，「(午道）在博州西境」，博州故城在今山東聊城西，即當時的趙、齊之間。(171)使度清河　讓齊軍西渡清河擊趙。清河，古河水名，流經今河北之館陶、清河等縣，東北流入古黃河。(172)軍成皋　駐紮在成皋。成皋古城在今河南滎陽西北之大伾山上。(173)軍於河外　駐紮在黃河以南。《正義》曰：「謂鄭州、滑州，北臨河。」按，當時的古黃河流經趙國東南側，離趙國都城亦不甚遠。(174)澠池　縣名，在今河南澠池縣西。(175)四國　即上面點到的楚、魏、韓、齊。(176)面相約二句　意即當面結約定盟。(177)趙王許之　以上張儀說趙王連橫事，見《戰國策・趙策二》。繆文遠曰：「《史》所載蘇、張縱橫之辭俱不可信，而此《策》之不合事實者尤多。」楊慎曰：「說趙王之詞又與說齊、楚者異矣，蓋遣蘇秦為縱者趙王也。趙王為宗盟之主，故言秦王之『積忿含怒於趙』，而以『合兵請戰』之詞脅之於前，又以『面見相結』之計怵之於後，故趙王懼而割地謝過也。」鍾惺曰：「教六國攻秦者難於弱，蘇秦之於韓是也；教六國事秦者難於強，張儀之於趙武靈王是也。觀儀之說趙，抑揚吞吐，機鋒甚妙甚苦，所謂『恫疑虛喝驕矜』六字，俱於此見之。」郭嵩燾曰：「張儀說趙王挾制尤力者，以蘇秦之合從始於趙也，此亦針鋒兩兩相對處。」吳見思曰：「竟是一篇戰書，合天下之縱者在趙，散天下之縱者亦在趙，故於此加意焉。」按，楊慎以下諸家皆就文章而論，至於史實，皆子虛烏有。(178)燕王　時當燕昭王元年。(179)趙王已入朝二句　已見前文說齊王語，皆非張儀時事。(180)雲中九原　皆趙郡名，雲中郡的郡治在今內蒙古之呼和浩特西南，托克托東北。九原郡的郡治在今內蒙古包頭西。(181)易水長城　當時的燕國之所轄。易水流經今河北易縣南，東流匯入寇水（約當今之大清河）。長城，此指燕國南側的長城，自今河北易縣東南行，經徐水、雄縣至大城南，是燕與趙之分界。瀧川曰：「張儀說楚王曰『黔中巫郡非王有』，說韓王曰『鴻臺之宮、桑林之苑非王有』，說齊王曰『臨淄、即墨非王之有也』，說燕王曰『易水、長城非大王之有也』，皆以威喝之，以勢制之。儀之術，止於此。」(182)猶郡縣　猶如秦國境內的郡縣。牛鴻恩曰：「此只能是戰國末期的情形。」(183)不敢妄舉師以攻伐　意即它們本來都想伐趙，只因沒有秦國的命令，所以它們才不敢對趙國動兵。(184)請獻常山之尾五城　《正義佚文》：「謂常山之東五城，今易州界。」胡三省曰：「常山，北嶽恆山也，其尾則燕之西南界。」按，以上張儀說燕王與秦連橫事，見《戰國策・燕策一》。繆文遠曰：「儀、秦以縱橫說各國之辭俱非事實。」楊寬曰：「〈張儀列傳〉所記張儀遊說楚、韓、齊、趙、燕等國君王之辭……皆張儀不見之事，梁玉繩《史記志疑》已指出：『史載儀說六國，皆本於《策》，多不可信。』」(185)未至咸陽　還未來得及到達秦國都城。秦之咸陽故城在今陝西咸陽東北。(186)武王　名蕩，西元前三一〇—前三〇七年在位。(187)不說　不喜歡。(188)毀短　誹謗人；說人壞話。(189)有隙　有矛盾；有過節。(190)畔衡　背叛連橫。畔，通「叛」。背離。(191)為王計　為大王的事業考慮。(192)東方有變　一定要讓東方諸國相互打起來。有變，有戰事。(193)多割得地　多從東方之國割取土地。(194)乞其不肖之身　意即請放我出行。不肖之身，猶言「輕賤之軀」。不肖，胡三省曰：「謙言無所肖似也。」即所謂「不才」、「沒出息」。(195)之梁　到魏國去。(196)不能相去　即今所謂「打得不可開交」。胡三省曰：「言兵交不解，各欲去而不能也。」(197)以其間　趁此機會。間，空隙；時機。(198)三川　韓國地區名，約當今河南之登封、伊川、宜陽等一帶地區，因其地有黃河、伊水、洛水，故稱「三川」。後來秦國在這一帶設三川郡。(199)挾天子二句　已見於前文張儀與司馬錯之論辯。瀧川曰：「於當時為大計，故儀屢言之。」(200)王業　統一天下的大事業。(201)梁王恐　此時為魏襄王五年。(202)請令齊罷兵　請允許我讓齊國退兵。(203)舍人　親信的傭人。舍人是一種半賓客、半僕役的腳色。(204)借使　即以楚國使者的名義出使齊國。(205)齊王　時當齊宣王十年。(206)甚矣二句　倒裝句，意即「王之託儀於秦亦甚矣」，您為了加強秦王對張儀的信任，做事可真夠賣力氣的。託儀於秦，鞏固張儀在秦國的地位。託，寄託；安置。(207)去秦　離開秦國的時候。(208)固與秦王謀矣　早就與秦王商量好了。(209)內罷國二句　對內說是消耗了齊國自己，對外說是討伐了同盟國。罷國，消耗、疲憊自己的國家。與國，同盟國。(210)信儀於秦王　給秦王證明了張儀的話的確可信。郭嵩燾曰：「張儀言之於秦，楚使復述之於齊，累累數十言，一字不易，而不厭其煩，《戰國策》多此等文法，後人不能效也。」吳見思曰：「重說一遍，以祕計而明出之，又是一樣色澤，故不嫌其複。」(211)齊王乃解兵還　按，以上文字見《戰國策・齊策二》。繆文遠曰：「〈魏策一〉載『張儀以秦相魏，齊、楚怒而欲攻魏』，雍沮為之說齊、楚云云，與此章略同。此章及〈魏策〉之文皆策士造作擬託之語，而史公不察，將其誤取入〈儀傳〉中耳。」鮑彪評此文云：「彪謂此計之必售，策之必行者也。儀之所謀，時有妾婦之所羞，市人之所不為者，若譬南后以取金，欺商於以賣楚，皆可鄙也，唯此為文無害。儀亦明年死矣，宜其言之善矣。」(212)相魏一歲卒　梁玉繩曰：「儀特自秦入魏耳，未必復相魏也。蓋因楚昭魚有『恐儀相魏』之語而誤。」馬非百曰：「張儀在惠王一代，對於秦國統一運動所貢獻者誠不止一端。初為秦相魏，破壞魏、齊同盟，使魏去齊而㥶秦；後又相楚，破壞楚、齊同盟，使楚去齊而㥶秦。李斯所謂『散六國之眾，使之西面而事秦』者，此二事殆其最彰明較著者矣。張儀外交之主要核心厥為弱楚，而弱楚之謀之得以成功，又由於巴、蜀、漢中之兼併。蓋此南進政策之得以順利進行，實蘇秦之合縱運動有以無意中助成之也。而張儀之善於利用形勢，亦誠不可及哉！」（《秦集史》）楊寬曰：「縱橫家的缺點是他們重視依靠外力，不是像法家那樣從事改革政治、經濟和謀求富國強兵入手，還過分誇大計謀策略的作用，把它看作國家強盛的主要關鍵。張儀在秦國推行連衡策略是獲得成功的，達到了對外兼併土地的目的，使得秦惠王能夠東『拔三川之地，西并巴蜀，北收上郡，南取漢中』，『散六國之縱，使之西面事秦』（李斯語），這是因為他用『外連衡而鬥諸侯』的策略配合了當時秦國耕戰政策的推行。」（《戰國史》）(213)蘇代蘇厲　司馬光依司馬遷《史記》舊說，以為蘇代、蘇厲為蘇秦之弟，今歷史家皆不依舊說，以為蘇秦的年齡最小，故稱曰「季子」，蘇秦的遊說活動在張儀之後二十多年。見韓兆琦《史記箋證》。(214)周最樓緩　都是戰國時期的縱橫家。周最是周國的宗室，其遊說活動見《戰國策》之〈東周策〉與〈西周策〉。樓緩是趙人，先曾為趙武靈王之相，後又為秦相，主張連橫，事跡見《戰國策》之〈趙策〉與〈秦策〉，以及《史記・平原君虞卿列傳》等。(215)紛紜　活動及言論都多而雜亂的樣子。(216)相高　競相攀高，都想壓倒對方。(217)不可勝紀　其活動與言論都多得沒法記載。紀，通「記」。(218)或謂　有人說。據《孟子》此人為「景春」，也是當時的縱橫家。(219)豈不大丈夫哉　難道不是大丈夫嗎。大丈夫，好漢子；有作為的男人。(220)一怒而諸侯懼　一旦發起怒來，各國諸侯都害怕。(221)安居而天下熄　他們一旦安靜下來天下就太平無事。熄，停止，這裡指戰亂紛爭。(222)是惡足　這些人哪裡稱得上。是，此；這些。惡足，哪裡稱得上。惡，也寫作「烏」，如何。(223)立天下之正位　要立就立在天下最光明正大的位置上，指以「仁義」、「禮樂」治天下。(224)行天下之正道　要把天下引上最光明正大的道路。(225)得志則與民由之　得志掌權的時候就領著黎民百姓一起循著先王之道走。由，循；遵照。(226)獨行其道　獨自堅持走這條道路。(227)淫　放縱；胡來。(228)移　改變；改變操守。(229)威武不能詘　不被強大的壓力所折服。詘，彎曲。(230)是之謂大丈夫　按，以上孟子論「大丈夫」見《孟子・滕文公下》。(231)楊子　即楊雄（或作「揚雄」），字子雲，西漢末期成都人，當時著名的儒生與辭賦家，著有《法言》、《太玄》以及〈長楊賦〉、〈羽獵賦〉等等。《漢書》有〈揚雄傳〉。(232)法言　揚雄模仿《論語》寫的一部論人論學的書。法言，可作為人生法則的言論。《法言》是用自問自答的形式寫作的一些類似語錄的文字，在形式上也是學習《論語》。(233)鬼谷術　鬼谷子的學術。按，此亦襲用《史記》舊說，其實蘇秦與張儀相差二十多年，並無從師於鬼谷子之事。(234)安中國者各十餘年　此亦用《史記》舊說。《史記》之〈蘇秦列傳〉、〈張儀列傳〉以為蘇秦在張儀之前，是蘇秦先倡導東方合縱十多年後，蘇秦死，張儀才出世倡導連橫。其實與張儀同時倡導合縱的是犀首，即公孫衍。(235)是夫　是這樣的嗎。(236)詐人　奸猾詐偽之人。(237)聖人惡諸　聖人是討厭這種人的。(238)孔子讀二句　能像孔子那樣讀書好學，再有張儀、蘇秦那樣的辦事才幹。(239)何如也　行不行呢。也，同「耶」。反問語氣詞。(240)甚矣二句　這比會像鳳凰鳴叫的鷹雕還要可怕可憎。鷙翰，猛禽的翅膀，這裡即指壞鳥、壞人。因為能像鳳凰叫則更加迷人，能迷人的壞人則能幹出一般壞人幹不成的壞事。(241)然則子貢不為歟　照你這麼說子貢難道也不能讓人學習了。子貢是孔子的弟子，以善於說話聞名。而且在《史記・仲尼弟子列傳》中司馬遷還寫了一大段子貢為救魯國而四出遊說的故事，結果子貢一出，遂造成了「存魯、亂齊、破吳、強晉、霸越」等一大串國家的重大變動。歷代學者都以為這段故事不可信，而司馬遷則津津樂道。(242)亂而不解二句　子貢是以天下有亂而自己不能平息為恥的。也就是說子貢的出去遊說是為了平息各國的戰亂，如果平息不了，那就是自己無能，沒能盡到責任。(243)說而不富貴二句　張儀、蘇秦是以自己沒能獲得功名富貴為恥。也就是說蘇秦、張儀的遊說活動都是為了自己的名利，至於結果如何他們是不關心的。《戰國策・秦策一》寫蘇秦第一次遊說失敗後歎息說：「嗟乎，貧賤則父母不子，富貴則親戚畏懼。人生世上，勢位富厚益可忽乎哉？」就是這種靈魂的自我寫照。(244)儀秦其才矣乎　張儀、蘇秦的才能不是很高嗎。(245)跡不蹈已　難道他的路子我們就不能走。蹈，踐；遵循。(246)昔在任人二句　在識別人、任用人這個問題上，連大聖人堯、舜都感到困難，因為他們也曾錯用過鯀、蚩尤等人。(247)不以才乎　不就是因為壞人也可能有很好的才幹嗎。(248)非吾徒之才　不是我們所講、所要求的那種才。按，以上揚雄的這段話，見《法言・淵騫》。(249)甘茂　秦國名將，事跡見《史記・樗里子甘茂列傳》。(250)誅蜀相莊　因為蜀相陳莊自作主張地殺了蜀侯，事見赧王四年。(251)秦王魏王會于臨晉　時當秦武王元年、魏襄王九年。臨晉，秦邑名，在今陝西大荔東南。(252)納吳廣之女孟姚　意即收吳廣之女孟姚為妃。納，收。吳廣，趙武靈王的近臣，其女名孟姚，也叫娃嬴。事見《史記・趙世家》。(253)惠后　惠字是諡。(254)生子何　因其生子曰「何」，故遂正位為王后。所謂「何」即日後的趙惠文王，西元前二九八—二六六年在位。

【校　記】[1]於破燕之後即位　「即位」二字原無。據章鈺校，「後」下，十二行本、乙十一行本、孔天胤本皆有「即位」二字，張敦仁《通鑑刊本識誤》同。今據諸本及《史記・燕召公世家》、《通鑑總類》卷一補。[2]借使謂齊王曰　「謂」，原作

「請」，蓋涉上文「請令齊罷兵」句而訛。今從《四部叢刊》影宋本（即章鈺「乙十一行本」）及《通鑑紀事本末》卷一下改。

【語　譯】二年（戊申　西元前三一三年）

秦國擔任右更職務名字叫做疾的率領秦軍攻打趙國，攻佔了藺邑，並俘虜了藺邑守將莊豹。

秦王想要攻打齊國，又擔心齊國和楚國的合縱聯盟，於是派張儀到楚國去遊說楚懷王說：「大王您如果能聽從我的建議，關閉北部方城的關塞，與齊國斷絕友好關係，我請求秦王將商於所轄的六百里土地獻給您，讓秦王的女兒充當您的姬妾和打掃清潔的婢女。秦國和楚國王族之間世世代代結為姻親，永遠保持兄弟般的友好關係。」楚懷王聽了以後很高興，答應了張儀的條件。楚國的大臣都來向楚懷王道賀，只有陳軫一個人像楚國發生了什麼不幸的事情一樣向楚懷王表示哀悼和慰問。楚懷王非常生氣地說：「我不用興師動眾就得到了秦國商於的六百里土地，大家都感到高興，而你卻愁眉苦臉，像發生不幸的事情一樣，這是為什麼呢？」陳軫回答說：「我覺得事情不會這樣簡單。據我的觀察分析，秦國商於的六百里土地楚國不僅得不到，齊國因為我們與它斷絕友好關係，還會與秦國聯合起來；齊國與秦國聯合了，楚國恐怕就要災難臨頭了。」楚懷王說：「有這種可能嗎？」陳軫說：「秦國所以一向重視楚國，就是因為楚國有齊國這樣一個強大盟國作為外援。如果我們斷絕了與齊國的友好關係，楚國就徹底孤立了。到那時，秦國憑什麼會愛惜一個孤立無援的國家，而心甘情願的把商於的六百里土地送給楚國呢？張儀回到秦國必定背棄了與您的約定。如此的話，您在北邊斷絕了與齊國的友好關係得罪了齊國，在西邊又從秦國找來麻煩；齊國、秦國必定聯合起來對付楚國。為大王您考慮，最好的辦法是暗中和齊國聯合，表面上與齊國絕交，然後派人跟隨張儀到秦國去。如果秦國真的把商於六百里土地割讓給我們，到那時再與齊國真正斷絕關係也不晚。」楚懷王說：「我希望你閉上嘴不要再說了，你就等著看我從秦國那裡得到六百里土地吧。」

楚懷王於是把楚國的宰相之印授予張儀，任命他兼任楚國的宰相，還送給他許多貴重的禮物。同時宣布與齊國斷絕友好關係，然後派使者跟隨張儀去秦國接收土地。使者跟隨張儀到了秦國，張儀假裝從車上摔下來，然後就在家中閉門養傷，一連三個月沒有上朝。楚懷王聽說以後說：「難道張儀認為我與齊國斷交不夠徹底嗎？」就又派了一個叫做宋遺的勇士假借宋國的護照向北來到齊國辱罵齊湣王。齊湣王大怒，於是改變了一向與秦國敵對的立場，與秦國結成聯盟。這時張儀才入朝拜見秦惠文王，他看見楚國的使者，就問：「你怎麼還不去接收土地？從某地到某地，東西長六里，南北長六里。」楚國的使者很生氣，就回楚國向楚懷王彙報去了。楚懷王更是氣憤，就想發兵攻打秦國。陳軫說：「我現在能說話了嗎？依我看，攻打秦國不如藉此機會把一個大城邑送給秦國，以此破壞秦國與齊國的聯盟，然後再與秦國聯合起來攻打齊國。這樣的話，我們楚國雖然在秦國那裡損失了土地，卻可以在齊國那裡得到補償。如今您已經與齊國絕交，又因為受到欺騙而指責秦國，這就等於我們把齊國、秦國撮合起來，招引天下諸侯都來攻打我們，楚國必定會遭受巨大損失。」楚懷王仍然聽不進去，他派屈匄率領楚國的軍隊去攻打秦國。秦國也派庶長魏章率兵迎擊楚軍。

三年（己酉　西元前三一二年）

春天，秦國和楚國在丹陽打了一仗，楚軍大敗。秦軍消滅楚軍八萬，俘虜了楚軍統帥屈匄以及高級將領和貴族七十多人，又趁勢佔領了漢中郡。楚懷王調集了全國的軍隊，在藍田與秦軍展開決戰，楚軍再次被打敗。韓國、魏國得知楚國被秦軍所困的消息以後，也調動軍隊向南來襲擊楚國，軍隊已經抵達鄧邑。楚國見大勢不好，只得撤回軍隊，又向秦國割讓兩座城邑求和。

燕國人擁立太子姬平為國君，就是燕昭王。燕昭王即位於燕國國破家亡之際，因此他勵精圖治，弔唁死者，撫恤失去親人的孤兒寡婦，與全國的百姓同甘共苦；用謙遜的態度，優厚的待遇為國家招攬賢才。他對郭隗說：「齊國趁著我們燕國內亂之機攻佔了我們國家，我心裡非常清楚，燕國與齊國比起來國小力弱，目前沒有能力向齊國報仇。但是我確實希望能得到賢能之士，我將與他共同治理燕國；向齊國報殺父之仇、雪亡國之恥，是我最大的願望。先生如果發現這樣的人才，我一定會親自侍奉他。」郭隗說：「古代曾經有一個國君，他派一個隨從帶著一千斤黃金去購買千里馬；那個隨從真的找到了一匹千里馬，但千里馬已經死了，他就花了五百斤黃金把死馬的頭給買回來了。國君看見買回來的是一個馬頭，非常生氣。那個隨從說『死了的千里馬還要把牠買回來，何況是活著的千里馬呢？千里馬馬上就會送上門來。』」果然，不到一年的時間，就得到了三匹千里馬。現在大王您一心想要招攬人才，那就先從優待我郭隗開始，那些比我郭隗賢能的人，看見我都被您重用了，難道他們還會畏懼路遠而不到燕國來嗎！」燕昭王於是為郭隗另蓋了一座房子，把他當做老師一樣。於是那些有才能的人都爭先恐後地奔向燕國。樂毅從魏國來，劇辛從趙國來。燕昭王任命樂毅為亞卿，把國家的政事都交給他處理。

韓宣惠王去世，他的兒子韓倉繼承了王位，就是韓襄王。

四年（庚戌　西元前三一一年）

蜀相陳莊殺死了蜀侯。

秦惠王派使者告訴楚懷王，秦國想要用武關以外的土地換取楚國的黔中地區。楚懷王說：「我不願意交換土地。如果能得到張儀，我願意把黔中地區白送給秦國。」張儀得知消息以後，主動要求到楚國去。秦惠王說：「楚懷王一定要親手殺死你才甘心，你怎麼還要送上門去？」張儀說：「秦國強大，楚國弱小，有大王您在，估計楚國不敢把我怎麼樣。再說，我和楚王的寵臣靳尚私交很深，靳尚有機會侍奉楚王最寵愛的小老婆鄭袖。鄭袖說什麼，楚王沒有不聽從的。」於是，張儀動身來到了楚國。

楚王派人把張儀囚禁起來，準備要殺死他。靳尚對鄭袖說：「秦王特別倚重張儀，他準備用上雍的六個縣和秦國的美女來贖回張儀。楚王既看重土地，又對秦國心存敬畏，所以秦國的美女必定受到楚王的寵幸，而夫人您就要被楚王疏遠了。」鄭袖便日夜在楚王面前哭泣，說：「張儀過去欺騙大王，也不過是各為其主，現在您殺了張儀，秦王必定非常憤怒而派兵攻打楚國。我請求大王您允許我和孩子及早搬到江南去，免得遭受秦人的殺戮。」楚懷王聽信寵姬鄭袖的話，不僅把張儀釋放了，還把他當做貴賓一樣對待。

張儀趁機遊說楚懷王說：「楚國與韓、魏等國實行南北合縱來對抗秦國，這與驅趕著羊群去進攻兇猛的老虎沒什麼兩樣，羊群不能戰勝老虎這是明擺著的。如今大王您不順從秦國，秦國就會挾持韓國、脅迫魏國一起攻打楚國，到那時楚國就危險了。秦國西邊有巴、蜀，而且正在打造船隻，儲備糧草，如果沿著汜江順流而下，一天就能航行五百多里，用不了十天就可以到達扞關。扞關如果一吃緊，那麼從扞關往東的整個楚國境內到處都將築城防守，惶惶不可終日了。黔中、巫郡恐怕就不再歸楚國所有。秦國如果率兵攻佔武關，楚國北部地區與長江流域的南部地區就將被秦國所分割，南北就要失掉聯絡。秦國攻打楚國，只要三個月就能決定楚國的存亡；而楚國等到盟國軍隊來到，起碼要半年的時間。寄希望於弱國的救兵，而忘掉了強大秦國可能帶給楚國的巨大災禍，這正是我替您感到擔憂的地方。大王您如果能夠聽從我的意見，我能夠讓秦、楚兩國永遠結為兄弟般的友好鄰邦，從此不再互相攻伐。」楚懷王已經得到張儀，但又不願獻出黔中的土地給秦國，於是就同意了與秦國建立聯盟。

張儀於是又來到韓國，遊說韓襄王說：「韓國的自然環境惡劣，又有很多的山區，所種植的糧食，不是豆類就是小麥，國家的糧食儲備不足兩年的用度；現有的兵力不超過二十萬。秦國的正規部隊就有上百萬之多，東方六國的軍隊在作戰時，戰士都要穿上鎧甲，戴上頭盔。而秦國的士兵在戰場上卻是不穿鎧甲，光著上身，奮不顧身的撲向敵人，他們左手提著敵人的首級，右胳膊下挾持著俘虜。驅使著像孟賁、烏獲這樣的勇猛之士，去攻打不肯服輸的弱小國家，這無疑於用千斤重的物體砸在鳥卵上，鳥卵必破無疑，絕不會有幸免的可能。大王您不歸附秦國，秦國的軍隊如果佔據了趙國的宜陽，封鎖了韓國經由成皋的南北道路，韓國就會被分割成南北兩塊了。到那時，鴻臺的宮殿，桑林的苑囿就不再屬於大王您所有了。替您自己考慮，最好是歸順秦國，與秦國聯合起來攻打楚國；這樣的話，既把災禍轉嫁到楚國頭上，又能使秦國感到高興，所有的計策沒有比這更好的了。」韓王同意與秦國建立聯盟。

張儀回到秦國，把自己的工作向秦王做了彙報，秦惠王把六個城邑分封給張儀，封他為武信君。張儀又到齊國遊說齊宣王，他說：「主張合縱的人一定會對您說『齊國以韓、趙、魏三國作為屏障，地域遼闊，人口眾多，兵力強盛，士卒勇敢，即使有一百個秦國，又能將齊國怎麼樣呢。』大王您贊成他們的意見，卻忘記了考察他們所說的是不是符合實際。如今秦國和楚國已經互為婚姻，結成了兄弟般的友好國家；韓國把宜陽獻給了秦國；魏國也把黃河以外的土地奉獻給了秦國；趙王還親自到秦國的都城咸陽去拜見秦王，並把河間地區割讓給秦國以表示對秦國的友好。只有大王您不肯歸順秦國。秦國將要率領韓國、魏國的軍隊一起攻打齊國的南部地區，再命令趙國出動全國的兵力，渡過清河，直撲齊國的博關，那時，臨淄、即墨就不再屬於大王您所有了。等到齊國遭到攻擊的那一天，再想要侍奉秦國，恐怕就不可能了。」齊宣王也答應與秦國建立聯盟。

張儀離開齊國，又向西來到趙國，對趙武靈王說：「大王您聯合東方六國，帶頭抗擊秦國，秦國的軍隊已經有十五年不敢逾越函谷關。您的威望震懾了山東諸國。我們秦國也對趙國感到懼怕，只得修繕鎧甲，磨礪兵器，努力耕作，聚積糧食，整日裡憂愁苦悶，提心吊膽，不敢輕舉妄動，惟恐大王您故意尋找秦國的過失而對秦國進行懲罰。如今託大王您的福，秦國已經攻佔了巴、蜀，吞併了漢中，奪取了兩周，扼守住了白馬津渡口。秦國雖然處在僻遠的西方，但對趙國的怨恨與憤怒早已到了忍無可忍的程度。如今秦國的殘兵敗將已經駐紮在澠池，正在盼望著渡過黃河，越過漳水而據守番吾，會師於趙國的都城邯鄲城下，準備在甲子那一天與趙國展開決戰，重演周武王討伐商紂王的歷史，秦王派我先來把這個消息告訴您。現在秦國和楚國已經結為兄弟鄰邦，而韓國、魏國也向秦國俯首，自稱是秦國東部為秦國做屏障的臣屬國，齊國已經把盛產魚鹽的土地進獻給秦國，這就如同斬斷了趙國的右臂。以一個被斬斷右臂的國家而與強大的秦國決戰，失去了同盟國的支援，僅憑孤軍作戰，要想不被打敗，那還可能嗎？現在秦國已經分兵三路向趙國進發：其中一路將控制齊、趙之間的交通要道，並讓齊國出兵渡過清河西進擊趙，將軍隊駐紮在邯鄲的東部；一路駐軍成皋，迫使韓、魏兩國的軍隊分別駐紮在黃河以南和澠池。約定四個國家一起攻打趙國。趙國被打敗以後，四個國家共同瓜分趙國的領土。我替大王您考慮，不如與秦王當面締結友好條約，然後歃血為盟，永遠作為友好的兄弟國家。」趙武靈王只好答應。

張儀又向北來到燕國，遊說燕昭王說：「如今趙國的國君已經到秦國的都城咸陽朝拜過秦王，並把河間地區獻給了秦國。大王您不侍奉秦國，秦國就會發兵攻打雲中、九原，還將迫使趙國攻打燕國，到那時，易水、長城就不再屬於燕國所有了。況且如今的齊國、趙國對於秦國來說就如同秦國境內的郡縣，沒有秦王的命令，它們就不敢輕舉妄動攻打燕國。如果大王您歸順秦國，就將永遠沒有齊國、趙國侵犯的災禍了。」燕王請求將常山東部的五個城邑奉獻給秦國。

張儀準備回到秦國向秦惠王彙報，還沒有來得及到達都城咸陽，秦惠王就去世了，秦惠王的兒子秦武王做了國君。秦武王從做太子的時候就不喜歡張儀，等到他當了國君，秦國中的許多大臣都在武王面前說張儀的壞話。東方那些諸侯聽說張儀與秦國的新君有矛盾，於是都背叛了與秦國的連橫，並再次建立起合縱抗秦聯盟。

五年（辛亥　西元前三一〇年）

張儀為了尋求脫身之計，就勸說秦武王說：「為了秦國的利益，必須使東方六國之間互相征戰，大王您才能從他們那裡得到更多的土地。我聽說齊國的國君最怨恨我張儀，我在哪個國家，齊國就一定會攻打哪個國家。我請求大王您允許我這個沒出息的人到魏國的都城大梁去，齊國一定會攻打魏國。齊國一旦與魏國打得難解難分，大王您就趁機攻打韓國，佔領三川，要挾周天子，搜集天下的地圖、戶籍冊：這可是您統一天下的大事業。」秦武王同意了張儀的請求。

張儀於是來到魏國，齊宣王果然發兵攻打魏國，魏襄王感到很恐慌。張儀對魏襄王說：「大王您不用擔心。請看我讓齊國撤兵。」於是張儀派自己的隨從先到楚國去，然後以楚國使者的名義來到齊國，對齊宣王說：「您為了加強秦王對張儀的信任，做事也太賣力氣了！」齊宣王問：「你怎麼會有這種想法？」楚國的使者說：「張儀離開秦國到魏國去，那是張儀與秦王謀劃好了的，目的就是要使齊國和魏國打起來，秦國好趁機攻佔韓國的三川啊。如今大王您果然中了他們的計攻打魏國。您這樣做，對內消耗了自己的國力，對外又落了個攻打同盟國的惡名，等於在給張儀佐證，使秦王相信張儀的話的確可信。」齊宣王一聽，覺得有道理，就從魏國撤兵了。張儀取得了魏王的信任而擔任了魏國的宰相，一年後病死在魏國。

張儀和蘇秦分別以連橫合縱之說遊說各個諸侯，以此獲得了高官和厚祿，所以當時天下的人都很羨慕他們，並紛紛的效法他們。魏國有一個人叫做公孫衍，號犀首，也是因為遊說而享有盛名。此外還有蘇代、蘇厲、周最、樓緩一類人，活動遍及天下，他們幾乎都是以辯才和詐騙之術互爭高下，由於人數太多，其活動及言論都多得沒法記載；張儀、蘇秦、公孫衍是其中最為傑出的代表。

孟子評論說：「有人說『公孫衍、張儀難道不是男子漢大丈夫嗎？他們一旦發起怒來，各國諸侯就會感到恐懼，他們一旦安靜下來，天下就太平無事。』孟子說『這些人哪裡夠得上男子漢大丈夫呢！道德高尚的人總是站在天下最光明正大的位置上，總想把天下引上最光明正大的道路。在他得志掌權的時候，就帶領人民一起遵循先王之道，在不得志的時候，獨自一人也要堅持走先王之道。你就是給他高官厚祿也不能使他改變，即使他處於生活極度貧困、地位非常卑微的情況下也要堅持自己的志向，威武相逼不能使他屈服，這才稱得上是大丈夫。』」

楊雄在《法言》中說：「有人問『張儀、蘇秦跟隨鬼谷子學習縱橫之術，他們各自都使中國維持了十多年的和平，是這樣的嗎？』回答說『這完全是欺人之談，聖人對這種人最深惡痛絕了。』問『能像孔子那樣讀書好學，而像張儀、蘇秦那樣做事行不行呢？』回答說『你說得太過分了，這就如同聽起來像鳳鳥的鳴叫而看起來卻長著一副猛禽的翅膀一樣令人可怕可憎！』又問『子貢不是也幹過遊說的事嗎？』楊子回答說『子貢把天下混亂而不能制止當做恥辱，所以才去遊說；而張儀、蘇秦把從事遊說而不能獲得富貴當做恥辱。』有人問『張儀、蘇秦的才能不是出類拔萃嗎？難道他們的路子我們就不能走。』楊子回答說『在識別人、任用人的問題上，就連古代的堯、舜這樣的聖人都感到困難，也曾經錯用過鯀、蚩尤這樣的人，不就是因為這些人有很好的才幹嗎？而他們那種才幹，不是我們所講、所要求的那種才幹。』」

秦王派甘茂殺死了蜀相陳莊。

秦武王、魏襄王在秦國的臨晉舉行會談。

趙武靈王娶了吳廣的女兒孟姚為王后，就是惠后。孟姚很受趙武靈王的寵愛，她為趙武靈王生了一個兒子，叫做趙何。

六年（壬子　西元前三〇九年）

秦初置丞相❶，以樗里疾❷為右丞相。

七年（癸丑　西元前三〇八年）

秦、魏會于應❸。

秦王使甘茂❹約魏以伐韓❺，而令向壽輔行❻。甘茂至魏[1]，令向壽還❼謂王曰：「魏聽臣矣，然願王勿伐❽。」王迎甘茂於息壤❾，而問其故。對曰：「宜陽大縣，其實郡也❿。今王倍數險⓫，行千里攻之，難。魯人⓬有與曾參⓭同姓名者殺人，人告其母，其母織自若⓮也。及三人告之⓯，其母投杼下機，踰牆而走⓰。臣之賢不若曾參，王之信臣，又不如其母⓱，疑臣者非特三人⓲。臣恐大王之投杼也⓳。魏文侯⓴令樂羊將而攻中山㉑，三年而拔之㉒。反而論功㉓，文侯示之謗書一篋㉔。樂羊再拜稽首㉕曰『此非臣之功，君之力也㉖。』今臣羇旅㉗之臣也，樗里子、公孫奭㉘挾韓而議之㉙，王必聽之，是王欺魏王㉚而臣受公仲侈之怨㉛也。」王曰：「寡人弗聽也，請與子盟㉜。」乃盟於息壤。秋，甘茂、庶長封㉝帥師伐宜陽。

八年（甲寅　西元前三〇七年）

甘茂攻宜陽，五月而不拔。樗里子、公孫奭果爭[34]之。秦王召甘茂，欲罷兵。甘茂曰：「息壤在彼[35]。」王曰：「有之。」因大悉起兵[36]，以佐甘茂，斬首六萬，遂拔宜陽[37]。韓公仲侈入謝[38]於秦，以請平[39]。

秦武王好以力戲[40]，力士任鄙、烏獲、孟說[41]皆至大官[42]。八月，王與孟說舉鼎，絕脈而薨[43]，族孟說[44]。

武王無子，異母弟稷[45]為質於燕。國人逆而立之[46]，是為昭襄王。昭襄王母羋八子[47]，楚女也，實宣太后[48]。

趙武靈王北略[49]中山[50]之地，至房子[51]，遂至代[52]。北至無窮[53]，西至河[54]，登黃華[55]之上。與肥義[56]謀胡服騎射[57]以教百姓，曰：「愚者所笑，賢者察焉[58]。雖驅世以笑我[59]，胡地[60]、中山，吾必有之。」遂胡服。

國人皆不欲，公子成[61]稱疾不朝。王使人請之[62]曰：「家聽於親，國聽於君[63]。今寡人作教易服[64]，而公叔不服[65]，吾恐天下議己[66]也。制國有常[67]，利民為本；從政有經[68]，令行為上[69]。明德[70]先論於賤[71]，而從政[72]先信於貴[73]。故願慕公叔之義[74]，以成胡服之功也。」公子成再拜稽首曰：「臣聞中國[75]者，聖賢之所教[76]也，禮樂之所用[77]也，遠方之所觀赴[78]也，蠻夷之所則效[79]也。今王舍此而襲遠方之服[80]，變古之道，逆人之心[81]，臣願王孰圖[82]之也。」

使者以報，王自往請之，曰：「吾國東有齊、中山[83]，北有燕、東胡[84]，西有樓煩、秦、韓之邊[85]。今無騎射之備[86]，則何以守之哉？先時[87]，中山負齊之彊兵[88]，侵暴[89]吾地，係累[90]吾民，引水圍鄗[91]。微社稷之神靈[92]，則鄗幾於不守[93]也。先君醜之[94]，故寡人變服騎射，欲以備四境之難[95]，報中山之怨[96]。而叔順中國之俗[97]，惡[98]變服之名，以忘鄗事之醜，非寡人之所望[99]也。」公子成聽命，乃賜胡服，明日服而朝。於是始出胡服令，而招騎射焉[100]。

九年（乙卯　西元前三〇六年）

秦昭王使向壽平宜陽[101]，而使樗里子、甘茂伐魏[102]。甘茂言於王，以武遂[103]復歸之韓。向壽、公孫奭爭[104]之，不能得[105]，由此怨讒甘茂[106]。茂懼，輟伐魏蒲阪[107]，亡去[108]。樗里子與魏講[109]而罷兵。甘茂奔齊[110]。

趙王[111]略中山地[112]，至寧葭[113]，西略胡地[114]，至榆中[115]。林胡王獻馬[116]。歸[117]，使樓緩之秦[118]，仇液[119]之韓，王賁[120]之楚，富丁[121]之魏，趙爵[122]之齊，代相趙固主胡[123]，致其兵[124]。

楚王與齊、韓合從。

十年（丙辰　西元前三〇五年）

彗星見[125]。

趙王伐中山，取丹丘[126]、爽陽[127]、鴻之塞[128]，又取鄗[129]、石邑[130]、封龍[131]、東垣[132]。

中山獻四邑以和[133]。

秦宣太后異父弟曰穰侯魏冉[134]，同父弟[135]曰華陽君羋戎[136]，王之同母弟[137]曰高陵君、涇陽君[138]。魏冉最賢[139]，自惠王、武王時，任職用事[140]。武王薨，諸弟爭立[141]，唯魏冉力能立昭王[142]。昭王即位，以魏冉為將軍，衛咸陽[143]。是歲，庶長壯[144]及大臣、諸公子謀作亂[145]，魏冉誅之[146]。及惠文后[147]皆不得良死[148]。悼武王后[149]出居于魏[150]，王兄弟不善者[151]，魏冉皆滅之。王少，宣太后自治事[152]，任魏冉為政[153]，威震秦國。

【章　旨】以上為第四段，寫周赧王六年（西元前三〇九年）至其十年共五年間的各國大事，主要寫了秦武王的令甘茂取韓宜陽，以及武王入洛陽舉鼎壓腿而死後的秦昭王上臺執政，和趙武靈王胡服騎射，壯大趙國的宏偉壯舉。

【注　釋】❶初置丞相　原來就稱作「相」，現在始改稱「丞相」，且設為左右二人。❷樗里疾　名疾，秦惠王的異母弟，因其居住之處名曰「樗里」，故俗謂之「樗里子」。事跡見《史記・樗里子甘茂列傳》。❸秦魏會于應　秦武王與魏襄王在應縣會晤。應，魏縣名，故城在今河南寶豐南。❹甘茂　時為秦國名臣，事跡見《史記・樗里子甘茂列傳》。❺約魏以伐韓　聯合魏國讓它跟著秦國一道伐韓。按，時當魏襄王十一年，韓襄王四年。❻令向壽輔行　讓向壽跟著甘茂一道去，為之充當副使。向壽，秦昭王母宣太后娘家的親戚，時在秦國已頗受信任。中井曰：「甘茂與向壽不相善，然率之而行者，恐其在中作讒構也。」瀧川曰：「武王亦欲使向壽監視甘茂。」❼甘茂至魏二句　謂出使任務完成後，甘茂令向壽先還秦稟報。❽然願王勿伐　儘管魏國已經答應幫著我們伐韓，但我還是認為這仗我們不要打了。❾王迎甘茂於息壤　意謂武王將甘茂召回至息壤。息壤的方位不詳，從用「迎」字看，當在咸陽之東。諸祖耿引程恩澤、顧遁園語謂「息壤」即「地長」，蓋即地面自行突起也，漢代之臨淮徐縣、無鹽，唐代之江陵都有過這種現象。顧頡剛〈息壤考〉曰：「咸陽地處渭河峽谷，常有地下水位增高和地下水流增大的現象，使地表突然隆起，即所謂『息壤』。」❿其實郡也　意謂宜陽名義上雖然是個縣，但其城池之大實則不亞一座郡城。杜佑曰：「春秋時列國相滅，多以其地為縣，則縣大而郡小。故趙鞅曰：『上大夫受縣，下大夫受郡。』至於戰國，則郡大而縣小矣。故甘茂曰：『宜陽大縣，其實郡也。』」⓫倍數險　秦兵要跨越許多險要之處。倍，同「背」。跨越。數險，如函谷、崤山等處是也。⓬魯人　曲阜一帶的人。魯是西周以來的諸侯國名，都城即今山東曲阜。至秦武王時代魯國已積貧積弱，行將滅亡。⓭曾參　孔子的弟子，以孝聞名。事跡詳見《史記·仲尼弟子列傳》。⓮織自若　依然如故地織布不止，因為她根本不相信其子會殺人。⓯及三人告之　等到第三個人再跑來向她報告此事。⓰投杼下機二句　極言其慌張、恐懼之狀。投杼，扔下梭子。杼，織機上的梭子，用以穿緯線。踰牆，越牆。走，逃跑。言外之意是連親生的母親也信以為真了。⓱不如其母　不如曾參之母對曾參的信任。⓲疑臣者非特三人　疑臣，在君主面前散布懷疑我的言論，亦即攻擊、誹謗。非特，不止。⓳臣恐大王之投杼也　我是怕您聽信傳言，也像曾參之母那樣被嚇得投杼踰牆而走。李光縉《史記》批注引胡時化曰：「譬喻是古人文章一大機括，始於『元首』『股肱』之歌，濫於『舟楫』『鹽梅』之命，波瀾於《詩》之比體，下及孟、荀、莊、列，文章奇特處亦多譬喻，而《戰國》此策，尤其善用者也。」⓴魏文侯　名斯，戰國初期魏國國君，西元前四四五—前三九六年在位。㉑令樂羊將而攻中山　派樂羊子統兵攻取中山國。樂羊，魏國名將，事跡又敘於《史記·樂毅列傳》。中山，戰國前期鮮虞人建立的諸侯國名，都城在顧（今河北定州）。㉒三年而拔之　魏攻中山在文侯三十八年（西元前四〇八年），滅中山在文侯四十年（西元前四〇六年）。㉓反而論功　凱旋回來評定功勳時。㉔示之謗書一篋　拿出來一箱子誹謗樂羊子的奏章給樂羊子看。篋，竹箱。㉕稽首　最虔誠的跪拜禮，五體投地趴伏在地上。㉖此非臣之功二句　意謂全仗著您的堅信不移，不為群臣所惑。按，以上故事見《戰國策·秦策二》。㉗羈旅　寄居客中，即今所謂「旅客」。甘茂原為楚人，仕於秦，故自稱「羈旅」。㉘樗里子公孫奭　皆秦國的心腹親近大臣。公孫奭，《戰國策》也作「公孫郝」、「公孫赫」，與向壽同為秦王所親幸。有人說即「公孫衍」者，誤。㉙挾韓而議之　抓著伐韓的事情對我進行非毀。挾，持。㉚王欺魏王　您哄騙了魏王為秦國出兵。欺，騙；說好了的事情又反悔。㉛臣受公仲侈之怨　意即我要遭到韓國群臣的痛恨。公仲侈，韓國宰相。梁玉繩曰：「即《國策》韓之『公仲朋』也。」按，「侈」為「倗」字之訛。《戰國縱橫家書》作「倗」。瀧川曰：「負約，故曰『欺魏王』；為伐韓之計，故曰『受公仲侈之怨』。」㉜請與子盟　意即當著神靈明誓，立下一個契約。子，敬稱對方。㉝庶長封　秦國的大庶長，名封。庶長位同於卿。㉞爭　提出相反意見，即反對伐韓。㉟息壤在彼　王駿圖曰：「言息壤之盟，猶在彼也。」淩約言曰：「只『息壤在彼』一句，秦王之疑頓釋矣，筆力萬鈞。」㊱因大悉起兵　「大」、「悉」二字重疊使用，可以增加氣勢，但字法略生，故有疑「大」字衍，《戰國策》作「因悉起兵」。㊲遂拔宜陽　事見《戰國策》之〈秦策二〉、〈趙策一〉、〈楚策三〉、〈韓策一〉、〈東周策〉。當久久攻城不下時，甘茂曾有所謂「明日鼓之而不可下，因以宜陽之郭為墓」，其艱難可想而知。吳如嵩《戰國軍事史》曰：「秦國攻佔宜陽，完全控制崤山、函谷關天險，使其在東下三晉，直取中原的戰備方向上佔有進可攻、退可守的有利地位，這是一個重大勝利。」㊳入謝　入秦求和。謝，請罪。㊴請平　與秦國協議罷兵。平，講和；結約。按，以上甘茂為秦伐韓拔宜陽事，見《戰國策．秦策二》。繆文遠曰：「此章言甘茂預見宜陽難拔，迭用譬喻以說秦王，與秦王盟於息壤，卒竟全功。旨在言甘茂不僅習於軍事，亦長於智計也。」牛鴻恩曰：「甘茂估計到自己在主客觀方面的不利條件，擔心會因反對派的讒毀而失敗，為此他首先設法得到武王的保證，與之盟於息壤，從而排除了障礙，終於攻下宜陽。君臣定盟，是中國歷史上少有的現象，這在秦漢以後是不可能想像的。同時也說明善識人材，任人專一，是事情成功的必要條件。甘茂引用『曾參殺人』的故事說明他的處境，貼切自然，形象生動。」㊵好以力戲　好與人比賽看誰力大。楊寬曰：「『戲』指角力，《國語．晉語九》記趙簡子戎右少室周與牛談角力稱為『戲』。韋昭注：『戲，角力也。』」㊶任鄙烏獲孟說　都是秦武王身邊的大力士。相傳烏獲能舉千鈞；孟說相傳能手拔牛角，水行不避蛟龍，陸行不避豺狼，發怒吐氣，聲音動天。瀧川曰：「烏獲，見於《商君書》、《孟子》，先於秦武。蓋稱力士為『烏獲』，猶稱相馬者為『伯樂』，治疾者為『扁鵲』。秦武力士，必別有姓名。」孟說，有說即「孟賁」者，似誤。孟說是齊人，孟賁是衛人。㊷皆至大官　謂以力大受秦武王喜愛故至大官。按，任鄙是秦國有名的地方官，似不止以力大進升。㊸王與孟說舉鼎二句　《史記．樗里子甘茂列傳》作「武王竟至周，而卒於周」，未云因何而死；〈秦本紀〉則謂「王與孟說舉鼎，絕臏。八月，武王死」。而又未云在何處舉鼎。兩者參照，蓋即攻取宜陽後，入洛陽之路通，遂入舉周鼎，因絕臏死。淩稚隆曰：「著武王卒於周，以終前『窺周室死不恨』之語。」㊹族孟說　因其不諫止武王舉鼎。㊺異母弟稷　也名則，即日後的秦昭王，也稱昭襄王，西元前三〇六—前二五一年在位。㊻國人逆而立之　實際上是秦昭王的母親羋八子與秦昭王的舅舅穰侯魏冉在其中起了關鍵作用。當時秦國王室反對秦昭王襲位的人很多，都被穰侯與羋八子所殺。詳情見《史記・秦本紀》與〈穰侯列傳〉。㊼羋八子　姓羋，八子是王宮后妃的封號名。《漢書・外戚傳序》稱王后之下「有美人、良人、八子、七子、長使、少使」等名號，「八子」的級別略同於千石。㊽實宣太后　這就是歷史上所稱的「宣太后」。實，是；是為。㊾略　開拓；攻取。㊿中山　戰國前期鮮虞人建立的小國名，都城在顧，即今河北定州。(51)房子　趙邑名，在今河北高邑西南。(52)代　地區名，在今河北之西北部，其首府代縣在今河北蔚縣東北。(53)無窮　胡三省以為是地區名，「自代北出塞外，大漠數千里，故曰『無窮』」。梁玉繩《史記志疑》以為應是「無終」。無終即今天津市薊縣。(54)河　黃河，此指山西、陝西、內蒙古交界一帶的黃河。(55)黃華　亦三省交界的山名，詳情不詳。(56)肥義　趙國的老臣。(57)胡服騎射　穿北方少數民族的服裝，而且練習騎馬射箭，變過去中原地區的車戰為馬戰。(58)愚者所笑二句　凡是頑固人所譏笑的事情，賢明的人就要認真思考一下。愚，這裡指頑固。察，仔細思考。(59)雖驅世以笑我　即使是讓普天下的人都譏笑我、反對我。驅世，意即「舉世」。(60)胡地　指當時北方少數民族所佔據的今內蒙古河套和與之鄰近的山西西北部與陝西東北部一帶地區。(61)公子成　趙肅侯之弟，武靈王之叔。(62)請之　請安，並對之說理。(63)家聽於親二句　家庭中的事情聽父母的，國家的事情聽君主的。(64)作教易服　做出決定，實行胡服。教，命令。易，改變。(65)不服　不改變服裝，實即抗命。(66)恐天下議己　議論我對於抗命的人不堅決懲治。(67)常　常規；常法。(68)經常，也是指常規、常法。(69)令行為上　保證命令得以實行是第一位的。(70)明德　提倡倫理道德。明，教育；提倡。(71)先論於賤　先從平民做起。(72)從政　施行政策、規章。從，施行。(73)先信於貴　先從貴人做起。信，必，不打折扣地執行。胡三省注《通鑑》之以上四句曰：「德欲其下及，故先論於賤。卑賤者感其德，則德廣所及可知矣。法行自貴近始，故先信於貴。貴近者奉法，則法之必行可知矣。」(74)願慕公叔之義　希望叔父您能以大義為重。願，希望。慕，仰仗。瀧川引關修曰：「曰『叔』曰『公叔』，語有輕重耳。」按，稱「叔」，表示親切；稱「公叔」，表示鄭重、嚴肅。(75)中國　中原地區，與四裔之少數民族相對而言。(76)聖賢之所教　是受過聖人教育的地方。(77)禮樂之所用　是實行禮樂治國的地區。(78)遠方之所觀赴　是四周少數民族所聞風前來投奔的地方。(79)則效　學習、效法；以之為榜樣。(80)襲遠方之服　穿戴少數民族的衣帽。襲，穿。(81)逆人之心　違背人們的心願。逆，爭持；對抗。(82)孰圖　仔細考慮。孰，同「熟」。(83)東有齊中山　按，齊國在趙國之東南方。中山在趙都邯鄲之北方，今曰「東有齊、中山」，方位不準。(84)燕東胡　燕國在今河北之東北部與遼寧之西南部，都城即今北京市。東胡在今內蒙古之東南部和與之鄰近的遼寧西部。(85)西有樓煩秦韓之邊　當時的今山西之中部地區亦屬趙國，其地之西北挨近樓煩，其西與秦國接壤，其南部挨近韓之上黨郡。樓煩是戰國後期的少數民族名，活動在今山西之西北部和與之鄰近的內蒙古南部、陝西東北部一帶地區。(86)今無騎射之備　如果沒有強大的騎兵以備不測。今，倘若。(87)先時　前些時候。(88)中山負齊之彊兵　中山國仰仗強大齊國對它的支持。負，背靠；仗恃。當時中山與齊國相親。(89)侵暴　侵略、施暴。(90)係累　捆綁；擄掠。(91)引水圍鄗　鄗是趙縣名，在今河北高邑東南，趙都邯鄲之東北。(92)微社稷之神靈　如果沒有我們國家的神靈的保佑。微，沒有。(93)鄗幾於不守　鄗縣差點失守。幾，幾乎。按，此所謂中山伐趙圍鄗城事，各處均不載，細情不詳。(94)先君醜之　我們的先君以此為奇恥大辱。(95)四境之難　四周各面的來敵之攻。(96)中山之怨　中山負齊圍鄗之怨仇。(97)順中國之俗　安於舊有的陳規陋俗。(98)惡　討厭；不願聽、不願做。(99)非寡人之所望　這可不是我所希望看到的。(100)於是始出胡服令二句　招騎射，招募騎馬射箭之士。按，以上趙武靈王胡服騎射事，見《戰國策・趙策二》與《史記・趙世家》。沈長雲等曰：「見於文獻記載的胡服內容，主要有以金璫飾首，前插貂尾為貴職的大冠；以韋為之以羔毛絡縫的搭耳帽；以黃皮製成的皂靴；具帶黃金師比。這些服飾集中體現了北方少數民族游牧文化，似乎與便騎射不大。」「趙武靈王實施胡服改革，其目的之一方面是為了教化趙國百姓與胡人，〈趙世家〉所說『吾將胡服騎射以教百姓』；《淮南子》所說『趙武靈王具帶鵕鸃而朝，趙國化之』，都是對這一目的的具體表述；而另一方面便是為了招募胡人騎兵，直接用於趙國的對外戰爭，也就是〈趙世家〉所記『遂胡服，招騎射』，『代相趙固主胡，致其兵』，『西遇樓王而致其兵』。」「實行胡服騎射改革，並身穿胡服進行教化，這對胡人是最友好的表示，很快縮短了趙人、胡人心理上的胡漢差異，改變了他們思想中的華優胡劣的成見，胡人開始從感情上親近趙人。胡服令下達後，林胡王獻馬、樓煩王致其兵，二族歸順趙國，武靈王設置樓煩縣。此二族為游牧民族，其馬精良善馳，其兵兇悍善戰。二族的歸順一方面使趙國的騎兵力量大大增強，同時也使趙國的疆域北達陰山南麓，西北到河套以北，對強秦構成了嚴重威脅。」(101)平宜陽　平定、安撫甘茂新取之宜陽。平，平定；安撫。(102)伐魏　此時為秦昭王元年，魏襄王十三年。(103)武遂　本韓縣，在今山西垣曲東南，此時已被秦軍佔領。(104)爭　反對。(105)不能得　未能成功，意即秦王最終還是同意了甘茂的意見。(106)怨讒甘茂　怨恨並在秦王面前說甘茂的壞話。(107)輟伐魏蒲阪　停止對魏邑蒲阪的攻擊。輟，止。蒲阪，在今山西永濟西。(108)亡去　逃向國外。(109)講　講和。(110)甘茂奔齊　據《戰國策》與《史記・樗里子甘茂列傳》，甘茂在奔齊途中，遇蘇代正為齊出使秦國，甘茂遂以貧女向富女借光紡績的故事請蘇代為之向秦王說情，讓秦王放自己的家人也離開秦國。(111)趙王　時當趙武靈王二十年。(112)略中山地　向中山國拓取地盤。(113)寧葭　趙縣名，在今河北石家莊西北。(114)西略胡地　在西面向胡人拓取地盤。按，此所謂「胡」即指林胡，當時居住在今內蒙古伊克昭盟一帶，即通常所謂河套地區。(115)榆中　古地區名，大體相當於今之西北起杭錦旗，東南至神木的內蒙古南部與陝西東北角地區。(116)林胡王獻馬　意即林胡王向趙武靈王歸附，願受其管轄。林胡，古部族名，匈奴族的一支，戰國時期居住在今山西、陝西、內蒙古三省交界地區。(117)歸　回到都城邯鄲。(118)使樓緩之秦　派樓緩出使秦國。樓緩，趙國的親秦派，曾為趙武靈王之相。後又入秦為昭王之相。(119)仇液　也作「仇郝」、「仇赫」、「机郝」，乃一人而異寫，曾為宋國丞相。(120)王賁　趙臣。(121)富丁　趙臣。(122)趙爵　趙臣。以上五人分別出使五國，大力開展外交活動。(123)代相趙固主胡　代國早從趙襄子時代就成了趙國的國中之國，代王是趙王的同族。代相趙固也是趙王的同姓，顯然是他在掌握代國的實權。主胡，主管與胡人的聯絡。主，管；分管。此所謂「胡」仍指林胡。(124)致其兵　掌管其兵；調動其兵。致，收其歸己掌握。(125)彗星見　古人認為彗星出現是不祥之兆，故特別將其寫入歷史。見，通「現」。(126)丹丘　中山國的縣名，在今河北曲陽西北。(127)爽陽　《史記・趙世家》作「華陽」，在今河北曲陽西北。(128)鴻之塞　太行山的山口名，《趙世家》作「鴟之塞」，《正義》認為應作「鴻上塞」，在今河北順平西北的太行山上。(129)鄗　中山縣名，在今河北高邑東南。(130)石邑　中山縣名，在今河北石家莊西南，也稱「石城」。(131)封龍　中山邑名，在今河北元氏西北。(132)東垣　中山邑名，在今河北石家莊東北。(133)獻四邑以和　又獻出了四個縣，向趙國求和。此四縣的名稱不詳。(134)穰侯魏冉　秦昭王之舅，封地穰，即今河南鄧州，原屬楚，此時已屬秦。(135)同父弟　以示其為同父，非同母。(136)華陽君羋戎　羋戎的封地在華陽，今河南密縣東南。按，華陽君又稱「新城君」、「葉陽君」，則其封地不止一處。(137)同母弟　此指最親近的同胞兄弟，既同母，又同父。(138)高陵君涇陽君　據《史記・秦本紀》之《索隱》，高陵君名「悝」，涇陽君名「市」。(139)最賢　此指最能幹，本事最大。與今之稱道德者不同。(140)用事　主事；掌權。(141)諸弟爭立　視下文，先取得王位者為公子壯，後又起而擠奪之者即昭王。(142)唯魏冉力能立昭王　徐孚遠曰：「宣太后為八子時，魏冉已用事，能援立昭王，是冉以才進，非緣戚屬也。」(143)咸陽　秦國都城，在今咸陽東北。(144)庶長壯　名壯，為庶長之職。按，此庶長壯為惠文王之子，武王之弟。在武王死後，搶先即位，號曰「季君」。(145)謀作亂　從秦昭王的立場說自然是「作亂」，其實大家都是平等地奪取王位。(146)魏冉誅之　謂魏冉誅季君，並誅擁立季君者。(147)惠文后　惠文王之妻，武王之母。(148)不得良死　蓋因惠文后亦主張立季君，故魏冉除掉季君後，又逼惠文后自殺。(149)悼武王后　秦武王的王后，也是支持立季君者。悼字是諡，表現了時人對秦武王后的同情。(150)出居于魏　因秦武王后原是魏女，故逐其回國。《索隱》曰：「逐武王后出之魏，亦事勢然也。」(151)兄弟不善者　實即凡與昭王作對的人。(152)自治事　意即自己掌權，治理國家。柯維琪曰：「漢唐以來之女主臨朝專制，自羋太后始也。」(153)為政　掌握國家大權，意即任丞相之職。

【校　記】①甘茂至魏　「至魏」二字原無。據章鈺校，十二行本、乙十一行本、孔天胤本皆有此二字，張敦仁《通鑑刊本識誤》、張瑛《通鑑校勘記》同。今據諸本及《通鑑紀事本末》卷一下補。

【語　譯】六年（壬子　西元前三〇九年）

秦國開始將「相」改稱為「丞相」，秦武王任命樗里疾為右丞相。

七年（癸丑　西元前三〇八年）

秦武王和魏襄王在魏國的應縣會晤。

秦武王派甘茂去聯合魏國一同攻打韓國，派向壽做甘茂的副手。甘茂到魏國完成使命後，派向壽先回去對秦武王說：「魏國已經同意聯合出兵攻打韓國，但希望大王不要攻打韓國。」秦武王將甘茂召回息壤，問他為什麼不同意攻打韓國。甘茂回答說：「韓國的宜陽，名義上是個縣，而實際上卻不亞於一個郡。大王要攻打它，需要跨越重重險阻，還要長途跋涉上千里，要想取得成功恐怕是很難的。魯國有一個和曾參同姓名的人殺死了人，有人把這個消息告訴了曾參的母親，他的母親不相信曾參會殺人，於是照常織她的布。等到第三個人來告訴她曾參殺了人的時候，曾參的母親扔下織布梭子，立即翻牆逃跑了。我的才德比不上曾參，大王對我的信任，又比不上曾參母親對曾參的信任，懷疑我的人不只三個。我擔心大王聽信傳言，也像曾參母親那樣扔掉梭子越牆逃跑。魏文侯曾經任命樂羊率軍攻打中山國，攻打了三年才把中山攻下來。等到樂羊班師回來論功行賞的時候，魏文侯卻拿出了一筐子毀謗樂羊子的信件給他看。樂羊五體投地地趴在地上對魏文侯拜了又拜，說『攻下中山國，這不是我的功勞，這是大王您的功勞啊。』而我在秦國只是一個流落寄居的人，樗里疾、公孫奭抓住伐韓的機會，必定在大王面前詆毀我，而大王也必定會聽信他們而反悔，到那時就等於是大王欺騙了魏王，而我也會遭到韓國宰相公仲侈的怨恨。」秦王說：「我絕不會聽信讒言，可以對天盟誓。」於是就在息壤祭告天地立下誓言。秋天，甘茂、庶長封率領秦軍攻打韓國的宜陽。

八年（甲寅　西元前三〇七年）

秦國甘茂率領秦軍攻打宜陽，攻了五個月也沒有攻下來。樗里疾、公孫奭果然站出來，對攻打宜陽提出種種非議。於是秦武王召回甘茂，想要撤回軍隊。甘茂提醒秦王說：「息壤的盟誓還在吧。」秦王說：「還在。」秦王於是又調集了大批軍隊支援甘茂，甘茂終於在消滅了韓國的六萬軍隊以後攻下了宜陽。韓國的宰相公仲侈親自到秦國請罪，請求與秦國締結和約。

秦武王喜歡跟別人比賽看誰的力氣大，任鄙、烏獲、孟說等人都因為力氣大受到秦武王的喜愛而做了高官。八月，秦武王與孟說比賽舉鼎，秦武王用力過猛，導致血管破裂而死，孟說因此得罪，被滅族。

秦武王沒有兒子，與他同父異母的弟弟嬴稷當時正在燕國做人質。秦國的貴族把嬴稷接回來做了秦國的國君，就是秦昭襄王。秦昭襄王的母親羋八子，楚國人，就是歷史上所說的宣太后。

趙武靈王向北準備征服中山國，他率軍經過房子，然後抵達代地。又繼續北上進抵無窮，從這裡向西到達黃河，登上黃華山。他與肥義商議，想讓趙國的百姓改穿胡人的服裝練習騎馬射箭，他說：「愚蠢的人必定會嘲笑我的這個舉措，而賢明的人就要認真思考一下。其實就是舉世之人都嘲笑我，我也不在乎；總之，胡地、中山，我一定要把它們劃入趙國的版圖。」於是準備下令趙國的百姓改穿胡服，練習騎馬射箭。

趙國的貴族都反對趙武靈王胡服騎射的改革措施，公子成假託有病不到朝廷參加議事。趙武靈王派人去請他，說：「家中的事情應當聽從父母的，國家的事情就應當聽從國君的。如今我決定讓全國之人改穿胡服，而叔父不肯服從。我擔心天下的人會因此而議論我對於抗命的人不堅決懲治。治理國家有一定的常規，要以有利於人民作為根本；政治也有一定的常法，要使法令得以執行最為重要。提倡道德要先從下層的百姓做起，推行政策、法規，就要讓貴人率先遵從。所以我希望叔父您能以大義為重，帶頭穿胡服，以使這項改革獲得成功。」公子成聽了這個解釋以後，拜了又拜，仍然堅持說：「我聽說中原地區，遵從的是聖人賢人的教育，是最講究禮樂的地方，也是遠方外邦經常來學習觀摩的地方，更是蠻夷地區最羨慕、最想效法的地方。大王您卻拋棄了中原的一切，而去效法夷狄，按照他們的樣子穿衣服，改變了中原自古以來的穿衣習慣，違背了民意。我還是希望您再認真的考慮考慮吧。」

使者將公子成的話報告給了趙武靈王。趙武靈王親自登門勸說公子成，他說：「我們趙國東部有齊國、中山國，北部有燕國、東胡，西部與樓煩、秦國、韓國接壤，如果我們趙國沒有強大的騎兵以備不測，我們如何守衛國家呢？前些時候，中山國依仗齊國的支持，經常來侵奪我國的土地，擄掠我國的人民，還決開黃河之水淹灌我們的鄗城，如果不是上天的保佑，鄗城幾乎就保不住了；我們的先君以此為奇恥大辱，所以我才要改穿胡人的服裝，讓本國的人民練習騎馬射箭，就是為了防備四周邊境隨時可能發生的災難，報過去中山國對我國侵犯、擄掠的仇怨。而您卻堅決維護中原固有的習俗，憎惡改變服裝的名聲，而忘記了中山國用河水沖灌鄗城的恥辱，這可不是我所希望看到的。」公子成被趙武靈王說服以後，表示聽從命令，改穿胡服；趙武靈王於是賞賜給公子成一套胡服。第二天公子成就穿上胡服參加早朝。趙武靈王這才在國內頒布改穿胡服的命令，同時招募騎馬射箭的士兵。

九年（乙卯　西元前三〇六年）

秦昭王派向壽去安撫宜陽，派樗里疾、甘茂率軍去攻打魏國。甘茂向秦昭王建議，把武遂歸還給韓國。向壽、公孫奭表示反對，但他們的意見並沒有被秦昭王採納，因此二人對甘茂十分怨恨，便在秦昭王面前說他的壞話。甘茂很恐懼，就停止對魏國蒲阪的進攻，逃亡到國外去了。樗里子與魏國講和，將軍隊撤回秦國。甘茂逃到齊國避難。

趙武靈王率軍向中山國拓取地盤，抵達寧葭，然後又向西開拓疆土，到達胡地，進抵榆中。林胡王向趙武靈王進獻馬匹表示歸附。趙武靈王率軍回到都城邯鄲，不久便派樓緩出使秦國，派仇液出使韓國，派王賁出使楚國，派富丁出使魏國，派趙爵出使齊國；派代相趙固主管與胡人的聯絡並將胡地的軍隊收歸自己掌握。

楚懷王、齊宣王、韓襄王訂立合縱聯盟。

十年（丙辰　西元前三〇五年）

彗星出現。

趙武靈王率軍攻打中山國，奪取了丹丘、爽陽、鴻之塞，又奪取了鄗縣、石邑、封龍、東垣。中山國又把另外四個城邑獻給趙國以求和。

秦國宣太后異父同母兄弟穰侯魏冉、同父異母兄弟華陽君羋戎，秦昭王的同父同母弟高陵君、涇陽君，這四個人當中，屬魏冉最有才能，從秦惠王、秦武王時四個人就已經掌權。秦武王去世以後，由於沒有子嗣，幾個兄弟互相爭奪王位，只有穰侯魏冉力主擁立秦昭王。秦昭王即位以後，任命魏冉為將軍，守衛都城咸陽。這一年，庶長嬴壯和一些大臣、王子陰謀政變，魏冉及時粉碎了他們的陰謀，並將作亂的人全部殺死。就連秦武王的生母惠文后也沒能逃脫一死。秦武王的王后悼武王后則被送回她魏國的娘家，秦昭王的諸多兄弟，凡是與秦昭王作對的，魏冉都把他們消滅了。秦昭王因為當時年幼，就由宣太后主持國政，宣太后把大權交給魏冉，魏冉的權勢震動了秦國。

十一年（丁巳　西元前三〇四年）

秦王、楚王❶盟于黃棘❷。秦復與楚上庸❸。

十二年（戊午　西元前三〇三年）

彗星見。

秦取魏蒲阪、晉陽、封陵❹，又取韓武遂❺。

齊、韓、魏以楚負其從親❻，合兵伐楚。楚王使太子橫❼為質於秦，以請救。

秦客卿通❽將兵救楚，三國引兵去。

十三年（己未　西元前三〇二年）

秦王、魏王⑨、韓太子嬰⑩會于臨晉⑪，韓太子至咸陽⑫而歸，秦復與魏蒲阪⑬。

秦大夫有私與楚太子鬭者，太子殺之，亡歸⑭。

十四年（庚申　西元前三〇一年）

日有食之，既⑮。

秦人取韓穰⑯。

蜀守煇⑰叛秦，秦司馬錯往誅之⑱。

秦庶長奐⑲會韓、魏、齊兵⑳伐楚，敗其師於重丘㉑，殺其將唐昧㉒，遂取重丘。

趙王伐中山，中山君奔齊㉓。

十五年（辛酉　西元前三〇〇年）

秦涇陽君為質於齊㉔。

秦華陽君㉕伐楚，大破楚師，斬首三萬，殺其將景缺㉖，取楚襄城㉗。楚王恐，使太子㉘為質於齊，以請平㉙。

秦樗里疾卒，以趙人樓緩為丞相㉚。

趙武靈王愛少子何㉛，欲及其生而立之㉜。

十六年（壬戌　西元前二九九年）

五月戊申㉝，大朝東宮㉞，傳國於何。王廟見㉟禮畢，出臨朝㊱，大夫悉為臣㊲，肥義為相國，并傅王㊳。武靈王自號主父㊴。主父欲使子治國㊵，身㊶胡服，將㊷士大夫西北略胡地㊸，將自雲中、九原㊹南襲咸陽㊺。於是詐自為使者㊻入秦，欲以觀秦地形及秦王之為人。秦王不知，已而怪其狀甚偉，非人臣之度㊼，使人逐之㊽，主父行已脫關㊾矣。審問㊿之，乃主父也(51)，秦人大驚。

齊王、魏王會于韓(52)。

秦人伐楚，取八城(53)。秦王遺楚王書曰：「始寡人與王約為兄弟，盟于黃棘(54)，太子入質(55)，至驩也(56)。太子陵殺寡人之重臣(57)，不謝而亡去(58)。寡人誠不勝怒(59)，使兵侵君王之邊(60)。今聞君王乃令太子質於齊以求平(61)。寡人與楚接境，婚姻相親，而今秦、楚不驩，則無以令諸侯(62)。寡人願與君王會武關(63)，面相約，結盟而去，寡人之願也。」

楚王患之，欲往，恐見欺(64)；欲不往，恐秦益怒。昭睢(65)曰：「毋行(66)，而發兵自守耳。秦，虎狼也，有并諸侯之心，不可信也。」懷王之子子蘭(67)[1]勸王行。王乃入秦。

秦王令一將軍詐為王[68]，伏兵武關。楚王至則閉關，劫之與俱西[69]。至咸陽，朝章臺[70]，如藩臣禮[71]，要以割巫、黔中郡[72]。楚王欲盟[73]，秦王欲先得地。楚王怒曰：「秦詐我，而又彊要我以地。」因不復許[74]。秦人留之。

楚大臣患之，乃相與謀曰：「吾王在秦，不得還，要以割地，而太子為質於齊。齊、秦合謀，則楚無國矣[75]。」欲立王子之在國者[76]。昭睢曰：「王與太子俱困於諸侯，今又倍王命[77]，而立其庶子[78]，不宜。」乃詐赴於齊[79]。齊湣王召羣臣謀之，或曰：「不若留[80]太子，以求楚之淮北[81]。」齊相[82]曰：「不可。郢中立王[83]，是吾抱空質[84]，而行不義於天下也。」其人[85]曰：「不然。郢中立王，因與其新王市[86]曰『予我下東國[87]，吾為王殺太子[88]；不然。將與三國共立之[89]。』」齊王卒用其相計，而歸楚太子。楚人立之[90]。

秦王聞孟嘗君之賢，使涇陽君為質於齊以請[91]。孟嘗君來入秦，秦王以為丞相。

十七年（癸亥　西元前二九八年）

或謂秦王曰「孟嘗君相秦，必先齊而後秦[92]，秦其危哉[93]！」秦王乃以樓緩為相[94]，囚孟嘗君，欲殺之。孟嘗君使人求解[95]於秦王幸姬[96]。姬曰：「願得君狐白裘[97]。」孟嘗君有狐白裘，已獻之秦王，無以應姬求[98]。客有善為狗盜[99]者，入秦藏[100]中，盜狐白裘以獻姬。姬乃為之言於王而遣之[101]。王後悔[102]，使追之。孟嘗君至關[103]，關法，雞鳴而出客[104]。時尚蚤[105]，追者將至，客有善為雞鳴[106]者，野雞[107]聞之皆鳴，孟嘗君乃得脫歸[108]。

楚人告于秦曰：「賴社稷神靈，國有王矣[109]。」秦王怒，發兵出武關擊楚，斬首五萬，取十六城[110]。

趙王封其弟勝[2]為平原君[111]。平原君好士，食客嘗[112]數千人。有公孫龍[113]者，善為「堅白同異」之辯[114]，平原君客之[115]。孔穿[116]自魯適趙[117]，與公孫龍論「臧三耳[118]」，龍甚辯析[119]。子高弗應[120]，俄[121]而辭出。明日，復見平原君，平原君曰：「疇昔[122]公孫之言，信辯[123]也，先生以為何如？」對曰：「然。幾能令『臧三耳』矣[124]。雖然，實難[125]。僕願得又問於君[126]，今謂『三耳』甚難，而實非也[127]；謂『兩耳』甚易，而實是也[128]。不知君將從易而是者乎[129]，其亦從難而非者乎[130]？」平原君無以應。明日，謂公孫龍曰：「公無復與孔子高辯事[131]也。其人理勝於辭[132]，公辭勝於理[133]，終必受詘[134]。」

齊鄒衍[135]過趙[3]，平原君使與公孫龍論「白馬非馬」之說[136]。鄒子[137]曰：「不可。夫辯者[138]，別殊類，使不相害[139]；序異端，使不相亂[140]。抒意通指[141]，明其所謂[142]，使人與知焉[143]，不務相迷也[144]。故勝者不失其所守[145]，不勝者得其所求[146]。若是[147]，故辯可為也[148]。及至[149]煩文以相假[150]，飾辭以相惇[151]，巧譬以相移[152]，引人使不得及其意[153]，如此害大道[154]。夫繳紛爭言[4]，而競後息[155]，不能無害君子[156]，衍不為也。」座皆稱善[157]。公孫龍由是遂詘[158]。

【章　旨】以上為第五段，寫周赧王十一年（西元前三〇四年）至十七年共七年間的各國大事，作品一方面寫了秦昭王上臺後在穰侯等人輔佐下對韓、魏、楚國的大力征伐，而其中寫秦國與楚國鬥爭的文字明顯居多。這時的韓國已近於向秦國投降，楚、魏也日趨衰落，只有趙國在武靈王胡服騎射後，由於他滅了中山，又取得了對北方胡族的勝利，從而國勢增強，成了敢與秦國抗衡的中心力量。

【注　釋】❶秦王楚王　時當秦昭王三年、楚懷王二十五年。❷黃棘　楚邑名，在今河南新野東北。❸復與楚上庸　秦國又把上庸還給了楚國，目的是拉攏楚國與秦聯合。秦軍取楚上庸在楚懷王十七年，秦軍取楚漢中時。上庸在今湖北竹溪縣東南。❹蒲阪晉陽封陵　皆魏邑名，蒲阪在今山西永濟西；晉陽應作陽晉，在今山西虞鄉西；封陵即今山西風陵渡。❺武遂　韓邑名，在今山西垣曲東南之黃河邊上，秦軍攻取宜陽時曾佔領武遂，後歸還於韓，今又取之。❻負其從親　楚懷王二十三年與齊、韓結為聯盟，今又叛之。❼太子橫　即日後之楚頃襄王。❽客卿通　他國之人在此國任高級參謀，享受「卿」的待遇，叫客卿。通，客卿之名。❾秦王魏王　時當秦昭王五年、魏襄王十七年。❿韓太子嬰　韓襄王的太子，名嬰。⓫臨晉　秦邑名，在今陝西大荔城東。⓬韓太子至咸陽　到咸陽朝拜秦昭王，表示韓國對秦國的格外臣服。⓭復與魏蒲阪　結盟後進一步拉攏魏國。⓮亡歸　逃回楚國。當時楚太子橫在秦國當人質。⓯日有食之二句　開始是日半蝕，過一會兒變成了日全蝕。⓰穰　韓邑名，在今河南鄧州東南。⓱蜀守煇　秦國的蜀郡郡守名煇。⓲往誅之　前往將其討平。誅，討；討伐。⓳庶長奐　秦國的庶長，名奐。⑳會韓魏齊兵　據楊寬〈戰國史年表〉，此役之會秦庶長奐共同破楚者為齊將匡章、魏將公孫喜、韓將暴鳶。㉑重丘　楚邑名，在今河南遂平西南、泌陽東北。㉒唐昧　楚將名，也寫作「唐蔑」。楊寬《戰國史》曰：「是年秦庶長奐伐楚，斬首二萬而取得重丘；同年齊、韓、魏三國聯軍大破楚於垂沙，殺楚將唐昧，《史記》誤混為一事。」㉓中山君奔齊　中山國的都城被攻陷，其國君逃到齊國，至此中山國實際已經滅亡，只是尚未徹底掃平而已。故留待「惠文王三年」始書「趙滅中山」。所謂「中山君」有說為「中山桓公」。㉔涇陽君為質於齊　為拉攏齊國、孤立楚國。涇陽君即秦昭王之胞弟公子市。㉕華陽君　宣太后之同父弟，原楚人，名羋戎。㉖景缺　楚將名，楚王的同族。㉗襄城　楚邑名，在今河南襄城。㉘太子即上文所說的太子橫，日後的楚頃襄王。㉙請平　請求講和。㉚樓緩為丞相　樓緩原為趙武靈王的丞相，今年是否入秦，歷史學者有不同看法。㉛少子何　即日後的趙惠文王，名何，即前文所講的孟姚所生。㉜欲及其生而立之　想趁自己活著時就立他為趙王。少子何之母非王后，按次序輪不上立何為君，故武靈王用此手段。㉝五月戊申　據方詩銘、方小芬編《中國史曆日和中西曆日對照表》，西元前二九九年的陰曆五月無「戊申」日，最鄰近五月的「戊申」日是四月二十五。㉞東宮　邯鄲城內之東宮，趙王祖先之所居，宗廟在焉。有解釋為太子宮者，疑非。㉟王廟見　新即位的趙王在太廟裡拜見祖宗靈位。㊱臨朝　坐殿會見群臣。㊲大夫悉為臣　所有趙國群臣一律歸新即位的趙王統領。此亦趙武靈王所特意安排，唯恐有人不服少子何。大夫，指諸侯國的群臣。自西周建國以來，周天子的執政大臣稱卿，諸侯國的執政大臣稱大夫。個別有大功受周天子特別加封的諸侯國大臣亦可稱卿，如管仲等是也。㊳肥義為相國二句　意謂肥義既為惠文王之相，又同時任太傅之職。傅，此處用為動詞，意即訓導、扶助。相國的職務與丞相相同，但位尊而權專。丞相一般為二人，相國則只有一人。㊴自號主父　顧炎武曰：「《左傳》：齊景公有疾，立太子州蒲為君；《史記》：趙武靈王傳國於子惠文王何，自稱主父，此內禪之始。」㊵治國　處理日常的國家事務。㊶身　自己，指武靈王。㊷將　統領。㊸西北略胡地　向西北方的胡人地區攻取地盤。㊹雲中九原　趙之二郡名，雲中郡的郡治在今內蒙古呼和浩特西南，托克托東北；九原郡的郡治在今包頭西。㊺南襲咸陽　向南襲擊秦國的都城。㊻詐自為使者　自己假裝作一個趙國的使者。㊼非人臣之度　不是一般臣子所有的氣度。㊽使人逐之　待至趙國使者離秦都回國，始令人追之。逐，追趕。㊾脫關　出了秦國東境的函谷關（今河南靈寶東北）。㊿審問　仔細察問思考。審，仔細。(51)乃主父也　史珥《史記剿說》曰：「主父斯時氣吞西陲，固一世之雄也，子長摹寫英風，至今凜然，未可以變生衽席而抹殺之。」(52)齊王魏王會于韓　齊湣王與魏襄王在韓國都城新鄭會晤，謀劃次年伐秦。齊湣王名地，宣王之子，西元前三〇〇—前二八四年在位。(53)秦人伐楚二句　具體何城，史無明載。(54)盟于黃棘　見前周赧王十一年。(55)太子入質楚太子橫入秦為質。56至驩也　那是多麼令人歡快的事呀。驩，同「歡」。57陵殺寡人之重臣　即前文赧王十三年之「秦大夫有私與楚太子鬭者，太子殺之」。今乃說之為「重臣」，是外交辭令之需要。58不謝而亡去　沒有道歉就逃走了。亡，逃。59誠不勝怒　實在是忍不住氣憤。60侵君王之邊　指赧王十四年之敗楚於重丘，十五年又敗楚於襄城。61令太子質於齊以求平　即十五年楚敗於襄城之後事。62秦楚不驩二句　如果秦楚的關係不好，那就沒法再對別的國家發號施令。63武關　秦國與楚國之間的關塞名，在今陝西丹鳳東南。64見欺　被騙；上秦人的當。65昭睢　楚臣，楚王之同姓。66毋行　不要前去。67子蘭　懷王之子，頃襄王之弟。68詐為王　假裝成秦昭王。69劫之與俱西　劫持著楚懷王和他一道向西（來到了咸陽）。70朝章臺　在章臺朝見秦昭王。章臺，秦國的行宮名，在渭水以南。不在朝廷，而在行宮接見外國之君是不禮貌的表現。71如藩臣禮　像是諸侯朝見天子的禮節一樣。藩臣，為天子起拱衛、屏障作用的臣子。72要以割巫黔中郡　要脅楚國割讓巫與黔中二郡。巫郡約當今之重慶市東部與湖北之西部地區；黔中郡約當今湖南西部與貴州東部一帶地區。要，要脅。73欲盟　要求先談判結盟。74因不復許　按，楚懷王為人貪婪，且又昏庸無主見，但能不屈於強權，猶有可稱道處。75則楚無國矣　意謂必滅無疑。76欲立王子之在國者　想另立一個現在國內的王子為君。77倍王命　違背懷王之命。78庶子　本指非正妻所生的兒子，這裡即指太子以外的其他王子。79詐赴於齊　假說楚懷王病故，請太子橫回國即位。赴，通「訃」。報喪。80留　扣押，使之作為人質。81求楚之淮北　要求楚國將其淮水以北的地盤割給齊國。楚之淮北約當今之江蘇北部和與之鄰近山東、安徽一帶地區。82齊相　田嬰，封號「薛公」，孟嘗君田文之父。83郢中立王　楚國如果另立一個人為王。郢，楚國的都城，即今湖北江陵西北之紀南城。這裡用以代指楚國。84抱空質　白把持著一個沒有用處的人質。85其人　主張「留太子以求楚淮北之地」的人。86與其新王市　向楚國的新王討價還價。市，作交易。87下東國　楚國的東方邊遠地區，即指淮北。《正義》曰：「楚之下國最在東，故云下東國，即楚淮北。」88吾為王殺太子　我替你除掉這個身在國外的敵對勢力。89將與三國共立之　將與趙、韓、魏三國立太子橫為楚王，與你爭奪楚國。90楚人立之　即歷史上所稱之楚頃襄王，西元前二九八—前二六三年在位。91使涇陽君為質於齊以請　目的是拉攏齊國與秦國交好，以利於秦國攻擊韓、趙、魏、楚中的任何一國。92先齊而後秦　意即偏向齊國，不以秦國的利益為重。93秦其危哉　那樣秦國就危險啦。其，將，表示推斷的語氣詞。94乃以樓緩為相　周赧王十五年已云「以趙人樓緩為丞相」，只隔一年，又云「乃以樓緩為相」，樓緩為相到底是在哪一年？楊寬〈戰國史年表〉於今年書曰：「趙派樓緩入秦為相，派仇郝入宋為相。」95求解　求救。96幸姬　受寵愛的妃子。97狐白裘　《史記．孟嘗君列傳》曰：「孟嘗君有狐白裘，直千金，天下無雙。」98無以應姬求　再沒有別的裘可以滿足這個幸姬的要求。無以，沒有別的可用。應，滿足。(99)狗盜　化妝成狗飛簷走壁地偷東西。(100)秦藏　秦宮裡的倉庫。(101)遣之　准其離開，意即釋放了孟嘗君。(102)後悔　過後又反悔了。(103)關　指函谷關，在今河南靈寶東北，是當時秦國東部的門戶。(104)雞鳴而出客　一定要等雞叫才放人出入。(105)蚤　通「早」。(106)善為雞鳴　善於學雞叫。(107)野雞　四方村落裡的雞。(108)孟嘗君乃得脫歸　以上故事見《史記・孟嘗君列傳》。(109)國有王矣　楚國已有新國王啦。楚國所以這樣做不是想故意激怒秦昭王，是想告訴秦國扣留懷王做人質的計畫已落空，想使秦國放回懷王。(110)取十六城　《史記・楚世家》作「取析十五城」。《集解》引徐廣曰：「既取析，又取左右十五城也。」(111)平原君　趙勝，因其封地在平原，故號平原君。事跡見《史記・平原君虞卿列傳》。(112)嘗　通「常」。門下常有。(113)公孫龍　當時著名的邏輯學家，以倡說「白馬非馬」、創「離堅白」學說而知名。《漢書・藝文志》列之於名家。(114)堅白同異之辯　見《公孫龍子》。他說對於一塊堅硬的白石頭，「白」是眼睛看出來的，「堅硬」是手指摸出來的，「堅硬」與「白色」不可同時得知。(115)客之　接納使之住了下來。(116)孔穿　字子高，孔子的六世孫。(117)自魯適趙　從曲阜來到邯鄲。適，至。(118)臧三耳　一個奴隸有三隻耳朵。按，此事眾說紛紜，《孔叢子・公孫龍》與此同，《呂氏春秋・淫辭》作「藏三牙」。有說「臧」指「臧獲」，意即奴隸；有說「臧」同「藏」；有說「耳」指耳朵，有說「耳」是語氣詞。結合前後文，似乎是應該解釋為「一個奴隸有三隻耳朵」。(119)龍甚辯析　公孫龍將其分辨得非常細緻入微。(120)弗應　對他的發問不做回答。(121)俄　過了一會兒。(122)疇昔　過去，這裡即指昨天。(123)信辯　的確是雄辯。信，的確。(124)幾能令臧三耳矣　幾乎是讓他說得一個奴隸真是有三隻耳朵了。幾，幾乎；差點兒。(125)雖然二句　儘管他如此雄辯，但要真讓人相信一個奴隸有三隻耳朵那還是很難的。(126)僕願得又問於君　詞語生澀，大意是我還想再問問您。(127)今謂三耳甚難二句　他非要說一個奴隸有三隻耳朵，這是不是很費勁而事實上又是錯誤的呢。(128)謂兩耳甚易二句　如果說一個奴隸有兩隻耳朵，則說起來很容易而又符合實際。(129)不知君將從易而是者乎　不知您是喜歡聽那種說起來又容易、又符合事實的話呢。從，贊成；喜歡。(130)其亦從難而非者乎　還是喜歡那種說起來費勁而事實上又是錯誤的話呢。其亦，還是。(131)辯事　辯論問題。(132)理勝於辭　更注重於講道理。(133)辭勝於理　更注重於夸夸其談，裝腔作勢，藉以嚇人。(134)終必受詘　辯論下去你最後一定將落得理屈辭窮。詘，同「屈」。按，以上故事見《呂氏春秋・淫辭》。(135)鄒衍　戰國後期的陰陽學家，其有關天人感應的言論對秦漢時代的影響極為惡劣，其有關地理方面的想像頗為宏闊，詳情見《史記・孟子荀卿列傳》。(136)白馬非馬之說　公孫龍的重要論題之一，他認為「白馬」與「馬」是兩個不同的概念，「馬」是指這種形體的一種動物，是不論顏色的；「白」是指馬的顏色，「白馬」只是若干種顏色馬中的一種，不等於全部的「馬」。講的是一種邏輯學上的問題。詳情見《史記・平原君虞卿列傳》之《集解》所引劉向的《別錄》。

❶37鄒子　即指鄒衍。「子」字如同今之所謂「先生」。❶38夫辯者　辯論的宗旨。夫，發語詞。❶39別殊類二句　是為了區分不同的概念、不同的性質，使它們不再含混、不相混淆視聽。❶40序異端二句　把那些異端邪說的本質揭露出來，讓它們不再讓人眼花繚亂；表達不同的見解，使它們彼此不相淆亂。❶41抒意通指　抒發真實的情意，傳達真正的宗旨。❶42明其所謂　指明他們是要說什麼。❶43使人與知焉　是要讓人明白。與知，全部瞭解。與，通「舉」。全。❶44不務相迷也　不是要把人的思想攪渾。❶45勝者不失其所守　辯論獲勝的一方不會改變原來的觀點。所守，所持。❶46不勝者得其所求　辯論失敗的一方也能學到他們想學的東西。❶47若是　如能做到這樣。❶48故辯可為也　辯論才是有意義的。❶49及至　如果要是鬧成。❶50煩文以相假　用一些富麗的辭藻來嚇唬人。相假，相加；強加於人。❶51飾辭以相悖　編造謊言以促使人上當受騙。悖，促使。❶52巧譬以相移　用巧妙的比喻來動搖對方的意志。❶53使不得及其意　目的就是讓人家無法弄清它究竟要說什麼。❶54如此害大道　這樣做法是對「大道」有傷害的。❶55繳紛爭言二句　繁言碎語，只想爭個最後的勝利。競後息，只想爭個最後閉嘴，意即對方已先被駁倒。❶56不能無害君子　這樣的辯論是對君子有害的。❶57座皆稱善　在座的人們都稱讚鄒衍說得好。❶58由是遂詘　從此遂認輸不再辯論了。

【校　記】①懷王之子子蘭　「子蘭」原作「蘭」。據章鈺校，「子」下，十二行本、乙十一行本、孔天胤本皆有「子」字。按，《史記·楚世家》：「懷王子子蘭勸王行。」今從諸本及《史記》、《通鑑紀事本末》卷一下改。②封其弟勝　「勝」字原無。據章鈺校，「弟」下，十二行本、乙十一行本皆有「勝」字，今據補。③齊鄒衍過趙　「齊」字原無。據章鈺校，「鄒」上，十二行本、乙十一行本皆有「齊」字，張敦仁《通鑑刊本識誤》同，今據補。④繳紛爭言　「紛」原作「紉」。據章鈺校，十二行本、乙十一行本、孔天胤本「紉」皆作「紛」，熊羅宿《胡刻資治通鑑校字記》同，今從諸本及《史記索隱》改。

【語　譯】十一年（丁巳　西元前三〇四年）

秦昭王、楚懷王在楚國的黃棘建立聯盟。秦國把所侵佔的上庸歸還楚國。

十二年（戊午　西元前三〇三年）

彗星出現。

秦國攻取了魏國的蒲阪、晉陽、封陵，又攻克了韓國的武遂。

齊國、韓國、魏國因為楚國背叛了合縱聯盟，於是聯合起來攻打楚國。楚國把太子芈横送到秦國做人質，請求秦國派兵救援。秦國派客卿通率領秦軍救援楚國，齊、韓、魏一見秦國出兵，就趕緊撤軍了。

十三年（己未　西元前三〇二年）

秦昭王、魏襄王、韓太子嬰在秦國的臨晉會晤，韓太子到咸陽朝拜秦昭王之後回國，秦國把去年攻佔的蒲阪歸還魏國。

秦國一個大夫私下裡與做人質的楚國太子芈橫鬥毆，楚太子殺死了那個大夫，逃回了楚國。

十四年（庚申　西元前三〇一年）

發生日全蝕。

秦國的軍隊奪取了韓國的穰邑。

秦國派去鎮守蜀地的將軍煇背叛了秦國，秦國派司馬錯率軍前去討伐，平定了叛亂。

秦國派庶長奐聯合韓國、魏國、齊國的軍隊共同討伐楚國，在楚國重丘將楚軍打得大敗，殺死了楚國的大將唐眜，佔領了重丘。

趙武靈王率軍攻打中山國，中山國君逃亡到了齊國。

十五年（辛酉　西元前三〇〇年）

秦國的涇陽君到齊國充當人質。

秦國派華陽君芈戎率領秦軍攻打楚國，把楚軍打得大敗，消滅楚軍三萬，殺死了楚軍將領景缺，攻佔了襄城。楚懷王非常害怕，只好把太子芈橫送到齊國去做人質，請求與齊國講和。

秦國的樗里疾去世，秦昭王任命趙國人樓緩為丞相。

趙武靈王喜愛幼子趙何，想在自己活著的時候就立趙何為國君。

十六年（壬戌　西元前二九九年）

五月戊申這天，趙武靈王舉行盛大的典禮，把國君的寶座傳給了幼子趙何，就是趙惠文王。趙惠文王到祖廟祭拜過祖宗靈位之後，就開始坐殿會見群臣、主持朝政，所有趙國群臣都是他的臣屬，肥義既是趙國的相國，又同時兼任國君的老師。趙武靈王退位以後，自稱「主父」。主父讓趙惠文王在國內處理日常的國家事務，自己則穿上胡服，率領著軍隊和士大夫向西北去奪取胡人的土地，為趙國開拓疆土。他計劃從雲中、九原出兵向南襲擊秦國的都城咸陽，為了摸清情況，他把自己裝扮成趙國使者的模樣進入秦國，觀察秦國的地形和秦昭王的為人。秦昭王當時不知道面前的使者就是趙武靈王，之後又很奇怪，覺得他氣宇軒昂，不像一般人臣的氣度，於是派人前去追趕；而此時趙武靈王早已出了秦國的函谷關回到趙國了。秦王經過仔細追查，才知道原來是趙武靈王本人，秦國人為此大為震驚。

齊湣王和魏襄王在韓國進行會晤。

秦國的軍隊再次攻打楚國，奪取了八個城邑。秦昭王寄信給楚懷王說：「開始的時候，我和大王在黃棘盟誓，要結為兄弟般的友好國家，您答應把太子送到秦國做人質，當時我們兩國都很高興。楚太子羋橫殺死了我的重要臣子，既不認錯又不向秦國道歉，就私自逃回楚國。我確實為此而怒不可遏，所以才發兵進犯楚國的邊境。如今聽說大王您把太子送到齊國做人質，跟齊國和解。我的秦國和您的楚國國土相接，又是有婚姻關係的國家，如果秦國和楚國不能和好，就不能號令其他國家。現在我希望在武關與您見面，我們將面對面進行會談，然後訂立友好盟約，這是我的願望。」

楚懷王感到很憂慮，想去與秦王相會，藉此以化解兩國之間的怨恨，又怕被秦國欺騙；不去赴約，又怕秦昭王更加惱羞成怒，將給楚國帶來更大的災難。昭睢勸阻楚懷王說：「大王不要去，只要派軍隊堅守邊界就行了。秦國是一個虎狼一樣的國家，有吞併各諸侯國的野心，秦王的話是不能相信的。」楚懷王的兒子子蘭卻堅持要楚懷王去赴約。楚懷王這才同意到秦國與秦昭王相會。

秦昭王命令一個將軍冒充他，又在武關設好伏兵。楚懷王一進入武關，秦軍立即將關門緊閉，劫持了楚懷王，把他向西押解到都城咸陽。又強迫楚懷王到秦國的章臺宮朝見秦王，讓他像屬國一樣行朝見禮，還逼迫他把巫郡和黔中郡割讓給秦國。楚懷王要求先與秦國談判結盟，秦王卻把先得到土地作為條件。楚懷王憤怒地說：「你們用騙術把我騙到秦國來，又強迫我割讓土地。」因此堅決不同意。秦國就把楚懷王扣留起來，不放他回楚國。

楚國國內的大臣都很擔心，他們互相商量說：「我們的國王被秦國扣留，不能回國，秦國威脅說，必須割讓土地給秦國才肯放國君回來，現在太子又在齊國充當人質；如果秦、齊兩國聯合起來算計楚國，恐怕楚國必定滅亡無疑了。」於是就想擁立另外一個在楚國境內的王子做國君。昭睢說：「大王與太子都被困在國外，現在再違背楚王的意願，另立別的王子為楚王，恐怕不合適。」於是就假稱楚懷王已死在秦國去向齊國報信。齊湣王召集大臣商量如何處理這件事，有人說：「不如把楚國太子扣留，然後向楚國索取淮河以北的土地。」齊國的宰相田嬰說：「不能這樣做。如果楚國另立別的王子做楚君，我們只把持著一個沒有任何用處的人質，還要落一個趁人之危，不仁不義的惡名。」主張扣留楚國太子的那個人說：「不一定。如果楚國另立別的王子為國王，我們就可以跟新國王做一筆交易，我們對他說『如果你把淮河以北的土地割給齊國，我們就把太子殺掉。如果不答應，我們就聯合韓國、魏國共同立太子為楚王。』」最後，齊湣王還是聽從了相國的意見，把楚國的太子送回楚國。楚國人立太子羋橫為楚王，就是楚頃襄王。

秦昭王聽說齊國的孟嘗君很賢明，就派涇陽君到齊國做人質，交換孟嘗君到秦國去。孟嘗君到了秦國以後，秦昭王任命他擔任秦國的丞相。

十七年（癸亥　西元前二九八年）

有人對秦昭王說：「任用孟嘗君擔任秦國的丞相，他在處理政務的時候，一定是先把齊國的利益放在首位，然後才考慮秦國的利益；這對於秦國來說就太危險了！」秦昭王於是重新任命樓緩為秦相，而罷免了孟嘗君，又把孟嘗君囚禁起來，準備殺死他。孟嘗君派人去向秦王所寵愛的妃子求救。那個妃子說：「我可以幫這個忙，但我很想得到孟嘗君的那件白色的狐狸皮袍。」孟嘗君確實有過一件白色的狐狸皮袍，但早已經獻給了秦昭王，再也拿不出第二件袍子給那個妃子了。孟嘗君的門客中有一個特別擅長偷竊，於是就潛入秦國的府庫當中，把那件獻給秦昭王的白色狐狸皮袍偷出來獻給了秦王的妃子。那個妃子得到狐狸皮袍之後，就在秦昭王面前替孟嘗君說好話，秦昭王就把孟嘗君釋放了。孟嘗君走了以後，秦昭王又有些反悔，趕緊派人去追趕。孟嘗君此時已經逃到了函谷關，按照秦國關卡的規定，每天清晨必須等到雞叫才能開關放人過往。孟嘗君到關的時候，離雞叫的時間還早呢，而後邊的追兵眼看就要趕到，在這緊急關頭，門客中又有一個人善於學雞叫，他一叫，曠野裡的雞就都跟著叫起來，守關的人一聽雞叫了，以為天亮了，就把關門打開。孟嘗君因為這些門客的幫助才得以逃回齊國。

楚國派人到秦國告訴秦昭王說：「託賴上天的保佑，我們楚國已經有新國王了。」秦昭王聽後，一怒之下，立即發兵出武關攻打楚國，此次共消滅楚軍五萬多人，佔領了十六個城邑。

趙惠文王封他的弟弟趙勝為平原君。平原君喜好結交賢士，他門下的食客經常多達數千人。其中有一個門客叫做公孫龍，他在邏輯學方面很有造詣，並以「白馬非馬」、「堅白論」等理論而聞名當時，平原君接納他做了自己的門客。孔穿從魯國來到趙國，他與公孫龍在「一個奴隸有三隻耳朵」的問題上進行了激烈的辯論，公孫龍口才便捷，分析細緻入微。孔穿無言以對，只待了一會兒工夫就告退了；第二天，他來見平原君，平原君說：「昨天公孫龍的話很有說服力，先生您覺得怎麼樣？」孔穿回答說：「確實如此。他的話幾乎真能讓奴隸生出三個耳朵來了。雖然如此，但這種理論卻很難令人信服。所以我今天想就這個問題向您請教，如果認為奴隸能長出三個耳朵，要讓人相信很難，而且也不是事實；如果說奴隸只長兩個耳朵，別人很容易相信，而且事實也確是如此。我不知道大王您是贊成『奴隸長兩個耳朵』這既容易明白而又真實的話呢，還是贊成『奴隸有三個耳朵』這既令人費解而實際又不存在的話呢？」平原君無法回答孔穿提出的問題。次日，平原君對公孫龍說：「先生不要再與孔穿進行辯論了。孔穿這個人道理勝過他的言辭；而先生您卻是言辭勝過道理，我擔心您最終會被他駁得理屈詞窮。」

齊國的鄒衍經過趙國。平原君讓公孫龍和他辯論「白馬非馬」。鄒衍說：「不行。辯論的目的，應該是為了區分不同的概念，使它們彼此不相混淆；辯論雙方表達不同的見解，是為了使道理更加清楚，正確與錯誤不相紊亂。抒發真實的情意，表達真正的宗旨，公開所要陳述的道理，是為了使人更加明白，而不是想方設法讓人迷惑不解。所以辯論勝利的一方能夠堅持自己的觀點，辯論失敗的一方也會從中得到他所希望得到的東西。如果能做到這樣，辯論才是有意義的。至於用富麗的文詞強加於人，編造謊言以促使對方上當受騙，用巧妙的比喻來動搖對方的意志，從而使別人無法把握他究竟想要說什麼，這樣做就傷害了真理。互相爭論，糾纏不清，一直到面紅耳赤方才罷休。這種爭論對君子而言不能不說是一種傷害，所以我是不會參加的。」在座的人都贊成鄒衍說得好。公孫龍從此認輸不再辯論。

【研　析】本卷的主要篇幅是寫秦國在惠文王與武王時代為發展壯大秦國所做的貢獻，在南取巴、蜀的過程中司馬錯的作用是卓越的，從此秦有了堅強的右翼，佔據了長江的上游，為日後的破楚準備了條件，諸祖耿《戰國策匯考》引張琦曰：「秦取巴蜀，則據楚之上游，張儀所云『方船積粟，浮江而下，不十日而距扞關』者也。拔焉郢，燒夷陵，必至之勢，楚亡於此矣。」吳如嵩曰：「秦滅巴蜀具有重大的戰備意義，不但開拓了大片疆土，增加了人力資源，加強了經濟實力，更重要的是為秦國迂迴楚國的側翼，對楚實施兩面鉗擊創造了條件。」馬非百曰：「秦人自惠王九年定巴、蜀至始皇初立，前後才七十年，秦地已由巴、蜀、漢中越宛有郢，楚威日蹙、勢日迫；秦又置東郡以壓迫之，於是楚乃不得不由陳而遷於更東之壽春。而秦遂無復有南顧之憂，乃得以專心致志於北方各國之各個擊破，蓋皆經營巴、蜀以制服楚國之明效也。司馬錯云：『得蜀則得楚，楚亡而天下并矣。』錯之功亦大矣哉！」（《秦集史》）

在秦國破楚，奪取楚國漢中的過程中張儀的活動是不可磨滅的。他知己知彼，瓦解齊楚聯盟，玩弄楚懷王於掌股之上，幫著秦國很容易地奪得了楚國的漢中郡與黔中地區。對於奪取漢中的意義，馬非百曰：「景春曰：『公孫衍、張儀，豈不誠大丈夫哉？一怒而諸侯懼，安居而天下息。』（《孟子·滕文公》）公孫衍且勿論，若張儀在惠王一代，對於秦國統一運動所貢獻者誠不止一端。初為秦相魏，破壞魏、齊同盟，使魏去齊而慝秦；後又相楚，破壞楚、齊同盟，使楚去齊而慝秦。李斯所謂『散六國之眾，使之西面而事秦』者，此二事殆其最彰明較著者矣。張儀外交之主要核心厥為弱楚，而弱楚之謀之得以成功，又由於巴、蜀、漢中之兼併。蓋此南進政策之得以順利進行，實蘇秦之合縱運動有以無意中助成之也。而張儀之善於利用形勢，亦

誠不可及哉！」（《秦集史》）

關於蘇秦與張儀的合縱、連橫活動，司馬光主要是依據了司馬遷《史記》之〈蘇秦列傳〉、〈張儀列傳〉的舊說，很多材料是不可信的，詳見韓兆琦《史記箋證》的有關章節。對於蘇秦、張儀的為人，自古以來的評價都不甚高。司馬光在本文中特別引用孟軻、揚雄的言論對之進行了否定，並說蘇秦、張儀這種人越是本事大，給社會造成的危害也就越大。其實憑心而論，張儀並不是「反覆無常」的人，他對秦國忠心耿耿，絲毫沒有三心二意。張儀結局的悲哀，是由於秦國君主的改變，也就是通常所說的「一朝天子一朝臣」，張儀自身並無過錯。楊寬曰：「縱橫家的缺點是他們重視依靠外力，不是像法家那樣從事改革政治、經濟和謀求富國強兵入手，還過分誇大計謀策略的作用，把它看作國家強盛的主要關鍵。張儀在秦國推行連衡策略是獲得成功的，達到了對外兼併土地的目的，使得秦惠王能夠『東拔三川之地，西并巴蜀，北收上郡，南取漢中』，『散六國之縱，使之西面事秦』（李斯語），這是因為他用『外連衡而鬥諸侯』的策略配合了當時秦國耕戰政策的推行。」（《戰國史》）蘇秦的一生是為燕國在齊國從事間諜活動，他的欺騙別的國家是為了燕國的利益。從其自身的立場來講，本來也是極其堅定、極其分明的。牛鴻恩說：「縱橫家的名聲不好，這應當作具體分析。張儀多施用欺詐手段，但他的一系列活動對秦國的發展做出了不容否定的貢獻。而且他始終是效忠秦國的連橫派，找不到他對秦國『詐偽反覆』的例證。蘇秦既然是高級間諜，也就必然傾危譎詐。但從燕國的立場說，他是一個忠臣。『蘇秦不信於天下，而為燕尾生』（鄒陽〈獄中上梁王書〉）；『蘇秦以百誕成一誠』（劉安《淮南子·說林》）。有人說蘇、張是『態（慝）臣』，說『用態臣者亡』（《荀子·臣道》），那是站在齊、楚的立場上說話。」（〈論戰國策的人物描寫〉）

關於《史記》與《資治通鑑》所以在蘇秦、張儀的史事上有這麼多的錯誤的原因，牛鴻恩說：「李斯〈諫逐客書〉可能是造作蘇、張縱橫說辭的契機。『惠王用張儀之計，遂散六國之縱，使之西向事秦，功施到今』，李斯是最早把張儀和『散六國之縱』聯繫在一起的。但他只是說秦用『張儀之計』，並沒有說張儀去遍說六國。可是擬作者卻可以由此受到啟發：既然張儀『散六國之縱』，則應當先有『合縱六國』者在，於是便拉來合縱五國擯秦，名聲正在上揚的蘇秦，並在擬作說辭很盛行的情況下造作了蘇、張縱橫的遊說辭。既然『惠王用張儀』，那麼蘇秦合縱也就必然在燕文公、趙肅侯時代了。考察這些說辭中說到的事實，如蘇秦說燕『秦趙五戰，秦再勝而趙三勝』，張儀說齊『今趙之於秦也』、『戰於河漳之上』、『戰於番吾之下』、『邯鄲僅存』云云，可證明它們的擬作時代確實在〈諫逐客書〉（西元前二三七年）的產生之後。」（〈蘇秦事跡之真僞〉）

關於秦武王的為人與甘茂取韓宜陽的歷史壯舉，本文主要是依據了《史記・秦本紀》與〈樗里子甘茂列傳〉，但《史記》原文的描寫較此更為充分、更為生動。馬非百評秦武王說：「武王在位僅四年，而其在秦國統一運動上所建立之偉績，其一為丞相制度之創立，其二為宜陽之再次攻拔。宜陽不僅關係韓國之存亡，而且宜陽果一旦入於秦人掌握之中，則山東各國亦將盡受其威脅。宜陽之役，魏與秦實有聯盟關係；加以秦用馮章之謀，以漢中欺楚，使其嚴守中立。韓失楚援，秦得魏助，宜陽之卒為秦所攻拔，固其所也。於是韓王不得已，乃使公仲侈赴秦求和，武王竟藉與韓言和之便親至於周，實現其『車通三川，進窺周室』之初願。使非以有力好戲之故以致絕臏而死，其前途實未可量也。」（《秦集史》）關於甘茂取宜陽的這段敘事，繆文遠說：「此章言甘茂預見宜陽難拔，迭用譬喻以說秦王，與秦王盟於息壤，卒竟全功。旨在言甘茂不僅習於軍事，亦長於智計也。」牛鴻恩說：「甘茂估計到自己在主客觀方面的不利條件，擔心會因反對派的讒毀而失敗，為此他首先設法得到武王的保證，與之盟於息壤，從而排除了障礙，終於攻下宜陽。君臣定盟，是中國歷史上少有的現象，這在秦漢以後是不可能想像的。同時也說明善識人材，任人專一，是事情成功的必要條件。甘茂引用『曾參殺人』的故事說明他的處境，貼切自然，形象生動。」

關於燕王噲與陰謀家子之所串演的「禪讓」鬧劇，自古被傳為笑柄，被說成是蠢豬被陰謀家所玩弄的滑稽故事。但是問題的真象究竟如何，限於材料有限，無法進行深入評論。至於近些年有人將之解釋成想在燕國進行「改革」，但我們找不到這樣的跡象，尤其從事件的客觀效果看，似乎更找不出任何進步之處。這件事導致了齊國的軍事入侵，並為日後的燕昭王發憤與樂毅率五國之軍伐齊，埋下了伏筆。與此相關的故事在《史記》中相當生動，在《通鑑》中也寫得較細，本卷只是開了頭，相關的其他後續事件見下卷。

趙武靈王是戰國時期一位光彩照人的歷史人物，他的胡服騎射，他的破林胡、滅中山，他的志吞強秦的英雄氣概都給人留下了深刻印象。遺憾的是在處理接班人的問題上出現錯誤，以致自己被活活餓死，與春秋時代的齊桓公大致相同。這些也要到下一卷裡去說了。

卷第四

周紀四

起閼逢困敦（甲子　西元前二九七年），盡著雍困敦（戊子　西元前二七三年），凡二十五年。

【題　解】本卷寫了上自周赧王十八年（西元前二九七年）下至周赧王四十二年共二十五年間的各國大事。這段時間的總形勢是秦國在穰侯為相、白起為將的緊密配合下，大刀闊斧地對韓、魏、楚大舉進攻，致使三國日益衰落，甚至楚國都城都被秦軍攻克，楚國只好東遷到了河南的陳縣。但作者敘事的重點卻是，其一寫了趙武靈王滅中山、開拓河套地區的壯舉，與晚年在安排兩個兒子的事情上出問題，從而使自己陷入悲劇結局；其二是寫了燕昭王禮賢下士、發憤圖強，終至聯合秦、趙、韓、魏五國共同伐齊，幾將齊國徹底顛覆，以及田單巧用奇計大破燕軍於即墨，並進而重建齊國的過程；其三是寫了趙國名臣廉頗、藺相如的一些感人故事；其四是作者比較詳細地移錄了春申君黃歇的勸秦王聯楚伐韓書，文章是不錯的，但史實經不住推敲，作者也斷非春申君其人。

赧（ㄋㄢˇ）王（ㄨㄤˊ）中（ㄓㄨㄥ）

十八年（甲子　西元前二九七年）

楚懷王亡歸❶，秦人覺之，遮楚道❷，懷王從間道❸走趙。趙主父在代❹，趙人不敢受❺。懷王將走魏，秦人追及之，以歸❻。

魯平公薨，子緡公賈❼立。

十九年（乙丑　西元前二九六年）

楚懷王發病，薨於秦，秦人歸其喪❽。楚人皆憐之，如悲親戚。諸侯由是不直秦❾。

齊、韓、魏、趙、宋同擊秦❿，至鹽氏⓫而還。秦與韓武遂⓬、與魏封陵⓭以和。

趙主父行新地⓮，遂出代⓯，西遇樓煩王⓰于西河⓱，而致其兵⓲。

魏襄王薨，子昭王⓳立。

韓襄王薨，子釐王咎⓴立。

二十年（丙寅　西元前二九五年）

秦尉錯㉑伐魏襄城㉒。

趙主父與齊、燕㉓共滅中山㉔，遷其王於膚施㉕。歸，行賞，大赦，置酒，酺㉖

五日。

趙主父封其長子章㉗於代，號曰安陽君㉘。安陽君素侈㉙，心不服其弟。主父使田不禮㉚相㉛之。李兌㉜謂肥義曰：「公子章彊壯而志驕，黨眾而欲㉝大。田不禮忍殺㉞而驕。二人相得㉟，必有陰謀。夫小人有欲，輕慮淺謀㊱，徒㊲見其利，不顧其害，難㊳必不久矣。子任重而勢大，亂之所始而禍之所集㊴也。子何不稱疾毋出㊵，而傳政於公子成㊶。毋為禍梯㊷，不亦可乎？」肥義曰：「昔者主父以王屬義㊸也，曰『毋變而度，毋易而慮㊹，堅守一心，以歿而世㊺。』義再拜受命而籍之㊻。今畏不禮之難，而忘吾籍㊼，變孰大焉㊽！諺曰㊾『死者復生，生者不愧㊿。』吾欲全吾言(51)，安得全吾身乎！子則有賜(52)而忠我矣。雖然(53)，吾言已在前矣，終不敢失。」李兌曰：「諾，子勉之(54)矣！吾見子已今年耳(55)。」涕泣而出。

李兌數見(56)公子成以備田不禮(57)。肥義謂信期(58)曰：「公子章與田不禮聲善而實惡(59)，內得主(60)而外為暴，矯令以擅一日之命(61)，不難為(62)也。今吾憂之，夜而忘寐，飢而忘食。盜出入不可以不備(63)。自今以來(64)，有召王者(65)，必見吾面(66)。我將以身先之(67)，無故而後王可入(68)也。」信期曰：「善。」

主父使惠文王朝羣臣，而自從旁窺之[69]。見其長子傫然[70]也，反北面為臣，詘於其弟[71]，心憐之，於是乃欲分趙，而王公子章於代[72]。計未決而輟[73]。主父及王游沙丘[74]，異宮[75]，公子章、田不禮以其徒[76]作亂，詐以主父令召王。肥義先入，殺之。高信即與王戰[77]。公子成與李兌自國至[78]，乃起四邑之兵[79]入距難[80]，殺公子章及田不禮，滅其黨。公子成為相，號安平君[81]，李兌為司寇[82]。是時惠文王少，成、兌專政。

公子章之敗也，往走主父[83]，主父開之[84]。成、兌因圍主父宮[85][1]。公子章死，成、兌謀曰：「以章故[86]，圍主父，即解兵[87]，吾屬夷矣[88]。」乃遂圍之[89]，令宮中人後出者夷[90]。宮中人悉出。主父欲出不得，又不得食，探雀鷇[91]而食之。三月餘，餓死沙丘宮。主父定死[92]，乃發喪赴諸侯[93]。

主父初以長子章為太子，後得吳娃[94]，愛之，為不出[95]者數歲。生子何，乃廢太子章而立之。吳娃死，愛弛[96]，憐故太子，欲兩王之[97]，猶豫未決，故亂起。

秦樓緩免相，魏冉代之[98]。

二十一年（丁卯　西元前二九四年）

秦敗魏師[99]于解[100]。

二十二年（戊辰　西元前二九三年）

韓公孫喜[101]、魏人伐秦。穰侯薦左更白起[102]於秦王，以代向壽將兵，敗魏師、韓師於伊闕[103]，斬首二十四萬級[104]，虜公孫喜，拔五城。秦王以白起為國尉[105]。

秦王遺[106]楚王書曰：「楚倍[107]秦，秦且[108]率諸侯伐楚，願王之飭士卒[109]，得一樂戰[110]。」楚王患之，乃復與秦和親。

二十三年（己巳　西元前二九二年）

楚襄王迎婦於秦。

臣光曰：「甚哉秦之無道也，殺其父[111]而劫其子[112]；楚之不競[113]也，忍其父[114]，而婚其讎[115]！烏呼[116]，楚之君誠得其道[117]，臣誠得其人[118]，秦雖彊，烏得陵之哉[119]！善乎荀卿論之曰[120]：『夫道[121]，善用之[122]，則百里之地[123]可以獨立；不善用之，則楚六千里[124]而為讎人役[125]。』故人主不務得道[126]而廣有其勢[127]，是其所以危也[128]。」

秦魏冉謝病免，以客卿燭壽[129]為丞相。

二十四年（庚午　西元前二九一年）

秦伐韓，拔宛[130]。

秦燭壽免。魏冉復為丞相，封於穰與陶[131]，謂之穰侯。又封公子市[132]於宛、公子悝[133]於鄧[134]。

二十五年（辛未　西元前二九〇年）

魏入河東[135]地四百里、韓入武遂[136]地二百里于秦。

魏芒卯[137]始以詐見重[138]。

二十六年（壬申　西元前二八九年）

秦大良造[139]白起、客卿錯[140]伐魏，至軹[141]，取城大小六十一。

【章　旨】以上為第一段，寫上起周赧王十八年（西元前二九七年）下至周赧王二十六年共九年間的各國大事，主要寫了楚懷王受騙被秦國扣留死于秦，而楚頃襄王畏秦仍與秦聯盟通婚；與趙武靈王因在兩個兒子之間反覆動搖，導致政變，自己慘遭餓死；同時也寫了秦昭王在穰侯、白起的佐助下，大舉進攻楚、魏、韓三國，為秦國大量攻取地盤的情景。

【注　釋】❶亡歸　逃回楚國。楚懷王於前年（西元前二九九年）被秦人押留，至今已是第三個年頭。❷遮楚道　封鎖了楚懷王回楚國的各個路口。❸間道　小路。❹趙主父在代　趙主父即趙武靈王。代是趙郡名，郡治即今河北蔚縣東北的代王城。❺不敢受　不敢接納他的逃亡。❻以歸　將其帶回秦國。❼緡公買　名買，緡字是諡，西元前二九五—前二七三年在位。❽歸其喪　將其靈柩送回楚國。❾不直秦　認為秦國做事無理。❿齊韓魏趙宋同擊秦　時當齊湣王五年、韓襄王十六年、魏襄王二十三年、趙惠文王三年、宋君偃三十三年。按，據楊寬〈戰國史年表〉，此次諸侯聯合伐秦只有齊、韓、魏三國，無趙國、宋國。⓫鹽氏　即今山西運城，當時為秦軍所佔。按，據楊寬〈戰國史年表〉，此次三國聯軍攻入了秦國的函谷關。⓬武遂　原屬韓，在今山西垣曲東南和黃河邊上，周赧王十二年被秦國佔領。⓭封陵　魏邑名，即今山西風陵渡，周赧王十二年被秦國佔領。⓮行新地　視察趙國新近取得的地盤，即中山國。⓯出代　從代郡西出。代郡屬趙國，地當今河北之西北部與山西之東北部，郡治即今河北蔚縣東北的代王城。⑯樓煩王　當時居住在今山西西北部和與之鄰近的內蒙古南部地區的少數民族首領。⑰西河　此指今山西、陝西、內蒙古三省交界一帶的黃河。⑱致其兵　收編了樓煩王的一部分軍隊。⑲昭王　名遬，西元前二九五—前二七七年在位。⑳釐王咎　名咎，釐字是諡，西元前二九五—前二七三年在位。㉑尉錯　指秦國的軍事長官司馬錯。尉，此指國尉，國家的最高軍事長官，《史記・秦始皇本紀》記秦始皇曾以此職任尉繚。㉒襄城　魏邑名，在今河南襄城西。㉓與齊燕　時當齊湣王六年、燕昭王十七年。㉔共滅中山　楊寬〈戰國史年表〉繫此事於周赧王十九年（西元前二九六年），時當趙惠文王三年。歷史家多取其說。且中山國實際於三年之前已被滅，其王已逃到齊國。㉕膚施　趙縣名，在今陝西榆林東南。㉖酺　聚會飲酒。戰國以及秦、漢時代往往禁止官民聚會暢飲，故遇有重大喜慶須政府特別下令允許。㉗長子章　趙武靈王的長子，名章，按傳統規矩，長子章是太子，理應繼任趙王。只因武靈王寵愛孟姚，又愛屋及烏地立孟姚所生的少子何為趙王，故造成長子章日後的作亂。㉘安陽君　諸侯國內的有土封君，如孟嘗君、平原君等皆然。㉙素侈　向來驕奢、放縱。㉚田不禮　趙臣。㉛相　佐，這裡即參謀輔導之官。㉜李兌　趙臣，後為司寇、趙相，受封為奉陽君。㉝欲欲望；野心。㉞忍殺　忍心於殺戮；殘忍好殺。即俗謂「殺人不眨眼」。㉟相得　彼此投合。㊱輕慮淺謀　意即考慮粗疏，輕舉妄動。㊲徒　只；僅僅。㊳難　災禍，這裡即指叛亂。㊴亂之所始而禍之所集　意謂叛亂集團第一個要拿您開刀，您是一切災難的集中點。㊵稱疾毋出　推說有病，閉門不出。㊶傳政於公子成　把相國的職務交給公子成。㊷毋為禍梯　不要讓自己成為災難的必經之路。禍梯，通常稱作「禍階」，災禍之所經由。㊸以王屬義　把趙王託付給我。屬，託付。㊹毋變而度二句　兩句的意思大體相同，意即不要改變你的立場，不要改變你的思想。而，你。易，變。㊺以歿而世　意即至死不變。歿，死。㊻籍之　把它寫了下來。㊼忘吾籍　忘掉我當年受命的記錄。㊽變孰大焉　沒有別的叛變比這個更嚴重的了。㊾諺曰　俗話說。諺，諺語；俗話。㊿死者復生二句　即使讓已經去世的向我託付過此事的人再活過來，我面對他也能絲毫不慚愧。(51)全吾言　全部兌現我當初的諾言。(52)有賜　有恩德。(53)雖然　即使如此；但是。(54)勉之　好自為之，您就努力幹吧。勉，努力。(55)吾見子已今年耳　我能見到您也就是這一回了。已，止。(56)數見　多次求見。數，屢。(57)以備田不禮　將防備田不禮作亂的事情告誡公子成。(58)信期　即下文之所謂「高信」，趙惠文王身邊的衛士長。(59)聲善而實惡　話說得好聽，而心腸險惡。(60)內得主　在內能得到主父的寵信。(61)矯令以擅一旦之命　語略不順，意即假託主父的命令而逞強一時。矯，假託。擅，專；逞。(62)不難為　不怕做，意即他們是幹得出來的。(63)盜出入不可以不備　當這些人出入在主父周圍時，我們不能不防備。(64)自今以來　從今以後。(65)有召王者　誰來傳主父之命說要叫趙王去做何事。(66)必見吾面　一定讓他先來見我。(67)以

身先之　意即我先自己前去。(68)無故而後王可入　等探明的確沒有問題再讓趙王前去。(69)窺之　偷看，這裡即指從旁邊觀看。(70)傫然　身材高大的樣子。(71)詘於其弟　向其弟曲身行君臣之禮。詘，通「屈」。曲身。(72)王公子章於代　把趙國的代郡分出來立公子章為代王。(73)計未決而輟　主意沒有拿定又停了下來。輟，中途停止。(74)沙丘　趙國的離宮名，在今河北平鄉東北。(75)異宮　分住在不同院落。(76)以其徒　率領他們的黨羽。(77)與王戰　為保衛趙王與叛亂分子開戰。與王，為王。(78)自國至　自國都邯鄲率兵前來。國，國都。(79)起四邑之兵　調集沙丘周圍各縣的兵馬。起，徵調。(80)入距難　進入沙丘宮平定叛亂。距，通「拒」。抵抗，這裡即指平定。(81)號安平君　因公子成能平亂安國，故以為名，並將其所封之縣改名曰安平縣。(82)司寇　古朝官名，掌管刑獄、糾察與緝捕盜賊等事。(83)往走主父　逃到主父所住的宮院。(84)主父開之　主父開門讓他進去，並將他保護起來。(85)成兌因圍主父宮　公子成與李兌於是便把主父所住的宮院包圍起來。因，於是。(86)以章故　由於公子章叛亂的原因。(87)即解兵　如果因為公子章已死而我們撤兵。(88)吾屬夷矣　我們這些人就要全部被滅門啦。夷，殺光；滅族。因為以兵包圍主父的罪過太大，主父不可能饒過他們。(89)遂圍之　就這麼一直圍下去。遂，一直不變。(90)後出者夷　誰要出來晚了就將誰家滅門。(91)探雀鷇　掏鳥窩裡剛孵化出來的乳鳥。(92)定死　確定已死無疑。(93)赴諸侯　向各國諸侯發出訃告。赴，通「訃」。報喪。(94)吳娃　即吳廣之女孟姚，趙惠文王之母。(95)不出　不上朝；不理政事。(96)愛弛　對少子何的愛心減退。(97)欲兩王之　想讓兩個兒子都當王，即少子何為趙王，太子章為代王。(98)魏冉代之　馬非百《秦集史》曰：「魏冉為秦相凡五次：昭王七年，樗里疾卒，魏冉為相，至八年，孟嘗君田文來相秦，冉乃去官，計在位凡一年；昭王十二年，樓緩免，穰侯魏冉為相，十五年，謝病免，計在位凡四年；十六年，丞相壽燭免，復相冉，乃封冉於穰，復封陶，號曰穰侯，封四歲，為秦將攻魏，乃去官，計在位凡四年；十九年，魏冉復相秦，六歲而免，計在位凡六年；昭王三十二年，魏冉為相國，將兵伐魏，自此至四十一年，范雎為相，乃去官，計在位凡十年。五次合計，冉在相位凡二十五年，蓋秦相之在位最久者未有過於冉者也。」(99)秦敗魏師　時當秦昭王十三年、魏昭王二年。(100)解　魏縣名，在今山西臨猗西南。(101)公孫喜　韓國將領，韓王的同族。(102)左更白起　秦將白起為左更之爵。左更為秦爵二十級的第十二級，相當於卿。白起是郿縣（今陝西眉縣東北）人，戰國時期的秦國名將。事跡詳見《史記・白起王翦列傳》。(103)伊闕　韓國地名，在今河南洛陽南，因伊水流經兩山之間，兩山對立如門，故稱伊闕，也稱龍門。(104)二十四萬級　即二十四萬個人頭。因秦法規定，凡斬敵首一個賜爵一級，故稱人頭曰「首級」。(105)國尉　相當於後來之「太尉」，國家的最高軍事長官，與丞相、御史大夫合稱「三公」。(106)遺　給；致。(107)倍　通「背」。背叛。(108)且　將要；正準備。(109)飭士卒　準備好軍隊。飭，調集；訓練。(110)得一樂戰　痛痛快快地打一仗。(111)殺

其父　指騙楚懷王入秦而囚之，使之死於秦國。(112)劫其子　指以戰爭威脅楚頃襄王。(113)不競　不強，這裡指軟骨頭、沒出息。(114)忍其父　坐視其父被殺而無動於中。忍，不動心。(115)婚其讎　與其仇人聯姻通婚。(116)烏呼　同「嗚呼」。歎息聲。(117)誠得其道　真有一點做人的骨氣。(118)誠得其人　真有幾個能任大事的良臣。(119)烏得陵之哉　怎麼能夠把楚國欺侮成這種樣子呢。烏，何；豈能。陵，侵陵；欺侮。(120)善乎荀卿論之曰　荀卿對這件事有段評論可說得好哇。善乎，倒裝句的謂語提前。(121)道　治國、治民、為人、處事的根本原則。(122)善用之　把握得好；運用得好。(123)百里之地　極言其國家的地盤之小。(124)六千里　縱橫六千里，極言其國家之大、領土之廣。(125)為讎人役　為殺父的仇人做奴才。役，奴僕。按，以上數語見《荀子．仲尼》。(126)不務得道　不注重弄清治國、做人的根本。(127)廣有其勢　白白地有著一個大國的樣子。(128)是其所以危也　這就是他們衰危的原因。(129)客卿燭壽　客卿是別國人在此國為高級參謀而享受卿級待遇者。燭壽，《史記．穰侯列傳》作「壽燭」，履歷不詳。(130)宛　縣名，即今河南南陽，是楚、韓兩國多次拉鋸的地方，此時被秦國所佔。(131)穰與陶　穰，即今河南鄧州。陶，也稱定陶，在今山東定陶西北，當時都已屬秦。(132)公子市　即涇陽君，秦昭王的同母弟，因最初的封地在涇陽，故號涇陽君。(133)公子悝　即高陵君，也是秦昭王的同母弟。因最初的封地在高陵，故號高陵君。(134)鄧　縣名，即今湖北襄樊。(135)河東　黃河以東，今山西西南部的臨近黃河一帶地區。(136)武遂　今山西垣曲東南的臨近黃河一帶地區。這一帶秦國已經兩次攻得，又兩次歸還了韓國。從此遂徹底歸秦。(137)芒卯　魏將，也寫作「孟卯」。(138)以詐見重　因詭詐多端而被魏王重用。凌稚隆曰：「按〈魏策〉，芒卯詐以鄴事趙，令閉關絕秦，秦趙大惡。趙王恐魏乘秦之怒，割五城以合於魏而支秦。」按，凌說見〈魏策三〉，此外芒卯又聯秦攻齊，得齊地二十二縣；又有勸趙王割地於秦，藉秦力以獲得在趙為將事，尤見其狡詐傾危。(139)大良造　秦爵二十級的第十六級，亦稱大上造。(140)客卿錯　司馬錯，此時又為秦客卿。(141)軹　魏邑名，在今河南濟源東南。

【校　記】[1]宮　原無此字。據章鈺校，十二行本、乙十一行本、孔天胤本皆有此字，張敦仁《通鑑刊本識誤》、張瑛《通鑑校勘記》同，今據補。

【語　譯】赧王中

十八年（甲子　西元前二九七年）

楚懷王想從秦國逃回楚國，被秦國發現，就派人封鎖了楚懷王回楚國的各個路口，楚懷王就從小路逃到了趙國。趙主父當時正在代地，趙國人不敢接納他。楚懷王又想逃往魏國，這時秦國人已經追上了他，將他又帶回秦國。

魯平公去世，他的兒子緡公賈即位。

十九年（乙丑　西元前二九六年）

楚懷王發病，死在秦國。秦國同意將楚懷王的遺體運回楚國安葬。楚國人對楚懷王最後死在秦國感到很哀痛，就像痛失了自己的親人一樣。其他諸侯也認為秦國做事沒道理。

齊國、韓國、魏國、趙國、宋國聯合起來攻打秦國，五國聯軍打到鹽氏邑撤軍。秦國將所侵佔的韓國的武遂、魏國的封陵分別歸還給韓、魏，從而達成和議。

趙主父離開代地到新奪取的中山去巡視；當他向西走到西河時與樓煩王相遇，又收編了樓煩王一部分軍隊。

魏襄王死，他的兒子昭王即位。

韓襄王死，他的兒子釐王咎即位。

二十年（丙寅　西元前二九五年）

秦國尉司馬錯率軍攻打魏國的襄城。

趙主父和齊國、燕國共同滅掉了中山國，將中山王遷逐到趙國的膚施。得勝歸來，論功行賞，大赦囚犯，擺設酒宴，允許全國上下飲酒慶祝五天。

趙主父將代地分封給他的大兒子趙章，趙章號稱安陽君。安陽君一向驕橫、奢侈，對其弟弟趙何被立為趙王很不服氣。趙主父派田不禮做趙章的相。李兌對肥義說：「公子章身體強壯而心志高傲，黨羽眾多野心又大。田不禮為人殘忍好殺，而且生性高傲。他們二人彼此投合，一定會有陰謀。一般來說，品行低劣卻又野心勃勃的人，往往處事輕率而又謀劃不周，看問題只看見有利的方面而看不見危害的一面，他們謀亂恐怕不會等很久了。您的責任重而權勢大，他們如果叛亂必定先拿您開刀，您將是一切災禍的聚集點。您何不趁早假託有病，閉門不出，把政務轉交給公子成去處理。不要使自己成為災禍的必經之路，不是也可以嗎？」

肥義說：「主父在把趙王託付給我的時候說『不要改變你的立場，不要改變你的主張，要堅持到底，永不變心，一直到你離開人世。』我向主父拜了又拜，接受了主父交給我的使命，並且把它記錄下來。如今卻因為懼怕田不禮發難，而忘記了自己的承諾，沒有任何背叛比這更嚴重的了！諺語中有這樣的話『如果讓託付過我的人再活過來，我面對他也毫不感到慚愧。』我要遵守我的承諾，哪裡還顧得上保全自身呢！先生您能對我直言相告，就是您對我的忠心了，儘管如此，我已經有言在先，我永遠不能違背我的承諾。」李兌聽完以後無奈地說：「好吧，您就按照自己的意願努力去做吧！我能見到您也就到此次為止了。」說完，便痛哭流涕地離開了。

李兌多次求見公子成，告誡他要防備田不禮等人作亂。肥義對信期說：「公子章和田不禮表面上話說得很好聽，而實際上內心很險惡，在內得到主父的寵信，在外卻任意殘暴；如果哪一天假託主父的命令而得逞一時，他們可是什麼事情都幹得出來。現在我因為憂慮這件事，夜裡顧不上睡覺，餓了顧不上吃飯；像公子章這樣的人出入於主父周圍時，我們不能不有所防備啊。從今以後，如果有人傳主父之命讓趙王去做什麼事情，你一定要先來告訴我。我會自己先去探明情況，如果平安無事再讓趙王去。」信期說：「好吧。」

主父讓趙惠文王接見群臣，而自己在旁邊觀看。他看見自己的長子公子章雖然身材高大，反而要北面稱臣，屈從於弟弟，心中很可憐他，於是就想把代郡從趙國分出來，讓公子章去做代王。這一考慮還沒有最後決定就又擱置下來。主父和趙惠文王一起到沙丘巡視，二人分住在不同的行宮中。公子章和田不禮率領他們的屬下趁機作亂，他們假稱主父的命令召見趙惠文王。肥義先於惠文王進入公子章的住處，被公子章殺害。高信為保護趙惠文王而與公子章之徒作戰。公子成和李兌聞訊後從都城邯鄲趕來，立即調動沙丘四周各縣的兵馬進入沙丘平定叛亂，殺死了公子章和田不禮，殲滅了他們的黨羽。事情平定以後，公子成任丞相，號安平君，李兌任司寇。當時趙惠文王還很小，由公子成和李兌主持朝政。

當公子章叛亂失敗後，逃到主父所住的行宮；主父打開宮門收留了公子章。公子成和李兌因此而包圍了主父的行宮。公子章被殺死以後，公子成和李兌商議說：「雖然我們是因為公子章叛亂的原因才包圍了主父的行宮，如果我們因為公子章已死而撤除對主父行宮的包圍，那麼我們這些人恐怕都得遭到滅族之禍。」於是決定將主父的行宮就這樣一直包圍下去，並下令宮中的人誰出來遲了就滅誰的族。宮中的人全都爭先恐後地跑了出來。主父想出又出不來，想吃又沒有食物，餓得把鳥窩裡剛孵化出來的幼鳥都摸出來吃了，堅持了三個多月，最終被餓死在沙丘的行宮之中。公子成等確信主父已死無疑，這才向各諸侯報喪。

最初，主父曾經立長子公子章為太子。後來又納吳廣之女孟姚入宮，主父對孟姚非常寵愛，曾經因為她而好幾年不上朝理政。後來孟姚生了趙何，主父就將太子章廢掉而立何為太子。後來孟姚死了，主父對趙何的寵愛也就逐漸減退；又因為可憐原來的太子章，就想讓兩個兒子都當王，但又猶豫不決，所以引發了叛亂。

秦國樓緩被免除了丞相，由魏冉替代他為丞相。

二十一年（丁卯　西元前二九四年）

秦軍在魏國的解縣打敗了魏軍。

二十二年（戊辰，西元前二九三年）

韓國公孫喜、魏人率領韓、魏兩國聯軍討伐秦國。秦國穰侯魏冉向秦王舉薦擔任左更職務的白起，代替向壽統兵。白起在伊闕大敗魏軍、韓軍，斬殺了二十四萬人，俘虜了韓將公孫喜，佔領了五座城邑。秦昭王任命白起為國尉。

秦昭王寫信給楚頃襄王說：「楚國背叛了秦國，秦國將要率領諸侯聯軍征伐楚國，希望你整頓好你的軍隊，跟我們痛痛快快的打一仗。」楚頃襄王接到信後很擔憂，只好又與秦國聯姻以示友好。

二十三年（己巳　西元前二九二年）

楚襄王從秦國將夫人迎娶回楚國。

司馬光評論說：「秦國的不講道理真是太過分了，殺死了人家的父親，又以戰爭威脅人家的兒子！楚國不敢與秦國抗爭，竟然坐視其父被殺而無動於中，反而與仇敵聯姻媾和！唉，楚頃襄王如果有一點做人的骨氣，群臣當中再真有幾位能任大事的良臣輔佐，秦國即使再強大，又怎麼敢欺陵它呢！荀卿對這件事有段評論說『治理國家的方法，如果運用得好，那麼即使只有一百里大的地盤也可以獨立存在；不善於治理國家，即使像楚國那樣擁有縱橫六千里的領土，也要被殺父的仇敵所奴役。』所以作為一國之君，不注重探究治國、做人的根本而只圖享有大國君主的威勢，這就是他們衰危的原因啊。」

秦國丞相魏冉因為有病被免去官職，秦昭王任命客卿燭壽為丞相。

二十四年（庚午　西元前二九一年）

秦國攻打韓國，侵佔了韓國的宛城。

秦昭王免去燭壽的丞相職務。魏冉再次擔任丞相，秦王將穰、陶分封給魏冉做封邑，稱他為穰侯。又將宛分封給公子市，將鄧分封給公子悝。

二十五年（辛未　西元前二九〇年）

魏國把黃河以東四百里方圓的土地割讓給秦國。韓國將武遂一帶二百里方圓的土地割讓給秦國。

魏將芒卯因為詭詐多端而受到魏襄王重用。

二十六年（壬申　西元前二八九年）

秦國大將白起與客卿司馬錯率軍攻打魏國，一直打到軹城，佔領了魏國大小六十一個城邑。

二十七年（癸酉　西元前二八八年）

冬，十月，秦王稱西帝❶，遣使立齊王為東帝❷，欲約與共伐趙❸。蘇代❹自燕來❺，齊王曰：「秦使魏冉致帝❻，子以為何如？」對曰：「願王受之而勿稱❼也。秦稱之，天下安之❽，王乃稱之❾，無後也❿；秦稱之，天下惡之⓫，王因勿稱⑫，以收天下⑬，此大資⑭也。且伐趙孰與伐桀宋利⑮？今王不如釋帝⑯以收天下之望⑰，發兵以伐桀宋。宋舉⑱則楚、趙、梁、衛⑲皆懼矣。是我以名尊秦，而令天下憎之，所謂以卑為尊⑳也。」齊王從之，稱帝二日，而復歸之㉑。

十二月，呂禮自齊入秦㉒。秦王亦去帝，復稱王㉓。

秦攻趙，拔杜陽㉔。

二十八年（甲戌　西元前二八七年）

秦攻魏[1]，拔新垣、曲陽㉕。

二十九年（乙亥　西元前二八六年）

秦司馬錯擊魏河內㉖，魏獻安邑㉗以和，秦出其人歸之魏㉘。

秦敗韓師于夏山㉙。

宋有雀生鸇㉚於城之陬㉛。史占之㉜，曰：「吉。小而生巨㉝，必霸天下㉞。」宋康王㉟喜，起兵滅滕，伐薛㊱。東敗齊，取五城㊲；南敗楚，取地三百里㊳；西敗魏軍，與齊、魏為敵國㊴。乃愈自信其霸，欲霸之亟成㊵，故射天笞地㊶，斬社稷而焚滅之㊷，以示威服鬼神㊸。為長夜之飲於室中㊹，室中人呼萬歲，則堂上㊺之人應之，堂下㊻之人又應之，門外之人又應之，以至於國中㊼，無敢不呼萬歲者。天下之人謂之「桀宋(48)」。齊湣王起兵伐之，民散，城不守。宋王奔魏，死於溫(49)。

三十年（丙子　西元前二八五年）

秦王會楚王於宛(50)，會趙王於中陽(51)。

秦蒙武(52)擊齊，拔九城。

齊湣王既滅宋而驕，乃南侵楚，西侵三晉(53)，欲并二周(54)，為天子。狐咺(55)正議(56)，斮(57)之檀衢(58)；陳舉(59)直言，殺之東閭(60)。

燕昭王日夜撫循其人(61)，益以富實(62)，乃與樂毅(63)謀伐齊。樂毅曰：「齊，霸國之餘業(64)也，地大人眾，未易獨攻(65)也。王必欲伐之，莫如約趙及楚、魏(66)。」於是使樂毅約趙，別使使者連楚、魏，且令趙嚪秦以伐齊之利(67)。諸侯害(68)齊王之驕暴，皆爭合謀與燕伐齊。

三十一年（丁丑　西元前二八四年）

燕王悉起兵，以樂毅為上將軍(69)。秦尉斯離(70)帥師與三晉之師會之。趙王以相國印授樂毅(71)，樂毅并將秦、魏、韓、趙之兵(72)以伐齊。齊湣王悉國中之眾以拒之，戰于濟西(73)，齊師大敗。樂毅還秦、韓之師(74)，分魏師以略宋地(75)，部趙師以收河間[76]，身率燕師，長驅逐北[77]。

劇辛[78]曰：「齊大而燕小，賴諸侯之助，以破其軍，宜及時攻取其邊城以自益[79]，此長久之利也。今過而不攻[80]，以深入為名，無損於齊[81]，無益於燕[82]，而結深怨[83]，後必悔之。」樂毅曰：「齊王伐功矜能[84]，謀不逮下[85]，廢黜賢良，信任諂諛[86]，政令戾虐[87]，百姓怨懟[88]。今軍皆破亡，若因而乘之[89]，其民必叛，禍亂內作[90]，則齊可圖[91]也。若不遂[92]乘之，待彼[93]悔前之非，改過恤下[94]，而撫其民，則難慮[95]也。」遂進軍深入。

齊人果大亂失度[96]，湣王出走[97]。樂毅入臨淄[98]，取寶物、祭器[99]，輸之於燕[100]。

燕王親至濟上[101]勞軍，行賞饗士[102]，封樂毅為昌國君[103]，遂使留徇齊城之未下者[104]。

齊王出亡之衛[105]，衛君辟宮舍之[106]，稱臣而共具[107]。齊王不遜[108]，衛人侵之[109]。

齊王去，奔鄒、魯[110]，有驕色[111]。鄒、魯弗內[112]，遂走莒[113]。

楚使淖齒[114]將兵救齊，因為齊相[115]。淖齒欲與燕分齊地[116]，乃執[117]湣王而數之[118]，曰：「千乘、博昌[119]之間，方數百里，雨血沾衣[120]，王知之乎？」曰：「知之。」「嬴、博[121]之間，地坼及泉[122]，王知之乎？」曰：「知之。」「有人當闕[123]而哭者，求之不得[124]，去則聞其聲[125]，王知之乎？」曰：「知之。」淖齒曰：「天雨血沾衣者，天以告也[126]；地坼及泉者，地以告也；有人當闕而哭者，人以告也。天、地、人皆告矣，而王不知誡[127]焉，何得無誅[128]！」遂弒王於鼓里[129]。

荀子論之曰[130]：「國者，天下之利勢也[131]。得道以持之[132]，則大安也，大榮[133]也，積美之源[134]也；不得道以持之，則大危也，大累[135]也，有之不如無之[136]，及其綦也[137]，索為匹夫，不可得也[138]。齊湣、宋獻是也[139]。

「故用國[140]者義立而王[141]，信立而霸[142]，權謀立而亡[143]。

「挈國以呼禮義[144]，而無以害之[145]。行一不義、殺一無罪而得天下，仁者不為也[146]。擽然扶持心國[147]，且若是其固也[148]。之所與為之者之人，則舉義士也[149]；之所以為布陳[150]於國家刑法者，則舉義法[151]也。主之所極然[152]，帥羣臣而首嚮之者[153]，則舉義志也[154]。如是，則下仰上以義[155]矣，是綦定[156]也。綦定[2]而國定，國定而天下定。故曰：以國濟義[157]，一日而白[158]，湯、武是也[159]。是所謂義立而王也。

「德雖未至[160]也，義雖未濟[161]也，然而天下之理略奏[162]矣，刑賞已諾[163]，信於天下[164]矣，臣下曉然皆知[165]其可要[166]也。政令已陳[167]，雖覩利敗[168]，不欺其民[169]；約結[170]已定，雖覩利敗，不欺其與[171]。如是[172]，則兵勁[173]城固，敵國畏之。國一綦明[174]，與國信之，雖在僻陋[175]之國，威動天下，五伯[176]是也。是所謂信立而霸也。

「挈國以呼功利[177]，不務張[178]其義，齊[179]其信，唯利之求[180]。內則不憚詐其民[181]，而求小利焉；外則不憚詐其與[182]，而求大利焉。內不修正其所以有[183]，然常欲人之有[184]。如是，則臣下百姓莫不以詐心待其上矣。上詐其下，下詐其上，則是上下析[185]也。如是，則敵國輕之，與國疑之，權謀日行，而國不免危削[186]，綦之而亡[187]，齊湣、薛公是也[188]。

「故用彊齊[189]，非以修禮義[190]也，非以本政教[191]也，非以一天下[192]也，綿綿[193]常以結引馳外為務[194]。故彊[195]，南足以破楚，西足以詘秦[196]，北足以敗燕，中足以舉宋[197]。及以[198]燕、趙[199]起而攻之，若振槁然[200]，而身死國亡，為天下大戮[201]，後世言惡則必稽焉[202]。是無他故焉，唯其不由禮義而由權謀也。三者[203]，明主之所謹擇[204]也，仁人之所務白[205]也。善擇者制人[206]，不善擇者人制之[207]。」

樂毅聞畫邑[208][3]人王蠋[209]賢，令軍中環畫邑三十里無入[210]，使人請蠋，蠋謝[211]不往。燕人曰：「不來，吾且屠畫邑[212]。」蠋曰：「忠臣不事二君，烈女不更二夫[213]。齊王不用吾諫，故退而耕於野[4]，國破君亡，吾不能存[214]，而又欲劫之以兵[215]。吾與其不義而生[216]，不若死。」遂經其頸於樹枝[217]，自奮絕脰[218]而死。

燕師乘勝長驅，齊城皆望風奔潰。樂毅修整[219]燕軍，禁止侵掠。求[220]齊之逸民[221]，顯而禮之[222]。寬其賦斂，除其暴令，修其舊政[223]。齊民喜悅。乃遣左軍[224]渡膠東、東萊[225]；前軍[226]循泰山以東至海[227]，略琅邪[228]；右軍[229]循河、濟[230]，屯阿、鄄[231]以連魏師[232]；後軍[233]旁北海[234]以撫千乘[235]；中軍[236]據臨淄而鎮齊都[237]。祀桓公、管仲於郊[238]，表賢者之閭[239]，封[240]王蠋之墓。齊人食邑於燕[241]者二十餘君，有爵位於薊[242]者百有餘人。六月之間，下齊七十餘城[243]，皆為郡縣[244]。

秦王、魏王、韓王[245]會于京師[246]。

【章　旨】以上為第二段，寫周赧王二十七年（西元前二八八年）至其三十一年共五年間的各國大事，主要寫了齊湣王滅宋，與燕昭王任用樂毅，聯合趙、秦、魏、韓四國共同伐齊，大破齊國與齊湣王兵敗被殺的過程。

【注　釋】❶秦王稱西帝　時當秦昭王十九年。按，依儒家的傳統說法，只有遠古時代那些道德極其崇高，不以兵革取天下的天子才能稱為「帝」，如黃帝、顓頊、堯、舜等是也。自從夏禹開始家天下，德業不如以前，從此以後的天子只能稱為「王」，如夏、商、周三代的天子就都是這樣的。所以在西周以至春秋時期，只有周天子稱「王」，各諸侯國只能稱「公」；至戰國中期，周天子已經成為傀儡，各諸侯國皆相繼稱「王」，於是齊、秦兩個大國不願與諸國並列，遂有此同時稱「帝」之舉。❷立齊王為東帝　立齊湣王為東方之帝，這也是穰侯魏冉拉攏齊國的一種手段。時當齊湣王十三年。《史記》記齊、魏諸侯的繫年錯誤極多，不可為據。❸欲約與共伐趙　時當趙惠文王十一年。❹蘇代　此依《史記》舊說，《戰國策・齊策四》作「蘇秦」。應作「蘇秦」，原因詳參韓兆琦《史記箋證》之〈蘇秦列傳〉。❺自燕來　蘇秦自燕入齊，是為了給燕昭王當間諜，以報當年齊侵燕之仇。❻致帝　給我送來帝號，意即要尊我為東帝。致，送某物、某名於人。❼受之而勿稱　接受他們的這份「好意」，也就是表面上答應，但實際上不做任何舉動。❽天下安之　意即各國可以接受，沒有強烈的反對聲浪。❾王乃稱之　到那時您再稱帝。❿無後也　這也不晚。⓫天下惡之　各國都討厭他、反對他。惡，討厭；憎恨。⓬王因勿稱　於是您就見勢收場，不稱帝了。⓭以收天下　以博取各國君臣的好感。⓮大資　絕好的資本。⓯伐趙孰與伐桀宋利　伐趙與伐宋哪個對我們有利。孰與……利，與……哪個更好。桀宋，即指宋國。因當時的宋王偃殘暴無道，故各國稱之「桀宋」。當時宋國都城即今徐州。⓰釋帝　放棄帝號不要。⓱天下之望　普天下的讚美聲。望，名望；美譽。⓲宋舉　宋國一旦被攻取。⓳楚趙梁衛　時當楚頃襄王十一年、趙惠文王十一年、魏昭王八年、衛國的君主眾說不一。⓴以卑為尊　貌似卑怯，實際卻換得了更多的尊崇。按，《老子》有所謂「貴以賤為本，高以下為基」，以及「欲歙之，固張之；欲取之，固與之」云云，都是說的這種意思。㉑復歸之　又回到原來的稱王。㉒呂禮自齊入秦　呂禮原是秦臣，也是到齊國來當間諜。由於他的陰謀未能得逞，遂返回秦國。㉓秦王亦去帝二句　此與呂禮回秦後的勸說很有關係。㉔杜陽　應依《史記・趙世家》作「梗陽」，趙邑名，在今山西太原西南之清徐。㉕新垣曲陽　都是魏邑名，新垣在今山西垣曲東南；曲陽在今河南濟源。㉖河內　地區名，戰國時代指今河南西北部的黃河以北地區，與對岸的黃河以南地區稱作「河外」相對應。㉗安邑　魏國的舊都，在今山西夏縣西北。㉘秦出其人歸之魏　秦國把安邑的魏國人趕出，讓他們回到魏國去。意即秦國只佔領地盤，不要居民。㉙夏山　韓邑名，方位不詳。㉚鸇　也作「鸇」，一種猛禽。㉛城之陬　城牆的某個角落。㉜史占之　史官占卜之後說。史是君主左右主管祭祀、觀星、卜筮、記事等職務的人。占卜即今所謂算卦，是用龜甲、蓍草等以占卜吉凶。㉝小而生巨　小動物生了一隻大動物，指雀生鸇而言。㉞必霸天下　一定會成為天下的霸主。《戰國策・宋衛策》高誘注曰：「康王無道，不敢正對，故云『必霸天下』。」㉟宋康王　即宋君偃。㊱滅滕二句　滕、薛都是泗水流域的小國名，滕國在今山東滕州城西；薛在滕州東南。㊲取五城　具體不詳。按，宋是一個將近滅亡的小國，何能取齊之五城，蓋傳說之誇大不足信。梁玉繩《史記志疑》以為是「誤以齊取宋城為宋取齊地」。㊳取地三百里　誇張不足信。梁玉繩亦以為荒誕。㊴為敵國　為勢力相當之國。敵，相等；勢均力敵。㊵欲霸之亟成　盼著盡快地成為霸主。亟，速。㊶射天笞地　箭射天神，鞭打地神。《史記・宋微子世家》說宋君偃「盛血以革囊，懸而射之，命曰『射天』」。郭嵩燾曰：「案〈殷本紀〉，武乙亦有射天事，此當為傳聞附會之誤。」笞，以皮鞭或棍棒打人。㊷斬社稷而焚滅之　把供奉為社稷的樹木伐倒燒掉。㊸以示威服鬼神　以顯示他的威風連鬼神都害怕。崔適曰：「此事亦見《呂氏春秋》。然〈殷本紀〉：『帝武乙為偶人，謂之天神，與之博，令人為行。天神不勝，乃戮辱之。為革囊盛血，仰而射之，命曰射天。』與此事相似，疑是一事，傳者誤分為二事爾。」楊寬曰：「考之史策，君偃並無敗齊、楚、魏等國之事；射天，淫於酒、婦人等，無非誣衊之詞。古書中所述宋王偃之荒唐行為幾乎與殷紂之傳說全同，全出於後人之誤為牽合。詳見顧頡剛〈宋王偃的紹述先德〉，見《古史辨》第二冊。」㊹室中　內室之中。㊺堂上　室前的廳堂之上。㊻堂下　廳堂下的院落之中。㊼國中　整個京城之中。㊽桀宋　同夏桀一樣殘暴的宋君。桀是夏朝的末代之君，其殘暴情景見〈夏本紀〉、〈殷本紀〉。㊾死於溫　溫是魏邑名，在今河南溫縣西。宋王偃在位的年數有說是四十七年，有說是四十三年。宋國自西周初期建國，歷七百多年至此滅亡。㊿宛　楚縣名，即今河南南陽。51中陽　趙縣名，在今山西中陽東。52蒙武　梁玉繩《史記志疑》以為應作「蒙驁」，蒙驁乃蒙武之父，詳見《史記・蒙恬列傳》。53三晉　指趙、魏、韓三國。54二周　指都於鞏縣的東周君與都於王城的西周君。55狐咺　齊國的直臣。56正議　正直地議論朝政。57斮　砍；斬。58檀衢　齊國臨淄的街道名。59陳舉　齊國的直臣。60東閭　齊國臨淄的里巷名。有說檀衢與東閭皆當時齊國的行刑之處。61撫循其人　關懷撫恤他的臣民。撫循，關懷；撫慰。62富實　百姓的生活越來越富裕殷實。63樂毅　先在趙國為臣，趙武靈王死後來到燕國，為燕昭王的大將。事跡詳見《史記・樂毅列傳》。64霸國之餘業　是曾經出過霸主的國家。齊國從春秋以來就是東方大國，至齊桓公時更一躍而成為第一代諸侯霸主。篡奪姜氏後的田氏齊國到齊威王時打敗強極一時的魏國，上升為戰國時代最強的國家，接著齊宣王、齊湣王一直都很強大。故樂毅稱其「霸國之餘業」。餘業，猶言「餘緒」。65未易獨攻　單靠我們一個燕國難以取勝。66約趙及楚魏　聯合趙國與楚國、魏國。67且令趙嚪秦以伐齊之利　而且讓趙國再拿伐齊的好處去勸說秦國。嚪秦，引誘秦國。68害　憎恨；以之為病。69上將軍　猶今所謂最高統帥。70尉斯離　秦國的國尉，名斯離。國尉是秦國的軍事統帥。71趙王以相國印授樂毅　意即任樂毅為趙國丞相。按，此次伐齊之役實際乃以趙國為核心。72并將秦魏韓趙之兵　按，據《史記》，此次伐齊之五國，為燕、趙、韓、魏、楚；梁玉繩《史記志疑》以為是秦、楚、燕、趙、韓、魏六國。今歷史家皆考據為燕、趙、秦、魏、韓。與《通鑑》同。沒有楚國。73濟西　濟水之西。當時的濟水從河南滎陽一帶流來，經定陶東北折，至今山東博興東北入渤海。所謂濟西，即今山東之禹城、聊城、陽穀等與趙國鄰近的黃河以東地區。74還秦韓之師　打發秦韓兩國的軍隊回國。75分魏師以略宋地　讓魏國軍隊去收拾新被齊國佔領的宋國地盤。76部趙師以收河間　派趙國軍隊去收復清河與黃河之間被齊國佔據的地盤。部，布置；分派。河間，兩河之間，指清河與黃河之間的今山東高唐、河北臨清等一帶地區。77身率燕師二句　親自率領燕國軍隊長驅直入地攻入齊國本土。身，親自。長驅，意即逕直攻入。逐北，追擊敗逃之敵。按，以上樂毅的這番軍事部署，為先秦漢代記載之所無。據《史記》，濟西破齊後，秦、趙、魏、韓皆以為教訓齊國的目的已經達到，遂皆撤軍回國，只有燕國必欲滅齊而後快，故孤軍直入齊國。78劇辛　燕國末期的將領，司馬光將其安排為與樂毅對話，乃依《史記》之誤。今之歷史家多以為非。79自益　拓寬邊境，擴大自己的地盤。80過而不攻　意即把已經佔據的地盤抛在身後，不加以鞏固，只顧一心往前打。(81)無損於齊　對齊國構不成致命的嚴重損失。(82)無益於燕　使燕國得不到真正的好處。(83)結深怨　白白地加深齊國對燕國的仇恨。(84)伐功矜能　誇耀自己的功勞和才能。(85)謀不逮下　不徵求下層的意見。逮，及。(86)諂諛　以悅耳之言迎合討好上級。(87)戾虐　悖謬、殘暴。(88)怨懟　怨恨。懟，也是怨的意思。(89)因而乘之　趁其崩潰而對之猛烈進攻。乘，趁機。(90)禍亂內作　意即其內部將有政變發生。(91)齊可圖　意即齊國將被我所滅。圖，謀取；吞併。(92)遂就；趁勢。(93)待彼　等到齊國的統治者有一天。(94)改過恤下　改正錯誤，體恤下情。(95)難慮　難以再考慮滅齊之事。(96)失度猶今所謂「亂套」。(97)出走　逃出了國外。(98)臨淄　齊國的都城，在今山東淄博之臨淄區城西北。(99)祭器　祭祀天地宗廟時所陳設、所使用的各種禮器。(100)輸之於燕　掠奪運送到燕都薊縣。輸，運送。(101)濟上　濟水之濱。(102)饗士　犒賞燕國士兵。饗，用酒食招待人。(103)昌國君　既取昌盛燕國之名，又以昌國縣為樂毅的封地。昌國是齊縣名，在今山東淄博東北。(104)留徇齊城之未下者　留在齊國，繼續攻取那些尚在堅守、尚未歸順燕國的城邑。徇，巡視；尋找有不降者而攻取之。(105)之衛　來到衛國。當時已經成為魏國附庸的衛國，都城在今河南濮陽西南。其國君究竟如何稱謂諸說不一。(106)辟宮舍之　讓出自己的王宮招待齊王住宿。辟，通「避」。(107)共具　同「供具」。意即設酒宴招待。共，同「供」。具，飲食器具，這裡即指酒食、筵席。(108)不遜　無禮；態度傲慢。(109)侵之　指以語言斥責之，具體情節不詳。(110)齊王去二句　齊湣王離開衛國，轉道奔往鄒、魯。鄒、魯都是泗水流域的小國名，鄒在今山東鄒縣東南；魯即今山東曲阜。(111)有驕色　據《史記・魯仲連鄒陽列傳》：齊湣王之魯，其從人謂魯人曰：「子將何以待吾君？」魯人曰：「吾將以十太牢待子之君。」其從人曰：「子安取禮而來待吾君？彼吾君者，天子也。天子巡狩，諸侯辟舍，納筦籥，攝衽抱機，視膳於堂下。天子已食，乃退而聽朝也。」結果魯人未讓其進城。又欲之薛，假途於鄒。時值鄒君死，湣王欲入弔。其從人謂鄒之孤曰：「天子弔，主人必將倍殯棺，設北面於南方，然後天子南面弔也。」結果鄒人閉門不納。(112)弗內　不讓他進城。內，通「納」。進入。按，齊湣王當兵敗國破之時，不東逃即墨或南逃莒縣，而迎著燕軍前來的方向西奔入濮陽、南奔向鄒魯，究竟意欲何為？此皆荒誕不可信。司馬光寫此事乃依據〈魯仲連鄒陽列傳〉的斥責辛垣衍語。魯仲連的人格自然可敬，而後人附會的故事豈能當做信史！(113)莒　齊國南部的大縣名，為齊國的五都之一，即今山東莒縣。(114)淖齒　奉命救齊的楚將名。(115)因為齊相　於是遂任齊湣王之相。(116)分齊地　中分齊地，皆在齊地稱王。(117)執　拘捕。(118)數之　列舉其罪狀而譴責之。(119)千乘博昌　皆齊縣名。千乘在今山東博興西；博昌在博興西南。(120)雨血沾衣　天降紅雨打溼了人們的衣衫，人們不解，驚以為天降血。(121)嬴博　齊之二縣名，嬴縣故城在今山東萊蕪西北，博縣故城在今山東泰安東南。(122)地坼及泉　地裂成溝，下見泉水。坼，裂。(123)當闕　對著齊國王宮的大門。闕，宮門兩側的高臺，這裡即指宮門。(124)求之不得　到宮門前尋找，看不見人。求，尋找。(125)去則聞其聲　尋找者一離開，立刻就又聽見有人哭。去，離開。(126)天以告也　這是老天爺在警告你。(127)不知誡　不提高警惕；不引為教訓。(128)何得無誅　怎麼能不受到處罰。誅，討。(129)弒王於鼓里　鼓里，莒縣城裡的里巷名。按，以上淖齒弒齊湣王事，見《戰國策．齊策六》。而舊注又有所謂「淖齒弒湣王而擢其筋，懸於廟梁，宿昔而死」之語。今淄博臨淄區之淄河村南有「四王墓」，相傳為齊威王、齊宣王、齊湣王、齊襄王之墓。四墓自西而東並列，綿延相連，封土高大，狀若山丘。此地齊王陵寢極多，故有「齊陵」之稱。(130)荀子論之曰　以下所引荀子語，見《荀子．王霸》。(131)國者二句　國家政權，是控制整個國家的利益、具有最高權威的部門。按，《荀子》原文於此作「國者，天下之利用也；人主者，天下之利勢也。」(132)得道以持之　讓得道的人來掌握它。道，指帶有儒家色彩的治理國家的根本原則。持，掌握。(133)大榮　最大限度的富強繁榮。(134)積美之源　是一切美好事物產生的基礎。(135)大累　大累贅；大災難。(136)有之不如無之　與其掌這個權，還不如不掌。(137)及其綦也　到了頂點。綦，極。(138)索為匹夫二句　再想當一個普通百姓都不可能。索，求；想要。匹夫，普通百姓。(139)齊湣宋獻是也　齊湣王、宋獻公都是這種人。宋獻，即宋王偃，前此被齊湣王所滅，死於溫者。獻字是謚。(140)用國　掌握國家大權。(141)義立而王　合道義的掌權者就可以稱王於天下。義，宜也；合乎道義；合乎人心。(142)信立而霸　言而有信的當權者就可以成為諸侯霸主。(143)權謀立而亡　光靠耍權謀、玩手段的當權者必定滅亡。(144)挈國以呼禮義　率領整個國家以呼喚禮義。挈，拉扯；率領。呼，呼喚；提倡。(145)無以害之　辦什麼事情都不要違背禮義。(146)行一不義二句　語出《孟子．公孫丑下》。「行一不義，殺一無罪」，極言其罪之小；「得天下」，極言其所得之大。(147)擽然扶持心國　堅定地以仁義充滿其心，治理其國。擽然，堅定、踏實的樣子。(148)若是其固也　是如此的堅定不移。(149)之所與為之者之人二句　和他一起治理國家的人，全都是禮義之士。所與，所結交；所交往。舉，皆；全部。(150)布陳　充滿、貫徹。(151)舉義法　都是符合禮義的章程、法度。(152)主之所極然　君主所特別肯定的事情。(153)帥羣臣而首嚮之者　率領文武百官所奔赴的方向。(154)舉義志也　都是符合禮義的目標。志，想法；目標。(155)下仰上以義　百姓群臣都仰慕君主的體行仁義。(156)綦定　國家的基礎鞏固。(157)以國濟義　舉國上下都實行仁義。(158)一日而白　一天之間就顯赫於天下。白，顯赫；昭著。(159)湯武是也　商湯、周武王就是這樣的人。(160)未至　未達；沒有達到應有的高度。(161)未濟　未成；沒有完全具備。(162)天下之理略奏　治理天下的條理大致具備。奏，具備。(163)刑賞已諾　該受罰的、該受賞的，該停止的、該立辦的。(164)信於天下　整個國家都知道你說的話一定算數兒。(165)曉然皆知　都清楚地知道。曉然，清楚明白的樣子。(166)可要　可以建約，這裡意即可以信賴。要，意思同「約」。(167)已陳　一旦頒布施行。(168)雖覩利敗　儘管看到了其中的問題。敗，缺點；問題。(169)不

欺其民　不失信於民，意即該怎樣還是怎樣。(170)約結　與別國締結的盟約。(171)不欺其與　不失信於盟國。與，盟國。(172)如是這樣一來。(173)兵勁　兵強。(174)國一綦明　國家上下一致，基層信任上層。綦，同「基」。基礎；基層。(175)僻陋　偏僻、簡陋。(176)五伯　意即「五霸」，通常指齊桓公、晉文公、楚莊王、吳王闔閭、越王句踐。伯，通「霸」。諸侯霸主。(177)挈國以呼功利　率領國家上下追逐功利。功利，功名利祿。(178)張　擴大；發揚。(179)齊　劃一；嚴格講究。(180)唯利之求　唯利是圖。(181)不憚詐其民　不把欺詐其黎民百姓當做一回事。不憚，不怕；不把……當成一回事。(182)詐其與　欺騙他的盟國。(183)修正其所以有　把自己國家現有的土地財物管理好。修正，治理；管理。以，通「已」。(184)然常欲人之有　但卻總想把別人所有的東西奪過來。然，但。(185)上下析　上下之間分崩離析。析，分離；離心離德。(186)危削　危險、削弱。(187)綦之而亡　發展到極點就要滅亡。綦，通「極」。(188)齊湣薛公是也　齊湣王、孟嘗君就是這種人。薛公，孟嘗君田文的封號名。孟嘗君以養客聞名，但卻一心圖謀私利，甚至不惜勾結外敵以攻打自己的國家。事見《史記・孟嘗君列傳》。(189)故用彊齊　他們所用的壯大齊國的手段。(190)非以修禮義　不是靠著修行禮義，提高道德。(191)非以本政教　不是用根本的政治教化全國上下。本政，以仁義禮樂為本的政治。(192)非以一天下　不是以仁義禮樂的王道為統一天下的目標。一，統一。(193)綿綿　經常一貫地。(194)以結引馳外為務　意即總是醉心於合縱、連橫，在諸侯間拉一夥、打一夥。結引，同「結靭」。意即乘車奔走於諸侯之間，談判結盟。(195)彊　在其強大的時候。(196)詘秦　讓秦國屈服。詘，同「屈」。(197)舉宋　拔取宋國。(198)及以　及至；等到。(199)燕趙　即指燕、趙、秦、魏、韓五國。(200)若振槁然　像搖動樹幹，其枯葉紛紛落下一樣。(201)天下大戮　天下所少有的奇恥大辱。戮，辱。(202)後世言惡則必稽焉　後代人談起歷史教訓都必然要考察到齊湣王的典故上來。稽，考察。(203)三者　即「義立而王」、「信立而霸」、「權謀立而亡」三項歷史法則。(204)謹擇　慎重地選擇。(205)務白　務必弄清楚。(206)善擇者制人　選擇對了就能征服人、統治人。(207)不善擇者人制之　選擇得不好就要被人征服、受人統治。(208)畫邑　齊國鄉邑名，在今山東臨淄西北。(209)王蠋　本齊臣，因諫齊王不聽，退居鄉里。(210)無入　不得進入。(211)謝　推辭；拒絕。(212)吾且屠畫邑　我將把畫邑的居民全部殺光。屠，指毀其城而殺其民。(213)不更二夫　不改嫁第二個丈夫。更，改。(214)不能存　不能使國與君得以保存。(215)劫之以兵　意即以生死相威脅。兵，兵器。(216)不義而生　不能正直、自由地活著。(217)經其頸於樹枝　意即在樹杈上上吊。經，以絲條、繩索勒脖子。(218)自奮絕脰　自己跳動，勒斷喉管。脰，脖子。(219)修整　約束、整頓。(220)求　訪求；尋找。(221)逸民　有才德而隱居不仕的人。(222)顯而禮之　提高他們的官爵地位，對之以優禮相待。(223)修其舊政　讓其實行過去齊桓公、齊威王時的政策法令。(224)左軍　指燕國的東路軍。(225)渡膠東東萊　渡河進入膠東、東萊地區。膠東指今山東膠河以東的膠縣、平度、萊陽等地；東萊指今山東煙臺、威海等濱海地區。(226)前軍　正面的前鋒部隊，亦即燕國的南路軍。(227)循泰山以東至海　沿著泰山北側東行一直到海邊。按，這大體就是沿著當時齊國長城的走向，西起平陰，沿泰山北側東行，而後東南折，直到今諸城東南海邊的古琅邪臺。循，順；沿著。(228)略琅邪　拓定琅邪一帶地區。琅邪在今山東諸城之東南、膠南之西南、日照之東北，此地曾一度是越王句踐的都城。(229)右軍　燕國的西路軍。(230)循河濟　沿著齊國西側的黃河、濟水掃蕩殘敵，拓定地盤。當時的黃河自河南濮陽、南樂流來，經河北大名、山東之高唐、平原、德州，東北流至河北滄州東北入海。當時的濟水自河南流來，經山東的定陶、巨野、東平，東北流經濟南，再東北流至博興東北入海。這兩條河所經由的今山東西部地區是當時齊國的西部邊界或臨近邊界之地。(231)屯阿鄄　駐兵於阿、鄄二城。屯，駐守。阿、鄄都是齊國的屬縣。阿，也稱「東阿」，縣治即今山東陽穀東北的阿城鎮；鄄縣故城在今山東鄄城北。(232)連魏師　與正在平定宋國地面的魏國軍隊相聯絡。當時宋國的地盤在今河南商丘與江蘇的徐州一帶，正與燕軍所駐的阿、鄄相鄰近。(233)後軍　燕國的北路軍。(234)旁北海　沿著齊國北部的海邊運動。旁，同「傍」。沿著。(235)撫千乘　拓定千乘一帶地區。撫，鎮撫；恩威並施地予以平定。千乘是齊縣名，在今山東高青東北。(236)中軍　燕軍的大本營。(237)鎮齊都　鎮撫齊國的京城與其四郊。(238)祀桓公管仲於郊　在郊外大規模地對齊桓公與管仲進行祭祀。桓公，名小白，西元前六八五—前六四三年在位，是春秋時代最有作為的齊國君主，著名的春秋五霸之一。管仲名夷吾，字仲，齊桓公的得力輔佐者，事跡見《史記・管晏列傳》。(239)表賢者之閭　對齊國的賢士，在其所住的里巷立表予以彰顯。表，為彰顯某人某事所樹的立柱，與後代的掛匾略同。(240)封　加土。(241)食邑於燕　被燕國賜以封地，在燕國稱號曰君的齊國人。(242)有爵位於薊　在燕都薊縣享有不同爵位的齊國人。(243)下齊七十餘城　攻下了齊國城邑七十餘座。按，說齊國國土之大常用「七十餘城」以稱之，自戰國至秦漢皆然。(244)皆為郡縣　都使之成為燕國的郡縣。(245)秦王魏王韓王　秦昭王、魏昭王、韓釐王。(246)會于京師　在周天子的都城洛陽舉行會晤。按，據《史記》之〈六國年表〉、〈魏世家〉、〈韓世家〉，均書為「會西周」；而〈秦本紀〉則書為「與魏王會宜陽，與韓王會新城」，具體細節不詳。京師當指西周之王城，即今河南洛陽。

【校　記】[1]魏　原作「趙」，蓋涉上文而誤。據章鈺校，十二行本、乙十一行本、孔天胤本皆作「魏」，張敦仁《通鑑刊本識誤》同，今據改。按，《史記・魏世家》、〈六國年表〉：魏昭王九年（周赧王二十八年）「秦拔我新垣、曲陽之城。」[2]綦定也綦定　二「綦」字原作「基」。據章鈺校，乙十一行本二「基」字均作「綦」，今從乙十一行本及《荀子・王霸》改。[3]畫邑　「畫」原作「晝」。據章鈺校，乙十一行本、孔天胤本皆作「畫」。胡三省注云：「《通鑑》以畫邑為晝邑，以孟子去齊宿於晝為據也，若以《孟子》為據，則晝讀如字。」今從乙十一行本及《史記・田單列傳》改，下均同。④齊王不用吾諫故退而耕於野　此十二字原無。據章鈺校，十二行本、乙十一行本、孔天胤本皆有此十二字，張敦仁《通鑑刊本識誤》、張瑛《通鑑校勘記》同，今從諸本及《史記・田單列傳》補。

【語　譯】二十七年（癸酉　西元前二八八年）

冬季，十月，秦國昭襄王宣稱自己為「西帝」，又派宰相魏冉為使者，到齊國勸說齊湣王稱「東帝」，想與齊國聯盟，共同攻打趙國。恰好蘇代此時從燕國來到齊國，齊湣王對蘇代說：「秦王派魏冉來送帝號給我，讓我稱『東帝』，先生認為怎麼樣？」蘇代回答說：「我希望大王您先把帝號接受下來，但不要急於向外界宣布。先看一看，如果秦國稱帝後天下相安無事，沒有人起來反對，那時您再稱帝也不算晚；如果秦王稱帝後，天下的人都很憎惡他，聲討他，您就趁機放棄稱帝，以此來博取各國君臣的好感，這也是一筆絕好的政治資本呀。再說，攻打趙國與攻打那個荒淫暴虐、無道如夏桀的宋康王比起來，哪一個對您更有利呢？如今，您不如放棄稱帝，以此換取天下人的讚美，樹立起齊國的威望，同時發兵討伐宋國；宋國被征服以後，楚國、趙國、魏國、衛國都會畏懼齊國，這樣做在名義上是尊重秦國，而實際上是讓全天下的人都憎恨秦國，這就是所說的用謙虛自抑而使自己獲得尊嚴的辦法。」齊湣王聽從了蘇代的意見，只稱帝兩天，就取消帝號仍舊稱王。

十二月，呂禮從齊國返回秦國。秦昭王見齊湣王不稱帝，於是也取消了帝號而稱王。

秦國攻打趙國，攻佔了趙國的杜陽。

二十八年（甲戌　西元前二八七年）

秦國攻打魏國，佔領了魏國的新垣和曲陽。

二十九年（乙亥　西元前二八六年）

秦國司馬錯率軍攻打魏國黃河以北地區，魏國將安邑割讓給秦國以求和，秦國兵不血刃佔有了安邑，並將安邑城內的百姓全部驅逐出城，讓他們回到魏國去。

秦國的軍隊在夏山一帶打敗了韓國的軍隊。

宋國都城城牆的拐角處發現麻雀窩裡孵化出一隻猛禽的雛鳥。史官用占卜來推斷禍福吉凶，說：「這是吉祥的兆頭。小麻雀能孵化出大猛禽，預示著宋國將會由弱變強，必將稱霸天下。」宋康王聽了以後非常高興，於是發兵先滅掉了滕國，又攻打薛國。向東挑戰齊國，攻佔了齊國的五個城邑；又向南打敗了楚國，佔領了楚國三百平方里的土地；又向西打敗了魏國。此時宋國的勢力差不多與齊國、魏國一樣強大。宋康王更加相信自己能夠成為一世霸主，為了盡快實現稱霸的野心，他將牛皮袋裝滿血用弓箭射它，象徵著射天；又做了地神，然後用長鞭抽打它，表示敲仆大地；斬斷土神、穀神的牌位並將其焚燒得乾乾淨淨，表示連鬼神也被他征服。然後就在宮中整夜地飲酒作樂，宮中侍從高呼「萬歲」，堂上的大臣們隨聲響應，堂下的人接著齊聲附和，宮門以外的人又齊聲附和宮裡的人，一直到整個京城之中沒有誰敢不高呼「萬歲」。因此天下人都把宋康王稱為像夏桀一樣的宋君。齊湣王趁機發兵討伐宋國，大軍一到，宋國的軍民就四散而逃，都城陷落，宋康王逃奔魏國，最後死在魏國的溫邑。

三十年（丙子　西元前二八五年）

秦昭王在宛城會見楚國頃襄王；又在中陽會見趙惠文王。

秦國大將蒙武率軍攻打齊國，連續攻佔了九座城池。

齊湣王自從滅掉了宋國以後就驕傲起來，認為自己很了不起，於是開始向四周擴張，先是向南侵犯楚國，又向西侵略趙、魏、韓三國，還想吞併東周、西周，自己做天子。他的大臣狐咺直言批評了他，他就在檀衢將狐咺殺死；陳舉又當面批評了他，他又在東閭把陳舉殺掉了。

燕昭王日夜勤勞政務，慰問傷病，撫恤孤寡，使燕國一天天富裕強大起來，於是，燕昭王與大將樂毅商量討伐齊國。樂毅說：「齊國是曾經出過像齊桓公這樣霸主的國家，地廣人多，單靠我們一個燕國很難取得成功。大王您如果一定要攻打齊國，不如聯合趙國、楚國、魏國同時出兵攻齊。」於是，燕昭王便派樂毅出使趙國，另外派使者分別出使楚國和魏國，又讓趙國以伐齊的好處去勸說秦國。各諸侯因為憎惡齊湣王的驕橫殘暴，都爭相商議跟隨燕國一起去討伐齊國。

三十一年（丁丑 西元前二八四年）

燕王徵調了全國的兵力，任命樂毅為上將軍領兵伐齊；秦國的國尉斯離率領秦國的軍隊，趙、韓、魏三國也派出軍隊，都來與燕國的軍隊會合。趙惠文王將趙國的相印授予樂毅，任命他為趙國的宰相。樂毅統領秦、魏、韓、趙、燕五國聯軍討伐齊國。齊湣王也調動全國的兵力來抵抗五國的進攻，雙方在濟水之西展開激戰，齊軍被打得大敗。樂毅打發秦國、韓國的軍隊回國，讓魏國的軍隊去攻取新被齊國佔領的宋國土地，又安排趙國的軍隊去收復清河與黃河之間被齊國侵佔的地盤，自己則率領燕軍長驅直入，追殺齊國的敗軍。

劇辛勸阻樂毅說：「齊國大，燕國小，依靠了諸國聯軍的幫助，我們才有幸打敗了齊國，目前應該乘勝奪取齊國邊境的城邑以擴大燕國的疆土，這才是國家長久利益之所在。如今卻把沿途經過的城鎮關隘繞開不攻，只是一味的深入追擊敵人以獲取好的名聲，這種戰略對齊國構不成致命的重大損失，對燕國也沒有任何好處，反而會與齊國結下深深的仇怨，將來一定會後悔的。」樂毅說：「齊湣王好大喜功，喜歡誇耀自己的功勞和才能，處理政務向來都是一意孤行，從來不與大臣商量；賢德而有才能的人都被他罷黜了，而那些奸佞之人卻得到他的信任；對百姓實行殘暴的統治，百姓對他充滿了怨恨。現在齊國的軍隊已經被打得潰不成軍，我們乘勝追擊，齊國的百姓必定眾叛親離，齊國內部就會發生內亂，到那時就可以一舉征服齊國。如果現在不乘勝深入，等到有一天齊湣王對以前的胡作非為感到後悔而改過自新，體恤、安撫他的百姓，那時再想征服齊國就難了。」於是，樂毅率軍快速深入。

齊國果然人心惶惶，亂成一團；齊湣王也棄國出逃了。樂毅率軍進入齊國的都城臨淄，將所掠取的珍珠財寶以及齊國祭祀時用的各種禮器，源源不斷地運回燕國。燕昭王親自到濟水之上慰問軍隊，頒發獎賞，犒賞將士；封樂毅為昌國君，並派他繼續留在齊國攻取那些尚在堅守、尚未歸降的城邑。

齊湣王逃亡到了衛國，衛國國君讓出自己的宮室給齊湣王住，還向他俯首稱臣，供給他飲食器具。而齊湣王卻對衛君傲慢無禮。衛國官員見他如此，也都對他反脣相譏，齊湣王離去，逃奔鄒國、魯國，但他依然是一副傲慢的樣子。鄒國、魯國也不接納他，只好逃往莒。

楚國派淖齒率軍救援齊國，於是出任齊國的宰相。淖齒想和燕國共同瓜分齊國，就將齊湣王抓了起來，一條一條的列舉他的罪狀，說：「從千乘到博昌，方圓數百里之內，天降血雨，把衣服都染紅了，大王你知道嗎？」齊湣王回答說：「知道。」「從嬴城到博之間，大地塌陷，泉水湧出，你知道嗎？」齊湣王說：「知道。」「只聽見有人在齊國王宮大門口痛哭，派人去找又見不到人影，一離開就又聽到哭聲，大王你知道嗎？」齊王回答說：「知道。」淖齒說：「天降血雨染紅衣服，是上天在警告你；大地塌陷，泉水湧出，是大地在警告你；有人在宮門前痛哭，是人在警告你。天、地、人都警告你了，而你卻不知道悔改，就你這樣的人怎麼能不受到處罰呢！」於是，就在鼓里這個地方將齊湣王處死了。

荀子評論說：「國家政權是控制整個國家利益、具有最高權威的工具，讓懂得治理國家根本原則的人來掌握它，國家就會很安全，就能最大限度的富強和繁榮，因此它是一切美好事物產生的基礎；如果讓不懂得治理國家根本原則的人來掌握它，就會使國家面臨著很大的危險，給國家帶來最大的災難，與其掌握這個政權還不如不掌，等到大難臨頭的時候，就是想做一個普通的老百姓也是不能的了。齊湣王、宋獻公就是例證。

「所以作為一個執掌國家政權的國君，如果合乎道義，就能夠稱王於天下，如果恪守誠信，就可以稱霸於諸侯，如果光靠玩弄權術，就必定要滅亡。

「治理國家就應該提倡禮義，而不要用違背禮義的事情去損害它。如果只要做一件不義的事情、殺害一個無辜的人就可以得到天下，仁德的人也不會去做。仁德的君主一定會像磐石那樣堅定地用禮、義來約束自己的思想和治理國家。和他一起治理國家的人，也一定都是能夠遵守當時道德準則和國家制度的義士；他所制定和頒布的章程、法律也必定是符合禮義的章程、法律。總而言之，君主率領群臣所積極追求的目標必定都是符合禮義的。這樣的話，在下位的群臣和百姓都仰慕君主的體行仁義，這樣一來，國家的基礎就鞏固了；基礎鞏固，國家就安定；國家安定，天下就穩定。所以說，舉國上下都實行仁義，很快名聲就昭著於天下。商湯王、周武王就是這樣的人。這就是所說的以道義治理國家就能稱王於天下的例證。

「道德雖然還沒有達到最完善的程度，禮義也還沒有完全具備，然而治理國家的道理大致包含在其中；刑罰、獎賞、令行禁止的和積極提倡的都能取信於天下，臣子們也都清清楚楚知道應該遵守國家法令。國家政令一經頒布，雖然發現有對國君不利的地方，也要按照執行而不失信於百姓；與諸侯國之間締結了盟約，即使發現有不利的地方，也應遵守而不失信於同盟國。這樣一來，國家兵力強盛、防禦堅固，敵對的國家就會畏懼你而不敢輕易的前來侵犯。國內政治清明，對外遵守與盟國的協約，就會得到同盟國的信任，如此，即使你是一個處在偏僻地方的小國，同樣可以威震天下，五位霸主就是最好的例證。這就是所說的信義一旦建立，就可以稱霸天下。

「治理國家如果只提倡功利，不致力於倡導禮義、講究信譽，而又唯利是圖。為了獲取一點小小的利益，對內不把欺詐黎民百姓當做一回事；為了獲得較大的利益，對外不惜欺詐同盟國。在內對自己所擁有的不知道好好治理，卻常常想要得到別人擁有的東西。這樣的話，則他的臣下和百姓就沒有哪一個不以欺詐的心理來對待他們的君主了。在上位的欺詐在下位的，在下位的欺騙在上位的，就會上下離心離德。如此，那些敵對的國家就會看不起他，同盟國就會不信任他，陰謀詭計日益盛行，國家就不可避免的面臨危險和削弱，到了一定程度就要滅亡，齊湣王、薛公就是這樣的例證。

「齊湣王、薛公掌握著強大齊國的政權，卻不用它來整治禮義、提高道德，不用根本的政治教化全國上下，不以仁義禮樂的王道為統一天下的目標，而醉心於奔走在諸侯之間，談合縱連橫，拉幫結派。所以，雖然在它的力量強大到向南足以攻破楚國，向西足以使秦國屈服，向北完全可以打敗燕國，在中原足可以一舉滅掉宋國。但是，當燕、趙等國家聯合起來攻打齊國的時候，就像摧枯拉朽一樣，身死國滅，成為天下的奇恥大辱，使後世的人一談到殘暴的君主就都以齊湣王為借鑑。這不是因為別的原因，只是因為他治理國家不用禮義而用權謀啊。禮義、信義、權謀這三種治國之術，聖明的君主應該慎重選擇，仁德的人也務必要弄明白。選擇對了就能征服人、統治人，選擇得不好就要被別人征服、被別人統治。」

樂毅聽說晝邑人王蠋很賢能，便下令軍中說晝邑四周三十里以內不得進入，還派人請王蠋出來做官；王蠋表示拒絕。燕國人說：「不來，就把畫邑城摧毀，把城裡的人殺光。」王蠋說：「忠臣不同時侍奉二位君主，烈女不改嫁第二個丈夫。齊王因為不聽用我的諫言，故而退隱山林，耕種於田野，國家滅亡了，君主死了，我不能使國家復興，而又被燕軍以生死相威脅。與其不義地活著，還不如為義而死。」於是就在樹枝上自縊而死。

燕國軍隊乘勝長驅直入，齊國守城的軍隊全都望風而逃。樂毅整頓軍隊，下令軍中嚴禁燒殺搶掠。又四處訪求齊國在野的賢人，給他們高官厚祿，使他們顯貴，並以優禮相待。減輕人民的賦稅，廢除齊湣王時的暴政，恢復過去齊桓公、齊威王時期的政策法令。齊國的百姓都非常高興。於是，樂毅派遣左路軍渡過黃河進入膠東、東萊地區；派先頭部隊順著泰山北側向東一直到達東海邊，平定琅邪一帶；派右路軍沿著齊國西側黃河、濟河剿滅殘敵，進駐阿城、鄄城，與平定宋地的魏軍相聯絡；派後路部隊沿著齊國北部的海邊運動以控制千乘一帶地區；中軍則佔據臨淄以鎮撫齊國都城與四郊。在臨淄郊外大規模舉行祭祀齊桓公、管仲活動，對齊國的賢士，在他們居住的閭巷立表予以表彰，隆重埋葬王蠋。被燕國賜以封地的齊國人有二十多個，在燕都薊縣享有不同爵位的齊國人有一百多個。六個月的時間，就佔領了齊國七十多座城邑，都成為了燕國的郡縣。

秦昭王、魏昭王、韓釐王在周天子的都城洛陽舉行會晤。

三十二年（戊寅　西元前二八三年）

秦、趙會于穰❶[1]。秦拔魏安城❷，兵至大梁而還。

齊淖齒之亂❸，湣王子法章❹變姓名為莒太史敫❺家傭❻。太史敫女奇法章狀貌❼，以為非常人❽，憐而常竊衣食之❾，因與私通。

王孫賈⑩從湣王⑪，失王之處⑫，其母曰：「汝朝出而晚來⑬，則吾倚門而望；汝暮出而不還，則吾倚閭而望⑭。汝今事王⑮，王走⑯，汝不知其處，汝尚何歸焉⑰？」王孫賈乃入市中⑱呼曰：「淖齒亂齊國，殺湣王，欲與我誅之者袒右⑲！」市人從者四百人，與攻淖齒，殺之。於是齊亡臣⑳相與㉑求湣王子，欲立之㉒。法章懼其誅己，久之，乃敢自言㉓，遂立以為齊王㉔。保莒城㉕以拒燕，布告國中曰：「王已立在莒矣㉖。」

趙王得楚和氏璧㉗，秦昭王欲之㉘，請易以十五城㉙。趙王欲勿與，畏秦彊；欲與之，恐見欺㉚。以問藺相如㉛，對曰：「秦以城求璧，而㉜王不許，曲在我㉝矣；我與之璧，而秦不與我城，則曲在秦。均之二策㉞，寧許以負秦㉟。臣願奉璧㊱而往，使秦城不入㊲，臣請完璧而歸之㊳。」趙王遣之。相如至秦，秦王無意償趙城。相如乃以詐紿秦王，復取璧㊴，遣從者懷之㊵，間行歸趙㊶，而以身待命於秦㊷。秦王以為賢而弗誅，禮而歸之㊸。趙王以相如為上大夫㊹。

衛嗣君薨，子懷君㊺立。嗣君好察微隱㊻，縣令有發褥而席弊㊼者，嗣君聞之，乃賜之席㊽。令大驚，以君為神。又使人過關市㊾，賂之以金㊿，既而召關市(51)，問：「有客過，與汝金，汝回遣之(52)。」關市大恐。又愛泄姬(53)，重如耳(54)，而恐其因愛重以壅己[55]也，乃貴薄疑[56] [2] 以敵如耳[57]，尊魏妃[58]以偶泄姬[59]，曰以是相參也[60]。

荀子論之曰[61]：「成侯[62]、嗣君，聚斂計數[63]之君也，未及取民[64]也。子產[65]，取民者也，未及為政[66]也。管仲[67]，為政者也，未及修禮[68]也。故修禮者王[69]，為政者彊[70]，取民者安[71]，聚斂者亡[72]。」

三十三年（己卯　西元前二八二年）

秦伐趙[73]，拔兩城[74]。

三十四年（庚辰　西元前二八一年）

秦伐趙，拔石城[75]。

秦穰侯復為丞相[76]。

楚欲與齊、韓共伐秦[77]，因欲圖周[78]。王使東周武公[79]謂楚令尹昭子[80]曰：「周不可圖也。」昭子曰：「乃圖周，則無之[81]。雖然[82]，何不可圖[83]？」武公曰：「西周之地，絕長補短[84]，不過百里，名為天下共主[85]。裂其地不足以肥國[86]，得其眾不足以勁兵[87]。雖然，攻之者名為弒君[88]。然而猶有欲攻之者，見祭器在焉故也[89]。夫虎肉臊而兵利身[90]，人猶攻之[91]。若使澤中之麋蒙虎之皮[92]，人之攻之也必萬倍矣。裂楚之地[93]，足以肥國；詘楚之名[94]，足以尊主[95][3]。今子欲誅殘天下之共主，居三代之傳器[96]。器南[97]，則兵至矣[98]。」於是楚計輟不行[99]。

三十五年（辛巳　西元前二八〇年）

秦白起敗趙軍，斬首二萬，取代光狼城[100]。又使司馬錯發隴西兵[101]，因蜀攻楚黔中[102]，拔之。楚獻漢北[103]及上庸[104]地。

三十六年（壬午　西元前二七九年）

秦白起伐楚，取鄢、鄧、西陵[105]。

秦王使使者告趙王，願為好會[106]於河外澠池[107]。趙王欲毋行[108]，廉頗、藺相如[109]計曰：「王不行，示趙弱且怯也。」趙王遂行，相如從。廉頗送至境，與王訣[110]曰：「王行，度道里會遇之禮畢，還，不過三十日[111]。三十日不還，則請立太子以絕秦望[112]。」王許之[113]。

會于澠池。王與趙王飲，酒酣[114]，秦王請趙王鼓瑟[115]，趙王鼓之。藺相如復請秦王擊缶[116]，秦王不肯。相如曰：「五步之內，臣請得以頸血濺大王[117]矣。」左右欲刃[118]相如，相如張目叱[119]之，左右皆靡[120]。王不懌[121]，為一擊缶[122]。罷酒[123]，秦終不能有加於趙[124]。趙人亦盛為之備[125]，秦不敢動。趙王歸國，以藺相如為上卿[126]，位在廉頗之右[127]。

廉頗曰：「我為趙將，有攻城野戰之功。藺相如素賤人[128]，徒以口舌而位居我上，吾羞，不忍為之下。」宣言[129]曰：「我見相如，必辱之。」相如聞之，不肯與會[130]。每朝，常稱病，不欲爭列[131]。出而望見，輒[132]引車避匿。其舍人[133]皆以為恥。相如曰：「子視廉將軍孰與秦王[134]？」曰：「不若[135]。」相如曰：「夫以秦王之威，而相如廷叱之[136]，辱其羣臣[137]。相如雖駑[138]，獨畏廉將軍哉？顧吾念之[139]，彊秦所以不敢加兵於趙者，徒以吾兩人在也[140]。今兩虎共鬬，其勢不俱生。吾所以為此者，先國家之急，而後私讎也[141]。」廉頗聞之，肉袒負荊[142]至門謝罪，遂為刎頸之交[143]。

初，燕人攻安平[144]，臨淄市掾田單[145]在安平[146]，使其宗人皆以鐵籠傅車轊[147]。及城潰[148]，人爭門而出，皆以轊折車敗[149]，為燕所擒。獨田單宗人[150]以鐵籠得免[151]，遂奔即墨[152]。是時，齊地皆屬燕，獨莒[153]、即墨未下[154]。樂毅乃并右軍、前軍以圍莒，左軍、後軍圍即墨。即墨大夫[155]出戰而死。即墨人曰：「安平之戰，田單宗人以鐵籠得全，是多智習兵[156]。」因共立以為將，以拒燕。

樂毅圍二邑，期年[157]不剋，乃令解圍，各去城九里而為壘[158]，令曰：「城中民，出者勿獲[159]，困者賑[160]之，使即舊業[161]，以鎮新民[162]。」三年而猶未下，或讒[163]之於燕昭王曰：「樂毅智謀過人，伐齊，呼吸之間[164]剋七十餘城。今不下者兩城耳，非其力不能拔[165]。所以三年不攻[166]者，欲久仗兵威以服齊人[167]，南面而王[168]耳。今齊人已服，所以未發[169]者，以其妻子在燕故也。且齊多美女，又將忘其妻子。願王圖[170]之。」昭王於是置酒大會[171]，引言者[172]而讓[173]之曰：「先王舉國以禮賢者[174]，非貪土地以遺子孫也[175]。遭所傳德薄[176]，不能堪命[177]，國人不順[178]。齊為無道，乘孤國之亂以害先王[179]。寡人統位[180]，痛之入骨，故廣延[181]羣臣，外招賓客，以求報讎。其有成功者[182]，尚欲與之同共燕國[183]。今樂君親為寡人破齊，夷其宗廟[184]，報塞先仇[185]。齊國固[186]樂君所有，非燕之所得也[187]。樂君若能有齊[188]，與燕並為列國[189]，結歡同好，以抗諸侯之難[190]，燕國之福，寡人之願也。汝何敢言若此[191]！」乃斬之。賜樂毅妻以后服[192]，賜其子以公子之服[193]，輅車乘馬[194]，後屬百兩[195]，遣國相奉[196]而致之樂毅。立樂毅為齊王，樂毅惶恐不受，拜書[197]，以死自誓[198]。由是齊人服其義，諸侯畏其信[199]，莫敢復有謀[200]者。

頃之，昭王薨，惠王立[201]。惠王自為太子時，嘗不快[202]於樂毅。田單聞之，乃縱反間[203]於燕，宣言曰：「齊王已死，城之不拔[204]者二耳。樂毅與燕新王有隙[205]，畏誅而不敢歸。以伐齊為名，實欲連兵[206]，南面王齊，齊人未附，故且緩攻即墨，以待其事[207]。齊人所懼，唯恐他將之來，即墨殘矣[208]。」燕王固已疑[209]樂毅，得齊反間，乃使騎劫代將[210]，而召樂毅[211]。樂毅知王不善[212]代之，遂奔趙。燕將士由是憤惋不和[213]。

田單令城中人，食必祭其先祖於庭[214]。飛鳥皆翔舞而下城中[215]，燕人怪之。田單因宣言曰：「當有神師下教我。」有一卒曰：「臣可以為師乎？」因反走[216]，田單起，引還，坐東鄉[217]，師事之[218]。卒曰：「臣欺君[219]。」田單曰：「子勿言也。」因師之，每出約束，必稱神師[220]。乃宣言曰：「吾唯懼燕軍之劓所得齊卒[221]，置之前行[222]，即墨敗矣[223]。」燕人聞之，如其言[224]。城中見降者盡劓，皆怒，堅守，唯恐見得[225]。單又縱反間言：「吾懼燕人掘吾城外冢墓，可為寒心[226]。」燕軍盡掘冢墓，燒死人。齊人從城上望見，皆涕泣，其欲出戰，怒自十倍[227]。

田單知士卒之可用，乃身操版鍤[228]，與士卒分功[229]，妻妾編於行伍之間，盡散飲食饗士[230]，令甲卒皆伏，使老、弱、女子乘城[231]，遣使約降於燕。燕軍皆呼萬歲。田單又收民金，得千鎰[232]，令即墨富豪遺燕將[233]，曰：「即降[234]，願無虜掠吾族家[235]。」燕將大喜，許之。燕軍益懈[236]。

田單乃收城中，得牛千餘，為絳繒衣[237]，畫以五采龍文，束兵刃於其角，而灌脂束葦於其尾。燒其端，鑿城數十穴，夜縱牛，壯士五千隨其後。牛尾熱，怒而奔燕軍。燕軍大驚，視牛皆龍文，所觸盡死傷。而城中鼓譟[238]從之，老弱皆擊銅器為聲，聲動天地。燕軍大駭，敗走。齊人殺騎劫，追亡逐北[239]，所過城邑皆叛燕，復為齊[240]。田單兵日益多，乘勝[241]，燕日敗亡，走至河上[242]，而齊七十餘城皆復焉[243]。乃迎襄王[244]於莒，入臨淄[245]，封田單為安平君[246]。

齊王以太史敫之女為后，生太子建[247]。太史敫曰：「女不取媒[248]，因自嫁，非吾種[249]也，汙吾世[250]。」終身不見君王后[251]，君王后亦不以不見故失人子之禮。

趙王封樂毅於觀津[252]，尊寵之，以警動於燕、齊[253]。燕惠王乃使人讓[254]樂毅，且謝之[255]曰：「將軍過聽[256]，以與寡人有隙，遂捐燕歸趙。將軍自為計[257]則可矣，而亦何以報先王之所以遇將軍之意乎[258]？」樂毅報書[259]曰：「昔伍子胥說聽於闔閭[260]，而吳遠迹至郢[261]。夫差弗是也[262]，賜之鴟夷而浮之江[263]。吳王不寤[264]先論[265]之可以立功，故沉子胥[266]而不悔。子胥不蚤見[267]主之不同量[268]，是以至於入江[269]而不化[270]。夫免身立功[271]，以明先王之迹[272]，臣之上計[273]也。離毀辱之誹謗[274]，墮先王之名[275]，臣之所大恐[276]也。臨不測之罪[277]，以幸為利[278]，義之所不敢出也[279]。臣聞古之君子，交絕不出惡聲[280]，忠臣去國，不潔其名[281]。臣雖不佞，數奉教於君子矣[282]。唯君王之留意焉[283]。」於是燕王復以樂毅子閒為昌國君[284]。而樂毅往來復通燕[285]，卒於趙[286]，號曰望諸君[287]。

田單相齊，過淄水[288]，有老人涉淄而寒，出水不能行。田單解其裘而衣之[289]，襄王惡[290]之曰：「田單之施於人[291]，將欲以[4]取我國乎？不早圖[292]，恐後之變也。」左右顧無人[293]，巖下[294]有貫珠[295]者，襄王呼而問之曰：「汝聞吾言乎？」對曰：「聞之。」王曰：「汝以為何如？」對曰：「王不如因以為己善[296]。王嘉單之善[297]，下令曰『寡人憂民之飢[298]也，單收而食之[299]；寡人憂民之寒也，單解裘而衣之；寡人憂勞[300]百姓，而單亦憂。稱寡人之意[301]。』單有是善[302]而王嘉之，單之善，亦王之善也。」王曰：「善。」乃賜單牛酒。後數日，貫珠者復見王曰：「王朝日[303]宜召田單而揖之於庭[304]，口勞之[305]。」乃布令求[306]百姓之飢寒者，收穀之[307]。乃使人聽於閭里[308]，聞大夫[309]之相與語[310]者曰：「田單之愛人，嗟[311]，乃王之教也[312]！」

田單任貂勃於王[313]。王有所幸臣九人，欲傷安平君，相與語於王曰：「燕之伐齊之時，楚王使將軍[314]將萬人而佐齊。今國已定，而社稷[315]已安矣，何不使使者謝於楚王？」王曰：「左右孰可？」九人之屬曰：「貂勃可。」貂勃使楚，楚王受而觴之[316]，數月不反。九人之屬相與語於王[317][5]曰：「夫一人之身[318]，而牽留萬乘[319]者，豈不以據勢[320]也哉！且安平君之與王也，君臣無異[321]，而上下無別。且其志欲為不善[322]，內撫百姓[323]，外懷戎翟[324]，禮天下之賢士，其志欲有為也[325]，願王之察之[6]。」異日，王曰：「召相單而來[326]。」田單免冠徒跣，肉袒[327]而進，退而請死罪[328]。五日而王曰：「子無罪於寡人。子為子之臣禮[329]，吾為吾之王禮[330]而已矣。」

貂勃從楚來，王賜之酒。酒酣[331]，王曰：「召相單而來。」貂勃避席稽首[332]，曰：「王上者孰與周文王[333]？」王曰：「吾不若也。」貂勃曰：「然，臣固知王不若也。下者孰與齊桓公[334]？」王曰：「吾不若也。」貂勃曰：「然，臣固知王不若也。然則周文王得呂尚[335]以為太公[336]，齊桓公得管夷吾[337]以為仲父[338]。今王得安平君而獨曰『單』[339]，安得此亡國之言乎[340]！且自天地之闢[341]，民人之始[342]，為人臣之功[343]者，誰有厚於安平君者哉[344]？王不能守王之社稷，燕人興師而襲齊，王走而之城陽之山中[345]，安平君以惴惴[346]即墨三里之城，五里之郭[347]，敝卒[348]七千人，禽其司馬[349]，而反千里之齊[350]，安平君之功也。當是之時，舍城陽而自王[351]，天下莫之能止[352]。然而計之於道，歸之於義[353]，以為不可[354]，故棧道木閣[355]而迎王與后於城陽山中，王乃得反[356]，子臨百姓[357]。今國已定，民已安矣，王乃曰『單』，嬰兒之計不為此[358]也。王亟殺[359]此九子者以謝[360]安平君，不然，國其[361]危矣！」乃殺九子而逐其家[362]，益封[363]安平君以夜邑[364]萬戶。

田單將攻狄[365]，往見魯仲連[366]。魯仲連曰：「將軍攻狄，不能下也。」田單曰：「臣以即墨破亡餘卒，破萬乘之燕[367]，復齊之墟[368]。今攻狄而不下，何也[369]？」上車弗謝而去[370]。遂攻狄，三月不克。齊小兒謠曰：「大冠若箕[371]，脩劍拄頤[372]，攻狄不能下，壘枯骨成丘[373]。」田單乃懼，問魯仲連曰：「先生謂單不能下狄，請聞其說[374]。」魯仲連曰：「將軍之在即墨，坐則織蕢[375]，立則仗鍤[376]，為士卒倡曰[377]『無可往矣[378]，宗廟亡矣，今日尚矣[379]，歸於何黨矣[380]！』當此之時，將軍有死之心[381]，士卒無生之氣[382]，聞君言[383]，莫不揮泣奮臂而欲戰，此所以破燕也[384]。當今將軍東有夜邑之奉[385]，西有淄上之娛[386]，黃金橫帶[387]，而騁乎淄、澠之間[388]，有生之樂，無死之心，所以不勝也。」田單曰：「單之有心[389]，先生志之矣[390]。」明日，乃厲氣循城[391]，立於矢石之所[392]，援枹鼓之[393]，狄人乃下[394]。

初[395]，齊湣王既滅宋[396]，欲去[397]孟嘗君。孟嘗君奔魏，魏昭王以為相，與諸侯共伐破齊[398]。湣王死，襄王復國，而孟嘗君中立為諸侯[399]，無所屬[400]。襄王新立，畏孟嘗君，與之連和。孟嘗君卒，諸子爭立，而齊、魏共滅薛㊶，孟嘗君絕嗣㊷。

【章　旨】以上為第三段，寫周赧王三十二年（西元前二八三年）至其三十六年共五年間的各國大事，最主要的是寫了齊國軍民反抗燕軍佔領，齊國名將田單在即墨巧用奇計大破燕軍，收復失地、重建齊國，以及田單為齊國丞相後一些事情。此外也寫了趙國名臣廉頗、藺相如的一些感人故事，和燕將樂毅被罷官後的一些晚年經歷。

【注　釋】❶秦趙會于穰　「趙」當作「楚」，秦昭王與楚頃襄王在穰縣會晤，時當秦昭王二十四年、楚頃襄王十六年。穰縣在今河南鄧州東南，當時屬楚。❷安城　魏邑名，在今河南原陽西南。❸淖齒之亂　當楚將淖齒殺害齊湣王的時候。❹法章　即日後的齊襄王。❺太史敫　姓太史，名敫。❻傭　僕人。❼奇法章狀貌　對法章的狀貌感到奇特。❽非常人　不是一個普通人。常，平常；普通。❾常竊衣食之　常常暗中給他穿的、吃的。竊，私下；暗中。衣，給他衣穿。食，給他飯吃。❿王孫賈　姓王孫，名賈，齊王的遠房同族，現為齊王侍從。⓫從湣王　跟隨齊王一道逃出。⓬失王之處　跟人跟丟了；不知齊王到什麼地方去了。⓭晚來　一旦回家晚了。⓮倚閭而望　到里巷口的里門去張望等你回來。閭，古代里巷的門。⓯事王　服侍齊王。⓰王走　齊王走失了。⓱汝尚何歸焉　你還有什麼臉面回家。⓲市中　市場；眾人聚集的地方。⓳袒右　脫衣露出右臂，古人宣誓表決心常用類似姿態。⓴亡臣　逃亡或藏匿起來的齊國諸臣。㉑相與　彼此聯合起來。㉒求湣王子二句　想尋找齊湣王的兒子立之為王。求，尋找。㉓自言　自己承認。㉔立以為齊王　即日後的齊襄王，西元前二八三—前二六五年在位。㉕保莒城　依傍莒城堅守。㉖王已立在莒矣　新的齊王已經在莒縣即位啦。這是號召整個齊國軍民復國抗燕的旗幟，故須大力張揚。㉗和氏璧　由楚人和氏所得的玉璞中理出的玉璧。《韓非子・和氏》云：「楚人和氏得玉璞山中，奉而獻之厲王。厲王使玉人相之，玉人曰『石也』。王以和為誑，而刖其左足。及厲王薨，武王即位，和又奉其璞而獻之武王。武王使玉人相之，又曰『石也』。王又以和為誑，而刖其右足。武王薨，文王即位，和乃抱其璞而哭於楚山之下，三日三夜，泣盡而繼之以血。王聞之，乃使玉人理其璞而得寶焉，遂命曰『和氏之璧』。」㉘欲之　想得到它。㉙請易以十五城　想用十五座城來和趙國交換。易，交換。㉚見欺　受欺騙。㉛藺相如　時為宦者令繆賢家臣，被繆賢推薦至趙王跟前。㉜而　若。㉝曲

在我　理屈在我們一方。曲，理屈。㉞均之二策　衡量二者的得失。均，比較；衡量。㉟寧許以負秦　按，《史記·廉頗藺相如列傳》於此作「寧許以負秦曲」，較此為長。意即我們豁著受騙，叫秦國把理曲的「包袱」背起來。負，背；承擔。姚苧田曰：「諸大臣但計利害，相如提出『曲』、『直』來，此便得養勇根本，兩言而決，真為善謀。」㊱奉璧　捧璧。用「奉」字表示虔敬。㊲使秦城不入　假如得不到秦國的十五座城。使，假如。㊳完璧而歸之　完好無損地將和氏璧帶回趙國。姚苧田曰：「料得破，把得定，行得徹，說得快，大奇，大奇。」㊴以詐紿秦王二句　相如假說璧有瑕，請指給秦王看，將璧騙回手。㊵懷之　揣在懷裡。㊶間行歸趙　抄小路悄悄返回趙國。㊷待命於秦　留在秦國聽候秦王處置。㊸禮而歸之　有禮貌地讓藺相如返回趙國。《史記·廉頗藺相如列傳》作「卒廷見相如，畢禮而歸之」。㊹上大夫　爵位名，是大夫中的最高一級，次於卿。㊺懷君　史失其名，在位年限諸說不一，有說是西元前二八三—前二五三年在位。㊻好察微隱　好探察人家的隱私。微隱，隱祕之事。㊼發褥而席弊　掀開自己的褥子發現下面鋪的席子破了。發，打開；掀開。㊽賜之席　送給他一張新席子。㊾過關市　到邊關的市場去買東西。過，這裡即到的意思。關市，邊關上的市場。㊿賂之以金　此指賄賂管理關市的官員。(51)召關市　把管理關市的官員叫來。(52)回遺之　把他給你的金子退還給他。(53)泄姬　姓泄的寵妃。(54)重如耳　寵用如耳。重，寵用。如耳姓如名耳，原魏人，現仕於衛。(55)壅己　蒙蔽自己，使為君者聽不到外面的真話。(56)薄疑　衛嗣君的另一個寵臣。(57)敵如耳　與如耳的地位、權勢相同。敵，相等；相抗衡。(58)魏妃　來自魏國的寵妃。(59)偶泄姬　與泄姬的地位、權勢相同。偶，對等；並立。(60)以是相參也　對他們雙方的話參照聽用。按，以上三故事，見《韓非子·內儲說》。(61)荀子論之曰　以下荀子論衛成侯、衛嗣君事，見《荀子·王制》。(62)成侯　嗣君之祖父，在位的具體年限諸說不一。(63)聚斂計數　斤斤計較地搜刮民財。聚斂，搜刮。計數，數著數，即通常所說的斤斤計較，少一點也不行。(64)未及取民　不能做到爭取民心。民，這裡即指民心。(65)子產　春秋後期鄭國的宰相，著名的法家人物。(66)未及為政　沒能建立起一套合適的政策法令。《禮記》上說子產像一位慈母，光知道疼愛子女，但不懂得教育他們如何做人。(67)管仲　春秋中期的齊國宰相，佐助齊桓公成為第一任諸侯霸主。(68)未及修禮　沒能以禮樂治國，達到儒家所鼓吹的王道境界。(69)修禮者王　能實行禮樂治國的可以統一天下。(70)為政者彊　能制定並推行一套好的政策法令的，就可以強大稱霸一時。(71)取民者安　能受民擁護者就可以獲得安定。(72)聚斂者亡　只知搜刮民財者一定滅亡。(73)秦伐趙　時當秦昭王三十三年、趙惠文王十七年。(74)兩城　據楊寬《戰國史年表》，此次被秦所攻佔者為藺、祁二縣，都在今山西境內。(75)石城　趙邑名，胡三省以為山西離石。有說在今河北石家莊西南者，似非，當時秦軍尚不可能達到此地。(76)復為丞相　據馬非百考證，這是穰侯第五次任秦國丞相。(77)楚欲與齊韓共伐秦　時當楚頃襄王十七年、齊襄王二年、韓釐王十七年。(78)因欲圖周　趁機滅掉周天子與東、西兩周君。(79)東周武公　現時在位的東周君，在位年限不詳。(80)令尹昭子　姓昭，名魚，也稱昭奚恤，時為令尹，猶如北方國家的丞相。(81)乃圖周二句　只要我打周國的主意，就沒有什麼滅不了的。(82)雖然　儘管如此，但是……。(83)何不可圖　怎麼就不能滅它。(84)絕長補短　意即總的計算起來。(85)名為天下共主　但它名義上卻是天下諸侯所共同擁戴的君主。按，此句應移到下文的「雖然」二字下，語氣始順。(86)不足以肥國　不能給你原來的國家增加多少土地。肥，增大。(87)不足以勁兵　不能讓你國原來的兵力更增強。勁，增強。(88)名為弒君　你就要被加上一個弒君作亂的惡名。(89)見祭器在焉故也　他是看到周國有些讓人動心的祭器。祭器，祭祀天地鬼神所用的禮器，還有夏禹所鑄的九鼎等等，這些被歷代視為傳國之寶。(90)虎肉臊而兵利身　虎肉既不好吃，而爪牙又極厲害。兵利身，其爪牙像兵器一樣可以防身。(91)人猶攻之　人們為了獲取虎皮還是要攻擊捕捉牠。(92)若使澤中之麋蒙虎之皮　如果讓麋鹿也長上一身老虎的皮毛。意思是肉又好吃，皮又好看，而又沒有老虎那麼兇猛。麋，一種麋鹿之類的動物。(93)裂楚之地　滅楚而瓜分其地。(94)詘楚之名　打垮楚國，黜其威名。(95)足以尊主　使本國諸侯之名得以尊貴。(96)居三代之傳器　想佔有夏、商、周以來的傳國寶器。居，佔有。傳器，傳國之寶器，指九鼎。(97)器南　周國的祭器一旦南遷楚國。(98)則兵至矣　各國討伐楚國的大軍也就緊跟著來了。(99)計輟不行　想滅周國的的計畫廢止不行。輟，止。(100)取代光狼城　〈六國年表〉、〈趙世家〉、〈白起王翦列傳〉皆言此年白起「取光狼城」，而不言取「代」，而光狼城又不屬代郡，故疑此句之「代」字為衍文。代，趙郡名，郡治在今河北蔚縣東北。光狼城，趙邑名，在今山西高平西。(101)發隴西兵　調發隴西一帶的丁勇、兵員。隴西，秦郡名，郡治狄道，即今甘肅臨洮。當初這一帶地區為戎族佔領，後被秦國攻取。(102)因蜀攻楚黔中　借助於蜀郡的地形與人力物力，攻取了楚國的黔中郡，約當今湖南西部與貴州東部地區。(103)漢北　漢水北岸之地。包括宛（今河南南陽）、葉（今河南葉縣）等地。(104)上庸　在今湖北竹山縣西南。(105)鄢鄧西陵　皆楚之都邑名。鄢在今湖北宜城西南、鄧即今湖北襄樊、西陵故城在今湖北宜昌西北。(106)好會　友好的會見。(107)河外澠池　黃河以南的澠池。春秋、戰國以至漢代，人們通常稱今河南的黃河以北叫「河內」，稱黃河以南叫「河外」。澠池的縣治在今河南澠池縣西，原屬韓，此時已為秦國所有。今澠池城西之一華里處仍有所謂「會盟臺」。(108)欲毋行　因害怕秦國想不去。(109)廉頗藺相如　趙國的大臣，時廉頗為大將軍，藺相如為大夫。(110)訣　別；告別。(111)度道里會遇之禮畢三句　估計會議以及往來路途所用的時間，不會超過三十天。(112)三十日不還二句　請立太子，即立太子為趙王。按，於此足見廉頗的大將風概，深謀遠慮，忠於趙國。有此一舉，則秦國扣留趙王為人質以要脅趙國的陰謀遂不得行。姚苧田曰：「相如二事皆爭勝於口舌之間，而於相如傳中特將『立太子，以絕秦望』一議屬之廉頗，則廉將軍之為社稷臣加於相如一等明矣。」(113)王許之　史珥曰：「唯趙氏君臣坦白無猜，乃能如此。」(114)酒酣　喝酒喝到興頭上。(115)請趙王鼓瑟　兩國首腦會晤，而請對方鼓瑟，有侮辱性質。(116)缶　盛水的盆罐之類，秦人鼓之以為拍節。李斯〈諫逐客書〉云：「扣甕擊缶而呼烏烏，快耳目者，真秦聲也。」楊惲〈報孫會宗書〉云：「家本秦也，能為秦聲，仰天擊缶，而呼烏烏。」(117)五步之內二句　即「要和大王您同歸於盡」的婉轉說法，〈平原君虞卿列傳〉毛遂有所謂「今五步之內，王不能恃楚國之眾」，與此意同。(118)刃　刀刃，即指殺。(119)叱　怒聲喝斥。(120)左右皆靡　左右皆紛紛後退。靡，草類隨風倒伏的樣子。(121)不懌　不樂。(122)為一擊缶　極寫秦王無可奈何之狀。(123)罷酒　直到酒筵結束。(124)終不能有加於趙　始終不能在什麼地方陵駕於趙國之上。(125)趙人亦盛為之備　即前文所寫廉頗「盛設兵」於後，且有「三十日不還，則請立太子」之約定等等。陳子龍曰：「相如以趙有備，故以氣陵秦；秦王亦知趙尚強，故因善相如也。」(126)上卿　國家大臣的最高爵位。(127)位在廉頗之右　右，這裡即指上位。先秦時期究竟以左為上，還是以右為上，各國各時期並不一致，如〈魏公子列傳〉寫魏公子迎侯嬴時即有所謂「虛左」之語。(128)藺相如素賤人　指其為宦者令繆賢舍人。素，平素；往日。(129)宣言　揚言。(130)不肯與會　不願與之碰面。(131)爭列　爭位置行列之高低。(132)輒　就；隨即。(133)舍人　身邊的親信用人。舍人是一種半賓客、半僕役的親信用人。(134)孰與秦王　與秦王比哪個更厲害。(135)不若　不如；比不上。(136)廷叱之　當著眾人對其厲聲痛斥，指完璧歸趙與澠池會而言。(137)辱其羣臣　不把秦之群臣放在眼下，當左右欲刃相如時，相如又張目叱之。(138)相如雖駑　我藺相如即使再差。駑，劣馬，這裡以比人的材質拙劣。(139)顧吾念之　我所考慮的是。顧，但；而。轉折語詞。(140)彊秦所以不敢加兵二句　郭嵩燾曰：「戰國人才以藺相如為首，其讓廉頗可謂遠矣，庶幾與聞君子之道者也。」李景星曰：「太史公以廉藺合傳，即本斯旨。」(141)先國家之急二句　梁啟超曰：「太史公述相如事，字字飛躍紙上，吾重贊之，其蛇足也。顧吾讀之而怦怦然刻於余心者，一言焉，則相如所謂先國家之急而後私仇也。嗚呼，此其所以豪傑歟！此其所以聖賢歟！彼亡國之時代，曷嘗無人才？其奈皆先私仇而後國家之急也。往車屢折，來軫方遒，悲夫！」(142)肉袒負荊　袒露肩背，背著荊條，意為承認錯誤，願受責罰。(143)刎頸之交　能以生死相託的朋友。(144)安平　齊邑名，在今山東淄博東北。(145)臨淄市掾田單　臨淄城貿易市場的管理人員田單。市掾，管理市場的小吏。掾，小目的統稱。田單，齊王的遠房同族。(146)在安平　正逃難逃到安平。(147)以鐵籠傅車轊　給車軸頭包上鐵箍。傅，包；裹。鐵籠，鐵帽；鐵箍。轊，車軸的兩端。(148)城潰　指安平城被燕軍攻破。(149)轊折車敗　由於撞斷車軸而導致翻車。(150)宗人　同一家族的人。(151)以鐵籠得免　葉玉麟曰：「就一小事先寫，已見其智略。」(152)即墨　齊國東部的重要都邑，在今山東平度東南。《山東風物志》云：「即墨故城在今山東平度的古峴鄉大朱毛一帶，俗名朱毛城。又因西漢膠東康王劉寄都此，故也稱『康王城』。故城分內外兩城，東西約十里，南北約五里，現存城垣千餘米，基四十米全為夯土版築，十分堅固。直到東漢時期，才逐漸廢棄。」(153)莒　即今山東莒縣，當時為齊國南部的重要都邑。按，莒邑故城在今山東莒縣城區，規模宏大，為今莒縣城之六倍。《水經注・沭水》稱「其城三重，并悉崇峻，惟南開一門，內城方十二里，郭周四十許里。」今外城西北角「城子口」一帶尚有殘垣，東西各長二百公尺，高三公尺；東南角與西南角之間也有斷續的殘垣，高者八、九公尺。(154)未下　未被攻下。(155)即墨大夫　即墨城的行政長官。(156)是多智習兵　由此可見田單多智謀、懂軍事。(157)期年　一週年。(158)為壘　紮下營盤，修築工事。(159)勿獲　不要抓捕他們。(160)賑　救濟。(161)使即舊業　他們原來幹什麼，就讓他們還幹什麼。即，就。(162)以鎮新民　以招納新來的歸降者。鎮，安撫，這裡即指吸引、招納。(163)讒　說人壞話。(164)呼吸之間　極言其所用時間之短。(165)非其力不能拔　並不是他沒有力量攻下這兩座城邑。(166)不攻　不對這兩座城發起猛烈進攻。(167)以服齊人　使齊人自動歸服。(168)南面而王　在齊國佔地稱王。南面，南向而坐以接受群臣朝拜。(169)未發　未採取行動。(170)圖　思考；謀劃。(171)大會　指大會群臣。(172)引言者　將說這話的人叫上大殿。引，拉；帶上來。(173)讓　斥責；責備。(174)先王舉國以禮賢者　當年我的父親能把整個國家讓給賢人。先王，指昭王之父燕王噲。賢者，指陰謀家丞相子之。(175)非貪土地以遺子孫也　表明先王不是一個將國家據為私有，只想傳給自己子孫的人。(176)遭所傳德薄　碰巧他所傳的不是一個真正有高尚道德的人。遭，逢；正碰上。(177)不能堪命　沒能勝任先王對他的託付。堪，勝任。(178)國人不順　全國上下都不服從。(179)以害先王　指將燕王噲害死。(180)統位　即位為燕王。(181)廣延　廣泛招納。(182)其有成功者　如果遇有建立大功的人。其，表示推斷的語詞。(183)尚欲與之同共燕國　意謂連我這燕國的本土，還準備拿出來與之共享。(184)夷其宗廟　鏟平了齊國的宗廟。夷，鏟平。(185)報塞先仇　報了先王的大仇。塞，填平，即不再有遺憾。(186)固　本來。(187)非燕之所得也　不是我們燕國所想要的。(188)有齊　佔有齊國；在齊國稱王。(189)並為列國　成為並立的諸侯國。(190)以抗諸侯之難　共同抵抗其他國家對我們的進攻。難，侵犯。(191)何敢言若此　怎麼竟敢這樣說，指進讒者說樂毅想在齊國獨自稱王等等。(192)后服　王后的服飾。(193)公子之服　國王兒子的服飾。(194)輅車乘馬　帝王乘坐的車駕與拉此車的四匹馬。乘，原指一車四馬，這裡即指四匹馬。(195)後屬百兩　跟在輅車後面的扈從車駕還有百多輛。兩，同「輛」。(196)奉　捧；帶著。用「奉」是敬詞。(197)拜書　寫回信，給送信人叩頭，託其呈給燕王。《史記・廉頗藺相如列傳》、《刺客列傳》都有「拜送書於廷」之語，可供參考。(198)以死自誓　意即寧死不能接受燕王之所賜。(199)畏其信　敬畏樂毅的信義。(200)莫敢復有謀　再沒人敢打樂毅的壞主意。(201)惠王立　惠王是昭王之子，西元前二七八—前二七二年在位。(202)嘗不快　總是不喜歡。嘗，通「常」。(203)縱反間　施行反間計。所謂「反間」是用假情報迷惑敵人，以引起敵人內部的互相猜疑、互相鬥爭。《孫子兵法》：「反間者，因其敵間而用之。」杜牧注：「敵有間來窺我，我必先知之，或厚賂以誘之，反為我用；或佯為不覺，示以偽情，則敵人之間反為我用也。」[204]不拔　未被攻下。[205]有隙　有矛盾；有過節。[206]連兵　謂與齊國即墨、莒城的守軍聯合。[207]以待其事　以等待齊人心悅誠服。[208]齊人所懼三句　此用《史記・田單列傳》舊文，此處應重出「他將之來」四字，否則語氣不完整。然這種當重出而未重出的句式，《史記》中多見。參看韓兆琦《史記箋證》。殘，破；被攻下。[209]固已疑　本來就懷疑。[210]乃使騎劫代將　騎劫是燕將名，姓騎名劫。代將，代替樂毅統兵。史珥曰：「反間之妙，唯去昌國一著，餘則多是淺術。」[211]召樂毅　召樂毅回國。[212]不善　不喜歡自己。[213]燕將士由是憤惋不和　因同情樂毅有功而無辜被廢。憤惋，憤慨、惋惜。[214]祭其先祖於庭　在院中祭祖，目的是用供食吸引飛鳥。庭，院落。[215]下城中　飛落在即墨城裡。[216]因反走　謂說完話後隨即轉身向外走。此處寫小卒向其將軍開玩笑而又惴恐不安的神情甚細。[217]引還二句　謂田單將此小卒一把拉回，令其東向而坐。鄉，通「向」。先秦兩漢時的習慣，除官府、朝堂仍以南向為尊外，在一般場合皆以東向坐為上位。[218]師事之　像侍奉神師一樣地侍奉他。[219]臣欺君　我是在騙您。欺，哄騙。[220]每出約束二句　約束，指章程、條令之類。胡三省曰：「田單恐眾心未一，故假（借）神以令其眾。」茅坤曰：「田單將兵，起自卒伍，故必為計以自神，與陳勝、吳廣之意同。」蘇軾曰：「田單使人食必祭，以致烏鳶；又設為神師，皆近兒戲，無益於事。蓋先以疑似置人心腹中，則夜見火牛龍文足以駭動，取一時之勝，此其本意也。」[221]劓所得齊卒　把俘虜去的齊兵都削去鼻子。劓，割鼻。[222]置之前行　在與我們作戰時，將這些被削鼻子的齊兵放在前列。前行，前排。[223]即墨敗矣　「即墨敗矣」句上應增「若此」二字讀。[224]如其言　就按著田單散布的話削去了齊國俘虜的鼻子。[225]唯恐見得　唯恐被燕人所俘，故拼死作戰。[226]可為寒心　意即可使我們害怕，喪失戰鬥力。[227]其欲出戰二句　徐孚遠曰：「樂毅攻兩城數年不下，欲以德懷齊人；騎劫代將，悉更樂毅所為，故施虐於齊，而田單以為資也。」[228]身操版鍤　親自拿著修築城牆的工具。版，築牆時用版夾土，以杵搗之。鍤，有如今之鐵鍬。[229]與士卒分功　和士兵一樣，分領同樣的勞務。功，通「工」。工程；勞務。[230]妻妾編於行伍之間二句　行伍，軍隊的編制，這裡即指軍隊。盡散飲食，把自己家裡的飲食都拿出來分給士兵們吃。饗，犒賞。按，《史記・平原君虞卿列傳》中李同教平原君有所謂「今君誠能令夫人以下編於士卒之間，分功而作，家之所有盡散以饗士，士方其危苦之際，易德也」云云，現田單所為正與之同。[231]乘城　登城。乘，登上。「令甲卒皆伏，使老、弱、女子乘城」者，蓋以此麻痹敵人。[232]千鎰　一鎰為二十四兩，或曰二十兩。[233]令即墨富豪遺燕將　遺，送給。按，通敵之事令「富豪」為之，筆者文心甚細。[234]即降　如果投降之後。即，倘若。[235]願無虜掠吾族家　希望你們不要搶奪我們家族的人丁與財產。族家，意同家族。[236]益懈　越來越鬆懈。[237]為絳繒衣　用紅色絲織品給牛披掛起來。絳繒，紅色絲綢。[238]鼓譟　眾聲吶喊。[239]追亡逐北　即乘勝追擊敗兵。亡，逃跑。北，其義同「背」，即「敗」。[240]皆叛燕二句　脫離燕軍，回歸齊國。[241]乘勝　乘勝追擊，乘勝擴大戰果。[242]走至河上　謂齊軍一直追擊到黃河邊上。走，逃跑。河上，黃河邊上，當時的黃河自河南西部流來，至濮陽北行，經今山東平原、德州，至今河北滄州東北之黃驊入海。今滄州、黃驊一帶當時為齊國與燕國的分界線。[243]齊七十餘城皆復焉　說齊國有「七十餘城」，蓋自戰國至西漢初一直如此，「七十餘城」即指整個齊國。按，以上燕惠王罷樂毅，改用騎劫，以及田單用火牛陣大破燕軍，收復失地，重建齊國事，今本《戰國策》不載，只見《史記‧田單列傳》。[244]襄王　即前文所說的落難王子法章，西元前二八三—前二六五年在位。按，齊湣王十七年（西元前二八四年）樂毅攻破臨淄，齊湣王逃到莒縣，被淖齒所殺。不久，齊之群臣誅淖齒，立湣王子法章為齊王，即所謂襄王，堅守莒縣，繼續抗燕，至今已歷五年。[245]入臨淄　事在齊襄王五年（西元前二七九年）。[246]封田單為安平君　《索隱》曰：「以單初起安平，故以為號。」按，田單之所以封為安平君，乃因為田單的首次顯露頭角是在安平。又，田單墓在今山東淄博臨淄區之皇城營村東南，墓高八公尺，東西近三十公尺，略成方形。墓前有民國七年立的「齊相田單之墓」石碑，今已不存。西元一九七二年農耕時曾於其墓東側地下的一公尺左右發現石槨，疑是田單墓室，遂覆蓋候考。[247]太子建　即日後的齊王建，齊國的亡國之君。[248]不取媒　不通過媒人。取，用。[249]非吾種　不是我們家的血統，亦即「不是我們家的人」。[250]汙吾世　侮辱了我們家的門風。世，世系；傳統。[251]君王后　即太史敫之女，此人在齊王建時代操縱齊國政治數十年，詳見《史記‧田敬仲完世家》。[252]觀津　趙邑名，在今河北武邑東。[253]以警動於燕齊　以警告、鎮懾燕、齊兩國。警動，警告、威懾。[254]讓　譴責。[255]謝之　表示歉意。[256]過聽　錯聽，猶今之所謂「誤解」。[257]自為計　為個人打算。[258]亦何以報先王句　遇，對待；待承。凌稚隆引袁黃曰：「數句內寫悔、怨、恐三意，惠王之心事如見。」楊慎曰：「樂毅報君書善矣，惠王書亦自委曲懇至，足以飾前非而動眾志。」[259]報書　即回信。[260]伍子胥說聽於闔閭　伍子胥是春秋末期楚國人，其父兄被楚平王所殺，伍子胥逃入吳國，佐吳王闔閭大破強楚，稱霸一時。闔閭死，夫差立，子胥因為勸夫差滅越，勸阻夫差耀武中原，結果被夫差所殺。說聽，主張被採納。闔閭，名光，西元前五一四—前四九六年在位，是春秋末期最有作為的君主之一。[261]吳遠迹至郢　吳國的足跡遠達郢都，指吳王闔閭九年（西元前五〇六年），吳軍破楚入郢事。郢是楚國國都，即今湖北江陵西北之紀南城。[262]夫差弗是也　夫差不認可伍子胥的主張。夫差是吳王闔閭之子，西元前四九五—前四七三年在位。初即位時，曾大破越國，後來轉向北方進兵，與齊、晉爭勝，結果被重新崛起的越國所襲，夫差自殺。弗是，不以（伍子胥的意見）為對。[263]賜之鴟夷而浮之江　指將伍子胥殺害後裝入皮口袋扔在江裡。鴟夷，皮口袋。

按，以上吳王闔閭用伍子胥之謀破楚入郢，吳王夫差不僅不聽伍子胥之謀，反而將其殺害事，皆詳見於《左傳》與《史記》之〈吳太伯世家〉、〈伍子胥列傳〉、〈越王句踐世家〉。(264)不寤　不醒悟；不明白。(265)先論　指伍子胥生前的見解，即力主滅越與反對耀兵中原與齊、晉爭衡事。(266)沈子胥　將伍子胥投之入水。(267)不蚤見　不能及早地看清。蚤，同「早」。(268)主之不同量　指吳王闔閭與吳王夫差二人的才德、度量大不相同。(269)入江　被殺死投入江心。(270)不化　不變；不改其初衷。如堅持認為越為吳的心腹之患等。(271)免身立功　既能使自身不受災禍，又能為燕國建立大功。(272)明先王之迹　證明先王的偉大、能知人。迹，心跡；心意。指信任樂毅事。(273)上計　上策，猶今所謂「最高理想」。(274)離毀辱之誹謗　意即遭受誣陷而被殺。離，通「罹」。陷入；遭受。(275)墮先王之名　意即讓先王落一個「錯用人」的名聲。墮，通「隳」。敗壞。(276)大恐　最可怕、最不希望出現的事情。三句意謂當時如果奉詔回燕，蒙罪被殺，則是既「離毀辱之誹謗」，又「墮先王之名」。(277)臨不測之罪　面對著無法預料的大罪，即指現時的處境而言。(278)以幸為利　以僥倖的舉動為個人謀求私利，指燕惠王所擔心的「趙用樂毅乘燕之獘以伐燕」。(279)義之所不敢出也　意謂「這是我絕對不會做的」。義，用如「義不帝秦」、「義無反顧」之「義」。不敢，不能；不會。其所以用「不敢」，是表示自謙。出，行；採取。(280)古之君子二句　古時候兩個人的友情絕裂後，彼此不說對方的壞話。(281)忠臣去國二句　一個忠臣遭貶斥，被流放出京城後，不對人洗白自己的冤屈，不歸咎於君上。《史記索隱》曰：「不自潔其名云己無罪。」(282)臣雖不佞二句　不佞，不才；沒出息。古人用以謙稱自己。數，多次；屢屢。奉教於君子，接受君子的教誨。司馬遷〈報任安書〉有所謂「僕雖罷駑，亦嘗側聞長者之遺風矣」，與此意思相同。(283)唯君王之留意焉　唯，表示祈請的語氣詞。按，以上樂毅報燕惠王書之全文，見《戰國策．燕策二》與《史記．樂毅列傳》。凌稚隆引樓昉曰：「此書可見燕昭王、樂毅君臣相與之際，略似蜀昭烈、諸葛武侯。書詞明白，洞見肺腑。」金聖歎曰：「善讀此文者，必知其為諸葛〈出師〉之藍本也。其起首、結尾，比〈出師〉更自勝無數倍。」(284)以樂毅子閒為昌國君　讓其子樂閒襲用其父的稱號。樂閒的事跡見《史記．樂毅列傳》所附述。(285)往來復通燕　又和燕王通好，往來於燕、趙兩國之間。(286)卒於趙　樂毅墓在今邯鄲城東十公里的大樂堡村北，整個墓園佔地三十餘畝，兩千年來歷代都有重修。現存清代雍正十一年所立的石碑一通，上書「戰國望諸君樂毅之墓」。唐代韓愈、柳宗元都留有祭文。(287)望諸君　胡三省以為「望諸」是齊國的藪澤名，因為樂毅是自齊奔趙，故趙人以此稱之。(288)淄水　齊國河水名，源於泰山北麓，經臨淄城東，北流入渤海。(289)衣之　給老人穿上。(290)惡　討厭；憎恨；不高興。(291)施於人　給人東西，籠絡人心。(292)不早圖　不及早打主意，意即想立刻收拾他。(293)左右顧無人　看了看身邊無人。(294)巖下　意即殿下。(295)貫珠　穿珠成串。貫，穿。(296)因以為己善　把他的這種做法變成您自己的長處。(297)王嘉

單之善　您可以公開表揚田單的這些好處。嘉，稱讚；表揚。(298)憂民之飢　擔心有人挨餓。(299)單收而食之　田單就把挨餓的收容起來給他們飯吃。(300)憂勞　關心；掛念。(301)稱寡人之意　合我的心。稱，恰合。(302)是善　這樣的好處。(303)王朝日　大王上朝的時候。(304)揖之於庭　在大庭上向他作揖致敬。(305)口勞之　親口向他表示慰勉。(306)求　徵集；招納。(307)收穀之　收容起來，給他們飯吃。穀，養。(308)閭里　猶言里巷、胡同。閭是里巷的門。這裡代指民間、基層。(309)大夫　原指國家的中層官吏，這裡是指社會上有身分、有一定地位的士紳。(310)相與語　彼此交談。(311)嗟　讚歎聲。(312)乃王之教也　乃是聽從齊王的教導。(313)任貂勃於王　保舉貂勃在齊王跟前為官。任，保舉。貂勃，姓貂名勃。(314)使將軍　即淖齒。(315)社稷　社稷壇，君主祭祀穀神、土神的壇臺，通常用以代指國家。(316)受而觴之　接受了他的出使，為之舉行酒會。觴，古代酒杯，這裡即指敬酒。(317)相與語於王　串連一起對齊王說。(318)一人之身　以一個普通臣子的身分。(319)牽留萬乘　被萬乘楚國的楚王所挽留。牽，挽。(320)據勢　依仗著田單的權勢。(321)君臣無異　看不出君臣的差別，極言田單的倨傲。(322)欲為不善　即圖謀篡位。(323)內撫百姓　對內收買民心。撫，撫恤；關心愛護。(324)外懷戎翟　對外勾結異族。懷，對之施恩，使之感戴。(325)欲有為也　想要幹見不得人的事，指陰謀篡位。(326)召相單而來　叫丞相田單前來。按，對一個有身分的人稱呼名字是很不禮貌的行為。(327)免冠徒跣肉袒　不戴帽子、光著雙腳、袒露著臂膀見人，這是向人請罪的樣子。(328)退而請死罪　叩見之後又自言其罪該死，請求處置。(329)子為子之臣禮　你要表現出你作為臣子的禮節。(330)吾為吾之王禮　我要表現出作為齊王的禮節。(331)酒酣　飲酒飲到高興的時刻。(332)避席稽首　離開自己的座席，行最虔敬的大禮，這是一種極其嚴肅、莊重的表現。稽首，磕頭至地而不即刻抬起，這是最恭敬的跪拜禮。(333)王上者孰與周文王　您上與周文王相比自己感覺如何。周文王被儒家稱為「聖人」。(334)齊桓公　春秋時代的諸侯霸主，西元前六八五—前六四三年在位。(335)呂尚　也稱姜尚、姜子牙，西周的開國功臣。(336)以為太公　恭敬地稱他為「姜太公」。據《史記・齊太公世家》，周文王在渭水之濱遇到姜尚時，高興地說：「吾太公望子久矣。」故稱「太公望」。(337)管夷吾　名夷吾，字仲，齊桓公的得力大臣。事跡見《史記・管晏列傳》。(338)以為仲父　齊桓公稱管仲為「仲父」，將其尊為父輩。楊倞曰：「仲者，夷吾之字；父者，事之如父。」(339)今王得安平君而獨曰單　您今天有一位安平君，您竟然呼其名曰「田單」。(340)安得此亡國之言乎　您怎麼能說出這種亡國之言呢。因為這對國家大臣太不尊重了。(341)自天地之闢　自從開天闢地以來。(342)民人之始　自從有人類以來。(343)為人臣之功　作為一個臣子所能建立的功勳。(344)誰有厚於安平君者哉　誰的功勳還能超過安平君呢。(345)王走而之城陽之山中　您逃到莒縣的山裡躲起來，指齊襄王當初躲在太史敫家中，為人灌園之時。城陽，即指莒縣，漢代有城陽國，其都城即莒縣。(346)惴惴　單薄、危險的樣子。(347)郭　外城。(348)敝卒　疲憊不堪、士氣與裝備都很差的士兵。349禽其司馬　即指擒殺了騎劫。鮑彪注：「司馬，主兵之官，即指騎劫。」350反千里之齊　使地廣千里的齊國得以恢復、重建。351舍城陽而自王　意思是安平君當時如果不再找逃到莒縣山中的您，而他自己獨自稱王。352天下莫之能止　意即誰也阻止不了他。353計之於道二句　但安平君在當時想的是道義，行的也是道義。354以為不可　認為自己不能稱王。355棧道木閣　在崎嶇難行的山中架橋修路。棧道，指傍山修成的淩空小道。木閣，即閣道，橫跨山澗、山溝的淩空通道。356王乃得反　您這才回到了京城。357子臨百姓　您這才居高臨下地成了群臣、萬民的君父。358嬰兒之計不為此　小孩子也說不出這樣的話來。359亟殺　趕緊殺掉。亟，速。360謝　安慰；道歉。361其　將，表示推斷的語詞。362逐其家　將他們的家屬驅逐出京城。363益封　加封；增加封地。364夜邑　齊縣名，即今山東掖縣。按，以上貂勃為田單說話的故事，見《戰國策・齊策六》，文字大體相同，《史記・田單列傳》不載。365狄　當時居住在齊國邊境的少數民族名，故城在今山東高清西北。366魯仲連　齊國的一位具有俠客氣質的遊士，事跡詳見《史記・魯仲連鄒陽列傳》。367萬乘之燕　具有萬輛兵車的燕國。戰國時代常以「萬乘」稱國家之強大。368復齊之墟　在一片廢墟上重建齊國。369何也　怎麼可能呢。370弗謝而去　不告別、不打招呼就走了。極言其不高興、不服氣的樣子。371大冠若箕　帽子大得像簸箕。372脩劍拄頤　佩劍長得劍柄拄了下巴頦。二句形容田單的官大、排場。373壘枯骨成丘　防禦工事前的枯骨堆集如小山。壘，指狄城的防禦工事。枯骨，指齊軍攻狄所死的士兵之多。374請聞其說　請您講講其中的道理。375織蕢　編筐。蕢，盛物的筐。376仗鍤　手持鐵鍬。二句極言田單一刻不停，與士兵同甘苦，勤勞動。377為士卒倡曰　你給士兵們唱道。倡，同「唱」。378無可往矣　我們再也無處可逃啦。379今日尚矣　應依《說苑・指武》作「魂魄喪矣」。意即在這國破家亡之際，我們悲憤得神思恍惚，好像魂魄已經離去。380歸於何黨矣　我們還能向哪裡去呢。只能與敵人拼到底，死裡求生。何黨，何所；何處。381有死之心　意即不怕犧牲，可以付出一死。382無生之氣　根本就沒想再活下去，都抱著必死的決心。383聞君言　聽到您的唱歌。384此所以破燕也　這就是您當時能夠破燕的原因。385夜邑之奉　領地夜縣的收入。奉，同「俸」。俸祿；收入。386淄上之娛　指安平封地上的可愉悅之物。田單原來的封地安平離淄水不遠。387黃金橫帶　以黃金修飾腰帶，以喻其富貴得意之態。388騁乎淄澠之間　坐著車子在淄水、澠水一帶奔馳遊蕩。淄水流經臨淄城東，澠水是時水的上游，發源於廣饒之冶嶺山，在臨淄西北不遠。389單之有心　我田單現在有了決死之心。390先生志之矣　先生這回您就看著吧。志，記，這裡即指看。391厲氣循城　沿著城下繞行一周，以鼓勵攻城士兵的鬥志。厲，同「勵」。勉勵。循，通「巡」。巡行。392立於矢石之所　站在敵兵矢石投射得到的地方。《呂氏春秋・貴直》作「立於矢、石之所及」，《韓非子・難二》也作「立矢、石之所及」，有「及」字更為曉暢。393援枹鼓之　手執鼓槌，擂鼓以助士氣。援，執。

枹，鼓槌。(394)狄人乃下　狄城遂被攻破。按，以上田單破狄事，見《戰國策・齊策六》，文字大體相同。(395)初　歷史家寫歷史使用的追述語，用以領起下面所追述的以前事。(396)既滅宋　在滅宋以後，事在齊湣王十五年（西元前二八六年）。(397)欲去　想驅逐。(398)與諸侯共伐破齊　意謂孟嘗君率領魏國參加了樂毅統率的五國聯軍。(399)中立為諸侯　意謂以他所有的薛邑獨立，也成為「泗上諸侯」中的一個。(400)無所屬　不屬哪個大國諸侯所管。(401)齊魏共滅薛　時當齊襄王五年、魏昭王十七年。(402)絕嗣　斷絕了繼承人。

【校　記】[1]秦趙會于穰　「趙」當作「楚」。按，《史記・秦本紀》：（昭王二十四年）「與楚王會鄢，又會穰。」又〈楚世家〉：（頃襄王十六年）「其秋，復與秦王會穰。」〈六國年表〉於秦不訛，然訛「楚頃襄王十六年」為「趙惠文王十六年」。《通鑑》遂據此誤書「秦趙會于穰」。[2]貴薄疑　「貴」原訛作「責」，今據《四部叢刊》影宋本（乙十一行本）改。[3]主　原作「王」。據章鈺校，十二行本、乙十一行本、孔天胤本皆作「主」，張瑛《通鑑校勘記》同。今從諸本及《史記・楚世家》改。[4]將欲以　原無「欲」字。據章鈺校，十二行本、乙十一行本、孔天胤本皆有此字。今從諸本及《戰國策・齊策》補。[5]相與語於王　「於王」二字原無。據章鈺校，十二行本、乙十一行本、孔天胤本皆有此二字，張瑛《通鑑校勘記》同。今從諸本及《戰國策・齊策》補。[6]欲有為也願王之察之　原作「欲有為願王察之」。據章鈺校，十二行本、乙十一行本、孔天胤本「為」下皆有「也」字，「王」下皆有「之」字。今從諸本及《戰國策・齊策》補。

【語　譯】三十二年（戊寅　西元前二八三年）

秦昭王與趙王在楚國的穰縣舉行會晤。秦國的軍隊攻佔了魏國的安城，秦軍逼近魏國都城大梁之後撤軍回國。

齊湣王被楚國淖齒殺死以後，齊湣王的兒子法章被迫隱姓埋名，逃到莒地做了太史敫的家奴。太史敫的女兒發現法章相貌奇特，認為他不是普通人，心裡又很喜歡他，就常常從家裡偷偷的拿些衣服食物給他，並逐漸有了兒女私情。

王孫賈跟隨齊湣王一起出逃，後來失散，王孫賈不知道齊湣王逃到哪裡去了，他母親責備他說：「你早晨出去一旦回來晚了，我就會靠在大門口等候你；你晚上出去了很久還不回來，我就會站在胡同口等你。現在你侍奉國王，國王逃走了，你卻不知道國王逃到哪裡去了，你還有何臉面回家？」於是，王孫賈就跑到人多的地方大聲地呼喊：「淖齒擾亂了齊國，殺死了齊湣王，誰想和我一起去除掉他，就脫下你們的衣服露出你們的右胳膊！」響應他的有四百多人，大家跟隨著王孫賈去攻打淖齒，把淖齒殺死。於是齊國那些逃亡在外的大臣也都回到齊國，齊國上上下下到處尋找齊湣王的兒子法章，想要擁立他做齊國的國君。法章害怕自己中了圈套被殺，所以不敢站出來表明自己的身分，過了很久，看到王孫賈等人確實是真心實意的要立自己為國君，這才承認自己就是齊湣王的兒子法章，於是立法章為齊君，就是齊襄王。齊襄王堅守莒城抵抗燕軍，並詔告齊國人說：「齊國的新國王已經在莒城即位了。」

趙惠文王得到了楚國的和氏璧，秦昭王非常想要得到這塊璧，他要求用十五座城來與趙國交換和氏璧。趙惠文王本來不想把和氏璧送給秦國，但又害怕秦國的強大；想用和氏璧來換取十五座城，又擔心被秦國欺騙。他拿這個問題向藺相如請教，藺相如回答說：「秦國用十五座城來換取和氏璧，大王如果不答應，理虧的是我們趙國；如果我們把和氏璧給秦國，秦國不把十五座城給趙國，理虧的是秦國。衡量這兩種做法，我認為寧可答應秦國，讓秦國背負理虧的罪名。我願意護送和氏璧到秦國去。假如秦國不肯把十五座城割讓給趙國，我保證把完好無損的和氏璧送回趙國。」趙惠文王於是派藺相如帶著和氏璧出使秦國。藺相如到了秦國，秦昭王拿到和氏璧以後，果然無意用十五座城換取和氏璧。藺相如就用假說和氏璧有瑕，請為秦王指出來的方法騙回和氏璧，然後派隨從懷揣和氏璧，偷偷地從小路回到趙國，而自己卻留在秦國等候秦昭王的處置。秦昭王認為藺相如是一個賢能的人，不僅沒有處罰他，還有禮貌地讓他返回趙國。趙惠文王封藺相如為上大夫。

衛嗣君死，他的兒子即位，就是衛懷君。衛嗣君喜好刺探別人的隱私，有一個縣令由於廉潔，生活很清苦，掀起他的褥子就露出下面鋪著的破席子，這件事被衛嗣君知道了，他就賜給這個縣令一張席子。縣令非常吃驚，以為國君是個神人。衛嗣君又派人到邊關的市場去買東西，並向管理關市的官員行賄。過後，他把管理關市的官員找來，問說：「是不是有人到關市向你行賄，並要求你將所接受的賄賂送還原主。」那個關市官員被嚇得魂不附體。衛嗣君寵愛一個姓泄的姬，同時又重用如耳；因為擔心泄姬與如耳二人因為自己的寵愛和重用而使自己受到蒙蔽，於是就提升薄疑的職位以與如耳相抗衡，又尊崇魏妃以抵制泄姬，表示對他們雙方的話參照聽用。

荀子評論說：「衛成侯、衛嗣君都是搜刮百姓，錙銖必較的君主，因此他們沒有得到百姓的擁護。鄭國的賢相子產，雖然得到百姓的擁護，但他沒有建立起一套合適的政策法令。管仲雖然建立起一套合適的政策法令，但沒有用禮樂治理國家。用禮樂治理國家的就能夠成就王業，能夠制定、並推行一套好的政策法令的就能夠使國家強盛而稱霸一時，能夠獲得百姓擁護的就能使國家政權穩固，而只知道聚斂財富的就必定要滅亡。」

三十三年（己卯　西元前二八二年）

秦國攻打趙國，佔領了兩座城邑。

三十四年（庚辰　西元前二八一年）

秦國侵犯趙國，佔領了石城。

秦穰侯魏冉再次當上了秦國的丞相。

楚國想要與齊國、韓國共同討伐秦國，並順便滅掉當時的周天子與東、西兩周君。周赧王知道消息後，就派東周武公去遊說楚國的令尹昭子，東周武公對楚國令尹昭子說：「滅掉周王室是不行的。」昭子說：「只要我想滅掉周國，那就沒有滅不了的。雖然如此，但我還是想知道周室為什麼不可以滅掉？」東周武公說：「西周的領地，截長補短，也不過只有百里方圓大的一點地方，但名義上卻是天下共同尊奉的君主。你瓜分了它的領土，不能使楚國的領土增加多少；得到了它的人民，也不能使楚國的兵力更加強大。但是，你滅掉了它就背上一個弒君的罪名。即使這樣仍然有人想要攻打它，原因就是看到周天子還擁有那些讓人動心的祭器。老虎的肉又腥又臊而且還有鋒利的爪牙可以傷人，人為了要牠的皮還是要捕殺牠。如果荒原上的麋鹿也都長有老虎那樣的皮，恐怕捕殺麋鹿的人比捕殺老虎的人要多得多。瓜分楚國的土地，不僅能夠擴張自己的領土，而且還享有打敗強大楚國的美名，使本國國君得到尊榮。今天你想要誅殺天下共同尊奉的周天子，獨佔夏、商、周三代的傳國寶器。恐怕周國的寶器一旦南遷楚國，各國討伐楚國的大軍也就緊隨其後了。」昭子聽後，便放棄了滅周的打算。

三十五年（辛巳　西元前二八〇年）

秦國大將白起率軍打敗了趙國的軍隊，斬殺兩萬人，攻佔了趙國的代地、光狼城。又派司馬錯徵調隴西一帶的兵員，借助於蜀地的人力物力攻佔了楚國的黔中郡。楚國將漢水以北的土地以及上庸之地獻給秦國求和。

三十六年（壬午　西元前二七九年）

秦國白起攻伐楚國，侵佔了楚國的鄢、鄧、西陵。

秦昭王派使者告訴趙惠文王，希望與趙惠文王在黃河以南的澠池友好會見。趙惠文王想不去，廉頗、藺相如勸說趙王：「大王如果不去，就是向秦國顯示我們趙國的弱小和膽怯。」趙惠文王不得已只好起行，由藺相如陪同前往。廉頗護送趙惠文王來到邊界，在與趙惠文王告別的時候說：「大王這次前往澠池，估計來回路上所用的時間和與秦王會見的時間，總共不會超過三十天。如果過了三十天大王還不回來，我請求大王允許立太子為趙王，以斷絕秦國用大王來要挾趙國的念頭。」趙惠文王同意了廉頗的請求。

趙惠文王與秦昭王在澠池相會。秦昭王與趙惠文王飲酒，喝到最暢快的時候，秦昭王邀請趙惠文王彈瑟，趙惠文王只好用瑟為秦昭王彈奏了一曲。藺相如也請秦昭王用秦國的樂器缶為趙王演奏一次，秦昭王不肯。藺相如說：「五步之內，我脖子上的血可就濺到大王的身上。」秦昭王左右的人想要殺死相如，相如瞪大雙眼怒聲喝斥，秦昭王左右的人被嚇得紛紛倒退。秦昭王雖然很不高興，但還是為趙王敲擊了一下缶。這次會見一直到宴會結束，秦國始終不能凌駕於趙國之上。趙國國內也充分做好了應對突發事件的準備，因此，秦國沒敢對趙國採取什麼行動。趙惠文王回到國內，加封藺相如為上卿，職位在廉頗之上。

廉頗說：「我身為趙國的大將，有攻城略地的功勞。藺相如出身卑賤，只不過是動了動嘴皮子就職位在我之上，我為此感到恥辱，我實在不甘心地位在他之下。」於是揚言說：「我見到藺相如，一定要當面羞辱他一番。」這話傳到了藺相如的耳朵裡，從此便不願與廉頗碰面，每次大臣們朝見國王的時候，藺相如都推說自己有病而不去，為的是避免和廉頗因為位次的先後高低而產生衝突；即使外出在路上遠遠的望見廉頗，也馬上調轉車子避開廉頗不與他碰面。跟隨相如的幕僚都覺得是一種恥辱，藺相如問他們：「廉將軍與秦王相比，你們認為誰更厲害呢？」幕僚們都說：「廉將軍不如秦王厲害。」藺相如說：「以秦王那樣的威風，我都敢在秦廷當眾呵斥他，羞辱他的群臣。我藺相如即使再無能，難道還懼怕廉將軍嗎？我所考慮的是，強大的秦國所以不敢大規模的進犯趙國，只是因為顧慮趙國有我們兩個人存在。假如我和廉將軍互相爭鬥起來，就如同二虎相爭一樣，必定兩敗俱傷。我現在所以這樣避讓廉將軍，就是首先考慮國家的利益，而把個人的私怨放在後邊啊。」廉頗聽到藺相如這番話以後，頓然醒悟，他袒露著上身，親自背負著荊杖到藺相如的門前請罪，從此以後和藺相如成了生死相託的朋友。

當初，燕國的軍隊攻打齊國安平的時候，當時擔任臨淄市掾的田單正逃難來到安平，他讓他的族人用鐵箍將車軸包住。當安平城被攻陷的時候，人們急於逃命，車輛擁擠，互相碰撞，許多人都因為車軸被撞壞導致車輛翻覆而成為燕國軍隊的俘虜。只有田單和他族人因為事先用鐵箍包好了車軸而幸免於難，逃到了即墨。此時，齊國已經全部被燕國佔領，只剩下莒、即墨兩座孤城沒有被攻下。樂毅調集了他的右軍和前軍包圍了莒，用他的左軍和後軍包圍了即墨。守衛即墨的大夫已經陣亡。即墨人說：「安平那場戰役，田單的族人因為用鐵箍包住車軸而得以保全，說明田單是一個足智多謀而又懂得軍事的人。」於是共同推舉田單擔任即墨的守將，來抵抗燕國的軍隊。

樂毅包圍了莒和即墨兩個城邑，整整圍攻了一年也沒有攻克，於是下令燕軍解除對兩邑的包圍，在離城九里的地方構築營壘，下令說：「城中的百姓，有出城的不要抓捕他們，對於生活有困難的要救濟他們，他們原來幹什麼，就讓他們還幹什麼，以此來招納齊國人歸降。」這樣僵持了三年仍然沒能佔領這兩座城，有人開始在燕昭王面前詆毀樂毅說：「樂毅的聰明才智遠遠超過一般人，他開始伐齊的時候，只用了很短的時間就佔領了齊國七十餘座城邑。現在只剩兩座城邑沒有攻克，不是他的能力攻不下來。然而三年攻打不下的原因，是他想要利用燕國的兵威使齊國人歸順他，他想要在齊國佔地稱王罷了。如今齊國人已經歸順他了，他所以還沒有採取行動，是因為他的妻子兒女還在燕國的緣故。再說齊國的美女很多，過不了多久，他就會連妻子兒女也忘記了。希望大王您趕緊考慮如何對付他吧。」於是，燕昭王大擺酒席招待群臣，又把那個說樂毅壞話的人找來，當眾責備他說：「先王把治理國家的大權讓給賢能的人，說明先王並不想把國家據為私有，只想遺留給兒孫；只是先王遇到的是一個德才欠缺、不能勝任先王重託的人，燕國的百姓不順從他的統治而發生內亂。齊國不守道義，趁我燕國內亂謀害了先王。我即位以來對齊國恨之入骨，所以才在國內廣泛地延攬賢臣，對外招徠賓客，目的就是要為先王報仇；那些報仇有功的人，我還想和他共同享有燕國。現在，樂毅親自率軍為我滅掉了齊國，鏟平了齊國的宗廟，報了齊國殺害先王的仇怨。齊國本來就應該屬於樂毅所有，而不是燕國所想要。樂毅如果能夠擁有齊國，與燕國同樣成為諸侯國，與燕國睦鄰友好，以抵抗其他諸侯國的侵犯，那是燕國的福分，也是我的願望。你怎麼敢如此說樂毅的壞話！」於是便將那個進讒言的人處死了。又把王后的衣服賞賜給樂毅的妻子，把王子的衣服賞賜給樂毅的兒子；還準備了一輛駕著四匹馬、只有王侯才能乘坐的大車和一百輛扈從的車隊，派燕國的國相親自送給樂毅。封樂毅為齊王，樂毅惶恐不敢接受，他親自給燕王寫信，表示誓死效忠燕國而不敢接受齊王的封賞。齊國人欽佩他的義氣，各諸侯敬畏他的誠信，沒有人敢再算計他。

不久，燕昭王去世，燕惠王即位。燕惠王做太子的時候，就不喜歡樂毅。田單知道了這個消息以後，就派人到燕國去行使反間計，四處散布流言說：「齊湣王已經死了，齊國的城邑只剩兩個沒被佔領。樂毅與燕國的新國王有矛盾，害怕被新王殺害而不敢回到燕國。藉著討伐齊國的名義，實際上是想與齊國即墨、莒城的守軍聯合，然後在齊國南面稱王。只是因為齊國人還沒有歸附，所以暫緩攻擊即墨，以等待齊國人心悅誠服。目前齊國人所害怕的是燕國派別的將領來，那樣的話即墨就守不住了。」燕惠王本來就懷疑樂毅，又中了齊國人的反間計，竟然派騎劫到齊國接替樂毅帶兵，而召樂毅回國。樂毅知道燕王因為不喜歡自己才派人接替，於是就投奔趙國去了。燕國的將士也因為燕惠王的昏聵和樂毅有功卻無辜被廢而憤憤不平。

田單讓即墨城中所有的人在吃飯的時候一定要在庭院當中祭祀祖先。空中的飛鳥全都飛來落在城中啄食，燕國的軍士見了感到很奇怪。田單趁機宣揚說：「應當有神人下凡當我的師傅，教我們怎樣打退燕軍。」有一個小卒冒失的說：「我可以當您的師傅嗎？」說完轉身就向外走，田單站起身，把那個士兵拉了回來，讓他面向東坐著，自己就像侍奉神師那樣侍奉他。那個小卒說：「我在騙您。」田單說：「你不要把這件事說破。」於是就用對待神師的禮節來對待那個小兵，每次發號施令，必定說是神師的主意。於是傳言說：「我最害怕的是燕國的軍隊把俘虜去的齊國人都割掉鼻子，在與我們作戰時讓這些人站在兩軍陣前，那樣的話即墨就要被打敗了。」燕國人聽說以後，就按照齊國人所說的削去了齊國俘虜的鼻子，將他們放在兩軍陣前。即墨城中的人看見那些投降的人都被割掉了鼻子，都非常憤怒，決心堅守到底，惟恐被燕軍捉去。田單又施反間計說：「我就怕燕國人把我們城外的祖墳給挖了，如果那樣的話就更讓人傷心害怕。」燕國的軍人於是將城外的墳墓全部挖開，將死屍也給燒掉了。齊國人從城牆上看見，全都痛哭流涕，怒火中燒，鬥志昂揚，都願意馬上出城與燕軍決戰。

田單看到士氣已經被激發起來，可以作戰了，便親自手拿築牆用的夾版、挖壕用的鐵鍬，和士卒一起修築工事，並把自己的妻妾子女都編到隊伍當中，把家產食物都散發給士卒以犒賞他們，然後下令，讓精銳部隊埋伏起來，讓那些老弱和婦女登上城牆防守，又派人到燕軍當中請求投降。燕軍聽說即墨人準備投降，都高興得山呼萬歲。田單又在民間搜集了千鎰的財寶，讓即墨城中的富豪去送給燕軍，說：「即墨投降以後，希望能夠保全我們族人的財產。」燕國將領非常高興，馬上答應了富豪的要求。燕軍的鬥志越來越鬆懈。

於是，田單把城中的牛都徵集起來，有一千餘頭。他用紅色的絲織品把這些牛裝扮起來，又在上面繪上五顏六色的龍形花紋，牛角上綁上鋒利的兵刃，在牛的尾巴上捆上灌了油脂的蘆葦。然後把蘆葦點燃，事先在城牆上鑿出數十個窟窿，趁著夜色把牛放出去，牛陣後邊跟隨著五千個壯士。當牛的尾巴被燒得疼痛起來的時候，牛就像發瘋似的向燕國的軍營衝去。燕國的軍隊驚慌失措，看見牛都長著龍紋，狂奔而來，所到之處，碰著就死。而即墨城中的精銳部隊吶喊著衝殺出來，城上的老弱婦女也都敲擊銅器戰鼓呼喊助威，聲勢驚天動地。燕軍被嚇得心膽俱裂，四散奔逃。齊國人殺死了燕將騎劫，乘勝追殺敗軍，所到之處，被燕軍所佔領的城邑又都背叛了燕國，回歸齊國。田單的兵力一天天強大起來，乘勝追擊，而燕國的軍隊卻一天天敗亡，一直逃到黃河邊上，齊國喪失的七十餘座城邑全部收復。於是到莒地迎接齊襄王，齊襄王回到國都臨淄，封田單為安平君。

齊襄王封太史敫的女兒為王后，王后生太子建。王后的父親太史敫說：「女兒沒有通過媒人，自己做主嫁人，就不再是我們太史家的人，她侮辱了我們家的門風。」於是決心在有生之年不與王后見面。而王后並沒有因為父親不與自己見面就不遵守女兒對待父親的禮數。

趙惠文王把觀津封給樂毅，並給了他很高的地位和榮耀，此事震驚了燕國和齊國。燕惠王派人到趙國來一面責備樂毅，一面又向他表示歉意說：「將軍誤聽了傳言，以為和我有過矛盾，就拋棄了燕國而投奔趙國。將軍為自己打算是可以的，但對於先王對將軍的知遇之恩又如何報答呢？」樂毅給燕惠王回信說：「過去伍子胥說服了吳王闔閭，而使吳國的軍隊侵入楚國，一直到達楚國的都城郢。闔閭的兒子夫差即位以後，不再聽從伍子胥的意見，他把伍子胥殺死後裝入皮口袋沉入江中。夫差不明白伍子胥生前勸諫他的話可以使他建功立業，所以他對把伍子胥殺死後沉入江中的做法一點也不後悔；伍子胥沒有早點看出夫差的氣量與先王闔閭不同，而自己還像對待先王闔閭那樣忠心耿耿，一直到被殺死沉入江中也不改變初衷。既使自身幸免於難而又能為燕國保全建立的功業，以此證明先王的知人善任、英明偉大，這是我最大的意願；遭受侮辱、毀謗而被殺，損壞了先王知人善任的名聲，是我最感到恐懼、最不願意看到的事。面對不可預測的罪名，以僥倖的舉動為個人謀求私利，這是我絕對不會去做的。我聽說古代的君子，與人絕交也不說有損對方名譽的話，忠臣即使被迫離開自己的國家，也絕不為了表明自己的清白無辜而說國君的壞話。我雖然是個沒有什麼才德的人，卻多次聆聽過君子的教誨。希望大王您對此有所明察。」於是燕惠王封樂毅的兒子樂閒為昌國君。樂毅又可以往來於燕、趙之間，最後死於趙國，趙國人稱他為「望諸君」。

田單當了齊國的宰相。一次他經過淄水，看見一位老人正在渡過淄水，天氣嚴寒，老人出水後被凍得不能行走。田單趕緊脫下自己的皮袍給老人穿上，齊襄王法章知道以後很不高興地說：「田單這樣籠絡人心，是要奪取我的江山嗎？如果我不早點除掉他，等他先下手就晚了。」說完，他往周圍看了看，發現沒有別人，只有殿堂下一個穿珍珠的匠人。齊襄王把匠人叫過來問他說：「你聽到我說的話了嗎？」匠人回答說：「聽到了。」齊王說：「你覺得怎麼樣？」匠人回答：「大王不如藉此把田單的善行變成自己的善行。您可以公開誇獎田單的這些好處，您下令說『我擔心百姓挨餓，田單就收容他們並給他們飯吃；我惦念百姓天寒受凍，田單就脫下自己的衣服給他們穿；我關心百姓的疾苦，而田單也關心百姓的疾苦。他的所作所為完全符合我的心意。』田單有這樣的善行而大王稱讚他，田單的善行，也就變成大王的善行了。」齊襄王說：「你說得很好。」於是齊襄王賞賜給田單牛和酒。過了幾天，那個穿珍珠的匠人又去拜見齊襄王獻計說：「大王在上朝的時候，應該在大庭廣眾之中召見田單並向他作揖致敬，親口表揚他。」齊王同時發布命令徵集民間的飢寒者，並將他們收養起來。過後，齊襄王再派人到街頭巷尾去探聽，聽到人們在交談中說：「田單愛護百姓，原來是齊王讓他這樣做的呀！」

田單向齊襄王推薦貂勃。齊襄王所寵幸的九個人想暗害田單，他們串通一氣對齊襄王說：「當初燕國攻伐齊國的時候，楚王派淖齒將軍率領萬人來幫助齊國。現在國家已經安定了，為什麼不派遣使者到楚國向楚王表示感謝呢？」齊襄王問：「我身邊的人誰去合適呢？」這九個人都說：「貂勃可以。」於是齊襄王便派遣貂勃出使楚國。貂勃到了楚國，楚頃襄王擺設酒宴款待他。貂勃在楚國逗留了好幾個月也沒有回國。那九個人又對齊襄王說：「貂勃一個普通的人，卻能被擁有萬乘兵車的楚國國君所挽留，還不是因為他依仗著國內田單的勢力嗎！況且，安平君和大王您相比，君臣之間沒什麼區別。而且他懷有野心想要奪取王位，所以他才對內收買民心，對外勾結異族，又以禮聘請天下賢能之士。他就是想要篡位奪權，希望大王能夠明察。」有一天齊襄王說：「叫丞相田單前來。」田單摘掉了帽子光著腳，坦露著上身誠惶誠恐的來到齊襄王面前謝罪，叩見之後又自稱犯有死罪，請求處理。五天後，齊襄王對田單說：「你對於我來說並沒有罪，只不過是你要表現你做臣子的禮節，我擺我做國君的譜罷了。」

貂勃從楚國回來，齊襄王賞賜他喝酒。酒飲得正盡興的時候，齊襄王說：「把宰相田單叫來。」貂勃趕緊離開座席向齊王施禮說：「大王您與周文王相比感覺如何？」齊王說：「我比不上周文王。」貂勃說：「您說得對，我也認為大王比不上周文王。近者和齊桓公相比您覺得如何呢？」齊王說：「我比不上齊桓公。」貂勃說：「確實如此，我本來也認為大王比不上齊桓公。然而，周文王得到呂尚就尊他為太公，齊桓公得到管仲就尊他為仲父。如今大王得到安平君，卻直呼他的名字『田單』，為什麼會說出這種亡國的言論呢！況且自從開天闢地以來，作為一個臣子為國家所建立的功勳，有哪一個能超過安平君呢？大王您自己不能守衛國家社稷，當燕國的軍隊侵犯齊國的時候，您逃到城陽的深山之中躲藏起來。安平君憑藉著已經岌岌可危、只有三五里見方的小小即墨城，率領著七千人的隊伍，斬殺了燕國的統帥，收復了齊國一千平方里的國土，這都是安平君的功勞啊。在那個時候，如果安平君不擁戴大王您而是他自己做了齊王，天下沒有誰能夠阻止。然而安平君想的是道義，行的也是道義，認為做事不能違背道義，所以他在崎嶇難行的山中修築起棧道橋樑，從城陽的深山中將大王和王后迎接出來，大王才得以回到國都，居高臨下地成了群臣、萬民的君父。現在國家已經恢復，百姓已經安定，大王您就直呼安平君的名字『單』，就是小孩子也不會這樣去做。我建議大王趕緊殺掉那九個向您進讒言的小人，向安平君道歉，不然的話，國家就危險了！」齊襄王殺死了那九個人，並把他們的家屬驅逐出京城，又將夜邑的一萬戶加封給安平君。

田單將要攻擊狄部落，就去拜訪魯仲連。魯仲連說：「將軍攻打狄人，我估計你攻不下來。」田單說：「我率領著即墨城的殘兵敗卒，打敗了擁有萬輛兵車的燕國，在一片廢墟上重建了齊國。現在卻不能攻下狄，這怎麼可能呢？」說完之後也不告辭就上車離開了魯仲連的住所。田單沒有考慮魯仲連的意見便向狄展開攻勢，不料，連續攻打了三個月竟然攻不下來。齊國的兒童在大街上唱起了童謠說：「大帽子像簸箕，佩劍長得拄著了下巴頦，狄人攻不下，防禦工事前的枯骨堆成了山。」田單為此深感擔憂，就再次去拜訪魯仲連說：「先生曾經預料到我攻不下狄，如今果然如此。請問這是什麼緣故？」魯仲連說：「將軍在即墨的時候，坐著的時候就和士兵一起編草筐，站著的時候就拿著挖土的工具和士兵一起勞動，你向士兵們唱起『我們再也沒有地方可逃了，國家快要滅亡了，我們被驚嚇得失去靈魂了，我們還能到哪裡去呢！』在那個時候，將軍抱有必死之心，士卒無生還之望，他們聽了你的歌聲，無不流涕奮臂而想要與燕軍決一死戰，這是打敗燕國的原因。如今將軍你在東邊有夜邑的奉養，在西邊國都臨淄有身為齊相的歡娛，腰橫黃金帶，跨著高頭駿馬馳騁於淄水、澠水之間，只有生的歡樂，沒有死的決心，所以你打不敗狄人。」田單說：「我有必死之心，請先生記住我的話。」第二天，便親自巡視狄人的城防情況，激勵士卒，鼓舞鬥志；並冒著狄人的弓箭，站在最前線，親自擂鼓指揮攻城，狄城於是被攻破。

當初，齊湣王滅掉宋國以後，就想要除掉孟嘗君。孟嘗君於是逃到了魏國，魏昭王封他做了魏國的宰相，並與其他諸侯國一起出兵討伐齊國。齊湣王死後，齊襄王即位，孟嘗君回到他的封地薛，不隸屬於任何諸侯國。齊襄王由於剛剛即位，他懼怕孟嘗君，便與他聯合。後來孟嘗君去世以後，他的幾個兒子互相爭奪繼承權，結果，齊、魏聯合共同滅掉了薛，孟嘗君的子孫全部被殺死，因而斷絕了繼承人。

三十七年（癸未　西元前二七八年）

秦大良造白起伐楚，拔郢❶，燒夷陵❷。楚襄王兵散，遂不復戰，東北徙都於陳❸。秦以郢為南郡❹，封白起為武安君❺。

三十八年（甲申　西元前二七七年）

秦武安君定巫、黔中❻，初置黔中郡❼。

魏昭王薨，子安釐王❽立。

三十九年（乙酉　西元前二七六年）

秦武安君伐魏，拔兩城。

楚王收東地⑨兵，得十餘萬，復西取江南十五邑⑩。

魏安釐王封其弟無忌⑪為信陵君。

四十年（丙戌　西元前二七五年）

秦相國穰侯伐魏⑫。韓暴鳶⑬救魏，穰侯大破之，斬首四萬。暴鳶走開封⑭。魏納⑮八城以和。穰侯復伐魏，走芒卯⑯，入北宅⑰，遂圍大梁[1]。魏人割溫以和⑱。

四十一年（丁亥　西元前二七四年）

魏復與齊合從⑲。秦穰侯伐魏，拔四城⑳，斬首四萬。

魯湣公薨，子頃公讎㉑立。

四十二年（戊子　西元前二七三年）

趙人、魏人㉒伐韓華陽㉓，韓人告急于秦，秦王㉔弗救。韓相國謂陳筮㉕曰：「事急矣，願公雖病，為一宿之行㉖。」陳筮如秦，見穰侯。穰侯曰：「事急乎㉗？故使公來。」陳筮曰：「未急也。」穰侯怒曰：「何也？」陳筮曰：「彼韓急，則將變而他從㉘；以未急，故復來㉙耳。」穰侯曰：「請發兵矣㉚。」乃與武安君㉛

及客卿胡陽[32]救韓。八日而至，敗魏軍於華陽之下[33]，走芒卯[34]，虜三將，斬首十三萬。武安君又與趙將賈偃戰，沈其卒二萬人於河[35]。魏段干子[36]請割南陽[37]予秦以和。

蘇代謂魏王曰[38]：「欲璽[39]者，段干子也；欲地[40]者，秦也。今王使欲地者制璽[41]，欲璽者制地[42]，魏地盡矣[43]。夫以地事秦[44]，猶抱薪救火[45]，薪不盡，火不滅[46]。」王曰：「是則然也[47]。雖然，事始已行，不可更矣[48]。」對曰：「夫博之所以貴梟[49]者，便則食，不便則止。今何王之用智不如用梟也[50]？」魏王不聽，卒以南陽為和[51]，實脩武[52]。

韓釐王薨，子桓惠王[53]立。

韓、魏既服於秦，秦王將使武安君與韓、魏伐楚。未行，而楚使者黃歇[54]至。聞之，畏秦乘勝一舉而滅楚也，乃上書曰[55]：「臣聞物至則反[56]，冬夏是也[57]；致至則危[58]，累棊[59]是也。今大國之地，偏天下有其二垂[60]，此從生民以來[61]，萬乘之地，未嘗有也[62]。先王三世[63]不忘接地於齊[64]，以絕從親之要[65]。今王使盛橋[66]守事於韓[67]，盛橋以其地入秦[68]。是王不用甲[69]，不信威[70]，而得百里之地[71]，王可謂能矣。王又舉甲而攻魏，杜大梁之門[72]，舉河內[73]，拔燕、酸棗、虛、桃，入邢(74)。魏之兵(75)雲翔而不敢捄(76)，王之功亦多矣。王休甲息眾，二年而後復之(77)，又并蒲、衍、首垣(78)以臨仁、平丘(79)，黃、濟陽嬰城(80)而魏氏服。王又割濮磿之北(81)，注齊、秦之要(82)，絕楚、趙之脊(83)。天下五合六聚(84)而不敢捄，王之威亦單矣(85)。王若能保功守威(86)，絀攻取之心(87)，而肥仁義之地(88)，使無後患，三王不足四，五伯不足六(89)也。王若負(90)人徒之眾，仗兵革之彊，乘毀魏(91)之威，而欲以力(92)臣天下之主，臣恐其有後患也。詩曰『靡不有初，鮮克有終(93)。』易曰『狐涉水，濡其尾(94)。』此言始之易，終之難也。昔吳之信越(95)也，從而伐齊(96)，既勝齊人於艾陵(97)，還為越王禽於三江之浦(98)。智氏之信韓、魏(99)也，從而伐趙(100)，攻晉陽(101)城，勝有日矣(102)，韓、魏叛之(103)，殺智伯瑤於鑿臺(104)之下。今王妬楚之不毀(105)，而忘毀楚之彊韓、魏也，臣為王慮而不取也。夫楚國，援也(106)；鄰國(107)，敵也。今王信韓、魏之善王(108)，此正吳之信越也(109)，臣恐韓、魏卑辭除患(110)，而實欲欺大國也。何則？王無重世(111)之德(112)於韓、魏，而有累世之怨焉。夫韓、魏父子兄弟接踵(113)而死於秦者[2]，將十世矣，故韓、魏之不亡，秦社稷之憂也(114)。今王資之(115)與攻楚，不亦過乎？且攻楚將惡出兵(116)？王將借路(117)於仇讎(118)之韓、魏乎？兵出之日，而王憂其不反(119)也。王若不借路於仇讎之韓、魏，必攻隨水右壤(120)，此皆廣川、大水、山林、谿谷，不食之地[121]。是王有毀楚之名，而無得地之實[122]也。且王攻楚之日，四國[123]必悉起兵而應王[124]。秦、楚之兵構而不離[125]，魏氏將出而攻留、方與、銍、湖陵、碭、蕭、相[126]，故宋必盡[127]。齊人南面攻楚[128]，泗上必舉[129]，此皆平原四達，膏腴之地[130]。如此，則天下之國莫彊於齊、魏[131]矣。臣為王慮，莫若善楚。秦、楚合而為一，以臨韓[132]，韓必斂手[133]而朝。王施以東山之險[134]，帶以曲河之利[135]，韓必為關內之侯[136]。若是[137]而王以十萬戍鄭[138]，梁氏寒心[139]，許、鄢陵嬰城[140]，而上蔡、召陵不往來[141]也。如此而[3]魏亦關內侯[142]矣。王壹善楚[143][4]，而關內兩萬乘之主[144]，注地於齊[145]，齊右壤[146]可拱手而取也。王之地一經兩海[147]，要約天下[148]，是燕、趙無齊、楚，齊、楚無燕、趙[149]也。然後危動燕、趙，直搖齊、楚。此四國者，不待痛而服[150]矣。」王從之，止武安君[151]而謝韓、魏[152]，使黃歇歸，約親於楚[153]。

【章　旨】以上為第四段，寫周赧王三十七年（西元前二七八年）至其四十二年共六年間的各國大事，主要寫了秦對楚國、魏國、韓國的猛烈攻擊，使楚國的郢都失守，楚王只好將都城東遷到河南陳縣；韓、魏聯軍被秦軍大破於華陽，損兵十三萬，河內地區大片劃歸於秦。又詳盡地移錄了春申君黃歇勸秦王聯楚伐韓的長篇書信，這篇文章經歷史家們考證，認為絕不可能出自春申君之手，乃是司馬遷錯安在了春申君頭上。

【注　釋】❶拔郢　攻下了楚國的都城郢，時為秦昭王二十九年、楚頃襄王二十一年。楚都郢即今湖北江陵西北之紀南城。按，秦軍破郢，迫使楚國東遷，此為戰國時期一大事件，表明秦國已空前強大，楚國已經沒有再與秦國抗衡的力量。楚國詩人屈原曾為此寫過〈哀郢〉，文中有所謂「皇天之不純命兮，何百姓之震愆！民離散而相失兮，方仲春而東遷」，焦首蹙額之情，可以想見。❷夷陵　楚邑名，在今湖北宜昌東湖縣東，楚國先王陵墓之所在地。❸陳　當年陳國的都城，陳被楚滅後，成為楚國之縣，即今河南之淮陽。❹南郡　秦滅楚後所設的郡名，郡治即楚之都城郢，後世遂稱之為南郡。❺武安君　白起的封號，取其克敵安國之意。按，戰國與秦漢時期號為「武安君」的人甚多，如蘇秦、李牧等皆是。❻巫黔中　楚之二郡名，巫郡在今重慶市東部之長江兩岸和與之臨近的湖北一帶地區；黔中郡在今湖南西部和與之臨近的貴州東北部、重慶市東南部一帶地區。❼黔中郡　秦郡名，郡治臨沅，即今湖南常德。❽安釐王　名圉，昭王之子，西元前二七六—前二四三年在位。釐，也寫作「僖」。❾東地　楚國的東部地區，指今河南東部、安徽北部等一帶地區。❿江南十五邑　楊寬〈戰國史年表〉稱「楚收復黔中十五邑，重新建郡抗秦」。⓫無忌　魏昭之子，安釐王之弟，被封為信陵君，司馬遷則親切地稱之「魏公子」。事跡詳見《史記·魏公子列傳》。⓬穰侯伐魏　時當秦昭王三十二年、魏安釐王二年。⓭暴鳶　姓暴名鳶，韓國將領。⓮走開封　敗逃到開封。開封是魏邑名，在今河南開封南。⓯納　交出。⓰走芒卯　打跑了魏將芒卯。⓱北宅　也稱「宅陽」，魏邑名，在今河南滎陽西南。《史記·穰侯列傳》於此作「入北宅，遂圍大梁」。此「遂圍大梁」四字不可無。大梁是魏國都城，即今河南開封。⓲魏人割溫以和　溫是魏縣名，在今河南溫縣西南。楊寬〈戰國史年表〉以為本年只有「魏人割溫以和」一事，並非還有一次「納八城以和」。⓳魏復與齊合從　時當魏安釐王三年、齊襄王十年。⓴拔四城　拔取魏之蔡邑、中陽等四城。㉑頃公讎　名讎，據《史記·六國年表》，西元前二七二—前二四九年在位，被楚所滅。此處所敘之在位年限較《史記》早一年。㉒趙人魏人　時當趙惠文王二十六年、魏安釐王四年。㉓華陽　韓縣名，在韓國都城新鄭西北。㉔秦王　時當秦昭王三十四年。㉕陳筮　也作「陳筌」，《戰國策》作「田苓」。陳直曰：「陳筮必為齊人而仕韓者。」㉖願公雖病二句　意謂雖然勞累，好在路還不甚遠，請你去一趟。一宿，在路上過一次夜。或謂「一宿」即「一舍」，指三十里。㉗事急乎　事態大概相當緊急了吧。㉘變而他從　改換門庭，投靠別的國家。㉙故復來　所以還來求你們秦國。㉚請發兵矣　請允許我們立即發兵。㉛武安君　指秦國大將白起。㉜胡陽　也作「胡傷」，時為秦將。㉝敗魏軍於華陽之下　此「魏軍」應作「趙、魏軍」。

華陽，以上陳筮為韓求救於穰侯事，見《戰國策・韓策三》。楊寬《戰國史年表》稱此役為「趙、魏聯合攻韓到華陽，秦派白起、胡陽救韓，大勝於華陽，打跑魏將孟卯，攻取卷、蔡陽等城。又戰敗趙將賈偃，秦又圍攻魏的大梁。」繆文遠曰：「此與〈韓策二・楚圍雍氏五月章〉文同，蓋仿張翠事而擬作者。」按，張翠為雍氏之圍而求救於甘茂事，用語與陳筮相同，史公作〈樗里子甘茂列傳〉竟未採入，而於此採入了陳筮事，去取態度蓋與繆氏說異。又，陳筮、甘茂的這種說辭，與《左傳》中之展喜犒齊師、呂甥說秦穆釋惠公略相彷彿。淩稚隆曰：「陳筮『將變而他從』之語，所以激穰侯不敢不救也，故能八日而兵至。」㉞走芒卯　《戰國策》與《史記》敘華陽之戰與「走芒卯」、「圍大梁」云云，各處歧異，《通鑑》敘事也前後重複。赧王四十年已有「走芒卯」，四十二年又有「走芒卯」，究竟是一次，還是兩次？㉟沈其卒二萬人於河　將趙卒兩萬人拋入黃河淹死。㊱段干子　據《戰國策・魏策三》，此人姓段干，名崇，魏臣中的親秦派。㊲南陽　地區名，約當今河南之濟源、武陟一帶，當時屬魏。因其地處黃河之北、太行山之南，故稱南陽。瀧川曰：「段干欲得秦封，故請魏割地。」㊳蘇代謂魏王曰　《戰國策》「蘇代」作「孫臣」。王叔岷曰：「《春秋後語》、《通鑑》並作『蘇代』，本〈世家〉也。」㊴欲璽　想要得到秦國的爵賞。㊵欲地　想得到魏國的地盤。㊶使欲地者制璽　讓想得魏之土地者掌管著給魏國奸細的授璽之權。㊷欲璽者制地　讓想獲秦國爵賞的奸細掌管著支配魏國的土地之權。㊸魏地盡矣　這樣下去，魏國的土地很快就讓他們剝取光了。㊹以地事秦　用割讓土地的辦法討好秦國。㊺猶抱薪救火　如同抱著柴禾往火上扔。㊻薪不盡二句　意即非把柴禾徹底燒光才算完事。鍾惺曰：「六國割地賂秦之害，人能言之，莫透於此二語。」按，蘇洵〈六國論〉即推演此旨以諷宋之曲膝事遼。㊼是則然也　事情的道理當然是這樣的。㊽事始已行二句　過去就已經這麼辦了，沒法再改。㊾貴梟　玩牌之所以喜歡要「混兒」、要「大、小王」。《正義》曰：「博頭有刻為梟鳥形者，擲得梟者，合則食其子，若不便，則為餘行也。」按，「梟」頗如今撲克牌中的「大王」、「小王」與麻將牌裡的「混兒」，可以當大牌吃人，也可以不吃。關於古代的博具，馬王堆漢墓曾出土過。㊿何王之用智不如用梟也　您為什麼決定國家大事還不如玩牌靈活。按，以上蘇代為魏王拆穿段干子陰謀事，見《戰國策・魏策三》與《史記・魏世家》。繆文遠以為「所言以地事秦猶抱薪救火之喻，見事甚明而說理甚切」。(51)卒以南陽為和　最終還是割給秦國南陽，向秦國求和。(52)實脩武　加強脩武縣的防衛。脩武，魏縣名，在「南陽」的東側。(53)桓惠王　韓釐王之子，西元前二七二—前二三九年在位。(54)黃歇　即春申君，楚頃襄王之弟，其生平事跡及有關考證，見韓兆琦《史記箋證》。(55)乃上書曰　此書文字原見《戰國策・秦策四》，但今本開頭的所謂「頃襄王二十年」，以及「楚人黃歇說昭王曰」云云，舊本《國策》皆無，今本《戰國策》這段文字的開頭幾行乃後人據《春秋後語》補入。而《春秋後語》是孔衍綜合《國策》、《史記》而編成的一部「戰國國語」。所以換句話說，實際是人們用《史記・春申君列傳》的文字給《戰國策》的這段文字加了一個開頭。《戰國策》舊本只有「說秦王」的這段文字，而並未說講這段話的是誰，也沒說聽這段話的是哪個「秦王」（見鮑本《國策》、黃丕烈札記、何建章《戰國策注釋》）。自從司馬遷把它落實為春申君說秦昭王，於是後代的許多書也就跟著這麼寫了。司馬光修《資治通鑑》，發現此中有問題，故而改繫此事於楚頃襄王二十六年（秦昭王三十四年），但與說辭中所涉及的事實還有許多不合。現代《戰國策》與戰國史的研究者們根據書中所敘事實，繫此事於秦王政十二年（楚幽王三年、西元前二三五年）。而上書者亦斷非黃歇，因黃歇已死於秦王政九年。[56]物至則反　亦即通常所說的「物極必反」，事物發展到頂點就要向其反面轉化。[57]冬夏是也　寒冷到頂點就要逐漸變熱；炎熱到頂點就要逐漸變涼。[58]致至則危　堆積東西，到一定高度就要倒下來。[59]累棋　把棋子向上羅。顏師古《漢書・酷吏傳》注：「致，積累之也。」〈外戚傳〉注：「致，謂累也。」鮑彪《戰國策》注：「致，言取物置之物上。」棋，棋子。[60]偏天下有其二垂　二垂猶言二極，兩個方向的盡頭。胡三省曰：「秦國之地，有天下西、北之二垂也。」按，胡氏說是，《正義》所謂「極東西」者非。[61]從生民以來　自從有人類以來。[62]萬乘之地二句　任何一個統一天下的帝王也沒有這麼寬廣的地盤。萬乘，萬輛兵車，此指統一天下的帝王之國。[63]先王三世　《戰國策》於此作「文王、莊王、王之身」。文王指孝文王，始皇之祖父，西元前二五〇年在位。莊王即莊襄王，始皇之父，西元前二四九—前二四七年在位。王之身即日後之秦始皇，西元前二四六年繼位為秦王，西元前二二一年統一六國稱皇帝。[64]不忘接地於齊　夢寐以求地想把秦國的國境向東推展，直到與齊國的邊境連接起來。[65]絕從親之要　意謂吞併韓、魏，地接齊國，則是將東方六國的合縱聯盟攔腰斬斷。要，通「腰」。牛鴻恩曰：「王政五年（西元前二四二年），蒙驁取魏酸棗等二十城，初置東郡，故曰『絕從親之要』。」瀧川曰：「言累世常欲取韓魏，接地於齊，以絕山東縱親之約。要，約也。」意思雖亦可通，但前說簡便現成。[66]盛橋　也作「成橋」、「盛蟜」，秦王政之弟，被封為長安君。[67]守事於韓　派駐韓國以監督之。《索隱》曰：「亦如楚使召滑相趙然也。」中井曰：「守，謂坐而促之，〈孟嘗君傳〉『守而責之十年』是也。」[68]盛橋以其地入秦　具體情節不詳。大意謂盛橋即為秦國取得了韓國的大片土地。[69]不用甲　不用出兵。[70]不信威　不必展示威力。信，通「伸」。[71]百里之地　百里見方的土地。[72]杜大梁之門　嚇得魏國緊閉都城之門，不敢出來援救別的地方。杜，堵塞；斷絕。大梁，即今河南開封，當時魏國的國都。[73]舉河內　舉即攻下。河內指今河南新鄉、衛輝、浚縣一帶，當時屬魏。[74]燕酸棗虛桃二句　燕在今河南延津縣東北，酸棗在今延津縣西南，虛邑在今延津縣東，桃在今河南滑縣，邢在今河南溫縣東：皆戰國時魏縣名。[75]魏之兵　《戰國策・秦策》此處作「拔燕、酸棗、桃人，楚、燕之兵雲翔不敢校」。則上句「入」或當作

「人」，桃人，在今河南長垣縣西北。「邢」字連下句讀，黃丕烈曰：「邢，應作『荊』。」即指楚國。(76)雲翔而不敢捄　雲翔是遲疑、徘徊的樣子。捄，通「救」。《集解》引徐廣曰：「秦始皇五年，取酸棗、燕、虛。」(77)二年而後復之　諸祖耿引金正煒曰：「復之，疑當作『復出』，〈范雎至章〉『多之則害於秦』，亦當作『多出』。『之』、『出』篆文相似，易以致誤。」「復出」謂兵又東出。(78)并蒲衍首垣　吞併了蒲、衍、首垣三個魏國的縣。蒲即今河南長垣；衍縣在今河南鄭州北；首垣縣在今長垣東北。(79)以臨仁平丘　進一步威脅仁與平丘二縣。仁，繆文遠引程恩澤以為「即今歸德府寧陵縣」，似過於偏南。平丘在今長垣西南。(80)黃濟陽嬰城　魏之二縣據城而守，不敢外出。黃，也稱小黃，在今開封東；濟陽在今河南蘭考東北。嬰城，環城，這裡指閉門防守。(81)割濮磨之北　意即佔據了今河南濮陽與山東鄄城等一帶地區。濮，濮水，流經今河南濮陽南至山東鄄城東南入巨野澤。磨，歷山，在今山東鄄城南。(82)注齊秦之要　將兵力投放在齊與秦國的中分地帶。注，集中投放，意即加強秦與齊的連絡。(83)絕楚趙之脊　打斷了楚、趙連接的脊樑。(84)五合六聚　指東方諸國多次聯盟、合兵。(85)王之威亦單矣　您的威風可算是發揮得淋漓盡致啦。單，通「殫」。盡。(86)保功守威　保持現有的成功與威勢。(87)絀攻取之心　減少一點沒完沒了的戰爭攻取。絀，通「黜」。削減。(88)肥仁義之地　即廣行仁義之舉。肥，增加。鮑彪曰：「肥，猶『厚』；地，猶『道』也。」(89)三王不足四二句　意即不難於和「三王」並列，合稱「四王」；不難於和「五霸」並列，合稱「六霸」。不足，不難；不必費力。(90)負　仗恃。(91)毀魏　摧毀魏國。韓國、魏國此時已差不多成了秦國的附庸。(92)以力　憑著武力。(93)靡不有初二句　語出《詩經・蕩》，意謂辦事情能善始很容易，但很少能善終。初，開頭。鮮，少。(94)狐涉水二句　語出《易・未濟・彖辭》，《正義》曰：「言狐惜其尾，每涉水，舉尾不令溼，比及極困，則濡之。」也是很難堅持到底的意思。(95)吳之信越　吳王夫差信任越王句踐。(96)從而伐齊　讓越國出兵跟著吳國一道北伐齊。當時越國曾故意做出這種姿態以迷惑吳國，使吳國放鬆對越國的警惕。(97)勝齊人於艾陵　據〈吳太伯世家〉，吳敗齊於艾陵在夫差七年（西元前四八九年），而〈十二諸侯年表〉則繫之於夫差十二年（西元前四八四年）。艾陵是齊邑名，在今山東萊蕪東北。(98)還為越王禽於三江之浦　按，此誇張言之，據〈十二諸侯年表〉，夫差十二年敗齊；十四年與晉會於黃池，越兵乘機襲吳，吳與越平；十八年，越復伐吳，敗之；二十三年，越破吳，吳王自殺，吳滅。自艾陵之役至吳滅，中間尚隔十一年。三江之浦，猶言「三江之濱」。三江指婁江、松江、東江，都離當時的吳國都城（今蘇州）不遠。(99)智氏之信韓魏　智伯相信韓、魏兩家不會反他。(100)從而伐趙　讓兩家跟著自己一道攻打趙襄子。(101)晉陽　當時趙氏家族的城邑，趙襄子即被困於晉陽城內。(102)勝有日矣　晉陽城眼看就要攻下。(103)韓魏叛之　在趙襄子派人遊說下，韓、魏兩家與趙氏聯合起來共同反攻智伯。(104)鑿臺　臺名。址在今山西太原南的榆次西。(105)姤

楚之不毀　意即忌恨楚國的強大，尚未被削弱。(106)援也　是秦國的同盟國。援，幫手。(107)鄰國　指韓、魏。其實楚國也與秦國相鄰。(108)善王　和秦國關係好。(109)此正吳之信越也　正和當年的吳王夫差相信越王句踐一樣。(110)卑辭除患　他們把話說得謙卑動聽，口口聲聲說是幫著你掃除障礙。(111)重世　與下句「累世」意思相同，都是一連數代，言關係之長遠。(112)德　恩情。與下句之「怨」字對舉。(113)接踵　一個接一個，極言其密。踵，腳後跟。(114)韓魏之不亡二句　凌稚隆引董份曰：「慨切激蕩，詞旨悲惋，不容聽者不入也。」鄧以瓚曰：「談兵禍之慘，深切詳至，讀之令人惻怛悲哀，賈捐之〈罷珠崖對〉、李華〈弔古戰場文〉所自出。」（按，應曰出自《戰國策》的該段原文）(115)資之　幫著他們。資，助。胡三省曰：「謂資之以兵也。」(116)將惡出兵　準備從哪條道路出兵。惡，同「烏」。何。(117)借路　意即通過、經過。(118)仇讎　冤家對頭。讎，對頭。(119)不反　指不能再經由此路回秦，意即已被人家所消滅。反，同「返」。返回。(120)隨水右壤　隨水以西，指今河南西南部與湖北西北部地區，當時屬楚。隨水也稱溠水，今稱涓水，源於桐柏山，向南流經湖北隨縣、安陸入漢水。《正義》曰：「楚都陳，而隨故國在西南，是楚之左壤。」(121)不食之地　瀧川曰：「謂不可墾耕。」(122)無得地之實　即使佔據了這些地盤也沒有實際的好處。(123)四國　指齊、趙、韓、魏。(124)必悉起兵而應王　名義上都說是跟著秦國伐楚。(125)構而不離　一旦秦楚兩國打得不可開交。構，指交兵。(126)留方與銍湖陵碭蕭相　以上地區戰國中期以前屬宋，後被齊滅，後又被楚國佔領。留縣在今江蘇沛縣東南；方與縣在今山東魚臺西；銍縣即今安徽宿州；湖陵也作「胡陵」，在今山東魚臺東南；碭縣在今河南永城東北；蕭縣在今安徽蕭縣西北；相縣在今安徽濉溪縣西北。(127)故宋必盡　昔日的宋國地盤將全部被魏國佔領。(128)南面攻楚　攻取齊國南側的楚國之地。(129)泗上必舉　泗水流域的魯國、鄒國、滕國、薛國等所謂「泗上十二諸侯」，將被齊國盡數攻取。這些小國原本都是獨立的，後來都被楚國佔領。(130)膏腴之地　肥沃的土地。(131)莫彊於齊魏　將使齊、魏成為強大無比的國家。(132)以臨韓　以兵威脅韓國。(133)斂手　拱手；恭敬、畏懼的樣子。(134)施以東山之險　意即加強東山一帶的防禦力量。東山，指華山、崤山等秦國東境諸山。(135)帶以曲河之利　意即強化今風陵渡一帶那段黃河的有利防務。曲河即今風陵渡一帶自北流來而到此向東轉彎的那段黃河。(136)韓必為關內之侯　意謂韓國將成為秦國國內的小封君，不再是獨立國家。關內侯是秦爵二十級的第十九級，其封君只有封號，而無封地。(137)若是　若此，指上述使韓成為秦之關內侯後。(138)戍鄭　派秦兵駐守新鄭（今河南新鄭，當時韓國的國都）。(139)梁氏寒心　魏國也就緊張起來。梁氏指魏國，因其建都大梁（今河南開封），故也稱梁國。(140)許鄢陵嬰城　魏國的許縣與鄢陵縣也將被嚇得閉門守城。許縣在今河南許昌東，鄢陵在今河南鄢陵北。嬰城，環城，意即閉門而守城。(141)上蔡召陵不往來　指楚國北境與魏都大梁的聯繫也隨即斷絕。上蔡、召陵都是楚縣名，上蔡在今河南上蔡西南，召陵在今河南漯河市東北。(142)魏亦關內侯　魏國也就成了秦國的關內侯。(143)壹善楚　一旦與楚國交好。(144)關內兩萬乘之主　使兩個萬乘之君成為了秦國的關內侯。關內，用如動詞。(145)注地於齊　將秦國國界東推至與齊地相連。中井曰：「注猶接也，謂秦之壤直接之齊也。」(146)齊右壤　齊國的西部地區。(147)一經兩海　經，橫穿。《正義》曰：「言橫度中國東西也。」按，古說中國四面環海，秦居西方，倘得再佔據齊地，則是貫穿東、西兩海。(148)要約天下　意即號令天下，迫使天下各國與秦國結約。瀧川曰：「要約，猶管束也。」(149)燕趙無齊楚二句　言東方的合縱諸國彼此斷絕聯絡，無法呼應。(150)不待痛而服　不等攻擊而自然臣服。(151)止武安君　中止白起的伐楚之舉。(152)謝韓魏　謝絕韓、魏的助秦伐楚。(153)約親於楚　與楚國結親。按，以上「黃歇」上秦王書，見《戰國策·秦策四》與《史記·春申君列傳》。淩稚隆曰：「此書議論千翻百轉，其要歸只在『莫若善楚』一句。」鄧以讚曰：「此即『遠交近攻』之論。」陳子龍曰：「歇之說雖欲後楚之亡，然為秦取天下之計亦未嘗不善，卒之韓、魏先亡，而六國不能自立矣。」史珥曰：「剴切明暢，是當時朴直文字，然一氣呼應，舒卷自如，正自高老。」有井範平曰：「一篇書辭，變化有不可琢磨處，逸蕩有不可羈束處，而雄健之氣自貫注於其中，是〈諫逐客〉先鞭。」

【校　記】[1]遂圍大梁　此四字原無。據章鈺校，十二行本、乙十一行本、孔天胤本皆有此四字，張瑛《通鑑校勘記》同。今從諸本及《史記·穰侯列傳》補。[2]者　原無此字。據章鈺校，十二行本、乙十一行本、孔天胤本皆有此字。今從諸本及《史記·春申君列傳》補。[3]而　原無此字。據章鈺校，十二行本、乙十一行本、孔天胤本皆有此字，張敦仁《通鑑刊本識誤》同。今從諸本及《史記·春申君列傳》補。[4]王壹善楚　「王」上原有「大」字。據章鈺校，十二行本、乙十一行本、孔天胤本皆無此字。今從諸本及《史記·春申君列傳》刪。

【語　譯】三十七年（癸未　西元前二七八年）

秦國大將白起率軍攻打楚國，攻克了楚國的都城郢，焚燒了楚國先王陵寢所在地的夷陵。楚襄王的軍隊潰不成軍，不敢再與秦軍交戰，楚國被迫把都城遷徙到了東北方向的陳。秦國把楚國的郢都設置為南郡，封白起為武安君。

三十八年（甲申　西元前二七七年）

秦國武安君白起率軍平定了楚國的巫郡、黔中等地，秦將其地設置為黔中郡。

魏昭王去世，他的兒子圉即位，就是魏安釐王。

三十九年（乙酉　西元前二七六年）

秦國武安君白起率軍攻打魏國，奪去了魏國的兩座城邑。

楚頃襄王召集東部淮、汝等地的軍隊，共聚集起十餘萬人，向西收復了長江以南被秦國侵佔的十五座城邑。

魏安釐王封他弟弟魏公子無忌為信陵君。

四十年（丙戌　西元前二七五年）

秦相國穰侯魏冉率秦軍攻打魏國。韓國將領暴鳶率韓國的軍隊前來救援魏國，穰侯魏冉所率秦軍將暴鳶的軍隊打得大敗，斬殺了四萬多人。暴鳶逃進了魏國的開封。魏國向秦國割讓八座城邑求和。不久，魏冉再次攻打魏國，打跑了魏將芒卯，佔領了魏國的北宅，圍困了大梁。魏國被迫將溫地割讓給秦國求和。

四十一年（丁亥　西元前二七四年）

魏國又與齊國訂立合縱聯盟，以抵抗秦國的侵犯。秦穰侯又來攻打魏國，佔領了四座城邑，殺死了四萬多人。

魯湣公去世，他的兒子姬讎即位，就是魯頃公。

四十二年（戊子　西元前二七三年）

趙國、魏國聯合攻打韓國的華陽，韓國向秦國告急求救，秦昭王不肯發兵救韓。韓國相國對陳筮說：「事情已經很緊急了，您雖然有病在身，但我還得請您到秦國走一趟。」陳筮到了秦國就去拜見穰侯。穰侯說：「情勢大概非常緊急吧？所以韓國才派您到秦國來。」陳筮說：「形勢並不像您想像的那樣緊急。」穰侯聽了非常惱怒，說：「怎麼還說不緊急呢？」陳筮說：「如果真的情勢緊急，韓國恐怕早就投降趙國、魏國了；就是因為還沒到非常緊急的程度，所以我才到秦國求救。」穰侯說：「我們秦國馬上發兵去救韓國。」於是穰侯和武安君白起、客卿胡陽一起率軍救韓。只用了八天的時間，就趕到了韓國的華陽，在華陽山下打敗了魏國的軍隊，趕跑了芒卯，俘虜了三員將領，斬殺了十三萬人。武安君白起又和趙國將領賈偃所率趙軍交戰，將賈偃的軍隊趕入黃河淹死的就達二萬多人。魏國的段干子請求將南陽割讓給秦國以求和。

蘇代對魏安釐王說：「想要得到秦國爵賞的是段干子，想要得到魏國土地的是秦國。讓想得到魏國土地的秦國掌管著授予爵賞的大權，讓想得到秦國爵賞的段干子掌握了支配魏國土地的大權，那麼魏國的土地很快就會被割讓得乾乾淨淨。用割讓土地的辦法來討好秦國，就如同是抱著柴草去救火，柴草燒不盡，火就不會熄滅一樣。」魏王說：「你說的是這麼回事。雖然如此，過去事情已經這麼辦了，就不能再改變了。」蘇代回答說：「玩牌的人都很重視畫有『梟』的那張牌，因為處在有利的情況下梟就可以吃掉對方，處在不利的情況下梟就可以按兵不動。如今大王您在運用智謀方面怎麼還不如玩牌靈活呢？」魏安釐王不聽蘇代的勸告，最終還是將南陽割讓給了秦國。魏國加強脩武縣的防衛。

韓釐王去世，他的兒子即位，就是桓惠王。

韓、魏兩國既然已經屈從於秦國，秦王準備派武安君白起聯合韓、魏兩國的軍隊去攻打楚國。還沒有出發，楚國的使者春申君黃歇已經來到秦國，他聽到了秦國準備率韓、魏攻打楚國的消息，害怕秦國乘著征服韓、魏的有利形勢一鼓作氣將楚國滅掉，於是就給秦王寫了一封信，信上說：「我聽說事情發展到極點就要走向它的反面，冬去夏來就是這樣；堆積東西到一定的高度，就要倒塌，壘棋子就是這樣。如今秦國的土地已經從最西邊發展到了最北邊，這是自從有了人類以來，任何一個擁有萬乘兵車的大國所從來沒有過的。秦國從秦孝公開始，歷經秦惠文王、秦武王三代先王都夢寐以求地想把秦國的土地向東方拓展，以使東部邊境與齊國的邊境連接起來，從而將東方六國的合縱聯盟攔腰斬斷。如今大王您將盛橋派往韓國以監督韓國的動向，盛橋為秦國取得了韓國的大片土地。大王您無須動用武力，不必展示威力，就輕而易舉地得到了百里方圓的土地，大王真是才能卓越啊。您又發兵攻打魏國，封鎖了魏國都城大梁的交通要道。侵佔了河南東北部黃河以北的河內地區，奪取了燕、酸棗、虛、桃人等地，楚國、魏國的軍隊急得像天上的雲被風颳得團團打轉，卻不敢去救，大王您的功勞也算是夠多夠顯赫的了。於是您讓軍隊停戰休整，兩年以後，再度出兵，又吞併了魏國的蒲、衍、首垣，進一步威脅仁、平丘，包圍黃、濟陽而迫使魏國臣服於秦國。大王又佔領了濮磨以北的大片土地，打斷了齊、韓兩國以及楚、趙之間連接的脊樑。東方諸國雖然多次聯盟、合兵卻不敢前去救援，大王的威風可算是發揮得淋漓盡致啦。如果您能保持現有的成功、守住您現有的威勢，再克制一下攻伐奪取的心志，廣行仁義之舉，使國家沒有後顧之憂，就不難使自己成為三王之後的第四王，五霸之後的第六霸。如果大王仗恃兵多將廣，兵器銳利，藉著摧毀魏國的威力，想憑藉武力使天下各路諸侯臣服於秦國，我恐怕您將會後患無窮了。《詩經》上說『任何人做事都會有一個好的開頭，但卻很少有人能善始善終。』《易》上說『狐狸游水過河，水漫過牠的尾巴，說明牠沒有後勁，所以最終也難以渡過河去。』說的都是開始容易，卻很難做到有始有終啊。過去，吳王夫差在打敗越國後，相信越王是真心臣服於吳國，讓越國出兵一起去攻打齊國，並在艾陵大敗齊國；然而卻在三江岸邊被越軍所困而自殺。智伯相信韓、魏兩家不會背叛，就讓韓、魏跟隨自己去攻打趙氏，包圍了晉陽城，眼看勝利指日可待，不料韓、魏背叛了智伯，與趙氏聯合起來，將智伯殺死在鑿臺之下，滅掉了智氏。如今大王嫉恨楚國的強大，還沒有被滅掉，卻忘記了滅掉楚國則會使韓國、魏國強大起來，我為大王考慮，滅掉楚國的做法是不可取的。因為楚國是秦國的同盟國；而韓、魏才是秦國真正的敵人。您如果相信韓國、魏國與秦國友好，這正如同吳王夫差之相信越王句踐，我擔心韓、魏兩國把話說得謙卑動聽，說是要幫助您掃除障礙，實際上是想欺騙秦國。為什麼這樣說呢？因為秦對於韓、魏兩國世世代代都沒有恩德，卻世世代代都積有怨恨：韓、魏兩國人民的父子兄弟一個接一個的死在秦國人之手已經將近十代了，所以，韓、魏兩個國家不滅亡，就永遠是秦國的隱患。如今大王供應軍備給韓、魏，想與他們一起攻打楚國，豈不是太錯誤了嗎？況且攻打楚國，秦國從哪裡出兵？大王難道要向世仇的韓、魏借道嗎？恐怕當秦軍出兵經過韓、魏的時候，大王就會擔憂秦軍一去不復返了。大王如果不向韓、魏借道，就必然攻打楚國西部隨水以西一帶地區，而那一地區不是河流就是山谷，不是密林就是溪谷，都是不能耕種的地方，即使佔領了也只是得到了一個戰勝楚國的虛名，而得不到實際的利益。再說，大王攻打楚國的時候，趙、齊、魏、韓四國必定會徵調全國的兵力趁著秦、楚兩國交戰之機來襲擊秦國，魏國必定出兵攻佔留、方與、銍、湖陵、碭、蕭、相，這些原屬宋國的土地必定全部被魏國所佔有。此時齊國也必定向南出兵攻打楚國，楚國泗水流域一定會被齊國所佔有。這些地方都是肥沃的平原，交通便利，被魏、齊兩國佔領以後，天下就沒有哪個國家再比齊、魏強大了。我替大王考慮，最好和楚國交好，秦、楚兩國聯合起來統一行動，進逼韓國，韓國必定向秦國俯首稱臣。到那時，秦國依據山東之險，又擁有黃河之利，韓國已是名存實亡，只不過相當於秦國所封的一個關內侯而已。這樣的話，大王再派十萬大軍駐守新鄭，魏國必定心驚膽寒，許邑、鄢陵閉城固守，而上蔡、召陵與魏國的聯繫也隨即被斷絕，這樣一來，魏國也就如同秦國境內所分封的關內侯了。大王您一旦與楚國交好，就將兩個具有萬乘兵車的大國韓、魏變成了秦國的關內侯，而使秦國的領土與東邊的齊國相連接，這樣一來齊國西部的土地可以毫不費力的被秦國所佔有。到那時，大王您的領土就會從西海一直延伸到東海，從而號令天下，使燕、趙兩國從此失去了齊、楚兩國的援助；而齊、楚兩國也不能得到燕、趙兩國的支援。然後您再對燕、趙加以威懾，對齊、楚施加壓力。燕、趙、齊、楚四國不等您出兵就會自然臣服於秦。」秦昭王聽從了黃歇的勸告，制止武安侯白起出兵，同時謝絕了韓、魏的助秦伐楚；讓黃歇返回楚國，與楚國結成友好關係。

【研　析】讀《通鑑》戰國時期的敘事，不管作者在本卷突出的重點故事為何，必須有一道秦國日益強大、東方諸國日益衰敗，最後依次被秦國所滅這樣一條總的線索。其他國家間的紛爭只是這道大洪流中的漩渦與水花。比如，卷二裡所寫的商鞅變法，這是秦國富強的開始；卷三裡所寫的張儀提倡連橫，這時的秦國已經滅掉巴蜀，從上游進攻楚國，奪取了楚國的漢中與黔中，並奪取了魏國黃河以西之地，並進軍到了現在的山西境內與河南西部的三門峽。接著秦將甘茂又為秦國奪取了韓國的宜陽，實現了秦武王遊歷三川、以窺周室的計畫；卷四是寫穰侯與白起相互配合為秦昭王大舉進攻楚、魏、韓三國，魏、韓積貧積弱，楚國則丟掉了國都與西部大片地區，東遷於陳，為下卷的大舉破趙做了準備。這是總體形勢，我們不要忘記。

本卷接著上卷所寫的趙武靈王胡服騎射、振興趙國，又寫了他的滅中山，並大力經營胡人所佔的今內蒙古河套地區。趙武靈王的計畫是將來要從河套地區南下，直襲秦國的咸陽。趙武靈王是戰國時代的一位閃射著奇光異彩的英雄人物，司馬遷寫《史記》、司馬光寫《通鑑》都對這個人物賦予了極大熱情，這絕不是偶然的。儘管趙武靈王在處理兩個兒子的問題上做得不好，致使自己陷入悲劇結局，這的確令人惋惜，但他的英雄氣概是永遠不會磨滅的。沈長雲等《趙國史稿》說：「趙武靈王是趙國歷史上一位名聲顯赫的君王，他統治趙國時期，進行了胡服騎射改革，出兵滅掉中山，向北方擴地千里，趙國歷史進入最輝煌時期。在其功烈餘蔭下，趙惠文王東伐強齊，西敗強秦，趙國一度成為東方軍事實力最為強大的國家。」吳如嵩等《中國軍事通史》曰：「趙武靈王的軍事改革及其滅中山、西略胡地的軍事行動，使趙國崛起於戰國中期，成為列強中一支舉足輕重的力量。趙武靈王將趙國的發展戰略方向從南面的中原轉到北面的中山、胡地，是基於對趙國積弱的實際情況和趙國周圍的戰略環境的深入分析與清醒認識而作出的正確決策。這是一個目標明確、步驟分明、謀略高超的戰略迂迴計畫。反映出趙武靈王作為一個戰略家的高瞻遠矚和雄才偉略，這在當時的諸侯國君主中是十分罕見的。這一戰略與秦國司馬錯提出的南併巴蜀，以巴蜀迂迴楚國，以楚國迂迴中原的戰略有異曲同工之妙。『胡服騎射』從表現看是軍隊裝備與作戰方式的改變，實際它是封建改革的進一步深化，它涉及政治、軍事、文化等各個領域，尤其是對傳統觀念、習俗的大挑戰與革新。趙武靈王以其恢宏的氣度和魄力，能夠突破傳統觀念的束縛，從趙的實際情況出發，以利國利民為準則，毅然實行胡服騎射，學習胡人的服飾裝束和軍事技術以為己用，這在當時的歷史條件下是十分難能可貴的，即使在今天也有很大的啟示意義。從更廣闊的範圍看，『胡服騎射』是中原農業文化與少數部族游牧文化的一次有益的交流和融合，它打破了中原文化內部循環的封閉狀態，為中原文化植入了新的文化因子，有力地促進了中原文化的豐富和發展，也對後世產生了深遠的影響。」（《中國軍事通史・戰國卷》）

本卷所寫的樂毅率五國之師伐齊，與田單巧用奇計大破燕軍於即墨，並迅速收復失地、重建齊國，基本是使用《史記》中的〈樂毅列傳〉與〈田單列傳〉的文字，只是在寫田單時又加用了《戰國策》中貂勃故事與田單破狄兩小節。但比較奇怪的是司馬光在本卷裡大大美化了樂毅，說樂毅破齊後，「修整燕軍，禁止侵掠。

求齊之逸民，顯而禮之。寬其賦斂，除其暴令，修其舊政」；又有「祀桓公、管仲於郊，表賢者之閭，封王蠋之墓。齊人食邑於燕者二十餘君，有爵位於薊者百有餘人」等等。這與樂毅本人在〈報燕惠王書〉所寫的「珠玉財寶車甲珍器盡收入於燕，齊器高於寧臺，大呂陳於元英，故鼎反乎磨室，薊丘之植植於汶篁」云云，完全矛盾。這是由於過分喜愛樂毅從而使用了《春秋後語》的不實之辭。樂毅是一向受人敬慕的，但他的受人敬慕不是率軍滅齊，而是在那篇感人的〈報燕惠王書〉，在他對待燕惠王的態度上。這方面評論前人不少，如李景星《四史評議》就說「樂毅在戰國中另是一流人物，絕不染當時習氣」。瀧川資言《史記會注考證》說：「六國將相有儒生氣象者，唯望諸君一人。其答燕王書理義明正，當世第一文字。諸葛孔明以管樂自比，而其〈出師表〉實得力於此文尤多。樂書曰『恐抵斧質之罪，以傷先帝之明，又害於足下之義』；諸葛則云『受命以來，夙夜憂歎，恐付託不效，以傷先帝之明』。樂書曰『先王過舉，擢之乎賓客之中，而立之乎群臣之上，使臣為亞卿。臣自以為奉令承教可幸無罪矣，故受命而不辭』；諸葛則云『先帝不以臣卑鄙，猥自枉屈，三顧臣於草廬之中，由是感激，遂許先帝以馳驅』。樂書曰『免身全功，以明先王之迹者，臣之上計也』；諸葛則云『庶竭駑鈍，攘除奸凶，興復漢室，還於舊都，此臣所以報先帝而忠陛下之職分也』。彼此對看，必知其風貌氣骨有相通者。」葉玉麟引姚鼐曰：「凡十四引『先王』，與諸葛武侯〈前出師表〉十三引『先帝』相同，皆欲因此以感動嗣主耳。」

《史記・廉頗藺相如列傳》的故事，在中國可以說是家喻戶曉，本卷摘述了其「完璧歸趙」、「澠池會」、「將相和」三段故事的梗概，也沉靜讚賞之情。澠池會確有其事，今河南澠池城西尚有盟臺遺址。但說到「完璧歸趙」與「澠池會」的具體情節，則頗具民間故事的性質，不合情理與相互牴牾的地方甚多。明代王世貞早就寫〈藺相如完璧歸趙論〉說過：「藺相如之完璧，人人亟稱之，余未敢以為信也。夫秦以十五城之空名，詐趙而脅其璧，是時言取璧者，情也，非欲以窺趙也。趙得其情則弗予，不得其情則予；得其情而畏之則予，得其情而弗畏之則弗予。此兩言決耳，奈之何既畏之而復挑其怒也？且夫秦欲璧，趙弗予璧，兩無所曲直也。入璧而秦弗予城，曲在秦；秦城出而璧歸，曲在趙。欲使曲在秦，則莫如棄璧；畏棄璧，則莫如弗予。夫秦王既按圖以予城，又設九賓齋而受璧，奈何使舍人懷而逃之，而歸直於秦？是時秦意未欲與趙絕耳，令秦王怒而戮相如於市，武安君十萬眾壓邯鄲而責璧與信，一勝而相如族，再勝而璧終入秦矣。」今人錢鍾書《管錐編》也說：「此亦《史記》中迥出之篇，有聲有色，或多本於馬遷之增飾渲染，未必信實有徵。寫相如『持璧卻立晲柱，怒髮上衝冠』，是何意態雄且傑！後世小說刻劃精能處無以過之。趙王與秦王會於澠池一節，歷世流傳以為美談，至譜入傳奇。使情節果若所寫，則樽俎折衝真同兒戲，抑豈人事原如逢場串劇耶？武億《授堂文鈔》卷四〈藺相如澠池之會〉深為趙王危之，有曰：『殆哉，此以其君為試也！』又曰：『乃匹夫無懼者之所為，適以成之，而後遂嘖然歎為奇也。』其論事理甚當，然竊恐為馬遷所弄而枉替古人擔憂耳。」

黃歇勸秦昭王聯楚伐韓的長篇書辭見《戰國策》，但《戰國策》並未說持此論者為何人，也沒有說被說的是哪一代秦王，只有到《史記》的〈春申君列傳〉，司馬遷才明確的說是春申君黃歇說秦昭王。但其中所說的事實都相當晚，故而不可能是黃歇說秦昭王。今人牛鴻恩說：「這篇為楚說秦王的說辭，時間約在秦王政十二年（西元前二三五年）。文中稱文王、莊王為『先王』，又歷述秦王政五年、九年的戰事，顯係說秦王政之辭。秦王政十二年，秦『發四郡兵助魏擊楚』，見〈六國年表〉，本文所說『今王之攻楚』當是指此而言。而春申君已於秦王政九年（西元前二三八年）死去。」文章的確寫得很好，但兩位大歷史家顛倒事實地張冠李戴，的確也誤人不淺。

卷第五

周紀五

起屠維赤奮若（己丑　西元前二七二年），盡旃蒙大荒落（乙巳　西元前二五六年），凡十七年。

【題解】本卷寫了周赧王四十三年（西元前二七二年）至五十九年共十七年的各國大事。其中最重要、最動人心魄的是秦對趙國的長平之戰，消滅趙軍四十五萬，使趙國從此一蹶不振；接著寫了秦軍的進圍趙都邯鄲，與楚、魏兩國救趙，東方重新形成聯盟，使秦軍遭受挫敗的過程。圍繞這個重大歷史事件，許多歷史人物的精彩表演給後代留下了敘述不盡的動人傳說。諸如白起、趙括、平原君、毛遂、魯仲連、魏公子、侯嬴、虞卿等等，形象都栩栩如生。除此主要線索外，還寫了長平之戰前的趙奢大破秦軍於閼與；魏人范雎入秦傾倒穰侯，奪得丞相之位，長平之戰後又挑動秦王殺害名將白起；還寫了春申君不顧個人生死智救楚太子回國；以及呂不韋大施手段佐助公孫異人取得太子位，為下卷的秦王政出世與呂不韋的掌握秦朝大權埋下伏線。

赧王下

四十三年（己丑　西元前二七二年）

楚以左徒❶黃歇侍太子完❷為質於秦。

秦置南陽郡❸。

秦、魏、楚❹共伐燕❺。

燕惠王薨，子武成王❻立。

四十四年（庚寅　西元前二七一年）

趙藺相如伐齊❼，至平邑❽。

趙田部吏❾趙奢❿收租稅，平原君⓫家不肯出。趙奢以法治之，殺平原君用事者九人⓬。平原君怒，將殺之。趙奢曰：「君於趙為貴公子，今縱⓭君家而不奉公⓮則法削⓯，法削則國弱，國弱則諸侯加兵，是無趙也。君安得有此富乎？以君之貴，奉公如法⓰，則上下平⓱，上下平則國彊，國彊則趙固，而君為貴戚，豈輕於天下邪⓲？」平原君以為賢，言之於王，王使治國賦⓳。國賦太平，民富而府庫實⓴。

四十五年（辛卯　西元前二七〇年）

秦伐趙㉑，圍閼與㉒。趙王召廉頗、樂乘㉓而問之，曰：「可救否？」皆曰：「道遠險陿㉔，難救。」問趙奢，趙奢對曰：「道遠險陿，譬猶兩鼠鬬於穴中，將勇者勝㉕。」王乃令趙奢將兵救之。去邯鄲三十里而止㉖，令軍中曰：「有以軍事諫者死㉗！」

秦師軍武安西㉘，鼓譟勒兵㉙，武安屋瓦盡振。趙軍中候㉚有一人言急救武安，趙奢立斬之。堅壁㉛二十八日不行，復益增壘㉜。秦間㉝入趙軍，趙奢善食遣之㉞。間以報秦將，秦將大喜曰：「夫去國三十里㉟而軍不行，乃增壘，閼與非趙地也㊱。」趙奢既已遣間㊲，卷甲而趨㊳，二日一夜而至[1]，去閼與五十里而軍㊴。軍壘成㊵，秦師聞之，悉甲而往㊶。趙軍士許歷㊷請以軍事諫㊸，趙奢進之。許歷曰：「秦人不意趙至此，其來氣盛，將軍必厚集其陳以待之㊹，不然，必敗。」趙奢曰：「請受教㊺。」許歷請刑㊻，趙奢曰：「胥後令邯鄲。」㊼許歷復請諫㊽，曰：「先據北山上㊾者勝，後至者敗。」趙奢許諾，即發萬人趨㊿之。秦師後至，爭山不得上(51)。趙奢縱兵擊秦師，秦師大敗，解閼與而還(52)。趙王封奢為馬服君(53)，與廉、藺同位，以許歷為國尉(54)。

穰侯言客卿竈(55)於秦王，使伐齊，取剛、壽(56)，以廣其陶邑(57)。

初魏人范睢(58)[2]從中大夫須賈(59)使於齊。齊襄王聞其辯口(60)，私賜之金及牛酒。須賈以為睢以國陰事(61)告齊也，歸而告其相魏齊(62)。魏齊怒，笞(63)擊范睢，折脅(64)

摺齒[65]。雎佯[66]死，卷以簀[67]，置廁中。使客醉者更溺之[68]，以懲後，令無妄言[69]者。范雎謂守者曰：「能出我，我必有厚謝。」守者乃請棄簀中死人[70]，魏齊醉，曰：「可矣。」范雎得出。魏齊悔，復召求之[71]。魏人鄭安平[72]遂操范雎亡匿[73]，更姓名曰張祿。

秦謁者[74]王稽[75]使於魏，范雎夜見王稽。稽潛載與俱歸[76]，薦之於王。王見之於離宮[77]，范雎佯為不知永巷[78]而入其中。王來，而宦者怒逐之[79]曰：「王至！」范雎謬曰[80]：「秦安得王[81]？秦獨有太后、穰侯耳。」王微聞[82]其言，乃屏左右[83]，跽而請[84]曰：「先生何以幸教寡人[85]？」對曰「唯唯[86]」，如是者三[87]。王曰：「先生卒不幸教寡人邪[88]？」范雎曰：「非敢然也。臣羇旅[89]之臣也，交疏於王，而所願陳者，皆匡君[90]之事，處人骨肉之間[91]。願效愚忠，而未知王之心也，此所以王三問而不敢對者也。臣知今日言之於前，明日伏誅於後，然臣不敢避也。且死者，人之所必不免也。苟可以少有補於秦[92]而死，此臣之所大願也。獨恐臣死之後，天下杜口裹足[93]，莫肯鄉秦[94]耳。」王跽曰：「先生是何言也！今者寡人得見先生，是天以寡人溷先生[95]而存先王之宗廟[96]也。事無大小，上及太后[97]，下至大臣，願先生悉以教寡人，無疑寡人也。」范雎拜，王亦拜。

范雎曰：「以秦國之大，士卒之勇，以治諸侯，譬若走韓盧而博蹇兔[98]也。而閉關十五年，不敢窺兵於山東[99]者，是穰侯為秦謀不忠，而大王之計亦有所失也。」王跽曰：「寡人願聞失計。」然左右多竊聽者，范雎未敢言內，先言外事，以觀王之俯仰[100]，因進曰：「夫穰侯越韓、魏而攻齊剛、壽，非計也。齊湣王南攻楚[101]，破軍殺將，再辟地千里[102]，而齊尺寸之地無得焉者，豈不欲得地哉？形勢不能有也[103]。諸侯見齊之罷敝[104]，起兵而伐齊，大破之[105]，齊幾於亡。以其伐楚，而肥韓、魏也。今王不如遠交而近攻[106]，得寸則王之寸也，得尺亦王之尺也。今夫韓、魏，中國之處[107]，而天下之樞[108]也。王若欲霸[109] [3]，必親中國[110]，以為天下樞[111]，以威楚、趙[112]。楚彊則附趙，趙彊則附楚[113]，楚、趙皆附[114]，齊必懼矣。齊附則韓、魏因可虜也[115]。」王曰：「善。」乃以范雎為客卿[116]，與謀兵事。

四十六年（壬辰　西元前二六九年）

秦中更胡傷[117]攻趙閼與，不拔[118]。

四十七年（癸巳　西元前二六八年）

秦王用范雎之謀，使五大夫綰[119]伐魏，拔懷[120]。

四十八年（甲午　西元前二六七年）

秦悼太子質於魏而卒(121)。

四十九年（乙未　西元前二六六年）

秦拔魏邢丘(122)。范睢日益親，用事(123)，因承閒(124)說王曰：「臣居山東時(125)，聞齊之有孟嘗君(126)，不聞有王；聞秦有太后、穰侯，不聞有王。夫擅國之謂王(127)，能利害之謂王(128)，制殺生(129)之謂王。今太后擅行不顧(130)，穰侯出使不報(131)，華陽、涇陽擊斷無諱(132)，高陵進退不請(133)。四貴備(134)而國不危者，未之有也。為此四貴者下(135)，乃所謂無王也。穰侯使者操王之重(136)，決制於諸侯(137)，剖符於天下(138)，征敵伐國(139)，莫敢不聽。戰勝攻取(140)，則利歸於陶(141)；戰敗則結怨於百姓，而禍歸於社稷。臣又聞之，『木實繁者，披其枝(142)；披其枝者，傷其心(143)。大其都者，危其國(144)；尊其臣者，卑其主(145)。』淖齒管齊(146)，射王股，擢王筋[4]，懸之於廟梁，宿昔而死(147)。李兌管趙(148)，囚主父於沙丘，百日而餓死(149)。今臣觀四貴之用事，此亦淖齒、李兌之類也。夫三代之所以亡國(150)者，君專授政於臣(151)，縱酒弋獵(152)。其所授者(153)，妬賢疾能，御下蔽上(154)，以成其私，不為主計，而主不覺悟，故失其國。今自有秩(155)以上至諸大吏，下及王左右(156)，無非相國(157)之人者。見王獨立於朝(158)，臣竊為王恐，萬世之後(159)，有秦國者，非王子孫也。」王以為然，於是廢太后(160)，逐穰侯、高陵、華陽、涇陽君於關外(161)，以范雎為丞相(162)，封為應侯(163)。

魏王使須賈聘(164)於秦，應侯敝衣間步(165)而往見之。須賈驚曰：「范叔(166)固無恙乎(167)？」留坐飲食(168)，取一綈袍(169)贈之。遂為須賈御(170)而至相府，曰：「我為君先入通(171)於相君(172)。」須賈怪其久不出，問於門下(173)，門下曰：「無范叔，鄉者(174)吾相張君也。」須賈知見欺(175)，乃膝行(176)入謝罪(177)。應侯坐，責讓之(178)，且曰：「爾所以得不死者(179)，以綈袍戀戀(180)尚有故人之意耳。」乃大供具(181)，請諸侯賓客。坐須賈於堂下(182)，置莝、豆於前(183)，而馬食之(184)。使歸告魏王曰：「速斬魏齊頭來！不然，且屠大梁(185)。」須賈還，以告魏齊。魏齊奔趙，匿於平原君家(186)。

趙惠文王薨，子孝成王丹(187)立，以平原君為相。

【章　旨】以上為第一段，寫周赧王四十三年（西元前二七二年）至四十九年共七年間的各國大事，主要寫了趙國名將趙奢大破秦軍於閼與，和魏國遊士范雎因受迫害入秦，為秦國制定「遠交近攻」的方針策略，以及勸說秦昭王收回宣太后與穰侯等人之權，自己取得秦國丞相之位的過程。

【注　釋】❶左徒　楚官名。《史記・屈原賈生列傳》之《正義》以為「蓋今左右拾遺之類」。是一種議論國政、傳達旨意的官，位次於令尹。❷太子完　即後來的楚考烈王。❸南陽郡　轄境約當今湖北之西北部、河南之西南部一帶地區，郡治宛縣，即今河南南陽。❹秦魏楚　時當秦昭王三十五年、魏安釐王五年、楚頃襄王二十七年。❺共伐燕　時當燕惠王七年。❻武成王　燕惠王之子，西元前二七一－前二五八年在位。❼伐齊　時當齊襄王十三年。❽平邑　齊縣名，在今河南南樂東北。❾田

部吏　徵收田賦的官吏。⓾趙奢　趙王的同族。《唐書·世襲表》稱其為「趙王子」，不知為何代趙王之子。⑪平原君　趙勝，武靈王之子，惠文王之弟，時為趙相，「平原君」是其封號。事跡見《史記·平原君虞卿列傳》。⑫殺平原君用事者九人　平原君用事者即平原君家的管事人。郭嵩燾曰：「平原君，趙公子；趙奢，一田部吏耳，何遽殺其用事者九人？此由史公好奇，取諸傳奇之詞甚言之。」⑬縱　放過；放任不管。⑭不奉公　不照國家的章程辦事。⑮法削　法制削弱，不能實行。⑯奉公如法　按國家法律條文辦事。如法，依法。⑰上下平　舉國上下都心平氣和。⑱豈輕於天下邪　您的身分地位還能被世人所輕嗎。史珥曰：「趙奢說平原君，理明詞達，段太尉責郭晞全本此。」按，段太尉責郭晞事見柳宗元〈段太尉逸事狀〉。⑲治國賦　主管全國的賦稅。⑳府庫實　府庫充實。㉑秦伐趙　時當秦昭王三十七年、趙惠文王二十九年。據〈秦本紀〉，此次攻閼與者為秦將胡陽。㉒閼與　趙邑名，即今山西和順。㉓樂乘　樂毅的族人，時為趙將。㉔道遠險陿　由趙都邯鄲出兵，西北行往救閼與，須翻越太行山，故曰「道遠險陿」。㉕譬猶兩鼠鬭於穴中二句　今軍事理論有所謂「狹路相逢，將勇者勝」，《孫子兵法》無此語，此語蓋源於《史記·廉頗藺相如列傳》之趙奢語。㉖去邯鄲三十里而止　意為趙軍剛離開邯鄲三十里就停了下來。㉗有以軍事諫者死　誰敢對此次行動提不同意見就處死誰。茅坤曰：「不欲人諫者，絕軍中譁言也。」㉘秦師軍武安西　意謂前來阻擊趙奢部隊的秦軍，駐紮在武安縣城西。武安，趙縣名，在今河北武安西南，趙都邯鄲之西北，在邯鄲去閼與的通路上。㉙鼓譟勒兵　指操練軍隊，三軍吶喊，以此向趙人示威。㉚軍中候　候，軍官名。將軍統率之兵分若干「部」，「部」的長官稱校尉；「部」下分若干「曲」，「曲」的長官稱「候」。又，軍中主管刺探敵情的人員亦稱作「軍候」。㉛堅壁　堅守營壘。堅，加固。㉜復益增壘　越發地增修營壁。壘，壁壘；防禦工事。㉝秦間　秦國的間諜。㉞善食遣之　佯作不知，好好招待，打發其回去。此即《孫子兵法》之所謂「反間」，周瑜之利用蔣幹誤傳假情報，亦即此類。㉟去國三十里　剛離開邯鄲三十里。國，古人用以稱都城。㊱閼與非趙地也　意即閼與必將為秦所攻克。㊲遣閒　打發秦國間諜回去。閒，通「間」。㊳卷甲而趨　脫下鎧甲，捲持著輕捷地奔襲敵人。「卷甲而趨」見《孫子兵法·軍爭》。郭嵩燾曰：「所以留軍不行而誅諫者，蓄謀在此。」㊴去閼與五十里而軍　離著閼與還有五十里紮下營盤。去，距離。軍，紮下營盤。㊵軍壘成　軍陣、壁壘，即今所謂「防禦工事」修築停當後。㊶悉甲而往　全部兵力向趙奢軍隊撲過來。㊷許歷　一個受過耐刑的趙國士兵。《索隱》曰：「王粲詩云：『許歷為完士，一言猶敗秦。』是言趙奢用其計，遂破秦軍也。江遂曰：『漢令稱完而不髡曰耐，是完士未免從軍也。』」楊寬曰：「所謂『完而不髡』即僅去鬚鬢，不剃其髮者。可知許歷曾受耐刑而從軍者。『完』原指不加肉刑髡剃而罰服勞役者。」㊸請以軍事諫　請求提出有關軍事方面的意見。㊹厚集其陳以待之　意即加強防守，不要出戰。㊺請受教　猶言「願聽從您的吩咐」。請，謙詞。㊻請刑　請求接受懲罰，應前文之「有以軍事諫者死」。㊼胥後令邯鄲　等待日後從邯鄲來的命令，意即暫時不殺。又，「邯鄲」二字，梁玉繩《史記志疑》以為應作「欲戰」，中井積德以為應作「將戰」，連下句讀。㊽復請諫　又要求提出建議。㊾先據北山上　先搶佔北面的山頭。㊿趨　奔赴，指搶佔北山。51秦師後至二句　郭嵩燾曰：「秦軍久至而不知據此山者，由趙奢留軍不行，先示怯，是以秦軍易之。直見趙軍據此山，乃始與爭利，此其所以敗也。」武國卿、慕中岳曰：「趙奢在閼與之戰中製造了種種假象，嚴密地隱蔽了奔襲閼與的企圖，迷惑了秦軍，偃旗息鼓，晝夜急馳，突然逼近敵人，一舉解了閼與之圍，其中巧妙地示敵以『佯』，起了很重要的作用。」馬非百曰：「閼與戰爭後，國際間所生影響實甚巨大。信陵君說魏王曰：『夫越山逾河，絕韓之上黨，而攻強趙，則是復閼與之事也，秦必不為也。』當日秦在閼與戰爭所受創傷之深，蓋可想見。又〈秦策〉言：『天下之士合從相聚於趙，而欲攻秦。』然則自閼與戰爭後，趙之邯鄲且一躍為合從謀秦之國際政治中心矣。李斯有云：『秦四世有勝，兵強海內，威行諸侯，獨閼與戰爭為趙所敗。』」沈長雲等《趙國史稿》曰：「閼與之戰後，秦軍又發兵進攻幾（今河北大名東南），廉頗率領趙軍再次大敗秦軍，秦軍進攻東方六國的鋒芒又一次受挫。趙惠文王時期，趙國依靠其強大的國力與廉頗、馬服君等著名將領，兩次大敗秦軍，削弱了秦國進攻東方的銳氣。『趙有廉頗、馬服，強秦不敢窺兵井陘』（《漢書・傅常鄭甘陳段傳》）；《戰國策・趙策三》說趙國強大，『四十餘年秦不能得其所欲』。」53馬服君　《史記正義》曰：「因馬服山為號也，虞喜《志林》云：『馬，兵之首也，號曰馬服者，言能服馬也。』《括地志》云：『馬服山，邯鄲西北十里也。』」楊寬曰：「馬服應為封號，而非封地之名。〈廉頗列傳〉之《集解》引張華曰：『趙奢冢在邯鄲界西山上，謂之馬服山。』可知馬服山因葬趙奢而得名，並非由於趙奢封於此地。」54國尉　按，此「國尉」似略當後世之「都尉」、「校尉」，低於「將軍」之軍官，而與〈秦始皇本紀〉之任尉繚為「國尉」（略當於太尉）者不同。55客卿竈　客卿名竈，《戰國策・秦策》作「造」，史失其姓。客卿是別國人在此國任高級參謀而享受卿級待遇者。56剛壽　齊之二邑名，剛邑在今山東寧陽東北；壽邑在今山東東平西南。57廣其陶邑　擴大穰侯在陶邑的封地。按，據《史記・秦本紀》昭王十六年，秦將陶邑加封給穰侯作封地。58范睢　當時著名的遊說之士，事跡比較單一，見於《史記・范睢蔡澤列傳》，基本亦即如此《通鑑》所選錄。史籍多作「范雎」。按，據錢大昕〈武梁祠堂畫像跋尾〉考證云：「戰國、秦、漢人多以且名，讀子余切。如穰苴、豫且、夏無且、龍且皆是。且旁或加隹，如范雎、唐雎。文殊而音不殊也。」另審之《韓非子・外儲說》，言及「范睢」時用「且」字，亦可證。59從中大夫須賈　跟隨中大夫須賈一同出使。從，跟隨。中大夫，帝王的侍從官員，掌議論。須賈，姓須名賈。60聞其辯口　聽說范睢能說善辯。

(61)國陰事　國家的機密。(62)告其相魏齊　凌稚隆引穆文熙曰：「按此，則須賈之讎當深於魏齊矣，奈何獨報齊乎？」按，〈穰侯列傳〉載有須賈致書穰侯，止秦罷兵攻梁事，其人品、才幹均非無足數者，此處其與范睢矛盾之產生必有由。(63)笞　用棍棒或用板子打人。(64)折脅　打斷了肋骨。(65)摺齒　打掉了牙齒。摺，擊毀。(66)佯　假裝。(67)卷以簀　用席將其捲起來。簀，竹篾或蘆葦編織的席。(68)更溺之　交替著向范睢身上撒尿。更，輪番；交相。(69)妄言　指隨意向國外走漏消息。(70)守者乃請棄簀中死人　請求將死人扔到外面去。李光縉引黃洪憲曰：「守者出睢，其恩較鄭安平、王稽更宏矣，後竟不說起，豈睢之忘恩耶？抑太史公之略耶？」(71)復召求之　重新問訊查找范睢的下落。(72)鄭安平　其人事跡見後文。(73)操范睢亡匿　帶著范睢一道潛逃，藏了起來。(74)謁者　帝王身邊的侍從官。負責收發傳達與贊禮等事。(75)王稽　事跡詳見後文。(76)潛載與俱歸　偷偷地將其帶回了秦國。(77)離宮　京城以外的宮殿，以供帝王遊樂、外出之所用者。關於秦昭王接見范睢的這所「離宮」，《正義》曰：「長安故城本秦離宮，在雍州長安北十三里也。」(78)永巷　有時是指宮中監獄，也叫「掖庭」，但此處之所謂「永巷」則與監獄無關，乃通向深宮的長巷。(79)怒逐之　以為深宮之中，非外人所能進，故逐之使出。(80)謬曰　故意地往錯處說。(81)秦安得王　秦國哪裡有國王。凌稚隆引董份曰：「動昭王處，唯此言最深，所謂危以激之也。」凌約言曰：「秦王國事之非在尊太后、穰侯，范睢說秦之要在廢太后、穰侯，故未見秦王而先設此計以感之，預為進言地耳。」(82)微聞　聽到了一些范睢的話。(83)屏左右　讓身邊的人走開。屏，通「摒」。使之退去。(84)跽而請　挺直了身子地跪著請范睢賜教。跽，長跪。顧炎武曰：「古人之坐，皆以兩膝著席，有所敬，引身而起，則為長跪。」請，謂請其賜教。(85)何以幸教寡人　意即你將以什麼樣的賜教使我感到榮幸。幸，表示客氣的副詞。(86)唯唯　只應聲而不說話的樣子。(87)如是者三　一連三回都是如此。凌稚隆引王維楨曰：「三跪請而不言，以嘗試其意耳。」茅坤曰：「睢為欲言不言，且餂昭王之情，於以深入而固要之，可謂破天關手，而太史公與《國策》盡能摹寫。」(88)卒不幸教寡人邪　你就這樣到底不加賜教了。卒，到底；終究。(89)羇旅　漂泊在外，寄居為客。(90)匡君　扶佐帝王。匡，正；扶危使正。(91)處人骨肉之間　意即要議論人家骨肉至親之間的關係。凌稚隆曰：「暗伏太后、穰侯。」(92)少有補於秦　稍微能對秦國有點好處。少，意思同「稍」。(93)杜口裹足　閉上嘴巴，拴住兩腳。杜，堵塞，這裡即指緊閉。裹足，謂足如有所裹，不能走路。(94)莫肯鄉秦　沒有人再肯到秦國來。鄉，通「向」。(95)天以寡人溷先生　這是老天爺讓我給您添麻煩。溷，髒，這裡也是謙詞，猶如今之所謂「打擾」、「麻煩」。(96)存先王之宗廟　讓我們秦國的宗廟社稷得到安全。存，保全。(97)上及太后　凌約言曰：「此時昭王之心唯恐范睢不言，秦國不保，故上及太后，且欲為之甘心，又何有於大臣哉！此其說得行，而相印終歸之也。」中井曰：「昭王素厭苦於太后，故讒間易入，『上及太后』句可觀焉。不然，非人子所宜言。」98走韓盧而博蹇兔　讓最迅猛的獵狗追瘸腿的兔子。走，放出，《戰國策》逕作「放」。韓盧，韓國出產的迅猛的獵狗。蹇，瘸腿。99閉關十五年二句　錢大昕曰：「范睢說秦，在昭王三十六年，是時秦用白起破趙、魏及楚者屢矣，而穰侯方出兵攻綱、壽，安有『閉關十五年』之事？」牛鴻恩曰：「《戰國策》無『十五年』三字，甚是。此乃史公據後人擬作之張儀說辭而誤加。」100俯仰　低頭抬頭，以見其對范睢所言的聽取與否定。101齊湣王南攻楚　繆文遠曰：「此當指齊湣王十五年（西元前二八六年）齊滅宋，舉楚淮北而言。」102再辟地千里　繆文遠曰：「滅宋之役，辟地千里，取楚淮北，是『再辟地千里』也。」再，兩次；兩度。辟，開拓。牛鴻恩認為此不當指齊湣王時事，《戰國策》作「齊人伐楚」，實乃宣王十九年（西元前三〇一年）齊與韓、魏攻楚也。司馬遷誤增「湣王」二字，〈六國年表〉之齊國年世此處亦誤。按，楊寬〈戰國史年表〉於齊宣王十九年下繫之云：「齊派匡章，魏派公孫喜，韓派暴鳶共攻楚方城，殺楚將唐昧，韓、魏取得宛、葉以北地。」103形勢不能有也　客觀形勢決定了它不可能佔有楚國的領土，因為相隔懸遠。104罷敝　同「疲敝」。105起兵而伐齊二句　此即樂毅率領的五國之師共伐齊，事在齊湣王十七年（西元前二八四年）。106遠交而近攻　吳師道曰：「『遠交近攻』，秦卒用此術破諸侯，併天下。」茅坤曰：「秦之伯業，定於『遠交近攻』之一言。」瀧川引林少穎曰：「秦之所以得天下，不外『遠交近攻』之策。是策出於司馬錯，成於范睢。秦取六國，謂之『蠶食』，蠶之食葉，自近及遠。」郭嵩燾曰：「范睢『遠交近攻』一語，實為秦併天下之基，而穰侯於是時專屬意於齊，是以范睢之言入而穰侯遂罷，亦適會其時之足以相傾也。」107中國之處　謂其處於華夏諸國的中心。之，此處其義同「是」。108天下之樞　天下各國的樞紐之處。樞，門軸。胡三省曰：「以門戶為喻，門戶之開合，皆由於樞。」鮑彪曰：「言出入來往所由。」109王若欲霸　大王您若想稱霸。110親中國　先與地處各國中心的韓、魏搞好關係。胡三省曰：「強者未易柔服，故先親附弱者。」茅坤曰：「始而親韓、魏者，陽予之以為聯屬楚趙之地，因以招齊也。」111以為天下樞　以韓、魏作為控制其他諸國的關鍵。李光縉引王應麟曰：「晉楚之爭霸在鄭，秦之爭天下在韓魏，林少穎謂『六國卒併於秦，出於范睢遠交近攻之策』，蓋謂取韓魏以執天下之樞也。」112以威楚趙　意即先使韓、魏親附後，再向外擴展，使南方之楚、北方之趙親附秦國。113楚彊則附趙二句　意謂視南北的形勢而定，先設法收服其較弱的一方。胡三省曰：「強者未易柔服，故先親附弱者。」附，使之親附、歸附。114楚趙皆附　謂楚、趙兩國一旦都親附於秦。115齊附則韓魏因可虜也　齊國這種遠方大國一旦親附於秦，則秦國即可對鄰近的韓、魏實行吞併了。虜，謂虜其王而滅其國。按，觀此數句，范睢「遠交」之策在於使齊國親附。而為使齊國親附，則必須先使楚、趙親附；為使楚、趙親附，則必須先使韓、魏親附。於是所謂「近攻」乃又必須先從「近親」開始。「近親」是手段，是權宜之計；「近攻」才是終極目的。吳見思曰：「論事明白，文氣俊利，終秦之併天下，計不出此，范睢固秦策士之第一人也。」116乃以范睢為客卿　客卿是他國人居此國未任正式官職，而為帝王之高級參謀者，因其享受列卿待遇，故稱「客卿」，日後李斯仕秦之次第亦復如此。凌稚隆引凌登第曰：「太史公敘范睢見秦王一段始末，光景曲折，至今令人想像，宛然在目，當入畫家神品。」按，以上范睢說秦昭王事，見《戰國策・秦策》與《史記・范睢蔡澤列傳》，原文甚詳，此節取其大要。117中更胡傷　秦將胡傷，時為中更之爵。中更是秦爵二十級的第十三級。118攻趙閼與二句　此即上年所寫「秦伐趙，圍閼與」，被趙將趙奢所敗事，《史記・六國年表》繫於上年；楊寬《戰國史年表》繫於本年；司馬光《通鑑》則分繫於兩年。詳細辨正見韓兆琦《史記箋證》。119五大夫綰　秦將許綰，時為五大夫爵。五大夫是秦爵的第九級。120懷　魏邑名，在今河南武陟西南。121悼太子質於魏而卒　《史記・秦本紀》：「昭襄王四十年悼太子死魏，歸葬芷陽。」122邢丘　魏邑名，在今河南溫縣東之平皋故城。123用事　掌握秦國權柄。124承閒　趁機會。閒，通「間」。間隙。125居山東時　指其原在魏國。山東，崤山以東，當時習慣以稱東方諸國。126聞齊之有孟嘗君　光聽說齊國有孟嘗君。按，《戰國策》作「聞齊之內有田單」。鮑彪曰：「《史》云『田文』，非也。田文去齊已十餘年，不得近捨單，遠論文也。」瀧川曰：「祕閣、楓山、三條本『田文』作『田單』，與《策》合。」王念孫曰：「張載注《魏都賦》引《史記》作『田單』。」田單是齊國名將，以火牛陣大破燕軍，再造齊國，齊襄王封之為安平君。事跡詳見《田單列傳》。梁玉繩曰：「舉齊事言，不必一時。」蓋謂即作「田文」亦通。127擅國之謂王　能獨攬國家的一切威權才能叫一國之王。128能利害之謂王　能利害，能給人利，也能給人害，即通常之所謂作威作福。牛鴻恩曰：「《戰國策》作『能專利害之為王』，此句應有『專』字，蓋『擅國』、『專利害』、『制殺生』句式相同也。」129制殺生　掌握著讓人生死的威權。130擅行不顧　自己獨斷專行，從來不管昭王有何想法。131出使不報　使前不請示，使後不彙報。132擊斷無諱　隨意殺人而無顧忌。擊斷，鮑彪曰：「謂刑人。」《索隱》曰：「無諱，猶無畏也。」133進退不請　提拔人、貶斥人不向昭王請示。進退，瀧川引橫田惟孝曰：「進退人也。」134四貴備　一個國家具備四個如此專橫的權貴。135為此四貴者下　屈居於四貴的專權跋扈之下。136穰侯使者操王之重　穰侯派到其他諸侯國去的使者，打著王的旗號，行使秦王的無上權威。137決制於諸侯　對各諸侯國發號施令。決制，決斷；決定重大問題。138剖符於天下　繆文遠引橫田惟孝曰：「言冉之使者分兵符於諸侯，徵發其兵，以征伐敵國，而諸侯皆從其令也。」剖，分發。符，指兵符。139征敵伐國　意即征伐敵國。140攻取　指佔領地盤。141利歸於陶　謂好處歸穰侯所有。陶是穰侯的封地，在今山東定陶西北。142木實繁者二句　樹木結果太多，樹枝就將被壓斷。木實，樹木的果實。披，裂下；折斷。143披其枝者二句　樹枝披下，樹心就將受傷。144大其都者二句　國內封君的都城過大，就將構成對國家首都的威脅。《左傳》隱公元年有所謂「都城過百雉，國之害也」，即此。國，指國家首都。[145]尊其臣者二句　做大臣的如果太尊貴，其帝王也就變得卑賤了。[146]淖齒管齊　楚將淖齒掌握齊國大權的時候，事見前文周赧王三十一年。[147]射王股四句　指淖齒殺齊湣王事，事已見前。但「射王股」三字乃衍文，應削。《戰國策》與《史記》在敘述「淖齒管齊」時，兼帶說到了崔杼，故而下句有「射齊莊公」事，見《左傳》襄公二十五年與〈齊太公世家〉。今上句既削崔杼，則下句「射王股」三字亦應削去。宿昔，同「夙夕」。早晚，此極言時間之短，很快就死了。[148]李兌管趙　李兌是趙武靈王時的大臣，事已見前。[149]囚主父於沙丘二句　主父即趙武靈王。趙武靈王因對兩個兒子立誰為後的問題動搖不定，從而形成內亂，趙武靈王被李兌等圍困餓死事，見周赧王二十年。[150]三代之所以亡國　指夏、商、周三朝的末年所以亡國。[151]君專授政於臣　國君專一地把政權交給某大臣掌管。[152]弋獵　射獵。弋，射。[153]其所授者　接受王命執掌政權的人。[154]御下蔽上　控制下屬群臣，壅蔽矇騙君上。御，駕御；控制。[155]有秩　鄉官名，陳直曰：「《漢書・百官公卿表》敘縣制：『大率十里一亭，亭有長；十亭一鄉，鄉有三老、有秩、嗇夫、游徼，皆秦制也。』蓋戰國末期秦已有此制度。」此指最低級的官吏。[156]下及王左右　按，「下」字用得無理，應刪。《戰國策》云：「今邑中自斗食以上，至尉內史，及王左右，有非相國之人者乎？」亦無「下」字。[157]相國　指穰侯。[158]見王獨立於朝　《戰國策》作「臣今見王獨立於廟朝矣」。獨立，孤立無援。[159]萬世之後　婉言秦王的身死之後。瀧川曰：「祕閣本、楓山、三條本，『恐』下重『恐』字，與《策》合。」按，「萬世之後」句上應重出「恐」字，然《史記》中多有應重出而不重出者。[160]於是廢太后　吳師道曰：「睢相在昭王四十一年，〈秦紀〉：『明年太后薨，葬芷陽驪山。九月穰侯出之陶。』是太后初未嘗廢，穰侯雖免相，而未就國。太后葬後，始出之陶。此辯士增飾，非實之辭。」梁玉繩引《大事紀》曰：「〈秦本紀〉宣太后之歿書『薨』書『葬』，初未嘗廢。魏公子無忌諫魏王親秦之辭，止曰『太后母也，而以憂死』，亦未嘗言其廢。穰侯雖免相，猶以太后之故未就國，及太后既葬之後始出之陶耳。〈范睢傳〉所載特辯士增飾之辭，欲誇范睢之事，而不知甚昭王之惡也。」又引《經史問答》曰：「太后憂死是實，未必顯有黜退之舉。觀穰侯尚得之國於陶，無甚大譴，其所謂『逐』者如此，則所謂『廢』者亦只奪其權也。是時昭王年長，而宣太后尚事事親裁，便是不善處嫌疑之際；一旦昭王置之高閣，安得不憂死？故人以為『廢』。」[161]逐穰侯高陵句　讓魏冉、公子悝、羋戎、公子市四人都離開京城，到各自的封地上去。關外，函谷關以外。按，魏冉初封穰（今河南鄧州），後又加封陶（今山東定陶西北）；羋戎初封華陽（陝西華山之陽），後又加封新城（今河南密縣東南）；公子悝與公子市的封地原在高陵（今陝西高陵）與涇陽（今陝西涇陽西北），後又加封之以鄧（今河南偃城東南）與宛城（今河南南陽），蓋後封者都在「關外」。按，楊寬以為「廢太后、逐四貴」之事，多有遊士誇大，被逐者僅穰侯魏冉與華陽君芈戎二人，穰侯出關之陶在昭王四十二年（西元前二六五年）；芈戎出關之國在昭王四十五年（西元前二六二年）。並引李斯〈諫逐客書〉之所謂「昭王得范雎，廢穰侯，逐華陽，強公室，杜私門」云云，以為「所逐者確為華陽，高陵、涇陽則未逐也」。(162)以范雎為丞相　凌稚隆曰：「范雎欲得相位，必傾太后、穰侯，但骨肉之間不能直指，故方未見王時即『感怒』之，以植其根；及其既見，則欲言不言，反覆宛轉，以待其自悟；至王自言『上至太后下至大臣』可以直指矣，卻又先言外事，以待數年，始及其內，漸漬不驟如此，聽者自不覺入於肝鬲矣。雎其深於術哉！」陳子龍曰：「昭王之傾心於范雎者，急在欲謀內事，而外事其次也。然不先立功效以自重，而欲傾國之權貴，豈易拔乎？雎所以須之數年之後也。後世人主有與羈旅之士驟謀大臣，每至於敗者，坐國人之未信，根本之未立也。」(163)封為應侯　應侯的封地應縣，在今河南魯山縣東北。楊寬曰：「《韓非子・定法篇》云：『應侯攻韓八年，成其汝南之封。』汝南即應，在今河南魯山縣東，秦攻韓，北斷太行之道，奪取上黨之地，原出范雎之謀，疑范雎即因攻韓得勝之功而封於應。〈范雎列傳〉謂范雎進說昭王廢太后、逐四貴而拜相後即封於應而號為應侯，此亦遊士誇大之辭耳。」按，以上諸事，亦見於《史記・范雎蔡澤列傳》。(164)聘　國與國之間禮節性訪問。(165)敝衣間步　意即微服出行。間步，私下步行。瀧川引劉伯莊曰：「謂獨行。」又引盧藏用曰：「從小路也。」(166)范叔　「叔」是范雎的字。(167)固無恙乎　一直就挺好嗎。固，本來；原來。(168)留坐飲食　留他坐下，又給他拿出吃的喝的。(169)綈袍　粗絲織品所做的袍子。綈，厚絲織品。吳見思曰：「轉折絮語，如親見之。」鍾惺曰：「絕妙小說。」(170)為須賈御　為須賈趕著車。御，趕車。(171)通　通報。(172)相君　對丞相的敬稱。(173)問於門下　向門口的差役打問為何范叔總不出來。(174)鄉者　剛才為您趕車的那個人。(175)見欺　受騙。(176)膝行　跪著爬了進去。(177)謝罪　請罪。(178)責讓之　斥責他當年的罪行。讓，責。(179)爾所以得不死者　意即我今天所以還能饒你一命。(180)以綈袍戀戀　就因為你還能給我一件綈袍，還有點想起老朋友的樣子。(181)大供具　大排筵席。具，原指盛飯菜的器具，引申即指筵席。(182)坐須賈於堂下　讓須賈坐在臺階前的院子裡。(183)置莝豆於前　在他跟前擺上一槽餵牲口的草料。莝，鍘碎的草。豆，餵牲口的料。(184)馬食之　讓他像馬吃草似地吃那些「莝豆」。(185)且屠大梁　我要殺光你們整個大梁城。且，將。屠，血洗；殺光全城。(186)匿於平原君家　躲藏在平原君家。平原君即趙勝，趙惠文王之弟，時為趙相，以養士聞名。事跡詳見〈平原君虞卿列傳〉。(187)孝成王丹　孝成王名丹，孝成二字是諡，西元前二六五－前二四五年在位。

【校記】[1]二日一夜而至　「二」原作「一」。據章鈺校，十二行本、乙十一行本皆作「二」。今從十二行本、乙十一行本及《史記・廉頗藺相如列傳》改。②范睢 原作「范睢」。今據《韓非子》改作「范睢」。③王若欲霸 「欲」原作「用」。據章鈺校，十二行本、乙十一行本、孔天胤本皆作「欲」，張瑛《通鑑校勘記》同。今從諸本及《史記・范睢蔡澤列傳》改。④擢王筋 「筋」原作「觔」。據章鈺校，十二行本、乙十一行本、孔天胤本皆作「筋」，張瑛《通鑑校勘記》同。今從諸本及《史記・范睢蔡澤列傳》改。

【語 譯】周赧王下

四十三年（己丑 西元前二七二年）

楚國任命左徒黃歇做太子芈完的侍從，一同到秦國去做人質。

秦國開始設置南陽郡。

秦國、魏國、楚國共同征伐燕國。

燕惠王去世，他的兒子武成王即位。

四十四年（庚寅 西元前二七一年）

趙國的藺相如率軍攻打齊國，趙軍抵達齊國的平邑。

趙國負責徵收田賦的官吏趙奢替國家收取租稅，平原君趙勝不肯繳納。趙奢按照國家的法律，處死了平原君家裡九個管事的人。平原君非常惱怒，就要殺死趙奢。趙奢說：「您在趙國是尊貴的公子，如果您放任您的家人，不奉公守法，國家的法度就要受損害；國家的法度受到損害，國家的力量就要削弱，力量削弱了就要遭到其他諸侯國的侵略，國家就要滅亡。國家滅亡了，您又怎麼保有您的富貴呢？憑藉您的尊貴地位，如果帶頭奉公守法，則全國上上下下，各種事情都能得到公平合理的處理，國家就會強大，政權就會穩固，而您身為國君的弟弟，難道還會被天下人輕視嗎？」平原君覺得趙奢是個很賢能的人，於是向趙王舉薦趙奢，趙王派趙奢負責管理國家的賦稅。稅收治理得很好，百姓富裕了，國家的府庫也很充實。

四十五年（辛卯 西元前二七〇年）

秦軍攻打趙國，包圍了閼與。趙王把廉頗、樂乘找來，向他們詢問，說：「如果派軍隊去救援閼與能不能成功？」兩個人都說：「路途遙遠，道路險峻而又狹窄，很難救援。」趙王又問趙奢，趙奢回答說：「雖然路途遙遠，道路險峻而又狹窄，但兩軍相爭，就如同兩隻老鼠在狹小的洞穴中打鬥，哪個勇敢哪個就能夠獲得勝利。」於是趙王就派趙奢率軍去救閼與。趙奢率軍在離邯鄲三十里的地方紮下營寨，他向軍隊下令說：「有誰敢向我提出不同意見，我就處死誰！」

秦國的軍隊駐紮在武安縣城的西邊，整日裡擂鼓吶喊，操練軍隊，武安城內的房屋都為之震動。趙國軍營中有一個負責偵察敵情的軍吏建議趕緊去救武安，趙奢立即將他斬首。趙軍堅守營壘長達二十八天之久，不僅沒有前進的跡象，反而更加修築防禦工事。秦國的間諜混入趙國的軍隊之中，趙奢用好酒好飯招待他們，然後放他們回去。秦國的間諜回到秦軍以後，將趙國軍中的情況向秦將做了彙報。秦軍將領聽了以後非常高興，說：「趙國的軍隊離開都城僅三十里遠就駐紮下來不再前進，而且還增修工事，看來閼與註定不屬於趙國而為我們秦國所有了。」趙奢將秦國的間諜打發走了以後，馬上命令軍隊脫下鎧甲捲持起來，輕裝急進，兩天一夜就趕到了閼與，在離閼與五十里的地方紮營下寨，並修築好防禦工事。秦軍聽到趙軍突然而至的消息，馬上調動軍隊前來迎戰。趙軍中一個叫許歷的人請求提出有關軍事方面的意見，趙奢允許他進入軍帳。許歷說：「秦國人沒有料到我們會突然來到閼與，所以此次前來迎戰我軍，氣勢一定很猛，將軍您必須加強防守，不要出戰，不然的話一定會打敗仗。」趙奢聽了許歷的話以後說：「我接受你的建議。」許歷覺得自己違反了趙奢的軍令而請求趙奢按軍法處置。趙奢說：「等以後回邯鄲再處理。」許歷又向趙奢獻計說：「誰搶先佔據北山的制高點誰就能取得勝利，後到的就會失敗。」趙奢又採納了他的建議，立即派遣一萬軍隊搶先佔領了北山。秦國的軍隊隨後趕來，與趙軍爭奪北山，卻無法攻克。此時趙奢命令趙軍向秦軍發動猛烈的進攻，秦軍大敗而回。趙奢遂解閼與之圍，得勝而回。趙王封趙奢為馬服君，官位與廉頗、藺相如相等，任命許歷為國尉。

秦國穰侯魏冉向秦王推薦客卿竈，秦王於是派竈率兵攻打齊國，佔領了齊國的剛邑、壽邑，這些城邑都加封給魏冉做了封地。

當初，魏國人范睢曾經跟隨中大夫須賈出使齊國。齊襄王見范睢能言善辯，很賞識他，就私下裡賞給他黃金和牛、酒等一些禮物。須賈以為一定是范睢將魏國的祕密洩露給齊國，所以才得到齊王的賞賜。回國後就將此事告訴了魏國的宰相魏齊。魏齊非常惱怒，就嚴刑拷打范睢，將范睢的肋骨也給打折了，牙齒也給打掉了。范睢被折磨得昏死過去，魏齊命人用蘆席將他裹起來，丟到廁所裡，還讓那些喝醉了酒的人輪流往他的身上撒尿，想以此來警告其他的人，使他們不敢將國家的機密洩露出去。范睢蘇醒過來後對看守他的人說：「如果能放我出去，我一定會用重禮報答你。」看守他的人請求魏齊允許他們將范睢的屍體弄出去扔掉，當時魏齊已經喝得大醉，並不清楚范睢是否真的死了，就順口答應說：「可以。」就這樣，范睢死裡逃生。魏齊酒醒以後感到很後悔，怕范睢沒死，重新問訊查找范睢的下落。而此時魏國人鄭安平已經攜帶范睢隱藏起來，並更改姓名為張祿。

秦國負責接待賓客的官吏王稽此時恰巧出使魏國，范睢趁著黑夜求見王稽。王稽見他是個奇才，就將他藏在自己的車中祕密的載回秦國，並推薦給秦王。秦王在離宮接見范睢，范睢進入離宮的長巷，卻假裝不知道是哪裡。那些宦官看見秦王來了，就大聲的驅逐范睢說：「秦王就要來了！」范睢故意大聲地說：「秦國哪裡有國王？我只知道秦國有太后和穰侯啊。」秦王隱隱約約聽到了范睢的話，於是支使開左右的侍從，神情莊重地挺直了身子向范睢求教說：「先生你有什麼話要對我說嗎？」范睢只是哼哈地應著卻不說話。反覆了多次，范睢都是只應不答。秦王說：「難道先生終究不肯開導我嗎？」范睢說：「不是這樣的。我范睢只不過是一個流亡到秦國的人，和大王關係疏遠，而我所要陳述的，都是有關輔佐國君的事情，所議論的是大王骨肉之間的關係。雖然我很願意向您效忠，卻不知大王您的心思，這就是您反覆詢問，而我卻不敢回答的原因。我很清楚，我今天在您面前陳述完我的看法，明天就可能會被處死，但我不敢迴避。再說，死，是誰也不能避免的。假如我的死可以稍微對秦國有點好處，就是死我也心甘情願。我所擔心的是，我死了以後，天下的賢能之士恐怕都會閉緊嘴巴，就此打住，再也不敢到秦國來效力了。」秦王再次挺直身子說：「先生說的是哪裡的話！今天我能見到先生，這是上天有意讓我來麻煩先生而使我們秦國的宗廟社稷得到安全。事情不論是大是小，上至太后，下及群臣，只要是有利於國家社稷的，希望先生你都能毫無保留的指教我，而不要對我產生懷疑。」范雎拜謝秦王的信任，秦王也拜謝范雎。

范雎說：「以秦國的強大，士兵作戰的勇敢，利用這些有利的條件去抗擊諸侯，就好比是用兇猛的獵犬去追趕瘸腿的兔子一樣容易。而事實卻是：在長達十五年的時間裡，秦國關閉了函谷關，不敢抓住機會出兵攻打崤山以東的韓、魏等國，其原因就是穰侯沒有恪盡職守，而您在謀劃國事方面也有失誤呀。」秦王又一次挺直了身子說：「請你告訴我，在哪些方面有失誤。」范雎發現周圍有許多人在偷聽，就沒敢說宮廷內部的事情，而是先分析對外政策的失誤，藉以觀察秦王的內心反應，他向秦王靠近一步，說：「穰侯越過韓國、魏國去攻打齊國的剛邑、壽城，這就是一個失誤啊。當初齊湣王向南攻打楚國，雖然打敗了楚國的軍隊，殺死了楚國的將領，佔領了楚國方圓千里的土地，而最終齊國卻一寸土地也沒有得到。難道是齊國不願意得到土地嗎？不是，而是形勢不允許。當時其他諸侯看見齊國與楚國交戰而導致國力枯竭，軍隊疲困，於是聯合發兵攻打齊國，大敗齊軍，齊國幾乎滅亡。而齊國攻打楚國的結果，卻是肥了韓國和魏國。如今，大王不如採取遠交近攻的策略，得到一寸土地也是大王的，得到一尺土地也是大王的。如今的韓國、魏國處於華夏的中心地區，是天下的樞紐。大王如果想要成就霸業，就必須要親近地處中心的韓、魏，把韓魏作為控制其他諸侯的關鍵，以威懾楚國和趙國。楚國強大了，我們就支持趙國削弱楚國，趙國強大了就支持楚國削弱趙國；楚國和趙國都依附秦國，齊國就會感到恐懼而依附秦國，那時韓國和魏國就將被秦國所征服。」秦王聽了很高興，說：「有道理。」於是任命范雎為客卿，參與謀劃秦國的軍事。

四十六年（壬辰　西元前二六九年）

秦將胡傷再次率軍攻打趙國的閼與，沒有攻克。

四十七年（癸巳　西元前二六八年）

秦王採納范雎的意見，派五大夫綰率軍攻打魏國，佔領了懷邑。

四十八年（甲午　西元前二六七年）

秦國悼太子在魏國充當人質，死在魏國。

四十九年（乙未　西元前二六六年）

秦國攻佔了魏國的邢丘。范雎越來越得到秦王的信任，逐漸執掌了秦國的大權，於是乘機勸說秦王：「我在山東的時候，聽說齊國有個孟嘗君，而不知道齊國有齊王；只知道秦國有太后、穰侯，而不知道有秦王。什麼是國王？能夠獨攬國家政權而不受人牽制就是國王，能給人利也能給人害的是國王，掌握全國生殺予奪大權的是國王。如今太后獨斷專行，從不考慮大王您的意願；穰侯出使國外，走前不向您請示，回來不向您彙報；華陽君、涇陽君拿主意、做決斷肆無忌憚；高陵君對大臣或提拔或罷黜，都是自作主張，從不徵求您的意見。朝中有這樣的四位特權人物存在，國家要是沒有危險，那可是從來沒有過的。大王您居於這樣的權貴之下，就是我所說的秦國沒有國王啊。穰侯派遣使者出使各國，打著大王的旗號，行使的是秦王無上的權威；對各國諸侯國發號施令，在天下隨意封官賞爵；任意征討敵國而沒有人敢不聽從他的調遣；如果攻戰取得勝利，好處就全歸穰侯所有；如果打了敗仗，得罪了百姓，災禍就全由國家承擔。我還聽說，『果樹結的果子太多，就會把枝條壓斷；樹枝壓斷了，就要損害樹心。封地的城邑大了，就要危害國家；大臣的權勢太大，就會使君主的地位降低。』楚國大將淖齒掌握了齊國政權的時候，竟然用箭射中齊湣王的大腿，抽出齊湣王的筋，將齊湣王倒掛在廟堂的大樑上，一晝夜的時間就把齊湣王折磨死了。李兌掌管趙國的政權，他把趙武靈王囚禁在沙丘，餓了一百天，硬是活活餓死了。如今我看秦國四個權貴的所作所為，也是淖齒、李兌一流的人物。夏、商、周三代滅亡的原因就是因為君主把大權交給某個大臣掌管，而自己只管飲酒打獵。他所授予大權的臣子，又往往嫉妒賢能，控制下屬群臣壅蔽矇騙君上，以滿足自己的私利，卻從來不為君主考慮，可是這種情況君主又覺察不到，所以就導致國家滅亡。如今秦國從最低級的小官吏一直到朝中的大臣，以及大王的左右侍臣，沒有一個不是相國穰侯的人。看見大王您在朝廷中受到孤立，我真為您感到擔憂：一旦您有什麼不測，恐怕執掌秦國政權的人將不再是大王您的子孫啊。」秦王認為范雎分析得很對，於是廢掉太后，將穰侯、高陵君、華陽君、涇陽君驅逐出京師回到自己的封地，任命范雎為丞相，封他為應侯。

魏王派遣須賈出訪秦國，應侯范雎穿著破舊的衣裳，從小路徒步來到須賈住的地方求見須賈。須賈見到范雎還活著而且如此的衣衫襤褸，非常驚訝地問：「范雎你一直挺好的嗎？」他留范雎坐下一起進餐，又拿出一領厚綢袍子送給范雎。隨後，范雎親自為須賈趕車，將須賈送到丞相府，對須賈說：「我先進去為您通報丞相。」范雎進去以後好久不見出來，須賈感到很奇怪，就問守門的侍衛，侍衛回答說：「我們這裡沒有范叔，剛才為您趕車的是我們的丞相，叫張祿。」須賈知道自己受騙了，於是趕緊跪著爬進相府向范雎請罪。范雎坐在上位，對須賈痛加責備說：「今天我所以還留你一條性命，是看在你剛才送我綢袍，對我還有一點念舊的情分上。」於是大擺宴席，請來諸侯賓客坐在上座，讓須賈坐在堂下，在他面前擺上莝豆等餵馬的飼料，讓他像馬吃草料似的吃那些莝豆，同時讓他回去轉告魏王說：「趕緊把魏齊的人頭砍下送來！不然的話就要搗毀大梁城，殺盡城中的百姓。」須賈回到魏國，將范雎的話告訴了魏齊。魏齊嚇得不敢待在魏國，立即逃往趙國，躲藏在平原君的家中。

趙惠文王死了，由他的兒子趙丹即位，就是趙孝成王。趙孝成王任命平原君為丞相。

五十年（丙申　西元前二六五年）

秦宣太后薨。九月，穰侯出之陶❶。

臣光曰：「穰侯援立昭王❷，除其災害❸，薦白起為將，南取鄢、郢❹，東屬地於齊❺，使天下諸侯稽首❻而事秦。秦益彊大❼者，穰侯之功也。雖其專恣驕貪❽足以賈禍❾，亦未至盡如范雎之言。若雎者，亦非能為秦忠謀，直欲得穰侯之處，故搤其吭❿而奪之⓫耳。遂使秦王絕母子之義⓬，失舅甥之恩⓭。要之⓮，雎真傾危之士⓯哉！」

秦王以子安國君為太子⓰。

秦伐趙⓱，取三城。趙王新立⓲，太后用事⓳，求救於齊⓴。齊人曰：「必以長安君㉑為質。」太后不可。齊師不出，大臣彊諫㉒。太后明謂左右曰：「復言長安君為質者，老婦必唾其面。」左師觸龍㉓願見太后，太后盛氣㉔而胥之入㉕。左師公徐趨而坐㉖，自謝㉗曰：「老臣病足，不得見久矣，竊自恕，而恐太后體之有所苦㉘也，故願望見太后。」太后曰：「老婦恃輦㉙而行。」曰：「食得毋衰乎㉚？」曰：「恃粥耳。」太后不和之色稍解㉛。左師公㉜曰：「老臣賤息舒祺㉝最少，不肖㉞，而臣衰，竊憐愛之，願得補黑衣之缺㉟以衛王宮，昧死以聞㊱。」太后曰：「諾。年幾何矣？」對曰：「十五歲矣。雖少，願及未填溝壑㊲而託之㊳。」太后曰：「丈夫亦愛少子乎㊴？」對曰：「甚於婦人㊵。」太后笑曰：「婦人異甚㊶。」對曰：「老臣竊以為媼之愛燕后賢於長安君㊷。」太后曰：「君過矣㊸，不若長安君之甚㊹。」左師公曰：「父母愛其子，則為之計深遠㊺。媼之送燕后㊻也，持其踵㊼而泣，念其遠㊽也，亦哀之矣。已行，非不思也，祭祀則祝之曰『必勿使反㊾！』豈非為之計長久，為子孫相繼為王也哉㊿？」太后曰：「然。」左師公曰：「今三世以前，至於趙王之子孫為侯者(51)，其繼有在者乎(52)？」曰：「無有。」曰：「此其近者禍及身(53)，遠者及其子孫(54)。豈人主之子侯[1]則不善哉(55)？位尊而無功，奉厚(56)而無勞，而挾重器多(57)也。今媼尊長安君之位(58)，而封之以膏腴之地(59)，多與之重器，而不及今令有功於國(60)。一旦山陵崩(61)，長安君何以自託於趙(62)哉？」太后曰：「諾(63)，恣君之所使之(64)。」於是為長安君約車百乘(65)，質於齊。齊師乃出，秦師退(66)。

齊安平君田單將趙師以伐燕(67)，取中陽(68)。又伐韓(69)，取注人(70)。

齊襄王薨，子建(71)立。建年少，國事皆決於君王后(72)。

五十一年（丁酉　西元前二六四年）

秦武安君伐韓(73)，拔九城(74)，斬首五萬。

田單為趙相(75)。

五十二年[2]（戊戌　西元前二六三年）

秦武安君伐韓，取南陽(76)，攻太行道(77)，絕之(78)。

楚頃襄王疾病(79)。黃歇(80)言於應侯(81)曰：「今楚王疾恐不起(82)，秦不如歸其太子(83)。太子得立，其事秦必重(84)，而德相國(85)無窮，是親與國(86)而得儲萬乘(87)也。

不歸(88)，則咸陽布衣耳(89)。楚更立君(90)必不事秦(91)，是失與國(92)而絕萬乘之和(93)，非計也。」應侯以告王。王曰：「令太子之傅(94)先往問疾，反而後圖之(95)。」

黃歇與太子謀曰：「秦之留太子，欲以求利(96)也。今太子力未能有以利秦(97)也，而陽文君子二人在中(98)。王若卒大命(99)，太子不在(100)，陽文君子必立為後，太子不得奉宗廟(101)矣。不如亡秦(102)，與使者俱出(103)。臣請止，以死當之(104)。」太子因變服為楚使者御(105)而出關(106)，而黃歇守舍(107)，常為太子謝病(108)。度太子已遠(109)，乃自言於王(110)曰：「楚太子已歸，出遠矣。歇願賜死。」王怒，欲聽之。應侯曰：「歇為人臣，出身以徇其主(111)，太子立，必用歇(112)。不如無罪(113)而歸之，以親楚(114)。」王從之(115)。黃歇至楚三月，秋，楚頃襄王[3]薨，考烈王(116)即位，以黃歇為相，封以淮北地，號曰春申君(117)。

【章　旨】以上為第二段，寫周赧王五十年（西元前二六五年）至五十二年（西元前二六三年）共三年間的各國大事，主要寫了趙國的觸龍說趙太后使長安君入齊為質，與楚國的春申君智脫在秦為質的楚太子離秦歸楚的事跡。

【注　釋】❶出之陶　出函谷關，前往陶邑封地。❷援立昭王　援立意即擁立，不該其立，而破除萬難地扶之使立。秦昭王是秦武王之弟，武王卒後無子，諸弟爭立，靠著宣太后和穰侯的力量，打敗對手擁立了他們的兒子、外甥秦昭王。誅殺所及，甚至連武王的母親、武王的王后也都未得好死。事見前文周赧王五年與《史記・穰侯列傳》。❸除其災害　指誅滅所有反對勢力。❹南取鄗郢　事在秦昭王二十九年、周赧王三十七年。❺東屬地於齊　將秦國的邊界線向東推移，直至與東方的齊國相連接。屬，連接。❻稽首　磕頭至地，並要在地上停留一會兒，是最隆重的叩拜禮。❼秦益彊大　秦國越來越強大。❽專恣驕貪　專權、任性、驕橫、貪婪。❾賈禍　招禍；引禍到身。❿搤其吭　掐住他的喉嚨。⓫奪之　謂奪其相權。⓬絕母子之義　喪失了正常的母子關係，即前文所說的「廢太后」。⓭失舅甥之恩　斷絕了舅甥之情，指奪穰侯之權，並使其離開京城。⓮要之　總而言之。⓯睢真傾危之士　范睢真是一個狠毒的危險分子。⓰秦王以子安國君為太子　安國君名柱，一名式，秦昭襄王的次子，此時被封為安國君，即日後的孝文王，西元前二五〇年在位。秦昭王原來的太子於周赧王四十八年卒於魏。⓱秦伐趙　時當秦昭王四十二年、趙孝成王元年。⓲趙王新立　此時之趙王即趙孝成王，惠文之子，西元前二六五—前二四五年在位。⓳太后用事　因趙孝成王年幼，故由其母趙威后代掌朝權。趙威后是趙惠文王的王后。用事，主事。⓴求救於齊　時為齊襄王十九年。㉑長安君　趙威后的少子，孝成王之弟。「長安君」是封號名，取其名美，非以封地相稱。㉒彊諫　強硬地提出勸諫。㉓左師觸龍　姓觸名龍，時任左師之職。左師是帝王的輔導官，與他時之「太師」略同。胡三省注：「春秋時宋國之官有左右師，上卿也。趙以觸龍為左師，蓋冗散之官，以優老臣者也。」㉔盛氣　憋著一肚子氣。㉕胥之入　等待著進來。胥，等待。㉖徐趨而坐　緩慢地小步疾走到趙威后跟前坐下。所謂「趨」是小步疾行，是臣子在君父面前使用的一種禮節性的走路姿勢。按，此處的「坐」字似應作「至」，趙威后未發話，觸龍無由自坐。㉗謝　表示歉意；告罪。㉘竊自恕二句　我自己私下揣度，擔心太后的身體會有什麼毛病。自恕，自忖；自己思量。中井曰：「自推其衰，恐太后之衰也。」按，此句「自恕」多有解作「自我寬恕」，沒有道理。有所苦，有什麼不舒服。㉙恃輦　靠坐車。輦是帝王與王后所乘的車子，其大者用馬拉，小者用人挽，還有一種人抬的也叫「輦」。㉚食得毋衰乎　吃東西沒有減少嗎。得毋，通「得無」。難道沒有。㉛稍解　稍稍緩和下來；氣頭消了一些。㉜左師公　作者對年長觸龍的敬稱。㉝賤息舒祺　我的小兒子舒祺。賤息，謙指自己的兒子。息，子。㉞不肖　不像；不類其父。即通常所說的「沒出息」、「不成材」。㉟補黑衣之缺　婉言請讓其子充當一名王宮的衛士。因當時的王宮衛士身著黑衣，故云「補黑衣之缺」。楊寬曰：「為其少子求為侍衛國君之郎，即具有候補官員的性質，國君常從郎官中選拔人才。」㊱昧死以聞　我大著膽地向您稟明此事。昧死，冒著死的危險，謙詞。㊲及未填溝壑　趁著我還沒死。填溝壑是謙言自己的死。古人謙言自己的死曰「填溝壑」，婉稱官僚的死曰「捐館舍」，稱帝王之死曰「棄群臣」或「山陵崩」等等。㊳託之　將他託付於您。㊴丈夫亦愛少子乎　你們大老爺們兒也喜愛小兒子嗎。㊵甚於婦人　比老娘們可厲害多了。㊶婦人異甚　還是老娘們更厲害。㊷竊以為媼之愛燕后句　我認為您愛您的大女兒勝過小兒子。媼，老太太，此稱趙太后。燕后，趙威后之女，嫁與燕王為后者。賢，勝過；強於。㊸君過矣　您弄錯了。㊹不若長安君之甚　不如愛長安君愛得更深。㊺計深遠　為他做長遠考慮。㊻送燕后　指送燕后出嫁。㊼持其踵　拉著她的腳，蓋其女坐在車上，其車欲行，故母親得「持其踵」。㊽念其遠　想到她的遠別。㊾必勿使反　千萬別讓她回來。因為凡是嫁與帝王的女子，除被休棄以外，通常是不能回家的。㊿為子孫相繼為王也哉　不就是為了讓她生的子孫們世世代代地在燕國為王嗎。(51)三世以前二句　《戰國策》於此作「今三世以前，至於趙之為趙，趙之子孫侯者」，大意謂，從三輩以前上推到趙國的建立。趙王，趙氏稱王。(52)王之子孫為侯者二句　那些被封為侯的王子們的後代，他們的封地、封號還有保留到今天的嗎。意思為都是隔不了多久就被取消了。按，《通鑑》原文的此句開頭無「王」字，此依《戰國策》與《史記》增補。(53)近者禍及身　在受封者本人生前即遭禍被廢。(54)遠者及其子孫　長遠一點的在第二代或第三代遭廢除。(55)豈人主之子侯則不善哉　難道是帝王之子一旦封侯，行為就變得不好了嗎。(56)奉厚　俸祿過於優厚。奉，通「俸」。(57)挾重器多　佔有的寶器過多。重器，這裡主要指珍寶。(58)尊長安君之位　把長安君的爵位提得那麼高。(59)膏腴之地　肥沃的土地。(60)令有功於國　讓他為國家立些功勳。(61)山陵崩　婉稱帝王之死，這裡指趙太后死。(62)何以自託於趙　何以在趙國自立。(63)諾　是的；說得好。(64)恣君之所使之　任憑您安排他的去向。(65)約車百乘　套了一百輛車。約，拴，即今所謂套。古稱一車四馬為一乘。(66)秦師退　以上故事見《戰國策・趙策四》與《史記・趙世家》。鮑彪曰：「觸龍諒毅，從容納說而取成功，與夫強諫於廷，怒罵於座，髮上衝冠，自待必死者，力少而功倍矣。」鍾惺曰：「左師悟太后，不當在言語上看之，全在進退舉止，有關目、有節奏，一段迂態軟語，字字閒語，步步閒情，似與本事全不相粘，而一字一步不可省。又妙在一字一步俱從婦人性情體貼出來，老臣一片為國苦心，誠則生巧，可與公仲事參看。」金聖歎曰：「此篇瑣筆碎墨，於文中最為小樣，然某特神會其自首至尾，寸寸節節，俱是妙避『長安君』三字。其間苦甘淺深，一一俱有至理，其文乃都在筆墨之外，正未易於瑣碎處盡之也。」繆文遠曰：「首從身邊事從容引入，以消太后之怒；繼言如不及今令長安君有功於國，則長安君將無以自託於趙，太后既愛憐其少子，則不得不使其出質矣。觸龍非特善於揣摩太后心理，抑且善於進說，故太后卒從其請也。」(67)田單將趙師以伐燕　田單原是齊國名將，有再造齊國之功，後來因在國內受排擠逃到趙國，具體原因與時間不詳。將趙師伐燕，時當趙孝成王元年、燕武成王七年。(68)中陽　當為中人，燕邑名，在今河北唐縣西南。(69)又伐韓　時當韓桓惠王八年。(70)注人　即注城，韓邑名，在今河南汝州西北。(71)子建　即齊王建，齊襄王之子，齊國的亡國之君，西元前二六四－前二二一年在位。(72)君王后　即前文所述之太史敫女，齊襄王法章的王后，操縱齊國政權四十多年，直到齊國被秦所滅。(73)武安君伐韓　時當韓桓惠王九年。(74)拔九城　據楊寬〈戰國史年表〉，此年「白起攻取韓汾水邊的陘城」。[75]田單為趙相　〈趙世家〉云：「惠文后卒，田單為相。」細情亦不詳。[76]南陽　韓國的地區名，即今河南北部的太行山以南，黃河以北。[77]太行道　指韓國南陽地區與山西接界的翻越太行山的通道，大體是由今河南博愛翻太行山至今山西晉城一帶的山道。[78]絕之　指斬斷了包括韓國都城新鄭在內的黃河以南地區與懸隔在太行山以北的今山西長治一帶地區的聯絡。這句話非常重要，是為後文的韓國丟失上黨，以及秦與趙國的長平之戰作伏線。[79]疾病　病得很危急。[80]黃歇　楚頃襄王之弟，現時正陪同楚國的太子完為人質於秦。[81]應侯　指秦國的丞相范雎。[82]恐不起　恐怕不能再痊癒。[83]歸其太子　讓楚國太子回國，準備繼承楚國王位。太子名完，即日後的楚考烈王。[84]事秦必重　必厚待秦國。重，厚。[85]德相國　感念相國你的恩德。[86]親與國　加深與同盟國的關係。[87]儲萬乘　預先準備了一個未來的萬乘之君。儲，存；預先備下。[88]不歸　不讓楚國太子回國。[89]則咸陽布衣耳　只不過是咸陽城裡的一個平民而已。[90]楚更立君　楚國如果另立一個別的人為君。[91]必不事秦　必然不再親附秦國。[92]失與國　丟失了一個同盟國。[93]絕萬乘之和　斷絕了和楚國這樣一個萬乘之國的友好關係。[94]太子之傅　即太子少傅、太子太傅等太子的輔導侍從官員。[95]反而後圖之　其他事情等他回來再商量。反，同「返」。圖，謀劃；商量。[96]欲以求利　想用您為質以向楚國討價還價。[97]力未能有以利秦　您現在沒有能力給秦國提供好處。[98]陽文君子二人在中　而您叔叔現擺著有兩個兒子就在楚國宮廷。陽文君，楚頃襄王的兄弟，太子完之叔，其名與事跡不詳。在中，在宮中；在楚王身邊。[99]卒大命　猶言「盡天年」，即死。卒，盡。大命，生來所秉的年限。[100]太子不在　意即您如果不在楚王身邊。[101]不得奉宗廟　指不能繼位為王，因為只有帝王才能主持祭祀皇族的宗廟。[102]亡秦　從秦國逃走。[103]與使者俱出　跟著回楚探聽消息的使者一起離開秦國。[104]臣請止二句　我留下來處理後事，頂多不過一死麼。止，留；留下來處理善後事宜。按，春申君事跡之尚可信且尤光輝者，僅此而已，蓋不亞於「完璧歸趙」之藺相如與「鴻門宴」之張良也。[105]為楚使者御　裝扮成歸楚使者的車夫。御，車夫。[106]出關　指出函谷關（在今河南靈寶東北），當時的楚國都城在陳（今河南淮陽）。[107]守舍　留守楚太子所住的館舍。[108]常為太子謝病　常常稱說太子有病，不能見秦人。[109]度太子已遠　估計楚太子已經走遠，秦兵已經無法追趕了。度，忖度；估量。[110]自言於王　自己去向秦王說明了事情經過。[111]出身以徇其主　不怕犧牲自己以拯救他的主人。出身，猶言「獻身」。徇，為某種目的而貢獻自己的一切。[112]必用歇　必用黃歇為丞相。[113]無罪　不要怪罪。[114]以親楚　以此來加強秦與楚國的聯盟。[115]王從之　按，以上黃歇脫楚太子於秦事，見於《史記・春申君列傳》，今本《戰國策》不載。春申君當時之所以名滿天下者，或以此耶？[116]考烈王　名完，西元前二六二—前二三〇年在位。[117]封以淮北地二句　淮北地指今江蘇之海州及山東之沂州一帶地區。〈春申君列傳〉作「封淮北地十二縣」。

【校　記】①豈人主之子侯　「侯」原作「孫」。《四部叢刊》影宋本（乙十一行本）及《史記・趙世家》、《通鑑紀事本末》作「侯」，今據改。②秦武安君伐韓……五十二年　此廿二字串行脫文。據章鈺校，十二行本、乙十一行本、孔天胤本皆有此廿二字，張瑛《通鑑校勘記》同。今從諸本及《通鑑紀事本末》補。③楚頃襄王　「楚」字原脫。據章鈺校，十二行本、乙十一行本、孔天胤本皆有此字，張敦仁《通鑑刊本識誤》同。今從諸本及《通鑑紀事本末》補。

【語　譯】五十年（丙甲　西元前二六五年）

秦國宣太后去世。九月，穰侯魏冉被解除職務，出函谷關回到封地陶邑。

司馬光說：「穰侯魏冉擁立秦昭襄王，為他消滅了所有政敵；又舉薦白起為大將，向南奪取了楚國的鄢邑和郢都；向東拓展領土，使秦國的東部邊境與齊國相連接，天下所有諸侯都屈服於秦國的威勢而向秦國俯首稱臣。秦國所以越來越強大，這都是穰侯魏冉的功勞啊。雖然他專斷跋扈，驕橫貪婪，足以為他招致大禍，但也不至於像范雎所說的那樣壞。至於范雎這個人，他並不是完全為秦國盡忠效力，只是想得到穰侯的高位，所以他才扼住穰侯的咽喉死不放手，終於使秦昭襄王和自己的母親宣太后斷絕了母子之情，和舅父穰侯魏冉斷絕了舅甥之恩。總之，范雎確實是一個狠毒危險的人物啊！」

秦昭王立安國君嬴柱為太子。

秦國攻打趙國，佔領了趙國的三座城邑。由於剛剛即位的趙孝成王年紀幼小，就由他母親趙威后代掌朝政，趙威后派人去向齊國求救。齊國答覆趙使說：「趙國必須把趙太后的小兒子長安君送到齊國做人質，齊國才肯出兵。」趙太后不答應送長安君到齊國做人質，齊國也不肯發兵救趙。趙國的大臣極力勸說太后，太后明確地對左右的人說：「再有勸說我送長安君到齊國做人質的，老婦我就把唾沫唾到他的臉上。」左師觸龍請求拜見太后，太后憋著一肚子氣等待觸龍進來。觸龍緩慢地小步疾走到太后面前坐下，很抱歉地對太后說：「我的腳有毛病，很久沒有來看望您，我私下裡揣度，擔心太后的身體有所不適，所以前來看望。」太后說：「我的腿腳也不好，全靠坐車。」觸龍說：「太后的飯量沒有減少吧？」太后說：「也只是喝點粥罷了。」太后緊繃著的臉稍稍舒緩下來。觸龍說：「我兒子當中，舒祺最小，也最沒出息，而我年紀大了，內心最疼愛他，希望太后恩典，讓舒祺當一個王宮侍衛，保衛王宮。我今天冒著死罪來向您懇求此事。」太后說：「可以。舒祺今年多大了？」觸龍回答說：「十五歲了。雖然還小，但我希望在我死之前將他託付給太后。」太后說：「你們男人也疼愛小兒子嗎？」觸龍說：「比女人更疼愛。」太后笑著說：「還是女人疼愛得厲害。」觸龍說：「我覺得太后您疼愛長安君的程度就不如疼愛燕后。」太后說：「您說錯了。我疼愛燕后遠遠比不上我疼愛長安君。」觸龍說：「做父母的疼愛子女，就要為子女考慮長遠。記得太后在送燕后出嫁的時候，太后拉著燕后的腳哭泣，想到她遠嫁燕國，很難再見面，也真是夠傷心的。燕后出嫁以後，太后您不是不想念她，但在每次祭祀的時候卻祈禱說『千萬別讓她回來！』這難道不是為燕后考慮長久，希望她的子孫永遠為燕國之主嗎？」太后說：「是這麼回事。」觸龍接著又說：「從三輩以前往上推，一直推到趙國建立的時候，那些被封為侯的王子們的後代，他們的封地、封號還有保留到今天的嗎？」太后說：「沒有了。」觸龍說：「這些受封的王子王孫，近的，受封者本人活著的時候就遭遇災禍被廢除；長遠一點的，在第二代或第三代遭到廢除。難道國君的子孫一旦封侯，行為就變得不好了嗎？不是，是他們地位雖然尊貴，享受的俸祿雖然優厚，卻沒有為國家建立什麼功勳，而擁有很多珍寶造成的呀。如今，太后您把長安君的爵位提得那麼高，又把最肥沃的土地封給他，還賞賜他許多財寶，但是卻沒有讓他趁著現在為國家建立功勳。一旦您離開人世，長安君依靠什麼在趙國立足呢？」太后說：「我明白了，長安君就隨你們安排他吧。」於是為長安君準備了一百輛車子，讓他帶著到齊國去做人質；齊國這才派兵增援趙國。秦軍聽到齊國出兵的消息以後就撤軍回國了。

齊國安平君田單率領趙軍攻打燕國，佔領了燕國的中陽；又去攻打韓國，佔領了注人。

齊襄王田法章去世，他的兒子田建即位。齊王田建年紀很小，齊國的軍國大事都由君王后主持。

五十一年（丁酉　西元前二六四年）

秦國武安君白起率領秦軍攻打韓國，攻克了九個城邑，消滅韓國五萬人。

任命齊國安平君田單為趙國丞相。

五十二年（戊戌　西元前二六三年）

秦國武安君白起率軍攻打韓國，佔領了韓國的南陽，進攻太行山的山隘，封鎖了山道。

楚國頃襄王病重。陪同楚太子羋完在秦國做人質的黃歇對秦國的應侯范雎說：「楚王的病恐怕好不了，為了秦國的利益，不如將楚國太子羋完送回楚國。羋完如果能被立為楚王，他必然會厚待秦國，對丞相您也會無限感激。既加深與同盟國的關係，又預先儲備了一個未來的萬乘之君。如果不允許楚太子羋完回國，太子羋完只不過是住在咸陽城裡的一個平民而已。楚國如果另立別人為楚君，必定不再親附秦國；秦國既失掉了一個同盟國又斷送了與一個萬乘大國的友誼，不是好計策。」應侯范雎將這個意見奏告秦昭王。秦昭王說：「先派楚太子的師傅回楚國問候楚王，等他回來以後再做決定。」

黃歇和楚太子羋完商議說：「秦國羈留您，目的是為了謀求秦國的利益。如今您沒有能力使秦國得到利益，而楚王的弟弟陽文君的兩個兒子卻在國內。如果楚王駕崩，太子您又不在楚王身邊，陽文君的兒子必定被立為楚王，您就不能繼承王位了。您不如從秦國逃走，跟隨回楚國探聽消息的使者一起離開秦國回楚國去。我留下來處理後事，大不了一死。」於是，楚太子羋完喬裝成楚國使者的車夫混出函谷關；黃歇在楚太子的館舍裡留守，他經常以太子有病為藉口謝絕賓客的來訪。黃歇估計太子羋完已經走得夠遠，就親自去向秦王說明事情經過，他說：「楚國太子已經走了，估計現在已經回到楚國。希望您賜我一死。」秦昭王聽了非常惱怒，就想將黃歇處死。應侯范雎勸阻說：「黃歇作為臣子，願意為他的主人犧牲性命。楚太子羋完如果做了楚國的國君，一定會重用黃歇。不如將他無罪釋放，讓他回到楚國，以此來加強秦國與楚國的聯盟。」秦昭王聽從應侯的建議，放黃歇回到楚國。黃歇回到楚國三個月，也就是當年的秋天，楚頃襄王去世，太子羋完繼承了王位，就是楚考烈王。楚考烈王任命黃歇為相國，並將淮河以北的土地分封給他，號稱春申君。

五十三年（己亥　西元前二六二年）

楚人納州于秦❶以平❷。

武安君伐韓❸，拔野王❹。上黨路絕❺，上黨守馮亭❻與其民謀曰：「鄭道已絕❼，秦兵日進❽，韓不能應❾，不如以上黨歸趙❿。趙受我，秦必攻之。趙被秦兵⓫，必親韓。韓、趙為一，則可以當秦矣。」乃遣使者告於趙曰：「韓不能守上黨，入之秦⓬，其吏民皆安於趙，不樂為秦⓭。有城市邑⓮十七，願再拜獻之大王。」趙王以告平陽君豹⓯，對曰⓰：「聖人甚禍無故之利⓱。」王曰：「人樂吾德⓲，何謂無故？」對曰：「秦蠶食韓地⓳，中絕，不令相通⓴，固自以為坐而受上黨㉑也。韓氏所以不入於秦者㉒，欲嫁其禍於趙㉓也。秦服其勞㉔，而趙受其利㉕，雖彊大，不能得之於弱小㉖，弱小固能㉗得之於彊大乎？豈得謂之非無故哉？不如勿受。」王以告平原君㉘，平原君請受之㉙。王乃使平原君往受地㉚。以萬戶都三㉛封其大守為華陽君，以千戶都三封其縣令為侯㉜，吏民皆益爵三級㉝。馮亭垂涕不見使者，曰：「吾不忍賣主地而食之㉞也。」

五十五年（辛丑　西元前二六〇年）

秦左庶長王齕㉟攻上黨，拔之㊱。上黨民走趙㊲。趙廉頗軍於長平㊳，以按據㊴上黨民。王齕因伐趙，趙軍數戰㊵不勝，亡一裨將[1]、四尉㊶。趙王與樓昌、虞卿㊷

謀，樓昌請發重使為媾[43]。虞卿曰：「今制媾[44]者在秦，秦必欲破王之軍[45]矣。雖往請媾，秦將不聽[46]。不如發使，以重寶附楚、魏[47]。楚、魏受之[48]，則秦疑天下之合從[49]，媾乃可成[50]也。」王不聽，使鄭朱媾於秦[51]，秦受之[52]。王謂虞卿曰：「秦內[53]鄭朱矣。」對曰：「王必不得媾[54]而軍破矣[55]。何則？天下之賀戰勝者，皆在秦矣[56]。夫鄭朱，貴人也。秦王、應侯必顯重之，以示天下[57]。天下見王之媾於秦[58]，必不救王。秦知天下之不救王，則媾不可得成[59]矣。」既而秦果顯鄭朱[60]而不與趙媾。

秦數敗趙兵，廉頗堅壁[61]不出。趙王以頗失亡多，而更怯不戰[62]，怒，數讓之[63]。應侯又使人行千金於趙[64]，為反間[65]曰：「秦之所畏，獨畏馬服君之子[66]趙括為將耳。廉頗易與[67]，且降矣[68]。」趙王遂以趙括代頗將[69]。藺相如曰：「王以名使括[70]，若膠柱鼓瑟[71]耳。括徒能[72]讀其父書傳，不知合變[73]也。」王不聽。

初，趙括自少時學兵法，以天下莫能當[74]。嘗與其父奢言兵事，奢不能難[75]，然不謂善[76]。括母問其故，奢曰：「兵，死地也[77]，而括易言之[78]。使趙不將括則已[79]；若必將之，破趙軍[80]者，必括也。」及括將行[81]，其母上書，言括不可使。王曰：「何以？」對曰：「始妾事其父，時為將[82]，身所奉飯而進食[83]者，以十數，所友者(84)以百數。王及宗室所賞賜者，盡以與軍吏、士大夫。受命之日，不問家事(85)。今括一旦為將，東鄉而朝(86)，軍吏無敢仰視之者。王所賜金帛，歸藏於家，而日視便利田宅，可買者買之(87)。王以為如其父(88)，父子異心(89)，願王勿遣(90)。」王曰：「母置之(91)，吾已決矣。」母因曰：「即如有不稱(92)，妾請無隨坐(93)。」

趙王許之。

秦王聞括已為趙將，乃陰使武安君為上將軍(94)，而王齕為裨將(95)。令軍中有敢泄武安君將者斬(96)。趙括至軍，悉更約束(97)，易置軍吏(98)，出兵擊秦師。武安君佯敗而走(99)，張二奇兵以劫之(100)。趙括乘勝追造秦壁(101)，壁堅拒(102)不得入。奇兵二萬五千人絕趙軍之後(103)，又五千騎絕趙壁間(104)。趙軍分而為二(105)，糧道絕。武安君出輕兵(106)擊之，趙戰不利，因築壁堅守(107)，以待救至。

秦王聞趙食道絕，自如河內(108)發(109)民年十五以上悉詣長平(110)，遮絕(111)趙救兵及糧食。齊人、楚人救趙(112)。趙人乏食，請粟于齊，齊王[2]弗許(113)。周子(114)曰：「夫趙之於齊、楚，扞蔽(115)也。猶齒之有脣也，脣亡則齒寒(116)。今日亡趙，明日患及齊、楚矣。救趙之務(117)，宜若奉漏甕沃焦釜(118)然。且救趙，高義(119)也；卻(120)秦師，顯名(121)也。義救亡國，威卻彊秦。不務為此而愛粟(122)，為國計(123)者，過矣。」齊王弗聽[124]。

九月，趙軍食絕四十六日，皆內陰相殺食。急來攻秦壘[3]，欲出[125]為四隊[126]，四五復之[127]，不能出。趙括自出銳卒搏戰[128]，秦人射殺之[129]。趙師大敗，卒四十萬人皆降。武安君曰：「秦已拔上黨[130]，上黨民不樂為秦而歸趙[131]。趙卒反覆，非盡殺之，恐為亂。」乃挾詐[132]而盡坑殺之，遺其小者二百四十人歸趙。前後斬首虜四十五萬人[133]。趙人大震[134]。

【章　旨】以上為第三段，寫周赧王五十三年（西元前二六二年）至五十五年共三年間的各國大事，主要寫了秦軍斷絕太行道，韓之上黨已成秦之囊中物。韓之上黨降趙，意欲促成趙、韓之聯合。結果趙國既不建立東方諸國之聯合，又錯用趙括為將，致使四十五萬趙兵被秦消滅於長平，趙國亦從此走向衰亡事。

【注　釋】❶納州于秦　將州邑割給秦國。州，也稱「州陵」，在今湖北監利東。❷平　講和。❸武安君伐韓　時當秦昭王四十五年、韓桓惠王十一年。武安君即秦將白起。❹野王　韓邑名，即今河南沁陽。❺上黨路絕　韓國的上黨郡與韓國黃河以南部分的聯繫被斬斷。上黨，韓郡名，郡治即今山西東南部的壺關縣。❻上黨守馮亭　韓國上黨郡的郡守，名叫馮亭。韓國的上黨郡，約當今山西長治地區的西北部與山西之中南部一帶地區，共有十七縣。❼鄭道已絕　上黨通向韓都新鄭的道路已被切斷。❽日進　一天天地逼近郡治壺關。❾不能應　不能抵抗。應，應戰。❿以上黨歸趙　帶著我們的上黨郡歸降趙國。⓫趙被秦兵　趙國受到秦國軍隊的攻擊時。⓬入之秦　將上黨郡拋給了秦國。⓭皆安於趙二句　都樂意歸降趙國，不願意歸降秦國。按，韓、趙、魏三國都是由晉國分出，韓國的上黨軍民願意歸趙而不願降秦，並不虛假；當然此中也有馮亭的計謀在。⓮有城市邑　有城、有市的大邑。《通鑑》胡注：「言邑之有城、市者，指言大邑也。」⓯平陽君豹　平陽君趙豹，趙惠文王之弟，趙孝成王之叔，與平原君是兄弟行。⑯對曰　平陽君回答說。⑰甚禍無故之利　甚以無緣無故飛來的好處為禍。⑱人樂吾德　人們都感念我的好處。樂，思念；感荷。⑲秦蠶食韓地　秦國多年以來不斷侵削韓國地盤。⑳中絕二句　指秦兵攻佔野王，將韓國整個地盤分割成了互不連接的南北兩塊。㉑坐而受上黨　不用再花力氣就可以坐收上黨郡。㉒韓氏所以不入於秦者　此「韓氏」即指馮亭所率領的上黨軍民。㉓欲嫁其禍於趙　想把眼前的這場災難轉嫁給趙國。㉔秦服其勞　為奪取上黨，秦國已經花了很大的力氣。㉕趙受其利　結果讓趙國白白地撿了便宜。㉖雖彊大二句　即使是強大的一方也不可能坐享弱小一方的這種便宜。㉗固能　難道反而能夠。固，同「顧」。反；反而。㉘平原君　趙勝，趙豹的兄弟行。事跡見《史記・平原君虞卿列傳》。㉙請受之　勸說趙王接受馮亭的投降。㉚往受地　前往上黨接受馮亭的投降。㉛萬戶都三　具有萬戶人家的都城三座。㉜封其縣令為侯　封上黨郡所屬的十七個縣令皆為侯爵，每人三個千戶之都的封地。㉝吏民皆益爵三級　普通官吏百姓也都每人晉升三級。瀧川曰：「以爵定級，諸國未聞，但秦有之，趙亦仿之邪？」陳直曰：「趙國有爵若干級，亦與秦制相同。」按，秦國自商鞅變法後，定封爵為二十級，凡在戰場立功或從事農業生產有貢獻者，皆授之以爵，故秦國的平民亦有級別。有爵級即有特權，可以受賞，可以折合免罪，還可以轉讓、出賣。㉞不忍賣主地而食之　不忍心做這種將上黨獻給了趙國，而自己又接受趙國的封地做食邑的事情。㉟左庶長王齕　秦將王齕，身為左庶長之爵。王齕事跡又見於《史記》之〈秦本紀〉、〈范雎蔡澤列傳〉。㊱拔之　攻克了上黨郡的郡治壺關。㊲走趙　逃向趙國。㊳廉頗軍於長平　趙將廉頗率軍駐守於長平。長平是韓縣名，縣治在今山西高平西北。㊴按據　猶言「鎮撫」，鎮撫其人民，不使散亡。㊵數戰　一連幾次戰鬥。㊶亡一裨將四尉　趙方損失了一員副將、四個校尉。裨將，副將。《史記・白起王翦列傳》作「斬趙裨將茄，取二鄣四尉」。㊷樓昌虞卿　當時皆為趙臣。㊸發重使為媾　派出高規格的使臣向秦國講和。媾，求和訂交。㊹制媾　決定講和還是不講和。制，控制；決定。㊺秦必欲破王之軍　當前秦國首要的是要消滅我們的軍隊，意即它不會與我們講和。㊻秦將不聽　秦國不會答應。將，會。㊼以重寶附楚魏　豁著花大本錢聯合楚、魏。附，依附；聯合。這裡是使動用法。㊽楚魏受之　楚、魏一旦接受了我們的重寶。㊾則秦疑天下之合從　那麼秦國就要懷疑東方各國結成了聯盟。合從，建立聯盟。㊿媾乃可成　這時秦國才會接受我們的求和。(51)使鄭朱媾於秦　派鄭朱入秦求和。鄭朱，趙國的貴族與趙王的親信。(52)秦受之　秦國接納了這個使團。(53)內　同「納」。接待。(54)王必不得媾　您肯定達不到講和的目的。(55)而軍破矣　我們趙國前方的部隊肯定要被秦國打垮。(56)皆在秦矣　肯定都往秦國去了。(57)顯重之二句　意謂秦國必然是假意地尊寵鄭朱讓天下各國看，以離間東方各國與趙國的關係，從而孤立趙國。(58)見王之媾於秦　看到您已向秦國求和。(59)則媾不可得成　謂秦國就不會答應趙國的求和，而必然要乘機消滅趙國。[60]顯鄭朱　假意地尊寵鄭朱。[61]堅壁　堅守壁壘。[62]更怯不戰　又怯懦不敢出戰。[63]數讓之　多次地派人去指責他。讓，指責。[64]行千金於趙　拿出千金花在趙國。一金約當二十兩，也有說二十四兩。[65]為反間　以假情報迷惑對方，引導對方按著自己的意思行事。[66]馬服君之子　馬服君趙奢的兒子。趙奢是趙國名將，曾大破秦兵於閼與，因功被封為「馬服君」。事跡已見前文周赧王四十五年。[67]易與　容易對付。與，打交道。[68]且降矣　而且很快就要投降啦。[69]代頗將　代替廉頗統領趙軍。[70]以名使括　憑著虛名任用趙括。[71]若膠柱鼓瑟　以比喻人的死守教條，遇事不知變通。此句乃指趙括而言，行文不明，易使人誤認為是說趙王。膠柱，把柱膠死，不能再調整弦的鬆緊。柱是琴、瑟上繫弦的轉軸。[72]徒能　只會。[73]不知合變　不懂得根據實際情況應合變通。[74]莫能當　誰也比不了。[75]不能難　猶今所謂「問不倒」。[76]然不謂善　但還是不說他好。[77]兵二句　《孫子·始計》：「兵者，國之大事，死生之地。」死地，關係人生死的大問題。[78]易言之　談起來不當一回事。易，輕；不當一回事。[79]不將括則已　不使趙括為將則還罷了。[80]破趙軍　使趙軍敗亡。[81]及括將行　等到趙括就要去軍中上任了。[82]始妾事其父二句　想當年我侍候他的父親為將軍的時候。[83]身所奉飯而進食　意即把對方視為尊長。身所奉，親自捧著。奉，捧。進食，似應作「進之」，否則此句有語病。[84]所友者　把對方看作平等的朋友。[85]受命之日二句　自受命為將之日起，便不再過問家裡的事情。〈司馬穰苴列傳〉：「將受命之日，則忘其家；臨軍約束，則忘其親；援桴鼓之急，則忘其身。」《尉繚子·武議篇》亦云：「將受命之日，忘其家。」[86]東鄉而朝　面朝東坐著接受部下的參見，以言其妄自尊大之狀。按，先秦以至漢初，除正式的坐殿、升堂仍是以南向為尊外，一般的集會、筵席，都是以東向為尊，見《史記》之〈項羽本紀〉、〈魏其武安侯列傳〉等。[87]日視便利田宅二句　本文以趙括如此行徑為短，而《史記·白起王翦列傳》寫王翦又故意以如此行徑安定秦王之心，用意不同也。[88]王以為如其父　大王您以為他和他的父親差不多。[89]父子異心　其實他和他父親的思想內心完全不同。異心，指思想作風不同。[90]願王勿遣　鍾惺曰：「括母上書言括不可將，不單述括父之言，卻將括臨事舉動占其成敗，而以『父子異心』自發一片議論。有母如此，亦可將也。」[91]母置之　猶今所謂「老太太您就別管啦」。置，任其存在，不再過問。[92]如有不稱　事情結果如與預想不符，指趙軍破敗。[93]妾請無隨坐　我請求不要讓我受牽連。隨坐，因別人犯罪而牽連受懲罰。[94]上將軍　意即「大將」，最高統帥。[95]王齕為裨將　意思是將王齕降為白起的助手，作為白起的副將。裨將，副將。鍾惺曰：「陰使武安君為上將，而王齕副之，齕亦安焉。與起共事，兩無嫌怨，而卒以成功，此亦後世人臣所難。」[96]有敢泄武安君將者斬　陳子龍曰：「敵將怯者，虛聲以下之；敵將輕者，藏形以誘之。趙括輕銳之士，故秦不泄武安君也，亦可見武安君名震於諸侯矣。」[97]悉更約束　完全改變了廉頗舊日的章程、法令。98易置軍吏　更換了廉頗舊日委派的軍官。易置，改設。99佯敗而走　謂正面受趙軍攻擊的部隊假裝失敗逃退。100張二奇兵以劫之　左右翼埋伏下兩支軍隊準備截斷他的退路。101追造秦壁　一直追到秦軍的防禦工事前。追造，一直追到。造，到；抵達。秦壁，《正義》曰：「一名『秦壘』，今亦名『秦長壘』。」102壁堅拒　守衛防禦工事的秦兵堅決抵抗。103絕趙軍之後　斷絕了這支追兵的退路。104絕趙壁間　語略不順，意即將趙國陣地上的軍隊分隔成為兩塊。李笠見此四字不順，乃將「間」字屬下句讀，作「絕趙壁，間趙軍分為二」。謂「此亦『祝聃衷戎師』，與『鬥廉衡陳其師於巴師之中』之故智也。或以『間』字連上讀，非。」按，李氏所引二事，分別見於《左傳》之隱公九年與桓公九年，總的意思不錯；但「間」字屬下句讀亦仍是不順。105趙軍分而為二　實則是被分割為三塊。106輕兵　《正義佚存訂補》曰：「人馬不帶甲為輕兵。」按，此處似指小股部隊。107築壁堅守　《正義》曰：「趙壁，今名趙東壘，亦名趙東長壘，在澤州高平北五里，即趙括築壁敗處。」由此可知，長平之戰的遺址至唐時尚存，在今高平西北的山地中。108自如河內　秦昭王親自到達臨近長平的河內地區，即前文所說野王一帶，後來秦國在這一帶設立了河內郡。109發　徵調。110年十五以上悉詣長平　意思是讓河內地區十五歲以上的男人一律開赴前線。古代規定，男人二十三歲（有時也規定為二十歲）算是「成丁」，開始為國家當兵、服傜役。至於戰爭年代，就全憑掌權者的需要了，這裡是徵調「年十五」以上的。楊寬曰：「據此可見，秦制男子十五足歲即登記戶籍，開始有服役與納戶賦之責任。」按，漢代樂府有「十五從軍征」，杜甫詩有所謂「或從十五北防河」，看來「年十五」也是一條習慣的劃線。蕭何為給劉邦補充兵源，有所謂「發關中老弱未傅（未著籍）悉詣滎陽」，不知蕭何的最低線劃在了何處。悉詣，全部到達；全部送到。111遮絕　截斷。112齊人楚人救趙　當時救趙出力最大的是魏與楚，見〈魏公子列傳〉、〈平原君虞卿列傳〉、〈春申君列傳〉、〈六國年表〉等篇。唯齊之救趙，僅於此處一見。又，魏、楚之救趙在西元前二五七年，即齊王建八年，非此所謂齊王建六年。梁玉繩以為此「王建六年」應作「五年」，然而齊王建五年，秦、趙長平之戰時，各篇均無「齊、楚救趙」事。113齊王弗許　齊王建不答應趙軍的借糧。按，結合齊王對趙之借糧尚不許，可知其更不可能有救趙事。114周子　齊之謀臣，史失其名。鮑彪以為是「周最」，不知確否。115扞蔽　屏蔽；屏障。齊國居趙之東，固無待言；即以楚國而言，當時國都已遷至今安徽壽縣，秦不滅趙，則無法東滅齊、楚也。116脣亡則齒寒　最早先於《左傳》僖公十年宮子奇諫虞君語，其後又見於《戰國策·趙策一》張孟談謂韓、魏之君語，蓋古諺也。117救趙之務　救趙之緊急程度。鮑彪曰：「務，事也。」118奉漏甕沃焦釜　極言其不容耽擱。奉，捧。沃，澆；使之冷卻。119高義　崇高的道德與仁義。120卻　打退。121顯名　美名；顯赫的威名。122愛粟　吝惜糧食。123為國計　為國家的根本利益考慮。124齊王弗聽　依本文所言，趙借粟於齊，齊人不應事，應在長平之戰前，此敘於「齊、楚救趙」後，誤。以上周子勸齊王助趙事，見《戰國策・齊策二》，「周子」《策》文作「蘇秦」，然蘇秦已死於前五國伐齊時（西元前二八四年），本文作「周子」是。徐孚遠曰：「齊不救趙，非為愛粟，深結於秦，蓋其本謀誤也。」(125)急來攻秦壘二句　趙軍出攻秦軍壁壘，意欲突出重圍。(126)為四隊　謂趙括將趙軍分為四組，輪番向外突圍。(127)四五復之　意即向外突圍了四五次。(128)趙括自出銳卒搏戰　趙括親自率領精銳部隊與秦軍搏戰意欲突圍。(129)秦人射殺之　陳子龍曰：「廉頗僅支王齕，而括安能敵白起？然趙軍既分為二，括猶築壁堅守至四五十日而後敗，括亦良將也。特以視秦太輕，墮秦之誘耳。」按，有關趙括之敗，可參看《史記》之〈廉頗藺相如列傳〉、〈白起王翦列傳〉。(130)秦已拔上黨　當秦軍攻克上黨郡治的時候。(131)不樂為秦而歸趙　即上文所謂「王齕攻上黨，拔之。上黨民走趙」。(132)挾詐　使用欺騙手段。(133)前後斬首虜四十五萬人　首虜，原指斬敵之首與捉得俘虜，有時也單指「首級」或俘虜，此處意謂在戰場上斬殺與俘獲、投降後活埋共四十五萬人。武國卿、慕中岳引《水經注》曰：「長平城西有秦壘，秦坑趙卒，收頭顱築臺於壘中，迄今猶號『白起臺』。」《括地志》曰：「頭顱山在縣西五里，白起臺在其上。」又曰：「冤谷，在今高平城西二十里，舊稱『殺谷』。唐玄宗到潞州，路過致祭，又名『省冤谷』。」按，今山西高平已發現屍骨坑多個，靳生禾、謝鴻喜〈長平之戰古戰場巡禮〉認為「以韓王山麓為中心的三角形地帶」是當時秦國出動奇兵以分斷趙軍，和兩軍最後決戰，以及白起大規模屠殺戰俘的地方。(134)趙人大震　靳生禾、謝鴻喜曰：「是役可謂東周五百年列國林立而兼併混戰過渡到統一的中央集權國家的決定性之戰，是以對中國古代歷史發展，產生了極其深遠的影響。」瀧川引何晏曰：「白起之降趙卒，詐而坑其四十萬，豈徒酷暴之謂乎，後亦難以重得志矣。向使眾人皆豫知降之必死，則張虛拳猶可畏也，況於四十萬被堅執銳哉！天下見降秦之將頭顱似山，歸秦之眾屍積成丘，則後日之戰，死當死耳，何眾肯服，何城肯下乎？其所以終不敢復加兵於邯鄲者，非但憂平原君之補袒，患諸侯之救至也，徒諱之而不言耳。」

【校　記】 [1]亡一裨將　「亡」，原作「止」。據章鈺校，十二行本、乙十一行本、孔天胤本皆作「亡」，張瑛《通鑑校勘記》同。今從諸本及《通鑑紀事本末》改。[2]齊王　「齊」字原無。據章鈺校，十二行本、乙十一行本、孔天胤本皆有此字，張敦仁《通鑑刊本識誤》、張瑛《通鑑校勘記》同。今從諸本及《通鑑紀事本末》補。[3]秦壘　「秦」字原無。據章鈺校，十二行本、乙十一行本、孔天胤本皆有此字，張敦仁《通鑑刊本識誤》、張瑛《通鑑校勘記》同。今從諸本及《通鑑紀事本末》補。

【語　譯】 五十三年（己亥　西元前二六二年）

楚國將州邑割讓給秦國以求與秦國和好。

秦國武安君白起率軍攻打韓國，攻佔了野王。韓國上黨通往都城新鄭的道路被切斷，上黨郡守馮亭跟屬下商議說：「我們通往都城的道路已經被切斷，秦軍一天天逼近，我們國家已經沒有辦法前來救援。我看不如將上黨獻給趙國，趙國如果接收了上黨，秦國一定會進攻趙國。趙國受到秦國的攻擊，必定和韓國聯合。韓、趙結為統一聯盟，就可以抵抗秦國了。」於是派使者對趙孝成王說：「韓國已經不能保有上黨郡，上黨郡遲早會被秦國所佔有，上黨郡的百姓都願意歸降趙國，而不願意歸降秦國。屬於上黨郡管轄的有城有市的大邑就有十七個，願意全部奉獻給大王。」趙孝成王將此事告訴平陽君趙豹，平陽君說：「聖人把無緣無故得到的利益看做是最大的災禍。」趙孝成王說：「上黨的人都感念我的仁德，怎麼能說是無緣無故呢？」平陽君說：「目前秦國正在像蠶吃桑葉一樣一點一點的吞食韓國，韓國上黨郡通往都城新鄭的道路已經被秦軍切斷，使兩地不能互相支援，秦國完全不用再花費力氣就可以佔有韓國的上黨。上黨軍民所以不投降秦國而要將上黨獻給趙國，就是想把眼前的災禍轉嫁給趙國。為奪取上黨，秦國已經付出了很大的辛勞，結果讓趙國白白撿得便宜，這樣的好事，即使是強大的一方，也不能從弱小的一方那裡得到；何況我們是弱小的一方，又怎麼能從強大的秦國手中白得土地呢？這難道不是無緣無故得到的利益嗎？我們不如不接受。」趙孝成王又去徵求平原君趙勝的意見，平原君贊成接受上黨。趙孝成王就派平原君趙勝前往上黨接受土地。趙國將上黨郡具有萬戶人家的城邑三座分封給上黨郡守馮亭作為封邑，同時封他為華陽君；封上黨郡所屬的十七個縣令都為侯爵，每人三個千戶之都的封地，普通官吏、百姓也都晉升三級。馮亭痛哭流涕不肯出來會見趙國的使者，他說：「我不忍心做這種將國君的土地獻給趙國，而自己卻接受趙國封賞這樣的事情。」

五十五年（辛丑　西元前二六〇年）

秦國左庶長王齕率領秦軍攻陷上黨。上黨的百姓都逃往趙國。趙國大將廉頗率趙軍駐守在長平，鎮撫從上黨逃來的韓國難民。王齕藉機攻打趙國。趙軍與秦軍交戰多次，卻總是不能取勝，還損失了一員裨將、四個校尉。趙孝成王和樓昌、虞卿商議，樓昌主張派出高級使臣去與秦國講和。虞卿說：「如今的形勢是秦國在掌握著和談的主動權，秦國必定下決心要消滅趙國的軍隊。我們就是派再高級別的使臣前去與秦國談判，恐怕秦國也不會停止攻打趙國，還不如花大本錢派使者去聯合楚國和魏國。如果楚國和魏國收下了我們的重禮，那麼秦國就會懷疑東方的諸侯國要聯合起來對付他了，那時再與秦國講和才有可能。」趙孝成王不肯聽從虞卿的主張，他派大臣鄭朱到秦國去求和，秦國答應和鄭朱舉行談判。趙孝成王高興地對虞卿說：「秦國已經和鄭朱接觸了。」虞卿回答說：「大王您要有心理準備，和談肯定不會成功，而我們的軍隊還要遭受重大損失。為什麼呢？因為許多諸侯國的使團都到秦國祝賀秦國取得的勝利去了。鄭朱是一個高級使者。秦王、應侯必定盛情款待，大張旗鼓的進行宣傳，讓天下所有的人都知道趙國派鄭朱到秦國求和。天下的諸侯看見大王派人去向秦國求和，一定不會再發兵前來救趙；秦國知道沒有人救援趙國，也必定不會答應趙國的求和反而會繼續攻打趙國。」事情的發展果然像虞卿預料的那樣：秦國盛情款待鄭朱，卻拒絕與趙國和談。

秦國在戰場上多次打敗趙軍，趙國的大將廉頗堅守營壘不肯與秦軍交戰。趙孝成王見廉頗的軍隊傷亡很大，又怯敵而不敢出戰，非常惱火，多次派人去責備廉頗。秦國應侯范睢又派人帶著很多錢財到趙國的都城實施反間計散布說：「秦國最害怕馬服君趙奢的兒子趙括為將。廉頗容易對付，很快就要向秦國投降了。」趙孝成王聽信傳言，竟然任命趙括為大將代替廉頗統領趙軍。藺相如勸諫趙孝成王說：「大王您是根據虛名而重用趙括。如果用膠把瑟的弦柱粘住，誰都知道，那將無法調節音調、彈出好音樂的，這就如同趙括，他只知機械地閱讀他父親的兵書，卻不懂得根據實際情況應和變化。」趙王不肯聽藺相如的勸告。

當初，趙括在很小的時候就熟讀兵書，認為自己天下無敵；他曾經和父親趙奢談論兵法，趙奢也難不倒他，但趙奢還是不說他好。趙括的母親為此詢問趙奢，趙奢回答說：「用兵打仗是關係眾人生死的大問題，而趙括卻把它看得那麼輕而易舉。趙括不被任用為大將也就罷了；如果一定要任他為大將，那麼斷送趙國軍隊的，必定是他了。」等到趙括被趙孝成王任命為大將就要出發的時候，趙括的母親寫信給趙王，說趙括不能擔此重任。趙孝成王問她：「為什麼呢？」趙括的母親說：「我剛嫁給趙奢的時候，趙奢已經是大將了，那時，每天需要我親自捧著食物當做尊長一樣招待的客人就有幾十人，作為朋友招待的有幾百人。大王和皇親國戚所賞賜的東西，趙奢全部拿出來分發給手下的人。接到打仗的命令以後，從不過問家事。如今趙括剛一當上大將就擺開了大將的架勢：氣勢淩人地面朝東坐著接受部下的參拜，那些軍吏被嚇得沒有人敢抬頭看他。大王賞賜的錢物，他全都拿回家中收藏起來，每天打聽哪裡的土地房屋便宜，就將那裡的土地房屋買下來。大王以為他和他的父親一樣，其實他們父子倆的想法完全不一樣，我懇請大王不要派他去接替廉頗將軍。」趙孝成王說：「老人家，這事您就別管了，我的決心已定。」趙括的母親又說：「如果趙括不稱職打了敗仗，我請求不要株連。」趙孝成王答應了她的請求。

秦昭王聽到趙國已經任命趙括為趙將接替了廉頗的消息以後，就祕密的任命武安君白起為上將軍，改任王齕為副將。下令軍中說敢把白起為上將軍的祕密洩露出去，立即斬首。趙括來到軍營，把原來廉頗治軍的一切章程全部改變，把原來廉頗任用的各級軍吏全部撤換，並一改廉頗堅守不戰的策略，主動派兵攻打秦軍。武安君白起假裝失敗撤退，而暗中卻在兩翼布置了伏兵準備襲擊趙軍。趙括不知自己中計，貿然地率軍乘勝追趕秦軍，一直追到秦軍的營壘前；負責守衛營壘的秦軍頑強抵抗，趙括的軍隊無法攻入。而此時秦軍布下的兩路伏兵共有兩萬五千人已經截斷了趙軍的退路，又有五千騎兵已經攻入趙軍的營壘，將趙軍分為兩處，使彼此不能救援，運糧的通道也被秦軍堵死。秦國的統帥武安君白起調動輕裝部隊襲擊趙軍，趙軍作戰失利，只好仿效廉頗，加強防禦工事、堅守營壘，等待趙軍救援。

秦王聽說趙軍的運糧通道已經被切斷，便親自趕往河內，把從河內徵調的十五歲以上的男子全部派往長平，以攔截趙國的援軍和糧草。齊國、楚國都派出軍隊援救趙國。趙國缺少糧食，派人向齊國請求救濟，遭到齊王建的拒絕。齊國的謀臣周子說：「趙國對於齊國和楚國來說，就像是一道屏障。如同牙齒有嘴脣的保護一樣，嘴脣沒有了，牙齒就會遭受寒冷的侵襲；今天趙國滅亡了，明天災禍就要降臨到齊國、楚國的頭上了。救援趙國的緊急程度，就好比捧著一個嘩嘩漏水的甕去澆滅著了火的鍋一樣，不抓緊就來不及了。再說，救援趙國，是最崇高的道德與仁義；打退秦軍又可以使齊國大顯威名；簡而言之，救趙義不容辭，擊退強秦可以樹立威信。不把這件事作為當務之急，卻吝惜一點糧食，從國家的根本利益考慮，這樣做是錯誤的。」

齊孝成王不接受周子的勸告。

到了九月，趙國的軍隊中已經斷絕糧食四十六天了，內部已經在暗中人殺人、人吃人了。於是加緊攻打秦軍，企圖突出包圍，趙括將人馬分為四隊，輪番向外突圍了四五次，仍然衝不出秦軍的包圍。趙括親自率領精銳部隊再次向秦軍發起猛攻，秦軍用箭射死了趙括。趙軍喪失了主將，軍心瓦解，被秦軍打得大敗，四十萬趙軍全部投降了秦軍。武安君白起說：「我們秦軍已經攻下了上黨，上黨的百姓不願意歸順秦國而願意歸附趙國。趙國的士卒反覆無常，不把他們全部消滅，恐怕會給將來留下禍患。」於是竟然採取欺騙的手段把四十萬趙軍全部活埋了，只把二百四十名未成年的孩子放回趙國。這次戰役，秦軍先後消滅了趙國四十五萬人；趙國舉國驚恐。

五十六年（壬寅　西元前二五九年）

十月，武安君分軍為三❶。王齕攻趙武安、皮牢❷，拔之；司馬梗北定太原❸，盡有上黨地❹。韓、魏恐[1]，使蘇代❺厚幣❻說應侯曰：「武安君即圍邯鄲乎❼？」曰：「然。」蘇代曰：「趙亡，則秦王王矣❽。武安君為三公❾，君能為之下❿乎？雖欲無為之下，固不得已矣。秦嘗攻韓，圍邢丘⓫，困上黨，上黨之民皆反為趙⓬。天下不樂為秦民之日久矣。今亡趙，北地入燕⓭，東地⓮入齊，南地⓯入韓、魏，則君之所得民無幾何人⓰矣。不如因而割之⓱，無以為武安君功⓲也。」應侯言於秦王曰：「秦兵勞，請許韓、趙之割地以和，且休士卒。」王聽之，割韓垣雍⓳、趙六城以和。正月，皆罷兵⑳。武安君由是與應侯有隙㉑。

趙王將使趙郝㉒約事於秦㉓，割六縣㉔。虞卿謂趙王曰：「秦之攻王也，倦而歸乎㉕？王以其力尚能進㉖，愛王而弗攻乎㉗？」王曰：「秦不遺餘力㉘矣，必以倦而歸也。」虞卿曰：「秦以其力攻其所不能取㉙，倦而歸；王又以其力之所不能取以送之㉚，是助秦自攻㉛也。來年，秦攻王，王無救矣。」趙王計未定。

樓緩㉜至趙，趙王與之計之。樓緩曰：「虞卿得其一，不得其二。秦、趙構難㉝，而天下皆說㉞，何也？曰『吾且因彊而乘弱矣㉟。』今趙不如亟割地為和㊱，以疑天下㊲，慰秦之心㊳。不然，天下將因秦之怒，乘趙之敝，瓜分之。趙且亡，何秦之圖乎㊴？」

虞卿聞之，復見曰：「危哉，樓子之計㊵！是愈疑天下㊶，而何慰秦之心㊷哉！獨不言㊸其示天下弱㊹乎？且臣言勿與㊺者，非固勿與而已也㊻。秦索六城於王，而王以六城賂齊。齊，秦之深讎㊼也，其聽王㊽不待辭之畢㊾也。則是王失之於齊，而取償於秦㊿，而示天下有能為(51)也。王以此發聲(52)，兵未窺於境(53)，臣見秦之重賂(54)至趙，而反媾於王(55)也。從秦為媾(56)，韓、魏聞之，必盡重王(57)。是王一舉而結三國之親(58)，而與秦易道(59)也。」趙王曰：「善。」使虞卿東見齊王，與之謀秦。虞卿未返(60)，秦使者已在趙(61)矣。樓緩聞之，亡去(62)。趙王封虞卿以一城。

秦之始伐趙也，魏王(63)問於諸大夫[2]，皆以為秦伐趙，於魏便(64)。孔斌(65)曰：「何謂也？」曰：「勝趙，則吾因而服(66)焉；不勝趙，則可承敝而擊之(67)。」子順(68)曰：「不然。秦自孝公(69)以來，戰未嘗屈(70)。今又屬其良將(71)，何敝之承(72)？」大夫曰：「縱其勝趙，於我何損？鄰之羞，國之福也(73)。」子順曰：「秦，貪暴之國也。勝趙，必復他求(74)，吾恐於時(75)魏受其師(76)也。先人有言，燕雀處屋(77)，子母相哺(78)，呴呴焉(79)相樂也，自以為安(80)矣。竈突炎上(81)，棟宇(82)將焚，燕雀顏不變(83)，不知禍之將及己也。今子不悟趙破患將及己(84)，可以人而同於燕雀乎(85)？」

子順者，孔子六世孫(86)也。初，魏王聞子順賢，遣使者奉(87)黃金束帛(88)，聘以為相。子順謂使者[3]曰：「若王能信用(89)吾道，吾道固為治世(90)也。雖蔬食飲水(91)，吾猶為之。若徒欲制服吾身(92)，委以重祿，吾猶一夫(93)耳，魏王奚少於一夫(94)？」使者固請，子順乃之魏，魏王郊迎(95)以為相。子順改嬖寵之官(96)，以事賢才(97)；奪無任之祿(98)，以賜有功。諸喪職秩(99)者[4]咸不悅，乃造謗言(100)。文咨(101)以告子順。子順曰：「民之不可與慮始(102)久矣。古之善為政者，其初不能無謗。子產相鄭(103)，三年而後謗止(104)。吾先君(105)之相魯(106)，三月而後謗止(107)。今吾為政日新(108)，雖不能及賢[109]，庸知謗乎[110]？」文咨曰：「未識先君之謗[111]何也？」子順曰：「先君相魯，人誦之曰『麛裘而芾[112]，投之無戾[113]。芾而麛裘[114]，投之無郵[115]。』及三月，政化既成[116]，民又誦曰『裘衣章甫[117]，實獲我所[118]。章甫裘衣，惠我無私[119]。』」文咨喜曰：「乃今[120]知先生不異乎聖賢[121]矣。」

子順相魏凡[122]九月，陳大計[123]輒[124]不用，乃喟然[125]曰：「言不見用，是吾言之不當[126]也。言不當於主，居人之官，食人之祿，是尸利素餐[127]，吾罪深矣！」退而以病致仕[128]。人謂子順曰：「王不用子，子其行乎[129]？」答曰：「行將何之？山東之國[130]，將并於秦[131]。秦為不義，義所不入[132]。」遂寢於家[133]。新垣固[134]請[135]子順曰：「賢者所在，必興化致治[136]。今子相魏，未聞異政[137]而即自退，意者[138]志不得乎，何去之速也？」子順曰：「以無異政[139]，所以自退也。且死病[140]無良醫。今秦有吞食天下之心，以義事之[141]，固不獲安[142]。救亡不暇[143]，何化之興[144]？昔伊摯[145]在夏，呂望[146]在商，而二國不治，豈伊、呂之不欲哉[147]？勢不可也。當今山東之國，敝而不振[148]，三晉[149]割地以求安，二周[150]折而入秦[151]，燕、齊、楚已屈服矣。以此觀之，不出二十年，天下其盡為秦乎[152]？」

秦王欲為應侯必報其仇，聞魏齊在平原君所[153]，乃為好言[154]誘平原君至秦而執之[155]。遣使謂趙王曰：「不得齊首[156]，吾不出王弟於關[157]。」魏齊窮[158]，抵虞卿[159]，虞卿棄相印[160]，與魏齊偕亡[161]。至魏，欲因信陵君以走楚[162]。信陵君意難見之[163]，魏齊怒，自殺。趙王卒[164]取其首以與秦，秦乃歸平原君。

九月，五大夫王陵[165]復將兵伐趙。武安君病，不任行[166]。

【章　旨】以上為第四段，寫周赧王五十六年（西元前二五九年）的各國大事，主要寫了趙國在長平之敗後親秦派與抗秦派的尖銳鬥爭，突出地表現了虞卿思想的卓越與趙王的昏庸。也寫了孔子順對魏國、對整個天下形勢的清醒認識。東方國家的事情固然難為，但統治者的昏聵腐朽也是造成它們慘重失敗的重要原因。同時也寫了秦國在取得長平之勝後，范雎與白起的矛盾日益激化，為下段的秦殺白起埋下伏線。

【注　釋】❶分軍為三　梁玉繩曰：「此只言王齕、司馬梗二軍者，不數武安君先歸之一軍也。」❷武安皮牢　皆趙縣名，武安在今河北武安西南；皮牢在今山西翼城東北。❸太原　指晉陽（今山西太原西南）一帶地區，當時屬趙。後來秦國在這一帶設立太原郡，郡治晉陽。此以後來之地理形勢言之。❹上黨地　今太原以南的山西東南部地區。❺蘇代　戰國後期有名的辯士，〈蘇秦列傳〉以為是蘇秦之弟，實應是蘇秦之兄，詳見韓兆琦《史記箋證》之〈蘇秦列傳〉注。❻厚幣　厚禮，一般用璧、帛、馬匹等物充之。❼武安君即圍邯鄲乎　武安君不是即將進而包圍邯鄲嗎。即，行將。❽趙亡二句　趙國一被消滅，則秦王即將稱王於天下。胡三省曰：「秦之稱王，自王其國耳；今破趙，則將王天下也。」中井曰：「下『王』字，疑當作『帝』。」❾武安君為三公　三公指丞相、太尉、御史大夫，此借指人臣中之權位最高者。❿為之下　處於他的職位之下。⓫圍邢丘　梁玉繩曰：「鮑、吳〈秦策〉注云此當作『陘』，即韓桓惠王九年『秦拔韓陘』事。」王念孫曰：「『丘』字當衍。」此即前文「昭王四十三年，白起攻韓陘城，拔五城」事。⓬皆反為趙　都逃歸了趙國。⓭北地入燕　趙國北部地區的居民逃歸燕國。當時趙國的北部在今任丘、大城一帶與燕國為鄰。⓮東地　趙國東部地區的居民。當時趙國的東部在今館陶、清河縣一帶與齊國為鄰。⑮南地　趙國南部地區的居民。當時趙的南部與韓、魏犬牙交錯。⑯所得民無幾何人　意即你們秦國得不到趙國的多少人口。無幾何，沒有多少。⑰因而割之　趁著機會逼著趙國割地求和。⑱無以為武安君功　沒有必要幫著白起建立功動。按，以上蘇代說范雎沮白起事，見《史記・白起王翦列傳》。而〈白起王翦列傳〉乃依據《戰國策・秦策三》，但《戰國策》未云說范雎者為誰，是司馬遷為之加上了「蘇代」二字。繆文遠曰：「《史記》以為蘇代語，未足據。」凌稚隆引徐中行曰：「蘇代揣知應侯是個忌刻底人，故先言武安之貴以動其忌心，然後言民不樂為秦，以動其阻心，勢如破竹矣。」⑲垣雍　韓縣名，縣治在今河南原陽西。⑳正月二句　因此年以「十月」為歲首，故書「正月」在「十月」之後。㉑由是與應侯有隙　徐孚遠曰：「武安君，穰侯所任，應侯代穰侯相，二人故有隙，不待韓、趙之間也。」胡三省曰：「為秦殺白起張本。」隙，隔閡；仇怨。㉒趙郝　趙國貴族中的親秦派。㉓約事於秦　約定好從此趙國服從秦國。事，侍奉；服從。㉔割六縣　割給秦國六個縣，以達成講和目的。梁玉繩曰：「〈趙策〉謂秦破趙長平，歸使人索六城於趙而講。」鮑彪注：「史書此事在邯鄲解圍後，邯鄲之圍非秦德趙而解，趙賴魏之力耳，何事朝秦而媾以六城？〈策〉以長平破，懼而賂之，是也。」㉕倦而歸乎　是自己疲憊打不下去了，因而撤回呢。倦，疲憊；無力再打。㉖其力尚能進　還有餘力，還能接著進攻。㉗愛王而弗攻乎　是由於秦王愛您而不進攻您了呢。㉘不遺餘力　意謂其以前之作戰已經消耗盡了一切力量。㉙秦以其力攻其所不能取　秦國花盡了力量攻我們趙國，沒有攻下更多的地盤。㉚又以其力句　如今您又把它所不能攻下的地盤送給它，指送其六縣而言。㉛助秦自攻　這不等於幫著秦國來攻我們自己嗎。㉜樓緩　原是趙國的親秦派，後來到秦國為秦臣，現在又來幫著秦國恫嚇趙國。㉝構難　指兩國交兵。㉞天下皆說　別的國家都看著高興。說，同「悅」。㉟吾且因彊而乘弱矣　我們將趁機跟著秦國攻擊趙國這個弱國。乘，陵；侵襲。㊱亟割地為和　迅速割地給秦以求和。亟，迅速。㊲以疑天下　使東方諸國以為趙與秦國友好，從而不敢侵趙。㊳慰秦之心　通過割地使秦國得到安慰，亦不再侵趙。㊴何秦之圖乎　還能談什麼算計秦國呢。㊵危哉二句　樓緩為了秦國利益給咱們出的這個主意可真夠狠毒的。危，險惡；歹毒。㊶是愈疑天下　胡三省注：「趙與秦和，則天下愈疑而不肯親趙也。」㊷何慰秦之心　又怎能安慰住秦國的侵略之心呢。㊸獨不言　難道您就不怕。㊹示天下弱　把趙國的衰弱暴露於各國之前。史珥曰：「『示天下』一語是大作用，所謂『國勢』也。南宋君臣昧於此義，故屈辱日至，卒無以自立。」㊺勿與　指不向秦國割六縣。㊻非固勿與而已也　並不是簡單的不向他割地就完了。固，同「故」。止是。㊼齊二句　胡三省注：「齊自宣、湣以來親楚而仇秦，孟嘗君嘗率諸侯伐秦至函谷。」㊽聽王　接受您的獻納；聽從您的結盟建議。㊾不待辭之畢　不用等到您的話說完，極言其聽從之快。㊿失之於齊二句　胡三省注：「趙失地於賂齊，而能攻秦，取其地以償所失。」(51)示天下有能為　讓各國看到趙國還是能夠有所作為的。(52)以此發聲　以此聯齊抗秦之說昭告天下。發聲，造輿論。(53)兵未窺於境　等不到齊、趙之兵接近秦國的邊境。(54)重賂　厚禮；獻厚禮以求和。(55)反媾於王　（秦國）將反過來向您求和。(56)從秦為媾　答應秦國，和它講和。(57)必盡重王　必然都爭先地結好於您。(58)結三國之親　指與齊、韓、魏三國結好。(59)與秦易道　與秦國更換了主動與被動的地位。易道，猶言「易地」，改換了地位。鮑彪注：「趙割地與秦，三國賀秦而趙孤；趙割地與齊，則三國助趙而秦孤，故曰『與秦易道』。」(60)未返　尚未結盟回來。(61)秦使者已在趙　秦國求和的使者已經來到趙國。陳子龍曰：「虞卿非終不欲媾秦，欲使和議發於秦，則彼輕而我重，易於媾成耳，此千古款虜之法。」(62)樓緩聞之二句　以上虞卿駁斥樓緩，使其逃走事，見《戰國策・趙策三》與《史記・平原君虞卿列傳》。據此則似趙王用虞卿之議，賂齊連齊以抗秦矣；然據〈白起王翦列傳〉，則仍曰「割韓垣雍、趙六城以和」，恐史公所取之《戰國策》文不足信。此段寫樓昌、趙郝、樓緩之竭力為秦，寫虞卿之忠心為趙，而趙王昏瞶，依違於諸人之間的情景，絕類小說。(63)魏王　時當魏安釐王十八年。(64)於魏便　對魏國有好處。(65)孔斌　字子順，孔子的八世孫，曾為魏相。(66)因而服　也跟著趙國一起歸服於秦國。(67)承敝而擊之　趁著秦國疲憊而打它。(68)子順　即孔斌。按，時而稱名，時而稱字，自《左傳》即有此病，《孔叢子》晚出之書，猶學此習，可謂嗜痂成癖。(69)孝公　戰國前期的君主，西元前三六一－前三三八年在位。(70)屈　屈服；失敗。(71)屬其良將　意即任用良將，將軍隊交給良將統領。屬，託。(72)何敝之承　有什麼疲憊的機會讓你鑽空子。(73)鄰之羞二句　鄰國的失敗，是我們國家的福分。羞，恥辱，意即兵敗。(74)必復他求　必然要尋找新的進攻對象。(75)於時　到那個時候。(76)魏受其師　魏國將受到秦國軍隊的攻擊，遭受戰爭之禍。(77)燕雀處屋　燕子、麻雀在他主人家的樑上、簷下作窩。(78)子母相哺　大鳥哺育小鳥。(79)呴呴焉　鳥聲和樂的樣子。(80)自以為安　自己覺著這種日子很安樂。(81)竈突炎上　灶膛裡的火順著煙囪而上。突，煙筒。炎，火焰；火苗。(82)棟宇　樑棟、屋簷，這裡即指房屋。(83)顏不變　沒有焦急憂慮的樣子。(84)患將及己　國破家亡之禍就要降臨自己頭上。(85)可以人而同於燕雀乎　作為一個人，難道能像鳥雀那樣目光短淺嗎。(86)六世孫　有說應作「八世孫」。(87)奉　捧；恭敬的樣子。(88)束帛　捆成一束的五匹帛，古代用為聘問、饋贈的禮物。(89)信用　真的採用。信，果真。(90)固為治世　真能治理好國家。(91)蔬食飲水　吃菜喝水，極言生活清苦的樣子。(92)徒欲制服吾身　只想讓我在你們大王面前規規矩矩地聽使喚。(93)吾猶一夫　那我也就是普通人一個。(94)奚少於一夫　難道還缺少普通人使喚嗎。(95)郊迎　迎到郊外，這是君主對臣子所表現的很高的敬意。按，以上文字見《孔叢子・陳士義》。(96)改嬖寵之官　意即裁去君主跟前的那些以巧言令色承歡討好的佞幸之人。(97)以事賢才　一律換成賢能的人才。(98)奪無任之祿　停發那些不做事情的官員的俸祿。(99)喪

職秩　丟職，失去俸祿。秩，官員的俸祿。(100)造謗言　給子順編造壞話。(101)文咨　魏臣之同情子順者。(102)民之不可與慮始　在決心要辦一件大事的時候，不能先徵求那些一般人的意見。此語又見於《商君書・更法》以及《史記・趙世家》寫武靈王胡服騎射等等，法家之言也。(103)子產相鄭　子產是春秋後期鄭國的著名宰相，在南、北兩方的楚、晉夾縫中走鋼絲，以支撐危局。事見《左傳》與《史記・鄭世家》。(104)三年而後謗止　意謂開始的時候有許多人反對子產的做法，三年之後，人們才不說子產的壞話了。據《左傳》襄公三十年，「從政一年，輿人誦之曰：『取我衣冠而褚之，取我田疇而伍之，孰殺子產，吾其與之。』及三年，又誦之曰：『我有子弟，子產誨之；我有田疇，子產殖之。子產而死，誰其嗣之？』」(105)吾先君　指子順的八世祖孔子。(106)相魯　任魯國宰相。據《史記・孔子世家》，孔子在魯定公時代先任魯國的司寇，後「又由大司寇行攝相事」，司馬遷認為這是孔子擔任了魯國的宰相，子順即以此為說。但歷史研究者多不認為此「行攝相事」即任宰相，而是為魯定公出席諸侯盟會時充任過儐相。詳見韓兆琦《史記箋證》之〈孔子世家〉。(107)三月而後謗止　據《史記・孔子世家》，孔子行攝相事後，誅亂政者少正卯，弟子們對孔子的表現也有一些意見。與聞國政三月後，「粥羔豚者弗飾賈，男女行者別於塗，塗不拾遺。四方之客至邑者不求有司，皆予之以歸。」(108)為政日新　指任宰相的時日尚短。日新，時日短少。(109)不能及賢　沒有把各種事情都處理好。賢，良好。(110)庸知謗乎　又怎麼能顧及那些誹謗之言呢。庸，豈。知，過問；顧及。(111)先君之謗　先君孔子所受的誹謗。(112)麑裘而芾　意即該穿便服的時候穿了朝服。麑裘，鹿皮衣，指便服。芾，通「韍」。指朝服。(113)投之無戾　把他（指孔子）扔出朝廷是不違背法令的。(114)芾而麑裘　該穿朝服的時候穿了便服。(115)投之無郵　把他（指孔子）扔出朝廷是不會有罪過的。郵，錯誤；罪過。(116)政化既成　孔子推行的政策方針見到了成效。(117)袞衣章甫　那個身穿便服、頭戴禮帽的人。袞衣，指便服。章甫，殷朝時的禮帽，這裡即泛指禮帽。孔子自認為是商朝的後代，故而經常有沿用商朝器物、制度的話，如《論語》中有所謂「行夏之時，乘殷之輅，服周之冕」，即其一例。(118)實獲我所　實在是令我滿意。實，是。獲我所，合我心；滿我意。(119)惠我無私　給我恩惠，沒有私心。(120)乃今　到今天；到現在。指他聽了子順所講的孔子、子產的經歷後。(121)不異乎聖賢　和古代的聖人、賢人沒有差別。聖人指孔子，賢人指子產。(122)凡　總共。(123)陳大計　提出治理國家的方針大計。(124)輒　總是。(125)喟然　傷心的樣子。(126)不當　不合，不合於聽話人的需要。(127)尸利素餐　即通常所說的「尸位素餐」，不花力氣而白得俸祿。尸利，像尸一樣的不做任何動作，而白白享受供奉。尸是古代祭祀時假作神鬼的人，有如後代改用的「靈牌」。素餐，不做事而白吃飯。《詩經・將仲子》有「彼君子兮，不素餐兮」，這裡即用其義。(128)以病致仕　推說有病辭掉官職。致仕，退休。(129)子其行乎　你可以到別的國家去嘛。行，離該國而去他國。(130)山東之國　指戰國時期秦國以外的其他六國。因秦國在崤山（今河南靈寶東南）以西，其他諸國都在崤山以東，故云。131將并於秦　將被秦國所吞併。132義所不入　東方六國將被滅，秦國又不是自己可去的地方。133遂寢於家　躺在家裡等死。寢，躺。134新垣固　姓新垣，名固。135請　請教，這裡的意思即「問其因何如此」。136必興化致治　必能使國家的政治與民風民俗好起來。137異政　突出的政治建樹。138意者　莫非是。139以無異政　正因為沒法有好的建樹。140死病　患了不治之症。141以義事之　由於我是秉持正義在魏國為官。142固不獲安　所以才找不到安身之處。固，同「故」。143救亡不暇　意即每天都生活在危險之中，救命都來不及。144何化之興　哪裡還有什麼可能改革政治、移風易俗。145伊摯　即伊尹，原是夏桀的臣子，因對夏朝感到無望，才逃到了商湯部下，成為商湯的開國元勳。事詳《史記・殷本紀》。146呂望　即姜尚。原在商朝為臣，見殷紂不可救藥，才逃歸周文王，後佐周武王滅商建周。事見《史記》之〈周本紀〉、〈齊太公世家〉。147豈伊呂之不欲哉　這難道是伊尹、姜尚不想治理好夏、商兩朝嗎。148敝而不振　破敗而不可救治。149三晉　指趙、魏、韓三國。150二周　戰國前期從周天子僅有的一小塊地盤上又分裂形成的西周、東周兩個小諸侯國，西周君都王城，東周君都鞏縣。151折而入秦　轉過頭來歸降了秦國。152天下其盡為秦乎　整個天下就將全部成為秦國的嗎。其，將。按，以上子順的幾段話，都見於《孔叢子》。《孔叢子》是晚起之書。153在平原君所　意即在平原君處。所，處。154乃為好言　用一套好聽的話相欺騙。155執之　將其拘捕起來。156齊首　魏齊的人頭。157不出王弟於關　不放你的弟弟出函谷關。按，平原君乃趙孝成王之叔，此稱「王弟」，誤。158窮　困窘；無計可施。159抵虞卿　逃到趙國投奔虞卿。抵，到。160棄相印　意即拋掉宰相不做了。161偕亡　一道化裝抄小路而行。史珥曰：「非唯厚士，亦以齊之在魏猶己之在趙，唯棄相偕亡，庶全友誼而紓國難。」162欲因信陵君以走楚　想通過信陵君的關係南逃楚國。信陵君，名無忌，魏安釐王之弟。事跡詳見《史記・魏公子列傳》。163難見之　不願意接待他。徐孚遠曰：「魏齊，魏相；信陵君，魏公子。魏齊急不歸信陵，而歸平原，疑其當國時與信陵不合，故不敢以情告；及後復投信陵，信陵難見之，益可知也。」陳子龍曰：「跡信陵所為，欲以實事勝秦，非專尚意氣者，故不輕納魏齊也。」陳仁錫曰：「信陵君畏秦，社稷計重；侯生不畏秦，急士念重，兩人實非畏秦者。」164卒　最後。165五大夫王陵　秦將王陵，身為五大夫之爵。166不任行　無法領兵出征。不任，不能。按，白起原欲長平之勝後立即起兵伐趙，因范雎從中作梗，勸說秦王罷兵，白起心中憤怨。事過一年，秦王、范雎又想進兵伐趙，勸白起統兵前往，白起稱病不行，秦王無奈，只好派了王陵。

【校　記】 1韓魏恐　「恐」字原無。據章鈺校，十二行本、乙十一行本、孔天胤本皆有此字，張敦仁《通鑑刊本識誤》、張瑛《通鑑校勘記》同。今從諸本及《史記・白起王翦列傳》、《通鑑紀事本末》補。②問於諸大夫　「諸」字原無。據章鈺校，十二行本、乙十一行本、孔天胤本皆有此字，張瑛《通鑑校勘記》同。今從諸本及《通鑑紀事本末》補。③子順謂使者　「謂使者」三字原無。據章鈺校，十二行本、乙十一行本、孔天胤本皆有此三字，張敦仁《通鑑刊本識誤》、張瑛《通鑑校勘記》同。今從諸本補。④喪職秩者　「秩」字原無。據章鈺校，十二行本、乙十一行本、孔天胤本皆有此字，張敦仁《通鑑刊本識誤》、張瑛《通鑑校勘記》同。今從諸本及《通鑑綱目》補。

【語　譯】五十六年（壬寅　西元前二五九年）

十月，武安君白起把秦軍分為三路。一路由王齕率領，攻打趙國的武安和皮牢，王齕很快就將兩個城邑拿下。一路由司馬梗率領挺進太原，全部佔有了上黨地區。韓國和魏國恐慌，請蘇代帶著貴重的禮物到秦國去遊說應侯范雎，蘇代問應侯范雎：「武安君馬上就要包圍邯鄲了吧？」應侯范雎說：「是的。」蘇代說：「恐怕趙國滅亡之後，秦昭王就可以稱王於天下；武安君必然位為三公，處在一人之下萬人之上的高貴地位，到那時，您會甘心做他的下屬嗎？雖然您不想位居其下，但也不得不如此了。秦軍曾經攻打韓國，包圍邢丘、圍困上黨，那裡的人民寧願歸附趙國也不願做秦國的百姓。全天下的人都不願做秦國的百姓已經很久了。如果秦國滅掉了趙國，趙國北邊的人就會跑到燕國去，東邊的人就會跑到齊國去，南邊的人跑到韓國、魏國去，秦國所得到的百姓恐怕所剩無幾。不如趁著兩國求和的機會，強迫他們割讓土地給秦國，不給武安君立功的機會。」范雎聽信了蘇代的話，就向秦王進言說：「秦國的軍隊連續作戰已經很疲勞，不如以割讓土地為條件，答應韓國和趙國求和的要求，讓士兵得到休整。」秦王聽從范雎的意見，割取了韓國的垣雍、趙國的六座城邑，從而與韓、趙締結和約。正月，秦王下令撤回所有在外的軍隊。因為此事，武安君白起與應侯范雎之間產生了矛盾，結下了仇怨

趙孝成王準備派趙郝為使者，到秦國去辦理割讓六城的有關事宜。虞卿對趙孝成王說：「秦國攻打趙國，是因為秦國士兵疲勞才罷兵呢？還是尚有餘力進攻，只是因為愛大王才不進攻呢？」趙王說：「秦國進攻我們，已經是竭盡全力了，一定是因為疲勞才撤軍的。」虞卿說：「秦國竭盡全力進攻也沒有能夠拿下我們多

少土地，所以才把軍隊撤回去；而秦軍憑藉武力沒有得到的東西，大王卻要拱手相送，這是在幫助秦國攻打自己呀。等明年秦軍再來攻打，趙國恐怕就無法可救了。」趙孝成王聽了虞卿的話，正在猶豫不決。

樓緩恰巧從秦國來到趙國，趙孝成王就與他商議此事。樓緩說：「虞卿只知其一，不知其二。秦國與趙國交兵，天下各國都感到很高興，為什麼呢？他們說『我可以借助強秦的力量去戰勝疲弱的趙國了。』如今，不如趕緊割讓土地給秦國，用割地求和來迷惑諸侯，讓他們以為秦、趙兩國已經結好，也以此使秦國得到安慰，而不再攻打趙國。不然的話，天下諸侯將藉著強秦的力量，趁趙國之危，起兵前來瓜分趙國。趙國就離滅亡不遠了，還能對秦國怎麼樣呢？」

虞卿聽樓緩說了這番話，就又去見趙孝成王，他對趙孝成王說：「樓緩的計策太歹毒了！按照樓緩說的去做，將使天下更加懷疑趙國，又哪裡談得上安慰住秦國的侵略之心呢！這難道不是公開向天下表示趙國軟弱可欺嗎？況且，我說的不給秦國六城，並不是簡單的不向秦國割地就完了。秦國向您索取六城，您就把這六城拿去賄賂齊國。齊國和秦國有著很深的仇怨，恐怕不等您把話說完，齊國就對您百依百順了。這就等於您在齊國那裡損失了六城，卻可以從秦國那裡補回來，而且還向天下顯示出您是有能力有作為的。大王您再將齊、趙兩國聯盟抗秦的消息發布出去，恐怕等不到齊、趙兩國之兵到達秦國的邊境，就會看見秦國的使者帶著厚禮來到趙國，請求與您講和了。您此時再跟秦國講和，韓國和魏國知道以後，必將爭先結好於您。這是一舉而與三個國家建立友好關係，而在講和方面與秦國更換了主動與被動的位置。」趙孝成王說：「這個計策好。」便派虞卿向東去見齊王，與齊王共同商議如何對付秦國。果然，虞卿還沒有從齊國回到趙國，秦國的使者已經來到了趙國。樓緩聽到這一消息，馬上從趙國逃走了。趙王將一座城邑賞賜給虞卿。

在秦國開始攻打趙國的時候，魏王向諸位大夫徵求意見，大夫們都認為秦國攻打趙國對魏國有利。孔斌問：「怎麼見得呢？」回答說：「如果秦國戰勝了趙國，那麼我們就臣服於秦；如果秦國不能戰勝趙國，我們就乘其久戰疲憊而攻打它。」孔斌說：「秦國從秦孝公那時起，就從來沒有戰敗過，如今又任用良將白起為主帥，哪裡會有疲憊之機讓你可乘呢？」大夫說：「即使秦國戰勝趙國，對於我們魏國又有什麼損失呢？

鄰國的恥辱，就是我們國家的福分啊。」孔斌說：「秦國，是一個貪婪殘暴的國家。即使它戰勝了趙國，也不會知足而止，必定還會侵犯別的國家，我恐怕到那時魏國就是它攻打的目標了。前人曾經說過這樣的話：燕子在屋樑上築好了窩，母燕覓食餵養著雛鳥，雛鳥唧唧喳喳，母子相親相愛，是多麼的幸福啊，牠們以為自己能夠永遠這樣安定地生活下去呢。有一天灶膛裡的火突然竄了出來，整座房屋都要被燒著了，而屋樑上的燕子卻一點也不驚慌；因為牠們根本就不知道大禍就要臨頭了。如今你們也不知道趙國滅亡之後，亡國之禍就要降臨到自己頭上。為什麼你們的見識竟然會同燕雀一樣短淺呢？」

孔斌，是孔子的六世孫。當初，魏王聽說孔斌很賢能，就派使者恭恭敬敬地捧著金銀布帛聘請他為魏國的宰相。孔斌說：「如果大王確實能夠採用我的治國理論，我的治國理論也真能治理好國家。即使是粗茶淡飯，我也心甘情願去做。如果只是想讓我在你們大王面前規規矩矩地聽使喚，就是給我再高的官、再厚的俸祿，我也不過是普通百姓一個，魏王難道還缺少一個普通人使喚嗎？」使者再三懇請，孔斌才跟隨他來到魏國；魏王親自到郊外迎接，並任命他為宰相。孔斌上任以後，首先把那些只會在魏王面前巧言令色承歡討好而得到寵幸的佞臣裁掉，改換成賢能的人才；又停發那些不做事情官員的俸祿，將這些俸祿賞賜給為國立功的人。那些失掉官職俸祿的人全都怨恨孔斌，便造謠誹謗，對孔斌進行攻擊。文咨將這些情況告訴孔斌。孔斌說：「在決心辦成一件大事的時候，不能先去徵求一般人的意見，這是由來已久的了。從古到今，那些善於治理國家的人在開始施政的時候，都免不了遭受誹謗攻擊。鄭國的子產為鄭國相，直到三年以後才沒有人再攻擊他。我的祖先孔子任魯國宰相的時候，三個月以後才沒有人誹謗他。如今我在魏國擔任宰相的時間還很短，才能又不及前賢，難道還不知道會遭到誹謗攻擊嗎？」文咨問：「不知道您的先人孔子遭受的是怎樣的攻擊？」孔斌說：「我的先人孔子在開始擔任魯國宰相的時候，有人批評他說『該穿便服的時候穿了朝服，把他扔出朝廷是不違背法令的；該穿朝服的時候穿了便服，把他扔出朝廷是不會有罪的。』等到三個月以後，改革見了成效，人們又頌揚說『那個穿便服戴禮帽的人實在令我滿意；那個戴禮帽穿便服的人，給我恩惠，沒有私心。』」文咨聽了以後很高興地說：「我到今天才知道，先生您跟那些先賢相比並沒有什麼兩樣啊。」

孔斌擔任魏國宰相共計九個月，他提出的有關治理國家的大政方針總是不被採納，於是長歎一聲說：「我的建議不被採用，說明是我的建議不符合君主的心意。不符合君主的心意，還做人家的官，食人家的俸祿，這就是通常所說的像尸一樣不做任何動作，卻白白享受供奉，我的罪孽太大了！」於是便推說有病辭掉官職。有人問孔斌說：「魏王不能重用先生，先生大概準備離開魏國吧？」孔斌回答說：「我又能走到哪裡去呢？崤山以東的國家都將被秦國所吞併。秦國又多行不義，我是絕不會到秦國那裡去的。」於是孔斌便在家中閉門隱居起來。新垣固向孔斌請教說：「賢者所在的國家，一定會振興教化、改變風俗，國家實現太平盛世。如今您出任魏國宰相，還沒有做出什麼突出的政績就先辭職不幹了，我猜想是否因為有志不得施展呢？不然為什麼這麼快就想離開政壇呢？」孔斌說：「就是因為沒有做出突出的政績，所以才辭官隱退。況且國家得的是不治之症，再好的醫生也救不了。如今秦國有吞併天下的野心，我秉持正義在魏國為官，卻連個安身之所都找不到。在這種情況下，我每天都生活在危險之中，連救命都來不及，又哪裡談得上振興教化？過去，伊尹身為夏桀的子民，而呂望身為商紂王的子民，而夏、商兩國都沒有因為伊、呂的存在而使國家達到太平盛世，難道是伊、呂二人不想有所作為嗎？是當時的局勢使之成為不可能。現在，崤山以東的國家全都疲困衰敗而無法振作，趙、魏、韓三國依靠將土地割讓給秦國來求得暫時的安定，東周、西周也掉轉方向歸順了秦國，燕國、齊國、楚國也早已向秦國屈服。從這種形勢來看，用不了二十年，天下就都被秦國吞併了嗎？」

秦王想要為應侯范睢報仇，聽說魏齊正躲藏在趙國平原君的家中，就用花言巧語將平原君誆騙到秦國軟禁起來。又派遣使者到趙國對趙孝成王說：「不將魏齊的首級送到秦國來，我就不放你弟弟平原君回趙國。」魏齊走投無路，只好投奔趙國的宰相虞卿。虞卿辭了官，和魏齊一起逃亡到了魏國，想通過魏公子信陵君的幫助逃到楚國去。信陵君魏無忌為了國家的利益不想見他，魏齊很生氣，便自殺身亡了。趙王終於得到了魏齊的首級，趕緊派人送給秦國，秦王這才釋放平原君回到趙國。

九月，秦國五大夫王陵率軍進犯趙國。此時武安君白起因為染病，不能率軍出征。

五十七年（癸卯　西元前二五八年）

正月❶，王陵攻邯鄲，少利❷，益發卒佐陵。陵亡五校❸。武安君病愈，王欲使代之。武安君曰：「邯鄲實未易攻也，且諸侯之救日至，彼諸侯怨秦之日久矣。秦雖勝於長平，士卒死者過半，國內空，遠絕河山❹而爭人國都。趙應其內，諸侯攻其外，破秦軍必矣❺。」王自命不行❻，乃使應侯請之。武安君終辭疾❼，不肯行，乃以王齕代王陵。

趙王使平原君求救於楚❽。平原君約其門下食客文武備具者二十人與之俱❾，得十九人，餘無可取者❿。毛遂自薦於平原君。平原君曰：「夫賢士之處世⓫也，譬若錐之處囊中，其末立見⓬。今先生處勝之門下三年於此矣，左右未有所稱誦⓭，勝未有所聞，是先生無所有也。先生不能，先生留⓮。」毛遂曰：「臣乃今日請處囊中耳。使遂蚤⓯得處囊中，乃穎脫[1]而出⓰，非特⓱其末見而已。」平原君乃與之俱，十九人相與目笑之⓲。

平原君至楚，與楚王言合從之利害⓳，日出而言之，日中不決。毛遂按劍歷階⓴而上，謂平原君曰：「從之利害，兩言而決耳。今日出而言，日中不決，何也㉑？」楚王怒叱曰：「胡不下㉒！吾乃與而君㉓言，汝何為者也？」毛遂按劍而前曰㉔：「王之所以叱遂者，以㉕楚國之眾也。今十步之內，王不得恃楚國之眾也，王之命懸於遂手㉖。吾君在前，叱者何也㉗？且遂聞湯以七十里之地王天下㉘，文王以百里之壤而臣諸侯㉙，豈其士卒眾多哉？誠能據其勢，而奮其威也㉚。今楚地方五千里，持戟百萬，此霸王之資也。以楚之彊，天下弗能當㉛。白起，小豎子㉜耳。率數萬之眾，興師以與楚戰，一戰而舉鄢、郢，再戰而燒夷陵㉝，三戰而辱王之先人㉞。此百世之怨，而趙之所羞㉟，而王弗知惡㊱②焉。合從者，為楚，非為趙也㊲。吾君在前，叱者何也？」楚王曰：「唯唯㊳，誠若先生之言，謹奉社稷以從㊴。」毛遂曰：「從定乎㊵？」楚王曰：「定矣。」毛遂謂楚王之左右曰：「取雞、狗、馬之血來㊶！」毛遂奉銅盤㊷而跪進之楚王曰：「王當歃血㊸以定從，次者吾君，次者遂㊹。」遂定從於殿上。毛遂左手持盤血，而右手招十九人曰：「公等相與歃此血於堂下。公等錄錄㊺，所謂因人成事者也㊻。」平原君已定從而歸，至於趙，曰：「勝不敢相天下士㊼矣！」遂以毛遂為上客㊽。

於是楚王使春申君㊾將兵救趙。魏王亦使將軍晉鄙將兵十萬救趙。秦王使謂魏王曰：「吾攻趙，旦暮且下㊿，諸侯敢救之者，吾已拔趙(51)，必移兵先擊之。」魏王恐，遣人止晉鄙，留兵壁鄴(52)，名為救趙，實挾兩端(53)。又使將軍新垣衍(54)間入[55]邯鄲，因平原君說趙王[56]，欲共尊秦為帝[57]，以卻其兵[58]。齊人魯仲連[59]在邯鄲，聞之，往見新垣衍曰：「彼秦者，棄禮義而上首功[60]之國也。彼即肆然而為帝於天下[61]，則連有[62]蹈東海而死耳，不願為之民也。且梁未睹秦稱帝之害故[63]耳，吾將使秦王烹醢梁王[64]。」新垣衍怏然不悅，曰：「先生惡能[65]使秦王烹醢梁王？」魯仲連曰：「固也[66]，吾將言之。昔者九侯、鄂侯、文王[67]，紂之三公[68]也。九侯有子而好[69]，獻之於紂[70]，紂以為惡，醢九侯[71]。鄂侯爭之彊[72]，辯之疾[73]，故脯鄂侯[74]。文王聞之，喟然[75]而歎，故拘之牖里[76]之庫百日，欲令之死。今秦，萬乘之國也。梁，亦萬乘之國也。俱據萬乘之國，各有稱王之名，柰何睹其一戰而勝，欲從而帝之[77]，卒就脯醢之地[78]乎！且秦無已而帝[79]，則將行其天子之禮[80]以號令於天下，則且變易諸侯之大臣[81]。彼將奪其所不肖[82]而與其所賢[83]，奪其所憎而與其所愛。彼又將使其子女讒妾[84]為諸侯妃姬，處梁之宮[85]，梁王安得晏然而已[86]乎？而將軍又何以得故寵[87]乎？」新垣衍起，再拜曰：「吾乃今[88]知先生天下之士[89]也！吾請出[90]，不敢復言帝秦矣[91]。」

燕武成王薨，子孝王[92]立。

初，魏公子無忌[93]仁而下士[94]，致[95]食客三千人。魏有隱士[96]曰侯嬴，年七十，家貧，為大梁夷門監者[97]。公子置酒大會賓客，坐定[98]，公子從車騎[99]虛左[100]自迎侯生。侯生攝[101]敝衣冠，直上載公子上坐不讓。公子執轡[102]愈恭。侯生又謂公子曰：「臣有客在市屠[103]中，願枉車騎過之[104]。」公子引車入市，侯生下見其客朱亥。睥睨[105]，故久立，與其客語，微察[106]公子，公子色愈和。乃謝客就車，至公子家。公子引侯生坐上坐，偏贊賓客[107]，賓客皆驚。

及秦圍趙[108]，趙平原君之夫人，公子無忌之姊也，平原君使者冠蓋相屬於魏[109]，讓[110]公子曰：「勝所以自附[111]於婚姻者，以公子之高義，能急人之困[112]也。今邯鄲旦暮降秦[113]，而魏救不至，縱[114]公子輕勝棄之[115]，獨[116]不憐公子姊邪！」公子患之[117]，數請魏王敕晉鄙令救趙[118]，及賓客辯士游說萬端[119]，王終不聽。公子乃屬賓客[120]，約車騎百餘乘[121]，欲赴鬭[122]，以死於趙。

過夷門，見侯生。侯生曰：「公子勉之[123]矣，老臣不能從。」公子去，行數里，心不快，復還見侯生。侯生笑曰：「臣固知公子之還也[124]。今公子無佗端[125]，而欲赴秦軍[126]，譬如以肉投餒虎[127]，何功之有？」公子再拜問計。侯嬴屏人[128]曰：「吾聞晉鄙兵符[129]在王臥內[130]，而如姬最幸[131]，力能竊之。嘗聞公子為如姬報其父仇[132]，如姬欲為公子死[133]無所辭。公子誠一開口[134]，則得虎符，奪晉鄙之兵，北救趙，西卻秦(135)，此五伯之功(136)也。」

公子如其言，果得兵符。公子行，侯生曰：「將在外，君令有所不受(137)。有如晉鄙合符(138)而不授兵(139)，復請之，則事危矣。臣客朱亥，其人力士，可與俱(140)。晉鄙若聽，大善；不聽，可使擊之。」於是公子請朱亥與俱。至鄴(141)，晉鄙合符，疑之，舉手(142)視公子曰：「吾擁十萬之眾屯於境上，國之重任[3]，今單車(143)來代之，何如哉？」朱亥袖四十斤鐵椎，椎殺晉鄙。公子遂勒兵(144)，下令軍中曰：「父子俱在軍中者，父歸；兄弟俱在軍中者，兄歸；獨子無兄弟者，歸養。」得選兵(145)八萬人，將之而進(146)。

王齕久圍邯鄲不拔(147)，諸侯來救(148)，戰數不利(149)。武安君聞之曰：「王不聽吾計，今何如矣(150)？」王聞之，怒，彊起武安君(151)。武安君稱病篤(152)，不肯起。

【章　旨】以上為第五段，寫周赧王五十七年（西元前二五八年）一年中的各國大事，主要寫了長平之戰後秦國丞相范雎先對白起的軍事計畫進行破壞，後又慫恿秦昭王迫害白起；而東方的趙、魏、楚則趁機建立聯盟，大破秦兵於邯鄲城下，並乘勝給秦國以重創的事實。

【注　釋】❶正月　秦國從這年又改用「正月」為歲首，故書「正月」於年初。❷少利　取得的勝利不大。❸亡五校　損失了五個校的人馬。校，軍隊編制名，約當今之師、團，其部隊長即校尉。一個將軍統率若干校。❹遠絕河山　長途跋涉而又要渡過黃河、翻越太行山。絕，橫渡；跨越。❺破秦軍必矣　史珥曰：「極切情事，然武安君之意似並不在勝負。」中井曰：

「『未易攻』者，白起不欲行之詞，非其情也。『死者過半』，亦甚言之，不必事實。不然，當初受命圍邯鄲而不辭，其謂之何？」楊寬曰：「今本《戰國策》末章記白起對秦昭王之長篇回答，反對圍攻趙都邯鄲，並闡明所以能拔楚都鄢郢、大破韓魏於伊闕之原因，於此時進圍邯鄲之理由，並謂『皆計利形勢，自然之理，何神之有哉』，此乃『兵形勢家』之見解，為白起所精通者，此所以白起能為常勝將軍而不敗。」（《戰國史料編年輯證》）按，白起既已有見於此，則上文應侯勸昭王罷兵時，「武安君由是與應侯有隙」，又如何解釋？❻王自命不行　秦王親自下令任白起為將軍，白起仍是不赴任。不行，不上任；不出發。❼終辭疾　始終是推說有病不能任職。❽求救於楚　時當楚考烈王五年，楚國的都城陳縣，即今河南淮陽。❾與之俱　跟他一道前往。俱，一道；同行。❿餘無可取者　凌稚隆引顧璘曰：「食客數千人，求二十人而不足；及十九人，又不能有為，當時之士可知已，四君徒相傾以取勝耳。」⓫處世　生活在世界上。⓬其末立見　錐子尖立刻就會露出來。見，同「現」。⓭稱誦　稱道。誦，念叨。⓮先生不能二句　瀧川曰：「疊用四『先生』字，平原君聲音狀貌，千載如生。」按，數語邏輯推理，滾滾而下，亦不容人商量。⓯蚤　同「早」。⓰穎脫而出　整個錐子頭甚至連桯子都得出來。《正義》於此處有所謂「穎，禾穗也。『穎脫而出』，言特出眾穗之上。」似與本文不相合。穎原指禾穗之芒，這裡即指錐子尖。⓱非特　不止；豈只。⓲相與目笑之　蔑視毛遂的情景如見，為後文先抑後揚。⓳言合從之利害　講說楚、趙聯合的好處。利害，偏義複詞，這裡即指利。⓴按劍歷階　用字極有斟酌，提到「劍」是為下文的示武做鋪墊，亦唯有「按劍」之從容乃得進入。歷階，一步一磴臺階。根據當時上臺階的禮節，應該是每上一磴要併一下腳，然後再上第二磴。現因事情緊急，故毛遂不顧禮法歷階而上。㉑日出而言三句　林雲銘《古文析義》曰：「實是問楚王，卻向平原君說，妙。」㉒胡不下　為什麼還不快點下去。胡，何；為何。㉓而君　你的主人。而，你；你的。㉔毛遂按劍而前曰　姚苧田曰：「兩『按劍』字寫得奕奕，與前文『文不能取勝』意相應，此時本不恃武，然必以此折服之，所以揚其氣也，不然便開口不得。」㉕以　因；仗著。㉖懸於遂手　姚苧田曰：「楚王叱遂，何至遂以『命懸遂手』辱之？妙在兩提『吾君在前』句，便見叱舍人便是辱平原，則主辱臣死之義亦胡能更忍？古人立言周匝有體，絕不專恃一朝之氣也。」㉗吾君在前二句　意謂當著我們主子的面，你怎麼能這樣地叱責我。因為叱責隨員，也就是對人家主子的無禮。㉘湯以七十里之地王天下　湯是商朝的開國帝王，因實行仁義由弱而強，終至滅夏稱王事，見《史記·殷本紀》。㉙文王以百里之壤句　文王姓姬名昌，是商朝末年的西方諸侯霸主。姬昌死後，其子武王以父親的名義起兵代商，滅紂稱王，過程見〈周本紀〉。㉚據其勢二句　憑藉這個機會，而發揮他們的威力。以上四句的意思最早見《孟子·公孫丑上》，原文作「以德行仁者王，王不待眾。湯以七十里，文王以百里。」《史記》化用其意，《通鑑》又據《史記》。㉛以

楚之彊二句　意謂楚國既然如此強大，按理說它應該是天下無敵才對。㉜小豎子　猶如後世罵人的「小奴才」。瀧川曰：「言庸劣無知，如童豎然。」㉝一戰而舉鄢郢二句　據《史記・白起王翦列傳》：「後七年（昭王三十六年），白起攻楚，拔鄢、鄧五城；其明年，攻楚，拔郢，燒夷陵，遂東至竟陵。楚王亡去郢，東走徙陳。秦以郢為南郡。」鄢，戰國時楚邑名，在今湖北宜城東南。郢，楚國都城，即今湖北荊州江陵西北的紀南城。夷陵，楚邑名，在今湖北宜昌東南，有楚國先王的墳墓埋在這裡。㉞三戰而辱王之先人　胡三省曰：「謂焚夷楚之陵廟也。」按，這裡實際是兩次戰役，而毛遂分之曰：「一戰」、「二戰」、「三戰」者，乃為加重氣勢而然。姚苧田曰：「邯鄲之圍方急，秦明告諸侯『有敢救趙者，已拔趙，必移兵先擊之』，以故諸侯觀望不前。不知今日以此孤趙，他日復以此孤他國，則有任其蠶食而盡焉耳。無奈諸侯畏葸性成，惟顧目前，故不說到發冢燒屍極傷心無地處，必不能激發。毛遂一氣趕出一戰、再戰、三戰等句，使楚王更無地縫可入，正與魯連『烹醢梁王』之語同一作用，當時之風氣巽懦亦可知矣。」㉟趙之所羞　連趙國都為你們感到羞恥。㊱弗知惡　不知道痛恨。原作「弗之惡」，即弗惡之，不知道痛恨這件事，亦通。㊲合從者三句　來楚國向楚求救，反而說成是「合從者為楚，不為趙也」，在窮追猛打之下，連楚王也不再責其無理，極寫毛遂氣勢之壯。㊳唯唯　一切無不從命的樣子。㊴謹奉社稷以從　猶言願交出整個國家來聽候你的使喚。林雲銘曰：「果兩言而決。」㊵從定乎　史珥曰：「『從定乎』一語，情致如生。」郭嵩燾曰：「此復問『縱定乎』，是頰上添毫法，史公於此等逸事常加倍渲染，寫得十分精彩。」㊶取雞狗馬之血來　《史記索隱》曰：「盟之所用牲，貴賤不同，天子用牛及馬，諸侯用犬及豭（豬），大夫以下用雞。」王駿圖曰：「因需三等之血，故令取來耳。楚僭稱王，毛遂故以天子之禮尊之。」㊷奉銅盤　捧著盛血的銅盤子。奉，捧。㊸歃血　古人盟誓時的一種儀式，宰殺牲畜，盛血以盤，盟誓者以口沾吮之。歃，同「唼」。吮吸。㊹次者吾君二句　林雲銘曰：「把自己插入，佔了多少地步。」㊺錄錄　即今之所謂「庸庸碌碌」，無所作為的樣子。錄，今皆寫作「碌」。㊻所謂因人成事者也　使無此二句，毛遂之英風偉概何等誘人！司馬遷好寫復仇報怨，常常有損正面形象，如李廣、韓安國等皆然，此於毛遂亦是，而《通鑑》竟亦照樣移錄。㊼勝不敢相天下士　姚苧田曰：「平原語，處處肖其為人。嘖嘖連翩，文有畫意。」按，平原君一段自責語，見其胸襟坦蕩，大公無私，情景感人。此等境界，魏公子亦不及。〈廉頗藺相如列傳〉又寫其不計趙奢殺其九個管家，而出以公心地舉薦趙奢事，皆人情之所難者。㊽遂以毛遂為上客　毛遂事跡不見於《戰國策》，其他諸子書亦少有道及者，此全文移錄《史記・平原君虞卿列傳》。梁啟超曰：「毛遂一小藺相如也，其智勇略似之，其德不逮（及），要亦人傑也矣。」史珥曰：「遊客極奇之事，子長層次寫來，字字欲活。惜『王之命懸於遂手』，及『公等錄錄』『因人成事』三語，露出本色耳。使無三語，則夾谷後僅事耳，藺生不逮也。」按，孔子佐魯定公會齊景公於夾谷事，見《史記·孔子世家》；藺相如佐趙惠文王會秦昭王於澠池事，見《史記·廉頗藺相如列傳》。又，今山東棗莊之滕州東南有故薛城遺址，在薛城鎮北有近年重建的毛遂墓。(49)春申君　黃歇，楚頃襄王之弟，考烈王之叔。事見韓兆琦《史記箋證》之〈春申君列傳〉。(50)旦暮且下　猶今所謂「指日可下」，很快即將攻克。(51)吾已拔趙　等我攻克邯鄲後。(52)留兵壁鄴　在鄴縣止軍築壘。鄴，魏縣名，在今河北臨漳南。梁玉繩曰：「〈魯仲連傳〉本《國策》云『止於蕩陰』，不曰『鄴』。」按，鄴與蕩陰相隔不遠，十萬人之駐紮，前軍後軍之間耳。(53)挾兩端　等看清勝負屬誰後，再幫勝者一方分取利益。(54)新垣衍　姓新垣，名衍。漢文帝時有所謂「新垣平」者，即此姓。按，新，《戰國策》作「辛」。(55)間入　潛入；化裝進入，因城外有秦軍包圍。(56)因平原君說趙王　通過平原君的引見，勸說趙孝成王。(57)尊秦為帝　尊秦昭王為帝。當時各國諸侯皆稱「王」，若尊秦為「帝」，則分明是承認秦是它們各國的共主。(58)以卻其兵　以這種獻媚討好的辦法哄得秦國撤兵。(59)魯仲連　齊國人，一個具有俠客特點的雲遊之士。事跡詳見《史記·魯仲連鄒陽列傳》。(60)棄禮義而上首功　不講道德禮義，只重殺敵立功。秦法，凡斬敵首一個，即升爵一級。秦爵共二十級，其名稱詳見韓兆琦《史記箋證》之〈商君列傳〉、〈白起列傳〉注引。(61)彼即肆然而為帝於天下　如果秦王面對天下公然稱帝。即，若；如果。肆然，公然。(62)有　寧可。(63)梁未睹秦稱帝之害故　意謂梁王之所以提出尊秦為帝這種壞主意，是他沒有看到尊秦為帝的害處。(64)吾將使秦王烹醢梁王　意謂如果梁王能尊秦王為帝，我就可以讓秦王把你們梁王煮成肉粥。烹醢，煮成肉粥。(65)惡能　如何能夠。惡，也寫作「烏」，如何。(66)固也　當然；肯定。(67)九侯鄂侯文王　都是商朝末年的諸侯，並在紂王駕前為臣。九侯，亦作「鬼侯」，商朝時的少數民族部落首領，大約活動在今山西北部。鄂侯，鄂國的君主。古之鄂國在今河南沁陽西北。文王，周國的君主，武王之父。文王時的周國在今西安西，都豐。(68)三公　周朝指司徒、司馬、司空，在這裡借指朝廷重臣，言上述三人皆在商朝任職，位尊權重。(69)有子而好　有個女兒長得很美。子，這裡指女兒。好，美麗。(70)紂　也稱「受」，商朝的末代君主，以殘暴著稱。詳見《史記·殷本紀》。(71)紂以為惡二句　惡，不好看。《史記·殷本紀》云：「九侯女不喜淫，紂怒，殺之，而醢九侯。」與此略異。(72)爭之彊　猶言「極力勸阻」。爭，諫止。(73)辯之疾　強烈的為鬼侯辯護。(74)脯鄂侯　將鄂侯做成了肉乾。脯，肉乾。(75)喟然　傷心的樣子。(76)牖里　也寫作「羑里」，古邑名，在今河南湯陰北，當時有商朝的監獄。(77)欲從而帝之　由此便想尊之為帝。(78)就脯醢之地　將自己擺到那種受人宰割的地位上去。(79)無已而帝　還不是稱了帝就算完事。(80)則將行其天子之禮　意即他要擺出他作為「天子」的排場與權威。(81)則且變易諸侯之大臣　他還將更換各諸侯國的執政大臣。(82)奪其所不肖　剝奪那些他所認為不好的大臣的權位。不肖，不類其父，通常用為「不成材」、「沒出息」的意思。(83)與其所賢　把權力、地位轉交給他所滿意的大臣。賢，好；滿意。(84)子女讒妾　子女，泛稱秦國王室的女子。讒妾，擅於挑撥離間、搬弄是非的女人。(85)處梁之宮　嫁到梁國的宮廷裡去。(86)晏然而已　太平無事地一直活下去。晏然，安然。而已，一直到頭。(87)得故寵　保持原有的地位與爵祿。(88)乃今　直到今天；直到現在。(89)天下之士　天下數得著的傑出之士。(90)請出　請允許我離開邯鄲。(91)不敢復言帝秦矣　以上故事詳見《史記・魯仲連鄒陽列傳》。(92)孝王　燕武成王之子，西元前二五七—前二五五年在位。(93)魏公子無忌　魏昭王之子，魏安釐王的異母弟，被封為信陵君。事跡詳《史記・魏公子列傳》。(94)下士　尊重士人。降低身分，屈居士人之下。(95)致　招納；招納到。(96)隱士　有才德、有本領而隱居不仕的人。(97)大梁夷門監者　魏都大梁（今河南開封）城東門的守門人。夷門，大梁城的東門。(98)坐定　參加宴會的來賓都已坐好。(99)從車騎　帶著車馬侍從。從，使之跟隨。(100)虛左　空著左邊的座位，當時的魏國以左為尊。按，究竟以左為尊，還是以右為尊，各時代、各地區的習慣不同，漢初是以右為上。(101)攝　整理。(102)執轡　指親自為之趕車，親自握著轡繩。(103)市屠　市場中的肉鋪。(104)枉車騎過之　讓你的車子繞彎到那裡去一趟。枉，繞彎；繞遠。這裡是謙詞。(105)睥睨　斜視；用餘光偷看人。(106)微察　暗中觀察，看其是否有耐心。(107)徧贊賓客　把賓客一個個地向侯生做了介紹，極力尊敬侯生。(108)及秦圍趙　指西元前二五八年秦將王陵之圍趙都邯鄲。(109)冠蓋相屬於魏　一批接一批的求救使者絡繹不絕地到魏國來。冠蓋相屬，極言派出求救的使者之多，一批接一批，絡繹不絕。冠蓋，冠冕、車蓋。屬，連續。(110)讓　責備。(111)自附　猶今所謂「高攀」，謙詞。(112)能急人之困　能以他人的危難為自己之所急。(113)旦暮降秦　意即邯鄲眼看就要被秦軍所攻下。(114)縱　即使。(115)輕勝棄之　不把我趙勝當成一回事，任憑我被秦軍捉去當俘虜。(116)獨　難道。(117)患之　很為此事傷腦筋。患，憂慮。(118)敕晉鄙令救趙　給晉鄙下令，讓晉鄙出兵救趙。當時魏國原已派出晉鄙率兵救趙，後來由於害怕秦國，中途讓晉鄙停了下來，讓晉鄙駐紮於鄴城，觀望形勢。(119)游說萬端　千方百計地勸說魏王。(120)屬賓客　讓自己門下的賓客們。屬，使；讓。(121)約車騎百餘乘　意即組織起一支百多輛戰車的隊伍。約，拴；收拾。乘，古稱一車四馬曰一乘。(122)赴鬭　前往參加戰鬥。(123)勉之　猶今所謂「請好自為之」。(124)臣固知公子之還也　黃洪憲曰：「敘侯生與公子語，宛然在眉睫間，蓋生初欲為公子畫計，恐不從，故於其復還而盡之，所以堅其志耳！」（《史記評林》引）按，侯生之設謀，事關重大，且又處人骨肉之間，不到時候，勢難開口。《三國志・諸葛亮傳》云：「劉表長子琦，亦深器亮。表受後妻之言，愛少子琮，不悅於琦。琦每欲與亮謀自安之術，亮輒拒塞，未與處畫。琦乃將亮遊觀後園，共上高樓，飲宴之間，令人去梯，因謂亮曰：『今日上不至天，下不至地，言出子口，入於吾耳，可以言未？』亮答曰：『君不見申生在內而危，重耳在外而安乎？』」諸葛亮的心情和做法，有助於我們理解侯嬴。此外，孔子云：

「不憤不啟，不悱不發。」經過如此一番周折，話更易人，黃氏之說是。(125)無佗端　沒有其他辦法。佗，同「他」。端，頭緒；辦法。(126)赴秦軍　撲向秦軍；與秦軍拼命。(127)餒虎　餓虎。(128)屏人　支開眾人，單獨祕密而談。屏，同「摒」。(129)晉鄙兵符　調動晉鄙軍隊的那塊虎符。古代調兵所用的符信，一半為大將所持，一半存於君主處。國君有令，則命使者持符前往，以合符為信。(130)在王臥內　在魏王的臥室內。姚苧田曰：「天下有心人當其窮賤閒廢之時，無事不留心採察。侯生作用，極似唐之虯髯客、古押衙一流人，謂之『大俠』，不虛也。看其兩個『聞』字，包卻許多機事。」李贄曰：「抱關人偏知宮禁祕密事，奇哉！」按，此等描寫即類小說。(131)最幸　最受寵幸。(132)為如姬報其父仇　如姬之父被人所殺，如姬欲為其父報仇，三年找不到援助，後來向魏公子請求，魏公子派人殺了如姬的仇人。(133)欲為公子死　意即為報答魏公子的大恩而不惜一死。(134)誠一開口　指求如姬為之盜出虎符。(135)卻秦　打退秦兵。(136)五伯之功　春秋五霸一樣的功業。五霸指齊桓公、晉文公、楚莊王、吳王闔閭、越王句踐。伯，通「霸」。(137)將在外二句　《孫子‧九變》：「將受命於君，合軍聚眾，君命有所不受。」此外，〈司馬穰苴列傳〉、〈絳侯周勃世家〉亦有類似說法。(138)合符　兩符相合，證明無誤。(139)不授兵　不交出兵權。(140)可與俱　可以讓他跟你一起去。(141)鄴　魏縣名，在今河北臨漳西南。(142)舉手　表示一種緊張、急迫的樣子。按，古今注本於此皆無說，〈孔子世家〉寫孔子佐魯定公赴夾谷之會，齊人欲用樂工劫魯君，這時「孔子趨而進，歷階而登，不盡一等，舉袂而言曰」云云，此「舉袂」與晉鄙之「舉手」意思相同。《後漢書‧班超傳》寫班超在鄯善背著大使郭恂殺了匈奴使者後，「明日乃還告郭恂，恂大驚，既而色動，超知其意，舉手曰」云云，此乃范曄之學《史記》。(143)單車　古今注本於此皆無說，但此處似絕不能理解為只有一輛車子，因為信陵君當時帶著「車騎百餘乘」。凡國君在戰場更換大將，似應同時派出兩個人物，一個是前往接任的將軍，一個是前往下達詔書的特使。〈陳丞相世家〉寫劉邦懷疑討伐盧綰的樊噲謀反，於是派出了周勃與陳平，周勃的任務是往「代噲將」，陳平的任務是「至軍中即斬噲頭」，而不能讓周勃自己兼幹其事。王維詩〈使至塞上〉有「單車欲問邊」，可理解為謙稱自己的品級不高，恐亦不能解釋為只有一輛車子。(144)勒兵　整理部隊。勒，整飭；約束。(145)選兵　猶言「精兵」，經過挑選的士兵。〈廉頗藺相如列傳〉有所謂「選車」、「選騎」，與此意同。鍾惺曰：「戰國用兵，此一令絕響矣。」凌稚隆引王世貞曰：「公子雖竊符以有魏師，而其人者，皆嚄唶宿將之所教，而恫脅不振之餘也。又縱其父兄獨子以歸者二萬人，外若削弱其形，而內實有以一八萬人之心而振其氣，此其乘堅而為瑕，轉弱而為勁者。愚以為善為兵者，固無如公子者矣。」董份曰：「《國語》述越王伐吳所以遣恤軍士者亦此意，但彼用數十百言，此惟三句盡之，而遒勁不遺，所以難也。」(146)將之而進　按，以上故事詳見《史記‧魏公子列傳》。沈長雲等《趙國史稿》曰：「邯鄲保衛戰的勝利是諸侯合縱抗秦的勝利，由於史料的缺乏，這次重要戰役的過程文獻中沒有詳細的記載。西元一九八二年考古工作者在河南湯陰五里崗發現一處戰國後期古墓群，學者認為此墓群的年代、地點與考古現象等方面都與邯鄲之役相符。邯鄲之役中魏、楚聯軍就駐紮在今河南湯陰一帶，秦軍為阻擋援趙，在此設有重兵。秦軍與援軍之間發生激烈戰鬥，此墓群便是當時陣亡的將士墓。墓群密集分布在二十多萬平方米的範圍內，東西成行，排列有序，總數約有四千座。死者多為男性青壯年，有的屍上還有箭鏃。」參見楊育彬《河南考古》。[147]王齕久圍邯鄲不拔　據《史記・秦本紀》，王陵為秦將率兵圍邯鄲，乃自西元前二五九年始，至西元前二五八年仍無進展，於是改任王齕為將。[148]諸侯來救　來救者主要是魏國與楚國，詳見《史記》之〈魏公子列傳〉、〈春申君列傳〉。〈田敬仲完世家〉說齊國也曾救趙，似不可信，趙向齊國借糧齊猶不肯借，尚能為之出兵乎？[149]戰數不利　指秦軍數戰不利。據楊寬《戰國史料編年輯證》，此次楚魏聯軍之破秦兵，所取得之勝利甚大，可供參考。[150]王不聽吾計二句　徐孚遠曰：「武安君不宜有後言，疑應侯為之蜚語也。」[151]彊起武安君　硬是逼著白起出來為將。[152]病篤　病重。篤，沉實。按，以上秦使白起為將，白起拒不應命事，見《戰國策・中山策》，其文載白起與昭王、與范雎之往復對答甚詳。

【校　記】[1]穎脫　原作「脫穎」。據章鈺校，十二行本、乙十一行本二字互乙。今從十二行本、乙十一行本及《史記・平原君虞卿列傳》、《通鑑紀事本末》乙。[2]弗知惡　「知」，原作「之」。據章鈺校，十二行本、乙十一行本皆作「知」。今從十二行本、乙十一行本及《史記・平原君虞卿列傳》、《通鑑紀事本末》改。[3]國之重任　此四字原無。據章鈺校，十二行本、乙十一行本、孔天胤本皆有此四字，張敦仁《通鑑刊本識誤》、張瑛《通鑑校勘記》同。今從諸本及《史記・信陵君列傳》、《通鑑紀事本末》補。

【語　譯】五十七年（癸卯　西元前二五八年）

正月，王陵攻打趙國的都城邯鄲，取得的勝利不大。秦昭王又從國內徵調軍隊增援王陵；王陵又喪失了五個校的兵力。武安君白起病癒，秦昭王想讓他接替王陵。武安君說：「邯鄲確實不容易攻打，況且，各諸侯國的救兵很快就要到達，那些諸侯國早就對秦國充滿怨恨，秦國雖然在長平取得了勝利，但兵士死了一大半，目前國內兵力不足，再加上長途跋涉，還要渡過黃河、翻越太行等山去爭奪別國的都城，其困難可想而知。趙國在其國內抵抗，各路諸侯從外部包圍，秦國的軍隊必敗無疑了。」因此不肯出征，秦昭王見親自下命令調不動白起，就派應侯范雎去勸說。白起始終以有病在身為由，拒絕上前線；秦昭王無奈之下只好派王齕接替王陵。

趙孝成王派平原君去向楚國求救。平原君準備在他的食客當中挑選二十名文武兼備的人和他一起去，選來選去，只選中了十九個人，在剩下的人中再也找不到合適的人了。有一個叫毛遂的人向平原君自我舉薦。平原君說：「一個有才能的人活在世上，就好像是把錐子裝入布袋之中，錐子尖馬上就會露出來。如今你在我的門下做食客已經三年了，左右的人沒有一個讚揚過你，我對你也未有所聞，就說明你沒有什麼本事。你還是留下吧。」毛遂說：「我今天就是來請您把我裝入袋中的。如果我早被裝入袋中，我早就連錐子桯都露出來了，又何只錐子尖呢。」於是，平原君同意毛遂一同去。那十九個人都用譏諷的眼神嘲笑毛遂。

平原君一行來到楚國，在與楚王的會談中，平原君反覆陳述楚國與趙國聯合抗秦的好處，談判從日出開始，一直談到正午，仍然沒有結果。毛遂用手按住劍柄，一步一步地走上臺階，對平原君說：「締結合縱聯盟的利害關係，兩句話就可以解決了。現在卻從日出談到正午，還是議而不決，原因何在？」楚王非常惱怒，大聲地斥責毛遂說：「怎麼還不退下！我是在和你的主人說話，你算幹什麼的？」毛遂按住劍柄又向前走了一步說：「大王您所以敢大聲的訓斥我，還不是仗著你們楚國兵將眾多。如今在十步之內，楚國人再多，大王您也用不上。大王的性命就掌握在我毛遂的手裡。當著我主人的面您竟然如此大聲地訓斥我，是什麼用意？再說，我聽說商湯憑藉方圓七十里的領土而最終統治了天下，周文王憑藉著方圓一百里的地盤而使各路諸侯臣服，他們是靠兵將眾多嗎？是因為他們能夠抓住機會，發揮他們的威力呀。如今，楚國擁有方圓五千里的國土，用武器裝備起來的軍士有一百多萬，這是您稱王爭霸的資本。憑藉楚國的強大，天下應該是沒有人能夠抵擋。白起，只不過是一個無名的小輩。率領著幾萬秦軍進犯楚國，與楚軍交戰，只一戰，就佔領了楚國的鄢邑和都城郢；再戰，就將您的祖墳所在地夷陵燒為平地；三戰，摧毀了太廟，陵辱了您的祖先。這是一百世也解不開的仇怨，連趙國都為你們感到恥辱，而大王您怎麼就不知道痛恨呢。趙國請求與楚國合縱聯盟，其實是為楚國，而不是為趙國。我的主人就在面前，您憑什麼訓斥我？」楚王聽了毛遂的這番話，連聲說：

「是，是。確實像先生所說的那樣，我們楚國一切都聽從趙國。」毛遂說：「與趙國締結合縱聯盟的決心定了嗎？」楚王說：「定了。」毛遂於是對楚王左右的侍從說：「趕快把雞血、狗血、馬血拿來！」侍從準備好以後，毛遂將盛血的銅盤捧到楚王面前，跪下呈送給楚王說：「大王應當首先歃血以表明締約的決心，然後是我的主人，最後是我。」於是，在殿上舉行了歃血締約的儀式。毛遂用左手拿著盤，用右手招呼那十九個人說：「先生們就在殿堂之下參與此事吧。你們平庸無能，能夠參與今天的結盟儀式，只是借助別人的力量罷了。」平原君順利完成了出使楚國的任務，回到趙國，感慨地說：「從今以後，我再也不敢說自己善於辨識人才了！」於是將毛遂待為上賓。

楚考烈王派春申君黃歇率領楚國的軍隊前來援救趙國。魏安釐王也派將軍晉鄙率領十萬兵馬救援趙國。秦昭王對魏安釐王說：「秦國攻打趙國，早晚之間就可以將趙國滅掉，諸侯各國誰敢救援趙國，等我滅了趙國，我就首先率軍攻打它。」魏安釐王害怕秦國的報復，趕緊派人去阻止晉鄙，讓晉鄙將軍隊駐紮在鄴邑，名義上是救援趙國，實際上採取了觀望的態度。又派新垣衍祕密的潛入邯鄲，通過平原君的引見來勸說趙孝成王，想要趙國和魏國一起尊奉秦昭王為帝，以這種討好的辦法哄秦軍退兵。齊國的魯仲連當時正在趙國的都城邯鄲，聽到這個消息後，立即去會見新垣衍，他對新垣衍說：「秦國是個野蠻的國家，不講道德禮儀，只推崇在戰場上殺敵立功。假使秦國膽敢在天下人面前稱帝，我魯仲連寧可跳入東海淹死，也不願意做秦國的百姓。況且，魏王要尊奉秦昭王為帝，是因為他沒有看見秦國稱帝所帶來的禍害罷了。我會讓秦王將魏王剁成肉泥、煮成肉醬，讓魏王嘗嘗秦昭王稱帝以後的滋味。」新垣衍聽了很不高興，說：「先生又如何能使秦王將魏王剁成肉泥、煮成肉醬呢？」魯仲連說：「當然，我會告訴你的。過去，九侯、鄂侯、文王三個人都是商朝末年的諸侯，是商紂王時期的朝廷重臣。九侯有個女兒，因為長得漂亮，就獻給了商紂王，可是，紂王卻認為長得不好，竟為此而將九侯剁成了肉醬。鄂侯極力勸阻，因此而被紂王做成了肉乾。文王聽說了這件事之後，只長歎了一聲，就被送進了牖里的監獄，關押了一百天，想要將他幽禁至死。如今，秦國是一個擁有萬乘兵車的大國。魏國也是一個擁有萬乘兵車的大國；都是擁有萬乘兵車的大國，各自都有稱王的名聲，為什麼看見秦國打了一次勝仗，就被嚇得想要尊他為帝，從而將自己擺在被曬成肉乾、剁成肉醬的地位上去呢！而且秦國還不是稱了帝就算完事，他還要擺天子的排場行使天子的權力，向天下人發號施令，還要更換各諸侯國的執政大臣。將他認為不好的廢除，換上他認為賢能的人，剝奪他所憎惡的人的權力而把權力交給他所喜愛的人。他還會將秦國王室中那些善於挑撥離間、搬弄是非的女人指派給各國的國王做王后和嬪妾，這樣的女人充斥著魏王的後宮，魏王還能夠太太平平的過日子嗎？而將軍你還會像原來那樣得到寵幸嗎？」新垣衍站起身來跪在地上再三的向魯仲連道歉說：「我現在才知道先生是天下最傑出的賢士啊！我馬上就離開趙國，再也不敢提尊奉秦王稱帝的事了。」

燕武成王去世，他的兒子燕孝王即位。

當初，魏公子信陵君無忌仁愛而又禮賢下士，招納的食客有三千多人。魏國當時有一個隱士叫做侯嬴，已經七十歲了，家裡很窮，是大梁城夷門的看門人。魏公子擺設酒宴，招待賓客，等到客人入座以後，魏公子帶著隨從，駕著馬車，空著馬車左邊的位置，親自去迎接侯嬴。到了以後，侯嬴整了整破舊的衣帽，逕直上了魏公子的車並坐在左邊的位子上，一點也不謙讓。魏公子親自手執韁繩趕車，態度十分恭敬。侯嬴對魏公子說：「我還有個屠夫朋友住在鬧市之中，我希望你的車子繞個彎到那裡去一趟。」魏公子趕著車來到鬧市之中，侯嬴下車去會見他的朋友朱亥。一邊與朱亥說話一邊用眼睛觀察魏公子的動靜，故意站在那裡與朱亥說個沒完沒了，暗暗地審視著魏公子，只見魏公子的臉色更加的和悅。這時侯嬴才告別朋友坐上車，隨魏公子來到家中。魏公子將侯嬴安排在上座，並一個一個地向在座的客人介紹，那些客人都感到很吃驚。

秦軍包圍了趙國的都城邯鄲之後，因為平原君趙勝的夫人是魏公子無忌的姐姐，平原君派使者到魏國求救，派往魏國的使者一批接一批，卻不見魏國的救兵到來，平原君責備魏公子說：「我所以願意高攀和你結為婚姻之好，就是因為仰慕你的義氣，能夠扶人之危、救人之困。如今邯鄲早晚之間就要被迫投降秦國了，而魏國的救兵卻遲遲不見到來，即使你看不起我平原君而聽任我被秦軍抓去當俘虜，難道你就不關心你的姐姐嗎！」魏公子很為此事傷腦筋，他多次懇請魏王下令讓晉鄙出兵救趙，又請求賓客中善於言辭的人千方百計地去勸說魏王，請他下令出兵，但魏王始終不肯答應。魏公子無計可施，最後決定派自己的賓客組織起一百餘輛的戰車，親自率領著到趙國去參加戰鬥，與秦軍決一生死。

在經過夷門的時候，魏公子向侯嬴辭行。侯嬴說：「請公子好自為之，原諒我不能跟您一同去。」魏公子告別侯嬴繼續趕路，但走了沒幾里路，心裡越想越不痛快，於是又回到侯嬴那裡。侯嬴笑著說：「我就知道您會回來的。如果公子沒有其他辦法解救趙國，只想親自去與秦軍拼命，這就好比是用肉投打飢餓的老虎，哪裡會取得成功呢？」魏公子向侯嬴拜禮二次，並請他給出主意。侯嬴將身邊的人支使開，悄聲說：「我聽說調動晉鄙軍隊的兵符就放在魏王的臥室之內，如姬最受魏王的寵幸，只有她才有機會將兵符偷出來。我聽說公子曾經為如姬報了殺父之仇，如姬為報答公子的大恩而不惜一死。如果公子親自去求如姬盜取兵符，肯定會如願以償，憑藉兵符奪取了晉鄙的軍權，就能夠率軍北上解救趙國，西進擊敗秦軍，這是五霸一樣的功業呀。」

公子按照侯嬴的辦法果然得到了兵符。公子臨行的時候，侯嬴說：「大將領軍在外，國君的命令有時也可以拒絕執行。如果晉鄙合符以後，不肯將兵權交出，還要再向魏王請示，事情可就危險了。我的朋友朱亥是個大力士，可以讓他跟您一同去。如果晉鄙交出兵權，那是再好不過的了；如果不肯交出兵權，可以讓朱亥用錘將他擊斃。」於是魏公子邀請朱亥一起去。到了鄴地，晉鄙合完兵符後，仍然有些懷疑，他惶惑地對魏公子說：「我現在率領十萬大軍駐紮在國境線上，身負國家的重任，公子在沒有魏王特使陪同的情況下就來接管軍隊，這是怎麼回事呢？」朱亥見晉鄙猶豫，就從衣袖中抽出四十斤重的鐵錘將晉鄙擊斃。魏公子於是整頓部隊，下令軍中說：「父親和兒子都在軍中的，父親回去；哥哥弟弟都在軍中的，哥哥回去；獨生子的，也回家去贍養父母。」經過挑選的精兵有八萬，魏公子親自率領著向趙國進發。

秦將王齕對邯鄲圍攻了很久，仍然無法攻克，諸侯又派兵來救趙，秦軍屢次交戰，都沒有佔據優勢。武安君白起聽到消息之後說：「秦王不聽我的意見，現在怎麼樣？」秦昭王聽說以後非常生氣，就逼迫白起去前線領兵。白起推說自己病情嚴重，不肯就任。

五十八年（甲辰　西元前二五七年）

十月❶，免武安君為士伍❷，遷之陰密❸。十二月，益發卒軍汾城旁❹。武安君病，未行，諸侯攻王齕，齕數卻，使者日至❺。王乃使人遣武安君❻，不得留咸陽中。武安君出咸陽西門十里，至杜郵❼。王與應侯，羣臣謀曰：「白起之遷，意尚怏怏❽，有餘言❾。」王乃使使者賜之劍❿，武安君遂自殺。秦人憐之，鄉邑皆祭祀焉⓫。

魏公子無忌大破秦師於邯鄲下，王齕解邯鄲圍走。鄭安平⓬為趙所困，將二萬人降趙。應侯由是得罪⓭。

公子無忌既存趙⓮，遂不敢歸魏⓯，與賓客留居趙，使將將其軍還魏。趙王與平原君計⓰，以五城封公子⓱。趙王掃除自迎⓲，執主人之禮⓳，引公子就西階⓴。公子側行辭讓，從東階上㉑，自言辠過㉒，以負於魏㉓，無功於趙㉔。趙王與公子飲至暮，口不忍㉕獻五城，以公子退讓也。趙王以鄗為公子湯沐邑㉖。魏亦復以信陵奉公子㉗。

公子聞趙有處士㉘毛公隱於博徒㉙，薛公隱於賣漿家，欲見之。兩人不肯見，公子乃間步㉚從之游㉛。平原君聞而非之㉜。公子曰：「吾聞平原君之賢，故背魏而救趙。今平原君所與遊㉝，徒豪舉㉞耳，不求士也㉟。以無忌㊱從此兩人遊，尚恐其不我欲㊲也，平原君乃以為羞乎㊳？」為裝欲去㊴。平原君免冠謝，乃止㊵。

平原君欲封魯連㊶，使者三返㊷，終不肯受。又以千金為魯連壽㊸，魯連笑曰：「所貴於天下之士者㊹[1]，為人排患釋難，解紛亂而無取也。即㊺有取者[2]，是商賈之事也，而連不忍為也[3]。」遂辭平原君而去，終身不復見㊻。

秦太子㊼之妃曰華陽夫人㊽，無子。夏姬生子異人㊾。異人質於趙，秦數伐趙，趙人不禮之㊿。異人以庶孽孫(51)質於諸侯，車乘進用不饒(52)，居處困(53)不得意。陽翟大賈(54)呂不韋適邯鄲(55)，見之，曰：「此奇貨可居(56)。」乃往見異人，說曰：「吾能大子之門(57)。」異人笑曰：「且自大君之門(58)。」不韋曰：「子不知也，吾門待子門而大(59)。」異人心知所謂，乃引與坐，深語(60)。不韋曰：「秦王老矣。太子愛華陽夫人，夫人無子。子之兄弟二十餘人，子傒(61)有承國[4]之業(62)，士倉(63)又輔之。子居中(64)，不甚見幸，久質諸侯(65)。太子即位(66)，子不得爭為嗣(67)矣。」異人曰：「然則柰何(68)？」不韋曰：「能立適嗣(69)者，獨華陽夫人耳。不韋雖貧，請以千金(70)為子西遊(71)，立子為嗣(72)。」異人曰：「必如君策，請得分秦國，與君共之。」不韋乃以五百金與異人，令結賓客。復以五百金買奇物玩好，自奉(73)而西，見華陽夫人之姊(74)，而以奇物獻於夫人。因譽子異人之賢，賓客徧天下，常日夜泣思太子及夫人，曰：「異人也，以夫人為天(75)。」夫人大喜。不韋因使其姊說夫人(76)曰：「夫以色事人者，色衰則愛弛。今夫人愛(77)而無子，不以繁華時(78)蚤(79)自結於諸子中賢孝者，舉以為[5]適(80)，即(81)色衰愛弛，雖欲開一言，尚可得乎？今子異人賢，而自知中子不得為適(82)。夫人誠以此時拔之，是子異人無國而有國，夫人無子而有子也，則終身有寵於秦矣。」夫人以為然。承間(83)言於太子曰：「子異人絕賢，來往者皆稱譽之。」因泣曰：「妾不幸無子，願得子異人立以為嗣(84)[6]，以託妾身(85)。」太子許之，與夫人刻玉符(86)，約以為嗣(87)，因厚饋遺(88)異人，而請呂不韋傅之(89)。異人名譽盛於諸侯(90)。

呂不韋娶邯鄲姬(91)[7]絕美者與居，知其有娠(92)，異人從不韋飲(93)，見而請之(94)。不韋佯怒(95)，既而獻之(96)，孕期年(97)而生子政(98)，異人遂以為夫人(99)。邯鄲之圍(100)，趙人欲殺之，異人與不韋行金(101)六百斤予守者(102)，脫亡赴秦軍(103)，遂得歸。異人楚服(104)而見華陽夫人，夫人曰：「吾楚人也，當自子之(105)。」因更其名曰楚。

五十九年（乙巳　西元前二五六年）

秦將軍摎伐韓(106)，取陽城、負黍(107)，斬首四萬。伐趙，取二十餘縣，斬首虜九萬[108]。赧王恐，背秦與諸侯約從[109]，將天下銳師出伊闕[110]攻秦，令無得通陽城[111]。秦王使將軍摎攻西周[112]，赧王入秦，頓首受罪，盡獻其邑三十六，口三萬[113]。秦受其獻，歸赧王於周[114]。是歲，赧王崩。

【章旨】以上為第六段，寫周赧王五十八年（西元前二五七年）至五十九年兩年間的各國大事，主要寫了秦國因白起怏怏不平而將其殺害，和楚、魏、趙聯合破秦後魏公子留居趙國，魯仲連排難解紛功成不受賞，與呂不韋幫助公孫異人取得太子位的故事。

【注釋】❶十月　這年秦國又改變曆法，以十月為歲首。關於秦國曆法在戰國時期的幾度變更，參見韓兆琦《史記箋證》之〈秦本紀〉。❷免武安君為士伍　免去白起的一切官爵，將其降到普通士兵的地位。士伍，士兵五人為一「伍」，此處即指普通士兵。❸遷之陰密　發配到陰密縣。陰密是秦縣名，縣治在今甘肅靈臺西南。❹軍汾城旁　增派秦軍駐紮汾城，以阻楚、魏軍西進。汾城，即今山西臨汾。❺使者日至　來自前方報告軍情緊急的使者接連不斷。❻遣武安君　逼著白起迅速前往陰密縣。❼杜郵　亭驛名，在當時咸陽城西南，今咸陽之東北。❽怏怏　失意不滿的樣子。❾有餘言　有無盡的怨言。❿王乃使使者賜之劍　梁玉繩曰：「《國策》甘羅述武安君之死也，曰『去咸陽七里絞而殺之』，與此不同。」⓫秦人憐之二句　武國卿、慕中岳曰：「一代叱吒風雲的名將，每每馳騁於百萬敵軍之中，敵人無奈他何，然而卻常常被一句流言蜚語毀於一旦，或被逼而死，使錚錚忠骨含恨於九泉之下。長平大戰後，廉頗的老死楚鄉，白起被賜劍自刎，再度重現了這種不公平的歷史結局。」按，白起墓在今咸陽渭城鄉之三姓莊村，封土呈圓丘形，底徑約十六公尺，殘高五公尺。又，今陝西洛川縣之上洪福村也有白起墓，封土呈圓丘形，底徑約十七公尺，殘高五公尺，墓前有清代所立「白起將軍之墓」碑一通。墓側原有白起祠，已毀圮。⓬鄭安平　原魏人，當范雎在魏國被須賈、魏齊所害時，鄭安平曾幫助范雎藏匿，使范雎得以跟隨秦使王稽來到秦國。范雎為報鄭安平救助之恩，向秦王保舉鄭安平為秦將，與王齕共圍邯鄲。⓭應侯由是得罪　根據秦法，凡保薦某人為官吏，其人不稱職或犯法，保舉者將受追究。⓮存趙　指打退秦軍，使趙國得以保全。⓯不敢歸魏　因盜竊兵符，又椎殺晉鄙故也。⓰計　商量；計議。⓱以五城封公子　拿出趙國的五座城，給魏公子作領地。⓲掃除自迎　清掃道路，親自迎接。

⑲執主人之禮　趙王自己做主人，意即將魏公子敬為貴賓。⑳引公子就西階　請魏公子從西側的臺階上殿。㉑公子側行辭讓二句　《禮記・曲禮上》：「主人就東階，客就西階，客若降等，則就主人之階。」㉒自言辠過　自稱自己是有罪之人。㉓以負於魏　已經得罪了魏王。以，同「已」。負，背叛。㉔無功於趙　對趙國也沒有什麼功勞，這句是謙詞。㉕口不忍　不好意思張口說。㉖以鄗為公子湯沐邑　鄗，趙縣名，在今河北高邑東。湯沐邑，古代諸侯因要按時往朝天子，故天子在其京郊附近賜給諸侯一塊領地，以供他們「齋戒沐浴」的開銷之用，此地稱為湯沐邑。後來王后、王子、公主等也都有湯沐邑，它的意義就變成了供給其生活所需，或者就純粹是美立名目地另佔一塊地盤。㉗復以信陵奉公子　仍把魏公子原在魏國的封地還給魏公子，以表示不計前仇，不與趙國鬧僵關係。㉘處士　有才德而隱居不仕的人。㉙博徒　在市場上賭博的人。㉚間步　改形容變服步行。間，悄悄地；祕密地。㉛從之游　和他們去一起混。㉜聞而非之　據《史記・魏公子列傳》：「平原君聞之，謂其夫人曰：『始吾聞夫人弟公子天下無雙，今吾聞之，乃妄從博徒賣漿者遊，公子妄人耳。』」「妄人」即任性胡來的人。㉝所與遊　所結交的那些朋友。㉞徒豪舉　只圖虛名、裝門面。豪舉，聲勢顯赫的舉動。㉟不求士也　不是為了真正地求得賢士。㊱以無忌　拿我無忌這麼個人。對人說話而稱己之名，是謙卑的表現。㊲不我欲　不欲我，不願和我打交道。㊳乃以為羞乎　竟以此為羞恥嗎。㊴為裝欲去　收拾行裝想要離開趙國。㊵平原君免冠謝二句　以上故事見《史記・魏公子列傳》。㊶欲封魯連　魯連即魯仲連，因其痛斥新垣衍的投降論調，對鼓舞趙國軍民，對促進東方抗秦統一戰線的形成起了重要作用，故平原君欲為之向趙王請封。㊷三返　一連去了三次。㊸壽　敬酒祝福，這裡即敬獻禮品。㊹所貴於天下之士者　作為一個名士，其最可貴的品質是……。㊺即　倘若。㊻終身不復見　以上魯仲連義不帝秦事，見《戰國策・趙策三》與《史記・魯仲連鄒陽列傳》。吳師道曰：「仲連事皆可頌，而不帝秦一節尤偉。戰國之士皆以勢為強弱，而連獨以義為重輕，此其所以異耳。」楊潮觀曰：「戰國策士縱橫，干秦貨楚，唯魯連於世無求，獨中大義於天下，其賢於人遠矣。」馬非百曰：「仲連面斥新垣衍於秦勢方張、舉世風靡之際，高論帝秦之害，粉碎秦人二次稱帝之陰謀，振奮邯鄲抗戰到底之勇氣，影響於當日國際局勢者實巨且大。」㊼秦太子　即「安國君」，名柱，秦昭王的次子。秦昭王的太子死於昭王四十年，於是昭王立次子安國君為太子，即日後的孝文王。㊽華陽夫人　胡三省曰：「蓋食湯沐邑於華陽，因以為號。」華陽，秦縣名。牛鴻恩引《禹貢錐指》曰：「今商州之地也。秦宣太后弟芈戎封『華陽君』，昭王立太子愛姬為『華陽夫人』，皆此地。在華山之陽，正〈禹貢〉之華陽也。」㊾異人　後來改稱「子楚」，即日後之莊襄王。據《戰國策》，子楚原名「異人」，後從趙還，不韋使以楚服見。王后悅之，曰：「吾楚人也。」遂認其為子，並改其名曰「子楚」。㊿不禮之　因他起不到人質的作用。(51)庶孽孫　秦昭

王的一個非嫡系的普通王孫。庶孽，非嫡子正妻所生的孩子。(52)車乘進用不饒　《漢書・高帝紀》師古注：「進者，會禮之財也。字本作『賮』，又作『贐』，音皆同耳。古字假借，故轉而為『進』。」通常即指「財貨」。中井曰：「猶供給也。」即今之所謂生活日用。不饒，不富裕。(53)居處困　平常的生活頗為困難。居處，即指日常生活。(54)陽翟大賈　陽翟縣的大商人。陽翟是韓國前期景侯、烈侯、文侯時代的都城，即今河南禹州。《索隱》曰：「《戰國策》以不韋為濮陽（當時為衛國的都城）人，又記其事跡亦多與此傳不同。」賈，《索隱》引鄭玄曰：「行曰商，處曰賈。」(55)適邯鄲　到邯鄲去做買賣。邯鄲是當時趙國的都城，即今河北邯鄲。(56)此奇貨可居　這可是一宗珍奇的貨物，有儲藏價值。居，屯積。「屯積居奇」的典故即由此而來。胡三省曰：「賈人居積滯貨，伺時以牟利，以異人方財貨也。」按，此處文字依《史記・呂不韋列傳》。《戰國策・秦策》記此事云：「濮陽人呂不韋賈於邯鄲，見秦質子異人，歸而謂其父曰：『耕田之利幾倍？』曰：『十倍。』『珠玉之贏幾倍？』曰：『百倍。』『立國家之主贏幾倍？』曰：『無數。』曰：『今力田疾作，不得暖衣餘食；今建國立君，澤可以遺世，願往事之。』」行文固亦細緻，然史公「奇貨可居」四字尤精彩。(57)大子之門　光大你的門楣，意即使你的地位權勢得到提高、擴大。(58)且自大君之門　還是先光大你自己的門楣去吧。(59)吾門待子門而大　吳見思曰：「三折五『門』字，清倩便捷。」(60)深語　祕密地談到了許多要害的問題。(61)子傒　安國君之子，異人的同父異母兄。(62)有承國之業　有繼承秦王之位的條件。(63)士倉　馬非百以為即「杜倉」，「士」乃「土」字之誤，「土」即「杜」，古通。秦昭王時杜倉為丞相，在昭王二十六年（西元前二八一年）至三十二年（西元前二七五年）。(64)子居中　你不大不小，只是安國君眾多兒子中間的一個。(65)久質諸侯　長期在別的國家當人質。(66)太子即位　安國君繼位為秦王後。(67)子不得爭為嗣　你不可能爭到接班人的地位。(68)柰何　如何；怎麼辦。(69)能立適嗣　能確立嫡系接班人。適，同「嫡」。(70)千金　當時稱黃金二十兩曰「一金」。一金約值銅錢一萬枚。(71)西遊到秦國都城咸陽遊走一遭，進行遊說。(72)立子為嗣　爭取讓你當上接班人。(73)自奉　自己攜帶。奉，捧；持。(74)見華陽夫人之姊　按，《戰國策》未言有此人。(75)以夫人為天　意即視之為蔭庇者、保護者，古有「天覆地載」之語。(76)因使其姊說夫人　據《戰國策》，呂不韋乃通過華陽夫人之弟陽泉君以說華陽夫人。(77)愛　受太子寵愛。(78)繁華時　青春美麗，正受寵愛之時。(79)蚤　同「早」。(80)舉以為適　向太子推舉他，立之為接班人。王駿圖曰：「蚤自結於諸子中賢孝者以為己子，不以為己子，則舉為嫡無益也。」(81)即　若。(82)不得為適　按次序輪不上他做繼承人。(83)承間　趁機會。間，空隙；機會。(84)立以為嗣　立以為繼承人。(85)以託妾身　古有所謂「子以母貴」，其母受寵，其子才有可能被立為太子；又有所謂「母以子貴」，即其子被立為太子，並得以繼位稱王，其母的富貴尊榮才能得到保障，故華陽夫人要把自己的後半生寄託在子楚身上。(86)刻玉符刻玉符以為信物。(87)約以為嗣　中井曰：「時昭王在焉，故太子不能顯定計議，立名號，故陰刻符為約耳。」(88)饋遺　贈送。(89)請呂不韋傅之　請呂不韋充任子楚的師、傅之職，即擔任教育、訓導，以及關心照顧其生活起居。(90)名譽盛於諸侯　名聲在各國間越來越得到稱頌。鍾惺曰：「如呂不韋，乃可當『大賈』二字。」茅坤曰：「敘不韋之謀立子楚如手指談。」高儀曰：「不韋說子楚及說華陽夫人，句句刺骨語，以故得行其策，然則不韋乃說客之雄，非直『大賈』也。」(91)邯鄲姬　邯鄲娛樂場所的歌伎、舞伎。(92)有娠　懷孕。(93)從不韋飲　到呂不韋家喝酒。從，到；過。(94)請之　這裡指討要此人。(95)佯怒　假裝生氣。(96)既而獻之　後來還是把這個女子給了異人。(97)孕期年　懷孕懷了十二個月。(98)生子政　生了兒子嬴政。按，此「政」字應作「正」，因始皇名「正」，故後來遂呼「正月」曰「正（ㄓㄥ）月」。(99)遂以為夫人　遂以此呂不韋妾為正妻。(100)邯鄲之圍　即長平慘敗後趙都邯鄲之被秦所圍，事從西元前二五九年年底，至西元前二五七年。(101)行金　拿出金錢。(102)予守者　給看守子楚家的趙國官吏。(103)脫亡赴秦軍　潛逃到了城外的秦國軍中。(104)楚服　穿著楚人的服飾。(105)當自子之　應該讓他成為我自己的兒子。(106)秦將軍摎伐韓　時當秦昭王五十一年、韓桓惠王十七年。秦將軍摎，名摎，史失其姓，後官至丞相。(107)陽城負黍　皆韓縣名，陽城在今河南登封東南，負黍在今登封西南。(108)伐趙三句　梁玉繩曰：「此非事實。」按，梁氏以為即〈趙世家〉所謂「趙將樂乘、慶舍攻秦信梁軍，破之」之事，秦諱言敗，「史公於本紀依秦史書之而未改正耳。」首虜，斬敵之首與俘獲敵人。此詞屢見於〈衛將軍驃騎列傳〉，可參看。(109)赧王恐二句　此處「赧王」應作「西周君」。《史記・周本紀》於此正作「西周恐，倍秦，與諸侯約從」；〈秦本紀〉亦作「西周君背秦，與諸侯約從」。約從，相約合縱。從，同「縱」。(110)伊闕　在今河南洛陽南，伊水流其間，兩側之山對立如門，故稱伊闕。(111)令無得通陽城　謂周赧王聯合東方諸國由伊闕南出，襲擊秦軍之側翼，欲斷秦國與其新取陽城之聯絡。〈周本紀〉所記與此同。(112)攻西周　攻西周武公。當時西周之都城曰王城，在今洛陽之王城公園一帶。(113)赧王入秦四句　此處之「赧王」亦應作「西周君」。《史記・周本紀》於此作「西周君奔秦，頓首受罪，盡獻其邑三十六，口三萬」；〈秦本紀〉亦作「西周君走來自歸，頓首受罪，盡獻其邑三十六城，口三萬」。(114)歸赧王於周　此處之「赧王」亦應作「西周君」。〈周本紀〉與〈秦本紀〉皆作「秦受其獻，歸其君於周」。意即仍讓西周君回到王城（今洛陽）去住。

【校　記】1天下之士者　原作「天下士」。據章鈺校，十二行本、乙十一行本、孔天胤本「下」下皆有「之」字，「士」下皆有「者」字。今從諸本及《史記・魯仲連鄒陽列傳》、《戰國策・趙策三》改。2即有取者　原無「者」字。據章鈺校，十二行本、乙十一行本、孔天胤本皆有此字。今從諸本及《史記・魯仲連鄒陽列傳》、《戰國策・趙策三》補。③而連不忍為也　此六字原無。據章鈺校，十二行本、乙十一行本、孔天胤本皆有此六字，張敦仁《通鑑刊本識誤》、張瑛《通鑑校勘記》同。今從諸本及《史記・魯仲連鄒陽列傳》補。④有承國　「承」原作「秦」。據章鈺校，十二行本、乙十一行本、孔天胤本皆作「承」，張瑛《通鑑校勘記》同。今從諸本及《史記・呂不韋列傳》、《戰國策・秦策五》、《通鑑釋文辨誤》卷一改。⑤舉以為　「舉」原作「譽」。今從《四部叢刊》影宋本（乙十一行本）及《史記・呂不韋列傳》改。⑥為嗣　「嗣」原作「子」。據章鈺校，十二行本、乙十一行本、孔天胤本皆作「嗣」。今從諸本及《史記・呂不韋列傳》改。⑦邯鄲姬　「姬」上原有「諸」字。據章鈺校，十二行本、乙十一行本、孔天胤本皆無此字。今從諸本及《史記・呂不韋列傳》刪。

【語譯】五十八年（甲辰　西元前二五七年）

十月，秦昭王免除了武安君白起的一切官爵，降為普通士兵，發配到陰密。十二月，又從國內徵調士卒派往汾城駐紮。武安君白起因為有病，沒有起行，諸侯派出的援軍輪番攻打王齕，王齕多次敗退，來自前方報告緊急軍情的使者絡繹不絕於道。秦昭王派人逼迫白起前往陰密，不許他留在咸陽城中。武安君白起從咸陽西門出城之後走了大約十里，到達杜郵。秦昭王和應侯范雎等群臣商議說：「白起對於被驅逐很不滿意，鬱鬱寡歡，還口出怨言。」於是派使者送給白起一把劍，白起接到秦昭王所賜之劍後，便在杜郵自殺身亡。秦國人都很同情白起，不論是城鎮還是鄉村到處都設壇祭祀他。

魏公子無忌率領魏軍在邯鄲城下大破秦軍，秦將王齕解除了對邯鄲的包圍撤軍回國。秦國的另一員大將鄭安平被趙軍包圍，最後率領部下兩萬多人投降了趙國。范雎因為舉薦鄭安平不當而受到責備。

魏公子無忌雖然保存了趙國，卻因為竊兵符、殺魏將晉鄙得罪魏王而不敢回魏國，便與他的賓客一起留在趙國，而派魏將率領魏軍回歸魏國。趙孝成王與平原君趙勝商議後，決定拿出趙國的五個城邑分給魏公子無忌作領地。趙孝成王親自清掃道路迎接魏公子進宮，趙王以主人的身分從東邊臺階上殿，用對待貴賓的禮節引導魏公子無忌從西邊的臺階上殿。公子不敢以客人自居，而是側著身子跟隨在趙王身後從東邊的臺階走上宮殿，並表示自己的所作所為有罪，既對不起魏國，又沒有為趙國建立什麼功勞。趙孝成王奉陪魏公子飲酒，一直飲到天黑，因為魏公子謙讓，所以獻給他五座城邑的話趙王總也說不出口。趙孝成王把鄗城送給魏公子當湯沐邑。魏安釐王也將公子在魏國的封地信陵歸還給他。

魏公子聽說趙國毛公是一個很有才能的人卻混跡於賭徒之中，薛公隱居於賣酒之家，他很想結交這兩個人。他們不肯見他，魏公子就祕密私訪，和他們二人混在一起。平原君趙勝得知魏公子和毛公、薛公交上了朋友，就對他有所非議。魏公子說：「我是因為你平原君賢能，所以才背叛了魏國來援救趙國。今天通過你所結交的那些朋友，知道你不過是徒有豪俠虛名罷了，並不是為了真正求得賢才。就憑我無忌這麼個人跟他們兩人交遊，我還怕他們不樂意呢，而平原君竟然以為這是恥辱？」於是，收拾行裝準備離開趙國。平原君趙勝摘下帽子再三道歉，魏公子才同意留下來。

平原君趙勝想要為魯仲連請封，派使者一連去了三次，魯仲連始終不肯接受。平原君就又以祝壽的名義派人送去價值千金的禮物，魯仲連笑著說：「作為男子漢大丈夫，最為可貴的品質就是能為他人排除憂患而又絲毫無所取。倘若是貪圖利益那是商人的作為，而魯仲連不能忍受這種做法。」於是辭別平原君，一輩子都不再見他。

秦國太子的寵妃是華陽夫人，華陽夫人沒有生育兒子。夏姬所生的兒子叫嬴異人，被送到趙國做人質，因為秦國屢次攻打趙國，所以趙國人對嬴異人並不重視。嬴異人只是秦昭王一個非嫡生的普通王孫，又被送到趙國做人質，所以他的日常用度並不富裕，生活貧困，處境很不得志。

陽翟的大商人呂不韋到邯鄲經商，見到了嬴異人，說：「這可是個珍稀的貨物，值得囤積起來，將來一定能賣個大價錢。」於是就去會見嬴異人，他對嬴異人說：「我能光大你的門第。」嬴異人笑著說：「你還是先光大自己的門第去吧。」呂不韋說：「你有所不知，我的門第還得靠你才能光大。」嬴異人明白呂不韋說的意思，於是就拉他坐下，和他披肝瀝膽的深談起來。呂不韋說：「秦昭王現在年紀已經很大了。秦太子雖然寵愛華陽夫人，但華陽夫人卻沒有兒子。在你們二十幾個兄弟之中，子傒繼承王位最有條件，再加上有丞相士倉輔佐他。而你在這些兄弟當中排行不大不小，並不怎麼受寵愛，又長時間在外做人質。太子即位後，王位的繼承人肯定輪不到你。」嬴異人說：「那我該怎麼辦？」呂不韋說：「只有華陽夫人能夠決定立誰為王位繼承人。我呂不韋雖然沒有多少錢財，但還是願意拿出千金到秦國進行遊說，爭取讓你成為王位繼承人。」嬴異人非常高興地說：「如果你的計畫能夠實現，我甘願和你共同享有秦國。」呂不韋拿出五百金送給嬴異人，讓他廣泛結交賓客。又用五百金購買了許多稀有的物品和好玩的東西，親自攜帶著向西來到秦國；他先去拜見了華陽夫人的姐姐，又將那些稀有的禮物敬獻給華陽夫人。趁機稱讚嬴異人的賢能，說他賓客遍天下，而且經常因為思念太子和夫人而哭泣，呂不韋又說：「異人說，他這一輩子唯一的依靠就是夫人。」華陽夫人聽了呂不韋的這番話以後非常高興。呂不韋又慫恿華陽夫人的姐姐勸說華陽夫人：「靠美貌去侍奉人，等到您的美貌消失以後，您所受到的寵愛也就減退了。如今夫人雖然受寵但卻無子，何不趁著年輕受寵的時候，早早的在諸子當中物色一個賢德的人，認養他做嫡子，如果等到容顏衰老、寵愛消失的時候，即使再想說一句話還能夠嗎？現在諸子當中，異人最賢德，再說，他也知道自己上有哥哥，下有弟弟，自己排行在中間，按照次序根本輪不到他做繼承人。夫人能在這時抬舉他，是使他原本沒有國家變得有了國家，而夫人您也從沒有兒子變成了有兒子，那麼您這一輩子都會在秦國受到尊寵。」華陽夫人認為姐姐說得對。找個機會對太子說：「諸子當中異人最賢德，來來往往的人都稱讚他。」華陽夫人說到動情處竟然掉下了眼淚，她說：「我很不幸，不能為你生個兒子；我希望讓異人做我的兒子，也使我終身有個依靠。」太子答應了華陽夫人的請求，並把立異人為嫡子的諾言刻在玉符上，交給華陽夫人作為憑證，太子夫婦隨即賞賜給異人許多財物，還聘請呂不韋做嬴異人的師傅。從此，異人的名聲逐漸在諸侯當中得到稱頌。

呂不韋在邯鄲的歌女當中挑選了一個絕代美人趙姬同居，後來得知趙姬懷了身孕，嬴異人到呂不韋家中飲酒時看見了趙姬，就向呂不韋討要趙姬。呂不韋當時裝出一副很生氣的樣子，過後便將趙姬獻給了嬴異人。趙姬懷孕一年，生下了兒子嬴政，就是後來的秦始皇，嬴異人於是立趙姬為夫人。邯鄲被秦軍包圍的時候，趙國人想殺死嬴異人，異人和呂不韋拿出六百金賄賂看守他們的人，然後潛逃到城外的秦軍中，這才得以回到秦國。嬴異人身穿楚國的服裝拜見華陽夫人。華陽夫人說：「我是楚國人，自然會把異人當做自己的兒子看待。」於是將異人的名字改為「子楚」。

五十九年（乙巳　西元前二五六年）

秦國的繆將軍攻打韓國，佔領了陽城、負黍，斬殺韓國四萬人。又攻打趙國，佔領了二十多個縣，斬殺九萬人。周赧王感到很恐懼，就背叛了秦國，轉而與諸侯締結合縱聯盟，率領天下的精銳聯軍從伊闕出發攻打秦國，切斷秦國與剛剛侵佔的陽城之間的聯繫。秦王派繆將軍從趙國的戰場轉而去攻打西周，周赧王被擒後送往秦國，赧王向秦昭王磕頭謝罪，並答應將西周的三十六邑和三萬人全部獻給秦國。秦昭王接受了西周的土地和人口，然後放赧王仍舊回到王城。這一年周赧王駕崩，周王朝徹底滅亡。

【研　析】本卷的主要篇幅是寫秦與趙國的鬥爭，在本卷以前，趙國可以說是還沒有受過秦國的慘重打擊。不僅如此，本卷一開始還寫了趙國名將大破秦軍於閼與的動人故事。後人曾給予趙國的這次勝利很高的評價。武國卿、慕中岳《中國戰爭史》說：「趙奢在閼與之戰中製造了種種假象，嚴密地隱蔽了奔襲閼與的企圖，迷惑了秦軍，偃旗息鼓，晝夜急馳，突然逼近敵人，一舉解了閼與之圍，其中巧妙地示敵以『佯』，起了很重要的作用。」馬非百《秦集史》曰：「閼與戰爭後，國際間所生影響實甚巨大。信陵君說魏王曰：『夫越山踰河，絕韓之上黨，而攻強趙，則是復閼與之事也，秦必不為也。』當日秦在閼與戰爭所受創傷之深，蓋可想見。又〈秦策〉言：『天下之士合從相聚於趙，而欲攻秦。』然則自閼與戰爭後，趙之邯鄲且一躍為合從謀秦之國際政治中心矣。李斯有云：『秦四世有勝，兵強海內，威行諸侯，獨閼與戰爭為趙所敗。』」沈長雲等《趙國史稿》曰：「閼與之戰後，秦軍又發兵進攻幾（今河北大名東南），廉頗率領趙軍再次大敗秦軍，秦軍進攻東方六國的鋒芒又一次受挫。趙惠文王時期，趙國依靠其強大的國力與廉頗、馬服君等著名將領，兩次大敗秦軍，削弱了秦國進攻東方的銳氣。『趙有廉頗、馬服，強秦不敢窺兵井陘』（《漢書・傅常鄭甘陳段傳》）；《戰國策・趙策三》說趙國強大，『四十餘年秦不能得其所欲』。」但這都是趙惠文王時代的事情，當時趙國有廉頗、藺相如等，可謂人才濟濟。

秦軍斷絕太行路，分明是要攻取韓國的上黨地區。韓國不堪一擊，畏秦如虎，居然放棄上黨地區，任其投降秦國。韓將馮亭與上黨軍民不願降秦，而寧可降趙。馮亭則希望降趙後而引起韓、趙的聯合，用心未嘗不苦。遺憾的是趙孝成王昏庸無能，不用虞卿的建議，不與其他國家聯合；又中秦人的反間計罷去廉頗，改用趙括，於是一場悲劇發生了。武國卿、慕中岳《中國戰爭史》對此評論說：「春秋、戰國以來規模最大的大決戰——秦、趙長平之戰以秦軍大獲全勝並坑殺趙軍四十五萬人而告終。秦軍所以能夠獲勝，除了它在戰國七雄中佔有政治上、經濟上的優勢地位這些基本因素外，誘使趙國換將成為一個至關重要的因素。『知敵之眾，莫如知敵將之性』；『掌握敵將之性，在於制服敵將之用』。當然，趙王在秦軍重兵壓境時，不聽虞卿以重寶賂魏、楚，以構成趙、楚、魏之合縱，也是趙失敗的重要因素。如若當時三國合縱成功，外有楚、魏之援，內有廉頗之趙軍，三面夾擊秦軍，那麼長平之戰的結局恐又當別論了。」對比趙國統治階層的昏庸無為，秦國這時內部統一，計畫周密，范雎施反間計於前，白起大展奇才於後，秦王「自之河內，賜民爵各一級，發年十五以上悉詣長平，絕趙救及糧食」。於是趙國的大難臨頭。

長平之戰後，首先秦國內部發生了尖銳矛盾，范雎破壞白起迅即進攻邯鄲的計畫，秦王聽信范雎，致使白起憤然稱病離開軍隊。等到過了一年秦王又想進攻邯鄲時，東方的形勢已經發生了變化。《史記》對這方面的敘述、描寫是極其充分、極其精彩的。如〈平原君虞卿列傳〉寫平原君帶著毛遂等人到楚國求救的情景，作品不僅生動地描寫了毛遂，還生動地展現了趙國的下層人物李同。後來的梁啟超評論毛遂說：「毛遂，一小藺相如也，其智勇略似之，其德不逮(及)，要亦人傑也矣。」明代的李贄評論李同說：「邯鄲之故主灰飛，咸陽宮闕煙滅久矣，而李同至今猶在世也。讀史至李同戰死，遂為三歎。」(《藏書》) 史珥曰：「李同戰死，為功甚大，非此力戰恐亦不能待楚、魏之救。」〈魏公子列傳〉詳細地寫了魏公子在侯嬴、朱亥等人的幫助下，竊符救趙，與春申君聯合大破秦兵的故事。而這些故事又偏偏是只見於《史記》，而不見於《戰國策》與先秦其他古書。司馬光寫這段歷史可以說是刪繁就簡地引用了《史記》的文字，讀者要想深知原委，應該參看《史記》原文。

魯仲連在駁斥投降派、鼓舞趙國軍民，在促進東方抗秦統一陣線的形成上是起了重要作用的，這段故事的來源是《戰國策・趙策三》裡的「魯仲連義不帝秦」，司馬遷據此寫成了〈魯仲連列傳〉，從此魯仲連成為了歷代知識分子既具俠肝義膽，又功成不受賞、清高絕倫的楷模形象。但這些文字的可信程度是頗多可疑之處的。錢穆曰：「此文出自後人追記文飾，語已多誤，絕非魯連當日之言，更非魯連親筆所記。」他還認為今《戰國策・趙策》之文乃後人抄《史記》以入之；而《史記》此文則採自後人依託之《魯連子》。繆文遠也說：「此章載魯仲連義不帝秦事，後代發為詩歌，演為戲劇，影響深遠。然細究之，年代錯亂，史事乖違，實辯士之擬作也。」又曰：「當因秦圍邯鄲，魏公子無忌之救而得解一事橫生枝節，擬作而插入者。」

本卷在敘述長平之戰前，先敘述了范雎在魏國受困，經種種磨難逃到秦國，在秦國又處心積慮地勸說秦昭王收其母宣太后、與其舅穰侯等人之權，從而強化王室，范雎也攫取了秦國丞相的過程。正是由於范雎先是傾倒穰侯，後又讒殺秦國名將白起，故而歷史上多把范雎視為陰謀家。但憑心而論，范雎第一次向秦昭王明確提出「遠交近攻」的軍事策略，這對秦國此後的依次滅掉六國是有貢獻的；接著又在長平之戰中施展反間計，誤導趙王罷斥廉頗，起用趙括，從而為白起的大獲全勝開闢了道路。穰侯先佐秦昭王奪得王位，又佐秦昭王大刀闊斧地進攻東方諸國，造成了秦國俯視六國的高屋建瓴之勢，功勳確實卓著。但專權跋扈，不善處功名之際，他與秦昭王的矛盾是不能調和的，范雎正是利用了這一點。

本卷還寫了呂不韋援助公孫異人捷足先登地獲取了太子安國君的寵信，為其日後取得王位打好了基礎。但作者寫這段故事主要是為了給秦王政的日後上臺做伏筆，為呂不韋的把持秦國政權做鋪墊。這段故事的來源是《史記・呂不韋列傳》，但〈呂不韋列傳〉的可信度是比較差的。關於呂不韋送自己的孕妾給公孫異人事，郭嵩燾說：「此與〈春申君傳〉楚幽王為春申君子同一傳疑之辭，當時亦惡秦、楚之王，知其所幸姬入自呂不韋及為春申君所獻，因以譏刺之，不必果有其事也。」郭沫若曰：「這個傳說雖然得到了久遠而廣泛的流傳，但其本身實在是可疑的。第一，僅見於《史記》而為《國策》所不載，沒有其他的旁證；第二，和春申君與女嬛的故事如像一個刻板印出的文章，情節大類小說；第三，《史記》的本文即互相矛盾而無法說通。」

卷第六

秦紀一

起柔兆敦牂（丙午 西元前二五五年），盡昭陽作噩（癸酉 西元前二二八年），凡二十八年。

【題解】本卷寫了秦昭王五十二年（西元前二五五年）至秦王政十九年（西元前二二八年）共二十八年間的各國大事，其總體形勢是秦國對東方六國發起了最後的大掃蕩，使韓國已經被滅，魏國與趙國正瀕臨滅亡，燕國、楚國已成為驚弓之鳥，只有齊國暫時還禍未臨頭，還沉迷於醉生夢死之中。本卷交代了秦國的昭襄王之死，孝文王、莊襄王的短暫過渡，與秦王政的上臺執政，和秦國丞相范雎被蔡澤所取代，以及呂不韋為秦相國的歷程。本卷寫了趙國良將李牧為趙國支撐殘局，並一度大破匈奴，開拓了北部邊境，但最後被昏庸的趙王遷所毀，從而國破家亡，教訓觸目驚心。本卷寫了春申君進孕妾於楚王，企圖以此鞏固自己在楚國的地位，結果被陰謀家李園所殺；與呂不韋進孕妾與秦國的子楚，並由此在秦國執政，結果因嫪毐之亂牽連被殺，作者將這兩個人物連在一起寫，其意味是深長的，但事實本身未必可信。

昭襄王（ㄓㄠ ㄒㄧㄤ ㄨㄤˊ）

五十二年[1]（丙午　西元前二五五年）

河東守王稽[2]坐與諸侯通[3]，棄市[4]。應侯日以不懌[5]。王臨朝而歎[6]，應侯請其故[7]。王曰：「今武安君死，而鄭安平、王稽等皆畔[8]，內無良將，而外多敵國，吾是以憂。」應侯懼，不知所出[9]。

燕客[10]蔡澤聞之，西入秦，先使人宣言[11]於應侯曰：「蔡澤，天下雄辯之士。彼見王，必困君[12]而奪君之位。」應侯怒，使人召之。蔡澤見應侯，禮又倨[13]。應侯不快，因讓[14]之曰：「子宣言欲代我相，請聞其說。」蔡澤曰：「吁，君何見之晚也！夫四時之序，成功者去[15]。君獨不見夫秦之商君[16]、楚之吳起[17]、越之大夫種[18]，何足願與[19]？」應侯謬曰[20]：「何為不可？此三子者，義之至也[21]，忠之盡也[22]。君子有殺身以成名[23]，死無所恨[24]。」蔡澤曰：「夫人立功[25]，豈不期於成全邪[26]？身名俱全者，上也；名可法[27]，而身死者，次也；名僇辱[28]，而身全者，下也。夫商君、吳起、大夫種，其為人臣[29]，盡忠致功[30]，則可願[31]矣。閎夭[32]、周公[33]，豈不亦忠且聖乎[34]？三子之可願，孰與閎夭、周公哉[35]？」應侯曰：「善。」蔡澤曰：「然則君之主[36]，惇厚舊故[37]，不倍功臣[38]，孰與孝公、楚王、越王[39]？」曰：「未知何如。」蔡澤曰：「君之功能，孰與三子？」曰：「不若。」蔡澤曰：

「然則君身不退[40]，患恐甚於三子[41]矣。語曰『日中則移，月滿則虧[42]。』進退贏縮，與時變化[43]，聖人之道[44]也。今君之怨已讎[45]，而德已報[46]，意欲至[47]矣，而無變計[48]，竊為君危之[49]。」應侯遂延[50]以為上客，因薦於王。王召與語，大悅，拜為客卿。應侯因謝病免[51]。王新悅蔡澤計畫，遂以為相國[52]。澤為相數月，免[53]。

楚春申君以荀卿[54]為蘭陵令[55]。荀卿者，趙人，名況，嘗與臨武君[56]論兵於趙孝成王之前。王曰：「請問兵要[57]。」臨武君對曰：「上得天時[58]，下得地利[59]，觀敵之變動，後之發[60]，先之至[61]，此用兵之要術也。」

荀卿曰：「不然。臣所聞古之道，凡用兵攻戰之本，在乎一民[62]。弓矢不調[63]，則羿[64]不能以中[65]；六馬不和[66]，則造父[67]不能以致遠[68]；士民不親附[69]，則湯、武[70]不能以必勝[71]也。故善附民[72]者，是乃善用兵者也，故兵要在乎附民而已。」

臨武君曰：「不然。兵之所貴[73]者，勢利[74]也；所行者，變詐[75]也。善用兵者，感忽悠闇[76]，莫知所從出[77]。孫、吳[78]用之，無敵於天下，豈必待附民哉[79]！」

荀卿曰：「不然。臣之所道[80]，仁人之兵[81]，王者之志[82]也。君之所貴[83]，權謀[84]勢利也。仁人之兵，不可詐[85]也。彼可詐者[86]，怠慢[87]者也，露袒[88]者也，君臣上下之間滑然[89]有離德[90]者也。故以桀詐桀[91]，猶巧拙有幸[92]焉。以桀詐堯[93]，譬之以卵投石，以指橈沸[94]，若赴[95]水火，入焉焦沒[96]耳。故仁人之兵，上下一心，三軍[97]同力。臣之於君也，下之於上也，若子之事父，弟之事兄，若手臂之扞頭目[98]，而覆胸腹[99]也。詐而襲之[100]，與先驚而後擊之[101]，一也[102]。且仁人用[103]十里之國，則將有百里之聽[104]；用百里之國，則將有千里之聽；用千里之國，則將有四海之聽[105]。必將聰明警戒[106]，和傅而一[107]。故仁人之兵，聚則成卒[108]，散則成列[109]。延[110]則若莫邪[111]之長刃，嬰[112]之者斷；兌[113]則若莫邪之利鋒[114]，當[115]之者潰[116]。圜居而方止[117]，則若盤石然[118]，觸之者角摧[119]而退耳。且夫[120]暴國之君，將誰與至[121]哉？彼其所與至者[122]，必其民也[123]。其民之親我[124]，歡若父母[125]；其好我[126]，芬若椒蘭[127]。彼反顧其上[128]，則若灼黥[129]，若仇讎[130]。人之情[131]，雖[132]桀、跖，豈有肯為其所惡，賊其所好者哉[133]？是猶使人之子孫自賊其父母也。彼必將來告[134]，夫又何可詐也[135]？故仁人用[136]，國日明[137]。諸侯先順者安[138]，後順者危，敵之者削[139]，反之者亡[140]。詩曰[141]：『武王載發[142]，有虔秉鉞[143]，如火烈烈[144]，則莫我敢遏[145]。』此之謂也[146]。」

孝成王、臨武君曰：「善。請問王者之兵，設何道何行而可[147]？」荀卿曰：「凡君賢[148]者，其國治；君不能者，其國亂。隆禮貴義[149]者，其國治；簡禮賤義[150]者，其國亂。治者彊，亂者弱，是[151]彊弱之本也。上足卬[152]，則下可用[153]也；上不足卬，則下不可用也。下可用則彊，下不可用則弱，是彊弱之常也[154]。好士者彊，不好士者弱。愛民者彊，不愛民者弱。政令信者彊，政令不信者弱。重用兵者彊，輕用兵者弱。權出一者彊，權出二者弱。是彊弱之常也[1]。

「齊人隆技擊[155]，其技也得一首[156]者，則賜贖錙金[157]，無本賞[158]矣。是[159]事小敵毳[160]，則偷可用[161]也；事大敵堅[162]，則渙焉離[163]耳，若飛鳥然，傾側反覆無日[164]。是亡國之兵也，兵莫弱是[165]矣，是其去賃市傭而戰之幾矣[166]。

「魏氏[167]之武卒[168]，以度取之[169]：衣三屬之甲[170]，操十二石之弩[171]，負矢五十箇[172]，置戈其上[173]，冠冑[174]帶劍，贏[175]三日之糧，日中而趨百里[176]。中試則復其戶[177]，利其田宅[178]。是[179]其氣力數年而衰[180]，而復利未可奪[181]也，改造則不易周也[182]。是故地雖大，其稅必寡[183]。是危國[184]之兵也。

「秦人其生民也陿阸[185]，其使民也酷烈[186]。劫之以勢[187]，隱之以阸[188]，忸之以慶賞[189]，鰌之以刑罰[190]。使民所以要利於上[191]者，非鬭無由[192]也。使以功賞相長[193]，五甲首而隸五家[194]。是最為眾彊長久之道[195]。故四世有勝[196]，非幸[197]也，數也[198]。

「故齊之技擊，不可以遇[199]魏之武卒；魏之武卒，不可以遇秦之銳士[200]；秦之銳士，不可以當[201]桓、文之節制[202]；桓、文之節制，不可以當湯、武之仁義。

有遇之者[203]，若以焦熬投石[204]焉。兼是數國[205]者，皆干賞蹈利[206]之兵也，傭徒鬻賣之道[207]也，未有貴上[208]安制[209]綦節[210]之理也。諸侯有能微妙之以節，則作而兼殆之耳[211]。故招延募選[212]，隆勢詐[213]，上功利[214]，是漸之也[215]。禮義教化，是齊之[216]也。故以詐遇詐[217]，猶有巧拙[218]焉；以詐遇齊，譬之猶以錐刀墮泰山[219]也。故湯、武之誅[220]桀、紂也，拱挹指麾[221]，而彊暴之國[222]莫不趨使[223]，誅桀、紂若誅獨夫[224]。故泰誓曰『獨夫紂』[225]，此之謂也。故兵，大齊[226]則制天下，小齊則治鄰敵[227]。若夫招延募選，隆勢詐，上功利之兵，則勝不勝無常[228]，代翕代張[229]，代存代亡[230]，相為雌雄[231]耳。夫是謂之盜兵[232]，君子不由[233]也。」

孝成王、臨武君曰：「善。請問為將。」荀卿曰：「知[234]莫大於棄疑[235]，行莫大於無過[236]，事莫大於無悔[237]。事至無悔而止矣[238]，不可必也[239]。故制號政令[240]，欲嚴以威[241]；慶賞[242]刑罰，欲必以信[243]；處舍[244]收藏[245]，欲周以固[246]；徙舉進退[247]，欲安以重[248]，欲疾以速[249]；窺敵觀變[250]，欲潛以深[251]，欲伍以參[252]；遇敵決戰，必行吾所明[253]，無行吾所疑[254]。夫是之謂『六術[255]』。

「無欲將而惡廢[256]，無怠勝而忘敗[257]，無威內而輕外[258]，無見其利而不顧其害[259]，凡慮事欲熟[260]而用財欲泰[261]。夫是之謂『五權[262]』。將所以不受命於主[263]有三：可殺[264]而不可使處不完[265]，可殺而不可使擊不勝[266]，可殺而不可使欺百姓。夫是之謂『三至[267]』。

「凡受命於主而行[268]三軍，三軍既定[269]，百官得序[270]，羣物皆正[271]，則主不能喜[272]，敵不能怒[273]。夫是之謂至臣[274]。慮必先事[275]，而申之以敬[276]，慎終如始[277]，始終如一。夫是之謂大吉。凡百事之成也，必在敬[278]之；其敗也，必在慢[279]之。故敬勝怠則吉，怠勝敬則滅；計勝欲則從[280]，欲勝計[281]則凶。戰如守[282]，行如戰[283]，有功如幸[284]。敬謀無曠[285]，敬事[286]無曠，敬吏[287]無曠，敬眾[288]無曠，敬敵[289]無曠。夫是之謂『五無曠』。慎行此『六術』、『五權』、『三至』，而處[290]之以恭敬、無曠，夫是之謂天下之將[291]，則通於神明[292]矣。」

臨武君曰：「善。請問王者之軍制[293]。」荀卿曰：「將死鼓[294]，御死轡[295]，百吏死職[296]，士大夫[2]死行列[297]。聞鼓聲而進，聞金聲[298]而退。順命為上[299]，有功次之[300]。令不進而進，猶令不退而退也，其罪惟均[301]。不殺老弱，不獵禾稼[302]，服者不禽[303]，格者不赦[304]，奔命者[305]不獲[306]。凡誅[307]，非誅其百姓也，誅其亂百姓者也。百姓有捍其賊[308]，則是亦賊[309]也。以故[3]順刃者生[310]，傃刃[311]者死，奔命者貢[312]。微子開封於宋[313]，曹觸龍[314]斷於軍[315]，商之服民[316]，所以養生之者[317]無異周人。故近者歌謳[318]而樂之，遠者竭蹶而趨之[319]。無幽閒辟陋之國[320]，莫不趨使而安樂之[321]。四海之內若一家，通達之屬[322]，莫不從服。夫是之謂『人師[323]』。詩曰[324]：『自西自東，自南自北，無思不服[325]。』此之謂也[326]。王者[327]有誅而無戰[328]，城守不攻[329]，兵格不擊[330]。敵上下相喜[331]則慶之[332]，不屠城[333]，不潛軍[334]，不留眾[335]，師不越時[336]。故亂者樂其政[337]，不安其上[338]，欲其至[339]也。」臨武君曰：「善。」

陳囂[340]問荀卿曰：「先生議兵，常以仁義為本。仁者愛人，義者循理[341]，然則又何以兵為[342]？凡所為有兵者，為爭奪也。」荀卿曰：「非汝所知也。彼仁者愛人；愛人，故惡人之害之[343]也。義者循理；循理，故惡人之亂之[344]也。彼兵者[345]，所以禁暴除害[346]也，非爭奪[347]也。」

燕孝王薨，子喜[348]立。

周民東亡[349]。秦人取其寶器[350]，遷西周公[351]於憚狐之聚[352]。

楚人[4]遷魯於莒而取其地[353]。

【章　旨】以上為第一段，寫秦昭王五十二年（西元前二五五年）的全國大事，但本段實際只寫了燕國遊士蔡澤乘范雎在秦國失寵之機恫嚇范雎辭職，自己攫得相位；與荀況自趙入楚，被楚任為蘭陵令，遂趁便引入了荀子〈議兵〉的幾個段落，表現了司馬光有關軍事問題的一些思想。

【注釋】❶昭襄王五十二年　在本年以前，周天子雖然早已成為傀儡，但由於他還活著，故司馬光記述全國大事仍用周天子的年號；如今周赧王死了，這時的四海之內雖然還沒有大家共同承認的帝王，但是秦國最強，其他國家都非常怕他，而且再過三十多年秦國就要統一天下了，所以司馬光就從這一年開始用秦昭王的年號記述全國大事，並開始稱本年以後歷史為「秦紀」。❷河東守王稽　河東郡的郡守王稽。河東郡的郡治在今山西夏縣西北。王稽是當初把范雎帶到秦國來的人，當時在秦國任謁者，後來被范雎推舉為河東郡郡守。❸坐與諸侯通　因與東方諸國相勾結。坐，因；因某事被治罪。❹棄市　被處死於鬧市。古時在鬧市處死犯人，以示與世人共棄之。❺日以不懌　一天比一天地不高興。不懌，不悅；不高興。❻臨朝而歎　在上朝的時候當眾歎氣。❼請其故　請問歎氣的原因。❽畔　同「叛」。鄭安平在圍邯鄲時率二萬人降趙，王稽為河東守時又通諸侯，故曰「皆畔」。❾不知所出　不知道該怎麼辦；想不出解決問題的辦法。❿燕客　燕國的說客。⓫宣言　揚言；放出話去。⓬困君　使您處於不利地位。君，指范雎。⓭倨　傲慢無禮。⓮讓　責備。⓯四時之序二句　春、夏、秋、冬，輪迴交替，自己的任務一完成就自動離去。淩約言曰：「『四時之序，成功者去』，此一篇主意。後反覆議論，要不外此。」⓰商君　即商鞅，佐孝公變法，使秦富強，孝公死後，被反對派殺害。事見〈商君列傳〉。⓱吳起　戰國前期的政治家，曾佐楚悼王實行變法，楚國富強。悼王死後，被反對派殺害。事見〈孫子吳起列傳〉。⓲大夫種　即文種，春秋末期越國大臣，曾佐助越王句踐滅吳稱霸，事成後被句踐所殺。事見〈越王句踐世家〉。⓳何足願與　他們的結局有什麼可學習的呢。⓴謬曰　故意地說。謬，假裝；故意強詞奪理。㉑義之至也　義的頂點。至，頂點；極點。㉒忠之盡也　忠的盡頭。㉓有殺身以成名　為成就忠義的美名而死無足惜。㉔死無所恨　意即死而無憾。恨，憾；遺憾。㉕夫人立功　大凡一個為國立功的人。夫，發語詞。㉖豈不期於成全邪　誰不希望事業成功，人身完好呢。期，希望。成全，事業成功，人身完好。㉗名可法　功名、事業傳於後世，可供人效法。㉘名僇辱　意即留罵名於後世。僇辱，侮辱。㉙為人臣　作為一個臣子。㉚盡忠致功　忠心耿耿，為國家建立了豐功偉業。㉛可願　是後人願意學習的榜樣。㉜閎夭　周文王的佐命大臣，與散宜生等齊名。事跡見〈周本紀〉。㉝周公　文王之子，武王之弟，先輔佐武王滅商建周，又輔佐其姪成王治理國家，使國家出現了「盛世」局面。事見〈周本紀〉、〈魯周公世家〉。閎夭與周公都被後世稱為聖人，稱為人臣的典範。㉞豈不亦忠且聖乎　豈不更既是忠臣又是聖人嗎。㉟三子之可願二句　商君、吳起、大夫種這三個人可供人學習的吸引力，和周公、閎夭比起來，哪個更大呢。㊱君之主　您的君主，指秦昭王。㊲惇厚舊故　對待舊臣的厚道程度。㊳不倍功臣　能做到絕不背叛功臣。倍，通「背」。背叛。㊴孰與孝公楚王越王　和秦孝公、楚悼王、越王句踐比起來又怎麼樣。㊵君身不退　如果您還不趕緊引退。㊶患恐甚於三子　您的災禍將比商鞅、吳起、大夫種還要嚴重。患，災禍。㊷日中則移二句　二句出自《易・彖傳》，原文作「日中則昃，月盈則食」。後世也用作講事物發展規律的格言。㊸進退贏縮二句　意即隨客觀形勢之變而變。贏縮，曲伸。㊹聖人之道　指功成身退，見好就收。這裡的「聖人」顯然是指老子一派。㊺怨已讎　該報的仇都已經報了。讎，報；取得相等之補償。㊻德已報　該報的恩也都報了。德，恩。㊼意欲至　凡是想做的事情都已經做到。㊽而無變計　還不另做別的打算。㊾竊為君危之　我替您感到危險。竊，謙詞。㊿延　引；請。51謝病免　推說有病，辭去相位。凌稚隆引王應麟曰：「蔡澤雖以辯智奪范雎之位，然竟免范於難，其有益於范亦大矣。」鮑彪曰：「周衰，辯士皆矜材角智，趣於利而已，唯澤為近道德，明明哲保身之策，故其得位不數月引去，優遊於秦，以封君令終，美哉！『非苟知之，亦允蹈之』，澤之謂乎？」吳師道曰：「澤知范雎內慚，故西入秦，志在奪相，揚雄所謂『扼其喉，抗其氣，拊其背，而奪其位』，乃矜材、角智、趣利之尤者。相秦數月，懼誅歸印，亦智巧之尤。無功而退，既無當於道德之旨；『明哲保身』之義，彼何足以知之哉！」茅坤曰：「〈蔡澤傳〉，不詳他事業，只了當范雎事。」按，關於范雎之死，史無明文。馬非百引《戰國策・秦策三》而後曰：「雎之死，當在雎推薦蔡澤自代稱病免相之時，而其死法則不是明正典刑，而是請藥賜死。且其事進行甚祕，不為外人所知。」52王新悅蔡澤計畫二句　時當秦昭王五十二年。53澤為相數月二句　李光縉引張洲曰：「蔡澤不難於奪雎之位，而難於數月去位，蓋始終守『成功者去』之一言也。」鍾惺曰：「戰國之士取相位有餘，而救死不足者甚多。若澤者，能釋人於死，而又不代人處死地，亦可謂有識矣。蓋『成功者去』一語，澤以之責應侯，而又能以之自處。」54荀卿　即荀況，戰國末年趙人，亦稱孫卿。我國古代著名的唯物主義思想家，是繼孟軻之後的又一位儒家大師。事跡見《史記・孟子荀卿列傳》。55蘭陵令　蘭陵縣的縣令。蘭陵是楚縣名，在今山東棗莊東南。按，荀卿為蘭陵令在考烈王八年（西元前二五五年）。56臨武君　原楚人，此時為趙將，姓名不詳。57兵要　用兵的關鍵問題。58得天時　古代陰陽學家占卜得出的「宜」與「不宜」的事情。《孟子》有所謂「天時不如地利」，趙岐注：「天時謂時日干支五行旺相孤虛之屬也。」得天時，意即得天助。59地利　指佔據險要的地理形勢，戰時易守難攻。60後之發　觀察好敵人的動向以後再出擊，即通常所說的後發制人。61先之至　搶先佔據有利的地形，如趙奢閼與破秦之先佔北山是也。62一民　使本國上下的軍民團結一致。一，統一；一致。63不調　不合適；不中用。64羿　后羿，夏朝時有窮氏部落的首領，是古代傳說中最擅長於射箭的人。65中　射中目標。有人根據下句的「致遠」，認為本句的「中」字應作「中微」。66六馬不和　拉同一輛車的幾匹馬用力不統一。六馬，這裡指六匹馬拉的一輛車，通常是帝王的車駕。67造父　趙國諸侯的祖先，周穆王時人，是古代傳說中最善於趕車的馭手。事見《史記・趙世家》。68致遠　達到最遠的目的地。相傳造父曾給周穆王趕著車子西上昆侖山見西王母。(69)親附　緊密團結在國家君主的周圍。(70)湯武　商湯、周武王。(71)必勝　指商湯滅夏，周武王滅商。(72)附民　使百姓親附。(73)貴　重視；關注。(74)勢利　有利的時機與有利的形勢。(75)變詐　變化無常，手段詭詐。(76)感忽悠闇　機密深隱，神祕莫測。感忽，倏忽之間，不可捉摸。(77)莫知所從出　摸不清究竟用什麼辦法，使之無法防備。(78)孫吳　孫武、吳起。(79)豈必待附民哉　何必一定要使百姓親附呢。豈，哪裡；何必。待，依賴。(80)臣之所道　我所講的「兵要」。道，講。(81)仁人之兵　行仁義的帝王所進行的戰爭。(82)王者之志　以仁政王道治天下的帝王的志願。(83)君之所貴　你所進行的戰爭。君，指臨武君。(84)權謀　即上文所說的「變詐」。(85)不可詐　不可能被你所講的詭詐手段所戰勝。(86)彼可詐者　那些可以被欺詐手段打敗的人。(87)怠慢　鬆懈大意，掉以輕心。(88)露袒　《荀子》原文作「路亶」，意即羸弱疲病。(89)滑然　《荀子》原文作「渙然」，應從。渙然，離散的樣子。(90)離德　離心離德，眾心不一，各想各的。(91)以桀詐桀　讓一支夏桀的部隊去打另一支夏桀的部隊，以喻作戰雙方都是殘虐不仁的人。(92)猶巧拙有幸　也許手段高明的可以打敗手段笨拙的。猶，尚且；也許。巧拙，指變詐手段的高明或拙劣。幸，僥倖。(93)以桀詐堯　以比喻殘暴不仁的軍隊企圖以詭詐手段對付仁義的王者之師。堯是儒家心目中道德至高無上的大聖人。(94)以指橈沸　用手指去攪動沸水。橈，通「撓」。攪。(95)赴　撲；撲向。(96)入焉焦沒　進去的人只有被燒焦、被淹沒。(97)三軍　泛指全軍。古代的大國諸侯有上、中、下三軍。(98)扞頭目　人都有的習慣性動作，當有物打向頭、打向眼的時候，雙手就會不由地護住自己的頭、自己的眼。扞，護衛。(99)覆胸腹　也是人所有的習慣性動作，當有物擊向自己的胸腹時，雙手就會不由地護住胸腹。覆，護住。(100)詐而襲之　用詭詐手段對人發動突然襲擊。(101)先驚而後擊之　先恫嚇而後對人發動進攻。(102)一也　兩種做法的結果相同，都不可能打敗王者之師。(103)用　使用；佔有；統治。(104)百里之聽　意即百里之內的人都給他們的君主當耳目。(105)四海之聽　意即普天下的人都給他們的君主當耳目。(106)聰明警戒　聽得準，看得清，一切準備工作早已做好。(107)和傳而一　整個國家上下團結緊密得如同一個人。王念孫、王先謙都以為「傳」字應為「摶」，是集聚的意思。(108)聚則成卒　集合起來就是一座軍陣。卒，古代軍隊的基層編制名，百人為卒。(109)散則成列　如果分散開，就成為許多行列。(110)延　排成橫隊以攔阻敵人。(111)莫邪　古代傳說中的寶劍名，相傳是吳王夫差時所造。(112)嬰　碰；觸犯。(113)兌　排成縱隊以刺向敵人。(114)利鋒　鋒利的劍尖兒。(115)當　所刺之處。(116)潰　毀；敗散。(117)圜居而方止　如果排成圓陣或方陣。圜，同「圓」。居、止，都是指軍隊的駐紮。而，或。(118)若盤石然　則堅固得像磐石一樣。盤石，既大且厚的石塊。盤，通「磐」。大石。(119)觸之者角摧　誰碰上誰就被摧毀，如同牛碰上牛角被折斷一樣。(120)且夫　更何況。(121)將誰與至　還有誰肯跟著他一道前來。(122)彼其所與至者　能夠跟著他一道前來的。(123)必其民也　只有他的百姓。(124)親我　親近王者之君。(125)歡若父母　感情好得就如同遇到父母。歡，感情好。(126)好我　喜歡王者之君；擁戴王者之君。(127)芬若椒蘭　就如同喜歡芬芳的椒蘭一樣。椒、蘭，都是香草名。(128)反顧其上　回過頭來看他自己的君主。上，君主。(129)若灼黥　如同受墨刑一樣的難受。灼黥，在臉上刺字而塗以墨，其痛如火燒。(130)若仇讎　如同看到仇人、對頭。讎，對頭。(131)人之情　人之常情。(132)雖　即使。退一步講話。(133)豈有肯為其所惡二句　哪裡有人會為他所恨的人去殺他所愛的人呢。所惡，所憎恨。賊，殺。所好，所愛。(134)必將來告　必然會來向王者之師報告情況。(135)又何可詐也　又如何能對仁義之師進行欺詐呢。(136)仁人用　講仁義的人統治國家。(137)國日明　這個國家將一天比一天昌盛。(138)先順者安　誰先歸順誰就平安。(139)敵之者削　誰敢與仁人執政的國家對抗誰就削弱。(140)反之者亡　誰敢反對仁人執政的國家誰就滅亡。(141)詩曰　以下四句見《詩經・長發》。(142)武王載發　商王的大軍出發了。武王，此處即指商湯。商湯自稱「武王」見《史記・殷本紀》。載發，出發。載，發聲詞。也有說「載」字通「哉」，開始。「載發」意即「始發」，亦可。(143)有虔秉鉞　莊嚴地秉持著黃鉞。有虔，莊嚴肅穆的樣子。有，語詞。秉，抱持。鉞，大斧，軍中的刑具，象徵有權誅殺犯令者。(144)如火烈烈　以形容軍隊的威嚴與氣勢。(145)莫我敢遏　沒有任何人敢來阻擋。遏，阻止。(146)此之謂也　詩句所描寫的就是這種王者之師。(147)設何道何行而可　採用什麼治軍思想，使用什麼樣的戰略戰術才能打敗敵人。設，行；採用。道，思想；路線。(148)賢　指道德與才幹兼優。(149)隆禮貴義　意即崇尚禮義。隆，尊崇；崇尚。禮，儒家所推崇的為維護等級制所規定的各種儀容制度。但荀子所講的「禮」實則具有「法」的含義。義，宜，指一切言行都符合「禮」的要求。(150)簡禮賤義　意即不重視、不實行禮義制度。簡，怠慢。賤，蔑棄。(151)是　此，指「禮義」。(152)上足卬　國君的一舉一動，值得臣民敬仰。卬，同「仰」。敬仰；視之為楷模。(153)下可用　臣民聽君主的使喚，願為國君效力。可用，聽從指使。(154)是彊弱之常也　這君主能否讓臣民敬仰，就是決定國家強弱的根本。常，常理；通則。(155)隆技擊　重視各種擊刺技巧。隆，重視；獎勵。(156)得一首　斬獲敵人一顆人頭。(157)賜贖錙金　或者給予八兩黃金的獎賞，或者可以抵償本人犯罪應繳的同樣數額的罰金。錙，古代重量單位，八兩為一錙。(158)無本賞　只是打敗敵人而未斬敵之首，就得不到獎賞。相反，即使打了敗仗，但能斬敵之首也照樣受賞。本賞，指打了勝仗應給予的賞賜。(159)是此，指以上獎勵斬敵之首的辦法。(160)事小敵毳　從事小的戰鬥，對付脆弱的軍隊。事，從事。敵，對抗。毳，通「脆」。(161)偷可用　馬馬虎虎地也許管用。偷，勉強。(162)事大敵堅　從事大的戰爭，對付強大的敵人。堅，強大。(163)渙焉離　一下子就全部瓦解了。渙焉，渙然，軍心瓦解如春冰之渙散。(164)傾側反覆無日　潰敗覆滅就在眼前。傾側，倒塌。反覆，顛覆。無日，就在眼前。(165)兵莫弱是　沒有比這種軍隊更脆弱的了。是，此，指齊國的這種只「隆技擊」、「無本賞」的軍隊。(166)是其去賃

市傭句　這種軍隊就和到市場上臨時雇用一些人來上戰場相差無幾。是，此，像齊國的這種軍隊。去，距離。賃市傭，到市場上雇一些勞力。賃，雇用。戰之，使其出戰。幾，近；差不多。(167)魏氏　即指魏國。(168)武卒　魏國一種精銳部隊的名稱。《史記・蘇秦列傳》蘇秦說魏王時曾說魏國之卒有「武士」、「蒼頭」、「奮擊」、「廝徒」等名目，疑荀卿所說的「武卒」即蘇秦所說的「武士」。這裡即指勇猛的戰士。(169)以度取之　都按嚴格標準選拔而來。度，標準，指下述各種項目。(170)衣三屬之甲　意即身披精良的鎧甲。三屬之甲，古代鎧甲多分為三片，上片披於肩膊，中片披於胸膛，下片披於雙腿。屬，連綴。(171)十二石之弩　指古代的強弓。石，古代的重量單位，一百二十斤為一石。此處指弓的拉力。(172)負矢五十箇　每人背著五十支箭。負，背。矢，箭。(173)置戈其上　肩上還要扛著長矛。(174)冠冑　頭上戴著鐵盔。冑，頭盔。(175)贏　擔；背。(176)日中而趨百里　一個上午就要走出一百里路。趨，小跑；急行。(177)中試則復其戶　凡選拔合格的就免除其全家的勞役。復，免除勞役。(178)利其田宅　免除其土地稅與房產稅。(179)是　這樣一來。(180)其氣力數年而衰　指當兵者的服役不用幾年就累垮了。(181)復利未可奪　指「復其戶」、「利其田宅」的優待辦法還要繼續享受。未可奪，不能撤銷。(182)改造則不易周也　但長期實行下去也必然難以為繼。改造，指不斷地選拔新兵。不易周，不容易讓新選來的士兵也絲毫不差地享受原來的優待條件。(183)其稅必寡　因享受免稅的人越積累越多，國家收入的賦稅肯定越來越少。(184)危國　行將滅亡之國。(185)秦人其生民也陿阸　秦國百姓生活的自然條件不好。秦人，此指秦國。生民，使百姓生活。陿阸，同「狹隘」。指肥沃的良田窄小。(186)使民也酷烈　奴役百姓的手段殘酷。(187)劫之以勢　用無法抗拒的威權逼迫他們。應上句「使民」。(188)隱之以阸　以艱難的生活條件促使他們。應前句「生民」。(189)忸之以慶賞　讓他們習慣於殺敵受賞。忸，習慣。(190)鰌之以刑罰　用嚴酷的刑罰威逼他們。鰌，威逼。(191)所以要利於上　向君主討得好處的辦法。要，求。上，君主。(192)非鬭無由　除了殺敵立功沒有別的門路。由，途徑；辦法。(193)功賞相長　殺敵立功與獲得獎賞構成循環。立功則受獎賞，受賞更思立功，形成循環的模式。(194)五甲首而隸五家　在戰場上斬得五個敵人的人頭，回鄉後就能得到五戶人家供其役使。甲首，披甲士兵的人頭。隸，役使。(195)是最為眾彊長久之道　這就是秦國的士兵越來越多，戰鬥力越來越強，而且經久不衰的原因。眾，兵員多。強，戰鬥力強。道，原因；辦法。(196)四世有勝　四代君主依靠這種辦法連連獲勝。四世，指秦孝公、秦惠文王、秦武王、秦昭襄王。有勝，獲勝。(197)非幸　並非出於僥倖。(198)數也　是有其必然的。數，合乎規律；合乎邏輯。(199)不可以遇　不能抗拒；不能抵擋。遇，抵擋。(200)銳士　精銳的士兵。(201)當　同上文之「遇」，抵抗。(202)桓文之節制　春秋五霸的有節制之兵。桓、文指齊桓公與晉文公，都是春秋時期的霸主。節制，指紀律嚴明、訓練有素。(203)有遇之者　凡是敢與湯武的仁義之師對抗的人。(204)以焦熬投石　四字不可解，疑有訛誤。俞樾《諸子平議》說：「上文『以桀詐堯，譬之若卵投石，以指撓沸。』此文『以焦熬投石』疑有誤，當云『以指焦熬，以卵投石。』焦讀為樵，《廣雅・釋詁》云：『樵，拭也。』《說文・火部》：『熬，乾煎也。』以指樵熬，其義猶『以指撓沸』也。」錄以備考。或以為焦熬指「焦脆之物」。(205)兼是數國　總括以上齊、魏、秦三國軍隊的情況而言之。兼，總；總括。數國，指齊、魏、秦。(206)干賞蹈利　為追求立功受賞而戰鬥。干，求。蹈，追。(207)傭徒鬻賣之道　其君主與其士兵的關係就如同雇佣與收買。傭徒，受雇佣的勞力。鬻賣，出賣自己的人身。(208)貴上　尊崇君主，這裡指為擁戴捍衛君主而戰。(209)安制　遵守制度，這裡指因奉公守法而自願作戰。(210)綦節　盡節，這裡指為了道德操節而拼死作戰。(211)諸侯有能二句　如果某個諸侯能以禮義教育士兵，讓他們知道為何而戰，那麼這個諸侯就能壯大起來，打敗並兼併其他所有的國家。微妙之以節，以禮義教化士兵。節，指禮義。兼殆，兼併、摧毀。(212)招延募選　指以私利招募選拔。(213)隆勢詐　靠著威權詭詐轄制他們。(214)上功利　只講立功受賞。(215)是漸之也　這是在用歪門邪道慢慢地毒化他們。漸，浸染。(216)齊之　統一他們的思想。(217)以詐遇詐　以詭詐對付詭詐。遇，對付。(218)猶有巧拙　還可以看出一些巧拙的不同。(219)以錐刀墮泰山　以比喻自不量力，徒勞而無功。墮，同「隳」。毀壞。(220)誅　討；討伐。(221)拱挹指麾　形容其君主清閒自然，從容不迫的樣子。拱挹，拱手作揖。挹，通「揖」。麾，同「揮」。(222)彊暴之國　指平時驕橫暴戾的國家。(223)莫不趨使　此時在仁義之師面前，也變得老老實實，聽從驅使。(224)獨夫　猶如今之所謂「光桿司令」。(225)泰誓曰獨夫紂　〈泰誓〉是古文《尚書》中篇目名，是武王伐紂時的誓辭，分上中下三篇。其下篇有所謂「古人有言曰：『撫我則后，虐我則讎』。獨夫受洪惟作威，乃汝世讎」云云。獨夫受，即「獨夫紂」，受是紂的名字。(226)大齊　最大限度的思想統一、行動統一。(227)治鄰敵　打敗周邊的敵人。治，通「殆」。打敗。(228)無常　沒有定準。(229)代翕代張　有時弱有時強。代，相互交替。翕，收斂，以喻衰弱。張，擴大，以喻強盛。(230)代存代亡　有時存有時亡。(231)相為雌雄　互為雌雄；互有勝敗。(232)盜兵　盜賊之兵。(233)不由　不走這種道路。(234)知　同「智」。智慧。(235)棄疑　不做沒有把握的決定，不打沒有把握的仗。(236)無過　不犯錯誤。意思是不追求有功。(237)無悔　不致後悔；不致遺憾。(238)而止矣　就可以了。(239)不可必也　(即使這最低的要求)也不一定就能保證實現。(240)制號政令　軍中的各種制度號令。(241)欲嚴以威　應該做到嚴厲而又威猛。欲，要；應該。以，同「而」。(242)慶賞　得福受賞。慶，福。(243)必以信　確實而有信用。必，說到做到。信，說話算數。(244)處舍　指安營下寨。(245)收藏　指保管糧食輜重。(246)周以固　嚴密而又穩固。(247)徙舉進退　軍隊的轉移與進攻撤退。(248)安以重　安全而又穩重。(249)疾以速　敏捷而又迅速。(250)窺敵觀變　偵察敵情，刺探其行動變化。(251)潛以深　隱蔽而又深入。(252)伍以參　對各種情報要反覆核實，分析比較。伍，同「五」。參，同「三」。在這裡都是參照、比較的意思。(253)行吾所明　情況明確，有把握的仗就打。[254]無行吾所疑　凡是情況不明，有疑慮的仗就不打。[255]六術　六條軍事原則。[256]無欲將而惡廢　不要因為喜歡誰就任他為將，也不要因為討厭誰就把他罷免。欲，這裡指喜愛。惡，討厭。或曰，不要總是追求為將軍，而害怕被罷免。[257]無怠勝而忘敗　不要因為打了勝仗就鬆懈怠慢而忘掉失敗。按，《荀子·議兵》原文作「無急勝而忘敗」，意思與此略異，但二者似不必求同。[258]無威內而輕外　不要只顧強化內部而輕視外敵。[259]無見其利而不顧其害　不要只看到對自己有利的條件而忽視對自己不利的條件。[260]慮事欲熟　考慮問題越周密越好。欲，宜；應該。[261]用財欲泰　該花錢的地方要捨得花，不要吝嗇。如獎勵自己的將士，收買敵方的人員等等。泰，奢華；不吝嗇。[262]五權　五種應該權衡的問題。[263]不受命於主　不按照君主的命令辦。[264]可殺　寧可將此人處死。[265]使處不完　派去鎮守防禦不完備的地方。[266]使擊不勝　派去進攻不能戰勝之敵。[267]三至　君命有所不受的三種情況。[268]行　統領。[269]既定　選定；調派停當。[270]百官得序　軍中的各級官吏都已委任齊全，各就各位。序，次序。[271]羣物皆正　軍中各種事情都已經納入正軌。[272]主不能喜　不能因為受到君主的某種褒獎而自喜，忘乎所以。[273]敵不能怒　敵人的任何伎倆都不能使之發怒。意謂一位將軍應時常處於內心平和、不驕不躁的虛靜狀態。[274]至臣　無以復加的武臣。[275]慮必先事　做任何一件事情，採取任何一種行動都要事先考慮好。[276]申之以敬　要三令五申地告誡將士小心謹慎。申，告誡。敬，謹慎。[277]慎終如始　快要完成任務時也要像剛開始行動那樣的小心謹慎。古語有所謂「無不有始，鮮克有終」，以防功虧一簣。[278]敬　小心謹慎。[279]慢　鬆懈；大意。[280]計勝欲則從　按智謀計畫而行，不雜個人的喜怒貪欲於其中就順利。欲，主觀的情感欲望。從，順利；成功。[281]欲勝計　因臨時的個人的情感欲望而改變既定的戰略戰術。[282]戰如守　出擊與防守都要一樣地小心謹慎。[283]行如戰　行軍也和作戰一樣需要小心謹慎。[284]有功如幸　即使破敵立功也要感到這是一種僥倖，而不可能是十拿九穩的。[285]敬謀無曠　要小心謹慎地進行謀劃，不要疏忽大意。無曠，不鬆懈；不疏忽。[286]敬事　小心謹慎地對待戰事。[287]敬吏　小心謹慎地對待各級軍官。[288]敬眾　小心謹慎地對待士兵。[289]敬敵　小心謹慎地對待敵人。[290]處　對待。[291]天下之將　天下無敵之將；天下少有之將。[292]通於神明　極言其智慧權謀之高、百戰百勝之術有如神明。[293]軍制　軍隊的規章制度。[294]將死鼓　大將用鼓聲指揮作戰，與戰鼓共存亡。《左傳》成公二年寫晉軍統帥郤克指揮戰鬥有所謂「郤克傷於矢，流血及屨，未絕鼓音」，即「將死鼓」之謂也。[295]御死轡　駕馭戰車的人至死不能丟下馬轡繩。《左傳》成公二年寫晉軍御手張侯有所謂「自始合，而矢貫余手及肘，余折以御，左輪朱殷，豈敢言病」，即「御死轡」之謂也。[296]百吏死職　軍中的各級軍官都要死在自己的崗位上。死職，至死不能離開職守。[297]士大夫死行列　「士大夫」指下層軍官。死行列，至死不離開戰鬥行列。[298]金聲　銅鉦的聲音。古代作戰時，以鼓聲指揮前進，以鉦聲作為收兵的號令。鉦的聲音類似鑼，故而小說、戲曲上乾脆就說成「鳴鑼收兵」。299順命為上　服從命令是第一位的，即通常所說的「軍人以服從命令為天職」。300有功次之　殺敵立功是第二位的。301其罪惟均　其罪過相等。惟，是。302不獵禾稼　不踐踏百姓的莊稼。獵，通「躐」。踐踏。303服者不禽　舉手投降的人就不再拘捕。禽，同「擒」。304格者不赦　對敢於抵抗的人絕不饒恕。格，鬥；對抗。305奔命者　離開軍隊四散逃跑的敵兵。306不獲　不能再抓他們作俘虜。307誅　討伐。308有捍其賊　如果保護他們的敵人。有，如果。捍，護衛。309則是亦賊　那麼這些人也就成了賊人。310以故順刃者生　因此凡不戰而順服的人就可以得生。順刃，不戰而降服。311傃刃　迎著我們的兵刃而上，意即頑抗。312奔命者貢　對於四散奔逃的敵兵則獻之於上將。按，《通鑑》原文意思費解，據梁啟雄所引劉師培說，「貢」當作「置」，意為放棄不管，即逃命的敵兵聽其自便。313微子開封於宋　微子開本名啟，漢人為避景帝諱故改稱微子開。微子開是殷紂王之兄，因其看到殷紂之暴虐，及早地投降了周武王，故而武王滅商後封微子於宋國。事見《史記・宋微子世家》。314曹觸龍　殷紂王的臣子。《荀子・臣道》有所謂「若曹觸龍之於紂者，可謂國賊矣」，具體事跡不詳。315斷於軍　被周武王斬首於軍中。316服民　歸服於周朝的殷朝百姓。317所以養生之者　周朝給他們提供的謀生條件。318歌謳　歌頌周王朝的恩德。319竭蹶而趨之　爭先恐後地前來投奔。竭蹶，摔倒了再爬起來，匆忙奔走的樣子。趨，奔向。320無幽閒辟陋之國　無論是多麼偏僻、多麼荒遠崎嶇的小國。無，無論。幽閒，被遮蔽阻絕。辟陋，偏僻；不開化。321莫不趨使而安樂之　都一律驅使他們走上了幸福安樂的大道。322通達之屬　凡有道路可通人群的地方。即普天之下。323人師　引人走向幸福安樂的導師。324詩曰　以下三句見《詩經・文王有聲》。325無思不服　沒有一個不想著歸服於周王朝。326此之謂也　《詩經》所說的就是這種天下萬國嚮往歸服王者之師的情景。327王者　以仁義禮樂治理國家的君主。328有誅而無戰　有討伐殘暴的舉動，而用不著真正的流血作戰。329城守不攻　如果守城的敵兵還沒有認識到我們是仁義之師，是來救助他們出水火的，那我們就不要忙於攻城。330兵格不擊　如果敵兵還沒有認識到我們是仁義之師，他們還在奮力抵抗，那我們就不要忙著對他們進行攻擊。331敵上下相喜　如果敵兵上下之間親切和睦。332則慶之　就祝賀他們，表彰他們。333不屠城　絕不要不分青紅皂白地把城內的軍民一律殺光。334不潛軍　不悄悄地偷襲敵人。335不留眾　不長時間地把軍隊留駐在被征討的國家。336師不越時　用兵打仗一次不超過三個月。時，季節。337亂者樂其政　那些政治混亂國家的軍民都喜歡仁義之國的這些政策措施。338不安其上　不願意受他們本國君主的統治。339欲其至　盼望著王者之師的到來。340陳囂　荀況的弟子。341循理　按著規矩辦事。342何以兵為　還要戰爭做什麼。兵，軍備；戰事。343惡人之害之　憎恨有人去傷害那些善良的人。惡，討厭；憎恨。344惡人之亂之　憎恨有人去破壞這種正常的生活秩序。345彼兵者　那些行仁義的王者之所以要有軍隊，要進行戰爭。346禁暴除害　為拯救黎民於水火而剷除暴政、消滅惡人。347爭奪　爭城奪地、爭權奪利。按，以上大段荀子論兵的文字，都節自《荀子・論兵》。表現了司馬光對荀況思想的認同。348子喜　即歷史上所說的燕王喜，燕國的末代君主，西元前二五四－前二二二年在位，被秦國所滅。349周民東亡　意謂都於王城（今河南洛陽）的西周君被秦國消滅，西周君治下的百姓不願做秦國的子民，紛紛逃向都於鞏縣的東周君。350寶器　指西周君祭祀天地先王的祭器與禮器等這些從祖先傳留下來的東西。351西周公　即西周君，當時佔據王城與鄰近幾個縣的小諸侯。352畢狐之聚　村落名，在今河南汝州西北。聚，村落。353楚人遷魯於莒而取其地　時當楚孝烈王八年、魯頃公十八年，從此魯國被楚國所滅。莒，楚縣名，即今山東莒縣。按，莒縣在齊國的南境，有時屬齊，有時屬楚。楊寬〈戰國史年表〉繫魯被楚滅在上一年西元前二五六年。

【校　記】[1]好士者彊……是彊弱之常也　此五十五字原脫。據章鈺校，十二行本、乙十一行本、孔天胤本皆有此五十五字，張敦仁《通鑑刊本識誤》、張瑛《通鑑校勘記》同。按，此五十五字蓋涉兩「是彊弱之常也」而脫，今據諸本及《荀子・議兵》補。[2]士大夫　原作「上大夫」。據章鈺校，乙十一行本作「士大夫」。今從乙十一行本及《荀子・議兵》改。[3]以故　原作「以其」。據章鈺校，十二行本、乙十一行本皆作「以故」。今從十二行本、乙十一行本及《荀子・議兵》改。[4]楚人　「人」原作「王」。據章鈺校，十二行本、乙十一行本、孔天胤本皆作「人」，張瑛《通鑑校勘記》同。今從諸本及《大事記》卷六引文改。

【語　譯】昭襄王

五十二年（丙午　西元前二五五年）

河東郡郡守王稽因為與東方諸國勾結而獲罪，在鬧市被處死後陳屍示眾。應侯范雎為此事而每天悶悶不樂。一天，秦王在上朝的時候長長的歎了一口氣，應侯詢問秦王因為什麼而長歎。秦王說：「如今武安侯已經死了，而鄭安平、王稽等人也都背叛了秦國，目前秦國內無良將，外面又有許多敵對的國家，所以感到很憂慮。」應侯聽後感到很恐懼，不知道該怎麼辦才好。

燕國人蔡澤知道後，就從燕國向西來到秦國，他先派人傳話給應侯說：「蔡澤這個人，是天下最能言善辯的人。如果讓他去見秦王，必定會使您陷入困境而奪去您的職位。」應侯范雎非常生氣，派人把蔡澤找來。蔡澤見到應侯范雎，態度很傲慢。應侯范雎看見他這個樣子很不高興，就責備他說：「你向我傳話說，要頂替我而為秦國的宰相，我倒想聽聽是什麼緣故。」蔡澤說：「唉，先生您的見識怎麼那麼遲鈍呢！一年當中分為四季，春種、夏長、秋收、冬藏，這是大自然的規律，表示成功了就得離去。您難道沒有看見秦國的商鞅、楚國的吳起、越國的文種，他們的那種結局有什麼可值得羨慕？」應侯范雎辯解說：「怎麼不值得羨慕？這三個人，將義和忠都做到了盡善盡美的地步。君子為了成就忠義的美名而死不足惜，就是被殺死也不會感到遺憾。」蔡澤說：「人在追求成功的時候，哪一個不希望事業成功，人身完好呢？做到性命和功名都能夠保全的是最上策；功名、事業傳於後世可供後人效法，而自身卻不能保全的為中策；聲名遭受侮辱而能保全性命的為下策。像商鞅、吳起、文種，他們作為人臣，忠心耿耿的致力於君王的事業，為國家建立了豐功偉業，本來是很值得仰慕的。像閎夭、周公這樣的人，難道不是既是為君王盡忠的忠臣又是通達萬物之理的聖人嗎？商鞅等三人如果和閎夭、周公比起來，哪個更值得仰慕呢？」應侯范雎說：「你說得有道理。」蔡澤又分析說：「您的主人秦昭襄王在對待舊臣的忠厚程度、絕不背棄功臣方面和秦孝公、楚王、越王比起來又做得怎麼樣呢？」應侯范雎說：「不怎麼樣。」蔡澤說：「先生您的功勞與才幹和商君等人比起來誰的更大呢？」應侯回答說：「我不如他們。」蔡澤說：「這樣的話，再不趕緊辭職，恐怕您的災禍比那三個人還要大呢。俗話說『太陽行到中午，就要偏移西沉，月亮到了圓滿，就要慢慢虧損。』該進就進，該退就退，該伸就伸，該縮就縮，要隨著形勢的變化而改變，這就是聖人遵循的常理。如今您該報的仇已經報過，該報答的恩德也已報答，心願已經實現，但卻沒有適應時勢變化的考慮，我真為您感到擔憂。」應侯范雎聽後感到如同大夢初醒，於是將蔡澤待為上賓，並找機會將蔡澤舉薦給秦王。秦王召見蔡澤，和他面談後非常高興，任命他為客卿。應侯范雎藉口有病，向秦王遞交了辭呈。秦王正在欣賞蔡澤，於是就任命蔡澤為丞相。蔡澤任丞相幾個月後被免職。

楚國的春申君黃歇任命荀卿為蘭陵縣令。荀卿是趙國人，他的名字叫況，曾經在趙孝成王面前和臨武君談論兵法。趙王說：「請你們告訴我，用兵的關鍵是什麼？」臨武君說：「在上，要懂得陰晴寒暑的變化符合不符合攻戰的條件，在下要明瞭高城深池山川險阻的有利地勢，還要善於觀察敵人的變化，在充分掌握敵情後再向敵人發起進攻，還要在敵人之前搶先佔據有利地勢，這些都是用兵的關鍵。」

荀卿說：「不對。我聽說古代的用兵之道，奪取戰爭勝利的關鍵在於使全國上下團結一致。弓和箭如果調整得不好，就連善於射箭的后羿也不能射中目標；六匹馬步調不一致，就是善於駕車的造父也不能使馬車到達最遠的目的地；如果人民不擁戴你、不聽從你的號令，那麼就是商湯、周武王那樣的聖人也不一定能夠取得勝利。所以說，善於使人民親附、樂於為自己效命，這才是善於用兵的人，所以，用兵的關鍵在於使人民親附、樂於效命而已。」

臨武君說：「你說得不對。用兵之道在於重視有利的形勢和有利的條件；還要善於運用變化無常、行動隱祕、迷惑對方的手段。善於用兵的人變幻無常、神祕莫測，使敵方摸不透你的作戰意圖。孫武、吳起就是如此，所以才能夠無敵於天下，做到了這些，難道還一定要依賴人民親附嗎！」

荀卿說：「你說得不對。我所說的用兵之道指的是道德修養高、能行仁義的帝王所進行的戰爭，指的是實行仁政、以王道治理天下的人的用兵之道。而你所推崇的是使用詐謀，看重的是有利的形勢。對付行仁政的人，是不能夠用詐謀的。可以用詐謀打敗的是那些紀律鬆懈的、疲憊不堪的，或是君臣之間、上下之間關係渙散、離心離德的人。所以讓一支夏桀的部隊去攻打另一支夏桀的部隊，也許手段高明的可以打敗手段拙劣的。如果是以夏桀那樣的人對付堯那樣道德高尚的人，就好比是以卵擊石、用手指去攪動沸騰的水，將身體投入水中、投入火中，進去就得淹死、就得燒焦了。所以仁德的人用兵，上下一心、三軍協力。臣子對待國君、下級對待上級，就像是兒子侍奉父親、弟弟侍奉兄長，像雙手會不由自主地去護衛頭顱、眼睛和胸腹一樣。運用詐謀對人發動突然襲擊，與先恫嚇然後再去攻打的結果是一樣的。況且仁德的人即使只統治著方圓十里的地方，百里之內的人都會給他充當耳目；統治方圓百里的地方，千里之內的人都會給他充當耳目；統治方圓千里的地方，普天之下的人都會給他充當耳目。這樣的話，必定是耳聰目明，早已做好各項警惕戒備，團結得像一個人一樣。所以，仁德的人用兵，一起聚攏起來就是一座軍陣，向四處散開就組成了行列。排成橫隊，就像是伸出了莫邪那樣的寶劍，碰上的必定被殺死；排成縱隊，就像是莫邪的鋒刃，遇上的必定滅亡。紮營駐軍不管是圓形陣還是方形陣，都會安如磐石，誰碰上誰就會被摧毀，就像牛被折斷了角一樣的向後倒退。更何況那些殘暴的國君，誰還願意為他去打仗呢？那些跟他去打仗的，只有他的百姓。他的那些百姓親近我們，就像是親近自己的父母；對王者的喜愛，就像是喜愛芬芳的椒、蘭等香草那樣。回過頭來再看他們的君主，就如同自己受到了黥刑一樣難受，像面對著自己的仇人一樣痛恨。人的本性，即使像夏桀、盜跖那樣的人，難道會願意幫助自己所厭惡的人，而去傷害自己所愛戴的人嗎？這就如同是讓別人的子孫去殘害他們的父母。他們必定會將所憎恨的人的陰謀報告給我們，在這樣的形勢下，你又如何能夠使用詐謀呢？所以仁德的人治理國家，國家會一天天的強盛起來。那些諸侯國率先歸附的就能得到安寧，最後歸順的就會危險，敵對的就會被削弱，背叛的就會被滅亡。《詩經》上有這樣的詩句『周武王開始出發，勇武的兵士手拿著斧鉞，就像是熊熊燃燒的火焰，沒有人敢阻擋。』說的就是王者之師呀。」

趙孝成王和臨武君都說：「你說得很好。請問，以仁政治理國家的人在用兵的時候，採用的是什麼樣的治軍路線和治軍思想？」荀卿說：「凡是君主賢明的，國家就一定治理得很好；君主缺少才幹的，國家就會很混亂。尊崇禮教重視仁義的，國家就治理得好；怠慢禮教輕視仁義的，國家就混亂。治理好的國家就強盛，混亂的國家就衰弱，這就是國家強盛還是衰弱的根本。在上位的國君能夠被在下的臣民所景仰，臣民就願意為國君效力；在上位的國君不能夠被在下的臣民所景仰，臣民就不願意為國君效力。臣民願意為國君效力的國家就強大，臣民不願意為國君效力的國家就衰弱，這是決定國家強大還是衰弱的根本。君主尊賢好士的國家就強大，君主不喜好賢士的國家就衰弱。君主愛護人民的國家就強大，君主不愛護人民的國家就衰弱。政令能使臣民信服的國家就強大，政令不能使臣民信服的就衰弱。重視軍隊建設的國家就強大，輕視軍隊建設的國家就衰弱。權力集中統一的國家就強大，政出多門的國家就衰弱。這是決定國家強大還是衰弱的根本。

「齊國人崇尚各種作戰殺敵的技巧，這種技巧斬獲敵人一顆首級的，或者給予八兩金的獎賞，或者可以抵償本人犯罪應繳的同樣數量的罰金，只憑斬首的多少進行賞賜而不問全軍的勝敗。這樣的方式，在作戰中遇到小股脆弱的敵人還可以勉強使用；遇到強大的對手就會軍心瓦解、四處逃奔了，像天空中的飛鳥一樣自己幹自己的，這就離滅亡不遠了。這就是亡國之兵，沒有比這再衰弱的軍隊了，這就如同在街市上招募一些人，讓他們去作戰差不多。

「魏國在選拔精銳部隊的時候，採取了嚴格的選拔標準，方法是：讓那些參加選拔的人肩上披著皮革做的披肩，胸部圍著胸鎧，下身垂著腿裙，即所謂的三屬之甲，手中拿著拉力十二石的弓，背上背著五十支箭，肩上再扛著戈，頭上戴著頭盔，腰中插著劍，還得帶著三天的乾糧，從早晨到中午，半天的時間急行軍一百里。考試合格的人就免除他家的徭役和房屋地產等一應的租稅。其實這些人服役不了幾年就逐漸累垮了，但他們所享受的免除徭役等優惠待遇卻不能剝奪。再招募新兵，如果仍然不改變做法，這樣周而復始的沿用下去。魏國的領土雖大，而稅收必定越來越少，這就會使國家陷入危險。

「秦國人民賴以生存的自然條件很不好，而役使人民的手段又很殘酷嚴厲。用威權來強迫他們，使他們不得不從事於戰爭，讓他們習慣於殺敵就可以得到獎賞，用嚴酷的刑罰逼迫人民。使他們明白，要想得到利益，除去拚死殺敵以外沒有別的出路。使戰功和獎賞相互增長，在戰場上斬獲五個敵人的首級，就能得到役使鄉里五戶人家的爵賞。這就使得國家兵員眾多、戰鬥力強而又能保持長久而不衰敗。所以從秦孝公、秦惠文王、秦武王、秦昭襄王以來四世都能保持常勝不敗的地位，這不是僥倖得來的，而是有其必然性。

「總而言之，齊國靠它的各種殺敵技巧，對付不了魏國的武士；魏國的武士，戰勝不了秦國的精銳部隊；而秦國的精銳部隊，又不能抵擋齊桓公、晉文公的紀律嚴明、訓練有素的霸主軍隊；而齊桓公、晉文公的紀律嚴明、訓練有素的霸主軍隊，又不能戰勝商湯、周武王的仁義之師。如果遇上了，就如同是用手指攪動沸水、用卵擊石一樣，必敗無疑。上述齊、魏、秦等所有國家的軍隊，都是為追求獎賞、貪圖利益而戰鬥，是受雇傭出賣力氣的軍隊，而沒有尊重君主、遵守紀律、極盡忠心、永不變節的情操。諸侯如果能夠盡心竭力用禮義教育士兵，讓他們知道為何而戰，就必定能強大起來把其他國家打敗。招募也好，考試也好，如果只是看重有利的形勢和運用詐謀，只是崇尚戰功和獎賞，那就是在欺騙士兵。尊崇禮儀、實施教化，才能使他們整齊劃一、齊心協力。運用詐謀對付詐謀，尚且有巧拙之分；用詐謀對待齊心協力的軍隊，就像是企圖用小刀去摧毀巍峨的泰山一樣愚蠢。所以商湯討伐夏桀、周武王討伐商紂的時候，指揮作戰時是那樣從容不迫，而平時驕橫暴戾的人在仁義之師面前也變得老老實實，聽從驅使，所以誅殺夏桀、商紂就如同誅殺兩個沒人擁護的光棍一樣容易。〈泰誓〉上說『孤家寡人的商紂王』，說的就是這個意思。所以軍隊的思想特別統一、行動一致，就能夠平定天下，一定程度的行動一致也能打敗周邊的敵國。至於採取招募或是考試的方式選拔士兵，作戰時只是看重有利的形勢和運用詐謀，又崇尚戰功和獎賞，對士兵進行欺騙，那麼戰爭的勝敗就沒有定準了，國家也就會時強時弱，時存時亡，互有勝敗。這就是所說的盜賊之兵，仁德的君主是不會走這條路的。」

趙孝成王和臨武君說：「說得太好了。請問如何才能做個好統帥？」荀卿說：「聰明的做法是不做沒有把握的決定、不打沒有把握的仗，做事沒有過錯，事情過後沒有遺憾，沒有比這再好的了。其實做事做到了沒有遺憾的地步就可以了，還不一定能夠做到。所以制定各種制度號令，在執行的時候一定要嚴格而有威力；獎功罰過，一定要實事求是，要講求信用；構築營壘、倉庫，要力求周密堅固；部隊前進或後退，一定要安全而穩重，快捷而迅速；刺探敵情，看其變化，一定要隱蔽而深入，對觀察到的情況要進行分析比較，反覆核實；遇到和敵人交戰，一定要在瞭解清楚敵情的情況下進行，不打沒把握的仗。以上是六種軍事原則。

「不要只想保住自己的將帥地位而擔心失去，不要因為勝利而產生怠慢的心理而忘記了驕兵必敗，不要只注意對內部政令威嚴而輕視外敵，不要只看見有利的一面而忽略了有害的一面，凡是考慮事情一定要做到深思熟慮，在進行獎賞的時候，發放財物絕對不能吝嗇。以上是五種值得權衡應該考慮的情況。將在外所以能不聽君主的指揮的原因有三種情況：寧可殺頭，而不可以接受使他率軍進入絕地的命令；寧可殺頭，而不可以接受讓他去打根本無法戰勝敵人的命令；寧可殺頭，也不接受讓他去執行殘害人民的命令。以上就是必須遵守而不可改變的三個原則。

「凡是接受了君主的命令率領三軍，就要使三軍各級官吏委任齊全、各守其職、各負其責，軍中各種事物都要納入正軌，在這種情況下，君主的獎賞不能使他歡喜，敵人的任何伎倆也不能使他惱怒。這才是最好的將領。謀慮必須在行動之前，而且要慎之又慎，行動從開始到結束要始終保持謹慎，能夠做到始終如一，就必定沒有覆敗的危險了。任何事情的成功一定取決於慎重對待，而失敗必定是因為漫不經心和疏忽大意。所以謹慎戰勝疏忽大意就能取得勝利，輕敵和疏忽戰勝了謹慎就會敗亡；從國家的利益考慮戰勝了為一己私利考慮就成功，考慮個人利害得失勝過為國家利益考慮就必定遭遇凶險。出戰如同防守一樣謹慎，平時訓練行軍也要像戰時一樣快捷迅速，打了勝仗時也不驕傲，反而覺得是僥倖得勝一樣。謹慎地考慮戰略戰術而不鬆懈不疏忽，謹慎地對待戰事而不鬆懈不疏忽，謹慎地對待下屬官吏而不鬆懈不疏忽，謹慎地對待士卒而不鬆懈不疏忽，慎重地對待你的敵人不鬆懈不疏忽。這就是五個不鬆懈不疏忽。能夠慎重的把握上述六術、五權、三至和五個不鬆懈不疏忽，又能以恭敬、謹慎的態度去對待，這就是所說的天下無敵、用兵如神的將領了。」

臨武君說：「說得好。請問以王道治理國家的君主，他們治軍的法令制度是怎麼樣的呢？」荀卿說：「大將在指揮作戰時就是戰死了也不會丟下戰鼓，駕御戰車的人就是死在戰車旁也不會放下韁繩，軍中的小官吏就是死也不會擅離職守，領軍的指揮官就是死也會死在自己的崗位上。要做到聽到進軍的鼓聲就向前衝，聽到停止進攻的鑼聲就馬上撤退。服從命令為第一，建立戰功為第二。命令前進而不進，就如同命令不許撤退而自行撤退一樣，其罪是相同的。作戰時不殺害年老的和年少的，不踐踏百姓的莊稼，已經投降的不再囚禁，敢於抵抗的絕不赦免，四散逃跑的敵軍，不能再抓他們當俘虜看待。誅殺，不會誅殺老百姓，而是誅殺那些危害百姓的人。百姓當中有保護敵人的，那他就是敵人。要讓敵人知道：如果不戰而屈服就可以生存，頑抗到底死路一條，四散逃跑的敵軍則聽其自便。商紂王的哥哥微子啟投降了周武王，所以被封於宋；曹觸龍忠於商紂王，所以被殺死在軍中；商朝的百姓凡是歸順周朝的，在生活待遇上與周人沒什麼兩樣。所以生活在近處的人都歌頌周的仁德、歡迎周的軍隊，遠方的人不顧顛簸之苦爭先恐後的來投奔周。不論多麼偏僻遙遠的小國，都愉快地為它效勞。四海之內就如同一家人一樣，只要有人跡的地方，就沒有不歸順的。這就是所說的引導人們走向幸福安樂的導師。《詩經》上說『從西向東，從南到北，沒有一個人不想著歸附周朝的。』所說的就是這種天下萬國嚮往歸附王者之師的情景。以仁義禮樂治理國家的君主，只有討伐不義的戰爭而沒有爭城奪地的戰爭，守城敵軍防守很嚴就不強行攻打，敵人還在頑強的抵抗就不進攻。敵人上下一心就祝賀他們，攻下城池以後絕不把城中的百姓不加區別地全部殺光，不偷襲敵人，不長時間地把軍隊留駐在被征討的國家，用兵不超過規定的時間。所以，那些政治混亂國家的人民歡迎王者的政治措施，而不滿於本國君主的統治，盼望王者軍隊的到來。」臨武君說：「講得好。」

陳囂問荀卿說：「先生您談論軍事，總是把仁義當做根本。仁的意思就是愛人，義的意思是按照規矩辦事，然而為什麼還要用兵呢？依我看來，用兵的目的都是為了爭奪。」荀卿回答說：「這不是你所能懂得的。那些仁德的人都有愛人之心；因為他愛人，所以就擔心有人去危害自己所愛的人。行義的人總是按照規矩去做；因為按照規矩去做，所以就擔心有人擾亂了正確的規矩。仁義之人用兵的目的，是為了制止暴亂、消除禍害，而不是為了爭奪。」

燕孝王去世，他的兒子喜即位。

西周君被秦國滅亡，西周君統治下的人民大多逃亡到了東周君那裡。秦國將西周君的所有寶器全部掠走，還把西周君放逐到憚狐村。

楚孝烈王將魯國國君姬仇放逐到莒而霸佔了魯國的領土。

五十三年（丁未　西元前二五四年）

摎伐魏❶，取吳城❷。韓王入朝❸。魏舉國聽令❹。

五十四年（戊申　西元前二五三年）

王郊見上帝於雍[5]。

楚遷于鉅陽[6]。

五十五年（己酉 西元前二五二年）

衛懷君[7]朝於魏，魏人執而殺之，更立其弟，是為元君[8]。元君，魏壻也。

五十六年（庚戌 西元前二五一年）

秋，王薨，孝文王[9]立。尊唐八子[10]為唐太后，以子楚[11]為太子。趙人奉[12]子楚妻子[13]歸之[14]。韓王衰絰入弔祠[15]。

燕王喜使栗腹約歡於趙[16]，以五百金為趙王酒[17]。反[18]而言於燕王曰：「趙壯者皆死長平，其孤[19]未壯，可伐也。」王召昌國君樂閒[20]問之，對曰：「趙四戰之國[21]，其民習兵[22]，不可。」王曰：「吾以五而伐一[23]。」對曰：「不可。」王怒，羣臣皆以為可。乃發二千乘[24]，栗腹將而攻鄗[25]，卿秦攻代[26]。

將渠[27]曰：「與人通關約交[28]，以五百金飲人之王[29]，使者報而攻之[30]，不祥[31]。師必無功。」王不聽，自將偏軍[32]隨之。將渠引王之綬[33]，王以足蹴之[34]。將渠泣曰：「臣非自為[35]，為王也！」燕師至宋子[36]，趙廉頗為將，逆擊[37]之，敗栗腹於鄗，敗卿秦、樂乘於代[38]，追北[39]五百餘里，遂圍燕[40]。燕人請和，趙人曰：「必今將渠處和(41)。」燕王使將渠為相而處和，趙師乃解去(42)。

趙平原君卒(43)。

孝文王

元年（辛亥　西元前二五〇年）

冬，十月己亥(44)，王即位(45)，三日薨(46)。子楚立，是為莊襄王(47)。尊華陽夫人為華陽太后(48)、夏姬為夏太后(49)。

燕將攻齊聊城(50)，拔之。或譖之燕王(51)：「燕將保(52)聊城，不敢歸(53)。」齊田單(54)攻之，歲餘不下。魯仲連乃為書，約之矢(55)，以射城中，遺(56)燕將，為陳利害(57)，曰：「為公計(58)者，不歸燕則歸齊。今獨守孤城，齊兵日益(59)，而燕救不至，將何為(60)乎？」燕將見書，泣三日，猶豫不能自決(61)。欲歸燕，已有隙(62)；欲降齊，所殺虜於齊(63)甚眾，恐已降而後見辱(64)。喟然(65)歎曰：「與人刃我(66)，寧我自刃。」遂自殺。聊城亂。田單克聊城(67)，歸(68)，言魯仲連於齊王[1]，欲爵之。仲連逃之海上(69)，曰：「吾與富貴而詘於人(70)，寧貧賤而輕世肆志(71)焉。」

魏安釐王問天下之高士(72)於子順(73)，子順曰：「世無其人(74)也，抑可以為次(75)，其魯仲連乎(76)！」王曰：「魯仲連彊作(77)之者，非體自然(78)也。」子順曰：「人皆作之⑲。作之不止⑳，乃成君子；作之不變㉑，習與體成㉒；習與體成[2]，則自然也㉓。」

【章　旨】以上為第二段，寫秦昭王五十三年（西元前二五四年）至孝文王元年（西元前二五〇年）共五年間的各國大事，主要有秦昭王南郊祭天，已儼然以統一天下的帝王自居；以及秦昭王死，孝文王即位；不到一年孝文王又死，莊襄王即位，緊鑼密鼓地為日後秦王政的上臺做準備。而東方的韓、魏都已為秦國的附庸，楚國又已不能在陳縣立足，又進一步向東南遷都。而比較詳細地寫了燕國趁趙國長平之敗向趙國挑釁被趙國擊敗；和燕將取齊聊城後，因在國內遭讒不敢歸燕，又堅守聊城，齊人攻之不下，魯仲連致書燕將，助田單奪取聊城事。

【注　釋】❶摎伐魏　秦將摎統兵伐魏，時當魏安釐王二十三年。摎，秦將名，其姓不詳。❷吳城　魏縣名，又名虞城，在今山西平陸北。❸韓王入朝　韓王到咸陽朝拜秦昭王，表示對秦國臣服。韓王，指韓桓惠王，此年為韓桓惠王十九年。❹舉國聽令　整個魏國聽從秦國的號令，也是臣服於秦的意思。舉國，全國。❺王郊見上帝於雍　秦昭王在雍縣南郊祭祀上帝。雍，秦國的舊都，在今陝西鳳翔城南。按，在都城南郊祭天是只有統一全國的帝王才能舉行的一種典禮，今秦昭王公然行之，分明已經是以統一天下的帝王自居。❻楚遷于鉅陽　時當楚孝烈王十年。楚國自西元前二七八年被秦兵攻破郢都（今湖北江陵），東遷到陳縣（今河南淮陽），現又向東南遷到鉅陽。鉅陽在今安徽太和東南。❼懷君　衛嗣君之子，具體在位年限眾說不一。此時的衛國早已成為魏國的附庸。❽更立其弟二句　元君究竟是懷君之弟，還是嗣君之弟，亦眾說不一。元君在位的年限有說是西元前二五二—前二三〇年，其實也是眾說不一。❾孝文王　即前面所說過的「太子安國君」，名柱，又名式，昭襄王之子。❿唐八子　孝文王的生母，姓唐，「八子」是妃嬪的封號名。據《漢書．外戚傳》，當時帝王的正妻稱皇后，諸妾盡稱夫人，細分則有美人、良人、八子、七子、長使、少使等等。唐八子早死，此追尊為太后。⓫子楚　即前在趙國為人質，呂不韋為之奔走活動的公孫異人。⓬奉　捧，「送」的敬稱。⓭子楚妻子　據《史記》與《通鑑》，即呂不韋的孕妾及其私生子嬴政。⓮歸之　送到秦國。按，子楚在前秦兵圍趙時已經逃回秦國，故此時趙人只送其妻與其子入秦。⓯韓王衰絰入弔祠韓桓惠王像是死了父母一樣地到秦國弔唁昭王之喪。衰經，衰指孝服，有齊衰、斬衰之分；經是服喪者繫在頭上與繫在腰間的孝帶，繫在腰間的有時用麻繩，繫在頭上的用布帶。弔祠，弔唁、祭祀。⑯燕王喜使栗腹約歡於趙　燕王命栗腹前往趙國訂約結友好聯盟。事當燕王喜四年、趙孝成王十五年。栗腹，時為燕國丞相。⑰以五百金為趙王酒　用五百金作為禮物給趙王祝酒。按，《戰國策》作「以百金為趙孝成王壽，酒三日反報。」本文「酒」疑當作「壽」。或曰「酒所養老，獻金曰壽，義蓋本於此，則作酒亦通。」⑱反　同「返」。回國。⑲孤　趙國死者的孤兒。⑳昌國君樂閒　樂毅的兒子，被封為昌國君，時在燕國為將。㉑四戰之國　四面受敵、四面都需要設防作戰的國家。《正義》曰：「趙東鄰燕，西接秦境，南錯韓魏，北連胡貊，故言四戰。」胡三省曰：「言其四境皆鄰於強敵，四面拒戰也。」㉒習兵　懂得軍事；慣於作戰。㉓吾以五而伐一　我們可以用五個人打他一個人。㉔二千乘　古稱一車四馬為一乘。一輛車上三個武士，後跟七十五個步兵。二千乘共十五萬人。㉕鄗　趙邑名，在今河北柏鄉北。㉖卿秦攻代　卿秦是燕國的將領，也作「慶秦」。代是趙國的郡名，郡治即今河北蔚縣東北的代王城。㉗將渠　燕將名，姓將名渠。有說「將渠」與「卿秦」對文，以為「卿」、「將」皆官名者，沈濤曰：「卿秦、將渠皆人姓名。卿秦，《戰國策》作『慶秦』，慶、卿通字，明非公卿之卿，下文云燕相將渠以處和，《集解》曰：『以將渠為相』，又豈得為將相之將乎？」㉘通關約交　派出使者約建友好之交。通關，意即通使。㉙飲人之王　即前文所說的以五百金為趙王酒。㉚使者報而攻之　使者回來一報告就攻打人家。㉛不祥　不吉利，這裡意即沒有道理。㉜偏軍　另一支非主力部隊。㉝引王之綬　拉住燕王的綬帶，意即勸他不要前去。引，拉著。綬，古時繫印的絲帶。㉞以足蹴之　用腳踢他，表示厭棄之意。㉟非自為　不是為了我自己。㊱宋子　趙縣名，在今河北趙縣東北。㊲逆擊　迎擊。逆，迎；迎面。㊳敗卿秦樂乘於代　此句有誤，應作「樂乘敗卿秦於代」。梁玉繩曰：「案〈燕策〉云：『趙使樂乘以五萬遇慶秦於代』，則樂乘趙將也，故下文云趙悼襄王使樂乘代廉頗，此與〈樂毅傳〉同誤。當以『樂乘』置『破卿秦』上。」樂乘，樂毅的族人，此時為趙將。㊴追北　追擊敗兵。北，同「背」。兩軍對戰而示之以背，意思即敗。㊵圍燕　包圍了燕國的都城薊縣，即今北京市。黃震曰：「按，今王喜方自救不暇，反用栗腹敗趙以自敗其從，豈必丹、軻之謀而後燕滅哉？」楊寬曰：「據〈趙世家〉，廉頗圍燕在次年。」㊶必令將渠處和　一定要讓將渠為燕國宰相，讓將渠來辦理和談問題。瀧川曰：「將渠初諫燕王不令伐趙，趙人知之。」處和，辦理議和的事。㊷解去　解除包圍，撤軍而去。㊸趙平原君卒　《史記》、《通鑑》皆書「平原君卒」於史，以見平原君在趙國的地位崇重，一身繫趙國之安危。㊹十月己亥　十月初一，也就是秦孝文王元年的第一天，當時秦以十月為歲首。㊺王即位　孝文王正式登基。按，我國古代帝王繼承前代帝王之位的一般規矩都是前代帝王身死後，新帝王立即登基理事，但這一年仍使用前代帝王的年號。從轉過年來第一個月的第一天起，改用新帝王的年號，這叫做「改元」。所以這裡的「王即位」實指改用新的年號。㊻三日薨　只做了三天秦王，第四天就死了。按，實際上也許在一年處理政務好幾個月。㊼莊襄王　秦昭王之孫，孝文王之子，初名異人，後改名曰楚，歷史上稱為莊襄王。按，莊襄王此時雖已即位，但本年仍繼續使用「孝文王」的年號，要到下一年的十月初一才能「改元」。故歷史上稱莊襄王在位的年限為西元前二四九－前二四七年。㊽尊華陽夫人為華陽太后　華陽夫人原是孝文王的寵妃，並非王后，只因認了子楚做兒子，子楚後來又做了孝文王的太子，故而孝文王才立其為后；現在子楚又做了秦王，故而遂尊之為太后。㊾夏姬為夏太后　夏姬是莊襄王的生母，本來地位不高，不值一提；但因為親生兒子做了秦王，故而也被尊為太后，位在「華陽太后」之下。㊿燕將攻齊聊城　按，此燕將的名字為誰，又究竟是在何年何月攻佔了齊國的聊城，歷史上都沒有明確記載。只在《戰國策》裡有〈遺燕將書〉一文，而《史記》之〈魯仲連鄒陽列傳〉在記載「義不帝秦」一段辭令後，又錄入了「遺燕將書」，於是有些人遂將二者牽合在一起。其實應該是不相關聯的兩件事。《通鑑》將其繫之於孝文王元年，大體合適。聊城，齊縣名，在今山東聊城西北。(51)或譖之燕王　有人在燕王面前說這位燕將的壞話。此事約當在燕王喜五年、齊王建十五年。或，有人。譖，讒毀；說人壞話。(52)保　據城固守。(53)不敢歸　不敢返回燕國。(54)田單　齊國名將，在燕軍破齊，齊國行將滅亡之際，田單大展奇才，再造齊國，被封為安平君，為齊國宰相。事跡詳見《史記・田單列傳》。(55)約之矢　把信件綁在箭桿上。約，束；捆綁。(56)遺　給；致。(57)為陳利害　為之分析陳說怎麼做好，怎麼做不好。(58)為公計　為您的利益考慮。(59)日益　越來越多。益，增。(60)將何為　將要怎麼辦。(61)自決　自己做出決定。(62)已有隙　已經與燕國君主有了隔閡。隙，裂縫；隔閡。(63)所殺虜於齊　在戰鬥中殺死和俘虜的齊國人。(64)見辱　被齊國人所侮辱。(65)喟然　傷心的樣子。(66)與人刃我　與其被別人所殺。刃，殺。(67)田單克聊城　田單遂趁機攻下聊城。按，《史記・魯仲連鄒陽列傳》於此作「田單遂屠聊城」，非常不合情理。梁玉繩曰：「《國策》『燕將曰：敬聞命矣。因罷兵倒櫝而去』。吳注云：『《史》稱燕將得書自殺，單屠聊城，非事實也。連之大意在於罷兵息民，而其料事之明，勸以歸燕、降齊，亦度其計之必可者；迫之於窮而置之於死，豈其心哉？夫其勸之，正將以全聊城之民，而忍坐視屠之？《策》得其實，《史》不可信。』孫侍御云：『聊城，齊地；田單，齊將，何以反屠聊乎？』」(68)歸　指回到齊國都城臨淄。(69)海上　海濱。(70)與富貴而詘於人　與其享受富貴而屈居人下。與，與其。詘於人，屈居人下，指做國君的臣子。詘，同「屈」。(71)輕世肆志　擺脫世俗的功名利祿，過自由自在的隱士生活。輕，看破；擺脫。肆志，隨心所欲。(72)天下之高士　誰是天下數得著的高士。(73)子順　即孔斌，字子順，孔子的後代，曾在魏國為官，因與統治者的政見不合而引退。事已見前〈周紀五〉。(74)世

無其人 世界上沒有您說的那種人。❼抑可以為次 或者可以退一步求之。抑，或者。為次，求其次。❼其魯仲連乎 大概就可以說是魯仲連了吧。其，將；大概。表示推斷。❼彊作 猶今所謂「做作」，故意做出來的。彊，同「強」。勉強。❼非體自然 不是出於自然的本性。體，本性。❼人皆作之 每個人都有做作的時候，指學禮學義、遵禮守法等等，都要經過一個勉強的階段。❽作之不止 一個人如能堅持學禮學義，修行不止。❽作之不變 日復一日、年復一年地堅持學禮學義，履行仁義不變更。❽習與體成 久而久之，形成習慣，也就和天生的本性一樣了。❽則自然也 到那時也就成為自然而然的了。

【校 記】①齊王 原無「王」字。據章鈺校，十二行本、乙十一行本、孔天胤本皆有此字。今從諸本及《通鑑總類》卷十五下補。②習與體成 原本「習與體成」四字不重。據章鈺校，十二行本、乙十一行本、孔天胤本「成」下皆有「習與體成」四字，張敦仁《通鑑刊本識誤》同。蓋涉兩「習與體成」而脫。今從諸本及《通鑑總類》卷十五下補。

【語 譯】五十三年（丁未 西元前二五四年）

秦國將軍摎率領秦軍攻打魏國，佔領了魏國的吳城縣。韓桓惠王到秦國朝拜秦昭王。整個魏國全都聽從秦國的命令。

五十四年（戊申 西元前二五三年）

秦昭襄王在雍縣的南郊祭祀上天。

楚國將都城從陳縣向東南遷到鉅陽。

五十五年（己酉 西元前二五二年）

衛國國君懷君到魏國朝拜魏王的時候，被魏國人抓起來殺死，又將衛懷君的弟弟立為衛君，就是衛元君。衛元君，是魏國國王的女婿。

五十六年（庚戌 西元前二五一年）

秋天，秦昭襄王嬴稷去世，他的兒子嬴柱即位，就是秦孝文王。秦孝文王追尊他的生母唐八子為太后，立子楚為太子。趙國派人將子楚的妻子和兒子送回秦國。韓桓惠王身穿孝服前來弔唁秦昭襄王。

燕王姬喜派栗腹出使趙國，想要和趙國建立友好關係。栗腹到了趙國以後，將五百金作為禮物給趙王祝酒。栗腹回到燕國後，向燕王彙報說：「趙國年富力強的人都在長平戰役中死光了，他們的孩子還沒有長大成人，這可是攻打趙國的大好時機。」燕王把昌國君樂閒找來諮詢，樂閒說：「趙國是個四面受敵的國家，無險可守，所以趙國的百姓人人懂得軍事，慣於勇猛作戰，是不宜攻打的。」燕王說：「我用五個人對付他一個人。」樂閒說：「那也難以取勝。」燕王很生氣，其他大臣都認為可以攻打趙國。於是調集了兩千輛兵車，讓栗腹率領著去攻打趙國的鄗邑，卿秦去攻打趙國的代郡。

將渠勸阻說：「派出使者與人家互訂友好盟約，還送五百金為趙王祝福，而使者回來後一報告，就要出兵攻打人家，這是不吉利的。這次出師肯定不會取得成功。」燕王不聽，還親自率領一支援軍跟隨在大軍之後。將渠拉住燕王的印綬不讓他去，燕王用腳踢他。將渠哭著說：「我不是為了自己，我是為大王啊！」燕國的軍隊到達宋子縣，趙國任命廉頗為將，率領趙軍迎戰燕軍，在鄗縣打敗了栗腹，又在代郡打敗了卿秦和樂乘的軍隊，將燕國的敗兵追出五百多里遠，並趁機包圍了燕國的都城。燕國派人向趙國求和，趙國說：「必須任命將渠為燕國丞相，派他來才能講和。」燕王任命將渠為燕相去和趙國談判求和的事情，趙國才解除對燕國的包圍撤軍回國。

趙國的平原君趙勝去世。

孝文王

元年（辛亥　西元前二五〇年）

這年的冬天，十月初一日己亥，秦國嬴柱正式即位為秦王，就是秦孝文王；秦孝文王在位三天就去世了。嬴異人即位，就是秦莊襄王。莊襄王尊華陽夫人為華陽太后、尊自己的生母夏姬為夏太后。

燕國的將領率軍攻陷了齊國的聊城。有人在燕王面前進讒言說：「燕將固守聊城而不敢回國。」齊國的田單攻打他，攻了一年多也沒有攻下。魯仲連於是寫了一封書信，將信綁在箭上射入城中給這位燕國將領，為他分析利害關係，信中說：「我為您的利益考慮，面前您只有兩條路可走，不回燕國就歸降齊國。如今，您單獨的固守著聊城這座孤城，齊國的軍隊一天一天的在增加，而燕國的救兵根本就沒有到，您將怎麼辦呢？」

燕國的將領看了這封書信以後，哭了三天，還是猶豫不決。想回到燕國，已經和燕國的國君有了隔閡，回去無疑是自投羅網；想要投降齊國吧，自己殺害和俘虜的齊國人太多，恐怕投降以後會遭受侮辱。最後長歎一聲說：「與其讓別人殺死，還不如我自己殺死自己呢。」便拔刀自刎了。聊城之內沒了主帥以後一片混亂。田單趁機收復了聊城，回到齊國的都城臨淄，將魯仲連的事情向齊王做了彙報，齊王想要封給魯仲連爵位。魯仲連不願意接受封賞，就逃到了海邊，他說：「我與其享受富貴而受制於人，還不如擺脫功名利祿，去過自由自在的隱居生活呢。」

魏安釐王向子順打聽誰是天下數得著的高士，子順回答說：「世上根本沒有什麼高士，如果非得要指出一個的話，那大概就是魯仲連了！」魏安釐王說：「魯仲連是故意做出來的，而不是出於自然的本性啊。」子順說：「其實，每個人都有做作的時候。能夠堅持下來，就成了君子；永遠努力地去做而不中途改變，就會形成習慣；形成習慣之後，就變成自然的本性了。」

莊襄王

元年（壬子　西元前二四九年）

呂不韋為相國❶。

東周君與諸侯謀伐秦❷，王使相國帥師討滅之，遷東周君於陽人聚❸，周既不祀❹。周比亡❺，凡有七邑❻：河南❼、洛陽❽、穀城❾、平陰❿、偃師⓫、鞏⓬、緱氏⓭。

以河南、洛陽十萬戶封相國不韋，為文信侯⓮。

蒙驁⑮伐韓，取成皋⑯、滎陽⑰，初置三川郡⑱。

楚滅魯，遷魯頃公⑲於下⑳，為家人㉑。

二年（癸丑　西元前二四八年）

日有食之㉒。

蒙驁伐趙，定太原[1]，取榆次㉓、狼孟㉔等三十七城。

楚春申君言於楚王曰：「淮北㉕地邊於齊㉖，其事急㉗，請以為郡㉘，而封於江東㉙。」楚王許之。春申君因城吳故墟㉚以為都邑㉛。宮室極盛。

三年（甲寅　西元前二四七年）

王齕攻上黨諸城㉜，悉拔之，初置太原郡㉝。

蒙驁帥師伐魏，取高都、汲㉞。魏師數敗，魏王患之，乃使人請信陵君於趙㉟。信陵君畏得罪，不肯還，誡門下㊱曰：「有敢為魏使通㊲者死。」賓客莫敢諫。毛公、薛公㊳見信陵君曰：「公子所以重於諸侯㊴者，徒以有魏㊵也。今魏急而公子不恤㊶，一旦秦人克大梁㊷，夷先王之宗廟㊸，公子當何面目立天下乎？」語未卒，信陵君色變㊹，趣駕㊺還魏。魏王持信陵君而泣，以為上將軍㊻。信陵君使人求援於諸侯。諸侯聞信陵君復為魏將，皆遣兵救魏。信陵君率五國之師㊼，敗蒙驁於河外(48)，蒙驁遁走(49)。信陵君追至函谷關(50)，抑之(51)而還。

安陵(52)人縮高之子仕於秦(53)，秦使之守管(54)。信陵君攻之不下(55)，使人謂安陵君(56)曰：「君其遣縮高(57)，吾將仕之以五大夫(58)，使為執節尉(59)。」安陵君曰：「安陵，小國也，不能必使其民(60)。使者(61)自往請之(62)。」使吏導(63)使者至縮高之所(64)，使者致(65)信陵君之命。縮高曰：「君之幸高(66)也，將使高攻管(67)也。夫父攻子守(68)，人之笑也；見臣而下(69)，是倍主(70)也。父教子倍，亦非君之所喜(71)。敢再拜辭(72)。」

使者以報信陵君。信陵君大怒，遣使之安陵君所(73)曰：「安陵之地，亦猶魏也(74)。今吾攻管而不下，則秦兵及我(75)，社稷(76)必危矣。願君生束縮高而致之(77)。若君弗致，無忌將發十萬之師以造(78)安陵之城下。」安陵君曰：「吾先君成侯(79)，受詔襄王，以守此城也。手授(80)太府之憲(81)，憲之上篇曰『臣弒君，子弒父，有常不赦(82)。國雖大赦(83)，降城、亡子不得與(84)焉。』今縮高辭大位(85)，以全父子之義(86)，而君曰『必生致之』，是使我負(87)襄王之詔，而廢(88)太府之憲也。雖死，終不敢行(89)。」

縮高聞之曰：「信陵君為人悍猛(90)而自用(91)，此辭反，必[2]為國禍(92)。吾已全己(93)，無違人臣之義(94)矣，豈可使吾君(95)有魏患(96)乎？」乃之使者之舍，刎頸而死。

信陵君聞之，縞素辟舍[97]，使使者謝安陵君曰：「無忌，小人也，困於思慮[98]，失言於君[99]，請再拜辭罪[100]。」

王[101]使人行萬金於魏[102]，以間[103]信陵君，求[104]得晉鄙客[105]。令說魏王曰：「公子亡在外十年[106]矣，今復為將，諸侯皆屬[107]。天下徒聞[108]信陵君，而不聞魏王矣。」王又數使人賀信陵君得為魏王未也[109]？魏王日聞其毀[110]，不能不信，乃使人代信陵君將兵。信陵君自知再以毀廢[111]，乃謝病不朝[112]，日夜以酒色自娛，凡四歲而卒[113]。

韓王[114]往弔，其子榮之[115]，以告子順[116]。子順曰：「必辭之以禮[117]。鄰國君弔，君為之主[118]。今君不命子[119]，則子無所受韓君[120]也。」其子辭之[121]。

五月丙午[122]，王薨[123]。太子政[124]立，生十三年[125]矣，國事皆委[3]於文信侯[126]，號稱仲父[127]。

晉陽反[128]。

【章旨】以上為第三段，寫秦莊襄王在位三年（西元前二四九—前二四七年）間的各國大事，主要寫了呂不韋開始在秦國執政，至秦王政上臺更尊之日「仲父」；寫了魏公子歸趙後又一度率五國之兵破秦軍於河外，以及魏公子的悲劇結局；寫了安陵人縮高的堅守「道義」、「操節」，不屈服於魏國壓力的表現。

【注釋】❶相國　原稱「相邦」，漢朝建國後為避諱改稱「相國」。相國的職務與宰相同，不同的是相國權專而位尊，通常只設一人，而宰相則有兩人或多人。❷東周君與諸侯謀伐秦　顯然是強加罪名，以此作為出兵滅周的口實，此時的東周還有什麼能力「謀伐秦」？❸陽人聚　村落名，在今河南汝州西北，嵬狐聚之西南。西周滅亡後西周君被遷於嵬狐聚。❹周既不祀　周王朝徹底滅亡。既，盡。不祀，不再有人祭祀周朝的社稷與宗廟。按，周王朝自西元前一〇四六年建立，至此滅亡，共歷七百九十多年。❺周比亡　周國在滅亡前夕。比，及；鄰近。❻凡有七邑　總共還有七個縣。此指西周君與東周君轄地總數。西周君有三個縣，東周君有四個縣。❼河南　西周縣名，即王城，今河南洛陽內的王城公園一帶，原為西周君的都城，成為傀儡的周赧王也曾住在這裡。❽洛陽　即成周，東周縣名，在今洛陽之東北側。❾穀城　西周縣名，在今洛陽西北，當時的穀水北側。❿平陰　東周縣名，在今河南孟津北。⓫偃師　東周縣名，在今河南偃師東。⓬鞏　東周縣名，在今河南鞏縣西南，當時為東周君的都城。⓭緱氏　西周縣名，在今偃師南。⓮以河南洛陽十萬戶二句　呂不韋被封為文信侯，其封地則不僅「河南洛陽十萬戶」。梁玉繩引金耀辰曰：「〈周策〉曰『食藍田十二縣』，豈河南雒陽為封國，而藍田其采地與？」楊寬曰：「據〈秦策〉，莊襄王初立，即以呂不韋為相，食藍田十二縣。其食河南洛陽十萬戶，當在呂不韋取東周以後。洛陽原為東周都邑。」⓯蒙驁　蒙恬的祖父，原齊人，秦昭王時為秦將，多有戰功。事詳《史記・蒙恬列傳》。⓰成皋　韓縣名，舊址在今滎陽西北之大伾山上。⓱滎陽　韓縣名，故城即今滎陽東北之古滎鎮。⓲三川郡　秦郡名，因其境內有黃河、洛水、伊水三川而得名，郡治洛陽（今洛陽之東北側）。⓳魯頃公　魯國的末代君主，名讎，西元前二七二—前二四九年在位。⓴卞　楚邑名，在今山東泗水縣東。㉑為家人　成為平民百姓。家人，平民。㉒日有食之　意即日蝕。古人視日蝕為嚴重災難的先兆，故書之於史。㉓榆次　趙縣名，即今山西榆次。㉔狼孟　趙縣名，在今山西陽曲西北。㉕淮北　楚國的東北邊境地區，約當今江蘇海州及山東沂州一帶，地處淮河以北。㉖地邊於齊　地盤靠近齊國。㉗其事急　邊防事務緊急。㉘請以為郡　請求把淮北地區設為郡，收歸國家直接管轄。這一帶地區本來是春申君的封地，不屬楚國朝廷直接管轄。㉙封於江東　把自己的封地改到江東，即今之蘇州、上海一帶。㉚城吳故墟　在舊日吳國都城的廢墟上重新築城。城，築城。吳故墟，指吳國舊都，即今蘇州。㉛以為都邑　作為春申君封地的首埠。㉜上黨諸城　屬於上黨郡（今山西東南部的長治一帶地區）的一些城邑。這一帶原分屬於韓、趙兩國，長平之戰前後被秦佔領。楚、魏聯合救趙破秦後，有些城邑被韓、趙奪回，今又被秦國攻取。㉝初置太原郡　此處行文似有語病，彷彿上黨諸城屬於太原郡。實際是秦拔上黨諸城，只能「初置上黨郡」；至攻拔太原諸城後，才能「初置太原郡」。太原郡的轄地約當今山西中部一帶地區，郡治晉陽，在今太原西南。㉞高都汲　都是魏縣名，高都即今山西晉城，汲縣在今河南衛輝西南。㉟請信陵君於趙　信陵君竊符救趙後，因怕魏王責罰，不敢回魏，遂留住在趙國。今魏國有急，故魏王請之。㊱誡門下　告訴左右的人說。誡，告；囑咐。門下，門客；左右人等。㊲通　通報。㊳毛公薛公　隱於博徒、酒徒中的兩位趙國賢士，事已見於〈周紀五〉。詳見於《史記·魏公子列傳》。㊴重於諸侯　被各國諸侯所看重。㊵徒以有魏　就因為你是魏國人，你有魏國這個根據地。㊶不恤　不關心；不憂慮。㊷克大梁　攻下魏國都城，魏都大梁即河南開封。㊸夷先王之宗廟　意即滅掉魏國。夷，鏟平。一個國家的宗廟、社稷被毀，即指國家滅亡。㊹語未卒二句　二句極寫魏公子的繫心國家，從諫如流。未卒，未說完。色變，變了臉色，後悔、著急的樣子。㊺趣駕　催促從人整頓車馬，迅速動身。㊻上將軍　國家的最高統帥。㊼五國之師　指魏、韓、趙、楚、燕五國的軍隊。楊寬曰：「是時『天下合縱』，以趙、楚、魏三國為主謀，信陵君因竊符救趙破秦而頗具威名，因而被推為五國聯軍之統帥。」㊽河外　即今河南滎陽、鄭州、原陽等當時黃河以南地區。當時稱對岸的黃河以北為「河內」，稱黃河以南為「河外」。㊾蒙驁遁走　楊寬曰：「魏、楚合縱救趙邯鄲之圍，不僅攻邯鄲之秦軍為魏、楚、趙夾擊而大敗，而且秦將鄭安平率軍降趙，秦將王齕潰退至河東又為魏、楚大敗，此為秦從來未有之慘敗。因而十年後信陵君再度統率合縱之師進擊秦於河外，屢建戰功之秦將蒙驁未敢抵抗，即敗而解去，於是信陵君『威振天下』。」㊿函谷關　秦國東境的關塞名，舊址在今河南靈寶東北。(51)抑之　挫敗它；壓抑它。使之不敢東出。(52)安陵　也作「鄢陵」，魏國的附屬國，在今河南郾城東。(53)仕於秦　在秦國為官。(54)守管　鎮守管縣。管縣即今河南鄭州，原屬魏，現已被秦國所攻佔。(55)攻之不下　即魏公子敗秦兵於河外之時。(56)安陵君　魏國國內的小封君，始受封者有說即魏襄王之弟公子勁。此時的安陵君究竟是第二代還是第三代，不清楚。據《戰國策·秦策一》此人名「壇」；據《說苑·權謀》，此人名「纏」。(57)君其遣縮高　意思是請您派遣縮高去勸說他的兒子投降。其，表示祈請的語氣詞。(58)吾將仕之以五大夫　意思是縮高如能辦好此事，我將封他為五大夫。仕，任命。五大夫，依秦爵為第九級，大夫的最高級。秦、楚、趙、魏皆設有此爵，(59)執節尉　手執旌節的軍尉。節是帝王派使者外出時所持的信物，以證明此人的身分與權限。尉是軍中的司法官。執節的軍尉在軍中有生殺之權。(60)不能必使其民　不能讓百姓們一定從命。必，一定。(61)使者　敬稱信陵君所派的來人。(62)自往請之　自己去跟縮高說。請之，求縮高去辦。(63)導　引；引路。(64)所　處；住處。(65)致　傳達；轉達。(66)君之幸高　你們主子如此這般地抬舉我。幸，寵遇；優待。(67)將使高攻管　其實際意思是讓我幫著他們攻打管城。將，表示推斷。(68)夫父攻子守　讓父親去攻打兒子鎮守的城池。(69)見臣而下　如果兒子一見父親往攻就不戰而降。(70)倍主　背叛他所效力的秦國君主。倍，通「背」。背叛。(71)亦非君之所喜　這種行為道德也不是你們主子所喜歡、所肯定的。(72)敢再拜辭　請允許我不能接受你們主子的這種要求。(73)之安陵君所　到安陵君處。之，往。(74)安陵之地二句　安陵君所管轄的地盤，也和魏國本土一模一樣。(75)秦兵及我　秦兵必然要大規模地來攻魏地。(76)社稷　社稷壇，國家祭土穀之神的場所。因只有帝王才有祭祀社稷的資格，故古代常用「社稷」以代國家政權。(77)生束縮高而致之　將縮高捆起給我送來。致，送。(78)造　至；到達。(79)成侯　第一任受魏王所封的安陵君。按，《史記・秦本紀》：「昭襄王八年，魏公子勁、韓公子長為諸侯。」《索隱》曰：「別封邑比之諸侯，猶商君、趙長安君。」秦昭王八年當魏襄王二十年，顧觀光《七國地理考》以為此成侯或即安陵始封之君，即〈秦本紀〉所說的「公子勁」。(80)手授　指魏襄王親手授予成侯。(81)太府之憲　藏於朝廷府庫的國家法令。(82)有常不赦　按常法處死，絕不寬赦。有常，即按照常法。(83)國雖大赦　即使國家宣布大赦令。(84)降城亡子不得與　帶著城池投降敵人或是棄城逃跑的人不在寬赦之內。降城，舉城以降敵。亡子，棄城逃跑的人。不得與，不能向這裡邊靠，意即不在大赦之內。(85)辭大位　指拒絕接受信陵君所封的「五大夫」與「執節尉」。(86)全父子之義　指不為信陵君去勸說兒子投降，不使父子倆在道德禮法面前陷於尷尬之地。(87)負　違背；背叛。(88)廢　廢棄；不遵守。(89)不敢行　不能這麼做。不敢，「不能」的一種委婉說法。(90)悍猛　強悍勇猛。(91)自用　自以為是；固執己見。(92)此辭反二句　此番話反饋給信陵君，必然要給安陵帶來災難。當時的小封君領地也可以稱「國」。按，原本作「此辭必反為國禍」。意即這番說辭反而會給國家帶來災禍。二者皆可通。(93)全己　保全了自己的道德、氣節，沒有去做違心、違背禮法的事。(94)無違人臣之義　意即要盡一個臣子的義務，要替安陵小國分憂。(95)吾君　指安陵君。(96)魏患　來自魏國的入侵。(97)縞素辟舍　身穿白色衣服，離開平時所住的屋子，以表示向人請罪。縞素，凶服，古人向人請罪時往往穿此衣服，如子嬰向劉邦投降、秦穆公向國人請罪等等。辟舍，離舍。辟，通「避」。(98)困於思慮　被錯誤的思想所困擾，也就是神思恍惚，想法悖謬。(99)失言於君　對您說錯了話。(100)辭罪　告罪；請罪。辭，謝；告。(101)王　指秦莊襄王。(102)行萬金於魏　花出上萬金到魏國去施行反間計。行，拿出；花出。萬金，古稱黃金二十四兩（也有說二十兩）為一金，一金約當銅錢一萬枚。萬金極言其多，不惜代價。(103)閒　通「間」。挑撥離間。(104)求　尋訪；找到。(105)晉鄙客　晉鄙手下的門客、賓客。(106)亡在外十年　魏公子竊符救趙在西元前二五七年，至莊襄王三年（西元前二四七年）正好十年。亡，流亡，此指僑居在趙。(107)諸侯皆屬　各諸侯國都願意聽他的招呼。屬，此指聽命。(108)徒聞　只聽說；只知道。(109)數使人賀信陵君句　假做聽說信陵君已經當了魏王，故來祝賀，來後方知尚未當魏王。手段與漢陳平之間范增相似。〈項羽本紀〉云：「項王使者來，為太牢具，舉欲進之。見使者，詳驚愕曰：『吾以為亞父使者，乃反項王使者。』更持去，以惡食食項王使者。」楊寬曰：「秦『行金萬斤於魏』以毀魏公子於魏王，即李斯『陰遣謀士齎持金玉以遊說諸侯』之計。」(110)日聞其毀　每天都聽到這種對信陵君的誹謗。日，日復一日；每天如此。毀，誹謗。(111)再以毀廢　這已經是第二次因遭誹謗被罷職。再，第二次。(112)謝病不朝　推說有病，不再上朝見魏王。(113)凡四歲而卒　郭沫若曰：「信陵君回國後，二次受讒，竟不得不以醇酒婦女自戕，這與其說是由於信陵君的悲觀失望而至於消極，倒寧可說是由於魏王的猜忌殘忍，而使他不得不韜光隱晦的吧。」（《虎符・寫作緣起》）凌稚隆引王世貞曰：「公子不死則魏幾不亡，萬金入而晉鄙客之間行，公子知飲酒近婦女之足以傷生，不欲以生為秦虜耳。愚哉，魏王之為秦亡魏也。」按，魏公子卒於魏安釐王三十四年（西元前二四三年）。(114)韓王　指韓桓惠王，此年為韓桓惠王二十六年。(115)榮之　感到光彩，因為韓國的君主來弔唁魏國的大臣。(116)子順　孔斌，字子順，孔子的後代，前文已出現過兩次。(117)辭之以禮　依據禮法加以推辭。(118)鄰國君弔二句　鄰國的君主前來弔唁，要由本國的君主出面接待。主，指負責接待的人。(119)君不命子　如今我們的君主並未命令你，讓你接待韓國的君主。(120)子無所受韓君　你沒有資格接待韓國君主。(121)其子辭之　《孔叢子・執節》於此作：「其子辭韓，韓君乃止。」(122)五月丙午　五月二十六。(123)王薨　秦莊襄王卒。(124)太子政　即日後的秦始皇，本名「正」，因秦朝為之避諱，故寫作「政」，曆法上的「正月」也改讀作「正（ㄓㄥ）月」。(125)生十三年　此時已十三歲，即出生於西元前二五九年。(126)文信侯　呂不韋的封號。呂不韋的活動前文已見，《史記》有〈呂不韋列傳〉。唯其所記，今歷史家多以為不可信，諸說見韓兆琦《史記箋證》。(127)仲父　義同「叔父」，意謂對之敬重的程度僅次於父。管仲因輔佐齊桓公成為霸主，故齊桓公尊之曰「仲父」；范雎佐秦昭王遠交近攻以壯大秦國，故秦昭王尊之曰「叔父」；今秦王政亦依此禮尊稱呂不韋。(128)晉陽反　晉陽原是趙邑名，在今山西太原西南，長平之戰後被秦國所佔領。至楚、魏救趙敗秦兵於邯鄲後，晉陽起義反秦，不久又被秦國平息；前不久魏公子率五國兵破秦於河外，故晉陽又起兵反秦。楊寬曰：「蓋信陵君合縱擊秦得勝，蒙驁退兵，趙乘機使晉陽又反。猶如十年前魏、楚合縱救趙破秦後，趙使太原反，韓使上黨反。」參見韓兆琦《史記箋證・魏公子列傳》注。

【校　記】[1]定太原　此三字原無。據章鈺校，十二行本、乙十一行本、孔天胤本皆有此三字，張敦仁《通鑑刊本識誤》、張瑛《通鑑校勘記》同。今從諸本及胡三省《通鑑釋文辨誤》卷一補。[2]反必　原作「必反」。據章鈺校，十二行本、乙十一行本、孔天胤本二字互乙。今從諸本及《戰國策・魏策》、《通鑑紀事本末》卷一下乙。[3]國事皆委　「委」原作「決」。據章鈺校，十二行本、乙十一行本、孔天胤本皆作「委」，張敦仁《通鑑刊本識誤》、張瑛《通鑑校勘記》同。今從諸本及《通鑑紀事本末》卷一下改。

【語　譯】莊襄王

元年（壬子　西元前二四九年）

任命呂不韋為秦國的相國。

東周君與諸侯謀劃攻打秦國，秦莊襄王派相國呂不韋率軍滅掉了東周，將東周君放逐到陽人聚村，周王朝徹底滅亡。東周君在滅亡之前與西周君所管轄的地盤合起來也不過只有七個縣：河南、洛陽、穀城、平陰、偃師、鞏、緱氏。

秦莊襄王將河南、洛陽的十萬戶賞給呂不韋，封呂不韋為文信侯。

秦國蒙驁率軍攻打韓國，佔領了韓國的成皋、滎陽，秦國將其地設置為三川郡。

楚國滅掉了魯國，將魯頃公姬讎放逐到卞邑，成為一個平民百姓。

二年（癸丑　西元前二四八年）

發生日蝕。

秦將蒙驁率軍攻打趙國，平定了太原，攻克了趙國的榆次、狼孟等三十七個城邑。

楚國的春申君向楚考烈王要求說：「淮河以北地區與齊國接壤，那裡的防務緊急，請把那裡設置為郡收歸國家管轄，把我的封地改到江東。」楚考烈王答應了他的要求。春申君於是在吳國舊都的遺址上築城作為封地的首埠。宮殿修建得非常豪華。

三年（甲寅　西元前二四七年）

秦將王齕率軍向上黨郡所屬的一些城邑發動進攻，全部佔領，秦將其設置為太原郡。

秦將蒙驁率軍攻打魏國，佔領了魏國的高都、汲縣。魏國的軍隊多次打敗仗，魏王深感憂慮，於是派人到趙國請魏公子信陵君回國。信陵君害怕回國會受到處罰，堅決不肯回去，並警告左右的人說：「誰要是敢給魏國的使者通報，一定將他處死。」他的門客誰也不敢勸諫。毛公、薛公進見信陵君說：「公子所以受到諸侯國的尊重，就因為您是魏國人，有魏國做您的後盾啊。現在魏國情勢危急而公子漠不關心，一旦秦國的軍隊攻陷了魏國的都城大梁，毀壞了先王的宗廟，您還有什麼面目活在這個世上啊？」兩個人的話還沒有說完，信陵君已經變了臉色，他馬上催促收拾行裝回到魏國。魏王抱住信陵君痛哭流涕，仍然任命他為上將軍。信陵君派人到各諸侯國請求援助。那些諸侯聽說信陵君又擔任了魏國的大將，全都派兵前來救援魏國。信陵君率領趙、韓、楚、燕、魏五國的軍隊，在黃河以南打敗了蒙驁，蒙驁逃走。信陵君率軍將秦軍一直逼進函谷關，迫使秦軍不敢東出才收兵而回。

魏國安陵君封地內縮高的兒子在秦國任職，秦國派他擔任管城的守將。信陵君率軍攻打管城，卻總是攻打不下。信陵君於是派人對安陵君說：「您將縮高派遣到我這裡來，我將授予他五大夫的爵位，還要任命他為執節的軍尉。」安陵君說：「安陵不過是一個很小的封國，我不能使我的人民一定能聽從我的命令。還是使者你自己親自去請他吧。」安陵君派人引導信陵君的使者來到縮高的住所，使者將信陵君的命令轉達給縮高。縮高說：「信陵君所以這麼抬舉我，目的是為了讓我去幫助攻打管城。父親去攻打兒子所防守的城邑，會遭受世人的譏笑；如果兒子一看是父親去攻城就不戰而投降，這是背叛他的主人。做父親的教育他的兒子背叛主人，這不是您主人所喜歡的。所以我大著膽向您請求，允許我不能接受您主人的命令。」

使者將縮高的話報告給信陵君。信陵君非常生氣，他再次派人到安陵君那裡說：「安陵這塊地方雖然是您的封地，但也是魏國的領土。現在我攻不下管城，秦軍就會利用管城為據點攻打魏國，魏國就將面臨著滅亡的危險。如果縮高仍然不肯來，我希望您將他捆起來活著送到我這裡來。如果您不把他送來，我就要率領十萬大軍到達您的安陵城下。」安陵君說：「我的先人成侯，奉魏襄王之命來守衛這個城邑的時候，襄王曾經親手把藏在國家太府的法令授予他，這個法令的上篇寫著『臣子殺死國君，兒子殺死父親，按照常法絕不赦免。即使遇到國家大赦，但以城投降敵人、或是臨陣逃亡的都不在大赦的範圍之內。』現在縮高拒絕接受您賞賜給他的高官厚祿，是為了保全他們父子之間的情義，而您卻說：『一定要把他活著送過來』，這是讓我違背襄王的詔命，廢掉太府的法令啊。我寧可去死也不敢那樣去做。」

縮高聽了以後說：「信陵君的為人勇猛兇悍而又固執任性，使者將安陵君的這番話帶回去以後，必定會給安陵帶來災禍。我已經保全了自己的道德、氣節，還要盡一個臣子的義務，我怎麼能讓安陵君遭受來自魏國的入侵呢？」於是來到使者的住所，拔劍自刎而死。信陵君聽到消息以後很自責，他立即穿上喪服離開自己的居所，派人向安陵君道歉說：「無忌是一個無知的小子，被錯誤的思想所困擾，在您面前說了錯話，我再次向您請罪。」

秦莊襄王派人帶著萬金到魏國行使反間計，以離間魏王和公子信陵君的關係，他們找到了晉鄙的門客。讓他去勸說魏安釐王說：「公子在外流亡已經十年了，現在又擔任魏國的大將，諸侯都願意聽命於他。天下的人只知道有信陵君而不知道有魏王。」秦莊襄王還故意的多次派人向信陵君祝賀做了魏王沒有呢？魏安釐王每天都能聽到詆毀信陵君的話，也就不能不相信，於是派人接替了信陵君的大將職務。信陵君知道是因為遭受誹謗而再次被廢黜，於是就假託有病不再上朝見魏王，一天到晚只是沉湎於酒色當中，四年之後就在鬱鬱寡歡中死去了。

韓桓惠王準備親自前往弔唁，信陵君的兒子深感榮耀，就將此事告訴了孔斌。孔斌對信陵君的兒子說：「你一定要按照禮法加以推辭。鄰國的國君前來弔唁，一定要由本國的國君出面接待。如今魏王並沒有委託你代表他接待韓王，你就沒有資格接受韓王的弔唁。」信陵君的兒子於是謝絕了韓王，所以韓王沒有成行。

五月二十六日丙午，秦莊襄王去世。太子嬴政即位為秦王，這一年嬴政十三歲，國家大事全部託付給呂不韋，秦王嬴政尊他為「仲父」。

晉陽起兵叛變秦國。

始皇帝❶上

元年（乙卯　西元前二四六年）

蒙驁擊定之❷。

韓欲疲秦人❸，使無東伐❹，乃使水工鄭國❺為間於秦❻，鑿涇水❼自仲山為渠❽，並北山❾，東注洛❿。中作而覺⓫，秦人欲殺之。鄭國曰：「臣為韓延數年之命⓬，然渠成，亦秦萬世之利⓭也。」乃使卒為之⓮，注填閼之水⓯，溉舄鹵之地⓰四萬餘頃，收皆畝一鍾⓱。關中由是益富饒⓲。

二年（丙辰　西元前二四五年）

麃公⓳將卒攻卷⓴，斬首三萬。

趙以廉頗為假相國㉑，伐魏，取繁陽㉒。趙孝成王㉓薨，子悼襄王㉔立，使武襄君樂乘㉕代廉頗。廉頗怒，攻武襄君，武襄君走㉖。廉頗出奔魏，久之，魏不能信用。趙師數困㉗於秦，趙王思復得廉頗，廉頗亦思復用於趙。趙王使使者視廉頗尚可用否。廉頗之仇郭開㉘多與使者金，令毀㉙之。廉頗見使者，一飯斗米，肉十斤㉚，被甲上馬，以示可用㉛。使者還報曰：「廉將軍雖老，尚善飯，然與臣坐，頃之㉜三遺矢㉝矣。」趙王以為老，遂不召。楚人陰使迎之㉞。廉頗一為楚將(35)，無功(36)，曰：「我思用趙人(37)。」卒死於壽春(38)。

三年（丁巳 西元前二四四年）

大饑(39)。

蒙驁伐韓(40)，取十二城。

趙王以李牧(41)為將，伐燕，取武遂、方城(42)。李牧者，趙之北邊(43)良將也。嘗居代、鴈門(44)備匈奴(45)，以便宜置吏(46)，市租皆輸入莫府，為士卒費(47)，日擊數牛饗士(48)。習騎射(49)，謹烽火(50)，多閒諜(51)。為約曰(52)：「匈奴即入盜(53)，急入收保(54)。有敢捕虜者斬。」匈奴每入，烽火謹，輒入收保不戰。如是數歲，亦不亡失(55)。匈奴皆以為怯。雖(56)趙邊兵，亦以為吾將怯。趙王讓之(57)，李牧如故。王怒，使佗人代之(58)。歲餘，屢出戰，不利，多失亡，邊不得田畜(59)。王復請李牧，李牧杜門(60)稱病不出(61)。王彊起之(62)，李牧曰：「王必用臣[1]，如前，乃敢奉令(63)。」王許之。李牧至邊，如約(64)。匈奴數歲無所得，終以為怯。邊士(65)日得賞賜而不用(66)，皆願一戰。於是乃具選車(67)得千三百乘，選騎(68)得萬三千匹，百金之士(69)五萬人，彀者(70)十萬人，悉勒習戰(71)。大縱畜牧，人民滿野(72)。匈奴小入(73)，佯北不勝(74)，以數十人委之(75)。單于(76)聞之，大率眾來入。李牧多為奇陳(77)，張左右翼(78)

擊之，大破之，殺匈奴十餘萬騎[79]。滅襜襤[80]，破東胡[81]，降林胡[82]。單于奔走[83]，十餘歲不敢近趙邊[84]。

先是，天下冠帶之國七[85]，而三國邊於戎狄[86]。秦自隴以西[87]有緜諸、緄戎、翟、獂[88]之戎，岐、梁[89]、涇、漆[90]之北有義渠、大荔、烏氏、朐衍[91]之戎；而趙北有林胡、樓煩[92]之戎；燕北有東胡、山戎[93]。各分散居谿谷[94]，自有君長。往往而聚[95]者，百有餘戎，然莫能相一[96]。其後義渠築城郭以自守[97]，而秦稍蠶食之[98]。至惠王[99]，遂拔義渠二十五城[100]。昭王[101]之時，宣太后[102]誘義渠王，殺諸甘泉[103]。遂發兵伐義渠，滅之[104]。始於隴西[105]、北地[106]、上郡[107]築長城以拒胡[108]。趙武靈王[109]北破林胡、樓煩[110]，築長城，自代並陰山下，至高闕為塞[111]，而置雲中[112]、鴈門[113]、代郡。其後燕將秦開[114]為質於胡[115]，胡甚信之，歸而襲破東胡，東胡卻[116]千餘里。燕亦築長城，自造陽至襄平[117]，置上谷[118]、漁陽[119]、右北平[120]、遼東[121]郡以拒胡。及戰國之末，而匈奴始大[122]。

四年（戊午　西元前二四三年）

春，蒙驁伐魏，取暘、有詭[123]。三月，軍罷。

秦質子歸自趙[124]，趙太子出歸國[125]。

七月，蝗，疫[126]，令百姓納粟千石，拜爵一級[127]。

魏安釐王薨，子景湣王[128]立。

五年（己未　西元前二四二年）

蒙驁伐魏，取酸棗、燕、虛、長平、雍丘、山陽[129]等二十城[2]，初置東郡[130]。

初，劇辛[131]在趙，與龐煖[132]善，已而仕燕。燕王[133]見趙數困於秦[134]，廉頗去[135]而龐煖為將，欲因其敝[136]而攻之，問於劇辛。對曰：「龐煖易與[137]耳。」燕王使劇辛將而伐趙。趙龐煖禦[138]之，殺劇辛，取燕師二萬[139]。

諸侯[140]患秦攻伐無已時[141]。

六年（庚申　西元前二四一年）

楚、趙、魏、韓、衛[142]合從[143]以伐秦。楚王為從長[144]，春申君[145]用事[146]，取壽陵。至函谷[147]，秦師出，五國之師皆敗走。楚王以咎[148]春申君，春申君以此益疏。觀津[149]人朱英[150]謂春申君曰：「人皆以楚為彊[151]，君用之而弱[152]，其於英不然[153]。先君時，秦善楚[154]，二十年而不攻楚，何也？秦踰黽阸之塞[155]而攻楚，不便[156]；假道於兩周[157]，背韓、魏[158]而攻楚，不可[159]。今則不然，魏旦暮亡[160]，不能愛[161]許、鄢陵[162]，魏割以與秦[163]。秦兵去陳百六十里[164]，臣之所觀者[165]，見秦、楚之日鬬[166]

也。」楚於是去陳[167]，徙壽春[168]，命曰郢[169]。春申君就封於吳[170]，行相事[171]。秦拔魏朝歌[172]及衛濮陽[173]。衛元君[174]率其支屬徙居野王[175]，阻其山，以保魏之河內[176]。

七年（辛酉　西元前二四〇年）

伐魏，取汲[177]。

夏太后[178]薨。

蒙驁卒。

八年（壬戌　西元前二三九年）

魏與趙鄴[179]。

韓桓惠王薨，子安[180]立。

【章　旨】以上為第四段，寫秦始皇（實應作「秦王政」）元年（西元前二四六年）至其八年的各國大事，主要寫了秦國因修鄭國渠而經濟實力益強；楚國合縱破秦，為秦所敗，從此益弱，東南遷至壽春；趙國罷斥廉頗，廉頗抑鬱死於楚；但因能用李牧，致李牧為趙拓展北部邊防；燕國攻趙，又被趙所破，因而東方六國中只有趙國尚能支撐局面的情景。

【注　釋】❶始皇帝　秦莊襄王之子，名政，《史記・呂不韋列傳》以為是呂不韋的孕妾嫁與莊襄王者所生，今歷史家多以為不可信。嬴政初即位時為秦王，即歷史上所說的秦王政。秦王政二十六年（西元前二二一年）吞併最後一個諸侯國，統一天下，改稱「始皇帝」，這裡是以後來的稱呼追寫改號以前的歷史。❷蒙驁擊定之　此句乃接上一年的「晉陽反」而言，謂蒙驁平定了晉陽一帶的反秦活動。定，平定。之，指「晉陽反」。❸韓欲疲秦人　韓國想消耗秦國的人力物力。時當韓桓惠王二十七年。疲，消耗。❹使無東伐　使其沒有力量再向東方諸國進攻。❺水工鄭國　韓國的水利工程技術人員姓鄭名國。❻為間於秦　到秦國進行間諜活動。❼鑿涇水　開鑿溝渠從涇河中引水。涇河源於今寧夏之六盤山，東南流經甘肅之涇川縣、陝西之彬縣，至咸陽東入渭水。❽自仲山為渠　在仲山附近修渠，從涇水中引水東出。仲山，也稱「中山」，山名，在今陝西淳化東南。❾並北山　沿著北部的山勢東行。並，意思同「傍」，沿著。❿東注洛　東行連通洛水。洛水自陝西西北部的吳旗流來，東南經甘泉、洛川，至大荔東南匯入渭水，鄭國渠的東端在今陝西大荔西北。⓫中作而覺　正在開鑿的過程中，鄭國的間諜活動被發覺。按，鄭國入秦為間諜，開始為秦國修渠，在秦王政元年（西元前二四六年）；鄭國的間諜活動被發覺，並引起秦王政欲一概驅逐東方來客，在秦王政十年（西元前二三七年）。此為敘事簡便，故一併敘之於此。⓬延數年之命　意謂韓國用此伎倆挽救不了它的滅亡，頂多不過苟延數年而已。⓭秦萬世之利　《漢書・溝洫志》載鄭國於此云：「臣為韓延數歲之命，為秦建萬世之功。」⓮乃使卒為之　於是秦國就讓他徹底修完了這條渠。按，以上鄭國為秦修渠，以及由於鄭國的間諜活動被發現，而引發秦國的下逐客令，李斯上〈諫逐客書〉等，事見《史記》之〈秦始皇本紀〉、〈李斯列傳〉。鍾惺曰：「鄭國為韓間秦，令鑿涇水開渠溉田，此商君強本之謀也。苟免韓一時之患，而永開秦數世之利，使秦暫寬一韓而兼收六國，安在其為韓間秦乎？蓋戰國策士之習，本為身謀，術用身利，初無分於在韓與在秦也，秦幸而韓不幸耳。」⓯注填閼之水　引用飽含泥沙的黃水。師古曰：「注，引也。『閼』讀與『淤』同。『填閼』即『淤泥』也。」⓰溉舄鹵之地　灌溉鹽鹼地。舄鹵，鹽鹼地。⓱收皆畝一鍾　畝產六石四斗。鍾，古代的量器名，一鍾等於六石四斗，在當時為少有的好收成。郭茂倩《樂府詩集》載〈鄭白渠歌〉云：「田於何所，池陽谷口。鄭國在前，白渠在後。舉鍤如雲，決渠為雨。水流灶下，魚躍入釜。涇水一石，其泥數斗。且溉且糞，長我禾黍。衣食京師，億萬之口。」⓲關中由是益富饒　楊寬曰：「鄭國渠鑿涇水自中山向西到瓠口（亦作谷口），靠北山向東，經三百餘里注入洛水。穿越截斷若干縱流之小河，使若干小河之水注入渠中，用以灌溉四萬餘頃之田。並創造『淤灌壓鹼』之法，以改良土壤與增加肥力。」關中，指函谷關以西，通常用以指今陝西中部一帶地區。周魁一曰：「鄭國渠於秦始皇元年（西元前二四六年）動工興建，共計用了十餘年時間。渠成後，歷代均有修建、整治和改造。不同歷史時期的灌溉範圍、取水口位置、渠系布置及名稱皆有所變化。漢興白渠後叫鄭白渠，唐叫三白渠，宋代渠首叫豐利渠，元代渠首叫王御史渠，明代又叫廣惠渠，清代改引泉水後改叫龍祠渠。民國時期引進現代工種技術，重建引涇渠首工程，取名涇惠渠，一直沿用至今。」⑲麃公　秦將名，或曰其人姓「麃」，史失其名；或曰「麃」是縣名，此人曾為麃縣縣令，史失其姓名。當時的縣令往往稱公。如劉邦之稱「沛公」，夏侯嬰之稱「滕公」是也。⑳卷　魏縣名，在今河南原陽西。梁玉繩曰：「秦昭三十四年已取卷，何煩此時攻之？疑『卷』字誤。」瀧川曰：「按古抄、南本『卷』作『權』。」「權」是趙縣名，在今河北正定北。牛鴻恩曰：「梁、瀧川說不確，《編年紀》始皇三年載『卷軍』，可見有卷之戰。」按，楊寬〈戰國史年表〉始皇二年有「秦再度攻取魏的卷」。時當魏安釐王二十六年。㉑假相國　給予「相國」的虛銜，以示崇敬。給將軍以朝官的虛銜歷代都有，如韓信、樊噲都曾為「假相國」，唐朝多給節度使加以「丞相」或「御史大夫」的虛銜等等。㉒繁陽　魏縣名，在今河南內黃西北。㉓孝成王　趙惠文王之子，西元前二六五—前二四五年在位。㉔悼襄王　名偃，西元前二四四—前二三六年在位。㉕武襄君樂乘　趙將，樂毅的族人，被封為武襄君。事見《史記》之〈趙世家〉、〈樂毅列傳〉。〈燕召公世家〉謂其在廉頗大破栗腹之役中被擒者，誤。㉖廉頗怒三句　王應麟曰：「『趙使樂乘代廉頗，廉頗怒，攻樂乘』；『趙使趙蔥、顏聚代李牧，牧不受命』，此非為將之法，頗、牧特戰國之將耳。」㉗數困　屢屢被打敗。㉘郭開　趙悼襄王的寵臣，此人除害廉頗外，尚有受秦金讒害李牧事，見後文。㉙毀　誹謗；在當權者面前說人壞話。㉚一飯斗米二句　按，戰國時的一斗約當現在的二升，戰國時的一斤約當現在半市斤。㉛被甲上馬二句　被，通「披」。凌稚隆曰：「馬援『據鞍矍鑠』，李靖『雖老，猶堪一行』，與廉頗意同。」按，馬援事見《後漢書・馬援傳》，李靖事見《新唐書・李靖傳》。㉜頃之　時間不長。㉝三遺矢　《索隱》曰：「謂數起便也。」遺矢，排大便。矢，通「屎」。中井曰：「是坐而不覺矢也，非『起』。」照中井說，蓋即大便失禁，意思較好；然大便失禁，別人尚難一時發覺，故仍以《索隱》說為宜。㉞陰使迎之　暗中派人將其接到楚國。陰，暗中。㉟一為楚將　既為楚將之後。一，既已。㊱無功　沒有成效；沒有作為。郭嵩燾曰：「廉頗入楚，在考烈王東遷壽春之後，其勢亦不足以有為矣。」㊲思用趙人　意即願為趙國服務。姚苧田曰：「鍾儀既縶，猶鼓南音；范叔西遊，無忘丘墓，廉將軍於此遐哉不可及矣，而惜乎趙之不終其用也。」㊳卒死於壽春　壽春是楚縣名，即今安徽壽縣，當時為楚國東遷後的都城。《正義》曰：「廉頗墓在壽春縣北四里。」按，今壽縣八公山紀家郢放牛山之西南坡有廉頗墓，高二十公尺，周三十公尺，墓基由條石磊積而成，俗稱頗古堆。㊴大饑　嚴重災荒，莊稼無收成。㊵蒙驁伐韓　時當韓桓惠王二十九年。㊶李牧　趙國名將。事跡詳見《史記・廉頗藺相如列傳》。㊷武遂方城　皆趙縣名，武遂在今河北徐水縣西北，方城在今河北固安西南。㊸北邊　北部邊境。㊹代鴈門　趙國北部的兩個郡名，代郡約當今大同以東的山西北部與河北西北部地區，首府稱代，即今河北蔚縣東北之代王城。鴈門郡約當今大同以西的山西北部地區，首府善無，即今山西右玉。㊺匈奴　戰國後期強大起來的北部少數民族名，活動在今內蒙古與蒙古國南部一帶地區。詳見《史記・匈奴列傳》。㊻以便宜置吏　根據實際需要，任命屬下的官員，這是一種受帝王特許才能行使的權力。便宜，根據實際情況採取適當措施，與謹遵固有的章程規定相對而言。㊼市租皆輸入莫府二句　市租，指從軍中市場和當地百姓市場上所收得之稅。莫府，同「幕府」。將軍辦公的篷帳，後用以代指將軍的辦事機構。《史記・張釋之馮唐列傳》有所謂「李牧為趙將居邊，軍市之租，皆自用以饗士」，可與此互證。㊽日擊數牛饗士　每天都要殺幾頭牛以犒賞軍中的士大夫。擊牛，殺牛。古時殺牛多用椎棒將牛擊死，故也稱「椎牛」。饗士，犒賞軍中的士大夫。㊾習騎射　讓士兵們每天練習騎馬射箭。㊿謹烽火　意即密切注意敵情，有情況迅速報告。烽火，古代邊疆設立的報警措施，白天點狼煙，夜間舉火。(51)多間諜　大量派出諜報人員，刺探敵情。(52)為約曰　給部下人規定說。(53)匈奴即入盜　如果有匈奴人來攻邊塞。即，若；如果。(54)急入收保　迅速退入工事，謹守城堡。(55)亦不亡失　意即雖然沒有戰勝敵人，但自己也沒有損失什麼。亡失，損失；丟失。(56)雖　即使。(57)趙王讓之　趙王派人責備李牧怯懦不戰。趙王，趙悼襄王，孝成王之子。時為趙悼襄王元年。讓，責備。(58)使佗人代之　意即罷掉李牧，改用他人為將。佗，同「他」。(59)邊不得田畜　整個北部邊境惶惶然，不能耕田、放牧。(60)杜門　閉門。(61)稱病不出　推說有病，不肯出來為將。(62)王彊起之　趙王非讓他出來為將不可。(63)如前二句　您必須允許我還是照以前的樣子辦，我才能接受您的命令。奉，承；接受。(64)如約　如故約，按照以前的老辦法。(65)邊士　邊疆上的將士。(66)不用　無所作為；無用武之地。(67)具選車　具，安排；籌備。選車，經過挑選的戰車，指車的裝備好，戰士又勇敢。(68)選騎　經過挑選的騎兵。(69)百金之士　曾獲過百金之賞的勇士。裴駰引《管子》：「能破敵擒將者賞百金。」(70)彀者　能拉硬弓的射手。《史記正義佚文》：「彀，滿弓張也，言能滿弦而射。」(71)悉勒習戰　組織起來進行戰鬥訓練。勒，部勒；組織。按，以上數語亦見於《史記・張釋之馮唐列傳》。(72)大縱畜牧人民滿野　把大批的牛羊、百姓趕到田野上去，以吸引敵人。(73)匈奴小入　當一支匈奴的小部隊試探性的入侵時。(74)佯北不勝　按，「佯北」上應增「牧」字讀。佯，假裝。(75)以數十人委之　拋棄幾十個人不管，任憑他們殺戮俘虜。《索隱》曰：「『委』謂棄之，恣其殺虜也。」按，《史記》原文作「以數千人委之」，《通鑑》改為「數十」，似乎欠妥。(76)單于　匈奴族的首領，有如秦、漢時代的皇帝。據〈匈奴列傳〉，此時的匈奴單于或者就是頭曼，冒頓單于之父。(77)多為奇陳　布下了許多疑兵。陳，通「陣」。(78)張左右翼　除正面出擊外，還從兩側迂迴進行包抄。(79)大破之二句　淩約言曰：「李牧日擊數牛饗士，而不敢用，雖王讓之如故。及使他人代之，再至亦如故約。兵法云：『守如處女，距如脫兔』，牧其庶幾。」(80)襜襤　當時活動在代郡以北的少數民族。(81)東胡　當時活動在今遼寧西部、內蒙古東部一帶地區的少數民族，大約與後來的烏桓、鮮卑同一種姓。(82)林胡當時活動在今內蒙古東勝一帶地區的少數民族。(83)單于奔走　謂匈奴單于從此逃得遠遠地。(84)十餘歲不敢近趙邊　李牧「滅襜襤，破東胡，降林胡」並使「單于奔走」事，〈趙世家〉、〈六國年表〉均不載，疑有誇大。(85)冠帶之國七　即秦、楚、齊、燕、韓、趙、魏。冠帶，戴帽子，繫腰帶，意指「文明之國」、「禮義之邦」，以與「戎狄」、「蠻夷」相對而言。(86)三國邊於戎狄　三國，即秦、趙、燕。邊於戎狄，與北方的民族相接壤。(87)隴以西　隴山以西。隴山或稱隴阪，在今陝西隴縣西。(88)緜諸緄戎翟䝠　開始都是戎狄部落名，有的地方後來成為縣名。緜諸在今甘肅天水市東；緄戎即前文所謂「犬戎」、「畎戎」，在今甘肅之通渭、隴西縣一帶；䝠在甘肅隴西縣東南。(89)岐梁　二山名，岐山在今陝西岐山縣東北，梁山在今陝西韓城西北。(90)涇漆　二水名，漆水在今陝西彬縣西北匯入涇水，涇水東南流，在西安東北匯入渭水。(91)義渠大荔烏氏朐衍　開始都是戎狄部落名，後來成為縣名。義渠在今甘肅寧縣西北；大荔在今陝西大荔東；烏氏在今甘肅平涼北；朐衍即今寧夏鹽池縣。(92)樓煩　原為少數民族部落名，後成為縣名，即今山西寧武。(93)山戎　少數民族名，春秋戰國時期活動在今遼寧西部之朝陽、建平一帶。(94)谿谷　溪水、山谷。谿，同「溪」。(95)往往而聚　各處都散居著一些小部落。(96)莫能相一　各部落互不統屬。(97)義渠築城郭以自守　據《史記・秦本紀》，惠王十一年有「義渠君為臣」、「縣義渠」之語，是義渠之戎，前曾歸降於秦，今乃又叛秦自立，且築義渠城（在今甘肅寧縣西北）以對抗秦國。城郭，古時有的城牆分內外兩重，內城曰城，外城曰郭。(98)秦稍蠶食之　謂秦國不斷蠶食義渠的領土。時秦國的都城雍縣，在義渠城之正南偏西。(99)惠王　即秦惠文王，孝公之子，名駟，西元前三三七—前三一一年在位。(100)拔義渠二十五城　據〈六國年表〉，事在惠文王後元十一年（西元前三一四年），楊寬〈戰國史年表〉同，〈秦本紀〉繫之於後元十年，誤。(101)昭王　名則，惠王之子，武王之弟，西元前三〇六—前二五一年在位。(102)宣太后　昭王之母，原楚人，惠王之妃。(103)殺諸甘泉　據記載，宣太后曾與義渠戎王私通，後來宣太后又將其誘至甘泉離宮殺掉。甘泉，山名，在今陝西淳化西北，其地有秦國統治者的離宮。(104)遂發兵伐義渠二句　關於宣太后誘殺義渠戎王於甘泉，並進而滅義渠事，馬非百《秦集史》以為應在秦昭王三十五年（西元前二七二年），楊寬《戰國史年表》同。馬非百且謂「宣太后以母后之尊，為國家殲除頑寇，不惜犧牲色相，與義渠戎王私通生子。謀之達三十餘年之久，始將此二百年為秦人腹心大患之敵國巨魁手刃於宮庭之中，衽席之上，然後乘勢出兵，一舉滅之，收其地為郡縣，使秦人得一意向東，無復後顧之憂，此其功豈在張儀、司馬錯收取巴蜀下哉！」(105)隴西　秦郡名，郡治狄道，即今甘肅臨洮。(106)北地　秦郡名，郡治義渠。(107)上郡　秦郡名，郡治膚施（在今陝西榆林東南）。(108)築長城以拒胡　此時的秦長城西起甘肅岷縣，北行至蘭州，東折至寧夏固原，再東北行經陝西吳旗、橫山，直至內蒙古的準噶爾旗南。(109)趙武靈王　名雍，西元前三二五—前二九九年在位。其變更軍制，實行胡服騎射，使趙國稱強於一時事。詳見《史記・趙世家》。(110)北破林胡樓煩　據〈趙世家〉，趙武靈王二十年（西元前三〇六年），「西略胡地，至榆中，林胡王獻馬」；二十六年（西元前三〇〇年），「攘地北至燕代，西至雲中、九原」。(111)築長城三句　代是趙郡名，郡治即今河北蔚縣東北之代王城。並陰山下，傍著陰山西行。陰山在今內蒙古呼和浩特、包頭以及黃河的後套之北，橫亙東西。高闕，在今內蒙古潮格旗東南，黃河後套之西北。楊寬曰：「趙北長城大體上有前後兩條，前條在今內蒙古烏加河以北，沿今狼山一帶建築；後條從今內蒙古烏拉特前旗向東，經包頭北，沿烏拉山向東，沿大青山，經呼和浩特北，卓資和集寧南，一直到今河北的張北縣以南。」(112)雲中　趙郡名，郡治在今內蒙古托克托東北。(113)鴈門　趙郡名，郡治善無，在今山西左雲西。(114)秦開　燕國名將，伴同荊軻入秦行刺的秦舞陽之祖父。(115)為質於胡　為燕國給匈奴當人質。呂祖謙《大事記・解題》卷四云：「秦開不知當燕何君之世，然秦舞陽乃開之孫，計其年，或在昭王時。」(116)卻　後退。(117)自造陽至襄平　造陽是燕縣名，在今河北獨石口附近。也有說即沮陽，在今河北懷來東南。襄平也是燕縣名，即今遼寧遼陽。按，據楊寬《戰國史》說，燕國長城「西端可以和今赤峰東北卓蘇河南的土城、小城堡相連接」，「赤峰紅山北方沿西路戛河北岸有燕長城遺址向東延伸，經過老爺廟、八家子、撒水坡等村，全長約三十公里」。(118)上谷　燕郡名，郡治沮陽，在今河北懷來東南。(119)漁陽　燕郡名，郡治在今北京市密雲西南。(120)右北平　燕郡名，郡治無終，即今天津市薊縣。(121)遼東　燕郡名，郡治襄平，即今遼寧遼陽。(122)及戰國之末二句　使匈奴強大的關鍵人物是冒頓，有關冒頓的事跡見《史記・匈奴列傳》與《通鑑》後文。(123)暘有詭　皆魏縣名，今不詳在何處。(124)秦質子歸自趙　在趙國為人質的秦國公子自趙返回秦國。(125)趙太子出歸國　在秦國當人質的趙國太子也出關回趙。(126)蝗二句　既鬧蝗災，又鬧瘟疫。因是重大災害，故書於史。(127)納粟千石二句　凡向國家交糧食千石的人，就給他提高一級爵位。目的是鼓勵百姓給國家交納糧食，以緩解國家困難。而有爵位的百姓則可以用爵級沖抵傜役、減免罪過，甚至可以賣錢花。(128)景湣王　名繒，或曰名午，西元前二四二—前二二八年在位。(129)酸棗燕虛長平雍丘山陽　皆魏縣名，酸棗縣在今河南延津西，燕縣在今延津東北，虛縣在今延津東，長平縣在今河南西華東北，雍丘縣在今河南杞縣北，山陽縣在今河南焦作東南。(130)初置東郡　第一次在這一帶地區設立了東郡。秦時的東郡約轄今山東東阿、梁山以西，定陶、成武以北，河南延津以東，清豐以南，長垣以北地區。郡治濮陽，在今河南濮陽西南。按，此時的濮陽城尚未被秦人所佔。(131)劇辛　據《史記》之〈燕召公世家〉、〈樂毅列傳〉，皆謂劇辛原是趙國人，於燕昭王時來到燕國，為燕將。張照曰：「〈六國年表〉，劇辛死於趙，在十三年。又曰『昭王即位，劇辛自趙往』，至此經七十年，歷五王，當有兩劇辛耶？否則傳訛也。」錢穆《先秦諸子繫年》認為，劇辛自趙入燕不可能在燕昭王時，應在燕王喜時代。按，錢說可從，《史記》似誤。(132)龐煖　趙國將領。事見《史記・趙世家》。(133)燕王　燕王喜，此時為燕王喜十三年。(134)趙數困於秦　指十八年前趙被秦大破於長平，十七年前邯鄲又被秦所圍，五年前秦又取趙三十七城等等。(135)廉頗去　廉頗於趙孝成王二十一年（西元前二四五年）被排擠離開趙國。事見前文與《史記》之〈趙世家〉與〈廉頗藺相如列傳〉。(136)敝　疲敝；破敗。(137)易與　容易對付。與，對付；打交道。(138)禦　迎敵；迎擊。(139)殺劇辛二句　取，俘獲。淩稚隆引王維禎曰：「劇辛與龐煖善，知其易與而反為煖擊殺，此以忽心乘之，所以敗也。」(140)諸侯　指東方的韓、趙、魏、楚諸國。(141)無已時　沒有終了的時候。已，終；完了。(142)楚趙魏韓衛　時當楚孝烈王二十二年、趙悼襄王四年、魏景湣王二年、韓桓惠王三十二年，衛君之年代不詳。(143)合從　意即聯合。從，同「縱」。(144)從長　諸國聯軍的總指揮、總頭領。(145)春申君　黃歇，楚襄王之弟，時為楚國宰相。(146)用事　主事；掌權。意謂伐秦諸國的從長是楚孝烈王，實際掌權者是春申君。(147)取壽陵二句　此兩句敘事的地理方位有問題，壽陵是秦孝文王的陵墓所在地，在今西安東北的臨潼；函谷，即函谷關，在今河南靈寶東北，中間相距甚遠。五國之兵不先過函谷關，如何能西至壽陵。《史記・秦本紀》無「至函谷」三字，此處「至函谷」三字似應削。楊寬〈戰國史年表〉於本年書「趙龐煖率趙、楚、魏、燕、韓五國兵攻秦，至蕞。」而〈春申君列傳〉則有「至函谷」，而無「取壽陵」三字，則削「取壽陵」三字亦通。依當時情勢而言，以削「取壽陵」較合情理。梁玉繩《史記志疑》引翟灝曰：「衛微弱僅存，被秦迫逐，徙居野王，將救亡不暇，何敢攻秦？蓋燕、楚、趙、韓、魏國伐秦耳。至取壽陵之說，更非。無論不勝而罷，未嘗取秦寸土，而五國所攻者乃新豐之蕞，非壽陵也。」按，蕞於戰國時為秦地，在今陝西臨潼東北，距壽陵不很遠。(148)咎　責怪。(149)觀津　趙縣名，在今河北武邑東南。(150)朱英　春申君的門客。《戰國策》作「魏鞅」，實為誤字。疑其初「朱英」有誤為「未英」者，「未」又改為「魏」；「英」與「央」同聲，又轉變為「鞅」。(151)以楚為彊　認為楚國本來是很強大的。(152)君用之而弱　由於您的執政使國家變弱了。(153)其於英不然　在我朱英看來不是如此。(154)秦善楚　秦與楚國的關係友好。(155)踰黽阨之塞　翻越黽隘要塞。黽阨之塞，也叫黽塞，在今河南信陽南，是今河南與湖北間的天然屏障，其地有平靖關、武勝關等諸險。按，秦自昭王二十九年（楚頃襄王二十一年、西元前二七八年）攻佔楚國舊都郢，在其地設立南郡，楚國被迫遷都於陳（今河南淮陽）。在此以後，秦如從南郡出兵攻陳，則須翻越黽隘之塞。(156)不便　指有危險。(157)假道於兩周　指秦兵由函谷關東出，直取楚之新都陳。假道，借道。兩周，指鞏縣的東周與王城的西周。(158)背韓魏　越過韓、魏兩國之地。(159)不可　謂當時的韓、魏尚強，恐其聯合兩周以斷絕秦兵之退路。(160)旦暮亡　謂其很快就要滅亡了，就在這一早一晚之間。(161)愛　吝惜。(162)許鄢陵　皆魏縣名，許縣在今河南許昌東，鄢陵在今河南鄢陵北。(163)魏割以與秦　句中「魏」字疑衍，應削。(164)秦兵去陳百六十里意謂秦兵佔據許與鄢陵後，東距楚都陳縣（今河南淮陽）就只有一百六十里了。[165]臣之所觀者　今後我所看到的。[166]秦楚之日鬭　意謂楚與秦國的戰鬥從此將日夜不息。按，以上朱英謂春申君語，見《戰國策・韓策一》。繆文遠引鍾鳳年曰：「細繹說者之辭，雖若陽為楚謀，而陰則意在令春申君顧及魏危則楚將有脣亡齒寒之虞，故實不啻為魏計。」[167]去陳　離開陳縣。去，離開。[168]壽春　即今安徽壽縣。按，楚由陳遷都壽春事，在楚孝烈王二十二年。[169]命曰郢　仍將壽春稱作「郢」。[170]就封於吳　意即被免掉丞相之權，讓他到自己的封地上去住。當時春申君的封地在吳，即今蘇州一帶。[171]行相事　這裡的意思是還保留著一個丞相的虛名。[172]朝歌　魏縣名，即今河南淇縣，舊時殷紂的都城。[173]衛濮陽　衛國的都城濮陽，在今河南濮陽西南。[174]衛元君　衛國的倒數第二代傀儡君主，在位年限眾說不一。[175]徙居野王　被秦人強迫離開衛都，搬遷到野王縣。因為秦人要用濮陽作為其東郡的首埠。野王，即今河南沁陽。[176]阻其山二句　阻其山，憑藉山的險阻。阻，仗恃；憑藉。梁玉繩《史記志疑》曰：「河內之地秦未全有，故曰『魏之河內』。」楊寬《戰國史料編年輯證》曰：「魏安釐王二十四年，即秦昭王五十四年，衛懷君因與秦連横為魏所囚殺，另立魏王之婿衛元君作為附庸。上年秦攻取魏東地設東郡，是年攻拔濮陽，並歸入東郡而作為郡治，於是另立角以為衛君，命角率其支屬徙居野王，作為秦之附庸。野王在今河南沁陽縣，原屬魏之河內，故〈本紀〉謂『阻其山以保魏之河內』。」[177]汲　魏縣名，在今河南衛輝西南。[178]夏太后　秦莊襄王子楚的生母夏姬。[179]魏與趙鄴　時為魏景湣王四年、趙悼襄王六年。鄴，魏縣名，在今河北臨漳西南，今則與趙。[180]子安　韓桓惠王之子，名安，西元前二三八—前二三〇年在位。

【校　記】[1]王必用臣　原作「必欲用臣」。據章鈺校，十二行本、乙十一行本、孔天胤本皆作「王必用臣」，張瑛《通鑑校勘記》同。今從諸本及《史記・廉頗藺相如列傳》改。[2]二十城　「二」原作「三」。據章鈺校，十二行本、乙十一行本、孔天胤本皆作「二」，張瑛《通鑑校勘記》同。今從諸本及《通鑑紀事本末》卷一下、《史記・秦始皇本紀》等改。

【語　譯】始皇帝上

元年（乙卯　西元前二四六年）

秦將蒙驁率軍平定了晉陽之亂。

韓國想以勞民傷財的方式削弱秦國，使秦國沒有力量再向東方侵略擴張，便派水利專家鄭國到秦國去進行間諜活動，鄭國率領秦國人從仲山鑿渠引涇河之水，穿過北山，向東流入洛水。工程進行到一半的時候，秦國發覺了韓國的陰謀，於是就想把鄭國殺掉。鄭國說：「我來到秦國雖然為韓國延長了幾年的壽命，但水渠開鑿成功，秦國也可以萬世受益呀。」秦國終於同意將這項水利工程完成，鄭國渠修成以後，用含有大量泥沙的黃水，灌溉秦國四萬餘頃鹽鹼地，有效地改良了土壤，使每畝地能夠收穫一鍾的糧食。秦國因此而更加富庶。

二年（丙辰　西元前二四五年）

秦將麃公率領秦軍攻打魏國的卷城，殺死三萬多人。

趙國任命廉頗為代理丞相，攻打魏國，佔領了繁陽。趙孝成王去世，他的兒子悼襄王即位，悼襄王任命武襄君樂乘取代廉頗。廉頗非常惱怒，就起兵攻打武襄君，武襄君敗走。廉頗逃到魏國，在魏國待了很久，卻不受魏國的信任與重用。趙國的軍隊屢次被秦軍打敗，趙悼襄王想讓廉頗回趙國繼續領兵，廉頗也想回趙國繼續為國效力。趙王派人去考察廉頗是否還有能力繼續帶兵打仗。廉頗的仇人郭開用重金賄賂使者，讓他在趙王面前說廉頗的壞話。廉頗看見趙王派來的使者，為了顯示自己的能力，他一頓就吃了一斗米的米飯、十斤肉，然後穿上鎧甲、跨上戰馬，表示體力不減當年，仍然可以報效國家。使者回到趙國對趙王說：「廉頗將軍雖然年老，飯量還是很大，但和我坐著的時候，工夫不大就拉了三次屎。」趙王認為廉頗確實已經年老不堪重任，於是打消了召他回國的念頭。楚國悄悄派人將廉頗接到楚國。廉頗出任楚將之後，並沒有什麼作為，廉頗說：「我還是想要指揮趙國的軍隊。」最後死在楚國的壽春。

三年（丁巳　西元前二四四年）

秦國遇到了嚴重的饑荒。

秦將蒙驁率軍攻打韓國，佔領十二座城邑。

趙悼襄王任命李牧為大將攻打燕國，佔領了燕國的武遂、方城。李牧，是趙國駐守北方的良將。曾經駐守在代郡、雁門防備匈奴，他有權根據需要自行設置官吏，所徵收的租稅不繳納給國家而是直接交到駐軍公署，作為軍費，他每天都要宰殺幾頭牛犒賞士卒。下令士兵每天練習騎馬射箭，密切注意敵情、小心把守烽火臺，他還大量地派出間諜隨時掌握匈奴的動向。又反覆地向部下申明約束說：「如果發現匈奴進犯，要迅速退回營壘固守，有人膽敢捕殺匈奴一律斬首。」匈奴每次進犯，負責看守烽火臺的就趕緊點燃烽火報警，守軍也馬上回到營壘固守而不與匈奴交戰。這樣堅持了好幾年，雖然沒有戰勝敵人，而自己也沒有受到什麼損失。匈奴認為李牧膽怯，就連趙國守衛邊境的士兵，也認為自己的將領膽怯。趙王曾因此而責備李牧，李牧卻依然如故。趙王非常不滿意，就派別人接替李牧帶兵。在一年多的時間裡，雖然多次與匈奴交戰，但總是打敗仗，造成了很大的損失和人員傷亡，也導致邊境地區的人民不能正常地進行耕作和放牧。趙王於是重新起用李牧，李牧假託有病謝客不出。趙王強迫他出來任職，李牧說：「大王非要用我的話，必須允許我還是照以前的樣子辦，我才敢接受您的命令。」趙王答應了李牧的請求，李牧重新走馬上任。他來到邊境依然實行堅壁清野的策略。幾年當中，匈奴屢次入侵，卻一無所獲。但他們始終以為李牧是膽怯，懼怕匈奴而不敢出戰。守邊的軍士每天得到賞賜卻無用武之地，都希望與匈奴決一勝負。李牧精心挑選兵車一千三百輛，戰馬一萬三千匹，曾經獲得過百金獎賞的勇士五萬人，能拉動硬弓的射手十萬人；將他們組織起來進行戰鬥訓練。又讓百姓趕著牲畜出去放牧，人和牛羊布滿了田野。當匈奴小股部隊進行試探性的入侵時，李牧就讓手下假裝失敗，還故意地留下幾十個人讓他們捉去。匈奴單于得知這種情況，便親自率領大軍前來進犯。李牧布下許多疑兵，在兩側設好埋伏，除去正面作戰外，還從兩側迂迴包抄，結果把匈奴打得大敗。這一戰共殺死匈奴十多萬人。然後趁勢滅掉了襜襤，擊敗了東胡，迫使林胡投降。匈奴單于從此逃得遠遠的，此後十多年，匈奴不敢進犯趙國的邊境。

早先，天下文明禮儀之邦有七個，其中秦、趙、燕三個國家與戎狄接壤。秦國隴山以西有緜諸、緄戎、翟、獂之戎，岐山、梁山、涇水、漆水以北有義渠、大荔、烏氏、朐衍之戎；趙國的北部有林胡、樓煩之戎；燕國北部有東胡、山戎。這些戎狄全都分散地居住在山間溪谷之中，各部落有各部落的君長。他們往往是一百多個部落聚集在一起，然而各部落互不統屬。稍後，義渠開始修築城郭，以此來防護自己，然而卻無法抵禦秦國的吞食。秦惠文王時期，侵佔了義渠二十五座城邑。秦昭王時期，秦宣太后將義渠王誘騙，將其殺死在甘泉。趁勢發兵攻打，終於將義渠消滅。此時秦國開始在隴西、北地、上郡修築長城，用來抵禦其他戎狄的入侵。趙武靈王向北打敗了林胡、樓煩以後，也開始修築長城，趙國的長城從代郡開始，經過陰山山脈一直修到高闕，又設置雲中、雁門、代郡。其後，燕國的將領秦開到胡地去做人質，胡人特別信任他，秦開回到燕國以後，就偷襲了東胡，將東胡向北趕出一千里以外。燕國也修築長城，從造陽一直到襄平，並設置上谷、漁陽、右北平、遼東郡以抗擊胡人南侵。到了戰國後期，匈奴又開始強大起來。

四年（戊午　西元前二四三年）

這年春天，秦將蒙驁率軍攻打魏國，奪取了暘、有詭。三月，秦軍撤退。

在趙國做人質的秦國公子回到秦國，趙國派往秦國做人質的太子也回到趙國。

七月，發生了蝗災、瘟疫糧食歉收。秦莊襄王向百姓下令，交納一千石糧食，就獎賞一級爵位。

魏國的安釐王去世，他的兒子景湣王即位。

五年（己未　西元前二四二年）

秦將蒙驁攻打魏國，佔領酸棗、燕、虛、長平、雍丘、山陽等二十座城，秦國開始將其地設為東郡。

當初，劇辛在趙國時和龐煖友善，後來劇辛到燕國任職。燕王喜看見趙國多次被秦國打敗，廉頗離開趙國而趙國任用龐煖為將，就想趁趙國正處在疲敝、破敗之際去攻打趙國，燕王喜徵求劇辛的意見。劇辛回答說：「龐煖這人很容易對付。」於是燕王喜下決心攻打趙國，並委任劇辛為統帥。趙國派龐煖領兵抗擊燕國的入侵，結果大敗燕軍，殺死了劇辛，俘虜燕軍兩萬人。

各諸侯國對秦國無休止的侵犯都感到深深的憂慮。

六年（庚申　西元前二四一年）

楚國、趙國、魏國、韓國、衛國建立合縱聯盟，共同討伐秦國。楚考烈王任盟約長，春申君黃歇掌權，攻下了秦國的壽陵。當聯軍抵達函谷關的時候，秦國派軍迎戰，五國聯軍不敢與秦軍交戰，一哄而散。楚王指責春申君指揮不力，從此與春申君的關係更加疏遠。觀津人朱英對春申君說：「別人都認為楚國很強大，是因為您執政才使楚國變弱了，而我卻不這樣認為。先王在世的時候，秦國和楚國的關係友好，秦國有二十多年不侵犯楚國，什麼原因呢？因為秦國要攻打楚國，就必須翻越黽隘這個險要的關塞，很不便利；如果從兩周的領地上穿過來攻打楚國，那麼秦國就要面臨背後遭受韓、魏攻擊、被斷絕退路的危險，地理形勢不允許。現在就不一樣了，魏國被秦國滅亡是早晚的事，它不敢吝惜自己的許城、鄢陵，要割讓給秦國。秦國的軍隊離楚國的都城陳只有一百六十里遠，依我看，秦國和楚國的戰鬥從此將會日夜不斷。」於是，楚國將都城從陳遷到壽春，將壽春改稱為郢。春申君回到自己的封地吳，但仍然保留著一個丞相的虛名。

秦國攻佔了魏國的朝歌和衛國的都城濮陽。衛元君被秦人強迫離開衛國的都城而遷居到野王，憑藉山的險阻，為魏國守衛黃河北岸的領土。

七年（辛酉　西元前二四〇年）

秦國攻打魏國，佔領了汲邑。

秦莊襄王子楚的生母夏太后去世。

秦國大將蒙驁逝世。

八年（壬戌　西元前二三九年）

魏國把鄴城割讓給趙國。

韓桓惠王去世，他的兒子安即位。

九年（癸亥　西元前二三八年）

伐魏，取垣、蒲❶。

夏，四月，寒，民有凍死者。

王宿雍❷。

己酉❸，王冠，帶劍❹。

楊端和❺伐魏，取衍氏❻。

初，王即位，年少❼，太后時時[1]與文信侯私通❽。王益壯❾，文信侯恐事覺❿，禍及己，乃詐⓫以舍人嫪毐為宦者⓬，進於太后。太后幸⓭之，生二子，封毐為長信侯，以太原⓮為毐國⓯，政事皆決於毐。客求為毐舍人者甚眾⓰。王左右⓱有與毐爭言⓲者，告毐實非宦者。王下吏治毐⓳，毐懼，矯王御璽發兵⓴，欲攻蘄年宮為亂㉑。王使相國㉒、昌平君、昌文君㉓發卒攻毐，戰咸陽，斬首數百㉔。毐敗走，獲之。秋，九月，夷毐三族㉕，黨與㉖皆車裂、滅宗㉗，舍人罪輕者徙蜀㉘，凡㉙四千餘家。遷㉚太后於雍萯陽宮㉛，殺其二子。下令曰：「敢以太后事諫者，戮而殺之，斷其四支，積於闕下㉜。」死者二十七人。齊客茅焦㉝上謁㉞請諫。王使㉟謂之曰：「若不見夫積闕下者邪㊱？」對曰：「臣聞天有二十八宿㊲，今死者二十七人，臣之來，固欲滿其數㊳耳。臣非畏死者也。」使者走入白之㊴。茅焦邑子㊵同食者，盡負㊶其衣物而逃。王大怒曰：「是人㊷也，故來犯吾㊸。趣召鑊烹之㊹，是安得積闕下哉㊺！」王按劍而坐，口正沫出，使者召之入。茅焦徐行㊻至前，再拜謁起[47]，稱曰：「臣聞有生者不諱死[48]，有國者[49]不諱亡。諱死者不可以得生[50]，諱亡者不可以得存[51]。死生存亡[52]，聖主所欲急聞[53]也，陛下欲聞之乎？」王曰：「何謂也[54]？」茅焦曰：「陛下有狂悖之行[55]，不自知邪[56]？車裂假父[57]，囊撲[58]二弟[59]，遷母於雍，殘戮[60]諫士。桀、紂之行，不至於是矣。今天下[2]聞之[61]，盡瓦解[62]，無嚮秦者[63]，臣竊為陛下危之。臣言已矣[64]。」乃解衣伏質[65]。王下殿，手自接之[66]曰：「先生起就衣[67]，今願受事[68]。」乃爵之上卿[69]。王自駕[70]，虛左方[71]，往迎太后，歸於咸陽，復為母子如初[72]。

楚考烈王[73]無子，春申君患之[74]，求婦人宜子[75]者甚眾。進之，卒無子[76]。趙人李園持其妹，欲進諸楚王，聞其不宜子[77]，恐久無寵，乃求為春申君舍人[78]。已而謁歸[79]，故失期[80]而還。春申君問之，李園曰：「齊王使人求臣之妹[81]，與其使者飲，故失期。」春申君曰：「聘入乎[82]？」曰：「未也。」春申君遂納之[83]。既而有娠[84]，李園使其妹說春申君曰：「楚王貴幸君，雖兄弟不如也[85]。今君相楚二十餘年，而王無子，即[86]百歲後[87]，將更立兄弟[88]，彼亦各貴其故所親，君又安得常保此寵乎？非徒然也[89]，君貴，用事久，多失禮於王之兄弟。兄弟立，禍且及身[90]矣。今妾有娠，而人莫知。妾幸君未久[91]，誠[92]以君之重[93]，進妾於王，王必幸之。妾賴天而有男[94]，則是君之子為王也[95]，楚國盡可得。孰與身臨不測之禍哉[96]？」春申君大然之[97]，乃出李園妹[98]，謹舍[99]，而言諸楚王[100]。王召入，幸之[101]，遂生男，立為太子[102]。

李園妹為王后，李園亦貴，用事[103]，而恐春申君泄其語[104]，陰養死士[105]，欲殺春申君以滅口。國人頗有知之者。楚王病，朱英謂春申君曰：「世有無望之福[106]，亦有無望之禍。今君處無望之世[107]，事無望之主[108]，安可以無[109]無望之人[110]乎？」春申君曰：「何謂無望之福？」曰：「君相楚二十餘年矣，雖名相國，其實王也[111]。王今病，旦暮薨，薨而君相幼主[112]，因而當國[113]。王長而反政[114]；不，即遂南面稱孤[115]。此所謂無望之福也。」「何謂無望之禍？」曰：「李園不治國而君之仇[116]也，不為兵而養死士[117]之日久矣。王薨，李園必先入據權[118]，而殺君以滅口。此所謂無望之禍也。」「何謂無望之人？」曰：「君置臣郎中[119]。王薨，李園先入，臣為君殺之。此所謂無望之人也[120]。」春申君曰：「足下置之[121]。李園，弱人也，僕又善之，且何至此[122]？」朱英知言不用，懼而亡去[123]。

後十七日，楚王薨，李園果先入，伏死士於棘門[124]之內。春申君入，死士俠刺之[125]，投其首於棘門之外[126]。於是使吏盡捕誅春申君之家[127]。

太子立，是為幽王[128]。

楊子[129]法言[130]曰：「或問『信陵、平原、孟嘗、春申[131]益乎[132]？』曰『上失其政[133]，姦臣竊國命[134]，何其益乎[135]！』」

王以文信侯奉先王[136]功大，不忍誅。

十年（甲子　西元前二三七年）

冬，十月，文信侯免相，出就國[137]。

宗室大臣議曰：「諸侯人來仕[138]者，皆為其主遊閒[139]耳，請一切逐之[140]。」於是大索[141]，逐客。客卿楚人李斯亦在逐中[142]，行且上書曰[143]：「昔穆公[144]求士，西取由余於戎[145]，東得百里奚[3]於宛[146]，迎蹇叔於宋[147]，求丕豹、公孫支於晉[148]。并國二十，遂霸西戎[149]。孝公[150]用商鞅之法[151]，諸侯親服，至今治彊[152]。惠王[153]用張儀[154]之計，散六國之從[155]，使之事秦[156]。昭王[157]得范睢[158]，彊公室，杜私門[159]。此四君[160]者，皆以客之功[161]。由此觀之，客何負於秦[162]哉？夫色、樂、珠、玉[163]，不產於秦，而王服御[164]者眾。取人則不然，不問可否，不論曲直，非秦者去[165]，為客者逐[166]。是所重[167]者，在乎色、樂、珠、玉；而所輕[168]者，在乎人民[169]也。臣聞太山[170]不讓土壤[171]，故能成其大；河海不擇[172]細流，故能就[173]其深；王者不卻[174]眾庶(175)，故能明其德(176)。此五帝、三王(177)之所以無敵也。今乃棄黔首(178)以資(179)敵國，卻賓客以業(180)諸侯，所謂藉寇兵而[4]齎盜糧(181)者也。」

王乃召李斯，復其官(182)，除逐客之令。李斯至驪邑而還(183)。王卒用(184)李斯之謀，陰遣辯士齎(185)金玉遊說諸侯。諸侯名士(186)可下以財(187)者，厚遺結(188)之；不肯者，利劍刺之。離其君臣之計(189)，然後使良將隨其後(190)。數年之中，卒兼天下(191)。

十一年（乙丑　西元前二三六年）

趙人伐燕(192)，取貍陽(193)。兵未罷，將軍王翦、桓齮、楊端和(194)伐趙，攻鄴(195)，取九城。王翦攻閼與、轑陽(196)，桓齮取鄴、安陽(197)。

趙悼襄王薨，子幽繆王遷(198)立。其母倡(199)也，嬖(200)於悼襄王。悼襄王廢嫡子嘉(201)而立之。遷素以無行(202)聞於國。

文信侯就國歲餘(203)，諸侯賓客使者(204)相望於道(205)，請(206)之。王恐其為變(207)，乃賜文信侯書曰：「君何功於秦，封君河南，食十萬戶？何親於秦，號稱仲父？其與家屬徙處蜀(208)。」文信侯自知稍侵(209)，恐誅。

十二年（丙寅　西元前二三五年）

文信侯飲酖死(210)，竊葬(211)。其舍人臨(212)者，皆逐遷(213)之。且曰：「自今以來(214)，操國事不道[215]，如嫪毐、不韋者，籍其門[216]，視此[217]。」

楊子法言曰[218]：「或問『呂不韋其智矣乎[219]？以人易貨[220]。』曰『誰謂不韋智者歟[221]？以國易宗[222]。呂不韋之盜，穿窬之雄乎[223]？穿窬也者[224]，吾見擔石矣[225]，未見雒陽也[226]。』」

自六月不雨，至于八月[227]。

發四郡兵助魏伐楚[228]。

【章旨】以上為第五段，寫秦王政九年（西元前二三八年）至其十二年的各國大事，主要寫了秦國的嫪毐之亂，並由此引起的呂不韋被罷職自殺；和楚國春申君的利令智昏，企圖篡國，最後被李園所殺，呂、黃二人同出一轍；以及李斯因上〈諫逐客書〉被秦王賞識，佐秦掃蕩六國的事實。

【注釋】❶垣蒲　皆魏縣名，垣縣在今山西垣曲東南。蒲縣也稱蒲陽，在今山西隰縣東南。❷王宿雍　秦王住宿在雍縣的蘄年宮。雍縣是秦國的舊都，在今陝西鳳翔南，秦國的宗廟與秦國先王的陵墓都在雍縣。秦王今年二十二歲，該行加冠禮，而加冠禮要在宗廟裡進行，所以秦王要來雍縣。❸己酉　四月二十一。❹王冠二句　秦王行加冠禮，並開始佩帶寶劍。按當時東方國家的禮節，是男子二十行加冠禮，而秦王此年已二十二。楊寬曰：「秦以年二十二歲行冠禮於宗廟，秦之宗廟在雍，故往宿雍而行冠禮。秦惠文王年十九而立，三年王冠；秦昭王年十九而立，亦三年而冠。按禮，冠而親政。秦王政從此親政，不再如『初即位』時『委國事於大臣』。」❺楊端和　秦將名。陳直曰：「秦代武將蒙氏、王氏之外，則有楊氏。見於《史記》者有楊端和、楊樛、楊熊、楊熹等人。」❻衍氏　魏縣名，在今河南鄭州北。❼年少　時十三歲。❽太后時時與文信侯私通　據《史記・呂不韋列傳》，秦王政之母原是呂不韋的孕妾，嫁與秦王政之父公孫異人而生子。秦王政即位後，仍與呂不韋暗中私通。文信侯，呂不韋的封號。❾益壯　漸漸長大。益，逐漸。❿事覺　事情被察覺。⓫詐　假裝；欺騙。⓬以舍人嫪毐為

宦者　把自己家裡的一個親信賓客冒充為淨了身的人送進宮去當宦官。舍人嫪毐，親信賓客姓嫪名毐。舍人是一種依附於權貴門下的半傭人、半賓客的親信人員。⑬幸　寵幸；親暱。這裡指兩性關係。⑭太原　秦郡名，郡治晉陽，在今山西太原西南。⑮為毐國　作為嫪毐的封地。秦漢時代稱侯爵的封地也叫「國」。⑯客求為毐舍人者甚眾　極言嫪毐的權勢之大，趨炎附勢者之多。史珥曰：「已為魏閹義男、義孫導夫先路。」⑰王左右　秦王政身邊的人。⑱爭言　發生口角；爭論是非長短。據《說苑・正諫》：「毐專國事，浸益驕奢，與侍中左右貴臣俱博，爭言而鬥，瞋目大叱曰：吾乃皇帝之假父也，窶人子何敢乃與我抗！」⑲下吏治毐　這裡指準備將嫪毐交由法官查辦。治，推問；查辦。⑳矯王御璽發兵　偷蓋秦王的御璽假傳秦王的旨意以調動軍隊。嫪毐之所以能偷蓋秦王的御璽，以其身邊有「太后」故也。矯，假託；盜用。王御璽，秦王所用之印璽，王駿圖引《韻會》曰：「凡天子所居之處，所用之物，皆曰『御』。」㉑欲攻蘄年宮為亂　因為當時秦王政住宿在蘄年宮。蘄年宮，秦國的離宮名，遺址在今陝西鳳翔孫家南頭村東，面積約四・五萬平方公尺，採集有「蘄年宮當」、「來谷宮當」、「長生無極」、「長生未央」等瓦當。是一座用於祭祀，祈求豐年的專用建築。㉒相國　指呂不韋。當時呂不韋的職務為相國，封爵為文信侯。㉓昌平君昌文君　二人名字不詳，事跡亦寥寥。《索隱》曰：「昌平君，楚之公子。」蓋在秦有功被封為昌平君。楊寬曰：「後文有『荊將項燕立昌平君為荊王』，可知昌平君確為楚公子。」㉔戰咸陽二句　嫪毐之叛亂乃發動於雍縣，緣何曰「戰咸陽」？蓋嫪毐在雍戰敗，逃回京城，欲依太后及其黨羽，故又將戰火引入咸陽。㉕夷毐三族　將嫪毐的三族通通殺光。三族，或曰指父族、母族、妻族；或曰指父族、己族、子族。㉖黨與　同「黨羽」。與，交結；交好。㉗滅宗　意即滅族。㉘徙蜀　發配到蜀地，即今四川西部一帶地區。㉙凡　總共。㉚遷　逼令搬遷。令其離開王宮，到別處予以看管。㉛雍萯陽宮　處於雍縣的萯陽宮。萯陽宮是秦國的離宮名，秦文王所建，舊址在今陝西戶縣西南。㉜積於闕下　將其屍體堆積於宮門兩旁。闕，宮門兩側的高臺，今故宮午門兩側的五鳳樓即其遺制。闕下通常即指宮門。㉝齊客茅焦　齊國的遊士姓茅名焦。㉞上謁　遞上名片求見。謁，類似今之名片。㉟王使　秦王派人。㊱若不見夫積闕下者邪　你沒有看見堆積門外的那些死人嗎。若，你。夫，彼；那些。邪，同「耶」。反問語氣詞。㊲二十八宿　古人認為太陽圍著地球轉，每年轉一圈。太陽所行經的空中軌跡叫做黃道。古人將該黃道上的星宿分成二十八組，即二十八宿。東方的七宿為：角、亢、氐、房、心、尾、箕。南方的七宿為：井、鬼、柳、星、張、翼、軫。西方的七宿為：奎、婁、胃、昴、畢、觜、參。北方的七宿為：斗、牛、女、虛、危、室、壁。㊳欲滿其數　想湊足這二十八個的數目。㊴白之　向秦王政報告。㊵邑子　同一個縣的人。㊶負　背著，這裡即指裹攜。㊷是人　此人，指茅焦。㊸故來犯吾　是成心來和我搗亂。故，故意。㊹趣召鑊烹之　趕緊給我把他用大鍋煮了。趣，通「促」。趕快。鑊，古代煮人的大鍋。烹，這裡即指煮。45是安得積闕下哉　他哪裡有資格堆積到門前去呢。46徐行　緩慢地行走。這段描寫乃模仿《戰國策》中的〈觸龍說趙太后〉。47再拜謁起　給秦王叩拜後站起身來。謁，見。48有生者不諱死　一個有生命力的人不怕談到死。不諱，不怕；不顧及。49有國者　一個政權穩固的統治者。50諱死者不可以得生　一個人如果到了害怕談到死的時候，他就離死不遠了。51諱亡者不可以得存　一個帝王如果到了害怕談到他這個國家滅亡的時候，他這個國家也就快要滅亡了。52死生存亡　有關生死存亡的道理。53所欲急聞　是急想聽到的。54何謂也　你說的是什麼意思呢。55狂悖之行　顛狂背謬的行為。56不自知邪　你自己不知道嗎。57假父　繼父、義父之類，指嫪毐。58囊撲　裝在口袋裡打死。59二弟　指其母後來所生的兩個私生子。60殘戮　殘害、殺戮。61令天下聞之　讓天下人都知道了這件事。「令」，原本作「今」。將；假如。亦可通。62盡瓦解　意謂一切擁護秦國、嚮往秦國的心思將立刻蕩然無存。瓦解，極言喪失之快。63無嚮秦者　再沒人想到秦國來。64臣言已矣　我的話說完啦。已，完了。65伏質　趴到殺人所用的砧板上。66手自接之　親手把他拉起來。接，拉；扶。67就衣　穿好衣服。68願受事　願意聽從您的教導。69爵之上卿　授給茅焦上卿之爵。上卿是戰國時代諸侯國大臣的最高爵位，至秦、漢時代則成為中央的部長一級。70自駕　親自趕著車。71虛左方　空著左邊的位子。戰國時以「左」為上位。72復為母子如初　以上故事的輪廓，見《史記・秦始皇本紀》，至於茅焦的大段言辭，詳見於《說苑・正諫》，後人演義的成分看來不少。73楚考烈王　楚頃襄王之子，西元前二六二—前二三八年在位。74患之　為此事傷腦筋。75宜子　易於懷孕生子。宜，適合；容易。76卒無子　謂直到此時尚無子嗣。郭嵩燾曰：「〈楚世家〉：『幽王十年卒，同母弟猶代立，是為哀王；哀王立二月，庶兄負芻之徒襲殺哀王而立負芻為王。』而此云考烈王『卒無子』，與〈世家〉乖異，此不可曉。」按，「負芻」與「猶」皆幽王之弟。77不宜子　是個生育能力差的男人。78舍人　王公貴族身邊的用人，門客之有職事者。79謁歸　請假回家。80故失期　故意地超過了假期。胡三省曰：「欲以發春申君之問也。」81求臣之妹　想娶我的妹妹為妃。82聘入乎　下過聘禮了嗎。聘，古代男家給女家的定親禮品。83納之　將其收為自己的姬妾。納，收。84有娠　指懷孕。85楚王貴幸君二句　依此文，則春申君似乎不是楚國王室貴族，此乃據《史記・春申君列傳》舊說。今錢穆、楊寬等歷史家皆以春申君為頃襄王之弟，考烈王之叔。其說可信，見韓兆琦《史記箋證》之〈春申君列傳〉。86即　倘若。87百歲後　婉指考烈王死。88將更立兄弟　將改立考烈王的其他兄弟為王。89非徒然也　問題的嚴重還不止於此。徒，止；僅僅。90禍且及身　大禍將降臨到您頭上。91妾幸君未久　我受您寵愛的日子還不長，意思是外人還不怎麼知道。92誠　真的要是。93以君之重　憑著您的身分地位。94妾賴天而有男　如果老天爺保佑我生個男孩。95則是君之子為王也　那麼日後在楚國為王的就是您的兒子。(96)孰與身臨不測之禍哉　這與我們整天擔心日後的災難比起來，哪個更好呢。不測之禍，指考烈王的兄弟們日後上臺報復春申君。(97)大然之　大以為是。(98)乃出李園妹　於是讓李園妹離開春申君家，出居於外。(99)謹舍　胡三省曰：「別為館舍以居之，奉衛甚謹也。」(100)言諸楚王　將李園之妹推薦給楚王。言諸，言之於，意即告訴。諸，「之於」的合音。(101)幸之　與之發生性關係。(102)立為太子　即日後的楚幽王。按，此說今歷史家多以為不可信，見韓兆琦《史記箋證》。(103)用事　主事；掌權。(104)泄其語　洩露他們當初的陰謀。(105)死士　猶今之所謂「亡命徒」，不怕死的殺手。(106)無望之福　意想不到的洪福。無望，意想不到。《史記正義》曰：「謂不望而忽至也。」(107)無望之世　指楚國政治形勢的變化無常，說不定會發生什麼事情。(108)事無望之主　在一個生死不可預測的君主駕前為臣。事，侍候；為之做事。無望之主，指病中的楚王生死莫測。(109)安可以無　怎麼能夠沒有。(110)無望之人　意想不到而忽然降臨的貴人，蓋朱英自指。中井曰：「『毋望之世』謂禍福不可常也，『毋望之主』謂寵幸不可恃也，『毋望之人』謂排難脫厄之人不求而至也。」(111)雖名相國二句　極言其權力之大。(112)相幼主　在年幼的君主身邊為相。(113)當國　執掌國家大權。(114)王長而反政　一直要到君主長大才把權力還給他。反，歸還。(115)不二句　否則就乾脆自己正式做了楚國的國王。南面稱孤，南向而坐，自稱曰「孤家」、「寡人」，這是古代王者的行為做派。(116)李園不治國而君之仇　應作「李園不治國而王之舅」，意即李園雖然不是為丞相掌大權，但他是楚王的妻舅。不治國，指不為宰相。君之仇，梁玉繩曰：「《戰國策》作『王之舅』，是，此因聲近而誤。言李園為王舅也。下文春申云『僕善李園』，則不以為仇明矣。」(117)不為兵而養死士　雖然不掌握軍隊，但卻養了不少亡命徒。不為兵，指不為將軍。(118)先人據權　搶先入宮，把持政權。(119)置臣郎中　將我安插在楚王的衛隊裡。郎，帝王的侍從警衛人員。(120)此所謂無望之人也　凌稚隆引茅瓚曰：「朱英之言深矣，然未聞道也。春申之納女，前日事耳，英不能以時匡之以大義，而以殺園自任，雖多言亦何救於亂耶？」(121)足下置之　你還是不要說啦。置之，猶言「收起」。(122)何至此　哪裡會到這一步。(123)亡去　暗暗逃走。(124)棘門《史記正義》曰：「壽州城門。」或曰，棘，通「戟」。棘門，即宮門，立戟為衛。(125)俠刺之　兩側夾持而刺殺之。(126)投其首於棘門之外　按，今安徽淮南市之賴山集有春申君墓，距壽縣城十二公里。墓的封土高十一公尺，東西長約九十公尺，南北寬約八十公尺。(127)盡捕誅春申君之家　凌稚隆《史記評林》引《郁離子》曰：「楚太子以梧桐之實養梟，而冀其鳳鳴焉。春申君曰：『是梟也，生而殊性，不可易也，食何與焉！』朱英聞之，謂春申君曰：『君知梟之不可以食易其性而為鳳矣，而君之門下無非狗偷鼠竊，亡賴之人也，而君寵榮之，食之以玉食，薦之以珠履，將望之國士之報。以臣觀之，亦何異乎以梧桐之養梟鳥而冀其鳳鳴也？』春申君不悟，卒為李園所殺，而門下之士無一人還報者。」(128)幽王　名悍，西元前二三七—前二二八年在位。[129]楊子　即楊雄，西漢末期的學者與辭賦家。楊，或作「揚」。其學術著作有《法言》、《太玄經》，其辭賦有〈甘泉賦〉、〈羽獵賦〉、〈長楊賦〉等。[130]法言　揚雄模仿《論語》所寫的一部問答體論學著作。[131]信陵平原孟嘗春申　信陵君魏公子無忌、平原君趙勝、孟嘗君田文、春申君黃歇，是戰國時期以養士聞名的「四公子」，《史記》中都有傳。[132]益乎對國家有好處嗎。[133]上失其政　國家的君主大權旁落。[134]姦臣竊國命　奸臣掌握了國家命脈。竊，竊據；篡奪。[135]何其益乎能有什麼好處。按，以上揚雄的話見《法言・淵騫》。司馬光引揚雄語以評價信陵、平原、孟嘗、春申四人，照《史記》所寫，孟嘗與春申可以稱作「奸臣」，但信陵君無忌與平原君趙勝，司馬遷寫了他們的禮賢下士與忠心為國，與揚雄的評價大不相同。從這裡我們可以看到揚雄、司馬光與司馬遷思想的差異。[136]奉先王　指擁戴秦王政之父先取得太子安國君的歡心，並由此得以在秦國繼位為王，這是秦王政所以能在秦國順利為王的先決條件，其功至大。[137]出就國　離開京城，到自己的封地上去。呂不韋的封地在今河南洛陽一帶。[138]來仕　來秦國為吏。[139]為其主游閒　為其本國的主子來秦國進行遊說，充當間諜。[140]一切逐之　不問黑白，一律趕走。一切，《漢書・平帝紀》師古注：「如以刀切物，苟取整齊，不顧長短縱橫。」瀧川引中井曰：「譬如一刀切束芻（飼草），芻有長短巨細，而無所擇，唯一刀取整齊也。」楊寬曰：「《資治通鑑》敘宗室大臣議曰『諸侯人來仕者』云云於『十月文信侯免相，出就國』之後，蓋從〈秦始皇本紀〉，以為秦大逐客即因嫪毐叛亂而作，甚是。〈李斯列傳〉誤以為因韓人鄭國來秦作鄭國渠而起，非是。〈六國表〉明載作鄭國渠在秦始皇元年，非此年事。」[141]索　搜查。[142]亦在逐中　也在被驅逐之列。[143]行且上書曰　《集解》引《新序》曰：「斯在逐中，道上上諫書，達始皇，始皇使人逐（追）至驪邑，得還。」[144]穆公　秦穆公，春秋時代的秦國君主，西元前六五九—前六二一年在位。[145]西取由余於戎　由余原是晉國人，因事逃亡入戎。秦穆公聞其賢，乃用反間計使戎王疏斥由余，致使由余歸秦。由余入秦後，佐穆公吞併戎國十二，開地千里，使穆公稱霸西戎。事見《史記・秦本紀》。[146]東得百里奚於宛　百里奚原是虞國（都下陽，今山西平陸）大夫，晉獻公欲滅虢（都上陽，今河南三門峽市東南），向虞國借道。百里奚以脣亡齒寒的道理勸阻虞君，虞君不聽，結果晉國滅掉虢國後，趁勢也就把虞國滅掉了。百里奚被俘虜，被晉國作為晉女的陪嫁奴僕西送入秦。百里奚恥之，中途南逃至宛（今河南南陽），被楚人捉住。秦穆公以五張黑羊皮將其換到秦國，任以國政，遂佐穆公以霸，人稱「五羖大夫」。事見〈秦本紀〉。按，關於百里奚歸於秦穆公的過程，說法不同。據〈商君列傳〉，百里奚是楚國人，因家貧，欲往見秦穆公而無由，遂賣身為人養牛，他用養牛的道理說秦穆公治理國家，受到秦穆公的賞識，被任為大臣。今河南南陽市區西部尚有地名曰「百里奚」，其處有百里奚故里。李斯所用以為典故者，也是用的後一種說法。[147]迎蹇叔於宋　蹇叔是百里奚的友人，百里奚在秦國當政後，向穆公推薦蹇叔，穆公迎以為上大夫。事見〈秦本紀〉。《正義》引《括地志》曰：「蹇叔，岐州人也。時遊宋，故迎之於宋。」(148)求丕豹公孫支於晉　丕豹是晉國大臣丕鄭之子，丕鄭被晉惠公所殺，丕豹遂奔秦。事見〈晉世家〉。公孫支，《正義》以為是「岐州人，遊晉，後歸秦」。(149)并國二十二句　〈秦本紀〉曰：「秦用由余謀伐戎王，益國十二，開地千里，遂霸西戎。」瀧川引中井曰：「『并國二十』，或是有所據，或是誇張耳。」(150)孝公　戰國前期的秦國君主，西元前三六一－前三三八年在位。(151)用商鞅之法　即採用商鞅的建議實行變法。詳情見前文〈周紀二〉與《史記・商君列傳》。按，商鞅變法使秦國富強不假，但〈秦本紀〉與〈商君列傳〉所列的事實有的不對，參見韓兆琦《史記箋證》有關兩文之相應注釋。(152)治彊　政治英明，國力強大。(153)惠王　也稱「惠文王」，孝公之子，西元前三三七－前三一一年在位。秦國從他開始稱「王」。(154)張儀　戰國中期的大政治家，以連橫學說事秦，為秦國的發展做出了重大貢獻。事跡詳見《史記・張儀列傳》。(155)散六國之從　瓦解了東方諸國間的聯盟關係。(156)事秦　向秦國討好；為秦國效力。(157)昭王　惠文王之子，武王之弟，西元前三〇六－前二五一年在位。(158)范雎　原魏人，因在魏國受迫害而到秦國，幫秦國確定了「遠交近攻」的策略。事見前文〈周紀五〉與《史記・范雎蔡澤列傳》。(159)彊公室二句　加強君主自身的權力，削弱執政大臣的權柄。杜，堵塞；根絕。(160)四君　指秦穆公、秦孝公、秦惠王、秦昭王。(161)皆以客之功　都是靠著別國來客的力量。(162)何負於秦　有什麼對不起秦國的地方。負，虧待；對不起。(163)色樂珠玉　指供統治者欣賞、享樂的各種玩物。色，指美貌的女子。樂，指好聽好看的音樂舞蹈。(164)服御　享用、使喚。(165)非秦者去　不是秦國出的一概不要。去，驅逐。(166)為客者逐　凡來秦國為客的一律趕走。逐，趕走。(167)所重　所著重。(168)所輕　所輕視；所拋棄。(169)人民　二字同義，這裡實指「人才」。(170)太山　即泰山，在今山東泰安北。(171)不讓土壤　不拒絕別處的土壤向泰山堆積。讓，拒絕。(172)不擇　不挑剔，這裡也是「不拒絕」的意思。(173)就　成；形成。(174)不卻　不使之退而不來，也是「不拒絕」的意思。(175)眾庶　眾多的黎民百姓。庶，庶民；平民。(176)明其德　光大他的德業。按，以上六句為古代成語，《管子》云：「海不辭水，故能成其大；山不辭土石，故能成其高。」《墨子・親士》：「江河不惡小谷之滿己也，故能大；聖人者事無辭也，物無遺也，故能為天下器。」(177)五帝三王　古人心目中政治最清明、國力最強大的幾位帝王。依《史記》的說法，五帝指黃帝、顓頊、帝嚳、堯、舜；三王指夏禹、商湯、周文王與周武王。(178)黔首　指黎民百姓。(179)資　助。(180)業　成就；造就。(181)藉寇兵而齎盜糧　給敵人提供武器、給強盜提供糧食，使之兵強馬壯地來打我們。藉，給予。兵，武器。齎，提供；資助。張照曰：「此必當時習語，故范雎用之，李斯再用之，荀子亦曰：『非其人而教之，齎盜糧藉寇兵也。』」(182)復其官　據《史記・李斯列傳》，李斯在被逐前任客卿，今乃復其原職。楊寬曰：「據此可知李斯為客卿當在秦王政十年前，其為長史或在初年。」[183]至驪邑而還　意謂李斯原已被逐，乃在途中上書，秦王政見李斯書而悔悟，派人東追到驪邑，將其追回。驪邑，即今西安臨潼。[184]卒用　終於採用；始終採用。[185]齎　攜帶。[186]諸侯名士　東方各國內有威望、有才幹的朝野知名人物。[187]可下以財　可用金錢收買為己所用。[188]厚遺結　意即花重金予以收買、交結。遺，給予。[189]離其君臣之計　離間、破壞東方各國君臣之間的共同計畫。按，秦善用間，此種事具體見於《史記》之〈田敬仲完世家〉、〈魏公子列傳〉、〈廉頗藺相如列傳〉、〈范睢蔡澤列傳〉等篇。[190]使良將隨其後　〈陳丞相世家〉寫陳平為劉邦設謀云：「大王誠能出捐數萬斤金行反間，間其君臣，以疑其心，項王為人意忌信讒，必內相誅，漢因舉兵而攻之，破楚必矣。」正與李斯的手段完全相同。[191]數年之中二句　從李斯為秦王進謀，受秦重用，至秦滅六國、統一天下共歷時十六年。[192]趙人伐燕　時當趙悼襄王九年、燕王喜十九年。[193]貍陽　燕邑名，在今河北任丘與文安之間。[194]王翦桓齮楊端和　皆秦將名，王翦的事跡詳見《史記・白起王翦列傳》；桓齮始見於此，後文屢出；楊端和前文已見。[195]鄴　縣名，原屬魏，前已屬趙，在今河北臨漳西南。按，攻鄴之役，三將共為之，王翦為主將，桓齮為次將，楊端和為末將，初攻未能攻下。[196]閼與轑陽　皆趙縣名，閼與在今山西和順西北，轑陽即今山西左權。亦作「撩陽」。[197]安陽　縣名，在今河南安陽東南。梁玉繩《史記志疑》以為安陽早在二十多年前已被秦昭王攻取，此「安陽」當是「轑陽」之誤。[198]幽繆王遷　名遷，謚曰幽繆，西元前二三五—前二二八年在位。[199]倡　歌舞藝人。[200]嬖　狎昵；受寵。[201]嫡子嘉　原來的太子名嘉。嫡子，正妻所生的兒子。[202]無行　沒有好的品行，意即不肖。[203]就國歲餘　在其封地洛陽住了一年多。[204]諸侯賓客使者　意謂東方各國的君主紛紛派人到洛陽看望呂不韋。[205]相望於道　極言前來的使者之多，後一批可以望到前一批。[206]請　問候。[207]恐其為變　擔心呂不韋搞陰謀叛亂。[208]其與家屬徙處蜀　你要和你的家屬一同搬到蜀地去住。其，表示命令、勒令的發語詞。徙處，搬遷。蜀，指今四川成都一帶地區。[209]稍侵　漸漸開始受迫害、受侵犯。稍，漸漸。[210]飲酖死　喝毒酒而死。酖，同「鴆」。毒鳥名，相傳以其羽毛蘸酒，人飲立死，故通常即以酖指毒酒。[211]竊葬　家裡人將其悄悄安葬。竊，與「大肆張揚」相對而言。[212]臨　哭弔。[213]逐遷　凡來自東方諸國的一律驅逐出境，凡是秦國本土的一律發配蜀地。[214]自今以來　猶今所謂「從今以後」。[215]操國事不道　主持政事不守規矩。[216]籍其門　將其滿門的財產、人口登記入冊，財產充公，人口淪為奴隸。籍，登記。[217]視此　公文語，意即以此為例，後皆照此辦理。[218]楊子法言曰　以下所引數句，見《法言・淵騫》。[219]其智矣乎　能夠說是聰明嗎。[220]以人易貨　為了能在官場上翻雲覆雨而不惜花錢。指其以子楚為「奇貨可居」從而為此進行活動。[221]誰謂不韋智者歟　誰說呂不韋是聰明人呢。[222]以國易宗　為了得到一個文信侯的分封，而弄得整個家族被消滅。[223]呂不韋之盜二句　呂不韋是個賊盜，而在賊盜中，算是數一數二的嗎。

穿窬，挖窟窿進人之宅。窬，窟窿；洞穴。(224)穿窬也者　在挖窟窿進人宅的盜賊中。(225)吾見擔石矣　我見過偷一挑子、偷一口袋的。擔，一挑子，通常指一百來斤。石，一口袋，大約也是一百來斤。(226)未見雒陽也　還從來沒見過哪個盜賊偷了一座洛陽城。呂不韋封文信侯，先是食藍田十二邑，後又以洛陽為其封國，與「擔石」不可同日而語，故揚雄稱之為「穿窬之雄」。(227)自六月不雨二句　此應主要指秦地而言。(228)助魏伐楚　《史記・楚世家》書此曰「幽王三年，秦、魏伐楚」。

【校　記】[1]太后時時　下「時」字原本空字。據章鈺校，十二行本、乙十一行本、孔天胤本皆作「時」。今從諸本及《史記・呂不韋列傳》、《通鑑總類》卷四上補。[2]令天下　「令」原作「今」。據章鈺校，十二行本、乙十一行本、孔天胤本皆作「令」，張瑛《通鑑校勘記》同。今從諸本及《通鑑總類》卷四上改。[3]百里奚　原無「奚」字。據章鈺校，十二行本、乙十一行本、孔天胤本皆有此字。今從諸本及《史記・李斯列傳》、《通鑑紀事本末》卷一下補。[4]藉寇兵而　原無「而」字。據章鈺校，十二行本、乙十一行本、孔天胤本皆有此字。今從諸本及《史記・李斯列傳》、《通鑑紀事本末》卷一下補。

【語　譯】九年（癸亥　西元前二三八年）

秦國攻打魏國，佔領垣邑、蒲邑。

夏季，四月，秦國氣候寒冷，有許多人被凍死。

秦王住宿在雍縣的蘄年宮。

四月二十一日己酉，秦王舉行加冕禮，並開始佩帶寶劍。

秦將楊端和率軍攻打魏國，佔領了衍氏邑。

當初，秦王嬴政即位的時候，年紀很小，太后與文信侯呂不韋私通。秦王逐漸長大，呂不韋恐怕與太后私通的事情被發覺，給自己帶來災禍，就假稱自己家裡一個親信賓客嫪毐已經淨身，可以入宮做宦官，於是將嫪毐送給了太后。太后很寵幸嫪毐，為他生了兩個兒子，還封嫪毐為長信侯，把太原賞賜給他做封邑，國家的各種政務全都由他處理。投奔嫪毐做門客的人也特別多。秦王左右的侍從有人跟嫪毐發生口角，便向秦王政揭發，說嫪毐根本不是宦官。秦王政準備把嫪毐交給法官審理，嫪毐害怕，就盜用秦王玉璽假傳皇帝旨意調動軍隊，攻打秦王政所居住的蘄年宮妄圖謀反。秦王政下令相國呂不韋、昌平君、昌文君率兵進攻嫪毐，在咸陽展開激戰，斬殺數百人。嫪毐兵敗逃走，被追兵生擒。秋季，九月，將嫪毐夷滅三族，嫪毐的黨羽全部被施以車裂之刑，並被滅族，食客當中罪行較輕的被流放到蜀地，一共有四千多家遭到流放。秦王政又將他的母親夏太后囚禁在雍地的萯陽宮，將太后為嫪毐所生的兩個孩子殺死。秦王政下令說：「膽敢以太后的事來勸諫我，我必定殺死他，還要砍下他的四肢，再將他的屍體堆積到宮門口去。」因勸諫而死的已經有二十七個人。齊國有一個人叫做茅焦，當時正客居於秦國，他聽說了這件事後就遞上名片請求進見秦王，並聲稱能勸阻秦王囚禁他的母親。秦王政派人對茅焦說：「你沒看見堆放在宮門口的那些屍體嗎？」茅焦回答說：「我聽說天上有二十八個星宿，現在死了的才只有二十七個，我這次來就是為了湊足這二十八個數目的。我不是怕死的人。」那個使者趕緊進去報告給秦王。此時茅焦的那些老鄉和經常在一起吃飯的朋友怕受到連累，早就收拾好行裝逃得一乾二淨了。秦王政非常生氣地說：「此人竟敢故意來冒犯我。趕緊準備大鍋把他給我煮了，看他還怎麼堆積到宮門口去湊數！」秦王政手按寶劍，盛氣凌人的坐在那裡，氣得口流白沫。使者將茅焦叫了進來。茅焦慢吞吞地走到秦王政面前，拜了兩拜，然後站起來說：「我聽說，一個有生命力的人不忌諱說死，一個政權穩固的統治者不忌諱談論國家滅亡。一個人如果到了忌諱說死的時候離死也就不遠了，一個帝王如果到了害怕談論國家滅亡的時候，他這個國家也就快要滅亡了。關於生死存亡的道理，英明的君主都急於想要知道，大王您想不想知道呢？」秦王政說：「你說的是什麼意思呢？」茅焦說：「大王狂妄悖逆的行為，難道您自己不知道嗎？將您的假父嫪毐施以車裂之刑，將您的兩個弟弟裝在口袋裡敲打至死，將您的母親囚禁在雍邑，又將敢於勸諫的人殺害並堆積到宮門口。即使是夏桀、商紂王那樣的暴君，也不至於這樣殘忍啊。假如讓天下的人知道了這件事，秦國的凝聚力馬上就會瓦解，再也不會有人想到秦國來，我真為您感到擔憂。我的話說完了。」於是，解開衣服趴在砧板上等候接受刑罰。秦王政急忙走下殿來，親手將茅焦扶起來說：「先生趕緊把衣服穿好。我願意接受您的忠告。」於是授予茅焦上卿的爵位。秦王政親自趕著車，空著左邊的位子，到雍邑將太后接回咸陽，母子和好如初。

楚考烈王沒有兒子，春申君黃歇很為這件事發愁，他為楚王找了好多富有生育能力的美女。送進宮中，但仍然沒人能給楚王生個兒子。趙國人李園帶著他的妹妹來到楚國，準備把他妹妹進獻給楚王，聽說楚王生育能力很差，恐怕自己的妹妹進宮之後無法生育而寵幸不會長久，於是李園就請求做了春申君的侍從。一次李園請假回家，故意超過假期。春申君問他原因，李園回答說：「齊王派人要來娶我的妹妹，因為和齊王的使者喝酒，所以回來誤了期限。」春申君問：「下了聘禮沒有？」回答說：「還沒有。」春申君就將李園的妹妹接進自己的府中，不久有了身孕，李園指使他妹妹勸說春申君：「楚王尊重您、寵信您，即使是親兄弟也不可能這樣。如今您任楚國的宰相已經二十多年，而國王還沒有兒子，突然哪一天國王死了，繼承王位的一定是他的兄弟。而他的兄弟必定會重用他們自己的親朋故友，您又怎能長久的保持您現在的尊寵地位呢？還不只是這些，您地位尊貴，執政的時間太久，對國王的兄弟們必定多有得罪的地方。假如國王的兄弟即位，您可就要大禍臨頭了。現在我雖然已經懷有身孕，但卻沒人知道。我侍奉您的時間不長，如果憑藉您尊貴的地位，將我進獻給國王，國王一定會寵愛我。依靠上天的保佑，我如果能夠生個男孩，將來就是您的兒子做國王啊，到那時，楚國就完全是您的了。這與遭受不可預測的災禍相比，哪個更好呢？」春申君非常同意李園妹妹的意見，於是就把李園妹妹送出府外，另外安置一處居所，嚴加守衛，並將她推薦給楚王。楚王將李園的妹妹接進宮中，對她很是寵愛，後來生下一個男孩，被立為太子。

李園的妹妹被立為王后，李園也因此顯貴而位居要津。他們害怕春申君洩露機密，就偷偷地豢養一些亡命之徒，準備殺掉春申君滅口。京城裡還是有不少人知道這件事。楚王病重，朱英對春申君說：「世上有意想不到的洪福，也有不可預料的災禍。如今您處在一個不可預料的時期，侍奉一個喜怒無常、不可捉摸的君主，怎麼可以不指望有非凡的人來幫助您呢？」春申君問：「什麼是不可預料的洪福？」朱英說：「您為楚國的宰相二十多年了，名義上是宰相，而實際上卻是國王。楚王如今病重，隨時都有可能去世，楚王去世，您必定輔佐年幼的國王，因而得以執掌國政。國王長大以後，您就要將政權歸還國王；反之，就不交還政權，乾脆自己做國王。這就是所說的意想不到的洪福啊。」「那什麼又是不可預料的災禍呢？」朱英說：「李園身為王后的哥哥卻不能為丞相，他就是您的仇人；他不掌軍權，卻暗中豢養敢死之士很久了。楚王一死，李園必定搶先入宮把持大權，然後殺您以滅口。這就是不可預料的災禍。」「什麼是非凡之人呢？」回答說：「您將我安排在宮中擔任侍衛官郎中。假如楚王去世以後，李園先進入宮中，我就為您先把他殺掉。這就是所說的非凡之人。」春申君說：「先生請打消這種念頭。李園是一個軟弱的人，我又一向待他很好，況且哪裡會到這種地步？」朱英知道自己的建議不會被採納，害怕受到迫害，就暗暗逃走了。

過了十七天，楚王去世，李園果然搶先進入宮中，預先在棘門之內埋伏下敢死之士。等到春申君入宮，那些敢死之士將他夾在當中用亂劍刺死，又將他的腦袋砍下來扔到棘門之外。接著又派人到春申君家中搜捕，將其家屬全部處死。

太子即位，就是楚幽王。

楊雄在他的著作《法言》中寫道：「有人問『信陵君、平原君、孟嘗君、春申君這四個人對他們的國家有貢獻嗎？』回答是『高高在上的君主沒有能力治理好國家，而使這些大奸巨猾得以竊取國柄，掌握了國家的命脈罷了，哪裡有什麼貢獻呢！』」

秦王政因為文信侯呂不韋扶持先王功勞巨大，不忍心把他殺掉。

十年（甲子　西元前二三七年）

冬天，十月，文信侯呂不韋被罷免了宰相職務，他離開京城回到自己的封地。

秦國的皇親國戚及諸位大臣商議說：「從諸侯各國來到秦國做官的人，都是來為他們本國的主子來遊說，挑撥離間的，應該把他們一律驅逐出境。」於是在全國展開大搜索，準備將所有的外國人都驅逐出境。在秦國擔任客卿的楚國人李斯也在被驅逐的行列之中，他在即將離開秦國的時候給秦王政遞交了一封書信，他說：「從前秦穆王時代大力召請賢才，在西方的戎部落物色到了由余，在東方從楚國的宛城得到百里奚，從宋國聘請到蹇叔，從晉國招來丕豹、公孫支。結果使秦國吞併了二十多個國家，稱霸於西戎。秦孝公時代採用商鞅的建議實行變法，各國都來親近歸附秦國，至今秦國仍然政治清明國力強盛。秦惠王採納張儀的謀略，瓦解了東方六國的合縱聯盟，使他們全都來討好秦國。秦昭王得到范睢的輔佐，從而加強了君主自身的權力，抑制了執政大臣的私人勢力。以上這四個君主都是依靠客卿的力量才建立了如此巨大的功業。從這裡看來，這些外國人有什麼地方對不起秦國呢？至於那些美女、音樂、珍珠、美玉，並不是秦國所出產，而大王您使用得很多很多。在用人方面卻不能這樣，不管這個人可用還是不可用，不分是非曲直，不是秦國人的一概不要，凡是客居於此的一律驅逐。這說明大王您所看重的，是美女、音樂、珍珠、美玉；而您所輕視的，是人才呀。我聽說，泰山由於不拒絕別處的土壤堆積，所以才成就了它的高大；河海不拒絕涓涓細流的流入，所以能夠成就它的深廣；成就王業的人因為不排斥各類人才，所以才成就他的功業和美德。這就是三皇五帝無敵於天下的原因啊。如今您卻拋棄您的百姓讓他們去幫助敵對的國家，拒絕各類賢才讓他們去成就其他諸侯國的事業，這就如同給寇仇提供兵器，給盜賊提供糧食啊。」

秦王政看完，趕緊派人將李斯請回，讓他官復原職，並廢止了驅逐客卿的命令。李斯是走到驪邑時被追回來的。秦王終於採納了李斯的謀略，暗中派遣能言善辯的人帶著金銀財寶到東方各國遊說。諸侯國中那些有名望、握有權柄的人士，凡是可以被收買的，就用重金收買；不能收買的，就派刺客暗殺。或者運用離間之計離間其君臣之間的關係，然後派良將率領大軍進行攻打。幾年之間，終於吞併了東方六國，統一了天下。

十一年（乙丑　西元前二三六年）

趙國派兵攻打燕國，攻佔了貍陽。與燕國的戰爭還沒有結束，秦將王翦、桓齮、楊端和就對趙國的鄴地展開了進攻，攻克了九座城邑。王翦又去攻打閼與、轑陽，桓齮攻陷了鄴城、安陽。

趙悼襄王去世，他的兒子幽繆王趙遷即位。趙遷的生母是歌舞藝人出身，因為受到悼襄王的寵愛，所以悼襄王廢掉了嫡子趙嘉而立趙遷為太子。趙遷一向以品行不端而聞名全國。

文信侯呂不韋回到他的封地一年有餘，東方各諸侯國派來拜訪、問候的使者絡繹不絕。秦王政怕他圖謀不軌，就寫了一封書信給他，說：「先生對秦國有什麼功勞，竟然享受河南十萬戶的封賞？你跟秦國又有什麼親情關係，竟敢號稱仲父？你和你的家屬還是遷到蜀地去住吧。」文信侯呂不韋知道就要大禍臨頭了，心裡非常害怕。

十二年（丙寅　西元前二三五年）

文信侯呂不韋服毒自殺，家屬偷偷的將他埋葬。那些賓客門人中，前來弔唁的如果是來自東方諸國的一律驅逐出境，凡是秦國本土的一律發配蜀地。秦王政下令說：「從今以後，主持國家政事而不守規矩像嫪毐、呂不韋這樣的，就將他滿門財產充公，人口淪為奴隸，一切照此辦理。」

楊雄在《法言》一書中評論說：「有人問『呂不韋這個人辦事聰明嗎？他把王子異人當做貨物拿去交易。』回答說：『誰說呂不韋是個聰明人呢？為了得到一個文信侯的封賞，而弄得整個家族被消滅。呂不韋充其量不過是個盜賊，在鑽洞越牆這類盜賊中算得上是數一數二的高手嗎？我見過鑽洞越牆的人中有人偷過一挑子、偷過一口袋的，卻沒見過像呂不韋那樣偷了一座洛陽城。』」

從六月開始就不下雨，一直到八月。

秦國調動四個郡的兵力幫助魏國攻打楚國。

十三年（丁卯　西元前二三四年）

桓齮伐趙❶，敗趙將扈輒於平陽❷，斬首十萬，殺扈輒。趙王以李牧❸為大將軍，復戰於宜安、肥下❹，秦師敗績❺，桓齮奔還。趙封李牧為武安君❻。

十四年（戊辰　西元前二三三年）

桓齮伐趙，取宜安、平陽、武城❼。

韓王納地效璽❽，請為藩臣❾，使韓非來聘❿。韓非者，韓之諸公子⓫也，善刑名法術之學⓬，見韓之削弱，數以書干韓王⓭，王不能用。於是韓非疾⓮治國不務⑮求人任賢，反舉⑯浮淫之蠹⑰，而加之功實⑱之上。寬⑲則寵名譽之人⑳，急㉑則用介冑之士㉒。所養非所用，所用非所養㉓。悲廉直不容於邪枉之臣㉔。觀往者得失之變，作孤憤、五蠹、內外儲、說林、說難五十六篇㉕，十餘萬言。

王聞其賢，欲見之㉖，非為韓使於秦㉗，因上書說王曰：「今秦地方數千里，師名百萬㉘，號令賞罰㉙，天下不如㉚。臣昧死㉛願望見大王，言所以破天下從之計㉜。大王誠聽臣說㉝，一舉而天下之從不破，趙不舉㉞，韓不亡，荊、魏不臣㉟，齊、燕不親㊱，霸王之名不成，四鄰諸侯不朝，大王斬臣以徇國㊲，以戒為王謀不忠者㊳也。」王悅之，未任用。李斯嫉之，曰：「韓非，韓之諸公子也。今欲并諸侯㊴，非終為韓，不為秦㊵，此人情也㊶。今王不用㊷，久留而歸之㊸，此自遺患也㊹。不如以法誅之㊺。」王以為然，下吏治非㊻。李斯使人遺非藥㊼，令早自殺。韓非欲自陳，不得見。王後悔㊽，使人赦之，非已死矣。

楊子法言曰：「或問『韓非作說難之書，而卒死乎說難㊾，敢問何反也㊿？』曰『說難蓋其所以死乎[51]？』曰『何也？』『君子以禮動，以義止[52]。合則進，否則退[53]，確乎[54]不憂其不合[55]也。夫說人[56]而憂其不合[57]，則亦無所不至[58]矣。』或曰『非憂說之不合，非邪[59]？』曰『說不由道，憂也[60]；由道而不合，非憂也[61]。』」

臣光曰：「臣聞君子親其親，以及人之親[62]；愛其國，以及人之國[63]。是以功大名美，而享有百福也[64]。今非為秦畫謀[65]，而首欲[66]覆其宗國[67]，以售其言[68]，罪固不容於死[69]矣。烏足愍哉[70]！」

十五年（己巳　西元前二三二年）

王大興師伐趙[71]。一軍抵鄴[72]，一軍抵太原[73]，取狼孟、番吾[74]，遇李牧而還。

初，燕太子丹[75]嘗質於趙[76]，與王善[77]。王即位[78]，丹為質於秦，王不禮[79]焉。丹怒，亡歸[80]。

十六年（庚午　西元前二三一年）

韓獻南陽地[81]。九月，發卒受地於韓[82]。

魏人獻地[83]。

代[84]地震，自樂徐[85]以西，北至平陰[86]，臺屋牆垣太半[87]壞，地坼[88]東西百三十步。

十七年（辛未　西元前二三〇年）

內史勝[89]滅韓[90]，虜韓王安，以其地置潁川郡[91]。

華陽太后[92]薨。

趙大饑[93]。

衛亢君薨，子角立[94]。

十八年（壬申　西元前二二九年）

王翦將上地[95]兵下井陘[96]，端和[97]將河內[98]兵，共伐趙。趙李牧、司馬尚[99]禦[100]之。秦人多與趙王嬖臣郭開[101]金，使毀[102]牧及尚，言其欲反。趙王使趙葱[103]及齊將顏聚[104]代之。李牧不受命[105]，趙人捕而殺之[106]，廢司馬尚。

十九年（癸酉　西元前二二八年）

王翦擊趙軍，大破之，殺趙葱，顏聚亡[107]，遂克邯鄲，虜趙王遷[108]。王如邯鄲[109]，故與母家有仇怨者[110]，皆殺之。還[111]，從太原、上郡歸。

太后[112]薨。

王翦屯中山以臨燕[113]。趙公子嘉[114]帥其宗[115]數百人奔代，自立為代王[116]。趙之亡大夫[117]稍稍歸之[118]，與燕合兵，軍上谷[119]。

楚幽王薨，國人[120]立其弟郝[121]。三月，郝庶兄負芻[122]殺之自立。

魏景湣王薨，子假[123]立。

燕太子丹怨王[124]，欲報之，以問其傅鞠武[125]。鞠武請西約三晉[126]，南連齊、楚[127]，北媾匈奴[128]，以圖秦。太子曰：「太傅之計曠日彌久[129]，令人心惛然[130]，恐不能須[131]也。」頃之[132]，將軍樊於期[133]得罪[134]，亡之燕[135]，太子受而舍之[136]。鞠武諫曰：「夫以秦王之暴，而積怒於燕，足為寒心[137]，又況聞樊將軍之所在乎！是謂委肉當餓虎之蹊[138]也。願太子疾遣樊將軍入匈奴。」太子曰：「樊將軍窮困[139]於天下，歸身於丹，是固丹命卒[140]之時也，願更慮[141]之。」鞠武曰：「夫行危以求安[142]，造禍以為福[143]。計淺而怨深[144]，連結一人之後交[145]，不顧國家之大害，所謂資怨而助禍[146]矣。」太子不聽。

太子聞衛人荊軻[147]之賢，卑辭厚禮而請見之。謂軻曰：「今秦已虜韓王，又舉兵南伐楚，北臨趙[148]。趙不能支秦[149]，則禍必至於燕。燕小弱，數困於兵[150]，何足[151]以當秦？諸侯服秦，莫敢合從。丹之私計[152]，愚以為誠得天下之勇士[153]使於秦，劫秦王[154]，使悉反[155]諸侯侵地[156]，若曹沫之與齊桓公[157]，則大善[158]矣；則不可[159]，因而刺殺之[1]。彼大將擅兵[160]於外，而內有亂[161]，則君臣相疑[162]。以其間[163]，諸侯得合從，其破秦必矣。唯[164]荊卿[165]留意[166]焉。」荊軻許之。

於是舍[167]荊卿於上舍，太子日造[168]門下。所以奉養荊軻，無所不至[169]。及王翦滅趙[170]，太子聞之懼，欲遣荊軻行。荊軻曰：「今行而無信[171]，則秦未可親[172]也。

誠得樊將軍首(173)與燕督亢之地圖(174)，奉獻秦王，秦王必說(175)見臣。臣乃有以報(176)。」太子曰：「樊將軍窮困來歸丹，丹不忍也。」荊軻乃私見樊於期曰：「秦之遇(177)將軍，可謂深(178)矣，父母宗族皆為戮沒(179)。今聞購將軍首，金千斤，邑萬家(180)，將奈何(181)？」於期太息(182)流涕曰：「計將安出(183)？」荊卿曰：「願得將軍之首以獻秦王，秦王必喜而見臣。臣左手把其袖(184)，右手揕其胸(185)，則將軍之仇報，而燕見陵之愧(186)除矣。」樊於期曰：「此臣之日夜切齒腐心(187)也。」遂自刎。太子聞之，奔往伏哭，然已無奈何，遂以函(188)盛其首。太子豫求(189)天下之利匕首，使工以藥焠之(190)，以試人，血濡縷，人無不立死者(191)。乃裝(192)為遣荊軻，以燕勇士秦舞陽(193)為之副，使入秦。

【章　旨】以上為第六段，寫秦王政十三年（西元前二三四年）至其十九年間的各國大事，主要寫了秦王政對韓、魏、趙、楚四國猛烈攻擊，使其陷於滅亡或趨於滅亡的情景，並寫了燕太子丹策劃派荊軻入秦行刺事。

【注　釋】❶桓齮伐趙　時當趙王遷二年。桓齮，秦將名。❷平陽　趙縣名，在今山西臨汾西南。❸李牧　趙國的最後一位名將，已見於前文。詳見《史記·廉頗藺相如列傳》。❹宜安肥下　皆趙縣名，宜安在今河北藁城西南。肥下在今山西昔陽西南。❺敗績　大敗；潰不成軍。❻武安君　封號名，不一定實有封地。戰國時蘇秦、白起等亦曾受封此號。❼武城　趙縣名，在今河北磁縣南。❽納地効璽　交出所剩的全部地盤，交出作為韓王的印璽，意即徹底向秦國投降。❾藩臣　起藩籬作用的臣子。指國內的封君。早在西周初期周天子分封諸侯時，這些諸侯都自稱是周天子的藩籬、屏障，意即周王朝的拱衛者、捍衛者。❿來聘　這裡的意思就是到秦國出使。聘，原指諸侯國之間的友好訪問。據《史記・老子韓非列傳》，這次韓非來秦國的原因是韓非的著作〈說難〉、〈五蠹〉傳到秦國，秦王政看了很欣賞，向韓國要韓非，於是韓王派韓非來到秦國。⓫諸公子　韓國國王的一個兒子，「諸公子」是與「太子」相對而言。但韓非究竟是哪一代韓王之子史無明文。⓬刑名法術之學　意即法家學說。先秦法家把「刑名」與「法術」聯為一體，他們從法律的意義上講「刑名」，把「名」引申為法令、名分、言論等，主張「循名責實，慎賞明罰」。「法術」是「法」與「術」的合稱。法即商鞅所講的刑賞法令。術即申不害所講的駕馭群臣的辦法。⓭數以書干韓王　多次給韓王上書、求見韓王。干，求見。⓮疾　痛恨。⓯不務　不致力；不從事。⓰舉　提拔；任用。⓱浮淫之蠹　只會夸夸其談的蛀蟲，指儒生、縱橫家等人。浮淫，花裡忽哨、夸夸其談，中看不中用。蠹，蛀蟲。韓非在〈五蠹〉中把儒者、游俠、縱橫家、逃避兵役者、工商業者五種人稱為蠹蟲。⓲功實　軍功與實績，指為國當兵與從事農業獲有實效的人。⓳寬　指太平無事時。⓴名譽之人　沽名釣譽、譁眾取寵者，指儒生、俠客等。㉑急　軍情緊急，有敵人來攻。㉒介冑之士　即士兵。介冑，鎧甲、頭盔。㉓所養非所用二句　《索隱》曰：「言人主今臨時任用，並非常所祿養之士，故難可盡其死力也。」㉔悲廉直不容於邪枉之臣　此旨集中表現於〈孤憤〉。岑仲勉曰：「此篇言智能法術之士與權奸不兩立，智能法術之士恆難進。」㉕孤憤五蠹內外儲句　上列都是《韓非子》中的篇目名。《史記索隱》曰：「此皆非所著書篇名也。〈孤憤〉，憤孤直不容於時也（揭發法家與舊貴族的矛盾）；〈五蠹〉，蠹政之事有五也（文章批判儒家崇古、法古的荒謬，提出『不期修古，不法常可，論世之事，因為之備』，『世異則事異』，『事異則備變』的辯證觀點。他以勤耕之民、力戰之士為貴而當賞，以五蠹之民為賤而當除）。〈內外儲〉，按《韓子》有〈內儲〉、〈外儲〉篇，〈內儲〉言明君執術以制臣下，制之在己，故曰『內』也。〈外儲〉言明君觀聽臣下之言行，以斷其賞罰，賞罰在彼，故曰『外』也。〈說林〉者，廣說諸事，其多若林，故曰『說林』也。」說難，岑仲勉曰：「此篇先陳『說』之難，繼言『說』之術，極精。」五十六篇，意謂韓非的著作總共五十六篇。按，今本《韓非子》只有五十五篇。㉖王聞其賢二句　《史記・老子韓非列傳》曰：「人或傳其書至秦，秦王見〈孤憤〉、〈五蠹〉之書，曰：『嗟乎，寡人得見此人與之遊，死不恨矣！』」㉗非為韓使於秦　此即補敘前述韓非使秦之原因。《史記・老子韓非列傳》載李斯曰：「此韓非之所著書也。」秦因急攻韓。韓王始不用非，及急，乃遣非使秦。㉘師名百萬　軍隊號稱百萬。㉙號令賞罰　指號令嚴明，賞罰有信。㉚天下不如　沒有任何一個別的國家能與秦國相比。㉛昧死　冒著死的危險。這是古代大臣對君主說話時的一種謙詞。㉜言所以破天下從之計　我要和您談談如何打破東方諸侯國合縱聯盟的辦法。從，同「縱」。指東方諸國間的聯盟。㉝誠聽臣說　如果真能聽取我的意見。誠，果真。㉞不舉　不被攻下。㉟荊魏不臣　楚、魏兩國不向您交械歸服。荊，楚國的別稱。㊱不親　不向秦國臣服親近。㊲斬臣以徇國　割下我的人頭，持以向全國示眾。徇，巡行示眾。㊳以戒為王謀不忠者　以警告那些為大王進獻計策不認真的人。戒，警告。不忠，不認真；不負責任。按，以上韓非上書文字見《韓非子．初見秦》，是一篇忠心耿耿地為秦王出主意以盡快消滅東方六國的文章，這與《韓非子》中的第二篇〈存韓〉完全對立，也與韓非被秦國所殺的原因不合，故後人多以為不是韓非所作。而司馬光則分明是採取了肯定〈初見秦〉是韓非所作的觀點。㊴今欲并諸侯　如今居然講了一套吞併東方六國的理論。㊵非終為韓二句　但韓非歸根結底是為了韓國而不是為了秦國。㊶此人情也　這才是人之常情，真實的想法。㊷今王不用　如果大王不想用韓非。今，如果。㊸久留而歸之　在秦國扣留很久又放他回去。㊹此自遺患也　這是給我們自己留下禍根。遺，留。㊺以法誅之　找個藉口殺了他。㊻下吏治非　將韓非交付法官審理。治，審問。㊼遺非藥　送給韓非毒藥。遺，給；送。㊽後悔　後來又變了主意。悔，改主意。㊾作說難之書二句　能寫〈說難〉文章把遊說的風險講得頭頭是道，結果自己還是死在遊說上。㊿何反也　為什麼說話和行動如此相反。(51)說難蓋其所以死乎　韓之所以死大概就在於他寫〈說難〉這種文章吧。蓋，表示推測的語氣詞。(52)以禮動二句　意謂君子的一舉一動都要符合禮義。《論語．顏淵》有所謂「非禮勿視，非禮勿聽，非禮勿言，非禮勿動」，說的就是這種意思。(53)合則進二句　符合禮義就前進，不合禮義就退回來。(54)確乎　很明顯地。(55)不憂其不合　不擔心遇不到賞識自己的人。不合，遇不到知音、賞識者。(56)說人　向統治者推銷自己的方略、主張。(57)憂其不合　擔心不被人家採納。意思是為了讓當權者賞識自己而極力迎合。(58)無所不至　什麼事情都會做出來；什麼伎倆都會施展出來。孔子曾有「苟患得患失，則無所不用其極矣」，就是說的這種情形。(59)非憂說之不合二句　韓非擔心自己的說辭不被當權者所採納，這難道也不對嗎。邪，同「耶」。反問語氣詞。(60)說不由道二句　勸說當權者幹某事或不幹某事，是否能本著仁義之道，這是我們應該憂慮的。由，遵循；本著。道，指仁義、禮制。(61)由道而不合二句　如果勸說當權者所用的言辭完全是本著仁義之道，而當權者就是不聽，那我們就沒有必要憂慮。以上揚雄的話見《法言．問明》。(62)親其親二句　由敬愛自己的父母推而廣之到敬愛一切人的父母。(63)愛其國二句　由愛自己的國家推而廣之到尊重其他別的任何國家。按，《孟子．梁惠王上》有所謂「老吾老以及人之老，幼吾幼以及人之幼」；《墨子．兼愛中》有所謂「視人之國若視其國，視人之家若視其家，視人之身若視其身」，即此言之所仿效。(64)是以功大名美二句　意思是只有這樣的人才能「功大名美而享有百福」。(65)今非為秦畫謀　現在韓非為秦國出主意。畫謀，出主意。(66)首欲　第一個就想。(67)覆其宗國　顛覆自己的祖國。宗國，祖國。(68)以售其言以證明自己的言論正確可行。售，出賣，這裡即指「實行」、「驗證」。(69)罪固不容於死　本來就是死有餘辜。不容，有餘。(70)烏足慼哉　有什麼值得憐憫的。烏足，哪裡值得。烏，也寫作「惡」。哪；豈。(71)王大興師伐趙　時當趙王遷四年。(72)鄴　趙縣名，在今河北臨漳西南。(73)太原　趙郡名，郡治晉陽，在今山西太原西南。(74)狼孟番吾　皆趙縣名，狼孟即今山西陽曲。番吾也稱「播吾」，在今河北靈壽西南。(75)燕太子丹　燕王喜的太子，名丹。(76)嘗質於趙　曾在趙國為人質。(77)與王善　與秦王政的關係友好。當燕太子丹在趙國為人質時，秦王政的父親子楚也在趙國為人質，秦王政即生在趙國，故幼時得與太子丹交好。(78)王即位　秦王政在秦國繼任為王後，時當西元前二四六年。(79)不禮　不以禮相待，對太子丹不念舊情。(80)亡歸　逃回燕國。(81)韓獻南陽地　韓國將南陽郡之地獻與秦國，時當韓王安八年。南陽，韓郡名，在今河南南陽一帶。(82)受地於韓　正式對南陽地區實行接管。(83)魏人獻地　有人據《史記・秦始皇本紀》之「魏獻地於秦，秦置麗邑」，以為魏之所獻乃今陝西臨潼一帶。按，此說可疑，魏國之大梁周圍早被秦國所攻佔，何咸陽咫尺之臨潼反屬魏國所有？疑「魏獻地」與「秦置麗邑」為不相干之二事，後人誤為牽合。(84)代　趙郡名，郡治即今河北蔚縣東北之代王城。(85)樂徐　趙縣，在今河北滿城西北，當時屬代郡。(86)平陰　趙縣名，在今山西陽城東南，當時屬代郡。(87)太半　大半。(88)坼　裂開。(89)內史勝　秦國的內史名勝，史失其姓。內史，官名，國家首都及其郊區的行政長官，後來改稱京兆尹。(90)滅韓　時當韓王安九年。(91)潁川郡　秦郡名，郡治陽翟，即今河南禹州。(92)華陽太后　秦王政的祖父孝文王的寵妃，即秦王政之父子楚所傾心投靠者。子楚為秦王後，尊之為「華陽太后」。(93)大饑　嚴重自然災害，農業沒有收成。(94)衛元君薨二句　此依《史記》說法，其實衛國最後幾個君主的在位年限眾說不一，「衛君角」是否就是衛元君之子，也存在疑問。衛君角是衛國的亡國之君，西元前二二九－前二〇九年在位。(95)上地　上郡地區。上郡是秦郡名，郡治膚施，在今陝西橫山縣東。也有說「上地」是「上黨」之誤。秦國上黨郡郡治長子，今山西長子的西南部。(96)下井陘　由井陘道率兵東出。井陘是山西、河北間的翻越太行山的山路名，其西口即今山西境內的娘子關，其東口即今河北鹿泉境內的土門關。(97)端和　楊端和，秦將名，前文已見。(98)河內　秦郡名，郡治野王，即今河南沁陽。(99)司馬尚　趙將名。(100)禦　迎戰；抵抗。(101)嬖臣郭開　其人先害過廉頗，前文已見。嬖臣，受寵愛的狎昵之臣，如男寵之類。(102)毀　在當權者面前有目的地說人壞話，使其倒楣。(103)趙葱　趙王的族人，時為趙將。(104)齊將顏聚　原為齊將今已仕於趙者。(105)不受命　不接受命令；不交出兵權。(106)捕而殺之　關於李牧之死說法不同，此乃依《戰國策》之〈趙策四〉與《史記・廉頗藺相如列傳》言之。其他說法見本卷之「研析」。(107)亡　逃走。(108)遂克邯鄲二句　時當趙王遷八年。(109)王如邯鄲　秦王政親臨趙都邯鄲視察。如，往；至。(110)故與母家有仇怨者　凡是過去與秦王政母親的娘家鬧過矛盾、結下怨仇的邯鄲人。故，從前。秦王政之母在嫁與子楚為妻時，子楚與其妻之母家地位都不高。長平之戰後秦兵圍困邯鄲時，子楚逃入秦軍得以回國，秦王政與其母都尚在邯鄲，隨其母家居住，故邯鄲人有欺陵之者。(111)還　指秦王政返回京城咸陽。(112)太后　秦王政之母。依《史記・呂不韋列傳》，即呂不韋之孕妾。但同一篇又稱秦王政母為「豪家女」，今歷史家多以孕妾說為非。(113)臨燕　虎視眈眈，欲進取燕國。(114)趙公子嘉　趙悼襄王原來的太子，名嘉，因後來趙悼襄王寵愛公子遷之母，於是廢了太子嘉，而改立公子遷為太子。如今邯鄲被破，趙王遷被虜，故公子嘉遂逃到代地為王，堅持反秦。(115)其宗　趙國的宗室不願降秦者。(116)自立為代王　趙國的末代君主，西元前二二七－前二二二年在位。(117)亡大夫　逃離京城、隱匿各處的趙國群臣。(118)稍稍歸之　漸漸地都會聚到代郡。稍稍，漸漸。(119)軍上谷　駐紮在上谷。上谷是燕郡名，郡治沮陽，在今河北懷來東南。(120)國人　百官與京城裡百姓。(121)其弟郝　楚幽王之弟，名郝。(122)郝庶兄負芻　楚國的亡國之君，西元前二二七－前二二三年在位。梁玉繩《漢書人表考》以為負芻是考烈王之弟。按，有人以負芻為公子郝與幽王之庶兄，證明楚考烈王原非「無子」，進而證明春申君送其孕妾進宮為不可信者，亦可備一說。(123)子假　魏國的亡國之君，西元前二二七－前二二五年在位。(124)怨王　怨恨秦王政之對己無禮。(125)其傅鞠武　他的太傅鞠武。傅，官名，此處是「太傅」的省稱，太傅負責對太子的教育訓導工作。(126)西約三晉　向西聯合韓、趙、魏三國。約，結約，意即聯合。三晉，指韓、趙、魏三國，因為它們是瓜分晉國所建成的三個國家。按，此時韓國已被秦國所滅，魏國也已滅亡在即。(127)齊楚　此時為齊王建三十七年、楚幽王十年。(128)北媾匈奴　向北與匈奴聯合。匈奴是戰國後期在北方發展起來的少數民族，活動在今內蒙古與蒙古人民共和國一帶。(129)曠日彌久　意即要等待很長時間才能見效。曠日，要隔著很多時日。彌久，甚久。(130)惛然　著急心煩的樣子。(131)不能須　無法等待。須，等候。(132)頃之　過了一段時間。(133)樊於期　秦將名，事跡不詳。楊寬曰：「據〈燕世家〉，『太子丹質於秦，亡歸燕』在燕王喜二十三年，當秦王政十五年，即在桓齮敗走之明年。〈秦始皇本紀〉詳載歷次出戰秦將之名，獨不見樊於期，蓋樊於期即桓齮。因荊軻刺秦王之故事出於後人轉相傳述，傳述者但憑口語相傳，而記錄者未能核對史料，但憑語音記錄，因而秦將桓齮寫作同音的樊於期。」(134)得罪　意即得罪於秦王。按，樊於期究竟如何得罪秦王，史事不詳。若依上引楊氏之說，則樊於期之「得罪」即指其被趙將李牧打敗應受懲處事。(135)亡之燕　逃到燕國。亡，逃。(136)受而舍之　接受他，安排他在燕國住下來。(137)寒心　恐懼的樣子。(138)委肉當餓虎之蹊　把肉扔在餓虎要過的通道上。當，對著。蹊，小徑。(139)窮困　這裡指走投無路。(140)命卒　命盡，指為朋友獻出生命。(141)更慮　想更好的辦法。(142)行危以求安　一方面在做危險事，心裡卻希望太平。(143)造禍以為福　一方面在製造災難，心裡卻盼著幸福。(144)計淺而怨深　用一種很粗淺的辦法來對付有深仇大恨的敵人。(145)連結一人

之後交　為了關照一個交情不深的新朋友。連結，關照。後交，新交。[146]資怨而助禍　使仇恨越結越深，使災禍越積越大。[147]荊軻　戰國末期的俠客，原衛人，衛國被秦國勒令搬遷後，荊軻北遊到趙國。趙都邯鄲被秦攻破後，荊軻始北遊到燕國。故事詳見《史記・刺客列傳》，這裡是粗舉其要。[148]南伐楚二句　據《史記・秦始皇本紀》，此時無「南伐楚」之記載，「北臨趙」即追述上文拔趙邯鄲等事。[149]支秦　抵抗秦國。[150]數困於兵　連年為戰爭所困擾，如燕王喜四年（西元前二五一年）燕軍攻趙，被廉頗所敗，燕都被圍；燕王喜十二年（西元前二四三年），趙將李牧攻燕，拔武遂、方城；燕王喜十三年（西元前二四二年），燕將劇辛攻趙，被趙將龐煖所敗，殺燕軍二萬人等等。[151]何足　哪配；哪裡能夠。[152]私計　私下考慮。[153]天下之勇士　天下少有的勇士。天下，這裡是「天下少有」、「天下難得」的意思。[154]劫秦王　劫持住秦王，逼其答應條件。[155]悉反　全部歸還。[156]諸侯侵地　秦國所侵佔的東方各國的地盤。[157]若曹沫之與齊桓公　像曹沫逼著齊桓公歸還侵佔魯國的地盤一樣。關於曹沫逼齊桓公歸還魯國失地的故事詳見《史記》之〈刺客列傳〉。梁玉繩曰：「以齊桓望始皇，丹之愚也。」柳子厚〈詠荊軻〉：「秦皇本詐力，事與桓公殊。奈何效曹子，實為勇且愚。」[158]則大善　那是最好不過了。[159]不可　倘若不行。[160]擅兵　掌握兵權。擅，專斷。[161]內有亂　國內出現秦王被刺的突然事變。[162]君臣相疑　謂新國君不信任老將領，老將領不佩服新國君。[163]以其閒　趁著這個空隙。閒，空隙；機會。[164]唯　表示祈請的發語詞。[165]荊卿　對荊軻的敬稱。[166]留意　留心，請求對方答應請求的客氣說法。[167]舍　使其住宿。[168]日造　每天親自來到。造，到。[169]所以奉養荊軻二句　奉養，供養。《史記・刺客列傳》於此作「供太牢具，異物間進，車騎美女恣荊軻所欲」。[170]王翦滅趙　即前文之所謂「克邯鄲，虜趙王遷」。[171]行而無信　謂空手前去，沒有令人相信誠意的東西。[172]秦未可親　意即不可能接近秦王。秦，此處指秦王。親，接近。[173]誠得樊將軍首　當時秦王有令，誰能替秦國捉到樊於期，秦國將賞以千金，封之為萬戶侯。故荊軻提出以此為進見禮物之一。[174]督亢之地圖　進獻某地之地形圖，意即要將此地獻給秦國。督亢，約當今河北之涿州、定興、新城、固安等一帶地區，為當時燕國的富庶地帶。[175]說　通「悅」。高興。[176]臣乃有以報　這樣我才可能有報效您（指刺秦王）的機會。[177]遇　對待。[178]深　指狠毒、殘暴。[179]戮沒　殺盡。[180]邑萬家　即封之以萬家之邑。[181]將奈何　您打算怎麼辦。[182]太息　歎氣。[183]計將安出　即「有什麼辦法可使」。[184]把其袖　抓住他的袖子。[185]揕其胸　刺其胸膛。揕，刺。[186]見陵之愧　被侵陵、被欺侮的恥辱，指秦王政對太子丹無禮而言。[187]切齒腐心　切齒捶胸，以言其想不出辦法、未能報仇之根怒之情。腐，應作「拊」，拍；捶。《戰國策》作「拊」。中井曰：「憂悶不可忍，則心摧折如腐爛然。」說似勉強。茅坤曰：「荊軻請樊於期頭一節，愚竊謂非人情也。當時必荊軻與太子陰取之，而好事者飾奇，或戰國慕節俠者為之也。」[188]函　盒子。[189]豫求　事先已經找到。

190 以藥焠之 （把燒紅的匕首）放到毒藥水裡蘸，使其帶有毒性。191 血濡縷二句 《史記集解》曰：「人血出，足以沾濡絲縷，便立死也。」中井曰：「濡縷，謂傷淺血出，僅如絲縷。」疑前說是。淩稚隆引董份曰：「敘匕首縷縷，亦惜荊軻之虛發也。」192 裝 指裝好匕首。一說，指為荊軻收拾行裝。牛鴻恩曰：「《國策》作『乃為裝，遣荊卿』。為裝：治裝。疑《史》文淆亂，當據《策》乙正。」193 秦舞陽 燕國賢將秦開之孫。《史記・匈奴列傳》云：「燕有賢將秦開，襲破走東胡，東胡卻千餘里。與荊軻刺秦王者秦舞陽，開之孫也。」梁玉繩曰：「《國策》、《燕丹子》、《人表》、《隸續》、《武梁畫》並作『武陽』，而《史》獨作『舞陽』，古字通用。」

【校 記】1 則不可因而刺殺之 原作「□不可則因而刺殺之」。據章鈺校，十二行本、乙十一行本、孔天胤本皆作「則不可因而刺殺之」，張瑛《通鑑校勘記》同，《通鑑紀事本末》卷一下作「即不可因而刺殺之」。今從諸本及《史記・刺客列傳》、《戰國策・燕策三》改。

【語 譯】十三年（丁卯 西元前二三四年）

秦將桓齮率軍攻打趙國，在平陽打敗了趙國大將扈輒，殺死十萬趙軍，扈輒陣亡。趙王遷任命李牧為大將軍，李牧與秦軍在宜安、肥下展開激戰，將秦軍打得大敗，桓齮逃回秦國。趙王遷封李牧為武安君。

十四年（戊辰 西元前二三三年）

秦將桓齮攻打趙國，佔領了趙國的宜安、平陽、武城。

韓王安向秦國交出全部土地，同時獻上作為韓王憑證的璽印，請求做秦國國內的一個封君，又派韓非到秦國拜謁秦王。韓非，是韓國一個國王的兒子，主要研究政治法律和君主駕馭群臣的辦法，他看到韓國一天天的被削弱，曾經多次向韓王上書請求任用，而韓王始終不用。韓非對韓王治理國家不以選拔人才、任用賢能為當務之急，反而將那些只會夸夸其談的蛀蟲提拔上來，讓他們淩駕於那些為國當兵與從事農業獲有實效的人之上。在國家太平無事之時就寵幸那些沽名釣譽、譁眾取寵的人，有敵人來進攻就重用戴盔披甲的武士。所祿養的不是國家所需要的人，而所需要的人又得不到祿養等行為感到憤恨。他對廉潔正直的人反而受到奸邪之人排斥的現象感到悲傷，他縱觀古今勝敗得失的變化，著〈孤憤〉、〈五蠹〉、〈內外儲〉、〈說林〉、〈說難〉

共五十六篇，十多萬字。

秦王政聽說韓非很賢能，非常想見到他，韓非作為韓國的使者來到秦國，他上書給秦王說：「現在秦國的土地方圓幾千里，軍隊號稱百萬，號令嚴明，賞罰有信，天下沒有任何一個國家能比得上。我冒著被殺頭的危險請求您接見我，我將向您陳述瓦解東方六國合縱聯盟的具體方案。如果您能聽取我的意見，一次行動之後，天下的合縱聯盟沒有被瓦解，趙國不被攻破，韓國不滅亡，楚國、魏國不向秦國俯首稱臣，齊國、燕國不來歸順，霸王的功業不獲成功，四周的鄰國不來朝見，就請您砍下我的腦袋在全國示眾，以懲戒那些為您出謀劃策不忠誠的人。」秦王政非常高興，就在想重用還沒有重用之時。李斯出於嫉妒，就對秦王說：「韓非，是韓國的一個公子。現在您想吞併諸侯統一天下，韓非最終還是會忠於韓國而不會忠於秦國，這是人之常情。如果大王您不能重用他，將他在秦國扣留很久又放他回去，這等於給自己留下禍根；不如找個藉口將他殺掉。」秦王政認為李斯說得有道理，就將韓非交給法官去審理。李斯派人將毒藥送給韓非，想讓他早點自殺。韓非想面見秦王替自己辯解，但無法見到秦王。秦王後來改變了主意，派人去赦免韓非，而韓非已經死了。

楊雄在《法言》中評論說：「有人問『韓非能寫出〈說難〉這篇文章，而他自己最終卻死在遊說上，我大膽地提出疑問：為什麼理論和結果如此相反？』回答說『大概著述〈說難〉，是導致他死的原因吧？』問『為什麼呢？』『因為君子的一舉一動都要符合禮義。符合禮義就前進，不符合禮義就退回來，所以他們確實不擔心遇不到賞識自己的人。向統治者推銷自己的方略、主張，卻又擔心自己的說辭不符合對方的心意，那就什麼事情都做得出來、什麼伎倆都會施展出來。』有人又問『韓非擔心說辭不合秦王的心意，這難道不對嗎？』回答說『說服別人去做某事或不去做某事，是否能本著仁義之道，這是值得擔憂的；如果遊說的言辭完全合乎仁義之道卻不符合對方的心意，那就沒有必要去憂慮。』」

司馬光說：「我聽說，君子因為愛自己的父母，從而推廣到愛別人的父母；因為愛自己的國家，從而也愛別人的國家。所以才能建立偉大的功勳，獲得美好的名聲，並享有世上的各種幸福。現在韓非為秦國出謀劃策，第一件事就是要以滅掉自己的祖國為代價，以達到推銷自己主張的目的，他的罪行本來就是死有餘辜。哪裡值得憐憫呢！」

十五年（己巳　西元前二三二年）

秦王政出動大軍攻打趙國。一軍抵達鄴城，一軍抵達太原，攻取了狼孟、番吾，遇到趙國大將李牧前來迎戰，這才撤軍而回。

當初，燕國的太子丹曾經在趙國充當人質，跟秦王嬴政關係很好。嬴政回到秦國做了秦王，燕太子丹又到秦國做人質，秦王政對他不以禮相待。太子丹很生氣，就私自逃回了燕國。

十六年（庚午　西元前二三一年）

韓國將南陽獻給秦國。九月，秦國派兵到韓國接管南陽。

魏國也將國土獻給秦國。

趙國的代郡發生了地震，從樂徐往西，北到平陰，樓臺房舍毀壞了一大半，地面裂開了一條東西寬一百三十步的大裂縫。

十七年（辛未　西元前二三〇年）

秦國的內史勝率軍滅掉了韓國，俘虜了韓王安，韓國滅亡。秦國將韓國之地設置為潁川郡。

秦國的華陽太后去世。

趙國發生饑荒。

衛元君去世，兒子角即位。

十八年（壬申　西元前二二九年）

秦國大將王翦率領上地之兵攻下了趙國的井陘，楊端和率領河內的軍隊與王翦一起攻打趙國。趙國大將李牧、司馬尚率領趙軍抵禦秦軍的入侵。秦國派人用重金賄賂趙王遷的寵臣郭開，讓他在趙王面前進讒言，汙衊李牧、司馬尚想要謀反。趙王聽信讒言，於是派趙葱和前齊國將領顏聚分別接替李牧和司馬尚。李牧不肯接受命令，結果被抓起來殺害了；司馬尚則被免去了職務。

十九年（癸酉　西元前二二八年）

秦將王翦攻打趙國的軍隊，大敗趙軍，殺死了趙將趙葱，顏聚逃走，於是攻克了趙國的都城邯鄲，俘虜了趙王遷。秦王親自前往邯鄲視察，把過去那些和他生母家有仇怨的人全部殺掉。返回途中經過太原、上郡，然後回到都城咸陽。

秦國王太后去世。

王翦將軍隊駐紮在中山，逼近燕國。趙國的公子趙嘉率領他的宗族數百人逃到代地，自封為代王。趙國滅亡以後，那些逃離京城、隱匿各處的趙國群臣也都漸漸地會聚到了代郡。代王趙嘉與燕國合兵一處，將軍隊駐紮在上谷。

楚幽王去世，百官與都城的百姓擁立他的弟弟芈郝為楚王。三月，芈郝的庶兄芈負芻將他殺死自己做了國王。

魏國景湣王去世，他的兒子魏假即位。

燕太子丹怨恨秦王嬴政，想要進行報復，就去向他的太傅鞠武求教。鞠武告訴他，必須聯合西邊的趙、魏、韓，南邊的齊、楚，北邊與匈奴講和，然後才能攻打秦國。太子丹說：「您的計策雖好，但需要的時間太長了，使人心裡煩亂，我恐怕等不了那麼長的時間。」不久，秦國的將領樊於期因為在秦國獲罪逃到燕國；太子丹接待了他，並給他安排了住處。鞠武勸阻太子說：「就憑秦王那兇暴的性格，再加上他一向憎恨燕國，這些就足以讓人感到害怕了，又何況聽到樊將軍逃到燕國來呢！這就像是把肉放到飢餓的老虎必然經過的路上，肯定要被吃掉啊。希望您趕緊打發樊將軍到匈奴那裡去吧。」太子丹說：「樊將軍因為走投無路，才投奔於我，這正是需要我捨身保護他的時候，我怎能讓他走呢，希望您再重新考慮一個好辦法。」鞠武說：「做著危險的事情卻想要得到平安，正在製造災難卻想獲得幸福。用一種很粗淺的辦法來對付有深仇大恨的敵人，為了關照一個交情不深的新朋友而不顧及國家的安危，這將使秦國對燕國的怨恨越結越深，從而加速了災禍的降臨啊。」太子丹不肯接受鞠武的勸告。

燕太子丹聽說衛國人荊軻很賢能，就用謙卑的言辭、豐厚的禮物請求會見他。太子丹對荊軻說：「如今秦國已經將韓王俘虜了，又發兵向南攻打楚國，向北逼近趙國；如果趙國不能抵抗秦國，那麼災禍就必定降臨燕國了。而燕國本來就弱小，又加上連年遭受戰爭的困擾，怎麼能抵擋得住秦國呢？其他諸侯都屈服於秦國，沒有敢結成合縱聯盟的。我私下裡考慮，如果能夠有一個天下難得的勇士作為使者到秦國去，劫持住秦王，讓他把侵佔各國的領土全部歸還給各諸侯國，就像曹沫劫持齊桓公那樣，那就再好不過了；如果到時秦王不答應歸還土地，就一劍將他刺死。秦國掌握兵權的大將統率重兵在外，而朝中卻發生了秦王被刺殺的突然事變，君臣之間必定互相猜忌。趁這機會，各諸侯國聯合起來攻打秦國，一定能夠將秦國打敗。希望您答應我的請求。」荊軻答應了太子丹。

於是，太子丹安排荊軻住在上等的賓館裡，每天都親自登門拜訪，用來奉養荊軻的方式也是無所不用。等到王翦滅掉了趙國，太子丹非常恐懼，就想馬上派荊軻出發。荊軻說：「如果沒有可以取信於秦王的東西，就很難接近秦王。如果能夠把樊將軍的人頭和燕國督亢地區的地圖進獻給秦王，秦王一定因為高興而接見我。這樣的話，我才有可能取得成功。」太子丹說：「樊將軍因為走投無路才來投奔我，我怎麼忍心讓他去死呢。」荊軻就背著太子私下裡去見樊於期說：「秦國對待將軍，真是夠殘酷的了，您的父母和宗族全都被秦王所殺害。現在聽說懸賞一千斤黃金，再加上萬戶的封邑來購買您的首級，您打算怎麼辦呢？」樊於期長歎一聲流下了眼淚，說：「您有什麼好辦法嗎？」荊軻說：「我想把您的人頭進獻給秦王，秦王一定高興見我。到那時，我就用左手拉住他的衣袖，右手把劍刺進他的胸膛，將軍您的大仇就算報了，而燕國被欺陵的恥辱也可以消除了。」樊於期說：「這正是讓我咬牙切齒、捶胸頓足的深仇大恨啊。」於是拔劍自刎。太子丹得知消息後，飛奔前來，趴在樊於期的屍體上放聲大哭，但到了此時也是無可奈何。於是將樊於期的首級裝在一個匣子裡。太子事先已經找尋到天下最鋒利的匕首，並將毒藥淬在匕首上，用這把匕首只要刺傷一點，哪怕只滲出一絲血跡，人沒有不立刻就死的。於是為荊軻置辦行裝派他起程前往秦國，另外又派了燕國有名的勇士秦舞陽做他的副手，一同前往秦國。

【研　析】本卷寫了秦昭王五十二年（西元前二五五年）至秦王政十九年（西元前二二八年）共二十八年，也就是秦國在統一六國前夕的一些重要史事，值得注意與值得討論的主要有以下幾點：

一、作者在寫到荀況為楚國的蘭陵令時，大篇幅地引入了荀況的〈議兵〉，表現了司馬光對這套觀點的極大興趣。荀況〈議兵〉的主要思想與孟軻「得道多助，失道寡助」、「得人心者得天下，失人心者失天下」的思想基本相同，但比孟軻闡釋得更細緻、更精確。他所講的「六術」、「五權」、「三至」等等都很有辯證法；他所講的「將死鼓，御死轡，百吏死職，士大夫死行列」以及「不殺老弱，不獵禾稼，服者不禽，格者不赦，奔命者不獲」等等更是歷代軍事書的基本通則。

二、本卷寫到了魯仲連的〈遺燕將書〉，大體是依據《戰國策．齊策六》與《史記》的〈魯仲連鄒陽列傳〉，但這件事情的真假自古看法不一。馬非百說：「魯仲連遺書燕將事，《史》、《策》所載互有不同。《策》於遺書前，敘稱『燕攻齊，取七十餘城，唯莒、即墨不下，齊田單以即墨破燕，殺騎劫。初，燕將下聊城，人或讒之，燕將懼誅，守聊城，田單攻之，而聊城不下』云云。似燕將之攻下聊城乃樂毅攻齊時事。考樂毅攻齊，在秦昭王二十三年；田單攻燕殺騎劫，在昭王二十八年；而書中言及栗腹事，則在昭王五十六年，去騎劫之殺計二十八年。以齊之事勢，田單之兵力，豈有全齊七十餘城皆復，而聊城獨能堅守至二十餘年而不能下之理？」梁玉繩曰：「《國策》『燕將曰：敬聞命矣。因罷兵倒櫝而去』，吳注云：『史稱燕將得書自殺，單屠聊城，非事實也。連之大意在於罷兵息民，而其料事之明，勸以歸燕、降齊，亦度其計之必可者；迫之於窮而置之於死，豈其心哉？夫其勸之，正將以全聊城之民，而忍坐視屠之？《策》得其實，《史》不可信。』」牛鴻恩〈遺聊城燕將書史實考〉曰：「燕將攻聊城在前二五三或前二五二年，田單為齊攻聊城在前二五〇下半年或前二四九上半年，魯連〈遺燕將書〉在前二四九下半年或前二四八上半年。說〈遺燕將書〉是『擬託』、『依託』，還缺乏有說服力的理由。」（《語言文學論叢》一九八五年第一輯，北京師院出版社）按：牛說比較合理，只要不把燕將取齊聊城和樂毅破齊連在一齊就容易理解了。

三、本卷詳細地寫了趙國的名將李牧為趙國開疆闢土、大破匈奴，與其最後被趙王寵臣所讒害的歷史悲劇，故事完全依據《史記‧廉頗藺相如列傳》，表現了作者對一代名將無限惋惜之情。但關於李牧被害的具體情節，還有不同說法。《戰國策‧秦策五》說李牧被罷職歸朝後，趙王「使韓倉數之曰：『將軍戰勝，王觴將軍，將軍為壽於前而捍匕首，當死。』武安君（李牧）曰：『繓（李牧自稱其名）病鉤，身大臂短，不能及地，起居不敬，恐獲死罪於前，故使工人為木杖以接手，上若不信，繓請以出示。』出之袖中，以示韓倉，狀如振捆，纏之以布。『願公入明之。』韓倉曰：『受命於王，賜將軍死不赦。臣不敢言。』武安君北面再拜，舉劍將自刺，臂短不能及，銜劍徵之於柱以自刺。」梁玉繩曰：「牧之死，《策》言其『北面再拜，銜劍自刺』；《史》言其『不受命，捕斬之』，二說迥異。《通鑑》主《史》，《大事紀》主《策》，鮑、吳注並以《史》為誤也。史公於〈趙世家〉、〈馮唐傳〉俱言『王遷信郭開，誅李牧』，乃此以為『不受命』，豈非矛盾耶？蓋郭開、韓倉比共陷牧，而《列女傳》又謂遷母譖牧，使王誅之也。」陳仁錫曰：「秦、胡數十萬人殺頗、牧而不足；一郭開，殺頗、牧而有餘。」楊寬曰：「秦之滅趙，蓋以間諜工作配合軍事行動，傳說不一。」

四、本卷寫了韓國為消耗秦國的人力物力而派水利工程人員入秦為秦國修築鄭國渠的故事，此事雖用字不多，但卻事關重大。本文說：「溉舄鹵之地四萬餘頃，收皆畝一鍾。關中由是益富饒。」司馬遷在〈河渠書〉中更由此推衍說：「於是關中為沃野，無凶年，秦以富強，卒并諸侯。」鄭國渠不僅功在秦國，而且是功在萬世。《中國文物地圖集》之《陝西分冊》說：「鄭國渠首遺址在今陝西涇陽縣上然村北，渠首位於涇河出山口東南三公里，在這裡發現東西向攔河大壩一座，原壩長二千六百五十公尺，除長約四百五十公尺的河谷部分被沖毀外，其餘階地部分基本保存。壩體夯築，斷面呈梯形，高六至八公尺，基寬一百五十公尺，頂寬二十公尺，在大壩東側發現引水口及渠道遺跡。此上在渠首周圍長約七公里，寬約三公里的範圍內，還遺存白渠，前秦、隋、唐引水渠，宋豐利渠，元王御史渠，明廣惠渠，清龍洞渠等渠首遺址，發現歷代渠道二十餘公里，水壩、引水口、退水口、閘漕、水尺等遺存十餘處，水利刻碑及摩崖題刻二十餘通（方），被譽為中國水利史的天然博物館。」

五、本卷用筆墨最多的無疑是呂不韋嫁自己的孕妾給秦國的子楚，從而執掌秦政，以及日後因嫪毐事敗，受牽連被秦王政所殺；和春申君送自己的孕妾給楚考烈王，以圖牢固把持楚國政權，結果被李園所殺事，兩件事情的性質相同、結局相同，發生的時間也正好在同一個歷史階段。材料的來源都是《史記》，司馬遷都認為是真的，儘管兩個人物不在一篇，司馬遷還特意地把他們牽合在一起。他在〈春申君列傳〉中寫到春申君被李園所殺時說：「是歲也，秦始皇帝立九年矣，嫪毐亦為亂於秦，覺，夷其三族，而呂不韋廢。」司馬遷與司馬光對這兩個人都是厭惡的，尤其是對呂不韋，沒有寫到他的任何一點貢獻。但後人對此的看法卻多有不同。關於春申君的事情，繆文遠說：「蓋好事者所為，而史公不察，又誤採之也。」黃式三說：「《越絕書·十四》云：『烈王娶李園妹，十月產子男』，則《策》、《史》之說非矣。夫春申君果知娠而出諸謹舍，言諸王而入幸之，則事非一月，安必其十月後生子乎？生而果男乎？行不可知之詭計，春申君何愚？此必後負芻謀弒哀王加之誣言也。」錢穆曰：「夫通未終月，烏得懷子已一月？此全寫女環之愚春申，而欲假借以得幸於楚王，與下言十月產子同一筆法，凡以明幽王之非春申子也。……文信、春申之事，一何若符節之合，而又同出於一時，不奇之又奇者耶？今並舉而著之，亦足使讀史者知此故實之不盡可信耳。」楊寬曰：「凡此皆出於『傳奇』之創作，不足信也。」呂不韋相莊襄王與秦王政初期，正是秦對東方諸國大張撻伐之際，而《史記》中對此不置一辭，恐也太失之片面了。馬非百說：「呂不韋之入秦，關係於秦之統一者實深且巨，策立之謀姑勿論，僅以人材一項言之，史稱『不韋食客三千人』，今觀其所著《呂氏春秋》，包括儒家、墨家、法家、農家、兵家、陰陽家、道家、名家各派言論，集當代種種專門學者於一門，已無形取得今日所謂『智囊團』者之用。況不韋乃東方大賈，其食客三千之中自亦必有不少富有之人，知識、金錢兼而有之，故能從事多方面之建設，秦代統一事業之得以完成，呂不韋之功實不在商鞅、張儀、范雎、李斯諸人之下也。司馬遷云：『結子楚親，使諸侯之士裴然爭入事秦』，真扼要之論哉！」（《秦集史》）楊寬曰：「呂不韋集合賓客共著《呂氏春秋》一書，公布於國都，蓋欲集各家之長以完成秦之帝業，即所謂『假人者遂有天下』。以為是時周室既滅，天子已絕，唯有用『義兵』以誅暴君而振苦民，方能重立天子，消除相殘不休之局勢，救民於水深火熱之中，……此書亦即呂不韋欲使秦王『吞天下，稱帝而治』者。呂不韋先後執政十二年，宣稱奉行此書之政綱。先滅亡東周建三川郡；又攻取韓、趙兩國之地，建立上黨郡與太原郡；更攻取魏之東地，建立東郡，使秦之領土向東伸展，與齊接界，切斷趙與韓、魏之聯繫，造成包圍三晉之形勢。秦為尚首功之國，當以斬首數目作為其戰勝之標誌，動輒以萬計，先後所殺三晉及楚之民數百萬。秦昭王時白起為將，斬首最多。是時（呂不韋執政時）戰爭之最大變化在於所攻佔之城邑甚多，如莊襄王三年蒙驁擊趙榆次等三十七城，秦王政三年蒙驁攻取韓十三城，五年蒙驁攻取魏二十五城，皆無斬首之記錄。唯有秦王政二年麃公攻卷斬首三萬之記錄，而此後麃公未見統軍作戰。蓋三晉已喪失戰鬥力，望風而逃，因而殺傷較少，同時亦當與呂氏賓客鼓吹以『義兵』『誅暴君』有關。」（《戰國史料編年輯證》）

新譯李商隱詩選
新譯范文正公選集
新譯蘇洵文選
新譯蘇軾文選
新譯蘇軾詞選
新譯蘇轍文選
新譯曾鞏文選
新譯王安石文選
新譯唐宋八大家文選
新譯柳永詞集
新譯李清照集
新譯辛棄疾詞選
新譯陸游詩文選
新譯歸有光文選
新譯唐順之詩文選
新譯徐渭詩文選
新譯薑齋文集
新譯顧亭林文集
新譯納蘭性德詞
新譯方苞文選
新譯鄭板橋集
新譯袁枚詩文選
新譯李慈銘詩文選
新譯聊齋誌異選
新譯閱微草堂筆記
新譯浮生六記
新譯弘一大師詩詞全編

教育類

新譯爾雅讀本
新譯顏氏家訓
新譯聰訓齋語
新譯曾文正公家書
新譯三字經
新譯百家姓
新譯幼學瓊林
新譯增廣賢文・千字文
新譯格言聯璧

歷史類

新譯史記
新譯漢書
新譯後漢書
新譯三國志
新譯資治通鑑
新譯史記——名篇精選
新譯尚書讀本
新譯周禮讀本
新譯逸周書
新譯左傳讀本
新譯公羊傳
新譯穀梁傳
新譯春秋穀梁傳
新譯戰國策
新譯國語讀本
新譯說苑讀本
新譯新序讀本
新譯吳越春秋
新譯西京雜記
新譯列女傳
新譯越絕書
新譯燕丹子
新譯東萊博議
新譯唐六典
新譯唐摭言

宗教類

新譯金剛經
新譯高僧傳
新譯碧巖集
新譯百喻經
新譯楞嚴經
新譯梵網經
新譯圓覺經
新譯法句經
新譯六祖壇經
新譯禪林寶訓
新譯維摩詰經
新譯經律異相
新譯阿彌陀經
新譯無量壽經
新譯妙法蓮華經
新譯景德傳燈錄
新譯大乘起信論
新譯釋禪波羅蜜
新譯八識規矩頌
新譯永嘉大師證道歌
新譯華嚴經入法界品
新譯地藏菩薩本願經
新譯悟真篇
新譯无能子
新譯坐忘論
新譯列仙傳
新譯抱朴子
新譯神仙傳
新譯性命圭旨
新譯老子想爾注
新譯周易參同契
新譯道門觀心經
新譯養性延命錄
新譯樂育堂語錄
新譯沖虛至德真經
新譯長春真人西遊記
新譯黃庭經・陰符經

地志類

新譯山海經
新譯水經注
新譯佛國記
新譯大唐西域記
新譯洛陽伽藍記
新譯徐霞客遊記
新譯東京夢華錄

政事類

新譯商君書
新譯鹽鐵論
新譯貞觀政要

軍事類

新譯孫子讀本
新譯司馬法
新譯尉繚子
新譯三略讀本
新譯六韜讀本
新譯吳子讀本
新譯李衛公問對

◎新譯史記

韓兆琦／注譯　王子今／原文總校勘

《史記》不僅是一部體大思精的歷史鉅著，也是一部偉大的文學著作，在中國史學與文學上的影響巨大而深遠。本書全套八大冊，為最新的全注全譯本，擁有多項特色：正文參考了多種《史記》版本與校勘著作，凡舊本有誤的地方，皆作了更正；注釋吸收參考瀧川資言《史記會注考證》與前人舊注的長處，並作了大量的增補，相關考訂與評論能萃取前人研究成果之精華；語譯則力求通俗流利，期能提供讀者閱讀與研究《史記》最大、最佳的幫助。

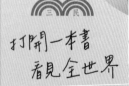